令和2年版

図解
国税通則法

黒坂昭一
佐藤謙一　編著

一般財団法人　大蔵財務協会

は　し　が　き

　国税通則法の目的とするところは、同法第1条が示すように、①税法の体系的な構成の整備、②国税に関する基本的な法律関係の明確化、及び③税務行政の公正な運営と納税環境の適正円滑化にあります。

　経済・社会の情勢の変化に相応して多くの税制改正がなされる中にあって、国税通則法においても多くの改正がなされています。

　最近におけるその改正を見てみると、納税環境の整備を図るなどの観点から諸手続に関して多くの改正がなされ、例えば、平成23年度には、税務調査手続の整備・明確化、税分野の処分の理由提示原則（行政手続法）の適用、更正の請求期間等の延長等、税務手続に関して重要な整備がなされました。平成26年度には、不服申立制度において、従来の異議申立てが「再調査の請求」と名称を変え、審査請求と選択できる制度に改められ、その審理手続においてもより公正性を図る斬新な制度を取り入れるなど、納税者の権利救済制度としては、大変重要な改正がなされました。さらに、平成29年度には、国税犯則調査手続等の見直しがなされ、国税通則法第11章に犯則事件の調査及び処分に関する規定を編入し、調査手続等を整備しております。また、民法制定以来約120年ぶりの民法改正に伴う諸規定の整備も特筆すべきことです。

　特に本年においては、新型コロナウイルス感染症等の影響に伴う特例猶予措置にみられるように、これまでにない要因に伴う猶予措置が創設されました。これまでにない諸変化に伴う納税環境の整備、納税者の権利救済等の観点から、今後も状況変化に相応した改正がなされることでしょう。

　これらの状況を鑑みるに、納税者や実務家としての税理士等の皆様にとっても、日ごろの業務において大変重要な規定が国税通則法に織り込まれています。国税通則法は、個別税法の基本法、一般法としてのその税法の持つ性質等から、中々なじみが薄く難解な税法の一つとも言われがちですが、より多くの方々に同法の内容を正しく理解していただく必要があると考えております。

　そこで、本書は、図表や具体的な事例、参考となる判決・裁決を織り込むことなどにより、初版以来、平易な文章解説、説明にすることに努め、読者の方々の理解一助になるよう努めてまいりました。本書によって少しでも国税通則法についての理解を深めていただければ幸いです。

　最後になりましたが、本書刊行の機会を与えてくださいました一般財団法人大蔵財務協会の木村理事長をはじめ、刊行に当たって終始ご協力とご支援をいただきました編集局の皆様に心から謝意を表します。

　令和2年8月

執筆者代表

黒　坂　昭　一

〔凡　　例〕

1　本文中に引用している法令等については、次の略称を使用しています。
　　通則法………………国税通則法
　　通則法施行令………国税通則法施行令
　　通則法施行規則……国税通則法施行規則
　　徴収法………………国税徴収法
　　措置法………………租税特別措置法
　　措置法規則…………租税特別措置法施行規則
　　輸徴法………………輸入品に対する内国消費税の徴収等に関する法律
　　番号法………………行政手続における特定の個人を識別するための番号の利用等に関する法律
　　情報通信技術利用法…行政手続等における情報通信の技術の利用に関する法律
　　租税条約等実施特例法…租税条約等の実施に伴う所得税法、法人税法及び地方税法の特例等に関する法律
　　税務行政執行共助条約…租税に関する相互行政支援に関する条約
　　租税条約実施特例等省令…租税条約の実施に伴う所得税法、法人税法及び地方税法の特例等に関する法律の施行に関する省令
　　電子情報処理省令…電子情報処理組織を使用して処理する場合における国税等の徴収関係事務等の取扱いの特例に関する省令
　　電子帳簿保存法……電子計算機を使用して作成する国税関係帳簿書類の保存方法等の特例に関する法律
　　行政組織法…………国家行政組織法

2　かっこ内の法令等については、次の略称を使用しています。
　　通………………………国税通則法
　　通令……………………国税通則法施行令
　　通規……………………国税通則法施行規則
　　徴………………………国税徴収法
　　所………………………所得税法
　　所令……………………所得税法施行令
　　法………………………法人税法
　　法令……………………法人税法施行令
　　地法……………………地方法人税法
　　相………………………相続税法
　　相附……………………相続税法附則
　　地価……………………地価税法
　　消………………………消費税法
　　消令……………………消費税法施行令
　　登………………………登録免許税法
　　登令……………………登録免許税法施行令
　　酒………………………酒税法
　　酒令……………………酒税法施行令
　　揮………………………揮発油税法
　　地揮……………………地方揮発油税法
　　自………………………自動車重量税法
　　油………………………石油ガス税法
　　石………………………石油石炭税法
　　旅客……………………国際観光旅客税
　　印………………………印紙税法
　　印令……………………印紙税法施行令
　　た………………………たばこ税法
　　航………………………航空機燃料税法
　　電………………………電源開発促進税法
　　措………………………租税特別措置法
　　措令……………………租税特別措置法施行令
　　地………………………地方税法

関税	関税法
関税令	関税法施行令
国外送金等	内国税の適正な課税の確保を図るための国外送金等に係る調書の提出等に関する法律
輸徴	輸入品に対する内国消費税の徴収等に関する法律
災	災害被害者に対する租税の減免、徴収猶予等に関する法律
災令	災害被害者に対する租税の減免、徴収猶予等に関する法律の施行に関する政令
資規	国税収納金整理資金事務取扱規則
債権管理	国の債権の管理等に関する法律
情報通信技術利用省令	国税関係法令に係る行政手続等における情報通信の技術の利用に関する省令
電子帳簿保存	電子計算機を使用して作成する国税関係帳簿書類の保存方法等の特例に関する法律
信書	民間事業者による信書の送達に関する法律
憲	日本国憲法
行審	行政不服審査法
行訴	行政事件訴訟法
行手	行政手続法
税理士	税理士法
会	会計法
民	民法
民訴	民事訴訟法
民訴規則	民事訴訟法規則
供託	供託法
権限	国の利害に関係のある訴訟についての法務大臣の権限等に関する法律
商	商法
会社	会社法
更	会社更生法
破	破産法
振替	社債、株式等の振替に関する法律

3 通達等については、次の略称を使用しています。

通基通	国税通則法基本通達
調査手続通達	平成24年９月12日付課総5-9ほか９課共同「国税通則法第７章の２（国税の調査）関係通達」（法令解釈通達）
調査手続運営指針	平成24年９月12日付課総５-11ほか９課共同「調査手続の実施に当たっての基本的な考え方等について（事務運営指針)」
不基通（国）	不服審査基本通達（国税庁関係）
不基通（審）	不服審査基本通達（国税不服審判所関係）
徴基通	国税徴収法基本通達
相基通	相続税法基本通達
猶予通達	納税の猶予等の取扱要領

4 裁判例集の引用については、次の略称を使用しています。

民集	最高裁判所民事判例集
刑集	最高裁判所刑事判例集
行集	行政事件裁判例集
行録	行政裁判所判決録
下級民集	下級裁判所民事裁判例集
訟月	訟務月報
判時	判例時報
税資	税務訴訟資料

〔目　次〕

第1章　総　　則

第1節　国税通則法の概要 ……………………………………………………… 1

   1　国税通則法の制定 ………………………………………………………… 1

   2　国税通則法の目的 ………………………………………………………… 2

   3　国税通則法の内容 ………………………………………………………… 4

   4　国税通則法と他の税法等との関係 …………………………………… 8

第2節　国税通則法上の当事者等 …………………………………………… 12

   1　国税通則法上の当事者 ………………………………………………… 12

   2　税務行政組織 …………………………………………………………… 12

   3　納税者等 ………………………………………………………………… 14

   4　人格のない社団等 ……………………………………………………… 17

第3節　納付義務の承継 ……………………………………………………… 18

   1　納付義務の承継の意義等 ……………………………………………… 18

   2　納付義務を承継する国税 ……………………………………………… 19

   3　納付義務の承継の効果 ………………………………………………… 20

   4　共同相続人の承継 ……………………………………………………… 20

第4節　連帯納付義務等 ……………………………………………………… 24

   1　連帯納付義務等 ………………………………………………………… 24

   2　連帯納付義務 …………………………………………………………… 24

   3　連帯納付責任 …………………………………………………………… 27

第5節　書類の送達及び提出 ………………………………………………… 32

   1　書類の送達 ……………………………………………………………… 32

   2　送達の方法 ……………………………………………………………… 34

   3　公示送達 ………………………………………………………………… 39

   4　相続人に対する書類の送達の特例 …………………………………… 42

   5　書類の提出等 …………………………………………………………… 43

目　　　　　次

第6節　期間及び期限 ……………………………………………………… 50

   1　期　　　間 ……………………………………………………… 50

   2　期　　　限 ……………………………………………………… 53

   3　災害等による期限の延長 ……………………………………… 57

第2章　国税の納付義務の確定

第1節　納税義務の成立・確定 ………………………………………… 61

   1　納税義務の成立から確定（概要） …………………………… 61

   2　納税義務の成立 ………………………………………………… 62

   3　納付すべき税額の確定 ………………………………………… 66

第2節　申告納税方式による国税に係る税額等の確定手続 ………… 69

   1　申告納税方式の国税 …………………………………………… 69

   2　納税申告 ………………………………………………………… 70

   3　納税申告の法的性格 …………………………………………… 73

   4　納税申告書の種類及び申告内容 ……………………………… 74

   5　納税申告書の提出等 …………………………………………… 79

第3節　更正の請求 ……………………………………………………… 84

   1　更正の請求 ……………………………………………………… 84

   2　更正の請求の制度 ……………………………………………… 85

   3　更正の請求の内容と期間 ……………………………………… 85

   4　更正の請求ができる場合 ……………………………………… 89

   5　更正の請求の手続等 …………………………………………… 94

第4節　更正又は決定 …………………………………………………… 99

   1　更　　　正 ……………………………………………………… 99

   2　決　　　定 ……………………………………………………… 102

   3　再更正 …………………………………………………………… 103

   4　国税局等の職員の調査に基づく更正又は決定 ……………… 104

   5　更正又は決定の手続 …………………………………………… 105

目　　　次

　　　6　更正又は決定ができる期間 ································· 106

　　　7　更正又は決定の所轄庁 ···································· 108

　　　8　確定後の税額変更の効力 ································· 110

　第5節　賦課課税方式による国税に係る税額等の確定手続 ········ 114

　　　1　賦課課税方式の国税 ···································· 114

　　　2　賦課決定 ·· 115

　　　3　賦課決定の効力 ·· 117

　　　4　賦課決定の所轄庁 ······································ 118

第3章　国税の納付及び徴収

　第1節　国税の納付 ·· 121

　　　1　国税の納付方式 ·· 121

　　　2　納　期　限 ·· 121

　　　3　確定方式別の国税の納付 ································ 122

　　　4　納付の手続 ·· 133

　第2節　国税の徴収 ·· 149

　　　1　徴収の意義 ·· 149

　　　2　納税の告知 ·· 149

　　　3　督　　促 ·· 153

　　　4　徴収の繰上げ ·· 156

　第3節　滞納処分等 ·· 161

　　　1　滞納処分の意義等 ······································ 161

　　　2　国税徴収法の目的 ······································ 164

　　　3　国税徴収法の特色 ······································ 164

　第4節　第三者納付、予納 ······································ 168

　　　1　第三者納付及びその代位 ································ 168

　　　2　予　　納 ·· 171

目　　　次

第5節　債権者代位権及び詐害行為取消権······················173

　1　債権者の代位··173

　2　詐害行為の取消し··174

第6節　徴収の所轄庁··176

　1　国税の徴収の所轄庁··176

　2　徴収の引継ぎ··177

　3　更生手続等が開始した場合の徴収の引継ぎ···············180

　4　引継ぎの効果等···180

第7節　納税義務の消滅···182

第4章　納税の緩和、猶予及び担保

第1節　納税の緩和制度の概要·····································185

　1　納税の緩和制度の意義···185

　2　納税の緩和制度の種類···186

第2節　納税の猶予··195

　1　納税の猶予··195

　2　納税の猶予の区分··195

　3　納税の猶予の効果··211

　4　納税の猶予の取消し···212

第3節　国税の担保··222

　1　担保を提供する場合···222

　2　担保の種類··222

　3　担保の価額··224

　4　担保の提供手続··225

　5　担保の変更··227

　6　担保の解除··228

　7　担保の処分手続等··232

— 4 —

8 納付委託……………………………………………………………… 239

第5章 国税の還付及び還付加算金

第1節 国税の還付………………………………………………………… 245

  1 還付金等の種類…………………………………………………… 245
  2 還付金等の還付…………………………………………………… 247
  3 還付金等の支払方法……………………………………………… 252
  4 未納国税への充当………………………………………………… 253

第2節 還付加算金………………………………………………………… 256

  1 還付加算金の意義………………………………………………… 256
  2 還付加算金の計算………………………………………………… 256
  3 還付加算金等の端数計算等……………………………………… 258

第6章 附帯税

第1節 附帯税の概要……………………………………………………… 263

  1 附帯税の制度等…………………………………………………… 263
  2 附帯税の種類……………………………………………………… 263

第2節 延滞税及び利子税………………………………………………… 264

  1 延滞税と利子税…………………………………………………… 264
  2 延滞税……………………………………………………………… 265
  3 延滞税の計算……………………………………………………… 271
  4 延滞税の免除……………………………………………………… 278
  5 利子税……………………………………………………………… 283

第3節 加算税等…………………………………………………………… 295

  1 加算税の概要等…………………………………………………… 295
  2 過少申告加算税…………………………………………………… 300
  3 無申告加算税……………………………………………………… 313

4	不納付加算税	320
5	重加算税	323
6	過怠税	330

第7章　更正、決定、徴収、還付等の期間制限

第1節　期間制限の概要 333

  1　期間制限の趣旨等 333

  2　除斥期間と消滅時効 334

第2節　更正・決定等の期間制限 336

  1　除斥期間の起算日 336

  2　除斥期間 337

  3　除斥期間の内容 338

  4　更正・決定等の期間制限の特例 341

第3節　徴収権及び還付金等の消滅時効 344

  1　徴収権の消滅時効 344

  2　時効の完成猶予及び更新 346

  3　脱税の場合又は国外転出等特例の適用がある場合の時効の不進行 351

  4　還付金等の消滅時効 353

第8章　国税の調査（税務調査手続）

第1節　税務調査手続等の概要 355

  1　税務調査手続の概要 355

  2　国税通則法第7章の2における「調査」 358

第2節　税務調査の事前通知 363

  1　税務調査の事前通知 363

  2　調査の「開始日時」又は「開始場所」の変更の協議 367

  3　通知事項以外の事項について非違が疑われる場合の質問検査等 368

目　　　次

 4　事前通知を要しない場合（事前通知の例外事由）……………………… 368

第3節　質問検査……………………………………………………………………… 371

 1　税務職員の質問検査権…………………………………………………… 371
 2　質問検査権に係る内容等………………………………………………… 373
 3　各税に関する質問検査権の内容………………………………………… 378
 4　提出物件の留置き………………………………………………………… 379
 5　特定事業者等への報告の求め…………………………………………… 381
 6　質問検査権限の解釈……………………………………………………… 382

第4節　税務調査終了の際の手続………………………………………………… 383

 1　調査終了の際の手続……………………………………………………… 383
 2　更正決定等すべきと認められない場合………………………………… 383
 3　更正決定等すべきと認める場合………………………………………… 384
 4　調査終了の手続に係る書面の交付……………………………………… 388
 5　再調査……………………………………………………………………… 388

第5節　その他……………………………………………………………………… 392

 1　事業者又は官公署への協力要請………………………………………… 392
 2　身分証明書の携帯等……………………………………………………… 392
 3　預貯金者等情報又は加入者情報の管理………………………………… 392

第9章　行政手続法との関係

 1　行政手続法の概要………………………………………………………… 395
 2　行政手続法の主な内容…………………………………………………… 396
 3　行政手続法の適用除外…………………………………………………… 398
 4　処分の理由附記…………………………………………………………… 401

第10章　不服審査及び訴訟

第1節　行政争訟制度の概要……………………………………………………… 405

目　　　次

1	納税者の権利救済制度の概要	405
2	行政争訟（租税争訟）の目的	405
3	租税争訟案件に係る行政救済の必要性	406
4	租税争訟案件における行政救済の特色	406

第2節　不服申立て─総則 …… 409

1	不服申立制度の概要	409
2	不服申立ての対象となる処分	410
3	不服申立ての対象とならない処分	411
4	不服申立てができる者	413
5	不服申立ての構造─不服申立ての種類、不服申立先	413
6	不服申立期間	415
7	標準審理期間	418
8	行政不服審査法との適用関係	419

第3節　再調査の請求 …… 420

1	再調査の請求	420
2	再調査の請求書	420
3	再調査の請求書の補正	421
4	再調査の請求の却下（審理手続を経ないでする却下決定）	422
5	口頭意見陳述	423
6	請求人・参加人からの証拠書類等の提出	425
7	再調査の請求についての決定等	425
8	救済手段の教示（3月後の教示）	427

第4節　審査請求 …… 433

1	審査請求の概要	433
2	審査請求書	436
3	審査請求書の補正	444
4	審査手続を経ないでする却下裁決	445
5	審理手続の計画的進行	446
6	担当審判官等の指定等	447
7	原処分庁からの答弁書の提出	448
8	請求人・参加人からの反論書・参加人意見書の提出	449

目　　　次

　　9　口頭意見陳述……………………………………………450

　　10　審査関係人からの証拠書類等の提出…………………454

　　11　審理のための質問、検査等……………………………455

　　12　審理手続の計画的遂行…………………………………458

　　13　審理関係人による物件の閲覧等………………………459

　　14　審理手続の終結…………………………………………463

　　15　国税不服審判所の法令解釈……………………………465

　　16　裁決………………………………………………………467

　第5節　訴　訟………………………………………………………470

　　1　租税訴訟とその手続……………………………………470

　　2　租税訴訟の類型…………………………………………471

　　3　訴訟の流れ………………………………………………475

　　4　訴訟要件…………………………………………………477

第11章　雑　　則

　第1節　納税管理人…………………………………………………479

　　1　納税管理人………………………………………………479

　　2　納税管理人の選任等……………………………………480

　第2節　端数計算……………………………………………………482

　　1　端数処理の目的…………………………………………482

　　2　国税の課税標準の端数計算等…………………………482

　　3　国税の確定金額の端数計算等…………………………483

　　4　還付金等の端数計算等…………………………………484

　第3節　供　託………………………………………………………485

　　1　弁済代用としての供託…………………………………485

　　2　弁済供託の要件・効果…………………………………485

　　3　供託の方法………………………………………………485

　第4節　納税証明……………………………………………………486

― 9 ―

目　　　次

1	納税証明の意義	486
2	納税証明の要件	487
3	納税証明の交付手続等	488
4	電子納税証明書	491

第12章　罰　則

1	申告義務違反及び脱税煽動等の罪	495
2	国税の調査・徴収事務従事者の守秘義務違反	496
3	虚偽記載等	496
4	不答弁・虚偽答弁	498
5	両罰規定	498

第13章　犯則事件の調査及び処分

第1節　国税犯則調査手続の概要 501

第2節　犯則事件の調査 503

第3節　犯則事件の処分 514

《補遺》 新型コロナウイルス感染症の拡大に伴う納税の猶予の特例 520
《参考資料》
　1　新型コロナウイルス感染症等の影響に対応するための国税関係法律の
　　臨時特例に関する法律による納税の猶予の特例の取扱いについて（法令
　　解釈通達） 530
　2　国税通則法基本通達（徴収部関係）の制定について（法令解釈通達） 532
　3　国税通則法第7章の2（国税の調査）関係通達の制定について
　　（法令解釈通達） 570
　4　調査手続の実施に当たっての基本的な考え方等について（事務運営指針） 585
　5　過少申告加算税、無申告加算税、不納付加算税及び重加算税の取扱い
　　（事務運営指針） 591
　索　　引 612

— 10 —

第1章　総　　　則

第1節　国税通則法の概要

1　国税通則法の制定

　通則法は、昭和37年法律第66号をもって制定され、同年4月1日から施行されました。

　通則法は、納税者の税法に対する理解を容易にするという観点から、「各税法に分散する租税の共通規定を整備統合し、かつ、租税債権の発生、消滅、時効等の総則的規定を整備する。」ことを目的とし、税制調査会での審議、検討を踏まえ「国税通則法の制定に関する答申（昭和36年7月）」に基づいて制定されました。

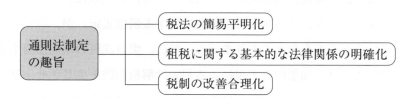

　(注)　通則法制定前の税法体系は、所得税法、法人税法などの各税法と共通法たる徴収法とで構成されていました。しかしながら、手続に関する事項には、各税に共通する部分がかなり多く含まれていたことから、税法の条文が必要以上に多くなり、しかも各税法で規定ぶりが一致していないというような事例もみられました。
　　　また、次のような租税に関する基本的な法律事項についても充分でないとの指摘がなされていました。
　　①　租税債権の成立及び確定に関する通則的規定がないこと
　　②　賦課・徴収に関する期間制限が統一されていないこと
　　③　課税方式の意義等について実定法上の明文の規定が存しない、あるいは不十分とされていたこと
　　④　申告や修正申告の効力とその後の更正・決定との関係が明らかでないこと
　　　さらに、規定の中には、戦後の混乱期に制定されたもので、時代の変化に伴い見直しが必要となっていたにもかかわらずそのままにされているものがある等の指摘もされていました。

第1章 総　　　則

　国税通則法制定と課題

　通則法は税制調査会の答申に基づいて制定されましたが、その制度化に当たり、その後における納税者の記帳慣習の成熟や判例学説の一層の展開を待って検討する方がより適当と判断され、立案を見合わせたものに次の項目があります。

　① 実質課税の原則に関する規定を設けること

　これはさらに「実質課税の原則に関する規定」、「租税回避行為の禁止に関する規定」及び「行為計算の否認に関する規定」に区分されます。

　② 一般的な記帳義務に関する規定を設けること

　③ 質問検査に関する規定を統合して規定すること

　④ その他－資料提出義務の違反者に対して過怠税の制度を設ける問題
　　　無申告脱税犯に関する罰則規定の改正の問題

　これらの中には、その後、通則法又はそれ以外の所得税法等において制度化されたものもあります（②、③、④の無申告脱税犯に関する罰則規定）が、現在でもしばしば議論されているところも少なくありません。特に、実質課税の原則に関する規定を設けることに関しては、抽象的な表現による規定は解釈問題を生じさせ、結果として、税務当局者による拡大的、恣意的解釈に委ねられることになるのではないかという懸念が指摘される一方で、租税回避行為に対処するためには必要という考えも出され、未だに議論されているところです。

2　国税通則法の目的

　昭和37年に制定された通則法は、その制定目的について、同法第1条《目的》で次のように規定しています。

〈通則法第1条〉

　この法律は、国税についての基本的な事項及び共通的な事項を定め、税法の体系的な構成を整備し、かつ、国税に関する法律関係を明確にするとともに、税務行政の公正な運営を図り、もって国民の納税義務の適正かつ円滑な履行に資することを目的とする。

― 2 ―

第1節　国税通則法の概要

この通則法第1条は、次の3つに区分することができます。

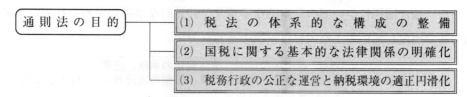

(1) 税法の体系的な構成の整備

　税法は、納税者の理解が容易に得られるようにすべきです。このために、各税法においては、納税義務者、課税標準、税率など、課税の実体に関する規定を中心に定め、各税法の手続に関する共通的な事項は、統一的に通則法に規定して、税法全体の構成を体系的に整えています。

(2) 国税に関する基本的な法律関係の明確化

　納税者の国税を納付する義務（納税義務）に関する法律関係は、納税者の利害に直接影響するので、納税義務はいつ成立し、いかなる行為によって具体的に確定するか、課税と徴収はいつからいつまでの間にできるかなどの、極めて重要な基本的事項を明らかにしています。

　なお、通則法第1条で規定している国税に関する基本的・共通的な事項とは、一般的には次のような事項が考えられます。

国税に関する基本的な事項及び共通的な事項の明確化	納税義務が成立、確定するのはいつか
	いったん確定した納税義務の履行の延長
	各税法間の規定の重複を避け、税法全体を簡明化

(3) 税務行政の公正な運営と納税環境の適正円滑化

　上記(1)、(2)に掲げた目的と関連し、税務行政の公正な運営を図るための改善合理化と、これらを通じて最終的に納税環境の適正円滑化を図ることを目的としています。

第1章 総 則

3 国税通則法の内容

通則法には、国税についての基本的な事項及び共通的な事項が定められています。

通則法で規定している主な内容は、次のとおりです。

通則法の主な内容	第1章（1条-14条）	① 通則法の目的、納付義務の承継、連帯納付義務、期間の計算、書類の送達及び収受に関する規定	租税法の総則
	第2章（15-33）	② 納税義務の成立及び確定の時期、確定方式に関する規定	租税法の共通的手続法
	第3章（34-45）	③ 納税義務の確定した国税の納付及び徴収の手続に関する規定	
	第4章（46-55）	④ 納税の猶予及び担保に関する規定	
	第5章（56-59）	⑤ 納め過ぎた国税の還付及び還付加算金に関する規定	
	第6章（60-69）	⑥ 本税に附帯して課される延滞税、利子税及び加算税に関する規定	租税法共通の附帯税制度
	第7章（70-74）	⑦ 更正、決定、徴収、還付などの期間制限に関する規定	期間制限
	第7章の2（74の2～74の13の4）	⑧ 質問検査権、税務調査手続に関する規定	税務調査手続等
	第7章の3（74の14）	⑨ 行政手続法との関係（処分の理由附記等）を規定	行政手続法との関係
	第8章（75-116）	⑩ 不服審査及び訴訟に関する規定	国税の不服審査及び訴訟
	第9章（117-125）	⑪ 納税管理人、端数処理、納税証明等に関する規定	雑則
	第10章（126-130）	⑫ 罰則に関する規定	罰則
	第11章（131-160）	⑬ 犯則事件の調査及び処分に関する規定	犯則事件

参考 **通則法の法形式の定め方**

通則法の法形式の定め方としては、次のような2つの方法があります。

我が国では、従前から税目ごとに各税法が存在していたため、ドイツ型方式と同じく、通則法を別個の法律として規定するという方法が採用されました。

米国型 ……通則法的な部分を含むすべての税法を統合して内国歳入法という形で一つの法律で規定（アメリカ、フランス型）

ドイツ型 ……各税法と別個の法律（独立法）として並立させる方式（日本、ドイツ型）

ドイツの租税通則法の規定の構成
(1) 所管官庁に関する規定……我が国では行政組織法で規定
(2) 納税の猶予、担保等といったいわゆる実体部分に関する規定
(3) 強制徴収に関する規定……我が国では徴収法で規定
(4) 罰則

第1節　国税通則法の概要

参考　国税通則法の規定の体系

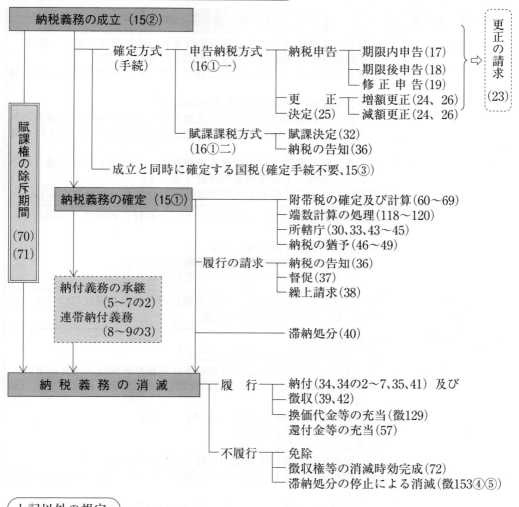

上記以外の規定

　　　通則法の目的(1)、用語の定義(2)
　　　人格のない社団等の取扱い(3)
　　　他の法律との関係(4、80、114)
　　　期間の計算(10)、期限の延長(11)
　　　書類の送達等(12〜14)
　　　国税の調査（税務調査手続）(74の2〜74の13の4)
　　　行政手続法の適用除外(74の14)
　　　不服審査及び訴訟(75〜116)
　　　納税管理人(117)
　　　納税証明(123)
　　　書類提出者の氏名、住所及び番号の記載等(124)
　　　政令への委任(125)
　　　守秘義務違反等の罰則(126〜130)
　　　犯則事件の調査及び処分(131〜160)
　(注)　上記の（　）書は、通則法の条文を示します。

第1章 総　　　則

 国税通則法の最近の主な改正

　通則法は、近年、納税環境の整備を図る観点等から多くの改正が行われています。
　平成18年度以降の主な改正事項は、次のとおりです。

改　正　年　度	主　な　改　正　事　項
平成18年度	・郵便等により提出される書類の発信主義の適用範囲の拡大（通22） ・更正の請求の特例制度の創設（通23②、通令6①四） ・必要と認める場合の他の税務署長への徴収の引継ぎ制度の改正（通43④） ・無申告加算税・不納付加算税制度の改正 　① 法定申告期限内に申告する意思があったと認められる場合の無申告加算税の不適用制度の創設及び同加算税の割合の引上げ（通66②⑥） 　② 法定納付期限内に納付する意思があったと認められる場合の不納付加算税の不適用制度の創設（通67③） ・相続税の物納に係る利子税の割合の特例の改正（通60②、64①）
平成19年度	・国税の納付委託制度（いわゆるコンビニ納付）の創設（通34の3～34の7） ・新信託税制に関する所要の整備 　① 信託の受託者の納税義務の承継（通7の2） 　② 法人の分割に係る連帯納付の責任（通9の2）
平成22年度	・租税に関する罰則の見直し→税務職員の守秘義務違反について、通則法に統一的な罰則規定（通126）
平成23年12月	・更正の請求関係 　① 更正の請求期間の延長（通23①） 　② 更正の請求に係る証明書類の添付義務の明確化（通令6②） 　③ 内容虚偽の更正の請求書の提出に対する処罰規定の創設（通127一） 　④ 更正の期間制限の延長（通70①一、②） 　⑤ 更正の請求範囲の拡大 ・税務調査手続の見直し 　① 税務職員の質問検査権の整備（通74の2～74の6、127三） 　② 税務調査において提出された物件の留置き手続の明確化（通74の7） 　③ 税務調査の事前通知の明確化（通74の9。例外は通74の10） 　④ 税務調査の終了の際の手続の明確化（通74の11） ・処分の理由附記の実施（通74の14①）
平成24年3月	・国外財産調書制度の創設に係る過少申告加算税等の特例（国外送金等6） ・税務行政執行共助条約等における徴収共助等により、国税について国外の財産から徴収できるようになること等を踏まえ、納税の猶予制度（通46）、延滞税の免除（通63）及び守秘義務違反に対する罰則（通126）等に関する規定の整備
平成25年度	・延滞税等の見直し 　① 延滞税の特例制度の見直し（通60②、措93②） 　② 利子税の特例制度の見直し

第1節　国税通則法の概要

	③　還付加算金の特例制度の見直し（通58①等） ・源泉所得税の納税地に移動があった場合における賦課決定等の所轄庁及び異議申立先等の見直し（通33②二、43②一、85①、86①②、通規12①ただし書） ・災害による期間延長等の場合の更正の請求に対する更正等の期間制限の延長（通71①三）
平成26年度	・納税の猶予の見直し（通46、46の2、47等） ・調査の事前通知の規定の整備（通74の9⑤、通規11の2） ・国税庁長官の法令解釈と異なる解釈等による裁決（通99①③）
平成26年6月	・行政不服審査法等の改正→国税の不服申立手続等の見直し（通75～77、77の2、78、80～95、95の2、96、97、97の2、97の3、97の4、98）
平成27年度	・更正の請求期間及び期間制限の整備 ①　法人税の純損失等の金額に係る更正等の延長（通23①、70②） ②　国外転出等特例の適用がある場合の更正決定等の期間制限（通70④三、通令29②） ・無申告加算税の不適用制度の適用対象となる期限後申告書の適用期間の延長（通66⑥） ・複数の税務代理人がある場合の調査の事前通知手続の整備（通74の9⑥） ・再調査手続の見直し（通74の11⑥） ・消費税の課税方式の見直しに伴う規定の整理（通2九、15②七、38③三等）
平成28年度	・合併等を無効とする判決が確定した場合における徴収手続の見直し（通9の2） ・クレジットカードによる国税の納付制度の創設（通34の3①二） ・延滞税の計算期間等の見直し ①　延滞税の計算期間の見直し（通61②） ②　延滞税の計算期間の見直しに伴う過少申告加算税の整備（通65④二） ・加算税制度の見直し ①　調査通知を受けて修正申告等を行う場合の過少申告加算税等の整備（通65①②⑤、66①②⑥） ②　短期間に繰り返して無申告又は仮装・隠蔽が行われた場合の無申告加算税等の加重措置の創設（通66④、68④）
平成29年度	・国税犯則調査手続等の通則法への編入（通131～160） ・災害等による期限延長制度における延長手続の拡充（通令3②） ・口座振替納付に係る納付情報の提供等の電子化（通34の2）
平成30年度	・利子税の額の計算の基礎となる期間（通64③） ・輸入物品に関する税関職員による消費税の調査に係る質問検査権の規定の整備（通74の2①）
平成31年度 （令和元年度）	・特定事業者等に対して必要な情報を照会するための手続の整備（通74の7の2） ・口座管理機関における加入者情報の管理制度の創設（通74の13の3）
令和2年度	・連結納税制度の見直しに伴う他の通算法人に対する質問検査権の整備（通74の2） ・国外財産調書制度及び財産債務調書制度に係る過少申告加算税等の特例の見直し（国外送金等6～6の3）

・国外取引等の課税に係る更正決定等の期間制限の見直し（通71①四）
・利子税及び還付加算金等の割合の引下げ（措93②、94①②、95）
・新型コロナウイルス感染症等の影響に伴う納税の猶予の特例(通46①)

4　国税通則法と他の税法等との関係

国税通則法と各税法等との関係

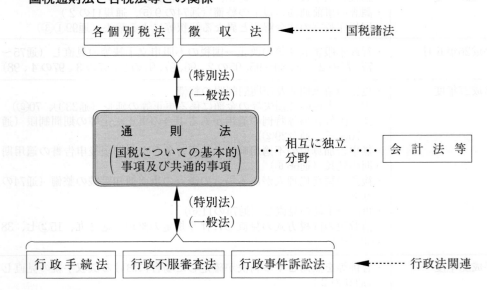

(1)　個別税法との関係

通則法とその他の税法との規定の関係は、次のようになっています。

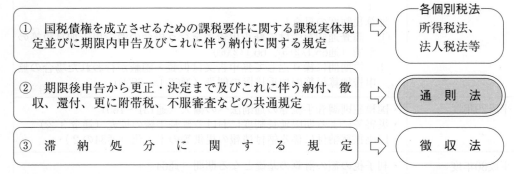

しかしながら、期限後申告から租税争訟に至る手続規定や相続等に係る包括承継、書類の送達などの共通的事項のすべてが通則法に規定されているわけではなく、各税固有の事情に基づく特例規定が各個別税法に部分的に散在している場合もあります。

すなわち、

| 所得税法その他の各税法 | ⇨ | 通常の納税者に関して各税固有の規定 |
| 通　　則　　法 | ⇨ | 各税法に通ずる一般的ないし共通的な規定 |

第1節　国税通則法の概要

その意味において通則法は、税法の一般法である地位を占めているということができます。ちなみに、通則法第4条《他の国税に関する法律との関係》では、この関係を明確にするため、通則法に規定した一般事項のうち「他の国税に関する法律に別段の定めがあるものは、その定めるところによる。」と規定しています。

(2) 国税徴収法との関係

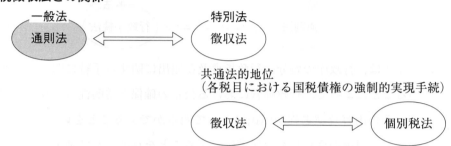

徴収法は、すべての国税について、滞納になった場合等における国税債権の強制的実現手続が定められています。その意味で、各個別税法の共通法的地位に立つことは、通則法の場合と同じことです。

このように、滞納処分手続に限っていえば、国税債権については、原則として徴収法が一般的に適用されるわけですが、その手続を行い得る権限の主体（徴収の所轄庁（通43、44、45））等の基本的な事項又はその手続の進行過程上の取扱いについての共通的な事項（納付義務の承継又は連帯納付義務、期間の計算及び期限の特例、書類の送達等（通5～14））については、通則法の定めるところに委ねられています。

したがって、通則法は、徴収法に対しても一般法ということになります。

> (注) 例えば、滞納処分の執行に当たって、ある納税者の行為が通則法第42条による詐害行為の取消権を行使した後に行うか、又はその行為を一応是認した上、徴収法第39条による第二次納税義務を負わすことによって行うかは、必ずしも一般法と特別法との関係をもって論ずることはできません。この意味では、一義的に決定できない場合があります（福岡高判昭和33.11.10・訟月5巻1号48頁参照）。
> 　さらに、通則法のなかには、納税の猶予（通46）、不服申立てがあった場合の滞納処分の続行停止等（通105）、その他滞納処分に関する特例規定が定められており、これらの規定は、純然たる滞納処分手続に関する徴収法の特例規定となっています。

(注) 国税徴収法基本通達1－1
　「他の法律との関係
　　（国税通則法との関係）
　1　国税についての基本的な事項及び共通的な事項を定めている国税通則法（以下「通則法」という。）の規定は、原則として、国税の徴収に関しても適用される。
　　国税徴収法（以下「法」という。）は、国税の滞納処分及び国税の徴収に関しては、

通則法に対し特別法の地位にあるので、法に特別の定めがある場合には、その規定が適用される（通則法第4条）。
　(注)　法に特別の定めがある例としては、法第171条《滞納処分に関する不服申立て等の期限の特例》等の規定がある。」

(3) 行政手続法との関係

　行政手続法は、行政庁の処分、行政指導及び届出に関する手続に関して共通する事項を定めることによって、行政運営における公正の確保と透明性（行政上の意思決定について、その内容及び過程が国民にとって明らかであることをいいます。）の向上を図り、もって国民の権利利益の保護に資することを目的として制定された法律です（行手1）。更正・決定、差押等の処分や修正申告のしょうよう、納付のしょうようについても、当然に適用されることになります。

　しかしながら、行政は極めて多岐にわたるものであり、すべての行政分野に一律に適用することは適当ではなく、本来の行政権の行使とみられないものや特殊性を有する分野等については、適用除外措置を講じる必要があるという観点から、行政手続法に対する特例規定（通74の14）が定められており、この意味で、通則法は、行政手続法の特別法となっています。

☞　第9章『行政手続法との関係』参照

(4) 行政不服審査法及び行政事件訴訟法との関係

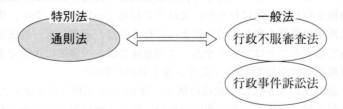

　国税に関する法律に基づく各種の処分（更正、決定、却下など）も行政庁による処分に該当しますので、これらの処分に不服がある場合や、これらの処分の取消しを求める裁判での訴えに対しても、当然これらの法律が適用されることになります。

　しかしながら、国税に関する法律に基づく処分については、それが大量反覆的に発生し、かつ、高度な技術性を有しているという点で他の処分とは著しくその性質を異にしています。

第1節　国税通則法の概要

このようなことから、通則法では同法の中（通則法第8章「不服審査及び訴訟」）で、これらの両法律に関する特例規定を置いています。この意味で、通則法は、行政不服審査法及び行政事件訴訟法の特別法となっています。

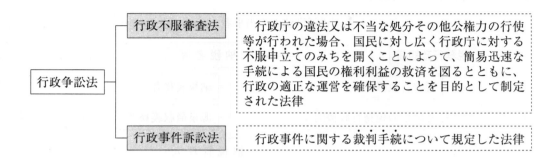

(5) 国税通則法と会計法等との関係

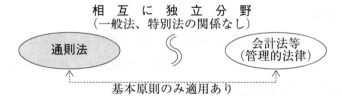

通則法は、国税に関する法律ですが、国税は国の歳入になるということから、この法律も結果的には財務に関する法律の一分野ということになります。したがって、財政の基本に関して定めた形式的意義の財政法の精神（財政法1）に従わなければなりません。特に、国の債権の免除等に関する規定（財政法8）及び国の財政管理の基本原則に関する規定（財政法9）が基本的には適用されることとなります。

また、財政には、国の内部で財産を管理し、会計を経理する作用も含まれていますので、国のあらゆる金銭収支に関する会計について規定した会計法及び国税の出納関係を規定した国税収納金整理資金に関する法律などがありますが、財政権力作用についての法規範である通則法は、これらの管理的法律とは規制の範ちゅうを異にしています。したがって、両者の間には一般法、特別法の関係は存在していません。もちろん、通則法とこれらの法律とは、密接な関連を有することはいうまでもありません。しかしながら、これまでにみてきたように、両者はその性質が基本的に異なったものであり、本来それぞれの面において独立して適用されるべき性質のものであると考えられています。

第1章 総　　則

第2節　国税通則法上の当事者等

1　国税通則法上の当事者

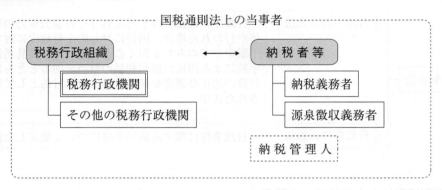

2　税務行政組織

　財務省は、国の財務に関する行政事務を一体的に遂行する機関として設置されています（財務省設置法4）。したがって、内国税や関税、とん税等の賦課徴収の権限も終局的には財務大臣に帰することになります。

　しかしながら、日々の執行については、これを専門的行政機関に任せることとしており、そのための機関として、国税庁をはじめとする税務行政機関が設けられています。

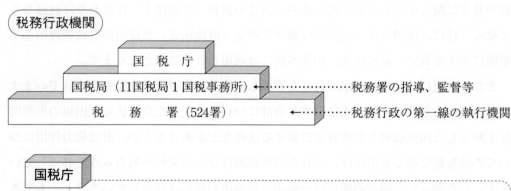

> 国税庁
> ①　国税庁は、内国税の適正かつ公平な賦課及び徴収の実現を図ることを主たる任務として設置されています（財務省設置法19）。
> ②　国税庁では、賦課、徴収に直接係わる事務は原則として行っていませんが、その事務は、第一線の執行機関である国税局及び税務署で行っています（財務省設置法23、24）。

国税局

① 国税局は、国税庁の地方支分部局として全国の主要地11か所に国税局（そのほか沖縄に国税事務所）が置かれています。

② 国税局は、税務署の指導、監督を行うほか、大規模法人の調査や大口滞納の整理、国税犯則取締法に基づく大口脱税の調査（いわゆる査察）については、自ら直接その事務を行っています。

税務署

① 税務の事務を第一線で担当しているのは税務署です。ここでは、内国税の賦課、徴収に関する事務のうち、国税局で所掌している事務を除くすべての事務が行われています。

② 税務署は、全国で524か所（令和2年7月現在）に置かれています。

その他の税務行政機関

　租税のうち、関税、とん税及び特別とん税については、財務省の関税局及びその地方支分部局である税関でその事務が行われています。

　なお、税関では、輸入貨物に対して課される消費税などの内国税の賦課、徴収の事務も併せて行われています。

　また、登録免許税については、登記所や特許認可等を担当する官庁又は団体の長（例えば、税理士登録の場合における日本税理士会連合会会長など）が、自動車重量税については、国土交通大臣（その下部機関及び軽自動車検査協会を含みます。）が、その具体的執行を担当しています。

3 納税者等

税務行政の一方の当事者は税務行政機関ですが、これに対するもう一方の当事者は**納税者**になります。

納税者は、各税法の規定による国税の**納税義務者**と源泉徴収等による国税を徴収して国に納付しなければならない者（**源泉徴収義務者**）とに分けられます（通2五、所5、6ほか）。

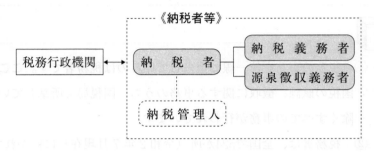

（納税義務者）

納税義務者とは、所得税法、法人税法又は相続税法など各個別税法に定めるところにより国税を納付すべき義務がある者をいいます（所5、法4、相1の3及び4ほか）。

ただし、通則法では、徴収法に規定する国税の保証人及び第二次納税義務者は納税義務者から除かれています（通2五）。これは、これらの者は納税義務者でありますが、それは本来の納税義務者がその義務を履行しないがために補充的に納税義務を負う者であるとされているためです。

また、国税に関する法律においては、当初の課税物件の帰属者としての納税義務者のほか、その課税物件の移転等が行われた場合の承継者等、次に掲げる者も納税義務者として定めています。

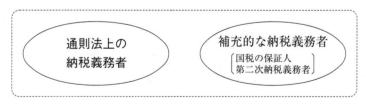

第2節　国税通則法上の当事者等

納　税　義　務　者	根　拠　条　文
相続又は合併その他権利義務の包括承継に基因して納付義務を承継する者	通則法5①、6、7、7の2①～④等
国税を承継することとなった新会社	会社更生法169①
納付責任を負う者	通則法5③、7の2⑤
連帯納付の責任を負う者	通則法9の2、法人税法81の28、相続税法34（通基通2－1）、地価税法29
連帯納付義務者	通則法9、自動車重量税法4、登録免許税法3、印紙税法3②又は輸徴法20（関税法13の3準用）

参考 **国税通則法上及び国税徴収法上の納税者**

通則法上（通2五）の納税者

第二次納税義務者・保証人 を除く

⇩

　通則法上は、本来の納税義務の成立、確定及び納付等について規定し、滞納に陥った場合に、本来の納税者の租税債務を補充する第二次納税義務者及び保証人に関する規定については、原則的に徴収法の定めるところに任せることとしたので、このように納税者の定義から第二次納税義務者及び国税の保証人を除くこととしたものです。

徴収法上（徴2六）の納税者

第二次納税義務者・保証人 を含む

⇩

　徴収法上、滞納処分等の手続及び国税が他の債権と競合した場合の優先権の関係において、第二次納税義務者又は保証人が本来の納税者同様に滞納処分等の手続の対象となることがあり、また、これらの者に係る国税と他の債権との優先権の関係が問題となるので、同法中の納税者にはこれらの者を含めることとしたものです。

納税管理人

　納税管理人は、納税者自体ではありませんが、納税者の代理人としての性質を有し、その権限内でした行為については、直接納税者にその効力が及びます。

☞「第11章　雑則　第1節　納税管理人」参照

— 15 —

第1章　総　　　則

| 参考 | 国税徴収法上の納税者 |

徴収法上の納税者

納税義務者
所得税法、法人税法又は相続税法など各個別税法に定めるところにより国税を納付する義務がある者（所5、法4、402、地法4、相1の3及び4ほか）

(注)　次に掲げる者についても、その国税の徴収のために必要な範囲において納税者として取り扱います（徴基通2−10(9)）。
(1)　保全差押えを受ける者（徴159）
(2)　繰上保全差押えを受ける者（通38③）

源泉徴収義務者
給与所得者などの源泉徴収を受ける者から国税を徴収して国に納付する義務がある者（所181等、通2五、所6）

第二次納税義務者
第二次納税義務の規定により納税者の国税を納付する義務を負う者（徴2七）

・合名会社等の社員、清算人等の第二次納税義務（徴33、34）
・同族会社の第二次納税義務（徴35）
・実質課税額等の第二次納税義務（徴36）
・共同事業者の第二次納税義務（徴37）
・事業を譲り受けた特殊関係者の第二次納税義務（徴38）
・無償又は著しい低額の譲受人等の第二次納税義務（徴39）
・人格のない社団等に係る第二次納税義務（徴41）

(注)　譲渡担保財産に対する滞納処分（徴24③④）を受ける譲渡担保権者は、その譲渡担保財産からの徴収に必要な範囲において、第二次納税義務者に該当します。（徴基通2−11）

保証人
納税者の国税の納付について保証をした者（徴2八、徴基通2−12）

(注)　担保の処分の規定（通52①）により処分を受ける担保財産の所有者である物上保証人も、その国税の徴収のために必要な範囲内において、納税者として取り扱います（徴基通2−10(10)）。

連帯納付義務者
国税について連帯納付の義務又は責任を負う者（相34、登3、通9、9の2等）

納税義務の承継者
相続、包括遺贈又は合併等により国税の納税義務を承継した者（通5〜7）

受託者の変更等により信託に係る国税について納付義務を承継した者（通7の2）

更生手続中の会社の国税を承継することとなった新会社（更232①）

源泉徴収義務者

　源泉徴収等による国税を徴収して国に納付しなければならない者も、通則法では納税者として税務行政機関に対応する他方の当事者となります（通2五）。

　その代表的なものは、**源泉徴収義務者**です。源泉徴収義務者は、自ら税の負担をするわけではありません。その意味では、個別税法で規定されている納税義務者とは異なります。しかしながら、国との間における源泉所得税の徴収及び納付の面では、通則法でいう「納税者」としての立場に区分されます。

(注)　源泉徴収を受けている者（いわゆる受給者）は、課税庁との関係でいえば当事者ではありません。したがって、源泉徴収義務者に対する納税告知についての不服申立て等ができるのは、源泉徴収義務者に限られています（最一判昭和45.12.24・民集24巻13号2243頁）。

　同様に、受給者が申告する場合にも、源泉徴収税額が正しいものとして申告しなければならないこととされています（最三判平成4.2.18・民集46巻2号77頁）。

4　人格のない社団等

　法人でない社団又は財団で代表者又は管理人の定めがあるもの（人格のない社団等）は、法人とみなして通則法の規定を適用します（通3）。換言すれば、人格のない社団等は、通則法第3条の規定により法人とみなされることによって、租税上の権利義務の主体たる地位に立つことにつき、法人と同様になります。

第3節　納付義務の承継

1　納付義務の承継の意義等
(1)　納付義務の承継の意義
　国税に関する債権債務は、私法上の債権債務と異なり、一般的には移転しません。
その理由は、

> ①　国税は、特定の納税者に対して国税に関する法律に定める課税要件を充足する具体的事実が生じたときに課税されるもので、国税に関する法律は、その特定の納税者に一定の担税力を予定していること。

> ②　国税債務の自由な移転は、国税徴収の確保を危うくするおそれがあること。
> 例えば、履行能力のない者への移転は、国税債務の履行を回避する道を開き、徴収における公正が阻害されること。

しかしながら、

> 国税債務は、その内容が金銭の給付を目的とするものであり、その限りでは一身専属性がないことから、私法上の関係において権利義務の包括承継がある場合には、国税債務も承継の対象になります。

納付義務の承継

(2)　納付義務の承継の態様
　通則法に規定する納付義務の承継には、次のような態様があります。

①　相続による国税の納付義務の承継（通5）	納税者につき相続があった場合、その相続人に納付義務が承継されます。
②　法人の合併による国税の納付義務の承継（通6）	被合併法人の国税の納付義務は、合併法人に承継されます。
③　人格のない社団等に係る国税の納付義務の承継（通7）	人格のない社団等に係る国税債務を、当該社団等の財産に属する権利義務を包括承継した場合、その法人に納付義務が承継されます。
④　信託に係る国税の納付義務の承継（通7の2）	受託者の任務が終了し、新たな受託者が就任した場合及び受託者である法人の分割により、その受託者として権利義務を承継した法人がある場合、これらの者に信託に係る国税の納付義務が承継されます。

(3) 納付義務の承継の対象

　納付義務の承継の対象となるのは、相続があった場合と法人の合併があった場合であり、それぞれ被相続人又は被合併法人（以下「被相続人など」といいます。）の納付義務は、一般の私法上の金銭債務と同様に、相続人又は合併法人（以下「相続人など」といいます。）に承継されます。

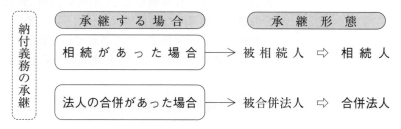

2　納付義務を承継する国税

納付義務を承継する国税	① 被相続人などに課されるべき国税	納税義務が成立しており、今後の確定手続が必要とされる国税（通基通5-4、6-1）
	② 被相続人などが納付すべき国税	納税義務が具体的に確定している国税で納期限が経過して滞納になっている国税及びまだ納期限の到来していない国税（通基通5-5、6-1）
	③ 被相続人などが徴収されるべき国税	源泉徴収される国税（被相続人などが源泉徴収されるべき国税で、まだ徴収されていないもの）（通基通5-6、6-1）

　相続により承継される国税は、①被相続人などに課されるべき国税、②被相続人などが納付すべき国税、③被相続人などが徴収されるべき国税をいいます。

　「被相続人などに課されるべき国税」とは、相続開始時において、被相続人などにつき既にその課税要件を充足し、国税の納税義務が成立しているが、まだ申告、更正決定等の確定手続がなされていないことから、納税義務が具体的に確定するに至っていない国税をいい、今後において確定手続が行われるものです。

　また、「被相続人などが納付すべき国税」、又は「被相続人などが徴収されるべき国税」とは、相続開始の時において、被相続人などに係る国税として既にその納付義務が具体的に確定しているが、まだ納付又は徴収がなされていない国税をいい、今後において納付又は徴収が行われるものです。

（注）　この通則法第5条第1項の「国税」には、滞納処分費が含まれます。

第1章 総　　則

3　納付義務の承継の効果

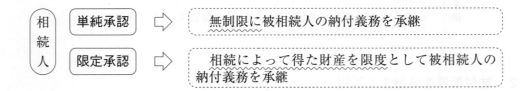

　納付義務の承継があった場合には、相続人などは、被相続人などが有していた税法上の地位を承継し、被相続人などの国税に係る申告、不服申立て等の手続の主体となり、また、税務署長による税額確定処分等の相手方になります。したがって、税務署長等は、被相続人などに対して行った更正、決定、督促又は差押えに基づき、相続人などに対しそれぞれ必要な手続を進めることができます。

　なお、この場合、相続人が単純承認しているときは、無制限に被相続人の納付義務を承継しますが、限定承認をしているときには、相続によって得た財産を限度として被相続人の納付義務を負います（通5①）。

> 参考　相続の場合における胎児の国税の納付義務の承継については、その出生時までは相続人でないものとして取扱い（通基通5-2）、出生後に、必要に応じて国税の確定手続の修正及び徴収手続を行うことが実情に適することとなります。

4　共同相続人の承継

　共同相続人の承継 ⇒ 納付責任額

(1)　承継税額の按分

　相続人が2人以上の場合における各相続人の承継する国税の額は、限定承認がされない場合には、民法第900条から第902条まで（法定相続分、代襲相続分、指定相続

— 20 —

分）に定める相続分により、按分して計算した額になります（通5②）。この場合において、基準となる相続分は、まず指定相続分、次いで法定相続分及び代襲相続分です。なお、これと異なる遺産分割が行われた場合にも、各相続人の承継税額は上記に定める相続分によります。

> **参考** **連帯納税義務の承継**
>
> 連帯納税義務者の一人が死亡し、その相続人が二人以上あるときは、各相続人は、被相続人の連帯納付義務に係る国税をその相続分に応じて承継し、その承継税額の範囲で他の連帯納付義務者とともに連帯納付の義務を負うものと解するのが相当であるとされた事例（最二判昭和34.6.19民集13巻6号757頁）。

(2) 納付責任

　相続人が2人以上ある場合には、相続によって得た財産の価額が、この計算した承継税額を超える者があるときは、その相続人は、その超える価額を限度として、他の相続人が承継した税額を納付する責任を負うことになります。これを**納付責任額**といいます（通5③）。

　「相続によって得た財産の価額」とは、遺産分割が行われた後であれば、その遺産分割によって相続人が現実に得た財産の価額をいい、遺産分割前であれば総遺産の価額に相続人の相続分を乗じた額ということになります。

　○　共同相続の場合における納付責任額

相　続　に　よ　っ　て　得　た　財　産　の　価　額
（遺産分割が行われた後‥その遺産分割によって相続人が現実に得た財産の価額） （遺産分割前‥‥‥‥‥‥‥‥総遺産の価額に相続人の相続分を乗じた額）

承　継　税　額	納　付　責　任　額
（法定相続分などにより按分した承継税額）	（他の相続人の承継した税額の納付責任額）

(注)1　「相続によって得た財産の価額」
　　　　相続によって得た財産の価額は、相続があった時におけるその相続により承継した積極財産の価額によります（通基通5－14）。
　　2　納付責任を負う者が納付し、又はその者から徴収した金額は、まずその者の承継税額に充て、これを超える部分は納付責任に基づく他の相続人の承継税額に充てられ、他の相続人が承継税額として納付すべきものがそれだけ減少します。
　　3　共同相続人に対する徴収手続は、各人に対して行います。この場合、納付責任の額、指定相続分等で対外的に明らかでないものがあるときは、抽象的金額で納税の告知等をすることが許されます。なお、法定相続分により計算した額で納税の告知等がされた後、指定相続分が判明したときは、その後の手続は、その相続

分により承継税額を訂正して行うこととなります。

　また、承継税額について納税の告知、督促又は滞納処分が行われた後、遺言、認知、出生等により新たな相続人が出現したときは、その者に新たに納税の告知等を行いますが、他の相続人に対しては税額の変更のみを通知します。この場合や遺産分割等の場合に生ずることのある超過納付額については、認知の効力及び遺産分割の効力は第三者の既得権を害し得ないものとしている民法第784条ただし書及び第909条ただし書の趣旨からいって、既納付に係る承継国税及び納付責任の消滅の効果に影響を及ぼさないものと解されます。

《事例》被相続人Ａの滞納税金　200万円

　　　　相続財産の価額　300万円

　　　　相続人　　相続人の妻Ｂ、長男Ｃ、長女Ｄ

	Ｂ（妻）	Ｃ（長男）	Ｄ（長女）
法 定 相 続 分	1／2	1／4	1／4
相 続 財 産（①）	150万円 $\left(300万×\dfrac{1}{2}\right)$	75万円 $\left(300万×\dfrac{1}{4}\right)$	75万円 $\left(300万×\dfrac{1}{4}\right)$
承 継 税 額（②）	100万円 $\left(200万×\dfrac{1}{2}\right)$	50万円 $\left(200万×\dfrac{1}{4}\right)$	50万円 $\left(200万×\dfrac{1}{4}\right)$
納 付 責 任 額 （超える価額（①—②））	50万円	25万円	25万円

➤　相続人が２人以上ある場合の承継税額

　通則法第5条第2項の適用については、遺言による相続分の指定がない限り、民法第900条及び第901条の規定により算出した相続分によります（通基通5-8-2）。

　なお、この取扱いは、令和元年7月1日以後に適用されます。

《参考裁決》

○　共同相続人による国税の納付義務の承継割合は遺産分割の割合によるものではないとした事例　（昭和45年11月6日裁決・裁決事例集 No.1－3頁）

　共同相続人の納付義務の承継割合は、民法に規定する相続分の割合によることとなっており、たとえ遺産分割の協議で特定の相続人のみに相続させることとしても、納付義務の承継割合には影響を及ぼさない。

○　被相続人が外国人である場合の共同相続人の国税の納付義務の承継額は本国法によるとした事例　（昭和47年11月16日裁決・裁決事例集 No.5－1頁）

　相続人が国税通則法第5条の規定により被相続人の国税の納付義務を承継する場合に

おいて、相続人が2人以上あるときは、同条第2項の規定により各相続人の国税の承継額は民法第900条から第902条までの規定によるその相続分によりあん分計算することとなっているが、被相続人が外国人である場合には、法令第25条の規定により相続は被相続人の本国法によるものであるから、国税通則法第5条第2項の規定の適用については、被相続人の本国法による相当規定により承継額を計算することが相当である。

> ○　請求人に相続による納付義務の承継があったことを前提として行われた本件差押処分について、請求人が相続放棄をしているから違法である旨の主張が認められなかった事例　（平成10年2月19日裁決・裁決事例集 No.55－1頁）

　請求人は、被相続人の死亡当時被相続人と住所を同じくしており、また、請求人が被相続人の死亡当日に死亡届出を行っているのであるから、被相続人の死亡の日にその事実を知ったものと認めるのが相当である。

　また、請求人らがJセンターへ売却した不動産は、被相続人の死亡により相続財産となり、平成7年3月31日受付で相続を原因として請求人の法定相続分とは異なる持分による所有権移転登記がなされているから、請求人は、遅くとも当該登記受付の日までに、遺産分割協議書に署名捺印することにより被相続人が死亡した事実を知ったことになる。

　以上のとおり、請求人は民法第921条第2号に規定する同法第915条第1項の期間内に相続の放棄をしなかったときに該当するから、請求人がW家裁に相続放棄申述書を提出してなした相続の放棄は、同家裁の受理審判にかかわらず、それが効力を有するための実体的要件を欠いて無効であり、同法第921条の規定により単純承認したものとみなされる。

　したがって、請求人は、民法第920条の規定により、無限に被相続人の権利義務を承継し、相続人として国税通則法第5条第1項及び第2項の規定に基づき、法律上当然に被相続人の滞納国税のうち請求人の法定相続分である4分の1の額725,825円を承継し、この納付義務を負う。

　また、本件差押処分の手続に違法な点はない。

第4節　連帯納付義務等

1　連帯納付義務等

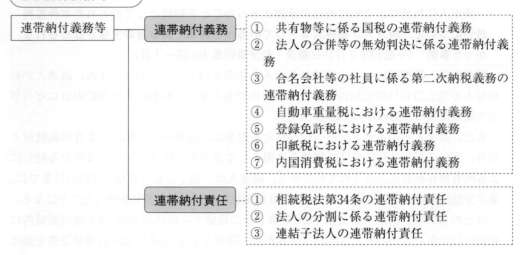

2　連帯納付義務
(1)　連帯納付義務の形態

　2人以上の納税者が国税の納付について各自独立に全額を納付する義務を負っている場合において、そのうちの一人が納付すれば他の者の租税債務も消滅することとされているものがあります。

　しかしながら、これらの義務を履行しない場合には債務者である納税者全員が納付義務を負うことになります。これが「連帯納付義務」といわれるものです。

　現在、国税に関し連帯納付義務が課されているものには、次のようなものがあります。

連帯納付義務の形態

連帯納付義務
　① 共有物等に係る国税の連帯納付義務
　　共有物、共同事業又は当該事業に属する財産に係る国税は、その納税者が連帯して納付する義務を負います（通9）。すなわち、同一の課税物件が2人以上の者に帰属する場合の納税義務は、それらの者の連帯納付義務として成立します。

第4節　連帯納付義務等

② 法人の合併等の無効判決に係る連帯納付義務

　合併又は分割（以下「合併等」といいます。）を無効とする判決が確定した場合には、その合併等をした法人は、合併後存続する法人若しくは合併により設立した法人又は分割により事業を承継した法人の当該合併等の日以後に納税義務（通則法第15条第1項（納税義務の成立及びその納付すべき税額の確定）に規定する納税義務をいいます。）の成立した国税（その附帯税を含みます。）について、連帯して納付する義務を負います（通9の2）。

③ 合名会社等の社員に係る第二次納税義務の連帯納付義務

　合名会社、合資会社又は税理士法人等の士業法人の滞納国税について、無限責任社員が2人以上いる場合、当該2人以上の無限責任社員は、互いに連帯して第二次納税義務を負います（徴33）。

④ 自動車重量税における連帯納付義務

　自動車検査証の交付等を受ける者又は車両番号の指定を受ける者が2人以上いる場合には、これらの者は連帯して自動車重量税を納付する義務を負います（自4①）。

　また、自動車の使用者と所有者とが異なる場合には、その所有者も連帯納付義務者となります（所有権留保付売買の場合の売主、譲渡担保の場合の担保権者を除きます。）（自4②）。

⑤ 登録免許税における連帯納付義務

　登記等を受ける者が2人以上いるときは、これらの者は連帯して登録免許税を納付する義務を負います（登3）。

⑥ 印紙税における連帯納付義務

　一つの印紙税課税文書を2人以上の者が共同して作成した場合には、その2人以上の者は、その作成した課税文書につき、連帯して印紙税（過怠税を含みます。）を納付する義務を負います（印3②）。この場合も、印紙税法第5条による非課税法人等がその共同作成者の一方の当事者であって、他の者が他の当事者となるときは、他の当事者が2人以上いるときを除き、連帯納付義務は生じません。

⑦ 内国消費税における連帯納付義務

　輸入許可を受け、又は輸徴法第9条第1項（関税73①）による輸入許可前引取りの承認を受けて引き取られた課税物品に対する内国消費税に不足があった場合において、その許可又は承認の際、その課税物品の輸入者の住所及び居所が明らかでなく、又はその者が課税物品の輸入者でないことを申立て、かつ、通関業者（通関業法第3条の許可を受けた者）が、その通関業務の委託を受けた者を明らかにできなかった場合には、その通関業者は、課税物品の輸入者と連帯してその不足額につき納付する義務を負います（輸徴20、関税13の3）。

第1章　総　　　則

(2)　連帯納付義務の効果

「連帯納付義務」については、民法第436条、437条及び441条から445条までの規定が準用されます（通8）。

令和2年4月施行の民法の一部改正により、通則法が準用する連帯債務の規定が改正されて、連帯債務の効果につきそれまでは、一人の債務者に生じた事由が他の債務者に及ぶこと（絶対的効力）が広く認められていたものを、原則として他の債務者には及ばないこと（相対的効力）になりました（民441）。

区　　　分	国税の連帯納付義務の内容
①　連帯納付義務者からの徴収	税務署長は、その納税者の一人に対し、又は同時に若しくは順次に全ての納税者に対し、連帯納付義務に係る国税の全部又は一部の履行を請求（納税の告知、督促）し、滞納処分を行うことができます。
②　連帯納付義務の消滅	連帯納付義務者の一人がした納付の効果は、他の全員に及び、その納付があった範囲において全員の連帯納付義務が消滅します。 連帯納付義務者の一人にした延滞税の免除や滞納処分の停止等は、他の連帯納付義務者には及びません。
③　履行の請求等の手続	連帯納付義務者の一人に対して履行の請求（納税の告知、督促）を行っても、他の連帯納付義務者にはその効力は生じません。 連帯納付義務者の一人にした納税の猶予又は換価の猶予は、他の連帯納付義務者には及びません。
④　時効の完成猶予及び更新	督促や差押えなどにより、連帯納付義務者の一人について時効の完成猶予及び更新の効果が生じても、他の連帯納付義務者にはその効果が及びません。換価の猶予等による時効の不進行も同様です。
⑤　破産手続に対する交付要求	連帯納付義務者の一人につき破産手続開始の決定があったときは、連帯納付義務に係る国税の全額について交付要求をすることができます（破104①）。
⑥　連帯納付義務者の求償関係	連帯納付義務者の一人が国税を納付したときは、他の連帯納付義務者に対し、それぞれの負担部分につき求償権を有することになります（民442～444）。

— 26 —

第4節　連帯納付義務等

3　連帯納付責任

　相続税における相続人及び連結納税を選択した法人については、それぞれが納付すべき額について、互いに連帯して納付する責任を負うこととされています（相34①②、法81の28）。これらは、連帯納付義務ではありませんが、その特質により相互保証的に連帯納付責任を負うこととされているものです。

　しかしながら、実質的効果としては連帯納付義務に近い効果を有しています。

連帯納付責任

> **相続税法第34条の連帯納付責任**
>
> （1）　**相続人又は受遺者が2人以上いる場合の連帯納付の責任**
>
> 　相続人は、その相続又は遺贈により取得した財産に係る相続税について、その相続又は遺贈により受けた利益の価額に相当する金額を限度として、互いに連帯納付の責任を負います。ただし、相続税については、次に掲げる場合には連帯納付義務は負いません（相34①）。
>
> ①　本来の納税義務者の相続税の申告書の提出期限から5年を経過する日までに税務署長等が連帯納付義務者に対して相続税法第34条第6項の規定による通知（納付通知書）を発していない場合
>
> ②　本来の納税義務者が延納の許可を受けた相続税額に係る相続税
>
> ③　本来の納税義務者が相続税の納税猶予の適用を受けた相続税額に係る相続税
>
> （2）　**死亡者の相続税又は贈与税の連帯納付の責任**
>
> 　被相続人が相続税又は贈与税を未納にしたまま死亡した場合、被相続人の相続税又は贈与税について、相続人は、相続又は遺贈により受けた利益の価額に相当する金額を限度として、互いに連帯納付の責任を負います（相34②）。
>
> （3）　**相続又は遺贈により取得した財産が贈与された場合**
>
> 　相続税の課税価格の計算の基礎となった財産が、贈与、遺贈又は寄附行為により移転があった場合には、その贈与若しくは遺贈によって財産をもらった者又はその寄附行為によって設立された法人は、その贈与等をした者が納めるべき相続税のうち、取得した財産の価格に対応する部分の金額について、その受けた利益の価額に当たる金額を限度として、連帯納付の責任を負います（相34③）。
>
> （4）　**財産を贈与した者の連帯納付の責任**
>
> 　財産を贈与した者は、その贈与により財産を取得した者の当該財産を取得した年分の贈与税額に当該財産の価額が当該贈与税の課税価格に算入された財産の価額うちに占める割合を乗じて算出した金額として政令で定める金額に相当する贈与税について、当該財産の価額に相当する金額を限度として、互いに連帯納付の責任を負います（相34④）。
>
> （5）　**贈与税を課税された財産を取得した者の連帯納付の責任**
>
> 　贈与税の課税価格の基礎となった財産が更に受贈者から贈与若しくは寄附行為により移転した場合には、その贈与により財産を転得した者又は寄附行為により

設立された法人は、贈与をした者の納めるべき贈与税額のうち、その取得した財産の価額に対応する部分の金額について、その受けた利益の価額に相当する金額を限度として連帯納付の責任を負います（相34③）。

法人の分割に係る連帯納付責任

　法人が分割をした場合、その分割により営業を承継した分割承継法人は、その分割法人の分割前の国税について、連帯納付責任を負います。ただし、その分割法人から承継した財産の価額を限度とすることとされています（通9の3）。

　この連帯納付責任の対象となる分割法人の分割前の国税は、分割法人の次に掲げる国税とされています（通9の3一、二）。
　① 分割の日前に納税義務の成立した国税
　② 分割の日の属する月の前月末日までに納税義務の成立した移出に係る酒税等及び航空機燃料税

連結子法人の連帯納付責任

　法人税法第81条の28の規定において、連結子法人は連結親法人との間に連結完全支配関係がある期間内に納税義務が成立した連結親法人の連結法人税について、連帯納付責任を負うこととされています。法人の分割に係る連帯納付責任の場合と異なり、この連帯納付責任については、限度額は設けられていません。

 相続税法第34条の連帯納付義務の概要

1　相続税法第34条第1項の連帯納付義務

　相続税の納付については、次に掲げる場合を除き、各相続人等が相続又は遺贈により受けた利益の価額を限度として、相互に連帯して納付しなければならない義務が課されています（相34①）。これを「連帯納付義務」といいます。
① 本来の納税義務者の相続税の申告書の提出期限等から5年以内に、相続税法第34条第6項に規定する「納付通知書」を発していない場合
② 本来の納税義務者が延納の許可を受けた相続税額に係る相続税
③ 本来の納税義務者が農地や非上場株式などの相続税の納税猶予の適用を受けた相続税額に係る相続税

第4節　連帯納付義務等

2　連帯納付義務者に対して連帯納付義務の履行を求める場合の手続

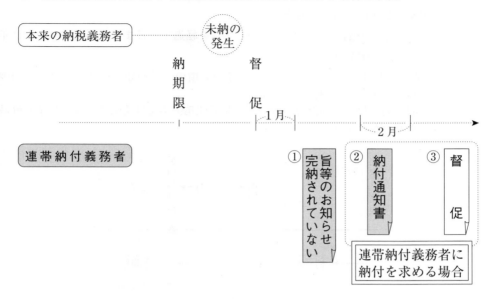

*　連帯納付義務者へのお知らせ・通知書・督促
―督促状送付後―
(1)　相続税について督促状が発せられて1月を経過しても完納されていない場合には、他の相続人等（連帯納付義務者）に対して、「完納されていない旨等のお知らせ」（上図①）を送付します（相34⑤）。
―連帯納付義務者に納付を求める場合―
(2)　上記(1)の送付後、なお本来の納税義務者の履行がなされないことから、連帯納付義務者にその納付を求める場合には、連帯納付義務者に対して納付すべき金額や納付場所等を記載した「納付通知書」（上図②）を送付します（相34⑥）。
(3)　上記(2)の納付通知書が送付された日から2月を経過してもなお完納されない場合は、連帯納付義務者に対して「督促状」（上図③）を送付します（相34⑦）。
(4)　税務署長等は、上記(1)から(3)にかかわらず、連帯納付義務者に通則法第38条第1項各号に規定する繰上請求に該当する事実があり、かつ、相続税の徴収に支障があると認められる場合には、その連帯納付義務者に対し同法第37条の規定による督促を行います（相34⑧）。

3　連帯納付義務者に納付を求める場合の延滞税等について

　連帯納付義務者が相続税法第34条第1項の規定により、連帯納付義務者に係る相続税を納付する場合は、相続税法第51条の2の規定により、利子税又は延滞税が課されます。
　イ　納付基準日までに納付する場合
　　　法定納期限の翌日から納付基準日までの期間について、年7.3％の割合による利子税
　　　ただし、平成23年3月31日以前の期間については、年14.6％の割合（納期限の翌

日から2月を経過する日までの期間については年7.3%の割合）の延滞税
ロ　納付基準日後に納付する場合
　14.6%の割合（納付基準日の翌日から2月を経過する日までの期間については年7.3%の割合）の延滞税
(注)1　「納付基準日」とは、相続税法第34条第6項の納付通知書が発せられた日の翌日から2月を経過する日をいいます。
　　2　上記の利子税及び延滞税の割合は、措置法第93条又は第94条の規定により軽減された割合となります。

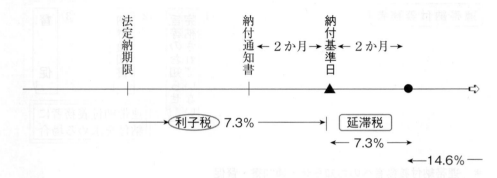

《参考判決》

○　相続税の連帯納付義務の確定手続の要否が争われた事例

　「相続税法第34条第1項は連帯納付の義務を規定するが、同法の法文の構成、配列よりみると、この規定は相続税債務が確定した後における納付についての規定、即ち徴税に関する定めであると解することができ、したがって、法は連帯納付義務について本来の租税債務と別個に確定手続きをとることを予想しているようには見えない。実質的にみても、連帯納付の義務者とされている者は、本来の納税義務者と同じ原因に基づき納税義務者となる共同相続人という身分関係者に限られ、かつ、その者の責任は相続により受けた利益の価額に相当する金額を限度とするばかりでなく、そもそも相続税は相続財産の無償移転による相続人の担税力の増加を課税根拠とするとはいえ、一面被相続人の蓄積した財産に着目して課される租税で、いわば被相続人の一生の税負担の清算という面を持っているのであるから、右相続税法の規定による連帯納付義務者に民法上の連帯保証類似の責任を負わせ、租税債権の満足を図っても、必ずしも不合理、不公平とはいえない。したがって、右連帯納付の義務は法が相続税徴収の確保を図るため、共同相続人中無資力の者があることに備え、他の共同相続人に課した特別の履行責任であって、その義務履行の前提条件をなす租税債権債務関係の確定は、各相続人の本来の納税義務の確定という事実に照応して、その都度法律上当然に生ずるものであり、本来の納税義務につき申告納税の方式により租税債務が確定するときは、その他に何らの確定手続を要するものでないと解するのが相当である。」と判示しています（大阪高判昭和53.4.12・民集34巻4号563頁）。

第4節　連帯納付義務等

○　相続税法第34条第1項の連帯納付の確定手続

　　相続税法第34条第1項の連帯納付の確定手続については、この「連帯納付義務は、同法が相続税徴収の確保を図るため、相互に相続人等に課した特別の責任であって、その義務履行の前提条件をなす連帯納付義務の確定は、各相続人等の固有の相続税の納付義務の確定という事実に照応して、法律上当然に生ずるものであるから、連帯納付義務につき格別の確定手続を要するものではないと解するのが相当である。それ故、相続人等の固有の相続税の納付義務が確定すれば、国税の徴収にあたる所轄庁は、連帯納付義務者に対して徴収手続を行うことが許されるものといわなければならない」とされています（最三判昭和55.7.1・民集34巻4号535頁）。

○　相続税法第34条に基づく連帯納付義務における補充性と附従性

　　（相続税法第34条第1項に基づく連帯納付義務についての補充性の有無）

　　相続税法第34条第1項は、相続人が二人以上ある場合に、各相続人に対し、自らが負担すべき固有の相続税の納付義務のほかに、他の相続人等の固有の相続税の納付義務について、相続または遺贈により受けた利益の価額に相当する金額を限度として互いに連帯納付義務を負わせている。この連帯納付義務は、相続税法が相続税徴収の確保を図るために、相互に各相続人等に課した特別の責任であり（最判昭和55年7月1日参照）、本来の納税義務者以外の者に納付義務を負わせるものである点において、納税保証債務（通50六）や第二次納税義務（徴32）に類似するが、補充性を有しない点においてこれらと性質を異にする。本来の納税義務者が負う納税義務とこれについて他の相続人が負う連帯納付義務との関係は、主たる債務と連帯保証債務との関係に類似し、連帯納付義務は、本来の納税義務者の納付義務に対して付従性を有すると解される。

　　したがって、本来の納税義務者について生じた時効中断の事由は、連帯納付義務者についても効力を生じると解するのが相当である（大阪高判平13.9.28）。

　　（本来の納税義務と連帯納付義務の時効の完成猶予及び更新の関係）

　　相続税法第34条第1項の連帯納付義務は、いわば民法上の連帯保証債務に準じる特殊な法定の人的担保と解され、その限度において通則法第8条の適用は排除されるとされています（東京高判平20.4.30・訟月55巻4号1952頁）。そのため、通則法第8条及び改正民法の第436条以下（連帯債務）の規定にかかわらず、本来の納税者において生じた時効の完成猶予及び更新の効果は、連帯納付義務者に及ぶことになります。

第1章 総　　則

第5節　書類の送達及び提出

1　書類の送達

　国税に関する法律の規定に基づいて、税務署長その他の行政機関の長又はその職員が発する書類は、郵便若しくは信書便による送達又は交付送達により、その送達を受けるべき者の住所又は居所（事務所及び事業所を含みます。）に送達します（通12①）。

　国税の賦課、徴収等の行政処分は、原則として、この書類を受けるべき者への送達によって効力が生じます。

(注)1　「その他の行政機関」としては、税関、国税局、国税庁、国税不服審判所並びに登録免許税及び自動車重量税の取扱官庁があります。
　　2　「職員が発する書類」としては、滞納処分を行う徴収職員が交付のため発する差押調書、差押解除の通知書などがあります。

(1)　送達を受けるべき者

《原　則》　　　　　　　　　　《例　外》

行政処分を受けるべき納税者
（書類の名宛人）

① 出国に伴う納税管理人
② 被相続人の国税に関する書類を受領する代表者を指定する旨の届出があった場合の相続人代表者
③ 法定代理人が明らかな場合の法定代理人

— 32 —

第5節　書類の送達及び提出

(2)　送達すべき場所

> **原　則**　その送達を受けるべき者の住所又は居所

- ・事業所等が2以上ある場合の送達…送達すべき書類と緊密な関係ある住所等
（通基通12－1）
- ・所在不明の法人に対する送達………法人を代表する権限を有する者の住所等
（通基通12－2）
- ・無能力者に対する送達…………………その者の住所等
その者の法定代理人が明らかな場合はその法定
代理人の住所等（通基通12－3）
- ・破産者に対する送達………………破産管財人の住所等（通基通12－4）
- ・在監者に対する送達………………その者の住所等
住所等が不明な場合及び本人のために書類を受
け取るべき者がない場合は、その者が在監してい
る刑務所等（通基通12－5）

> **住所とは**　各人の生活の本拠（民22）

　法人にあっては、その本店又は主たる事務所の所在地（会社4等）。

　なお、法人が事実上解散して所在が不明であるような場合（登記簿上の所在地に事務所がないような場合）において、その法人を代表する理事、清算人等の住所又は居所が明らかであるときは、そこに送達するものとされています。

参考　1　「住所」について

　　通則法第12条によれば、税務署長の発する書類は、その書類を受けるべき者の住所又は居所に送達すべきとされているところ、ここにいう「住所」とは、生活の本拠、すなわち、その者の生活に最も関係の深い一般的生活、全生活の中心を指すものであり、一定の場所がある者の住所であるか否かは、生活の本拠たる実体を具備しているか否かを客観的に判断することによって決すべきものと解するのが相当であると判断した事例があります（東京地判平成12.1.21・税資246号148頁）。

　2　「事業所」について

　　審査請求人の従前の住所で現在息子夫婦が居住し、かつ、審査請求人が営業の事務所としている場所であり、もし、その事務所あての郵便物が配達されれば息子夫婦のいずれかがこれを受け取り、直ちに審査請求人のところに持ってくるようになっていたことが認められ、また審査請求人が本件審査請求書にその住所を自己の住所として記載している場合には、通則法第12条第1項にいう「事業所」に当たるとする事例があります（最三判昭和59.1.31・税資135号41頁）。

第1章 総　　則

2　送達の方法

　書類の送達の方法には、①**郵便又は信書便による送達**と②**交付送達**があります（通12①）。また、書類の送達ができない場合には、その送達に代えて③**公示送達**ができます（通14①）。

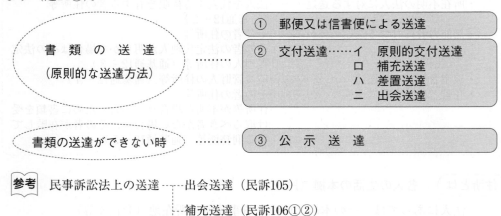

参考　民事訴訟法上の送達──出会送達（民訴105）
　　　　　　　　　　　　├─補充送達（民訴106①②）
　　　　　　　　　　　　└─差置送達（民訴106③）

(1)　郵便又は信書便による送達

イ　郵便による送達

　郵便による送達には、通常の取扱いによる郵便（郵便法第44条の規定による特殊取扱いによる郵便以外のもの）のほか、更正、決定などの通知書、差押えに関する重要な書類などは、相手方への到達の証明が必要であることから、特殊取扱いによる郵便として、①簡易書留（郵便法45④）、②書留（郵便法45①）及び③配達証明（郵便法47）によることになります。

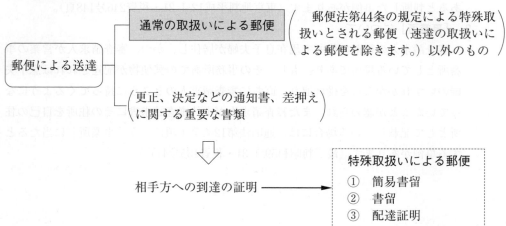

ロ　信書便による送達

　平成14年の民間事業者による信書の送達に関する法律の制定により、一定の民

間事業者が他人の信書を送達する業務を行うことができるようになったことに伴い、税務署長等が書類を送達する場合に、一般信書便事業者（信書2⑥）又は特定信書便事業者（信書2⑨）による信書便（信書2②）により送達することができるようになりました。

ハ　郵便又は信書便による場合の送達の推定及び発付確認

送達の推定　通常の取扱いによる郵便又は信書便によって書類を発送した場合
⇒その郵便物が通常到達すべきであった時に送達があったものと推定されます（通12②）。→そのときの郵便又は信書便の事情と地理的事情等を考慮して合理的に判定される時（通基通12−7）

発付確認　発送簿の作成

税務署長等は、その書類の名称、送達を受けるべき者の氏名（法人のときはその名称）、宛先及び発送の年月日が確認できる記録（発送簿）を作成する必要があります（通12③）。

(注)　通則法第12条第2項の推定規定を有効に適用するために書類の発送の確認をすることとしています。

参考　発付確認を要するのは、通常の取扱いによる郵便又は信書便による場合だけで、書留郵便又は配達証明郵便等により発送した場合には、差出人である税務官庁側に郵便物又は信書便物の引受書が交付され、郵便事業株式会社又は信書便事業者において郵便物又は信書便の引受けから配達に至るまでの記録が作成されます。したがって、必要な場合には、郵便事業株式会社又は信書便事業者の記録により発付確認をすることができるので、通則法第12条第2項の推定規定による必要がありません。

また、交付送達の場合には、前述のように送達書が作成され、受領印又は当該職員の記録がされるので、いずれも発付確認手続を要しないこととなります。

(2)　交付送達

交付送達とは、税務官庁の職員が送達を受けるべき者に対して直接交付するもので、交付送達の場所は住所又は居所を原則としています。

なお、交付送達には次のようなものがあります。

第1章 総　　則

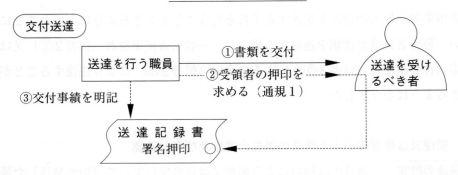

	交　　付　　送　　達			
	原則的交付送達	補 充 送 達	差 置 送 達	出 会 送 達
書類の送達場所	送達すべき場所	送達すべき場所	送達すべき場所	送達すべき場所以外の場所
書類の受領者等	送達を受けるべき者（名宛人）	名宛人以外の使用人、同居者など	不在又は受領拒否	送達を受けるべき者（名宛人）

イ　原則的交付送達

　送達を行う職員が、送達すべき場所において、その送達を受けるべき者に書類を交付（通12④本文）

　参考　送達を受けるべき者が封筒を受け取り開封しその内容を知った後、受け取れないとして返却し、送達を行った者がそれを持ち帰ったとしても、交付送達により適法に送達されたことになります（福岡地判昭和62.7.16・税資159号183頁）。

ロ　補充送達

　送達すべき場所において、書類の送達を受けるべき者に出会わない場合に、その使用人その他の従業員又は同居の者で、送達の趣旨を了解し、名宛人に交付されることが期待できる者（送達の趣旨を了解できる未成年者を含みます。）に、書類を交付（通12⑤一）

　参考　・「同居の者」とは、送達を受けるべき者と同一の建物内で共同生活をしていれば足り、生計を一にしていることを要しません（通基通12－8）。
　　　・書類を交付する相手が未成年者であっても、相当の知識能力があれば送達の効力は生じます（行判大正3.7.13・行判録25輯1011頁）。

第5節 書類の送達及び提出

ハ 差置送達

送達を受けるべき者、その使用人、従業員又は同居の者が送達すべき場所にいない場合、又はこれらの者が正当な理由がなく書類の受け取りを拒んだ場合に、送達すべき場所の玄関内、郵便受箱などにその書類を差し置くことにより送達（通12⑤二）

ニ 出会送達

送達を受けるべき者に異議がないときは、送達すべき場所以外の相手方と出会った場所、その他相手方の了解した場所（例、勤務先など）で書類を交付（通12④ただし書）

　(注)　例えば、送達を受けるべき者（名宛人）の勤務先は、その者の住所又は居所ではないことから原則的な送達場所にならないが、その者に異議のないときは、そこで書類を交付して送達することができます。

参考 書類の送達一覧表

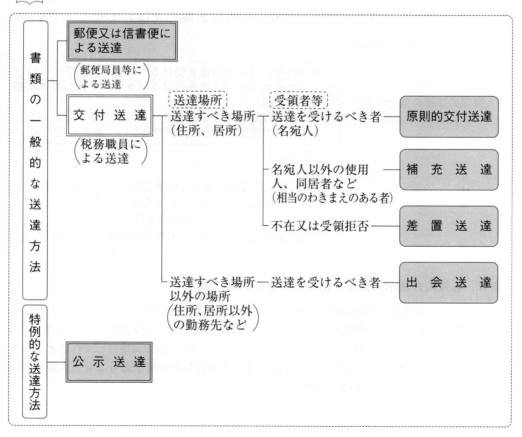

○交付送達の記録

　交付送達をした場合の税務官庁の内部手続として送達書の受取人の受領印（署名押印又は記名押印）を受けることになります（通規1前段）。この受領印は、送達の要件とはされていないので、送達書にこの受領印がなくても、当該書類の送達が無効になるものではありません（行判大正13.12.2・行判録35輯940頁）。

　なお、受取人が受領印を押さないときは、送達に当たる職員が送達書にその理由を附記しなければならないこととなっています（通規1後段）。

(3) 送達の効力発生時期

○送達の効力発生時期

　郵便又は信書便による発送又は交付送達は、送達を受けるべき者の住所又は居所等に送達します。この送達の効果は、受取人が了知しうべき状態におかれた時、すなわち本人若しくはその使用人等に交付した時又は送達すべき場所に差し置いた時（郵便受箱に投入されたような時）に生じ、このようにして、ひとたび送達の効力の生じた書類が返還されても、送達の効力に影響を及ぼしません（行判昭和14.12.26・行判録50輯836頁）。

| 書類の送達の効力 | | 書類が社会通念上送達を受けるべき者の支配下にはいったと認められる時（送達を受けるべき者が了知し得る状態におかれた時）
＊いったん有効に書類が送達された以上、その返戻があっても書類の送達の効力には影響はない（通基通12-10）。|

《具体例》
・郵便による送達の場合…　　郵便受箱に投入された時
・交付送達の場合…………　　送達を受けるべき者又はその使用人などに交付した時
・差置送達の場合…………　　郵便受箱などに差し置いた時

参考　名宛人の表示に誤記があった場合の送達の効力

　名宛人の表示に誤記があった場合における送達の効力については、行政処分の表示が誤記であることが明白であり、かつ、その真意とすることを知りうるときは、その意思とするところに従ってその効力を生ずるとして、「高畠辰雄」とすべきところを「高畑辰雄」と誤記した書類の送達は有効であるとした判決があります（大阪地判昭和39.5.14・下級民集15巻5号1065頁参照）。

第5節　書類の送達及び提出

3　公示送達

(1)　公示送達の要件

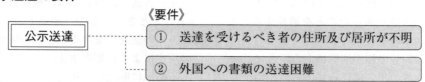

　公示送達は、①書類の送達を受けるべき者の住所及び居所が不明である場合、②外国においてすべき送達につき困難な事情（天災、動乱の発生など）があると認められる場合には、郵便又は信書便による送達及び交付送達ができないので、その送達に代えて行うものです（通14①）。

　なお、単に、郵便物が返戻されてきたという理由だけで、実地調査などの所要の調査を行わないで公示送達しても、公示送達の効力は生じません。

　(注)1　「書類の送達を受けるべき者」
　　　　納税管理人が定められているときは、納税者自身ではなく、納税管理人です（通12①ただし書）。
　　2　「住所及び居所が明らかでない場合」
　　　　送達を受けるべき者について、通常必要と認められる調査（市町村役場、近隣者、登記簿等の調査）をしても、住所等が不明な場合をいいます（通基通14−1）。
　　　　なお、所要の調査をすれば、住所等が判明すべきであったにもかかわらず、単に一回限りの郵便による送達があて先不明で返戻されたこと等を理由として所要の調査をしないで、公示送達をしたときには、公示送達の効力が生じないこととされています（行判昭和7.12.23・行録43輯1154頁、東京地判昭和44.3.5・判時558号45頁参照）。
　　3　「外国においてすべき送達につき困難な事情があると認められる場合」
　　　　書類の送達をしようとする外国につき国交の断絶、戦乱、天災、又は法令の規定等により書類を送達することができないと認められる場合をいいます（通基通14−2）。

(2)　公示送達の方法

　公示送達は、①送達を受けるべき書類の名称、②送達を受けるべき者の氏名及び③その書類をいつでも送達を受けるべき者に交付する旨を、税務署等の掲示場に掲示して行います（通14②）。

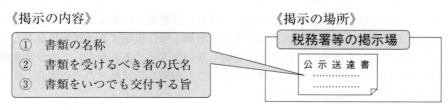

この掲示は、公示送達の効力が発生する時まで継続して行います。掲示をした後、送達の効力発生前にその掲示書が脱落した場合には、速やかに再掲示し、この場合でも、掲示すべき期間は、通常当初の掲示を始めた日から計算します。

☞ 民事訴訟法第111条参照

参考　平成24年度税制改正において、外国においてすべき送達については、税務署長等は、公示送達があったことを通知することができることとされました（通規1の2）。これは同年の租税条約等実施特例法の改正により、書類の送達を受けるべき者の住所等が租税条約等の相手国等にある場合には、通則法の規定による書類の送達のほか、当該租税条約等の規定に従って、当該相手国等の権限ある当局に嘱託して送達を行うことができることとされ、こうした送達共助の実施のための手続等の一環として、整備されたものです。

(3) 公示送達の効力

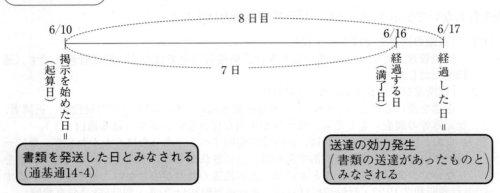

公示送達は、その掲示を始めた日から起算して7日を経過した日、すなわち掲示を始めた日を含めて8日目にその送達の効力が生じます（通14③）。

なお、この期間は、不変期間であり、その末日が日曜日、国民の祝日その他一般の休日であっても公示送達の効力の生ずる時期に影響はありません。

(注)　公示送達により掲示した書面が、その掲示を始めた日から起算して7日を経過するまでの間に破損又は脱落した場合であっても、公示送達の効力には影響はありません。この場合には、すみやかに破損の箇所を補修し、又は掲示することとします（通基通14－3）。

参考　**公示送達した場合の差押えの着手**

公示送達の方法により督促状を送達した場合、滞納処分による差押えに着手することができる日は、一般に、徴収法第47条第1項第1号に規定する「督促状を発した日から起算して10日を経過した日までに完納しないとき」であるから、この公告を始めた日を含めて11日目の日までに完納されないことが明らかになったその翌日、すなわち12日目の日から差押えができます。

第5節　書類の送達及び提出

（公示送達書）

<table>
<tr><td colspan="3" align="center">公　示　送　達　書</td></tr>
<tr><td colspan="3">令和　　年　　月　　日

　下記の書類は当税務署　　　　　　　　部門に保管していますので、来署の上受領

してください。

　　　　　　　　　　　　　税　務　署　長
　　　　　　　　　　　　　財　務　事　務　官　　　　　　　　㊞</td></tr>
<tr><td rowspan="3">送達を受けるべき

法人又は源泉徴収

義務者</td><td>納　税　地</td><td></td></tr>
<tr><td>法 人 名 又 は
源泉徴収義務者名</td><td></td></tr>
<tr><td>代 表 者 氏 名</td><td></td></tr>
<tr><td colspan="2">送達する書類の

名　　　　称</td><td></td></tr>
<tr><td colspan="3">（注意）
　国税通則法第14条第3項の規定により、公示をした日から起算して7日を経過した
ときに書類の送達があったものとみなされます。</td></tr>
</table>

※「送達する書類の名称」の記載例
　イ　青色申告の承認の取消通知書 ……………………………………………… 1通
　ロ　自令和○○年○月○日
　　　至令和○○年○月○日 事業年度分の「法人税額等の更正通知書」……… 1通
　ハ　源泉所得税の加算税賦課決定通知書及び納税告知書 …………………… 1通

第1章 総　　　則

4　相続人に対する書類の送達の特例

　相続があった場合、被相続人の国税の納税義務は相続人に承継され、相続人が税務署長等の相手方当事者となります。したがって、被相続人に係る書類の送達は、相続人に対してそれぞれ行われるのが原則ですが、相続人が数人ある場合は、次のような特例が認められています。

（相続があった場合）

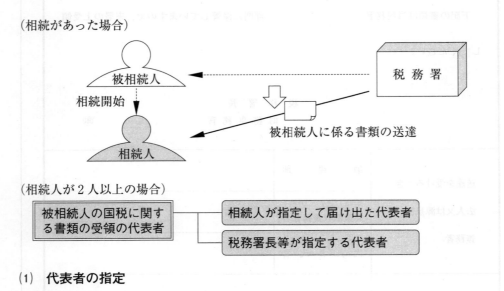

（相続人が2人以上の場合）

| 被相続人の国税に関する書類の受領の代表者 | 相続人が指定して届け出た代表者 |
| | 税務署長等が指定する代表者 |

(1) 代表者の指定

イ　相続人による代表者の指定

　相続人が2人以上あるときは、これらの相続人は、国税に関する法律の規定に基づいて発せられる書類（滞納処分に関するものを除きます。）で、被相続人の国税に関するものを受領する代表者を指定できます。

　この場合、その指定に係る相続人は、その旨をその納税地を管轄する税務署長等に届け出なければなりません（通13①）。

ロ　税務署長等による指定

　相続人が2人以上の場合において、相続人のうちにその氏名が明らかでない者があり、かつ、相当の期間内に相続人による代表者の指定の届出がないときは、税務署長等は相続人のうちから1人を指定して、その者を代表者とすることができます。

　この場合において、その指定をした税務署長等は、その旨をその指定に係る相続人に通知しなければなりません（通13②）。

(2) 代表者の権限及び書類の送達等

　上記(1)のイ又はロの代表者は、他の相続人の代理人たる資格と自己の相続人たる資

— 42 —

第5節 書類の送達及び提出

格とに基づいて、各相続人の承継に係る国税の賦課、徴収等の書類（滞納処分に関するものを除きます。）を受領します。

代表者に対し、各相続人の承継に係る国税に関する書類を送達するときは、各相続人につき、各別に調整したものを一括してその代表者に送達します。なお、その書類に係る処分は、代表者に送達されたときに、届け出又は指定に係るすべての相続人に対して生じます。

(3) 被相続人の名義でした処分の効果

被相続人の国税につき、その者の死亡後、その死亡を知らないでその者の名義でした国税に関する法律に基づく処分で書類の送達を要するものがある場合に、その相続人の1人にその書類が送達されたときは、当該国税につき、すべての相続人に対してされたものとみなされます（通13④）。

これは、被相続人名義でした処分の効果を確定させて税務関係を円滑にすることを図ったものです。

この規定は、被相続人の死亡の事実を知らない善意の場合に限り適用されますから、これが判明していれば、各相続人にそれぞれ送達しなければなりません。

5 書類の提出等
(1) 書類提出者の氏名及び住所の記載と押印

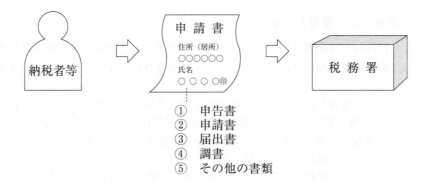

税務署長等又はその職員に申告書、申請書、届出書、調書その他の書類を提出する者は、提出する書類に氏名（法人については、名称。）及び住所又は居所及び番号（番号を有しない者にあっては、その氏名及び住所又は居所）を記載して押印する必要があります（通124）。

また、次の者によって書類を提出するときには、その者の氏名及び住所又は居所を

第1章 総　　則

併せて記載し、その者が押印します。

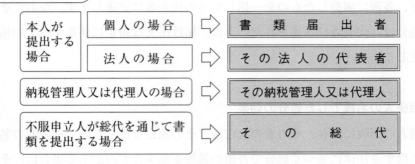

(注)　押印すべき者が外国人である場合には、その署名をもって押印に代えることができます（外国人ノ署名捺印及無資力証明ニ関スル法律1条2項）。

参考　申告書等への「番号」記載

　上記申告書等を税務署に提出する場合、平成28年1月1日から、住所又は居所のほか番号（番号を有しない者にあっては、その氏名及び住所及び居所）を記載する必要があります。

　ここにいう「番号」は、番号法に規定する個人番号（マイナンバー）又は法人番号をいいます。「個人番号」は、住民票を有する国民全員に対して、市町村により指定・通知される番号であり、「法人番号」は、設立の登記をした法人などに対して、国税庁長官により指定・通知される番号です。

　なお、平成28年度税制改正において、税務書類（納税申告書及び調書を除きます。）のうち、平成29年1月1日（②の書類は平成28年4月1日）以後に提出すべき次の書類については、提出者等のマイナンバーの記載を要しないこととされました。

①　申告等の主たる手続と併せて提出され、又は申告等の後に関連して提出されると考えられる書類
　　…所得税の青色申告承認申請書、所得税の棚卸資産の評価方法・減価償却資産の償却方法の届出書など（平成28年国税庁告示第7号）
②　税務署長等に提出されない書類であって、提出者等のマイナンバーの記載を要

第5節　書類の送達及び提出

しないこととした場合であっても所得把握の適正化・効率化を損なわないと考えられる書類

　　…給与所得者の保険料控除申告書、給与所得者の配偶者特別控除申告書など

⑵　提出書類の効力発生時期

［到達主義とその例外］

［申告等の効力の発生時期を判定する一般基準──税法上特別規定なし］

　　　　　民法上の原則…到達主義（民97①）

原則　到達主義 …　納税申告等の提出（到達）の時に効力

例外　通信日付印の表示日

　納税者などから税務署等へ提出した書類は、それが到達した時に効力が生じます。

到　達　主　義

　ただし、次に掲げるような書類などが郵送された場合には、郵便物又は信書便物の通信日付印（スタンプ印）により表示された日に提出されたものとみなされます（通22ほか）。

通信日付印の表示日

《到達主義の例外》

　　①　納税申告書（通2六）
　　②　課税標準申告書（通31①）
　　③　更正請求書（通23③）
　　④　再調査の請求書（通81①）
　　⑤　審査請求書（通87①）
　　⑥　延納届出書（所131②）

　（注）　その通信日付印の表示がないとき（料金別納郵便物、料金後納郵便を含みます。）、又はその表示が不明瞭のとき
　　⇨　通常要する郵送日数から逆算して発送したと認められる日に提出されたものとみなされます（通22、23⑦、31②、77④）。

— 45 —

第1章 総　　　則

通則法第22条の規定の適用を受ける書類の範囲

適用書類	納税申告書	・期限内申告書、期限後申告書及び修正申告書 ・還付金の還付を受けるための納税申告書
	納税申告書に添付すべき書類その他当該申告書の提出に関連して提出するものとされている書類	（各税法で規定） ・所得計算の特例、免除等の適用を受けるために納税申告書に添付する書類 ・確定申告による還付を受ける際の添付書類 ・純損失の繰戻しによる還付請求に係る書類 ・延納の申請書又は物納の申請書など
	その他国税庁長官が定める書類	・所得税や法人税の青色申告承認申請書 ・減価償却資産の償却方法の届出書 ・消費税の課税事業者選択届出書

(注)　通則法第22条は、更正請求書、課税標準申告書、再調査の請求書及び審査請求書について準用されます（通23⑦、31②、77④）。

参考　**国税電子申告・納税システム（e-Tax）を利用できる申告・申請・届出等**

　　e-Tax を利用してできる主な申告・申請・届出等の手続は、次のとおりです（国税関係法令に係る情報通信技術を活用した行政の推進等に関する省令3②）。

　　なお、e-Tax により送信された申告等データは、国税庁の受付システムのファイルに記録された時に行政機関等に到達したものとみなされます（情報通信技術を活用した行政の推進等に関する法律6③）。

1　e-Tax を利用できる主な手続

　(1)　申告

　　　所得税、相続税、贈与税、法人税、地方法人税、消費税（地方消費税を含みます。）、復興特別法人税、酒税及び印紙税に係る申告

　(2)　申請、届出等

　　　所得税関係、相続税・贈与税関係、法人税関係、消費税関係、間接諸税関係、酒税関係、納税証明書交付関係、納税関係、法定調書関係、その他（電子帳簿保存法関係、再調査の請求関係、納税管理人関係、審査請求関係、災害関係など）

2　事前手続等

　(1)　e-Tax を利用しようとする者は、事前に電子申告・納税等開始（変更等）届出書（以下「開始届出書」といいます。）を納税地を所轄する税務署長に提出（送信）する必要があります。

　　　なお、マイナンバーを用いて e-Tax を利用する場合には、開始届出は不要とされています。

　(2)　開始届出は、書面で行う方法とオンラインで行う方法とがあり、開始届出書は、税務署の窓口で入手するほか、国税庁のホームページから直接ダウンロードをす

　　　　　　第5節　書類の送達及び提出

　る方法によっても入手できます。

⑶　開始届出書をオンラインで提出した場合は、利用者識別番号及び暗証番号等が
　オンラインで発行（通知）されます。また、開始届出書を書面で提出した場合は、
　税務署から「利用者識別番号等の通知書」（利用者識別番号及び暗証番号が記載）
　が送付されます。

⑷　e-Tax を利用する際には、申告等データに電子署名を行うので、あらかじめマ
　イナンバーカードに格納されている電子証明書などを取得します。なお、e-Tax
　により申告、申請又は届出等を行う場合に、マイナンバーを用いて電子署名を行
　い、マイナンバーカードに格納されている電子証明書を併せて送信するときは、
　利用者識別番号及び暗証番号を入力することは要しません。また、税理士等が委
　嘱を受けて税務書類を作成し、委嘱者に代わって e-Tax を使用して申請等を行う
　場合のその委嘱者、e-Tax による申請等に係る開始届出の際に行われた一定の本
　人確認に基づき通知された利用者識別番号及び暗証番号を入力して申請等を行う
　者などについては、電子署名及び電子証明書の送信を要しません。

第1章　総　　　則

参考　発信主義と到達主義の関係

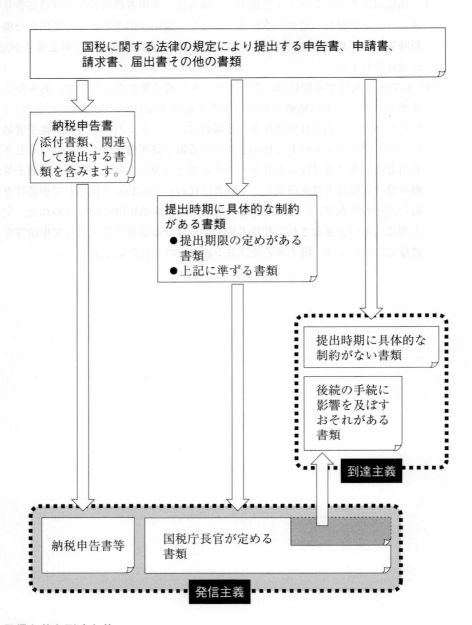

(注)　**発信主義と到達主義**
　　申告等の効力の発生時期に関する一般基準については、税法上特別の規定は設けられておらず、民法上の原則たる到達主義（民97①）により、申告書等が税務署等に到達した時にその効力が発生するものと解されています。しかしながら、郵便又は信書便により提出された申告書等については、その郵便物又は信書便物の通信日付印により表示された日にその提出がされたものとみなされます（通22）。したがって、通信日付印が申告期限内の日付であれば、申告書等が税務署等に到達した時が期限後であっても、期限内申告となります。

第5節　書類の送達及び提出

参考　発信主義が適用される主な書類一覧

区　分	書　類　名
申告納税による所得税	・所得税の確定申告書（所120①） ・所得税の予定納税額の減額申請書（所112） ・個人事業の開廃業等届出書（所229） ・所得税・消費税等の納税地の変更に関する届出書（所16③、消25） ・青色申告承認申請書／青色申告の取りやめ届出書（所144、151） ・青色事業専従者給与に関する届出書（所57②） ・所得税のたな卸資産の評価方法の届出書（所令100②） ・所得税の減価償却資産の償却方法の届出書（所令123②） ・転任の命令等により居住しないこととなる旨の届出書（措41）
源泉徴収による所得税	・給与支払事務所等の開設・移転・廃止届出書（所230） ・源泉所得税の納期の特例の承認に関する申請書（所217①） ・源泉所得税の年末調整過誤納額還付請求書（所令313②） ・源泉所得税の誤納額還付請求書（通令24③） ・租税条約に関する源泉徴収税額の還付請求書（租税条約）
譲渡所得	・租税特別措置法第40条の規定による承認申請書（措令25の17①）
相続・贈与税	・相続税の申告書（相27①） ・贈与税の申告書（相28①） ・相続税の延納申請書（相39①）
法人税	・法人税の確定申告書（法74①） ・法人設立届出書（法148） ・法人税申告期限の延長の特例の申請書（法75の2③） ・青色申告の承認申請書（法122） ・棚卸資産の評価方法の届出書（法令29②） ・減価償却資産の償却方法の届出書（法令51②） ・欠損金の繰戻しによる還付請求書（法80⑥）
消費税	・消費税の確定申告書（消45①） ・消費税課税事業者選択届出書（消9④） ・消費税課税事業者選択不適用届出書（消9⑤） ・消費税簡易課税制度選択届出書（消37①） ・消費税簡易課税制度選択不適用届出書（消37④）
揮発油税	・揮発油税特定用途免税揮発油物件移入届出書（揮14⑦） ・揮発油税納期限延長申請書（揮13①）
酒税	・酒類の製成及び移出の数量等申告書（酒令53⑥）
その他	・納税の猶予申請書（通令15①） ・更正の請求書（通23⑦） ・法定調書（所225①） ・国税関係帳簿書類の電磁的記録等による保存等の取りやめの届出書（電子帳簿保存7①） ・再調査の請求書、審査請求書（通75①）

（出典：税務大学校ホームページ、税大講本「国税通則法」）

第1章 総　　則

第6節　期間及び期限

1　期　間

　通則法第10条第1項にいう期間とは、ある時点からある時点まで継続した時の区分をいいます。ただし、その期間の計算というのは確定日から確定日までというような明確で疑問の余地のない場合をいうのではなく、「…から10日以内」、「…から1箇月後」というように計算をして当該期間を明らかにする必要があるもの、すなわち日、月又は年をもって定められている期間をいうものです。

　期間とは　ある時点からある時点までの継続した時の区分

　　（注）「一般に「期間」とは、ある時点から他の時点までの時間的隔たりといった、時的連続性を持った概念であると解されている」（最三判平成22年3月2日・判時2078号8頁）

　期間の計算

　国税に関する法律において、日、月又は年をもって定める期間の計算は、次により行います（通10①）。

　ただし、「2月16日から3月15日まで」（所120①）のように、確定日から確定日までに定められている期間については、期間の計算を行う必要がないことから、期間計算の規定（通則法第10条第1項）は適用されません。

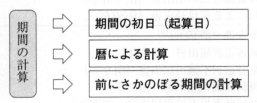

　　（注）「週」に関する規定……国税に関する法律のなかには、「週」に関する規定は、ありません。　☞　民法第140条、143条参照

(1)　期間の初日（起算日）

　初日不算入

　期間が日、月又は年をもって定めている場合には、期間の初日は計算しないで、翌日を起算日とするのが原則です（通10①一）。

　　（注）例えば、通則法第46条第1項《納税の猶予》において、「災害のやんだ日から2月以内」、「納期限から1年以内」とあるのは、初日を算入しないで、翌日から起算します。

　　　　　　　　　　　　　　　　　　　　　　　☞　民法第140条参照

第6節　期間及び期限

《原則・初日不算入》

（例）その理由のやんだ日から2月以内

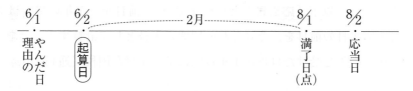

初日算入

　期間が午前零時から始まるとき、又は特に初日を算入する旨の国税に関する法律に別段の定めがあるときは、初日を起算日とします（通10①一ただし書）。

(注)　税法の規定中、期間計算の原則に対する特別の規定として、「……した日から起算して」と規定し、初日を算入する例も多い（通14③、58①、77、所111③等）。

（例）終了の日の翌日から2月以内（法74①）

　　　＊「～の日の翌日から……」午前零時から始まります。

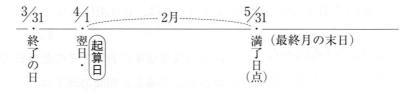

（例）開始の日以後6月を経過した日から2月以内（法71①）

　　　＊「6月を経過した日……」午前零時から始まります。

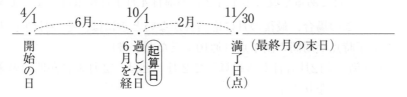

(2) **暦による計算**

　期間を定めるのに月又は年をもってしたときは、暦によって計算します（通10①二）。これは日に換算して計算しないで暦により応当する日を決めるということです。

暦による計算

　　期間が月又は年をもって定められているとき　⇨　暦に従って計算

「暦に従う」とは、１月を30日又は31日とか、１年を365日というように日に換算して計算することなく、例えば、１月の場合は翌月において、起算日に応当する日（以下「応当日」といいます。）の前日を、１年の場合は翌年の起算日の応当日の前日を、それぞれの期間の末日として計算することをいいます。

（例）損失を受けた日以後１年以内に納付すべき国税（通46①）

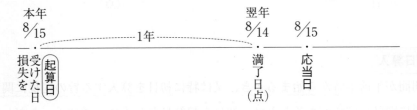

満了点

| 月又は年の始めから期間を起算するとき | ⇨ | 応当の月又は年の末日の終了時点（午後12時）が期間の満了点 |

（例）「５月１日から起算して２月」とは、６月30日をもって満了します。

| 月又は年の始めから期間を起算しないとき | ⇨ | 最後の月又は年においてその起算日の応当日の前日の終了時点が期間の満了点 |

（例）「平成28年４月２日から起算して３年」とは、３年を経過した応当日である平成31年４月２日の前日４月１日が末日となります。

　　　この場合、最後の月に応当日がないときには、その月の末日の終了時点が期間の満了点（通10①三ただし書）
　　（例）「12月31日から起算して２月」とは、２月末日が期間の末日となります。

☞　民法第143条第２項参照

(3)　前にさかのぼる期間の計算

　期間の計算が過去にさかのぼる場合には、その起算日が「法定納期限の１年以上前」（徴35①）のように、丸１日として計算できる場合を除き、その前日を第１日として過去にさかのぼって期間を計算します。

《設例》公売の日の少なくとも10日前までに（徴95①）

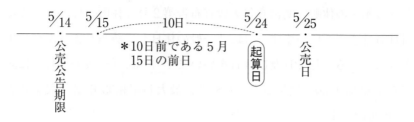

> 公売日の前日（5/24）を第1日として、さかのぼって10日目（5/15）に期間が満了します。したがって、その前日の11日目の日（5/14）までに公売公告をしなければならないことになります（通基通10－2）。

2　期　限

(1)　期限の意義

期限とは　　法律行為の効力の発生、消滅又はこれらの法律行為と事実行為の履行が一定の日時に決められている場合における、その一定の日時

期限には、確定日によるもの（翌月10日、3月15日、7月31日等）のほか、期間の末日も含まれます。

(2)　延期される期限

国税に関する法律に定める申告、申請、請求、届出その他書類の提出、通知、納付又は徴収に関する期限（時をもって定める期限などを除きます（通令2①）。）が日曜日、国民の祝日に関する法律に定める休日、その他一般の休日又は政令で定める日に当たるときには、これらの日の翌日が期限となります（通10②）。

（例）　所得税の確定申告

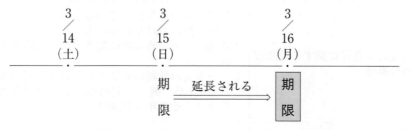

（注）　3月15日が土曜日のときには、3月17日まで延長（2日延長）されます。

第1章 総　　　則

一般の休日とは　　日曜日、国民の祝日以外の全国的な休日

　官庁における年末の休暇（明治6年太政官布告第2号「休暇ノ件」に定める12月29日から同月31日までをいいます。）は、「一般の休日」に該当しませんが、年始の休暇（同布告に定める1月2日及び3日をいいます。）は、「一般の休日」に該当します（最三判昭和43.1.30・民集22巻1号81頁、最大判昭和33.6.2・民集12巻9号1281頁）（通基通10－4）。

☞　国民の祝日に関する法律参照

政令で定める日とは　　土曜日又は12月29日、同月30日若しくは同月31日（通令2②）

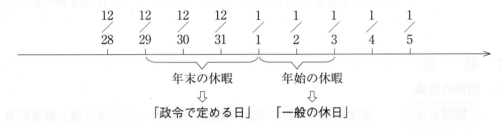

(3)　延期されない期限

　通則法第10条第2項の規定の適用により延期される期限は、国税に関する法律に定める申告、申請、請求、届出その他書類の提出、通知、納付又は徴収に関する期限ですが、同項の規定（かっこ書き）及びその解釈から次に掲げる期限は除かれます。

　つまり「延期される期限」には、次に掲げる期間の末日等は含まれません（通基通10－3）。

延期されない期限	時をもって定める期限	「出国の時」を期限とする場合（通令2①一）（出国する場合の所得税の申告期限）
	行政処分により定める期限	申請に基づき納期限の延長を承認する場合（所132、133）
	国税の申告等に関する期限以外の期限	①単に計算の基準としている期間の末日（所得税における暦年の末日） ②課税内容を定める際に基準となる期間の末日 ③一定事実の判断の基準としている期間の末日（所105、例：予定納税基準額の計算の基準日「その年6月30日」）
	政令に定める期限（通令2①）	引取りに係る消費税の徴収の期限（消50②）等

— 54 —

第6節　期間及び期限

参考 期間計算の具体例

用　語	説　　明	用　　例	図　　　示
～から	原則 　初日不算入 　（通10①一本文）	その理由がやんだ日から2月以内（通11）	8/10　11　─── 2か月 ───　10/10　11 その理由がやんだ日／起算日／満了日／応当日
		公売期日から10日以内に行われるとき（徴107③）	10/15　16　──── 10日 ────　25 公売期日／起算日／満了日
	特例 　初日算入 　（通10①一ただし書）	相続の開始があったことを知った日の翌日から10月以内（相27①）	3/5　3/6　─── 10か月 ───　1/5　1/6 知った日／翌日・起算日／満了日／応当日
	期間が午前0時から始まるとき	当該事業年度開始の日以後6月を経過した日から2月以内に（法71①）	4/1　　　9/30 10/1　11/30 開始の日 ── 6か月 ──／起算日 ─ 2か月 ─ 満了日
～から起算して	期日の初日を明確にする場合に用いられる。 （通10①一ただし書） 国税に関する法律に別段の定めがあるとき	その通知に係る書面を発した日から起算して1月を経過した日後でなければ督促できない（所116）	9/15　─── 1か月 ───　10/14　15 発した日・起算日／経過する日／経過した日
		納期限は、当該告知書を発する日の翌日から起算して1月を経過する日（通令8）	10/25　26　─── 1か月 ───　11/25　26 発する日／翌日・起算日／経過する日／応当日
		督促状を発した日から起算して10日を経過した日までに完納しないときは差押えをしなければならない（徴47①一）	7/25　──── 10日 ────　8/3　4　5 発した日・起算日／経過する日／経過した日／差押え
暦に従う	期間を月で定めた場合 （通10①二・三）	（月の途中から起算する場合） 不服申立ては処分があったことを知った日の翌日から起算して3月以内にしなければならない（通77①）	6/10　11　─── 3か月 ───　9/10　11 知った日／翌日・起算日／満了日／応当日
		（月の始めから起算する場合） 不服申立ては処分があったことを知った日の翌日から起算して3月以内にしなければならない（通77①）	7/31　8/1　─── 3か月 ───　10/31 知った日／翌日・起算日／満了日
		（最後の月に応答する日がない場合） 更正通知書又は決定通知書が発せられた日の翌日から起算して1月を経過する日までに納付しなければならない（通35②二）	1/30　31　─── 1か月 ───　2/28（29） 発せられた日／翌日・起算日／満了日／応当日無

— 55 —

第1章 総　　　則

用　語	説　　明	用　　例	図　　　示
暦に従う	期間を年で定めた場合（通10①二・三）	（年の始めから起算する場合）その納期限から1年以内の期間を限り（通46本文）	12/31 1/1 ―――― 1年 ―――― 12/31　納期限／起算日／満了日
		（年の途中から起算する場合）その納期限から1年以内の期間を限り（通46本文）	6/15 16 ―――― 1年 ―――― 6/15 16　納期限／起算日／満了日／応当日
以　前	起算点となる日時を含む	法定納期限等以前に（徴15）	←―――― 質権設定の日 ―――― 法定納期限等
以　後	起算点となる日時を含む	支払期日以後に納期限の到来する（通55①二）	支払期日 ―――― 納期限 ――――→
前	起算点又は満了点となる日時を含まない	公売の日の少なくとも10日前までに、公告しなければならない（徴95①）	6/9 10 ―――― 10日 ―――― 19 20　公告の日／起算日／公売の日
後	起算点又は満了点となる日時を含まない	その法定納期限後に納付する（通60①三）	3/15 16　法定納期限／納付 ――――→
以　内	期間の満了点となる日を含む	法定申告期限から1年以内に限り	3/15 16 ―――― 1年 ―――― 3/15 16　法定申告期限／起算日／満了日含む／応当日
経過する日	期間の末日となる日	発せられた日の翌日から起算して1月を経過する日（通35②二）	5/10 11 ―――― 1か月 ―――― 6/10 11　発せられた日／翌日起算日／満了日経過する日／応当日
経過した日	期間の末日の翌日	掲示を始めた日から起算して7日を経過したときは（通14③）	9/1 2 3 4 5 6 7 8 ―――― 7日 ―――― 掲示を始めた日起算日／経過する日／経過した日

― 56 ―

第6節　期間及び期限

3　災害等による期限の延長

(1)　災害等による期限の延長の要件等

災害その他やむを得ない理由により、各税法に基づく申告、申請、請求、届出その他書類の提出、納付又は徴収に関する期限までに、その書類の提出や納付ができない場合には、その理由がやんだ日から2月以内に限り、これらの期限を延長することができます（通11）。

この延長をする必要が生じた場合には、①その理由が都道府県の全部又は一部にわたるときには、国税庁長官が職権で地域及び期日を指定し（地域指定）、②電子申告その他の特定税目に係る申告等をすることができないと認める者が多数に上るときは、国税庁長官は、その対象者の範囲及び延長する期日を指定して（対象者指定）、また、③その理由が個別の納税者にあるときは、納税者の申請により、税務署長などが納税者ごとに期日を指定し（個別指定）、期限を延長することができます（通令3）。

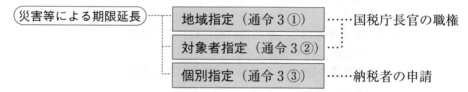

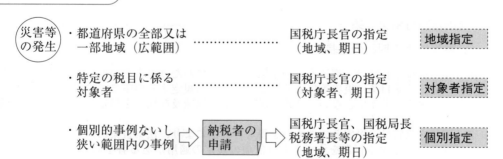

延長することができる期間　　その理由がやんだ日から2月以内

期限延長の効果

・法定申告期限その他の法定納期限が延長　→　その延長後の期限が法定申告期限、法定納期限その他の法定の期限

・更正決定に係る国税の納期限その他の具体的納期限が延長　→　その延長期間に対応する部分の延滞税及び利子税が免除（通63②、64③）

第1章 総　　　則

（例）国税庁告示 ― 令和2年3月6日付官報より

国税通則法施行令第3条第2項の規定に基づき
国税庁長官が同項に規定する対象者の範囲及び期日を定める件

国税庁告示第1号
　国税通則法施行令（昭和37年政令第135号）第3条第2項の規定に基づき、次に掲げる法令の規定（国税通則法（昭和37年法律第66号）第38条、第4章及び第8章並びに国税徴収法（昭和34年法律第147号）の規定を除く。）に基づき税務署長に対して申告、申請、請求、届出その他書類の提出又は納付（その期限が令和2年2月27日から同年4月15日までの間に到来するものに限る。）をすべき個人が行うこれらの行為については、その期限を同月16日とする。

　令和2年3月6日

国税庁長官　　○○　　○○

一　所得税法（昭和40年法律第33号）その他の所得税（復興特別所得税を含むものとし、源泉徴収による所得税及び復興特別所得税を除く。）に関する法令の規定（調書の提出に関する規定を除く。）
二　相続税法（昭和25年法律第73号）その他の贈与税に関する法令の規定のうち贈与税に係る部分（調書の提出に関する規定を除く。）
三　消費税法（昭和63年法律第108号）その他の消費税に関する法令の規定
四　内国税の適正な課税の確保を図るための国外送金等に係る調書の提出等に関する法律（平成9年法律第110号）第5条第1項及び第6条の2第1項の規定

通則法施行令第3条

（災害等による期限の延長）

第3条　国税庁長官は、都道府県の全部又は一部にわたり災害その他やむを得ない理由により、法第11条（災害等による期限の延長）に規定する期限までに同条に規定する行為をすることができないと認める場合には、地域及び期日を指定して当該期限を延長するものとする。
2　国税庁長官は、災害その他やむを得ない理由により、法第11条に規定する期限までに同条に規定する行為をすべき者（前項の規定の適用がある者を除く。）であつて当該期限までに当該行為のうち特定の税目に係る行政手続等における情報通信の技術の利用に関する法律（平成14年法律第151号。以下「情報通信技術利用法」という。）第3条第1項（電子情報処理組織による申請等）の規定により同項に規定する電子情報処理組織を使用して行う申告その他の特定の税目に係る特定の行為をすることができないと認める者（以下この項において「対象者」という。）が多数に上ると認める場合には、対象者の範囲及び期日を指定して当該期限を延長するものとする。
3　国税庁長官、国税不服審判所長、国税局長、税務署長又は税関長は、災害その他やむを得ない理由により、法第11条に規定する期限までに同条に規定する行為をすることができないと認める場合には、前2項の規定の適用がある場合を除き、当該行為をすべき者の申請により、期日を指定して当該期限を延長するものとする。
4　前項の申請は、法第11条に規定する理由がやんだ後相当の期間内に、その理由を記載した書面でしなければならない。

— 58 —

第6節　期間及び期限

「災害その他やむを得ない理由」とは

　「災害その他やむを得ない理由」とは、国税に関する法令に基づく申告、申請、請求、届出、その他書類の提出、納付又は徴収に関する行為（以下「申告等」といいます。）の不能に直接因果関係を有するおおむね次に掲げる事実をいい、これらの事実に基因して資金不足を生じたため、納付ができない場合は含まれません（通基通11－1）。

(1)　地震、暴風、豪雨、豪雪、津波、落雷、地滑りその他の自然現象の異変による災害

(2)　火災、火薬類の爆発、ガス爆発、交通途絶その他の人為による異常な災害

(3)　申告等をする者の重傷病、申告等に用いる電子情報処理組織（情報通信技術利用法第3条第1項に規定する電子情報処理組織をいいます。）で国税庁が運用するものの期限間際の使用不能その他の自己の責めに帰さないやむを得ない事実

地域指定及び対象者指定と個別指定による延長との関係

　通則法施行令第3条第1項又は第2項の規定により期限を延長した場合において、その指定期日においても、なお申告等ができないと認められるときは、災害その他やむを得ない理由のやんだ日から2月を限度として、同条第3項の規定によりその期限を再延長することができます（通基通11－3）。

地域指定と対象者指定による延長との関係

　通則法施行令第3条第1項（地域指定）の規定による期限の延長が適用されている納税者が、地域指定の適用がなければ、同条第2項（対象者指定）の規定による期限の延長の対象となる場合において、地域指定により延長された期限が先に到来したときは、対象者指定による期限の延長の適用があります（通基通11－4）。

「理由のやんだ日」とは

　「理由のやんだ日」とは、災害の場合は、災害が引き続いて発生するおそれがなくなり、申告、申請、納付等の行為をするのに差し支えがないと認められる程度の状態に復した日をいいます。この判定は、地域指定の場合は、被災地を所轄する国税局長の意見を徴して国税庁長官が、個別指定の場合は、税務署長（2以上の税務署の管轄にわたるときは所轄の国税局長）が、それぞれ被災地域を指定

－59－

し一律に行うか又は個別的に行うことになっています。

 やむを得ない理由に当たらない場合
- 法の不知（新潟地判昭和38.12.17・税資37号1192頁）
- 多忙（札幌地判昭和41.8.23・税資45号180頁）
- 通知書を受領した代理人の過失・怠慢（最一判昭和25.9.21・民集4巻9号433頁）
- 相手方が休暇中又は処分の相手方が外国人であるため翻訳に時間が必要であること（最二判昭和44.5.2・税資56号645頁）

(2) 延長の対象となる期限

通則法第11条の規定により延長される期限は、国税に関する法律に基づく申告、申請、請求、届出その他書類の提出、納付又は徴収に関する期限です。したがって、通則法第10条第2項（期限の延長）の「国税に関する法律に定める…期限」と異なり、国税に関する法令に基づく行政処分により定められる期限も含まれますが、次に掲げる期限については、通則法第11条の適用はありません。
① 出国等に関し時をもって定める期限
② 国税の申告等に関する期限以外の期限

(3) 期限の延長に関する特則

期限の延長に関する特則として、次のようなものがあります。
① 不服申立ての期限（通77①②）
② 内国消費税課税物品の未納税移出、特定用途免税等に係る移入証明書の提出期限（酒28③、た12③等）
③ 法人税の確定申告書等の提出期限（法75）

第2章　国税の納付義務の確定

第1節　納税義務の成立・確定

1　納税義務の成立から確定（概要）

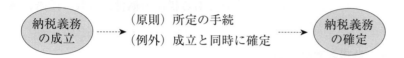

(1)　納税義務

納税義務、それは国側からみれば「租税債権」であり、納税者側からみれば「租税債務」ということがいえます。

この納税義務については、各税法に定める課税要件が充足すると抽象的に発生（成立）し、特別のものを除いては、その後の所定の確定の手続を経て、はじめて具体化（確定）します。

つまり、租税債権債務は、もともと各税法の規定によって当然に発生するものですが、その内容は、課税要件たる事実を把握し、これに関係法令の規定をあてはめ課税標準及び税率の計算を行うことによって判明するものです。このような行為は、税法が複雑かつ難解でありその他租税債権債務の特殊性があることからみて、その発生後直ちに履行の段階に移行するという建前は適当でないことから、納税者又は税務官庁における具体的に確認するための確認手続をとることにより、はじめて抽象的な債権債務が具体化されます。この場合の債権債務の発生が「成立」であり、特定の確認手続による債権債務の具体化が「確定」に該当します。

(2)　確定のための行為

イ　抽象的な租税債権債務を具体化するための行為（確定のための行為）

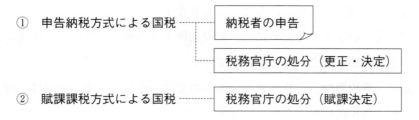

第2章　国税の納付義務の確定

ロ　上記イ以外に、国税のうちには、納税義務の成立と同時に特別の手続を要しないで納付すべき税額が確定

　　③　成立と同時に確定……　| 予定納税に係る所得税、源泉徴収による所得税、自動車重量税、国際観光旅客税、印紙で納付する通常の印紙税、登録免許税、延滞税、利子税 |

‖

課税要件事実が単純で容易に把握しうることなどから、直ちに履行の段階である税額の納付、徴収の段階に移行

(3)　納税義務の履行―納税義務の消滅

納税義務の成立・確定→　履行の段階　　納税義務の履行の態様
　　　　　　　　　　　　　　　　　　　① 納付すべき税額の納付
　　　　　　　　　　　　　　　　　　　② 滞納処分による換価代金等の配当
　　　　　　　　　　　　　　　　　　　③ 消滅時効完成による消滅
　　　　　　　　　　　　　　　　　　　④ 滞納処分の停止に伴う消滅　等

2　納税義務の成立

(1)　納税義務の成立の意義

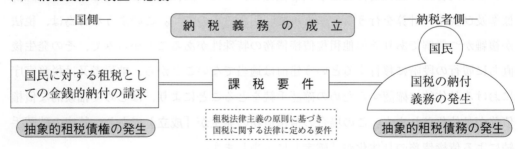

　国税を納付する義務（納税義務）の成立は、国側からみれば、国民（納税者）に対して租税という形で金銭的納付を請求しうる権利（抽象的租税債権）の発生ということになりますし、これを国民（納税者）の側からみれば、国税を納付しなければならない義務（抽象的租税債務）の発生ということになります。

　したがって、納税義務が成立するためには、租税法律主義の原則に基づき、国税に関する法律に定める要件が満たされることが必要です。

　この要件が、通常「課税要件」と称されているものです。そして、その内容は、所得税法、法人税法など各税法に規定されています。

第1節　納税義務の成立・確定

課税要件としては、次のようなものがあります。

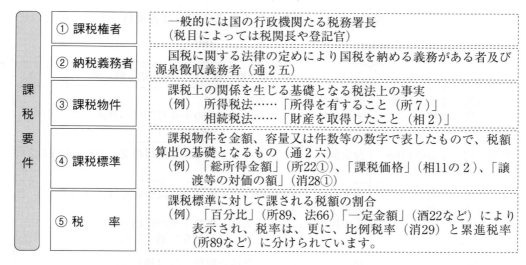

（課税要件一覧表）

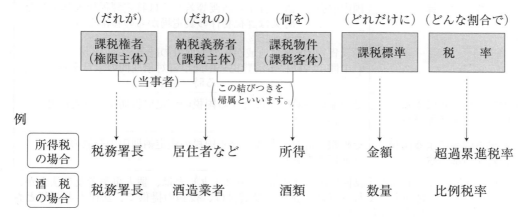

第2章　国税の納付義務の確定

⑵　成立の時期

　納税義務の成立は、税目によって異なり、その成立時期は各税目ごとに定められて
います（通15②）。

税　　　　　目	納　税　義　務　の　成　立　時　期
申告納税による所得税 （申告所得税）	暦年の終了の時　（通15②一） （予定納税に係る所得税―その年6月30日を経過する時 　　　　　　　　　　（通令5一））
源泉徴収による所得税 （源泉所得税）	源泉徴収をすべきものとされている所得の支払の時（通15②二）
法　人　税 地 方 法 人 税	事業年度（連結所得に対する法人税については、連結事業年度） の終了の時（通15②三） （中間申告に係る法人税―事業年度の開始の日から起算して 　　　　　　6月を経過する時（通令5六））
相　　続　　税	相続又は遺贈による財産の取得の時　（通15②四）
贈　　与　　税	贈与による財産の取得の時　（通15②五）
地　　価　　税	課税時期（その年の1月1日午前零時）　（通15②六）
消　費　税　等	国内取引 ⇨ 課税資産の譲渡等若しくは特定課税仕入れをした 　　　　　　時又は課税物件の製造場からの移出を行った時 　　　　　　（通15②七） 輸入貨物 ⇨ 保税地域からの引取りの時 （中間申告に係る消費税―中間申告対象期間の末日を経過す 　　　　　　る時（通令5八））
申告納税方式による 国税に対する加算税	その額の計算の基礎となる国税の法定申告期限の経過の時 （通15②十四）
源泉徴収等による国税 に対する加算税	その額の計算の基礎となる国税の法定納期限の経過の時 （通15②十五）

　（注）1　消費税法の定める「課税資産の譲渡等」（消2①九）とは、個人事業者及び法人が、
　　　　事業として対価を得て行う資産の譲渡及び貸付け、役務の提供で、法律上非課税とさ
　　　　れているもの以外のものをいいます。
　　　2　相続時精算課税適用者（相続人）が、特定贈与者（被相続人）から相続又は遺贈に
　　　　より財産を取得しなかった場合における納税義務の成立時期は、「特定贈与者の死亡の
　　　　時」とされています（通令5七）。

— 64 —

第 1 節　納税義務の成立・確定

(3)　成立の効果

納税義務の成立の効果

①　源泉所得税など自動確定の国税を除き納税者と税務署長との間に、納税義務を確定させる権利義務が生じます（通17〜19、24〜26、32）。

②　納税義務の確定手続を待っていては国税の徴収が確保できないと認められる場合は、一定の条件の下に納税者の財産に繰上保全差押えをすることができます（通38③）。

③　災害により相当な損失を受けた場合に納税の猶予を適用することができます（通46①）。

④　予納の国税を受領することができます（通59①）。

《申告納税方式の国税の場合》

・納税者……納税申告をする義務を負います。

・税務署長…更正又は決定（賦課課税方式の国税の場合は、賦課決定）を
　　　　　　行う権利（賦課権）が生じます。

第2章　国税の納付義務の確定

3　納付すべき税額の確定
(1)　確定の意義
　納付すべき税額の確定は、その後の納税義務の履行手続の前提要件となります。
　すなわち、確定がなければ納付はなく、徴収もありません。例えば、納税義務が成立していても、確定がなければ、納付された税額は、原則として誤納となります。
　なお、いったん確定した税額でも、真実の税額と異なることが判明したときには、その後の確定手続によって、増額又は減額されます。

イ　納付すべき税額の確定の形態
　納付すべき税額の確定の形態としては、①納税義務の成立後特別の手続をとることによってはじめて確定するもの、②納税義務の成立と同時に法律上当然に確定するものがあります。

> (注)　納付すべき税額の確定という場合の「確定」とは、判決の確定力などという場合の確定とは異なり、申告などによりいったん確定した税額が、その前提となる抽象的、客観的な納税義務と内容が異なるという理由で、除斥期間内は、さらに2回、3回と変更確定されうるものです。

ロ　確定のための手続
　納付すべき税額を確定するための手続については、申告納税方式と賦課課税方式があります（通16）。

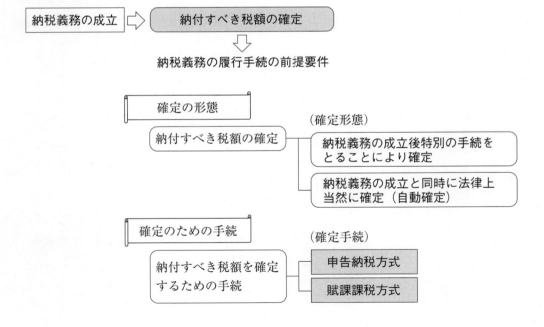

第1節　納税義務の成立・確定

(2)　自動確定の国税 ― 確定のための特別の手続を要しない国税

　国税のうちには、課税要件である事実が明白で税額の計算が容易であるため、納付すべき税額の確定の手続を要しないものがあります。納税義務の成立と同時に特別の手続を要しないで納付すべき税額が確定する国税は、次のとおりです（通15③）。

自動確定の国税	
	①　予定納税に係る所得税
	②　源泉徴収等による国税
	③　自動車重量税
	④　国際観光旅客税
	⑤　印紙税（申告納税方式による印紙税（加算税を含む。）及び過怠税を除きます。）
	⑥　登録免許税
	⑦　延滞税及び利子税

(3)　確定の効果

　納付すべき税額の確定により、次のような効果が生じます。

確定の効果

①　納税者の国税債務が具体化、納付及び徴収手続への移行

　　納税者の国税債務がいったん具体的に確定したものであっても、それが真実の税額と異なる場合には、その後の確定手続によって、増額又は減額されることになり、納付及び徴収手続へ移行します。

②　徴収権の消滅時効を更新

— 67 —

第2章　国税の納付義務の確定

参考 各税目における納税義務の成立時期等

税　目	納税義務の区分	納税義務の成立時期	納税義務の確定方式
所得税	申告納税による所得税	原則、１暦年の終了の時	申告納税方式
	予定納税に係る所得税	６月30日を経過するとき	確定手続なし
	源泉徴収に係る所得税	支払の時	
法人税・地方法人税	各年度の所得に対する法人税	事業年度の終了の時	申告納税方式
	中間申告に係る法人税	事業年度開始から６月を経過する時	
消費税	課税資産の譲渡等に係る消費税	課税資産の譲渡等をしたとき	申告納税方式
	課税貨物の引取りに係る消費税	課税貨物の保税地域からの引取りの時	
	中間申告に係る消費税	中間申告対象期間の末日を経過する時	
相続税		相続又は遺贈による財産の取得の時	申告納税方式
贈与税		贈与による財産の取得の時	申告納税方式
酒税	酒類の移出に係る酒税	酒類の製造場からの移出の時	申告納税方式
	酒類の引取りに係る酒税	酒類の保税地域からの引取りの時	
たばこ税・たばこ特別税	製造たばこの移出に係るたばこ税及びたばこ特別税	製造たばこの製造場からの移出の時	申告納税方式
	製造たばこの引取りに係るたばこ税及びたばこ特別税	製造たばこの保税地域からの引取りの時	
揮発油税・地方揮発油税	揮発油の移出に係る揮発油税及び地方揮発油税	揮発油の製造場からの移出の時	申告納税方式
	揮発油の引取りに係る揮発油税及び地方揮発油税	揮発油の保税地域からの引取りの時	
石油ガス税	課税石油ガスの移出に係る石油ガス税	課税石油ガスの充てん場からの移出の時	申告納税方式
	課税石油ガスの引取りに係る石油ガス税	課税石油ガスの保税地域からの引取りの時	
石油石炭税	原油、石炭等の採取に係る石油石炭税	原油、ガス状炭化水素、石炭の採取場からの移出の時	申告納税方式
	原油、石炭等の引取りに係る石油石炭税	原油、石油製品、ガス状炭化水素、石炭の保税地域からの引取りの時	
国際観光旅客税		本邦からの出国の時	確定手続なし
印紙税	印紙貼付・税印押なつ・納付計器に係る印紙税	課税文書の作成の時	確定手続なし（過怠税は賦課課税方式）
	書式表示・一括納付に係る印紙税	課税文書の作成の時	申告納税方式
航空機燃料税	航空機燃料の積込みに係る航空機燃料税	航空機燃料の航空機への積込みの時	申告納税方式
電源開発促進税	販売電気に係る電源開発促進税	販売電気の料金の支払を受ける権利の確定の時	申告納税方式
加算税	過少申告加算税、無申告加算税、重加算税	計算の基礎となる国税の法定申告期限の経過の時	賦課課税方式
	不納付加算税、重加算税	計算の基礎となる国税の法定納期限の経過の時	

— 68 —

第2節　申告納税方式による国税に係る税額等の確定手続

1　申告納税方式の国税

申告納税方式とは　　納税者の納付すべき税額が、国税に関する一方の当事者たる納税者自身で行う申告行為により原則確定し、その申告がないか、その申告に係る税額等が異なる場合に税務署長の処分により確定する方式

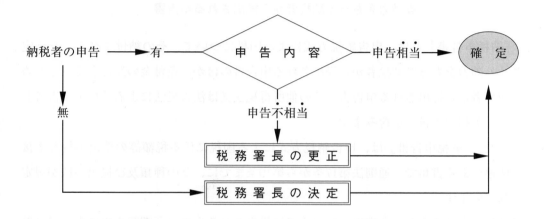

申告納税方式による国税の範囲

現在では、国税のうちほとんどの税目は申告納税方式によっています。

☞　第5節「賦課課税方式による国税に係る税額等の確定手続」参照

2　納税申告

納税申告とは　申告納税方式による国税について、その納税義務を確定することを目的として行われる課税標準等及び税額等の税務署長への通知行為

⇩

納税者たる私人によってなされる公法行為

納税申告書　申告納税方式による国税について、その納付すべき額を確定させる効力をもって納税者から提出される申告書

「納税申告書」とは、申告納税方式による国税について、その納付すべき額を確定させる効力をもって納税者から提出される申告書のほか、還付金の還付を受けるために納税者から提出される申告書、その他所得税法又は法人税法による「損失申告書」又は「欠損申告書」を含みます。

また、「納税申告書」は、申告納税方式による国税に係る税額等の確定手続と密接な関連のある書類で、通則法第17条から第19条までに、その種類及び提出手続が規定されています。

納税申告書のうち、法定申告期限までに提出されるものを「**期限内申告書**」（通17）といい、期限内申告書を提出すべきであった者が、法定申告期限後、通則法第25条の規定による決定を受けるまでに提出するものを「**期限後申告書**」（通18）といい、納税申告書を提出した者又は通則法第24条から第26条までの規定による更正・決定を受けた者が、これらにより確定した税額に不足額があるような場合に提出するものを「**修正申告書**」（通19）といいます。

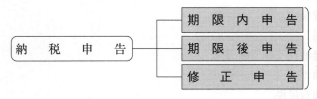

法定申告期限

申告納税方式の国税について、その国税に関する法律の規定により納税申告書を提出しなければならないとされている期限を、「**法定申告期限**」といいます（通2七）。

第2節　申告納税方式による国税に係る税額等の確定手続

　この国税に関する法律には、通則法も含まれることから、各税法上の申告期限が日曜日、国民の祝日に関する法律に規定する休日その他一般の休日又は政令で定める日に該当するときは、その翌日が法定申告期限となります（通10②）。

　「法定申告期限」は、それまでに納税申告書が提出されたか、その後に提出されたかによって、「期限内申告書」となるか、「期限後申告書」になるかの区分が生ずる時点であり（通17、18）、また、それまでに納税申告書が提出されなければ、税務署長は通則法第25条による「決定」を行うことができます。その際、加算税の賦課、各税法の無申告に関する罰則の適用、更正の請求をなしうる期間及び更正決定をなしうる期間の計算の基礎となるものです（通23①、70①）。

　☞　第3章第1節の 参考 「法定申告期限と法定納期限」参照

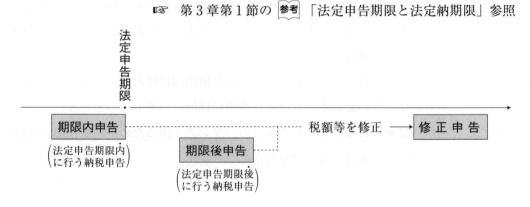

(1)　期限内申告

　期限内申告　　期限内申告書　　申告期限内の申告

　　　　　　　　　　　　　　　☞　「所得税の確定申告書」参照

　申告義務を負う納税者は、国税に関する法律の定めるところにより、課税標準等及び税額等を記載した納税申告書を、法定申告期限までに税務署長に提出しなければならないこととされています。この納税申告書を「期限内申告書」といいます（通17）。

　正当な理由なくして期限内申告書を提出しない場合には、罰則の適用があるほか、各種の控除や免税措置の適用等が受けられなくなる場合があります（所241、法160等）。

　なお、納税者がいったん提出した申告書について誤りを発見した場合には、申告期間内であればいつでもその差換えをすることができます。

第 2 章　国税の納付義務の確定

（期限内申告書を提出しない場合）

<table>
<tr><td rowspan="3">期限内申告書を提出しない場合</td><td>①　無申告加算税又は重加算税の賦課（通66、68②）</td></tr>
<tr><td>②　課税標準からの控除、税額控除、免除措置等の不適用（所140④、法80③等）</td></tr>
<tr><td>③　正当な理由なくして期限内申告書を提出しない場合又はその提出を怠った場合における罰則等の適用（所241、法160等）</td></tr>
</table>

(2)　期限後申告

| 期限後申告 | 期限後申告書 | 申告期限経過後の申告 |

申告義務を負う納税者は、申告書の提出期限を経過した後でも、税務署長の決定があるまではいつでも納税申告書を提出することができます。この納税申告書を「期限後申告書」といいます（通18）。

期限内申告書との違いは、その申告書が法定申告期限内に提出されたかどうかという点だけであり、申告書の記載事項及び添付書類には何らの差も生じません。

ただし、期限内に適正に申告納付した者とのバランスを図るため、期限後申告及び修正申告等に対しては、延滞税及び加算税が課されます。

(3)　修正申告

| 修正申告 | 修正申告書 | 税額等を修正する申告 |

☞　「所得税の修正申告書（別表）」参照

納税申告書を提出した人は、後日、その申告税額が過少であることなどに気づいた場合などには税務署長の更正があるまでの間に、いつでも課税標準等又は税額等を修正する納税申告書を提出することができます。この納税申告書を「**修正申告書**」といいます（通19）。

また、税務署長の更正又は決定した税額が過少であるとき、純損失の金額又は還付金の額に相当する税額が過大であるときなども、修正申告書の提出ができます。

なお、修正申告ができるのは、既に確定した税額に不足があるか、純損失の金額（いわゆる赤字金額）が過大であるときなどに限られますので、税額が過大であるという修正申告は許されません。

　㊟　税額が過大である場合には、税務署長に対し、更正の請求（通23①）をすることになります。

— 72 —

第2節　申告納税方式による国税に係る税額等の確定手続

《区　分》		《提出理由》	《提出期限》	《納付期限》
修正申告	一般の修正申告（通19①）	申告書に記載した税額に不足額がある場合又は純損失等の金額が過大である場合等	更正の通知がある日まで	申告書提出の日（通35②一）
	更正又は決定後の修正申告（通19②）	更正又は決定を受けた後の税額に不足額がある場合又は純損失等の金額が過大である場合等	再更正の通知がある日まで	

修正申告に伴う効果

修正申告に伴う効果	①　修正申告により新たに納付することとなった税額の確定
	②　加算税の非課税又はその割合の軽減（通65④⑤、66④⑤等）
	③　その申告により納付すべき税額の時効が中断（通73③一）

修正申告の効力

修正申告書で既に確定した納付すべき税額を増加させるものの提出は、既に確定した納付すべき税額に係る部分の国税についての納税義務に影響を及ぼしません（通20）。

3　納税申告の法的性格

納税申告　⇨　納付すべき税額を第一次的に確定

申告納税方式による国税の課税標準等や税額等は、国税に関する法律の規定するところにより納税義務の成立の段階で既に客観的に定まっていることから、納税申告は、課税標準等や税額等の計算の基礎となる要件事実を確認し、法定の方法で税額を算定した上、これを税務署長に通知する行為をいいます。

つまり、申告納税方式による国税にあっては、納税申告により、納税者の納付すべき税額を第一次的に確定します。

このように、私人たる納税者の行為で、納付すべき税額の確定という公法上の法律効果が付与されるというような行為を、一般に私人による公法行為といいます。

㊟　納税申告は、納税者が所轄税務署長に納税申告書を提出する行為であり、税務署長による申告書の受理及び申告税額の収納は、その申告書の申告内容を是認するものではありません（最三判昭62.10.30・判時1262号91頁）。

第2章　国税の納付義務の確定

4　納税申告書の種類及び申告内容

　納税申告書には、所得税や法人税、消費税などの場合における確定申告書、中間申告書等と相続税などにおける申告書とがあります（所120、法74、消45ほか）。

　また、納税申告書において申告すべき事項とされているのは、次のようなものです（通2六）。

申告すべき事項	課税標準
	課税標準から控除する金額（所得税法における所得控除、相続税法における基礎控除等）
	純損失等の金額（所得税法上の純損失の金額又は雑損失の金額等。通2六ハ）
	納付すべき税額
	還付金の額に相当する税額
	納付すべき税額の計算上控除する金額（税額控除。例えば配当控除等）又は還付金の額の計算の基礎となる税額

参考　課税標準申告書（賦課課税方式による国税の申告書）との相違

　「納税申告書」に類するものに「課税標準申告書」がありますが、これは賦課課税方式による国税の納税者がその国税の課税標準を記載して提出しなければならないこととされている申告書であって、納付すべき税額を確定する効力を有せず、税務官庁による賦課決定（通32）の参考資料として提出が義務づけられています（通31）。

納　税　申　告　書	課　税　標　準　申　告　書
私人による公法行為	税務署長に対する通知行為
納付すべき税額を第一次的に確定	納付すべき税額が確定しない（税額を確定する際の資料）

— 74 —

第 2 節　申告納税方式による国税に係る税額等の確定手続

 参考　**納税申告書の概要**

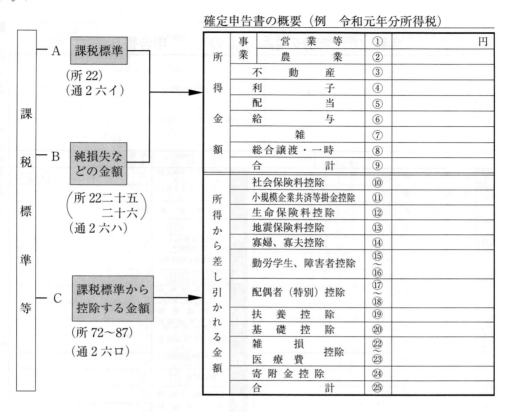

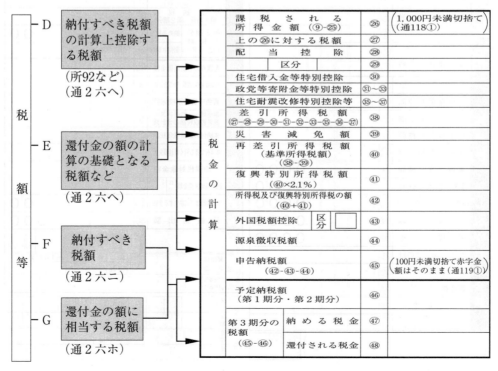

第2章　国税の納付義務の確定

(所得税の確定申告書)

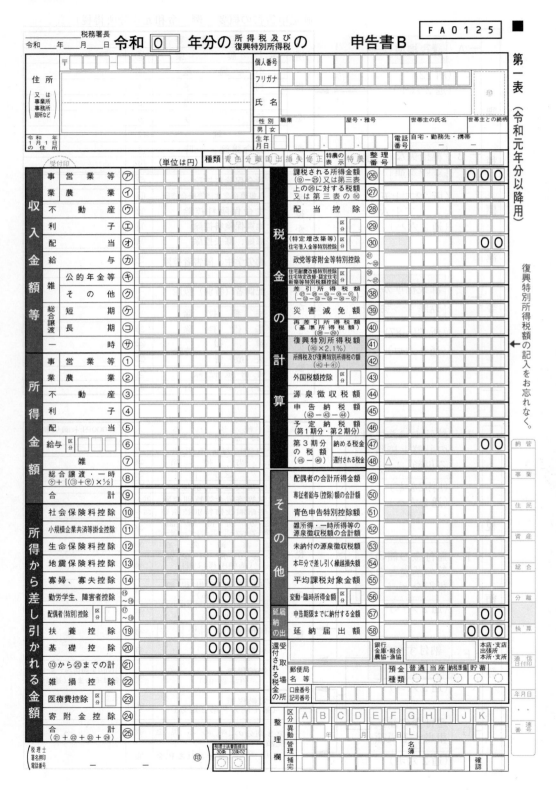

第 2 節　申告納税方式による国税に係る税額等の確定手続

（所得税の確定申告書）

令和 ◯ 年分の 所得税及び復興特別所得税 の確定申告書B

整理番号 ☐☐☐☐☐☐☐☐　　FA0079 ■

住　　所
屋　　号
フリガナ
氏　　名

○ 所得の内訳（所得税及び復興特別所得税の源泉徴収税額）

所得の種類	種目・所得の生ずる場所又は給与などの支払者の氏名・名称	収 入 金 額	源泉徴収税額
		円	円
	㊸ 源泉徴収税額の合計額		円

○ 雑所得（公的年金等以外）、総合課税の配当所得・譲渡所得、一時所得に関する事項

所得の種類	種目・所得の生ずる場所	収 入 金 額	必 要 経 費 等	差 引 金 額
		円	円	円

○ 特例適用条文等

○ 事業専従者に関する事項

事業専従者の氏名	個 人 番 号	続柄	生 年 月 日	従事月数・程度・仕事の内容	専従者給与(控除)額
	☐☐☐☐☐☐☐☐☐☐☐☐		明・大昭・平 ・ ・		円
	☐☐☐☐☐☐☐☐☐☐☐☐		明・大昭・平 ・ ・		
			㊿ 専従者給与(控除)額の合計額		

○ 住民税・事業税に関する事項

	氏 名	個 人 番 号	続柄	生年月日	別居の場合の住所	
住民税 同一生計配偶者		☐☐☐☐☐☐☐☐☐☐☐☐		・ ・		
16歳未満の扶養親族		☐☐☐☐☐☐☐☐☐☐☐☐		平・令 ・ ・		
		☐☐☐☐☐☐☐☐☐☐☐☐		平・令 ・ ・		
		☐☐☐☐☐☐☐☐☐☐☐☐		平・令 ・ ・		
	配当に関する住民税の特例	円	非居住者の特例	円	配当割額控除額	円 株式等譲渡所得割額控除額 円

給与・公的年金等に係る所得以外（令和2年4月1日において65歳未満の方は給与所得以外）の所得に係る住民税の徴収方法の選択 … ○給与から差し引き ○自分で納付

寄附金税額控除 都道府県、市区町村分(特例控除対象)／住所地の共同募金、日赤その他の寄附／条例指定分(都道府県)／条例指定分(市区町村) … 都道府県／市区町村

事業税	非課税所得など	番号	所得金額	円	損益通算の特例適用前の不動産所得	円	前年中の開(廃)業	開始・廃止 月日
	不動産所得から差し引いた青色申告特別控除額				事業用資産の譲渡損失など		他都道府県の事務所等	○

別居の控除対象配偶者・控除対象扶養親族・事業専従者の氏名・住所	氏名	住所	所得税で控除対象配偶者などとした専従者	氏名	給与	一連番号

○ 所得から差し引かれる金額に関する事項

⑩社会保険料控除	社会保険の種類	支 払 保 険 料	⑪小規模企業共済等掛金控除	掛金の種類	支 払 掛 金
		円			円
	合　　計			合　　計	

⑫生命保険料控除	新生命保険料の計	円	旧生命保険料の計	円
	新個人年金保険料の計		旧個人年金保険料の計	
	介護医療保険料の計			

⑬地震保険料控除	地震保険料の計	円	旧長期損害保険料の計	円

⑭～⑮寡婦、寡夫、勤労学生、障害者控除	□ 寡婦（寡夫）控除 □死別 □離婚 □生死不明 □未帰還	□勤労学生控除（学校名　　　）

⑯障害者	氏　　名	

⑰～⑱配偶者(特別)控除	配偶者の氏名	生 年 月 日 明・大昭・平 ・ ・	□配偶者控除 □配偶者特別控除
	個人番号 ☐☐☐☐☐☐☐☐☐☐☐☐		国外居住

⑲扶養控除	控除対象扶養親族の氏名	続柄	生 年 月 日	控 除 額
			明・大昭・平 ・ ・	万円
	個人番号 ☐☐☐☐☐☐☐☐☐☐☐☐			国外居住
			明・大昭・平 ・ ・	万円
	個人番号 ☐☐☐☐☐☐☐☐☐☐☐☐			国外居住
			明・大昭・平 ・ ・	万円
	個人番号 ☐☐☐☐☐☐☐☐☐☐☐☐			国外居住
	⑲ 扶養控除額の合計			万円

㉒雑損控除	損 害 の 原 因	損 害 年 月 日	損害を受けた資産の種類など
	損害金額 円	保険金などで補填される金額 円	差引損失額のうち災害関連支出の金額 円

㉓医療費控除	支払医療費等	円	保険金などで補填される金額	円

㉔寄附金控除	寄附先の所在地・名称	寄 附 金	円

第二表（令和元年分以降用）

○第二表は、第一表と一緒に提出してください。○国民年金保険料や生命保険料の支払証明書など申告書に添付しなければならない書類は添付書類台紙などに貼ってください。

— 77 —

（所得税の修正申告書（別表））

令和 0 年分の 所得税及び復興特別所得税 の修正申告書（別表）

FA0049

第五表（令和元年分以降用）

住所（又は事業所事務所居所など）		フリガナ 氏名	

○ 修正前の課税額　（単位は円）

区分	項目	番号	金額
総合課税の所得金額	事業 営業等	①	
	事業 農業	②	
	不動産	③	
	利子	④	
	配当	⑤	
	給与（区分）	⑥	
	雑	⑦	
	総合譲渡・一時	⑧	
	合計（①から⑧までの合計）	⑨	
※		⑩	
※		⑪	
所得から差し引かれる金額	社会保険料控除	⑫	
	小規模企業共済等掛金控除	⑬	
	生命保険料控除	⑭	
	地震保険料控除	⑮	
	寡婦、寡夫控除	⑯	0000
	勤労学生、障害者控除	⑰～⑱	0000
	配偶者（特別）控除（区分）	⑲～⑳	0000
	扶養控除	㉑	0000
	基礎控除	㉒	0000
	⑫から㉒までの計	㉓	
	雑損控除	㉔	
	医療費控除（区分）	㉕	
	寄附金控除	㉖	
	合計（㉓＋㉔＋㉕＋㉖）	㉗	
税金の計算	課税される所得金額 ⑨対応分	㉘	000
	課税される所得金額 ⑩対応分	㉙	000
	課税される所得金額 ⑪対応分	㉚	000
	税額 ㉘対応分	㉛	
	税額 ㉙対応分	㉜	
	税額 ㉚対応分	㉝	
	税額 計（㉛＋㉜＋㉝）	㉞	
	配当控除	㉟	
	（区分）	㊱	
	（特定増改築等）住宅借入金等特別控除（区分）	㊲	00
	政党等寄附金等特別控除	㊳～㊵	
	住宅耐震改修特別控除・住宅特定改修・認定住宅新築等特別税額控除（区分）	㊷～㊹	
	差引所得税額（㉞－㉟－㊱－㊲－㊳－㊴－㊵－㊷－㊸－㊹）	㊺	
	災害減免額	㊻	
	再差引所得税額（基準所得税額）（㊺－㊻）	㊼	

整理番号		一連番号	

区分	項目	番号	金額
税金の計算	復興特別所得税額（㊼×2.1％）	㊽	
	所得税及び復興特別所得税の額（㊼＋㊽）	㊾	
	外国税額控除（区分）	㊿	
	源泉徴収税額	(51)	
	申告納税額（㊾－㊿－(51)）	(52)	
	予定納税額（第1期分・第2期分）	(53)	
	第3期分の税額（(52)－(53)） 納める税金	(54)	00
	第3期分の税額（(52)－(53)） 還付される税金	(55)	△

○ 修正申告により増加する税額等

項目	番号	金額
申告納税額の増加額	(56)	
第3期分の税額の増加額	(57)	00

○ 修正申告によって異動した事項

○ 所得金額に関する事項

所得の種類	種目・所得の生ずる場所	収入金額	必要経費
		円	円
異動の理由			

○ 事業専従者に関する事項

氏名		氏名	
控除額等 異動前	円	控除額等 異動前	円
控除額等 異動後		控除額等 異動後	

○ 所得から差し引かれる金額に関する事項

所得控除の種類	所得控除額	異動の理由
	円	

○ 税金の計算に関する事項

税額控除等の種類	税額控除額等	異動の理由
	円	

○ 住民税・事業税に関する事項

区分	項目			
住民税	配当に関する住民税の特例	円		
	非居住者の特例			
	配当割額控除額			
	株式等譲渡所得割額控除額			
	寄附金税額控除 都道府県、市区町村分（特例控除対象）	円	条例指定分 都道府県	円
	寄附金税額控除 住所地の共同募金会、日赤支部・都道府県、市区町村分（特例控除対象以外）		条例指定分 市区町村	
事業税	非課税所得など	番号	所得金額	円
	損益通算の特例適用前の不動産所得	円		
	不動産所得から差し引いた青色申告特別控除額			
	事業用資産の譲渡損失など			
異動の理由				

整理欄				
申告区分	申告等年月日 年 月 日	所得種類		
特例適用条文	法	条の	項	号
申告期限	年 月 日			

○第五表は、申告書Bの第一表と一緒に提出してください。

5 納税申告書の提出等

(1) 納税申告書の提出

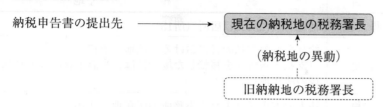

納税申告書は、その提出の際におけるその国税の納税地（「現在の納税地」）を所轄する税務署長に提出しなければなりません（通21①）。

なお、所得税等特定の国税に係る納税申告書については、納税地の異動があった場合に旧納税地を所轄する税務署長に提出しても受理されます（通21②③）。

(2) 所轄庁と納税地

税務行政機関と納税者等とを結びつける地域的な概念として「管轄」という言葉があります。これを税務行政機関側からみれば「所轄庁」となります。

```
          管        轄
┌──納税者等サイド──┐ ┌──税務署長等サイド──┐
│各種申告書の提出先その他│ │承認、更正、決定、徴収等│
│申告、請求、納付等の手続│ │自己の権限を有効に行使し│
│上の相手方       │ │得る地域、納税者等の範囲│
└───────────┘ └───────────┘
```

所轄庁とは　更正、決定、徴収などの国税に関する処分を行う権限がある者及び納税者の行う申告、申請などを受理できる者

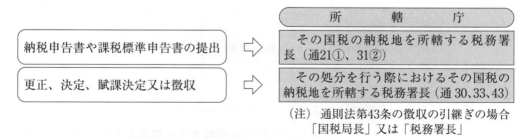

納税地とは
- 税目により異なり、各税法に規定
- 特定の国税に関する納税者等と国との間の法律関係について両者の結びつきを決定する地域的概念

○ 主な税目における納税地

税　　目	納　税　地
申告所得税	納税者の住所又は居所（所15）
源泉所得税	給与などの支払の日における支払地（所17） （支払事務所等を移転した場合には、当該事務所等の移転後の所在地）
法人税	法人の本店又は主たる事務所の所在地（法16）
相続税	納税者の住所又は居所（相62） ただし、当分の間は、被相続人の死亡時の住所（相附3）
贈与税	納税者の住所又は居所（相62）
酒税	製造場の所在地（酒53の2）
消費税	個人……住所、居所又は事務所等の所在地（消20、21） 法人……本店又は主たる事務所の所在地（消22）
電源開発促進税	一般電気事業者（電力会社）の本店の所在地（電4）

(3) 納税地の異動

税目の種類によって、納税地が異動する場合と異動しない場合があります。

イ　納税地の異動がある場合

① 所得税、法人税、地方法人税、相続税、贈与税、地価税、課税資産の譲渡等に係る消費税、電源開発促進税

納税地
住所又は本店などの所在地

課税期間の開始後、納税地が異動する可能性がある。

（納税地が異動した場合）

納税地の異動

新納税地主義
新しい納税地を所轄する税務署長が所轄庁

— 80 —

第2節　申告納税方式による国税に係る税額等の確定手続

> 新納税地主義の特例

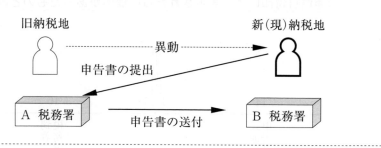

納税申告書が異動前の旧納税地を所轄する税務署長に提出された場合は、所轄違いであっても拒否することなく受理し、現在の納税地を所轄する税務署長に送付し、納税者にその旨を通知します（通21②③）。

(注)1　この特例が認められる税目
　　　納税地の異動のある税目、すなわち所得税、法人税、地方法人税、相続税、贈与税、地価税、課税資産の譲渡等に係る消費税又は電源開発促進税
　　2　相続税についても新納税地主義が採用されていますが（通21②）、当分の間、被相続人の死亡の時における住所地が納税地とされていますので（相附3）、納税地の異動は生じません。

ロ　納税地の異動がない場合

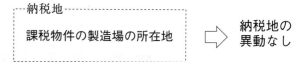

間接税における製造場の移動　＝　納税地の異動ではなく、旧製造場の廃止と新製造場の開始

◎　ある課税物件の移出後に製造場が移動した場合
　⇨納税申告、更正などは、移動前の製造場の所在地を所轄する税務署長が所轄庁

ハ　源泉所得税の場合

　源泉所得税の納税地は、原則として、源泉徴収の対象とされている所得の支払事務を取り扱う事務所等のその支払の日における所在地とされています。
　ただし、その支払事務を扱う事務所等の移転があった場合には、移転前の支払に対する源泉所得税の納税地は、移転後の事務所等の所在地とされます（所17）。

(4) 郵送等に係る納税申告書の提出時期

　納税申告書については、納税者が直接持参する場合と郵便又は信書便によって提出する場合とが考えられます。そして、後者によった場合には、いつの時点をもって提出があったとみるかが問題となります。

　民法の一般原則では、到着日基準（到達主義）とされていますが、国税にあっては、その郵便物の通信日付印により表示された日に提出があったものとみなされます（通22）。

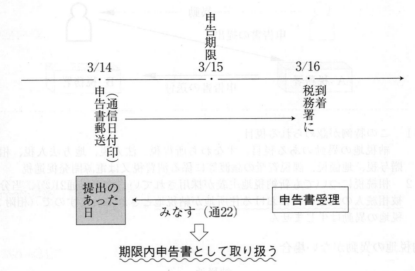

　☞　第1章第5節の5の(2)「提出書類の効力発生時期」参照

第2節　申告納税方式による国税に係る税額等の確定手続

参考　**電子申告の義務化**

　電子申告の普及率は年々高まっているものの、法人税申告についてはICTで作成された申告データが必ずしもデータのまま提出されない状況にありました。

　そこで官民合わせたコストの削減と企業の生産性向上を推進する観点から、申告データを円滑に電子的に提出できるよう環境整備を進めつつ、平成30年度税制改正において、まずは大法人について電子申告の義務化を図ることとなりました。

　電子申告の100％義務化は、令和2年4月1日以後開始する事業年度（消費税は令和2年4月1日以後開始する課税期間）から実施されています。

（注）1　電子申告が義務化される大法人は、以下の内国法人となります。

　　　基準

　　　各事業年度の開始の日における資本金の額又は出資金の額が1億円超の大法人

　　　人格

　　　普通法人（相互会社、投資法人、特定目的会社及び受託法人を除きます。）、公共法人、公益法人等及び協同組合等

　　※　相互会社、投資法人、特定目的会社、並びに国・地方公共団体（消費税のみ）は、上記基準に関わらず対象となります。

　　2　納税申告書及びそれに係る添付書類の電子的提出が困難と認められる事由がある場合には、申告期限までに所轄の税務署長に申請し、その承認に基づき例外的に書面による申告書等の提出が可能となります。

　　　電子的提出が困難と認められる一定の事由

　　　①　サイバー攻撃

　　　②　災害

　　　③　経営の破たん

　　などによりインターネットが利用できず、電子申告ができない場合

　　※　上記以外の事由で電子申告がなされなかった場合には、その申告は無申告として取り扱われますので注意が必要となります。

第3節　更正の請求

1　更正の請求

更正の請求の意義等

　更正の請求は、納税者が納税申告によりいったん確定した税額が過大であること等を知ったときなどに、税務署長に対し、自己に有利に変更すべきことを請求するものです。したがって、この手続は、税額等の変更の請求権を行使する手続にとどまり、それ自体、税額等を是正し確定させることを意味しません。

修正申告との違い

　更正の請求は、自らした申告の内容を自己の不利益に変更し、しかも先の申告に係る税額等が自動的に変更される修正申告と異なります。

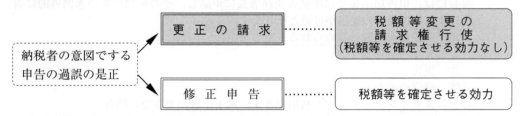

　このように更正の請求と修正申告の効果に差を設けているのは、更正の請求に対して税額等を確定させる変更権を与えた場合には、国税の徴収処分の安定が得られないばかりか、徴税回避が行われるおそれがあるためです。

> **参考　更正の請求の制度の主要な意義**
>
> 　　更正の請求制度は、元来、納税者が自らの申告により確定させた税額が過大あるいは還付金相当税額が過少であることなどを法定申告期限後に気がついた場合に、納税者の側からその変更、是正のため必要な手段をとることを可能ならしめて、その権利救済に資することとするものです。すなわち、申告に係る税額等の変更については、まず更正の請求を行い、これに対し請求の理由がないとする税務官庁の処分があった場合にその処分内容について不服があれば、再調査の請求、審査請求又は訴訟により争うみちを開いています。

第3節　更正の請求

2　更正の請求の制度

更正の請求には、通則法上①納税申告書に記載した課税標準等若しくは税額等に誤りがあるためにする更正の請求（通23①）と、②後発的事由によって課税標準等又は税額等の計算の基礎に変動が生じたためにする更正の請求（通23②）があります。

なお、このほか各個別法にも更正の請求の特則（P88参照）があります。

	通常の更正の請求	後発的事由に基づく更正の請求（注1）
更正の請求ができる者（注2）	納税申告書を提出した者	・納税申告書を提出した者 ・決定処分を受けた者
更正の請求ができる場合	申告した課税標準等若しくは税額等の計算が国税に関する法律の規定に従っていなかったこと又は当該計算に誤り ⬇ ・納付すべき税額が過大 ・純損失などのいわゆる赤字金額が過少 ・還付金の額に相当する税額が過少	①判決や和解により税額等の計算の基礎となった事実が変動 ②申告等の際その者に帰属するものとされていた所得等がその後他の者に帰属するとの更正決定があった ③その他特定の事由 ⬇ ・納付すべき税額が過大 ・純損失などのいわゆる赤字金額が過少 ・還付金の額に相当する税額が過少
更正の請求ができる期間	法定申告期限から5年	上記①～③の事由が生じた日の翌日から2月以内

（注）1　この措置は昭和45年改正において新設されたものですが、申告時には予知し得なかった事態その他やむを得ない事由がその後において生じたことにより、遡って税額の減額をなすべきこととなった場合に、納税者の側からもその更正を請求し得ることとして、納税者の権利救済のみちをさらに拡大したものです。
　　　2　「納税申告書を提出した者」及び「決定処分を受けた者」には、その者の相続人その他の者の財産に属する権利義務を包括して承継した者が含まれます（通19①②）。

3　更正の請求の内容と期間

(1) 通常の更正の請求

納税申告書を提出した者は、当該申告書に記載した課税標準等若しくは税額等（更正されている場合には更正後のもの）の計算が法律の規定に従っていなかったこと又はその計算に誤りがあったことにより、①納付すべき税額が過大であるとき、②純損失などのいわゆる赤字金額が過少であるとき又は金額の記載がなかったとき、③還付金に相当する税額が過少であるとき又はその税額の記載がなかったときは、その係る

― 85 ―

第2章　国税の納付義務の確定

国税の法定申告期限から5年以内に限り、税務署長に対し、その申告に係る課税標準等又は税額等につき更正の請求をすることができます（通23①）。

更正の請求期間（各税目別）

対象税目	更正の請求期間
申告所得税	5年（通23①）
純損失等の金額に係る更正	5年（通23①）
法人税	5年（通23①）
純損失等の金額に係る更正	10年（通23①）
移転価格税制に係る更正	7年（措66の4㉖、68の88㉗）
相続税	5年（通23①）
贈与税	6年（相32②）
消費税	5年（通23①）
酒税	5年（通23①）
上記以外のもの（注）	5年（通23①）

(注)　揮発油税及び地方揮発油税、石油石炭税、石油ガス税、たばこ税及びたばこ特別税、電源開発促進税、航空機燃料税、印紙税（印11、12に掲げるもの）、地価税、登録免許税、自動車重量税をいいます。

　平成23年12月の税制改正において、納税者の救済と課税の適正化とのバランス等を図る観点から、修正申告の期間、更正の請求の期間、増額更正の期間、減税更正の期間が原則5年に統一されました。

　また、平成27年の税制改正において、法人税の純損失等の金額に係る更正の請求期間については、平成30年4月1日以降に開始する事業年度以後は「10年」となりました。

(2)　後発的事由に基づく更正の請求

　納税申告書を提出した者又は決定を受けた者は、通常の更正の請求ができる期間後においても、次の事由が生じたことにより、申告に係る税額等が過大となった場合などには、例外的に所定の期間内において更正の請求が認められています（通23②、通令6）。

　なお、通常の更正の請求期間内は通則法第23条第1項の更正の請求によるべきこととなります（通23②かっこ書き）。

第3節　更正の請求

後発的事由に基づく更正の請求が認められる場合	更正の請求ができる期間
①　判決や和解により申告等に係る税額等の計算の基礎となった事実と異なることが確定した時（通23②一）	確定した日の翌日から起算して2月以内
②　その者に帰属するものとされていた所得等が他の者に帰属するものとする更正等があったとき（通23②二）	当該更正等があった日の翌日から起算して2月以内
③　上記①、②に類する政令で定めるやむを得ない理由があるとき（通23②三、通令6） 政令で定めるやむを得ない理由 イ　申告に係る課税標準等又は税額等の計算の基礎となった事実のうちに含まれていた行為の効力に係る官公署の許可その他の処分が取り消されたこと（通令6①一） ロ　申告等に係る課税標準等又は税額等の計算の基礎となった事実に係る契約が、解除権の行使によって解除され、若しくは当該契約の成立後生じたやむを得ない事情によって解除され、又は取り消されたこと（同二） ハ　帳簿書類の押収等により、国税の課税標準等又は税額等を計算することができなった場合、その後、当該事情が消滅したこと（同三） ニ　租税条約に規定する権限ある当局間の相互協議により、その申告等に係る課税標準等又は税額等に関し、その内容と異なる内容の合意が行われたこと（同四） ホ　申告等に係る課税標準等又は税額等の計算の基礎となった事実に係る国税庁長官の法令解釈が変更され、その解釈が公表されたことにより、その課税標準等又は税額等が異なる取扱いを受けることとなったことを知ったこと（同五）	当該理由が生じた日の翌日から起算して2月以内

(注)1　上記①の判決には、犯罪事実の存否範囲を確定するに過ぎない刑事事件の判決は含まれません（最二判昭和60.5.17・税資145号463頁）。
　　　　また、判決が当事者が専ら税金を免れる目的で馴れ合いによって得たものであるなど、客観的、合理的根拠を欠くものであるときは、その確定判決として有する効力の如何にかかわらず、通則法第23条第2項第1号にいう「判決」には該当しません（東京高判平成10.7.15・訟月45巻4号774頁）。
　　2　（通則法施行令第6条第1項第2号にいう）「やむを得ない事情」とは、例えば、契約の相手方が完全な履行をしないなどの客観的な事由に限定されるべきであって、錯誤のような表意者の主観的な事情は含まれないと解するのが相当であるとされたものがあります（高松高判平成18.2.23・訟月52巻12号3672頁）。

第2章　国税の納付義務の確定

 更正の請求に係る各税法の主な特則

所得税法	① 不動産所得、事業所得又は山林所得を生ずべき事業を営んでいた個人が、その事業を廃止した後において生じた費用又は損失で、その事業を廃止しなかったならば、その廃止した日の属する年以後の各年につきこれらの所得計算上必要経費とされる金額が生じたときなどには、当該控除ができなくなった事実が生じた日の翌日から2月以内に限り、更正の請求ができます（所152、167）。 ② 修正申告又は更正決定により、その後の年分に係る税額等に異動が生じたときは、当該申告書を提出した日又は更正決定通知書を受けた日の翌日から2月以内に限り、更正の請求ができます（所153、167）。 ③ 次の課税の取消し事由に該当することとなった日等から4月以内に限り、更正の請求をすることができます（所法153の2～153の6）。 　i 国外転出等特例に係る課税の取消しがあったことにより所得金額や税額等が過大となるとき 　ii 相続又は遺贈により取得等した有価証券等で国外転出等特例の適用を受けていたものの譲渡等をした場合において、国外転出等特例に係る課税の取消し又は相続等時特例に係る遺産分割等の事由があったことに伴い、国外転出等の時に課税された有価証券の取得価額の増額等がされるとき 　iii 相続等時特例の適用を受けた居住者について生じた遺産分割等の事由により非居住者に移転する有価証券等の増額等があるとき 　iv 国外転出時等特例に係る納税の猶予に係る期限前に当該特例の適用を受けていた有価証券等の譲渡等をした場合において、その所得に係る外国所得税を納付することとなるとき
法人税法・地方法人税法	上記②の同旨の更正の請求ができます（法80の2、82、145、地法24）。
相続税法	相続財産が当初の法定相続分と異なる割合で分割されたこと、相続人に異動を生じたこと、あるいは贈与税の課税価格の計算の基礎に算入した財産のうちに相続税の課税価格に算入されるべきものがあった等の事由によりその申告又は決定（その後の修正申告又は更正を含みます。）に係る相続税又は贈与税の課税価格及び税額が過大となったときは、その事由が生じたことを知った日の翌日から4月以内に限り、更正の請求ができます（相32①）。
地価税法	相続財産が当初の法定相続分と異なる割合で分割された場合その他相続人の異動等の事由により、当初の申告または決定（その後の修正申告又は更正を含みます。）に係る税額が過大となったときは、その事由が生じたことを知った日の翌日から4月以内に限り、更正の請求ができます（地30）。
消費税法	消費税につき修正申告又は更正決定があったことに伴い、その修正申告等に係る課税期間後の課税期間に係る消費税の額が過大となる場合又は還付金の額が過少となる場合には、修正申告書を提出した日又は更正決定を受けた日の翌日から2月以内に限り、更正の請求ができます（消56）。（注）
措置法	① 転廃業助成金をもって資産の取得又は改良に要した金額が見積額に対して過大となったときは、その取得等をした日の翌日から4月以内に限り、更正の請求ができます（措28の3⑩）。 ② 収用交換又は居住用財産の譲渡に伴い取得した代替資産又は買換資産の取得価額が見積額に対して過大となった場合等その取得した4月以内に限り、更正の請求ができます（措33の5④、36の3②等）。

(注) 保税地域から引き取られる課税物品に係る消費税等についての更正の請求は、輸徴法第6条第6項参照。

第3節　更正の請求

4　更正の請求ができる場合

　更正の請求は、申告の内容に誤りがある場合の全てについて認められるわけではな
く、例えば、課税標準額が過大であってもその理由のみでは更正の請求はできず、納
付すべき税額が一定の理由に基づき過大であってはじめて更正の請求が認められると
いうように、その前提条件が定められています。

　更正の請求ができる場合とは、次に掲げるような場合をいいます。

通常の更正の請求の場合

① 　納税申告書を提出していること
② 　課税標準等若しくは税額等の計算が<u>国税に関する法律の規定に従っていなか
　ったこと又は当該計算に誤りがあったこと</u>

納付すべき税額が過大である等の場合

③ 　当該申告に係る国税の法定申告期限から5年以内に更正の請求を行うこと

　このように「通常の更正の請求」ができるのは「納税申告書」を提出している
者に限られ、しかも、その申告に<u>上記誤りが内在</u>していた場合です。したがって、
その後更正等が行われたとしても、<u>当初の申告に内在していた当該誤りが（更正
等後も）まだ存在していれば</u>③の期間内に「更正の請求」を行うことができます。

後発的事由に基づく更正の請求の場合

① 　納税申告書を提出していること又は決定を受けたこと
② 　ⅰ　課税標準等又は税額等の計算の基礎となった事実について、判決等によ
　　り、当該事実が異なることが確定したこと
　　ⅱ　申告等においてその者に帰属するものとされていた所得等が他の者に帰
　　属するものとする更正又は決定があったこと
　　ⅲ　その他申告期限後に生じたやむを得ない理由（87頁参照）があるとき

納付すべき税額が過大である等の場合

③ 　②のⅰ～ⅲの事由が生じた日の翌日から2月以内に更正の請求を行うこと

　このように「後発的事由に基づく更正の請求」ができるのは、申告や決定（又
はその後の更正）後に生じた判決等によって申告や決定時の課税標準等又は税額
等が異なることとなった場合、③の期間内に「更正の請求」を行うことができま
す。

個別法に規定する更正の請求の場合

> 以上の通則法規定の更正の請求に対して、個別法に規定する特則は、申告時には正しかったが、その後生じた事由（各個別法に規定されている事由。88頁参照）によって結果として申告内容と事実が異なることとなったことから、更正の請求によって修正を求めるものと考えることができます。

 参考　「更正の請求」が認められるべきか否かが争われた主な裁判例

認められなかった事例

- 措置法26条《社会保険診療報酬の所得計算の特例》1項の適用を選択して確定申告をした後、実額による計算の方が税額が少なくて済んだことに気づいたという場合、更正の請求の理由には当たらないとされた事例（最三判昭和62.11.10・判時1261号54頁）
- 消費税の仕入税額控除について、一括比例配分方式により確定申告をした後、計算方法の誤りを理由に、個別対応方式により計算を求める更正の請求は許されないとされた事例（福岡地判平成9.5.27・判時1648号60頁）
- 土地の譲渡所得について確定申告をした後、当該土地について措置法31条の2《優良住宅地の特例》の適用を求めてした更正の請求は認められないとされた事例（千葉地判昭和62.12.18・判時1284号60頁）

認められた事例

- 所得税の確定申告において措置法26条1項に基づくいわゆる概算経費により事業所得の金額を計算していた場合、修正申告をするに当たって、確定申告における計算誤りを是正するためいわゆる実額経費に変更することが許されるとした事例（最三判平成2.6.5・判時1355号25頁）
- 法人税関係法令の解釈誤りないし読み違いによって所得税の税額控除の金額を過少に計算し、その結果、法人税額を過大に申告したとしてされた更正の請求が、法人税法68条3項の趣旨に反することはできないとされた事例（最二判平成21.7.10・民集63巻6号1092頁）
- 法人の確定申告において、外国税額控除の金額を誤って過少に記載し、それにより法人税額が過大になったとして更正の請求が認められた事例（福岡高判平成19.5.9・税資257号順号10708）
- 遺産分割に基づき相続税の申告をした相続人らが、更正請求期間内に、課税負担の錯誤を理由に当初合意した遺産分割を変更した後に行った更正の請求が一定の条件のもとに認められた事例（東京地判平成21.2.27・裁判所ウェブサイト）

第3節　更正の請求

更正の請求範囲の拡大

平成23年12月改正により、更正の請求期間の延長とともに、更正の請求範囲も拡大されました。

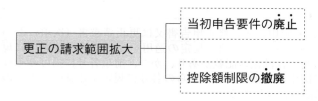

(1) 当初申告要件の廃止

当初申告時に選択した場合に限り適用が可能な「当初申告要件」について、次の①及び②のいずれにも該当しない措置については、事後的に更正の請求が認められることとされました。

①　インセンティブ措置……ex. 設備投資に係る特別償却

（認められない理由）

特定の政策誘導を図ることを目的とする「インセンティブ措置」について、更正の請求を含め実質的にその事後的な選択適用を認めることは、「税負担の軽減を通じ政策目的の達成を図る」との当該措置の趣旨そのものを没却するおそれがあるためです。

②　利用するかしないかで有利にも不利にもなる操作可能な措置…… ex. 各種引当金

（認められない理由）

このような措置について更正の請求を認めることは、実質的に事後的な事情を踏まえて最も納税者有利とすることができる選択権を納税者自身に付与するものであり、課税の公平が確保できなくなるおそれがあるためです。

参考　当初申告要件の廃止の具体例―給与所得者の特定支出の控除の特例

「給与所得者の特定支出の控除の特例」については、所得税法の改正により、確定申告書、修正申告書又は更正請求書にその適用を受ける旨及び特定支出の額の合計額の記載や特定支出に関する明細書や証明書類の添付がある場合について適用を受けることができることとされ、結果、事後的に更正の請求が認められることになりました（所57の2③）。

第 2 章　国税の納付義務の確定

(改正前) 「第一項の規定は、確定申告書に同項の規定の適用を受ける旨及び同項に
規定する特定支出の額の合計額の記載があり、かつ、前項各号に掲げるそ
れぞれの特定支出に関する明細書及びこれらの各号に規定する証明の書類
の添付がある場合に限り、適用する。」

⇓

(改正後) 「第一項の規定は、確定申告書、修正申告書又は更正請求書（次項におい
て「申告書等」という。）に第一項の規定の適用を受ける旨及び同項に規
定する特定支出の額の合計額の記載があり、かつ、前項各号に掲げるそれ
ぞれの特定支出に関する明細書及びこれらの各号に規定する証明の書類の
添付がある場合に限り、適用する。」

(2)　控除額制限の撤廃

　益金不算入・控除金額はその金額として当初の確定申告書に記載された金額を限度
とする旨の定めについて、近年、更正の請求により控除額の増額を認めてもよい場合
がある旨の最高裁判決も出されたこともあり、更正の請求により、適正に計算された
正当額まで当初申告時の控除額を増額することができることとされました。

参考　**控除額の制限の撤廃の具体例—受取配当等の益金不算入制度**

　「受取配当等の益金不算入制度」については、法人税法の改正により、確定申告書、
修正申告書又は更正請求書に益金不算入額及びその計算に関する明細を記載した書類
の添付がある場合に限り適用を受けることができることとされ、その適用を受けるこ
とができる金額は、当該書類に記載された金額を限度とすることとされました（法23
⑧）。

(改正前) 「第一項の規定は、確定申告書に益金の額に算入されない配当等の額及びそ
の計算に関する明細の記載がある場合に限り、適用する。この場合において、
同項の規定により益金の額に算入されない金額は、当該金額として記載され
た金額を限度とする。」

⇓

(改正後) 「第一項の規定は、確定申告書、修正申告書又は更正請求書に益金の額に算
入されない配当等の額及びその計算に関する明細を記載した書類の添付があ
る場合に限り、適用する。この場合において、同項の規定により益金の額に
算入されない金額は、当該金額として記載された金額を限度とする。」

参考　**法人税の所得税額控除に関する判決（最二判平21.7.10・民集63巻 6 号1092
頁）**

　「本件更正請求は、所得税額控除制度の適用を受ける範囲を追加的に拡張する趣旨
のものではないから、法人税法68条 3 項の趣旨に反するということはできず、上告人が
本件確定申告において控除を受ける所得税額を過少に記載したため法人税額を過大に
申告したことが、国税通則法23条 1 項 1 号所定の要件に該当することも明らかである」

— 92 —

第3節　更正の請求

⑶　対象となる措置

　更正の請求が認められることとなった上記⑴及び⑵の具体的に対象となる措置には、例えば次のようなものがあります。

当初申告要件が廃止される主な措置

所得税	・　給与所得者の特定支出控除（所57の2） ・　資産の譲渡代金が回収不能となった場合等の所得計算の特例（所64） ・　純損失の繰越控除（所70） ・　雑損失の繰越控除（所71） ・　変動所得及び臨時所得の平均課税（所90） ・　外国税額控除（所95） ・　資産に係る控除対象外消費税額等の必要経費算入（所令182の2）
法人税	・　受取配当等の益金不算入（法23、81の4） ・　外国子会社から受ける配当等の益金不算入（法23の2） ・　国等に対する寄附金、指定寄附金及び特定公益増進法人に対する寄附金の損金算入（法37、81の6） ・　会社更生等による債務免除等があった場合の欠損金の損金算入（法59） ・　協同組合等の事業分量配当等の損金算入（法60の2） ・　所得税額控除（法68、81の14） ・　外国税額控除（法69、81の15） ・　公益社団法人又は公益財団法人の寄附金の損金算入限度額の特例（法令73の2） ・　引継対象外未処理欠損金額の計算に係る特例（法令113） ・　特定株主等によって支配された欠損等法人の欠損金の制限の5倍要件の判定の特例（法令113の2⑭） ・　特定資産に係る譲渡等損失額の損金不算入の対象外となる資産の特例（法令123の8③五） ・　特定資産に係る譲渡等損失額の計算の特例（法令123の9）
相続税	・　配偶者に対する相続税額の軽減（相19の2） ・　贈与税の配偶者控除（相21の6） ・　相続税額から控除する贈与税相当額等（相令4）

控除額の制限が撤廃される主な措置

所得税	・　外国税額控除（所95） ・　試験研究を行った場合の所得税額の特別控除（措10） ・　高度省エネルギー増進設備等を取得した場合の所得税額の特別控除（措10の2） ・　中小企業者等が機械等を取得した場合の所得税額の特別控除（措10の3） ・　地域経済牽引事業の促進区域内において特定事業用機械等を取得した場合の特別控除（措10の4） ・　地方活力向上地域等において特定建物等を取得した場合の所得税額の特別控除（措10の4の2） ・　地方活力向上地域等において雇用者の数が増加した場合の所得税額の特別控除（措10の5） ・　特定中小事業者が経営改善設備を取得した場合の所得税額の特別控除（措10の5の2） ・　特定中小事業者が特定経営力工場設備等を取得した場合の所得税額の特別控除（措10の5の3） ・　給与等の引上げ及び設備投資を行った場合等の所得税額の特別控除（措10の5の

第2章　国税の納付義務の確定

	４） ・　革新的情報産業活用設備を取得した場合の所得税額の特別控除（措10の５の５） ・　所得税の額から控除される特別控除額の特例（措10の６） ・　青色申告特別控除（65万円）（措25の２）
法 人 税	・　受取配当等の益金不算入（法23、81の４） ・　外国子会社から受ける配当等の益金不算入（法23の２） ・　国等に対する寄附金、指定寄附金及び特定公益増進法人に対する寄附金の損金算入（法37、81の６） ・　所得税額控除（法68、81の14） ・　外国税額控除（法69、81の15、地法12） ・　試験研究を行った場合の法人税額の特別控除（措42の４、68の９） ・　高度省エネルギー増進設備等を取得した場合の法人税額の特別控除（措42の５、68の10） ・　中小企業者等が機械等を取得した場合の法人税額の特別控除（措42の６、68の11） ・　国家戦略特別区域において機械等を取得した場合の法人税額の特別控除（措42の10、68の14） ・　地方活力向上地域等において雇用者の数が増加した場合の法人税額の特別控除（措42の12、68の15の２） ・　法人税の額から控除される特別控除額の特例（措42の13、68の15の８） ・　沖縄の特定地域において工業用機械等を取得した場合の法人税額の特別控除（措42の９、68の13） ・　国際戦略総合特別区域において機械等を取得した場合の法人税額の特別控除（措42の11、68の14の２） ・　地域経済牽引事業の促進区域内において特定事業用機械等を取得した場合の法人税額の特別控除（措42の11の２、68の14の３） ・　地方活力向上地域等において特定建物等を取得した場合の法人税額の特別控除（措42の11の３、68の15） ・　認定地方公共団体の寄附活用事業に関連する寄附をした場合の法人税額の特別控除（措42の12の２、68の15の３） ・　特定中小企業者等が経営改善設備を取得した場合の法人税額の特別控除（措42の12の３） ・　特定中小連結法人が経営改善設備を取得した場合の法人税額の特別控除（措68の15の４） ・　中小企業者等が特定経営力向上設備等を取得した場合の法人税額の特別控除（措42の12の４） ・　中小連結法人が特定経営力向上設備等を取得した場合の法人税額の特別控除（措68の15の５） ・　給与等の引上げ及び設備投資を行った場合等の法人税額の特別控除（措42の12の５、68の15の６） ・　革新的情報産業活用設備を取得した場合の法人税額の特別控除（措42の12の６、68の15の７）

5　更正の請求の手続等

(1)　更正請求書の提出

　更正の請求をしようとする者は、その請求に係る更正前と更正後の課税標準等又は税額等、その更正の請求をする理由、当該請求をするに至った事情の詳細その他参考となる事項を記載した「更正請求書」を税務署長に提出しなければならないこととさ

— 94 —

第3節　更正の請求

れています（通23③）。

☞　「更正の請求書」参照

(2)　更正の請求に係る証明書類の添付義務

更正の請求をしようとする者は、更正の請求をする理由を証明するとの趣旨を明確化するとともに、効率的な税務執行を確保する観点から、次に掲げるようなその理由の基礎となる「事実を証明する書類」を添付しなければならないとされています（通23③、通令6②）。

① 　その理由の基礎となる事実が一定期間の取引に関するものである場合（例えば、所得税法上の事業所得の金額の計算上前年分の売上げを当年分に繰り延べていたこと）

⇒ 　**その取引の記録等に基づいてその理由の基礎となる事実を証する書類**

② 　上記①以外のものである場合（例えば、相続税の相続財産に関する事項）

⇒ 　**その事実を証する書類**

参考　更正の請求に関する立証責任に関し、「更正の請求に対する更正をすべき理由がない旨の通知処分の取消訴訟にあっては、納税者において、確定した申告書の記載が真実と異なることにつき立証責任を負うものと解するのが相当である」（東京高判平成14.9.18・訟月50巻11号3335頁、福岡高判平成16.4.27・税資254号9639頁も同旨）の判示がされていたところですが、更正請求書への書類添付については、「右施行令は「添付するものとする」と規定し「添付しなければならない」（略）との規定の仕方もしていないこと、（略）を考慮すると国税通則法施行令六条二項に規定する「事実を証明する書類」の添付は更正請求の方式と解すべきでなく、この添付のない更正請求であってもそれを理由に請求を却下することはできないと解すべきである」（大阪地判昭和52.8.2・行集28巻8号808頁）との判示もされていたところです。

(3)　内容虚偽の更正請求書の提出に対する処罰規定

更正の請求手続を利用した悪質な不正還付請求を未然に防止し、もって適正かつ円滑な税務行政を確保する観点から、故意に偽りの記載をした更正請求書を提出する行為について、処罰規定（1年以下の懲役又は50万円以下の罰金）が設けられています（通128一）。本罰則は、あくまで「偽りの記載をした更正の請求書を提出する行為」を処罰するものであり、過失犯については処罰の対象とはなりません。

参考　従来から、虚偽の更正の請求を行い、実際に不正に税額の還付を受けたような場合

— 95 —

には、いわゆる「脱税犯」として処罰の対象とされてきたところです。他方、例えば、故意に偽りの記載をした「法定調書等」を税務署長に提出する行為は、虚偽法定調書等提出罪（秩序犯）として、処罰することとされていましたが（所242五等）、故意に偽りの記載をした更正請求書を提出する行為は、処罰の対象外となっていたため、平成23年12月改正で創設されました。

(4) 更正の請求に対する処理

　更正の請求があった場合、税務署長は、その請求に係る課税標準等又は税額等について調査を行い、その調査に基づいて減額更正をするか、又は更正をすべき理由がない旨を請求者に通知します（通23④）。

　なお、このような処理が相当な期間を経過しても何ら処理が行われない場合、請求者は不作為についての不服申立てを行うことができることとされています（通80、行審3、49等）。

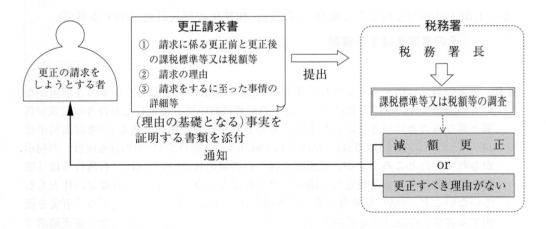

(5) 更正の請求の効果……徴収の猶予

　更正の請求があった場合でも、先の納税申告によりその請求に係る既に確定した税額の納付義務はそのまま存続しています。したがって、税務署長等は、その請求に係る納付すべき国税（滞納処分費を含みます。）の徴収は、原則として猶予されません。

　ただし、請求内容の正当性が一見明白である等相当の理由があると認められるときは、その国税の全部又は一部の徴収を猶予することができます（通23⑤）。

　　　　　　　　　　　☞　「徴収の猶予」の効果については、188頁参照

第3節　更正の請求

（更正の請求書）

令和＿＿＿年分所得税及び復興特別所得税の更正の請求書

税務署受付印

＿＿＿＿＿＿税務署長

＿＿年＿＿月＿＿日提出

住所	（〒　　－　　）		個人番号									
フリガナ 氏名		㊞ 職業		電話番号								

令和＿＿＿年分所得税及び復興特別所得税について次のとおり更正の請求をします。

請求の目的となった申告又は処分の種類		申告書を提出した日、処分の通知を受けた日又は請求の目的となった事実が生じた日	年　月　日
更正の請求をする理由、請求をするに至った事情の詳細等			
添付した書類			

請求額の計算書（記載に当たっては、所得税及び復興特別所得税の確定申告の手引きなどを参照してください。）

			申告し又は処分の通知を受けた額	請求額			申告し又は処分の通知を受けた額	請求額
総合課税の所得金額			円	円	税額	⑭に対する金額	円	円
						⑮に対する金額		
						⑯に対する金額		
						計		
	合　計	①				配　当　控　除		
※		②				投資税額等の控除（特定増改築等）住宅借入金等特別控除		
※		③				政党等寄附金等特別控除		
所得から差し引かれる金額	社会保険料小規模企業共済等掛金控除	④				住宅耐震改修特別控除住宅特定改修・認定住宅新築等特別税額控除		
	生命保険料地震保険料控除	⑤				差引所得税額		
	寡婦・寡夫勤労学生、障害者控除	⑥				災害減免額		
	配偶者（特別）控除	⑦				再差引所得税額（基準所得税額）		
	扶養控除	⑧	人	人		復興特別所得税額		
	基礎控除	⑨				所得税及び復興特別所得税の額		
	④から⑨までの計	⑩				外国税額控除		
	雑損控除 医療費（特例）控除	⑪				源泉徴収税額		
	寄附金控除	⑫				申告納税額		
	合　計	⑬				予定納税額（第1期分・第2期分）		
課税される所得金額	①に対する金額	⑭			第3期分の税額	納める税金		
	②に対する金額	⑮				還付される税金		
	③に対する金額	⑯			加算税	申告加算税		
						重加算税		

赤字の場合は0と書いてください。

黒字の場合、百円未満の端数は切り捨ててください。

千円未満の端数は切り捨ててください。

※　②、③の各欄は、「分離短期譲渡所得」、「分離長期譲渡所得」、「一般株式等の譲渡所得等」、「上場株式等の譲渡所得等」、「上場株式等の分離配当所得等」、「先物取引の分離雑所得等」、「山林所得」、「退職所得」を記載してください。

（税理士署名押印）（電話番号）

㊞

還付される税金の受取場所	（銀行等の預金口座に振込みを希望する場合）銀　　行　　　　　　　　　本店・支店金庫・組合　　　　　　　　　　出　張　所農協・漁協　　　　　　　　　本所・支所＿＿＿＿＿＿預金　口座番号＿＿＿＿＿＿	（ゆうちょ銀行の口座に振込みを希望する場合）貯金口座の記号番号　　　　－（郵便局等の窓口受取りを希望する場合）

税務署整理欄	通信日付印の年月日 年　月　日	確認印	整理番号 0	番号確認	身元確認 □ 済 □ 未済	確認書類個人番号カード　／　通知カード・運転免許証その他（　　）	一連番号

01.12

第 2 章　国税の納付義務の確定

書　き　方

1　この請求書は、国税通則法第23条のほか所得税法第152条から第153条の6までに規定する更正の請求をする場合（東日本大震災からの復興のための施策を実施するために必要な財源の確保に関する特別措置法第21条において、所得税法第152条から第153条の6までを準用する場合を含みます。以下同じです。）に提出するものです。

2　更正の請求ができる期間は法定申告期限から原則として5年です。

3　更正の請求の理由が、①一定期間の取引に関する事実に基づくものである場合は、その取引の記録等に基づいてその理由の基礎となる事実を証する書類を、②①以外のものである場合は、その事実を証する書類を添付しなければなりません。

4　この請求書の各欄は、次により記載してください。
　なお、(4)及び(5)の記載については、下の記載例を参照してください。
(1)　「個人番号」欄には、更正の請求をする方の個人番号（マイナンバー）を記載します。
　　なお、請求書の控えを保管する場合においては、その控えには個人番号を記載しない（複写により控えを作成し保管する場合は、個人番号部分が複写されない措置を講ずる。）など、個人番号の取扱いには十分ご注意ください。
(2)　「請求の目的となった申告又は処分の種類」欄には、請求の目的となった申告又は処分の種類を、例えば、
　　「令和○○年分確定申告」、
　　「令和○○年分決定通知」
　　などと記載します。
(3)　「申告書を提出した日、処分の通知を受けた日又は請求の目的となった事実が生じた日」欄には、「請求の目的となった申告又は処分の種類」欄に記載した申告の申告年月日又は処分の通知を受けた日を記載しますが、請求の理由が国税通則法第23条第2項又は所得税法第152条から第153条の6までに規定する事実に基づく場合には、その請求の理由となった事実の生じた日を記載します。
(4)　「更正の請求をする理由、請求をするに至った事情の詳細等」欄には、更正の請求をする理由、請求をするに至っ

た事情の詳細その他参考事項をできるだけ詳しく記載しますが、記載しきれない場合には、適宜別紙に記載して添付してください。
(5)　「添付した書類」欄には、更正の請求書に添付した書類名を記載します。
(6)　「請求額の計算書」の各欄の記載は、請求の目的となった年分の所得税及び復興特別所得税の確定申告の手引きなどを参照してください。
(7)　「還付される税金の受取場所」欄には、還付される税金の受取りに当たって、
　①　銀行等の預金口座に振込みを希望される場合は、銀行等の名称、預金の種類及び口座番号を、
　②　ゆうちょ銀行の貯金口座に振込みを希望される場合は、貯金総合通帳の記号番号を、
　記載してください。
　なお、還付される税金の受取りには、預貯金口座（納税管理人を指定している場合等を除き、ご本人名義の口座に限ります。）への振込みをご利用ください。
　　(注)　ゆうちょ銀行の各店舗又は郵便局窓口での受取りを希望される場合は、受取りを希望する郵便局名等を記載してください。

5　変動所得若しくは臨時所得のある方、分離課税とされる土地建物等の譲渡所得のある方、分離課税とされる株式等の譲渡所得等のある方又は分離課税とされる先物取引の雑所得等のある方は、それぞれ次の計算書用紙などを「請求額の計算書」の付表として使用し、例えば、「申告額又は処分の通知額」と「更正の請求額」とを二段書きにより記載するなどして更正の請求書に添付してください。
(1)　変動所得・臨時所得の平均課税の計算書
(2)　譲渡所得の内訳書（確定申告書付表兼計算明細書）【土地・建物用】
(3)　株式等に係る譲渡所得等の金額の計算明細書
(4)　先物取引に係る雑所得等の金額の計算明細書

6　更正の請求書の提出に当たっては、請求をするご本人の本人確認書類の提示又は写しの添付が必要となりますので、ご注意ください。
　詳しくは、最寄りの税務署にお尋ねください。

【「更正の請求をする理由、請求をするに至った事情の詳細等」欄及び「添付した書類」欄の記載例】

これらの欄の記載に当たっては、例えば、次のように記載してください。

○　事業所得の金額について誤りがあった場合

更正の請求をする理由、請求をするに至った事情の詳細等	事業所得の必要経費（地代家賃：事務所の賃借料）について12月分（200,000円）の経費計上漏れがあり、事業所得の金額が過大となっていたため。
添 付 し た 書 類	決算書（又は収支内訳書）、帳簿書類（地代家賃部分）、事務所の賃借料（12月分）を支払った領収書

○　医療費控除について控除額に誤りがあった場合

更正の請求をする理由、請求をするに至った事情の詳細等	令和×年×月×日に長男が虫歯の治療を行った際に、□□病院（△△市×-×-×）へ支払った医療費（○○○円）について記載漏れがあり、医療費控除額が過少となっていたため。
添 付 し た 書 類	令和×年×月×日に□□病院へ支払った医療費の領収書（○○○円）

○　社会保険料控除について控除額に誤りがあった場合

更正の請求をする理由、請求をするに至った事情の詳細等	令和×年中に支払った国民年金保険料について記載漏れがあり、社会保険料控除額が過少となっていたため。
添 付 し た 書 類	令和×年分の社会保険料（国民年金保険料）控除証明書

○　扶養控除について控除額に誤りがあった場合

更正の請求をする理由、請求をするに至った事情の詳細等	特定扶養親族に該当する子（国税太郎、平成×年×月×日生）について一般の控除対象扶養親族としており、扶養控除額が過少となっていたため。

※　控除対象扶養親族の個人番号を記載する必要はありません。

○　住宅借入金等特別控除について控除額に誤りがあった場合

更正の請求をする理由、請求をするに至った事情の詳細等	□□銀行からの借入金について控除額の計算に含めておらず、住宅借入金等特別控除額が過少となっていたため。
添 付 し た 書 類	（特定増改築等）住宅借入金等特別控除額の計算明細書、□□銀行から交付を受けた住宅取得資金に係る借入金の年末残高等証明書

— 98 —

第4節　更正又は決定

1　更　正

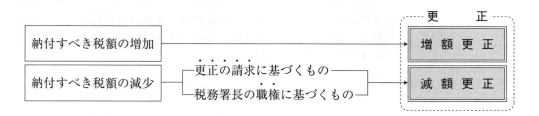

　納税申告による課税標準等又は税額等が国税に関する法律の規定に従って計算されていないときや課税標準等又は税額等が調査したところと異なるときには、税務署長は、その調査により、課税標準等又は税額等を確定する処分を行うことができることとされています（通24）。この処分を「更正」といいます。そして、この処分により、納付すべき税額が増加又は減少することになります。この場合、前者を「増額更正」といい、後者を「減額更正」といいます。減額更正には、更正の請求に基づいて行うものと、税務署長の職権に基づいて行うものがあります。

　税務署長の行った更正又は決定に誤りがあったときも、同様に更正が行われますが（通26）、これを「再更正」といいます。

《図示》**納税申告、更正又は決定**

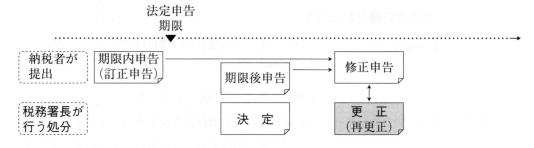

(注)1　「再更正」とは、更正又は決定後の更正をいいます。
　　2　修正申告⇒修正申告、再更正⇒再更正の場合もあります。

第 2 章　国税の納付義務の確定

$\boxed{更正する場合等}$

$\boxed{更正}$ ---

① 　納税申告書に記載された課税標準等又は税額等の計算が国税に関する法律の規定に従っていなかったとき

② 　その他課税標準等又は税額等が税務署長の調査したところと異なったとき

　㊟ 「税務署長の調査」とは、納税者の申告により確定された税額が課税要件の充足により成立する抽象的納税義務の内容たる納付すべき税額と一致しているかどうか、その他申告に係る事項が正しいかどうかを判定するための調査です。

$\boxed{更正のための調査}$

　更正は、原則として、その処分を行う際におけるその国税の納税地を所轄する税務署長が行います（通30）。したがって、「更正のための調査」も、原則として当該税務署長又当該税務署の関係職員が行いますが、納税者の営業所がその管轄区域外の遠隔の地にある場合等特殊の事情がある場合には、他に調査の嘱託をすることもあります。また、例外として、国税庁又は国税局の職員が調査する場合があります。

　更正のための調査に限らず、税務署の当該職員は、国税に関する調査について必要な範囲内で、納税義務者その他特定の関係人に対して質問し、又は関係の帳簿書類その他の物件を検査する等の権限を有しており、右の質問に答えず、若しくは偽りの答弁をし、又は検査等の職務の執行を妨げた場合には、罰則が適用されることとなっています（通74の2～74の6、128二等）。

$\boxed{参考}$ **的確な調査の前提となる制度**

$\boxed{記帳に関する制度}$ --- 青色申告を除く帳簿書類の備付け等の義務（所232、法150の2）

-- 青色申告制度（所143、法121）等

$\boxed{資料提出義務に関する制度}$ --- 支払調書及び源泉徴収票の提出義務（所225、226）等

-- 保険金支払、退職手当金支給等に関する調書の提出義務（相59）

$\boxed{推計課税に関する制度}$ ----- 所得税、法人税における推計課税（所156、法131）

　➤　所得税法第156条（推計による更正又は決定）
　　「税務署長は、居住者に係る所得税につき更正又は決定をする場合には、その者

― 100 ―

第4節　更正又は決定

の財産若しくは債務の増減の状況、収入若しくは支出の状況又は生産量、販売量その他の取扱量、従業員数その他事業の規模によりその者の各年分の各種所得の金額又は損失の金額（その者の提出した青色申告書に係る年分の不動産所得の金額、事業所得の金額及び山林所得の金額並びにこれらの金額の計算上生じた損失の金額を除く。）を推計して、これをすることができる。」

➤　法人税法第131条（推計による更正又は決定）

「税務署長は、内国法人に係る法人税につき更正又は決定をする場合には、内国法人の提出した青色申告書に係る法人税の課税標準又は欠損金額の更正をする場合を除き、その内国法人（各連結事業年度の連結所得に対する法人税につき更正又は決定をする場合にあつては、連結子法人を含む。）の財産若しくは債務の増減の状況、収入若しくは支出の状況又は生産量、販売量その他の取扱量、従業員数その他事業の規模によりその内国法人に係る法人税の課税標準（更正をする場合にあつては、課税標準又は欠損金額若しくは連結欠損金額）を推計して、これをすることができる。」

参考　**更正に関する特則**

　通則法以外に規定している更正に関する特則として、例えば次のようなものがあります。

所得税	①　課税標準等又は税額等のほか、所得税法第120条第1項第9号（総所得金額のうちに譲渡所得、一時所得等の金額がある場合における記載事項）又は第10号（特別農業所得者に係る記載事項）に掲げる事項についても、更正を行うことができます（所154①）。 ②　青色申告書に係る年分の総所得金額、退職所得金額若しくは山林所得金額又は純損失の金額についての更正は、原則として、その帳簿書類を調査し、その調査によりこれらの金額の計算に誤りがあると認められる場合に限り、行うことができます（所155①）。 ③　措置法の規定により、後発的な事由に基づき修正申告書の提出が義務づけられている場合に、その提出期限までに当該申告書の提出がなかったときは、当該事由に基づく更正を行います（措28の3⑧等）。
法人税	①　確定申告書又は連結確定申告書に記載された各事業年度の所得の金額又は各連結事業年度の連結所得の金額が、課税標準とされるべき所得の金額又は連結所得の金額を超えている場合において、その超える金額のうちに事実を仮装して経理したところに基づくものがあるときは、その後の各事業年度又は各連結事業年度の確定した決算において当該事実に係る修正の経理をし、かつ、当該決算に基づく確定申告書又は連結確定申告書を提出するまでの間は、更正をしないことができます（法129①）。なお、地方法人税法にも同様の規定があります（地法25）。 ②　青色申告書又は連結確定申告書等に係る法人税の課税標準又は欠損金額の更正は、原則として、その帳簿書類（連結子法人の帳簿書類を含みます。）を調査し、その調査により課税標準又は欠損金額の計算に誤りがあると認められる場合に限り、行うことができます（法130）。

第2章　国税の納付義務の確定

相続税	①　後発的な事由に基づき修正申告書を提出すべき者がこれを提出しなかった場合には、その課税価格又は相続税額を更正します（相35①。なお、同条第2項第5号に更正の時期の定めがあります。）。 ②　後発的な事由に基づく更正の請求に応じて更正をした結果、その請求をした者の被相続人から相続又は遺贈（いわゆる死因贈与を含みます。）により財産を取得した他の者（その被相続人から相続時精算課税の適用を受ける財産を贈与により取得した者を含みます。）に係る相続税の課税価格又は相続税額に異動を生ずるに至った場合には、当該事由に基づき、これらを更正します（相35③一）。 ③　措置法の規定により、後発的な事由に基づき、修正申告書の提出が義務づけられている場合に、その提出期限までに当該申告書の提出がなかったときは、当該事由に基づく更正を行います（措69の3③、70⑧）。
贈与税	①　相続税法第21条の2第4項の規定の適用を受けていた者が、同法第32条第1号から第6号までに規定する事由が生じたことにより相続又は遺贈による財産の取得をしないこととなったため既に確定した贈与税額に不足を生じた場合には、贈与税の課税価格又は贈与税額の更正をします（相35④）。 ②　措置法の規定により、後発的な事由に基づき、修正申告書の提出が義務づけられている場合に、その提出期限までに当該申告書の提出がなかったときは、当該事由に基づく更正を行います（措70の2⑤等）。

2　決　　定

決　定　⇦　申告がなかった場合

　納税申告書を提出する義務があると認められる者が当該申告書を提出しない場合には、税務署長は、その調査により、当該申告書に係る課税標準等及び税額等を確定する処分を行います（通25）。この処分を「決定」といいます。

　なお、決定しても納付すべき税額又は還付金の額に相当する税額が生じないときはその実益がありませんので、決定は行われません（通25ただし書）。

　㊟　「決定」は、原則として法定申告期限前において行うことはできません。また、当該期限後においても、期限後申告書その他の納税申告書が提出されると、その後においては、決定を行うことはできません。

参考　決定に関する特則

　通則法以外に規定している決定に関する特則として、例えば次のようなものがあります。

所得税	課税標準等又は税額等のほか、所得税法第120条第1項第9号（総所得金額のうちに譲渡所得、一時所得等の金額がある場合等における記載事項）又は第10号（特別農業所得者に係る記載事項）に掲げる事項についても、決定することができます（所154①）。
	①　相続税の期限内申告書を提出すべき事由が生じた場合において、被相続人が死亡した日の翌日から10月を経過したときは、申告書の提出期限前においても、決

— 102 —

第4節　更正又は決定

<table>
<tr><td rowspan="4">相続税</td><td>定することができます（相35②一）。</td></tr>
<tr><td>②　民法第958条の3第1項（残存相続財産の分与）の規定により相続財産の全部又は一部を与えられたため相続税の申告書を提出すべきこととなった場合において、その事実の生じた日の翌日から10月を経過したときは、申告書の提出期限前においても、決定することができます（相35②五）。</td></tr>
<tr><td>③　後発的な事由に基づく更正の請求に応じて更正をした結果、その請求をした者の被相続人から相続又は遺贈（いわゆる死因贈与を含みます。）により財産を取得した他の者（その被相続人から相続時精算課税の適用を受ける財産を贈与により取得した者を含みます。）が新たに相続税を納付すべきこととなった場合には、その者に係る課税価格又は相続税額を決定します（相35③二）。</td></tr>
<tr><td>④　措置法の規定により、後発的な事由に基づき、期限後申告書の提出が義務づけられている場合に、その提出期限までに当該申告書の提出がなかったときは、当該事由に基づく決定を行います（措69の3③、70⑧）。</td></tr>
<tr><td rowspan="4">贈与税</td><td>①　年の中途において死亡した者がその年1月1日から死亡の日までに贈与（いわゆる死因贈与を除きます。）により取得した財産の価額のうち贈与税の課税価格に算入される部分の合計額につき贈与税額があることとなる場合において、その者の死亡した日の翌日から10月を経過したときは、その相続人（包括受遺者を含みます。）の提出すべき納税申告書の提出期限前においても、決定することができます（相35②二）。</td></tr>
<tr><td>②　相続時精算課税適用者が年の中途において死亡した場合に、その年1月1日から死亡の日までに相続時精算課税の適用を受ける財産を贈与により取得した場合において、その者の死亡した日の翌日から10月を経過したときは、その相続人（包括受遺者を含みます。）の提出すべき納税申告書の提出期限前においても、決定することができます（相35②三）。</td></tr>
<tr><td>③　贈与税の期限内申告書を提出すべき者がその提出期限前に当該申告書を提出しないで死亡した場合において、当該期限を経過したときは、その相続人（包括受遺者を含みます。）の提出すべき納税申告書の提出期限前においても、決定することができます（相35②四）。</td></tr>
<tr><td>④　相続税法第21条の2第4項の規定の適用を受けていた者が、同法第32条第1号から第6号までに規定する事由が生じたことにより相続又は遺贈による財産の取得をしないこととなったため新たに贈与税の申告書を提出すべきこととなった場合には、贈与税の課税価格又は贈与税額の決定をします（相35④）。</td></tr>
</table>

3　再更正

> **再更正**　更正又は決定によって確定された課税標準等又は税額等を更に変更するために行われる処分

(1)　再更正

　税務署長は、更正又は決定をした後、その更正又は決定をした課税標準等又は税額等が過大又は過少であることを知ったときは、その調査により、当該更正又は決定に係る課税標準等又は税額等を更正します（通26）。

$$\boxed{更正・決定} \dashrightarrow 調査 \dashrightarrow 当初更正・決定に係る課税標準等又は税額等の更正 \Rightarrow \boxed{再更正}$$

— 103 —

第2章　国税の納付義務の確定

(2)　更正と再更正

更正と再更正

更正（通24）　納税者の申告に係る課税標準等又は税額等を変更するために行われる処分

再更正（通26）　税務官庁の更正又は決定によって確定された課税標準等又は税額等を更に変更するために行われる処分

(注)　課税標準等又は税額等は、納税者の修正申告によっても変更されますが、修正申告がいわゆる増額変更の場合だけに限定されているのに対し、再更正は、通則法第24条の規定による更正と同様、増減いずれの変更をもなしうるのです。

(3)　更正・再更正と修正申告

更正・再更正と修正申告とは、納付すべき税額等の確定手続として、繰り返して行うことができます。例えば、修正申告又は更正・再更正が二度以上にわたって行われる場合もありますし、また、更正の後に修正申告が行われ、その後更に更正が行われることもあります。

(注)　更正又は決定の処分後に修正申告があった場合において、その修正申告後の課税標準等又は税額等を更に変更するための処分をするときには、その処分は「再更正」ではなく、「更正」です。つまり、再更正は、「更正又は決定に係る課税標準等又は税額等」を変更する処分だからです。

(4)　再更正をする場合等

再更正をする場合　　税務署長が更正（再更正を含みます。）又は決定をした後その更正又は決定をした課税標準等又は税額等が過大又は過少であることを知った場合

再更正する事項　　更正又は決定に係る課税標準等又は税額等

4　国税局等の職員の調査に基づく更正又は決定

通則法第24条から第26条の場合（更正、決定、再更正）において、国税庁又は国税局の当該職員の調査があったときは、税務署長は、当該調査したところに基づき、これらの規定による更正又は決定をすることができます（通27）。

— 104 —

第4節　更正又は決定

国税庁又は国税局の当該職員の範囲	国税庁及び国税局の調査査察部等に置かれる国税調査官
	国税局の課税部等に置かれる国税調査官
	国税局の課税部等に置かれる国税実査官

5　更正又は決定の手続

更正又は決定 → 更正通知書 又は 決定通知書 の送達

　更正は、更正前と更正後の課税標準等及び税額等並びに増減した税額等を記載した**更正通知書**を送達して行われます（通28①②）。

　また、決定は、課税標準等及び税額等を記載した**決定通知書**を送達して行います（通28③）。

　これらの通知書には、更正又は決定が国税庁又は国税局の職員の調査に基づく場合には、その旨を附記し（通28②）、また、更正又は決定がいわゆる不利益処分である場合、行政手続法の規定に基づき理由附記を行うこととされていることから、通知書にはその処分の理由についても記載が求められます。

　さらに、このような不利益処分に不服がある場合は、不服申立てができる旨と不服申立てをする相手先及び申立期間を教示することとされています（行審82）。

更正通知書の記載事項等

| ① 更正前及び更正後の課税標準等及び税額等（通28②一、二） |
| ② 増差税額（通28②三、イ～ハ） |
| ③ 還付税額（通28②三、ニ、ホ） |

　（注）　特別の記載事項として、その更正が国税局又は国税庁の当該職員の調査したところに基づいて行われた場合に更正通知書にその旨を附記しなければならないこととされているのは、このような更正に対する不服申立ては、国税局長又は国税庁長官がその処分をしたものとそれぞれみなして、国税局長がしたものとみなされた処分については当該国税局長に対する再調査の請求又は国税不服審判所長に対する審査請求のうちその処分に不服がある者の選択するいずれかの不服申立てをし、国税庁長官がしたものとみなされた処分については国税庁長官に対する審査請求をすることができることとされているからです（通75②）。

決定通知書の記載事項

　決定は、納税申告書の提出がない場合における処分であるので、決定通知書には、当該申告書の記載事項である課税標準等及び税額等を記載すべきものとされていま

— 105 —

第 2 章　国税の納付義務の確定

す。

　なお、決定が国税庁又は国税局の当該職員の調査したところに基づいて行われた場合には、決定通知書にその旨を附記しなければならないことは、更正通知書の場合と同様です（通28③）。

参考　更正・決定の手続に関する特則

　他の国税に関する法律に規定している更正・決定手続の特則として、例えば次のようなものがあります。

所得税	①　更正通知書又は決定通知書には、通常の記載事項のほか、その年分の総所得金額、退職所得金額及び山林所得金額並びに雑損控除その他の控除の額並びに課税総所得金額、課税退職所得金額及び課税山林所得金額又はその年の純損失の金額で、その更正又は決定に係るものについての所得別の内訳を附記しなければなりません（所154②）。 ②　青色申告書に対する更正をする場合には、更正通知書にその更正の理由を附記しなければなりません（所155②）。また、白色申告書についても、同様に理由を提示しなければならないとされています（通74の14①）。これは、税務官庁の更正の正当性を明らかにし、納税者に納得のいく納税をさせるとともに、不服申立てをすべきかどうかの判断資料を与えようとするものです。
法人税	①　仮装経理に基づき過大申告をした事業年度について更正をする場合等（法70、81の16）には、通則法第28条第2項第3号ニの記載事項としては、更正により減少する部分の税額のほか、法人税法第135条第1項又は第2項（仮装経理に基づく過大申告の場合の更正に伴う法人税額の還付の特例）の規定の適用がある金額を記載すべきこととされています（法129②）。 ②　青色申告書又は連結確定申告書等に係る法人税の課税標準又は欠損金額の更正をする場合には、更正通知書にその理由を付記しなければなりません（法130②）。また、白色申告書の場合であっても、同様に、理由を提示しなければならないとされています（通74の14①）。この趣旨は、上記の所得税法の場合と同様です。

6　更正又は決定ができる期間

　更正又は決定については、原則としてその更正に係る国税の法定申告期限から**5年**以内とされています（通70）。

☞　第7章「更正、決定、徴収、還付等の期間制限」参照

更正通知書の理由附記

　税務署長は、居住者の提出した青色申告書に係る年分の総所得金額等又は法人の提出した青色申告書に係る法人税の課税標準等の更正をする場合には、更正通知書にその更正の理由を附記しなければならないとされています（所155②、法130②）。

　なお、白色申告書についても、原則、平成25年1月1日以降にする処分から更正通知書にその理由を明らかにしなければならないとされています（通74の14①）。

理由附記の趣旨

　更正の理由附記の趣旨については、「法が青色申告制度を採用して、青色申告にかかる所得の計算については、それが法定の帳簿組織による正当な記載に基づくものである以上、その帳簿の記載を無視して更正されることがないことを納税者に保障した趣旨にかんがみ、更正処分庁の判断の慎重、合理性を担保してその恣意を抑制するとともに、更正の理由を相手方に知らせて不服申立ての便宜を与える趣旨に出たものというべきである」（最一判昭和54.4.19・民集33巻3号379頁）としています。

　なお、白色申告の場合も同様の趣旨と解されます。

理由附記の程度

　理由附記の程度については、「帳簿書類の記載を否認して更正をする場合において更正通知書に付記すべき理由としては、単に更正にかかる勘定科目とその金額を示すだけではなく、そのような更正をした根拠を帳簿記載以上に信憑力のある資料を摘示することによって具体的に明示することを要する」（最一判昭和54.4.19・民集33巻3号379頁）としています。

　㊟　この理由附記の趣旨については、「所得税法が青色申告提出承認のあった所得については、その計算を法定の帳簿書類に基づいて行わせ、その帳簿書類に基づく実額調査によらないで更正されることのないように保障している関係上、その更正にあたっては、特にそれが帳簿書類に基づいていること、あるいは帳簿書類の記載を否定できるほどの信憑力のある資料によったという処分の具体的根拠を明確にする必要があり、かつ、それが妥当であるとしたからにほかならない」（最三判昭和42.9.12・税資48号395頁）といわれています。したがって、青色申告書に係る更正通知書に附記すべき理由は、単に更正に係る数額が申告額のうちどの部分をどのように訂正した結果算出されたものであるかが記載されているだけでは足りず、特に帳簿書類の記載以上に信憑力のある資料を摘示して処分の具体的根拠を明らかにすることが必要です（最高判昭和38.5.31・民集17巻4号617頁）。

　　なお、上記判示は、帳簿記載自体を否認する場合です。

　　しかし、白色申告書の場合の理由附記については、青色申告書の場合と異なり、上記のような直接的な判例等はありませんが、理由附記の趣旨・目的を満たす程度に記載する必要があります。

7　更正又は決定の所轄庁

(1) 更正・決定の原則的所轄庁

> **更正・決定の所轄庁**　原則として、処分をする際における国税の納税地を所轄する税務署長

　更正・決定の所轄庁は、輸入品に係る申告消費税等の場合を除き、原則としてこれらの処分をする際におけるその国税の納税地（現在の納税地）を所轄する税務署長です（通30①）。

　このため、所得税等特定の国税について、納税地の異動があった場合には、異動後の納税地を所轄する税務署長が更正又は決定の権限を有することになります。

(2) 納税地異動の場合の所轄庁の特例

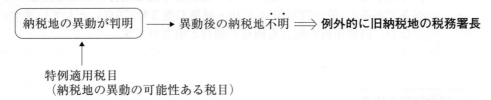

　上記(1)の原則を貫くとすると、例えば納税地の異動があったことが判明しても異動後の納税地が不明である場合には、更正又は決定をする所轄庁自体が判明しないことになり、更正又は決定を行う機会を失うことにもなります。そこで、このような場合には、例外的に旧納税地の所轄税務署長が、更正又は決定を行うことができます（通30②）。

> 　更正、決定、賦課決定又は徴収についての処分を行う場合に、旧納税地を所轄する税務署長が、異動したことを知らないか又は転居先が明らかでない場合において、その知らないこと又は明らかでないことにつきやむを得ない事情があるときは、旧納税地を所轄する税務署長が課税処分及び徴収についての処分をすることができます（通30②、33②、43②）。
>
>

第4節　更正又は決定

㊟　「やむを得ない事情があるとき」とは

　　例えば、納税地異動につき届出義務を課されている者（所20、法20等参照）が納税地異動があったにもかかわらず、その届出をしなかった結果、その異動前の納税地の所轄税務署長において異動の事実を知る機会をもたなかったとき、あるいは、ある国税につき納税地異動のあったことが判明した場合において、市町村役場、取引先、近隣者等関係者への照会、登記関係の調査など異動後の納税地を発見するために相当の努力をしたのになおそれが発見できなかったときなどをいいます。

（　特例が認められる税目　）……納税地の異動の可能性ある税目

　　この特例が認められる適用税目は、納税地の異動の可能性のある税目、すなわち所得税、法人税、地方法人税、相続税、贈与税、地価税、課税資産の譲渡等に係る消費税及び電源開発促進税に限られます（通30②）。

㊟　相続税の納税地については、相続税法附則第3項の規定により、当分の間、原則として被相続人の死亡の時における住所地とされていることから、納税地の異動はありません。

（　特例の内容　）

　　上記「特例が認められる税目」に掲げる国税に係る更正又は決定の所轄庁の特例が認められるのは、第一に、納税地の異動の時期が国税の課税期間が開始した時以後であることを要します。つまり、納税地異動があった時において、既に成立している国税又はその時にはまだ成立していないが課税期間の開始している国税について、後に更正又は決定の必要性が生じた場合にこの特例が適用されます。

　　第二に、旧納税地の所轄税務署長において、異動の事実が知れず、又はその異動の事実は知れたが異動後の納税地が判明せず、かつ、その知れないこと又は判明しないことにつきやむを得ない事情があることを要します。

(3)　更正が競合した場合の調整

　　納税地異動の場合の更正又は決定の所轄庁の特例措置が講じられている結果、1つの国税について通常2以上の税務署長が更正又は決定をする権限をもつことになります。

　　そこで、旧納税地の税務署長は、更正又は決定をした後、当該更正又は決定に係る国税につき、既に適法に他の税務署長に対し納税申告書が提出され又は他の税務署長が決定をしているため、当該更正又は決定をすべきでなかったものであることを知った場合には、遅延なく、当該更正又は決定を取り消さなければならないとしています（通30③）。

— 109 —

第2章　国税の納付義務の確定

8　確定後の税額変更の効力

　納税申告や決定などによっていったん確定した税額が修正申告や更正などにより増額等された場合、これらの各行為は、それぞれ別個の法律行為とみるべきなのか、それとも基本的には同一の法律行為とみるべきなのか、という点が問題になります。

　これについて、現在では、双方の性質があるという見解が通説となっています。

　なお、これを確定手続及び争訟審理の面からみると、次のようになります。

(1)　確定手続

増額更正などの効力

　　既に確定している国税について、後から更正などの確定手続により納付すべき税額を増加させたときは、その更正などの効力は、既に確定している納税義務には影響を及ぼさないこととされています（通20、29①、32⑤）。

　　　　　　　　⇩

　　更正の効力は、これにより追加的に確定される納付すべき税額すなわち増差税額についてのみ及ぶものであって、それにより前の申告等がなかったことに帰することはなく、したがって前の申告等に基づいてされた納付や徴収処分が無効であるということにはならないことを明らかにしたものです。

— 110 —

第4節　更正又は決定

《設例》　先の納税申告で納付すべき税額が200万円と確定していた場合に、納付すべき税額を240万円とする増額更正があった場合

（図示）

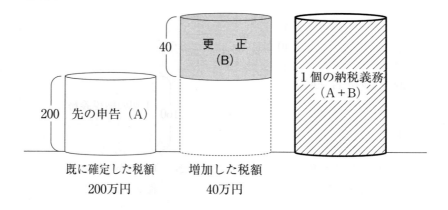

> 先に確定した税額200万円はそのまま存続し、更正により増加した40万円についてのみ、修正申告又は更正の効力が生じ、新たに納付すべき税額として確定するということになります。

減額更正などの効力

　更正などにより、既に確定した税額を減少させるときは、その更正などによって減少した税額以外の納税義務に影響を及ぼさないこととされています。また、先に行った更正や決定を取り消す処分又は判決は、その処分又は判決により減少した税額以外の納税義務には影響を及ぼさないこととされています（通29②③）。

　減額更正等により納付すべき税額が減少するのはもとよりですが、それは前の申告等の効力をさかのぼって消滅させるまでの力を持っているわけではなく、したがって、前の申告等に基づいてされた納付や徴収処分が無効であるということにはならないことを明らかにしたものです。

⇩

　なお、判例も、減額更正又は行政処分若しくは判決により既に確定した納付すべき税額が減少しても、その減少部分以外の部分の国税についての納税義務は、何ら影響を受けない（最高判昭和56.4.24・訟月27巻7号1398頁）と判示しています。

《設例》 先の納税申告で納付すべき税額が200万円と確定している場合に、減額更正で納付すべき税額が160万円となった場合

（図示）

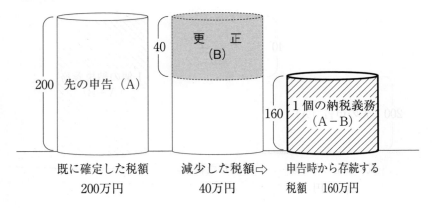

既に確定した税額　　　減少した税額⇒　　　申告時から存続する
　　200万円　　　　　　　40万円　　　　　　　税額　160万円

> 減少した税額40万円についてのみ更正の効力が生じ、当初の160万円の部分はそのまま存続することになります。

(2) 争訟審理

争訟審理

　前の更正などと後の再更正などは別個の行為ですが、両者相まって1個の納税義務の内容を構成していることから、1個の処分について不服申立てがされている場合には、他の処分についても併せて審理の対象とすることができることとされています（通104）。

参考　先の申告等と後の更正等の行為相互関係

　先の申告等と後の更正等との行為相互間の関係については、従来から次の二つの考え方があります。
① 後の更正又は修正申告の効力は、これらによって増加し又は減少する部分の税額についてのみ生じ、これらの行為と前の申告、更正又は決定とは全く別個の行為として併存する。
② 後の更正又は修正申告により、前の申告、更正又は決定の効力はその行為時にさかのぼってなかったものとされ、後の更正又は修正申告の効力は、あらためてその国税につき既に確定した税額の全部について生ずる。

第4節　更正又は決定

　ところで、上記の2つの説のうち、①の考え方をとると、後に更正又は修正申告が
あっても、前の申告等はなおその効力を維持することになるので、前の申告等に基づ
く納付、差押えその他の処分の効力の安定を図るという要請は満足されますが、一方、
争訟において1個の納税義務についてされた数個の更正及び決定の処分を統一的に審
理するという要請にこたえられない、ということがあります。

　また、上記の②の考え方をとると、後の更正等により、前の申告等はなかったこと
になる結果、既に前の申告等に基づいて納付や徴収処分が行われているときは、納付
された税額は過誤納金となります。また、徴収処分は無効となるなど種々の不合理が
生ずることになり、更に、納税者の自発的な申告までもが納税者の意思とは無関係に
なかったことになります。

　そこで、通則法では、これら両説の長所を採った折衷的な立場をとり、「前の申告
等と後の更正等とはあくまで別個の行為として併存し、したがって後の更正等の効力
は、例えば増額更正の場合は増差税額に関する処分についてのみ生ずるが、両者はあ
くまで1個の納税義務の内容の具体化のための行為であるので、後の更正等により前
の申告等はこれに吸収されて一体的なものとなり、ただ後の更正等が何らかの事情で
取り消さた場合にも、前の申告等は、依然としてその効力を持続するという特殊な性
格を有するものである」との見解を前提として、その規定の整備を図ることとしてい
ます。

第2章　国税の納付義務の確定

第5節　賦課課税方式による国税に係る税額等の確定手続

1　賦課課税方式の国税

　昭和37年の税制改正により大部分の税は申告納税方式に移行しましたが、ごく一部の税については、現在でも賦課課税方式によっています。

　申告納税方式と賦課課税方式の最大の相違点は、前者が納付すべき税額の確定を「納税者のする申告」によることとしているのに対して、後者にあっては、その確定が専ら税務署長等の処分たる「賦課決定」により確定する（通16①）ことです。

　なお、賦課課税方式によることとされている国税であっても、納税者に課税標準についての申告を義務付けている場合がありますが、賦課課税制度の下にあっては、このような申告がなされただけでは税額確定の効果は生ぜず、税務署長等（通33①③）の賦課を待って初めて具体的な納税義務額が確定します。

　現在、我が国の税法において賦課課税方式によることとされているのは、消費税等のうち、保税地域からの引取りに係る消費税等その他一定の消費税等、過少申告加算税を始めとする各種の加算税や過怠税など行政制裁的色彩の強い国税のみです。

　賦課課税方式　納付すべき税額が専ら税務署長又は税関長の処分により確定する方式。この処分は、「賦課決定」といいます。

| 申告納税方式 | ⇨ | 納税者の申告 | ⇨ | 税額の確定 |
| 賦課課税方式 | ⇨ | 税務署長等の処分たる賦課決定 | ⇨ | |

　賦課課税方式の国税　⇔　申告納税方式による国税
　　　…納税者が各税法の規定により納付すべき税額を申告

　課税標準申告書　成立と同時に確定する国税
　　　…納税義務の成立と同時に特別の手続を要しないで納付すべき税額が確定する国税

　賦課課税方式による国税の範囲　通則法第16条第2項第二号に掲げる国税

　賦課課税方式により納付すべき税額が確定する国税は、税額の確定につき特別の手続を要する国税のうち、申告納税方式によるもの以外のもの、すなわち「納税義務が

— 114 —

成立した場合に、国税に関する法律において、納税者に対し納付すべき税額についての申告義務が課せられていない国税」です。

現在これに属する国税としては、おおむね次のような消費税等、加算税（過少申告加算税、無申告加算税、不納付加算税及び重加算税）及び過怠税があります。

賦課課税方式による国税に属する主な国税

① 輸入郵便物、入国者の携帯品、別送輸入貨物、受取人の個人的使用に供される外国貿易船の船長等への託送品、外国貿易船等からの砂糖その他の貨物の陸揚げ又は取卸しに伴い生じた荷粉、不用となった船用品又は機用品等の課税物品に係る消費税等（延滞税を除きます。）（消47②・50②、酒30の3②・30の3②等、輸徴6・7等、関税6の2①、関税令3）

② 課税物品が製造場において飲用、喫煙、消費又は使用され、かつ、それらが製造者の責めに帰し得ない場合に、その消費者又は使用者に課される酒税、たばこ税、揮発油税、地方揮発油税、石油ガス税及び石油石炭税（酒6の3②・30の4②、た6①ただし書・19②等）

③ 特定用途免税物品の購入者等がこれをその用途以外の用途に供し、又は譲り渡した場合に課される揮発油税、地方揮発油税及び石油ガス税（揮16の3⑥、地揮6②、油12⑦）

④ 各種加算税（過少申告加算税、無申告加算税、不納付加算税及び重加算税）及び過怠税

2　賦課決定

(1) 賦課決定する事項

賦課課税方式による国税は、税務署長等の処分によりその納税義務が確定されるのであって、申告納税方式による国税の納税申告のような納税者による確定はありません。

この確定は、税務署長等による課税標準及び税額の決定により行われます。

この決定については、申告納税方式による国税の決定と区別するため、通則法では「賦課決定」と称しています。

この賦課決定の法的性格は、各税法により客観的な存在として抽象的に定まっている課税標準及び税額を確認することを内容とする特殊な行政処分です。

賦課課税方式による国税の確定手続　　賦課決定

（賦課決定が行われる場合）

	区　　　　　　　分	決定する事項
賦課決定が行われる場合	①　課税標準申告書の提出があった場合において、その申告書に記載された課税標準が税務署長の調査したものと同じであるとき	納付すべき税額
	②　課税標準申告書を提出すべき国税について、その申告書の提出がないとき又はその申告書に記載された課税標準が税務署長の調査したものと異なるとき	課税標準及び納付すべき税額
	③　課税標準申告書の提出を要しないとき	課税標準又は加算税及び過怠税の計算の基礎となる税額並びに納付すべき税額

　㊟　税務署長等は賦課決定をした後に、その課税標準又は納付すべき税額に過不足があることを知ったときは、調査によりこれらを変更する賦課決定を行います（通32②）。

課税標準申告書

　賦課課税方式による国税は、専ら税務署長等の処分によって確定するものですが、入国者の携帯品に係る消費税等については、この確定の前段階において、その国税の課税標準を記載した申告書の提出を求めています（消47②、酒30の3②、輸徴6）。

　この申告は、その提出によって、その納付すべき税額が確定することはなく、税務官庁がその税額を確定する際の参考資料としての意味を有し、また、その法的性格は、納税者が確認した課税標準を税務署長等に対して通知する行為であると解されています。

　㊟　この申告書は、納税義務の内容の確定を適正にするための重要な資料であるので、その提出を怠った場合には、罰則適用されることがあります（消67二、酒56①三）。

（賦課課税方式）　　　　　（申告納税方式）

課税標準申告書　⇔　納税申告書

⑵　賦課決定のための調査

　賦課課税方式による国税の決定は、税務署長等が行うものですが、その決定に当たっては、納税者又は課税物件に関して調査を行います（通32①②）。この調査は、税務署長等が自ら行うばかりではなくその職員、国税庁又は国税局の職員にも行わせることができます。

⑶　再賦課決定

　税務署長等が賦課課税方式による国税の決定をした後に、その決定をした課税標準

— 116 —

又は納付すべき税額が過大又は過少であることを知ったときは、申告納税方式による国税の場合の再更正に準じて、その調査によって、既にされた決定に係る課税標準等及び納付すべき税額を変更する決定（**再賦課決定**）を行うことができます（通32②）。

(4) 賦課決定の手続

賦課決定は、行政処分であり、相手方に通知してその効力が生じます。この通知は、課税標準と納付すべき税額を記載した**賦課決定通知書**を送達することにより行います（通32③）。

また、前記(1)①に該当する場合（課税標準申告書に記載された課税標準が税務官庁の調査したところと同じ場合）には、賦課決定通知書に代えて**納税告知書**を送達することにより行います（通32③かっこ書）。

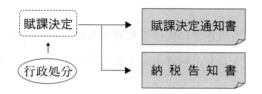

3　賦課決定の効力

賦課決定は、賦課課税方式による国税の納付義務を確定させる行政処分であり、この賦課決定に基づき、納税者は、当該国税につき具体的な納税義務を負うこととなります。

この確定行為は、専ら税務署長等の権限に属し、納税者はこれを行使することはできません。

賦課決定の効力　＝　更正又は決定の効力

賦課決定の効力（通32⑤、29）

① 既に確定した納付すべき税額を増加させる賦課決定は、既に確定した納付すべき税額に係る部分の国税についての納税義務に影響を及ぼさない。

② 既に確定した納付すべき税額を減少させる賦課決定は、その賦課決定により減少した税額に係る部分以外の部分の国税についての納税義務に影響を及ぼさない。

③ 賦課決定についての不服申立てに基づき全部又は一部の取消しの決定又は裁決が行われる場合、あるいは行政訴訟において全部又は一部の取消しの判決がある場合、これらの賦課決定を取り消す処分又は判決はその処分又は判決により減少した税額に係る部分以外の国税についての納税義務に影響を及ぼさない。

（注）上記賦課決定の効力は、申告納税方式による国税の更正又は決定の効力と同様です。

4　賦課決定の所轄庁

(1)　賦課決定の通常の所轄庁

・　賦課決定の際におけるその国税の納税地を所轄する税務署長（通33①）

（納税地の異動）

・　納税地の異動の可能性ある国税に係る加算税…必要に応じ、他の税務署長が賦課決定（通33②）

> 所得税、法人税、地方法人税、相続税、贈与税、地価税、課税資産の譲渡等に係る消費税又は電源開発促進税に係る各種加算税

・　次の各号の一つに該当する場合、当該各号に掲げる税務署長は、その加算税の納税地の所轄税務署長でないときでも、賦課決定することができます（通33②）。

①　旧納税地の所轄税務署長が本税の更正又は決定をしたとき（通33②一）	当該更正又は決定をした税務署長
②　本税につき現在の納税地を所轄する税務署長による更正若しくは決定をし、又は期限後申告書若しくは修正申告書の提出があった後に当該国税の納税地に異動があった場合において、旧納税地の所轄税務署長においてやむを得ない事情によりその異動の事実が知れず、又はその異動後の納税地が判明しないとき（通33②二）	旧納税地の所轄税務署長

　源泉所得税に係る加算税の賦課決定等の所轄庁の特例

　　源泉所得税につき納付すべき税額が確定した時以後にその納税地に異動があった場合において、旧納税地を所轄する税務署長において「その異動の事実が知れず、又はその異動後の納税地が判明せず、かつ、その知れないこと又は判明しないことについてやむを得ない事情」があるときは、旧納税地を所轄する税務署長がその賦課決定をすることができることとされています（通33②二）。

(2)　保税地域からの引取りに係る消費税等の賦課決定の所轄庁

　保税地域からの引取りに係る消費税等で賦課決定方式によるものその他税関長が徴収すべき消費税等についての賦課決定は、当該消費税等の納税地を所轄する税関長が行います（通33③）。

第5節　賦課課税方式による国税に係る税額等の確定手続

参考　納税義務の確定手続一覧表

特別の手続をとることによって確定するもの（確定方式）（通16①）

- 申告納税方式（通16①一）
  申告所得税、法人税、地方法人税、相続税、贈与税、地価税、酒税、消費税、航空機燃料税、印紙税（印11、12 に限ります。）など
  - 納税者の納税申告（原則）
    - 期限内申告（通17）
    - 期限後申告（通18）
    - 修正申告（通19）
  - 税務署長の処分（補完的）
    - 更正（申告が調査と異なる場合）（通24）
    - 決定（申告がなかった場合）（通25）
    - 再更正（更正・決定に誤りがある場合）（通26）

- 賦課課税方式（通16①二）
  各種加算税・過怠税・特殊な場合の酒税など
  - 納税告知（通32①一）
    - 課税標準申告書の提出を要する場合で課税標準が調査と同じとき
  - 賦課決定通知（通32①二、三）
    - 課税標準申告書の提出を要しない場合及び提出を要する場合で提出がなかったとき又は課税標準が調査と異なるとき

特別の手続をとることなく成立と同時に確定するもの（自動確定）（通15③）

- 予定納税に係る所得税（通15③一）
- 源泉徴収等による国税（源泉所得税及び特別徴収に係る国際観光旅客税）（通15③二）
- 自動車重量税（通15③三）
- 国際観光旅客税（特別徴収以外のもの）（通15③四）
- 印紙税（印11、12、20に掲げるものを除きます。）（通15③五）
- 登録免許税（通15③六）
- 延滞税及び利子税（通15③七）

第3章　国税の納付及び徴収

第1節　国税の納付

1　国税の納付方式

　国税は、納付を命ずる行政処分（納税の告知）を待たずに自主納付するものと、当該行政処分を待って納付するものとに分かれます。

2　納期限

納期限とは　…納付すべき税額の確定した国税を実際に納付すべき期限

　　この期限は納税者に与えられた権利であり、原則として期限の利益を奪うことは許されません。

　　⇩

　＊　その期限までに納付しなければ、督促から滞納処分へと強制徴収手続が進められます。

法定納期限とは　…国税に関する法律に定められている本来の納付する期限

　　通常、法定納期限以前に納付すべき税額が確定するので、法定納期限と納期限とは一致

　　⇩

　＊　法定納期限後に納付すべき税額が確定した場合には、法定納期限と納期限とが異なることになります。

第3章　国税の納付及び徴収

```
      法定納期限以前に納付        法定            法定納期限後に納付
      すべき税額が確定            納期限          すべき税額が確定
```

法定納期限と納期限とは一致　　　　　法定納期限と納期限とが相違

| 法定納期限 | ⇒ | 徴 収 権 の 消 滅 時 効
延 滞 税 の 計 算 期 間 | それぞれの起算日を定める基準日
（通72①、60） |

| 納 期 限 | ⇒ | 納 税 義 務 を 履 行 す べ き 期 限
不履行の場合に督促状を発送する基準日　（通37②） |

3　確定方式別の国税の納付

確 定 方 式	納 付 の 方 式
申告納税方式による 国税	国税に関する法律に基づいて直接自主納付 更正決定により納付すべきことが確定した税額も同様
賦課課税方式による 国税	納付を命ずる行政処分を待って納付 ただし、賦課課税方式による国税のうち、申告納税方式による国税に対して課される加算税は、自主納付
確定のために特別の 手続を要しない国税	原則として、納付を命ずる行政処分を待たず、自主納付 ただし、源泉徴収等による国税、自動車重量税及び登録免許税で、法定納期限までに自主納付されないものにつき納税告知が行われた場合には、納税の告知により納付

《図示》法定納期限と具体的納期限

```
納期限 ─ 法定納期限（通2八）*……………………………………………
        │
        └ 具体的 ┬ 申告納税方式に ┬ 期限内申告…法定納期限（通35①）*………
          納期限 │ よる国税       ├ 期限後申告…申告書提出の日（通35②一）
                 │               ├ 修 正 申 告… 同上
                 │               ├ 更正・決定…更正又は決定通知書が発せられた日
                 │               │            の翌日から起算して1月を経過する
                 │               │            日（通35②二）
                 │               └ 延      納…延納に係る期限（通35①）
                 │
                 ├ 賦課課税方式に ┬ 加  算  税…賦課決定通知書が発せられた日の
                 │ よる国税       │（過少・無・重） 翌日から起算して1月を経過する
                 │               │            日（通35③）
                 │               └ 上 記 以 外…納税告知書を発する日の翌日から
                 │                            起算して1月を経過する日（通
                 │                            36②、通令8①）
                 │
                 └ 自動確定の国税 ┬ 自主納付分…法定納期限　*………………………
                                 ├ 強制徴収分…納税告知書を発する日の翌日から
                                 │            起算して1月を経過する日（通
                                 │            36②、通令8①）
                                 ├ 延 滞 税…計算の基礎となる国税の納期限
                                 │           （通37①括弧書）
                                 └ 利 子 税… 同上
```

第1節 国税の納付

確定方式別の国税の納付

(1) 申告納税方式による国税の納付

○ 期限内申告に伴う納付

期限内申告により納付すべき税額は、国税に関する法律に定める法定納期限までに、納税者が納付書により自主納付しなければなりません（通35①）。

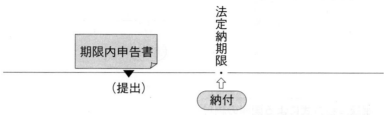

(注) 所得税、相続税及び贈与税について延納が認められた場合には、その延納の納期限までに納付しなければなりません（通35①かっこ書）。

○ 期限後申告又は修正申告に伴う納付

期限後申告又は修正申告により納付すべき税額は、期限後申告又は修正申告書を提出した日を納期限として、納税者が納付書により自主納付しなければなりません（通35②一）。

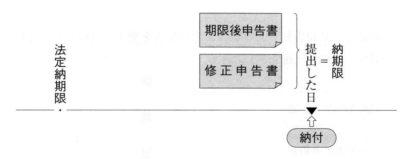

(注) 酒税及び石油ガス税は、法定納期限が法定申告期限の１月後であるため（酒30の４①、油18①）、法定納期限前に期限後申告又は修正申告が行われることもありますが、この場合には、特に納期限を早めて納税者の期限の利益を奪うことは妥当でないので、通常の法定納期限までに納付すればよいこととされています（酒30の４③、油18③）。

○ 更正又は決定に伴う納付

更正又は決定があった場合には、更正通知書又は決定通知書を発した日の翌日から起算して１月を経過する日が納期限であり、納税者はその納期限までに納付書により自主納付しなければなりません（通35②二）。

これは、申告納税方式による国税の納税者に自主納付を一貫させる趣旨から、たとえ、納付すべき税額を税務署長が確定したものであっても、納税の告知によ

— 123 —

らないで、あくまでも納税者の自発的な意思による納付を期待したものです。

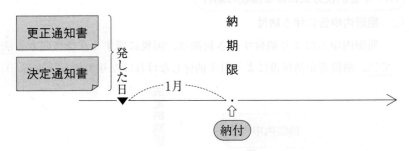

(2) 賦課課税方式による国税の納付

○ 賦課課税方式による国税については、納税者は、税務署長から納付を命ずる納税の告知を待って、その納税告知書により納付します（通36①一）。

○ 申告納税方式による国税に対して課税される各種の加算税については、賦課決定通知書の送達を待って、納税者は自主的に納付しなければなりません（通35③）。これらは、申告納税方式の国税の附帯税であるため、自主納付を一貫させる趣旨です。

○ 納期限は、納税告知書又は賦課決定通知書を発する日の翌日から起算して1月を経過する日です（通令8①、通35③）。

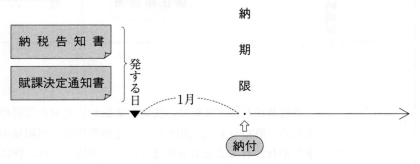

　　ただし、納税告知書が法定納期限の前に発せられた場合には、法定納期限に当たる日を納期限とし、国税に関する法律の規定により一定の事実が生じた場合に直ちに徴収するものとされている国税（酒30の4②）は、その納税告知書の送達を要すると見込まれる期間を経過した日が納期限となります（通令8①かっこ書）。

(3) 自動確定方式の国税の納付

○ 自動確定の国税は、自主納付しなければなりません。
　　例えば、源泉徴収による所得税、登録免許税などは、納税者が自主的に納付書

第1節　国税の納付

確定方式別の国税の納付

により又は印紙を貼ることにより納付します。

○　納付がない場合又は納付額が適正でないと認められる場合には、納税の告知が行われ、その納税告知書により納付します。この場合の納期限は、納税告知書を発する日の翌日から起算して1月を経過する日です（通令8、通36①二〜四）。

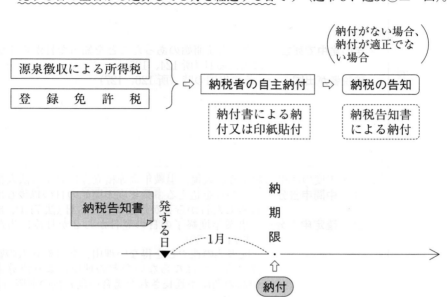

参考 法定申告期限と法定納期限

税　目	法　定　申　告　期　限
所　得　税	・原則… 翌年3月15日（所120、123） ・年の途中で死亡… その相続開始のあったことを知った日から4か月後に当たる日（所124、125） ・納税者が出国…… その出国の時（所126、127）
法　人　税	各事業年度の所得に対する法人税、退職年金等積立金に対する法人税 ① **中間申告分**… 6か月を超える事業年度の開始の日以後6か月を経過した日から2か月後に当たる日（法71①、88） ② **確定申告分**… 事業年度終了の日の翌日から2か月後に当たる日（法74①、89） 　　災害その他やむを得ない理由、会計監査人の監査を受けなければならないなどの理由により決算未確定のため期限が延長された場合…延長後の期限（法75、75の2） 各連結事業年度の連結所得に対する法人税 ① **連結中間申告分**… 6か月を超える連結事業年度の開始の日以後6か月を経過した日から2か月後に当たる日（法81の19） ② **連結確定申告分**… 連結事業年度終了の日の翌日から2か月後に当たる日（法81の22） 　　災害その他やむを得ない理由、会計監査人の監査を受けなければならないなどの理由により決算未確定のため期限が延長された場合…延長後の期限（法81の23、81の24）
相　続　税	相続開始を知った日の翌日から10か月後に当たる日（相27①） ① 納税者である相続人が期限内に申告書を提出しないで死亡したとき 　… その者の相続人が相続開始をした日の翌日から10か月後に当たる日（相27②） ② 納税者が納税管理人の届出をしないで出国するとき 　… その日（相27①②）

第1節　国　税　の　納　付

<table>
<tr><td colspan="2" align="center">法　定　納　期　限</td></tr>
<tr>
<td>
○　**確定申告分**…　翌年3月15日（所128）
○　**予定納税1期分**…　7月31日（所104①）
　　　　　　　　2期分…　11月30日（所107①）
○　**準確定申告分等**…　納税義務者がその年中に死亡し、又は翌年3月15日以前に
　　　　　　　申告書を提出しないで死亡した場合は、相続人が相続開始を知
　　　　　　　った日の翌日から4か月後に当たる日（所129）。
　　　　　　　　出国する場合……その出国の時（所130）
○　**源泉徴収**…　徴収した日の翌月10日（所212①③）。
　　　　　　ただし、使用人員が10人未満で所轄税務署長の承認を受けた者が
　　　　　支払う給与所得、退職所得又は特定の報酬に対する源泉徴収所得税……
　　　　　1月から6月までの期間においてはその年7月10日、7月から12月
　　　　　までの期間においては翌年1月20日（所216）
</td>
<td>㊞所</td>
</tr>
<tr>
<td>
│各事業年度の所得に対する法人税、退職年金等積立金に対する法人税│
①　**中間申告分**…　6か月を超える事業年度の開始の日以後6か月を経過した日か
　　　　　　ら2か月後に当たる日（法76、90）
②　**確定申告分**…　事業年度終了の日の翌日から2か月後に当たる日（法77、91）
　　　　　　　災害その他やむを得ない理由、会計監査人の監査を受けなけれ
　　　　　ばならないことその他これに類する理由により決算未確定のため
　　　　　の期限が延長された場合…延長後の期限（法75、75の2、77）

│各連結事業年度の連結所得に対する法人税│
①　**連結中間申告分**…　6か月を超える連結事業年度の開始の日以後6か月を経過
　　　　　　した日から2か月後に当たる日（法81の26）

②　**連結確定申告分**…　連結事業年度終了の日の翌日から2か月後に当たる日（法
　　　　　81の27）
　　　　　　　　災害その他やむを得ない理由、会計監査人の監査を受けな
　　　　　ければならないことその他これに類する理由により決算未確
　　　　　定等のため期限が延長された場合…延長後の期限（法81の23、
　　　　　81の24、81の27）
</td>
<td>㊞法</td>
</tr>
<tr>
<td>
・　相続開始を知った日の翌日から10か月後に当たる日（相33）
①　納税者が期限内に申告書を提出しないで死亡した場合
　　…　その相続人が相続開始をした日の翌日から10か月後に当たる日（相33）
②　納税者が出国する場合
　　…　その日（相33）
</td>
<td>㊞相</td>
</tr>
</table>

— 127 —

第 3 章　国税の納付及び徴収

税　目	法　定　申　告　期　限
贈　与　税	贈与により財産を取得した年の翌年 3 月 15 日（相 28①） ① 納税者となるべき者が年の途中で死亡し、相続時精算課税の適用を受ける財産を取得した年の中途で死亡し、又は納税者が右の期限前に申告書を提出しないで死亡したとき … その者の相続人が相続開始をした日の翌日から 10 か月後に当たる日（相 28②） ② 納税者が納税管理人の届出をしないで出国するとき … その日（相 28①）
消　費　税	課税資産の譲渡等に係る消費税 ① 直前の課税期間の年税額が 4,800 万円を超える事業者の**中間申告分** … 課税期間開始の日以後 1 か月ごとに区別した各期間（以下「1月中間申告対象期間」といいます。）について、その 1 月中間申告対象期間の末日の翌日（その 1 月中間申告対象期間がその課税期間の最初の期間である場合には、その課税期間開始の日から 2 か月を経過した日）から 2 か月後に当たる日（消 42①） ② 直前の課税期間の年税額が 400 万円を超え 4,800 万円以下の事業者の**中間申告分** … 課税期間開始の日以後 3 か月ごとに区別した各期間（以下「3月中間申告対象期間」といいます。）について、その 3 月中間申告対象期間の末日の翌日から 2 か月後に当たる日（消 42④） ③ 直前の課税期間の年税額が 48 万円を超え 400 万円以下の事業者の**中間申告分** … 課税期間開始の日以後 6 か月の期間（以下「6月中間申告対象期間」といいます。）について、その 6 月中間申告対象期間の末日の翌日から 2 か月後に当たる日（消 42⑥） ④ **確定申告分** … 課税期間の末日の翌日から 2 か月後に当たる日（消 45①） 　イ 納税者である個人事業者が課税期間の中途で死亡し、又は納税者たる個人事業者が期限内に申告書を提出しないで死亡したとき … その者の相続人が相続開始を知った日の翌日から 4 か月後に当たる日（消 45②） 　ロ 清算中の法人につき残余財産が確定したとき … その確定した日の翌日から 1 か月後に当たる日（消 45④） 　＊ 個人事業者のその年の 12 月 31 日の属する課税期間に係る確定申告期限…その年の翌年 3 月末日（措 86 の 4 ①） 保税地域から引き取られる課税貨物に対する消費税 　引取りの日（消 47①）

— 128 —

第1節　国 税 の 納 付

法 定 納 期 限

・　贈与税により財産を取得した年の翌年3月15日（相33）
　①　納税者が期限内に申告書を提出しないで死亡した場合
　　…　その相続人が相続開始をした日の翌日から10か月後に当たる日（相33）
　②　納税者が出国する場合
　　…　その日（相33）

（贈）

課税資産の譲渡等に係る消費税
　①　直前の課税期間の年税額が4,800万円を超える事業者の**中間申告分**
　　…　課税期間開始の日以後1か月ごとに区別した各期間（以下「1月中間申告対象期間」といいます。）について、その1月中間申告対象期間の末日の翌日（その1月中間申告対象期間がその課税期間の最初の期間である場合には、その課税期間開始の日から2か月を経過した日）から2か月後に当たる日（消48）
　　＊　個人事業者の1月中間申告対象期間がその課税期間の最初の2回の1月中間申告対象期間である場合には、その課税期間開始の日から3か月を経過した日から2か月後に当たる日とされています（措令46の4参照）。
　②　直前の課税期間の年税額が400万円を超え4,800万円以下の事業者の**中間申告分**
　　…　課税期間開始の日以後3か月ごとに区別した各期間（以下「3月中間申告対象期間」といいます。）について、その3月中間申告対象期間の末日の翌日から2か月後に当たる日（消48）
　③　直前の課税期間の年税額が48万円を超え400万円以下の事業者の**中間申告分**
　　…　課税期間開始の日以後6か月の期間（以下「6月中間申告対象期間」といいます。）について、その6月中間申告対象期間の末日の翌日から2か月後に当たる日（消48）
　④　**確定申告分**
　　…　課税期間の末日の翌日から2か月後に当たる日（消49）。
　　　　ただし、納税義務者たる個人事業者が、課税期間の中途で死亡し、又は右の期限前に申告書を提出しないで死亡した場合には、相続人がその相続の開始を知った日の翌日から4か月後に当たる日。
　　　　また、清算中の法人につきその残余財産が確定したときは、その確定した日の翌日から1か月後に当たる日（同日までに残余財産の最終分配が行われるときは、その分配の日の前日）
　　＊　個人事業者のその年の12月31日の属する課税期間に係るものは、その年の翌年3月末日とされています（措86の4①参照）。

（消）

保税地域から引き取られる課税貨物に対する消費税
　引取りの日（消50①）

— 129 —

第3章　国税の納付及び徴収

税　目	法　定　申　告　期　限
酒　　　税 た　ば　こ　税 揮　発　油　税 地方揮発油税 石 油 石 炭 税 石 油 ガ ス 税	①　製造場から移出したもの…　移出した月の翌月末日 　　（酒30の2①、た17①、揮10①、 　　地揮7①、油16①、石13①） ②　保税地域から引き取るもの…引取りの時 　　（酒30の3①、た18①、揮11①、 　　地揮7①、油17①、石14） ＊製造場とは ・　石油ガス―石油ガス充てん場 ・　石油石炭―原油、ガス状炭化水素又は石炭の採取場
航 空 機 燃 料 税	航空機燃料の航空機への積込みの月の翌月末日（航14①）
電源開発促進税	販売電気に係る料金の支払を受ける権利が確定した月の翌月末日（電7①）
国際観光旅客税	
自 動 車 重 量 税	
印　　紙　　税	
登 録 免 許 税	

— 130 —

第 1 節　国 税 の 納 付

法　定　納　期　限	
① 製造場から移出したもの……移出した月の翌翌月末日（酒 30 の 4 ） ② 保税地域から引き取るもの…引取りの時（酒 30 の 5 ）	酒
① 製造場から移出したもの……移出した月の翌月末日 　　　　　　　　　　　（た 19、揮 12、地揮 7 ①、石 16 ①） ② 保税地域から引き取るもの…引取りの時 　　　　　　　　　　　（た 20、揮 12 の 2 、地揮 7 ①、石 17 ①）	た 揮 地揮 石
① 石油ガスの充てん場から移出したもの…移出した月の翌翌月末日（油 18） ② 保税地域から引き取るもの…引取りの時（油 19）	油
航空機燃料の航空機への積込みの月の翌月末日（航 15）	航
販売電気に係る料金の支払を受ける権利が確定した月の翌月末日（電 8 ）	電
① 出国の日の属する月の翌々月末日（旅客 16 ①、17 ①） ② 本邦からの出国のため国際船舶等に乗船し、又は搭乗する時（旅客 18 ①）	旅客
自動車検査証の交付等又は車両番号の指定を受ける時（自 8 、9 ）	自
課税文書の作成の時（印 8 ①） ただし、書式表示等に係るもので税務署長の承認を受けたもの……翌月末日（印 11）	印
登記等を受ける時 ただし、特定の免許等に係るもの……免許等を受ける日から 1 か月以内で登記機関が 　　　　　　　　　　　　　　　　　　定める期限（登 27）	登

第3章 国税の納付及び徴収

参考 法定納期限（納期限）と法定申告期限

法 定 納 期 限	法 定 申 告 期 限
国税を納付すべき本来の期限 〈法定納期限の効果〉 ・延滞税の計算の始期（通60①②、61②） ・国税の徴収権の消滅時効の起算日（通72①） ・源泉徴収等による国税等については、その期限内に納付がないときは、納税の告知(通36)、不納付加算税を徴収（通67） ・納税の猶予の要件に係る期限（通46①） ＊法定納期限は、例えば通則法第37条第1号にいう納期限（一種の具体的納期限）とは異なります。 「納期限」（具体的納期限）とは 納期限 ・期限内申告の場合における法定納期限 ・期限後申告、修正申告、更正決定等により納付すべき期限 ・納税の告知により納付すべき期限 納期限の効果 ・督促、繰上請求をすることのできる期限 ・通則法第46条第1項の納税の猶予要件に係る期限	その国税（申告納税方式の国税）に関する法律の規定により納税申告書を提出しなければならない期限 〈法定申告期限の効果〉 ・期限内申告、期限後申告となるかの区分を生じる時点（通17、18） 　＊　納税申告書の提出なければ 　　⇨　決定(通25)、無申告加算税(通66) ・更正の請求（通23①）、更正決定をなしうる期間（通70①③⑤）

4 納付の手続

(1) 納付の手段

> 国税の納付とは　納税者が納税義務の内容たる給付を実現し、その義務を消滅させる行為

　国税の納付は、その目的物（金銭等）を収納機関（日本銀行、郵便局及び税務署等）に提供して行います。

　国税は、金銭で納付するのが原則ですが、次のような納付の手段があります（通34）。

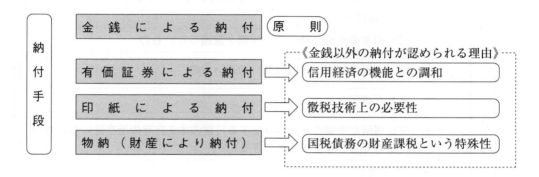

イ　金銭による納付

　金銭による納付は、その納付をしようとする者が、納付すべき税額に相当する金銭に**納付書**（納税告知書の送達を受けた場合は、**納税告知書**）を添えて、これを収納機関に提供することにより行います（通34①）。

| 金銭の納付 | ⇒ | 強制通用力のある日本円を単位とする通貨による納付
（ドルその他の外国貨幣又は旧通貨は除かれます。） |

　（注）　通則法第34条第1項の「金銭」とは、強制通用力を有する日本円を単位とする通貨をいい、小切手その他の証券は含みません（通基通34-1）。

| 金銭納付の対象となる国税 | ⇒ | 印紙で納付すべき国税又は印紙で納付することができる国税で印紙納付を選択したものを除いたすべての国税です。
ただし、印紙で納付すべき国税でも金銭納付によらなければならない場合があります。 |

第3章　国税の納付及び徴収

ロ　有価証券による納付

有価証券による納付

○　証券の種類

「証券をもつてする歳入納付に関する法律」の定める次の有価証券に限り、金銭に代えて納税に使用することができます（通34①ただし書）。

有価証券の種類

① 小切手（持参人払式又は記名式持参人払いのもの）
② 国債証券の利札（無記名式で支払期日の到来しているもの）
③ 郵便普通為替証書（郵便定額小為替証書を含みます）
④ 郵便振替払出証書

○　証券の内容

上記有価証券は、次のようなものに限られます（証券をもってする歳入納付に関する法律1）。

① 証券の券面金額が納付する税額を超過しないもの

② 証券の呈示期間（有効期間）の近いもの

③ 支払が確実なもの

④ 支払場所が受領者が払込みをする日銀の本支店等の所在地にないものは、その受領を断ることができる

○　証券の不渡り

納付に使用された有価証券が不渡りとなったときは、その納付は初めからないものとされます。

ハ　印紙による納付

印紙による納付

○　印紙による納付……納付すべき税額に相当する印紙を、それぞれの証書などに貼って納付（通34②）

○　印紙による納付が認められる文書

印紙による納付が認められるのは、次に掲げる文書又は書類に限られます。

① 印紙税（印8）（申告納税方式による印紙税（加算税を含みます。）、税印指定計器による表示の印紙税及び過怠税は除きます。）	証書又は帳簿
② 登録免許税（登22、23②）（原則として30,000円以下の税額に限ります。）	登記、登録の申請又は嘱託をする書類
③ 自動車重量税（自8、9）（現金納付を認める場合を除きます。）	自動車重量税印紙を貼り付ける書類

印紙税及び自動車重量税は、徴収の便宜上、原則として印紙により納付すべきものとされています（印8、自8、9）。また、登記等につき課される登録免許税でその税額が3万円以下である等の場合には、印紙で納付することができます（登22）。

— 134 —

第1節　国税の納付

　もっとも、本来、印紙で納付すべきこととされている印紙税、自動車重量税であっても、税印押捺、印紙税納付計器若しくは申告納税方式に係る印紙税等（印9〜12、自10）金銭による納付又は徴収を適当とする場合には、金銭により納付し、又は徴収するものとされています。

二　物納（財産による納付）

物納		
物納財産	相続税について、延納によっても金銭で納付することができない場合には、税務署長の許可を受けて、相続した財産のうち次のような財産（相続税法施行地にあるもの）で納付することが認められています（相41）。	
	① 不動産及び船舶 ② 国債証券、地方債証券、株券、証券投資信託の受益証券又は貸付信託の受益証券等 ③ 動産	
収納価額	《原則》……相続税の課税価格計算の基礎となった価額（相43①） 《例外》……収納の時までに当該財産の状況に著しい変化が生じたときは、収納の時の現況による当該財産の収納価額（相43①ただし書）	
納付があったものとする日	物納財産の引渡し及び所有権の移転登記などにより第三者に対抗できる要件を充足した日（相43②）	

　相続税については、それが財産課税たる特殊な性格を有するところから、金銭による納付を困難とする場合において税務署長の許可があったときは、一定の財産をもって物納することができます（相41）。

　物納は、公法上の代物弁済と解され、物納の許可があった相続税は物納財産の引渡し、所有権移転の登記その他法令により第三者に対抗することができる要件を充足した時において納付があったものとされています（相43②）。

　なお、賃借権その他不動産を使用する権利の目的となっている不動産を物納した場合には、物納許可後1年以内に限り、その物納を撤回して即納又は延納に切り替えることができることとされています（相46）。

(2) 納付の場所（収納機関）

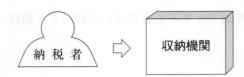

納税者が国税を納付する場所は、日本銀行の本店、支店、代理店及び歳入代理店、国税収納官吏（国税の収納を行う税務職員）です（通34①）。

(注)1 収納機関（納付場所）の指定
国税の納付は、原則として、全国どこの収納機関でも差し支えありませんが、特別の国税等には、次のとおり収納機関が定められています。

① 登記所における登記に係る登録免許税で現金納付をするもの（登令17） ⇒ 法務局長又は地方法務局長の指定した収納機関
② 物納 ⇒ 物納許可をした税務署長又は国税局長
③ 納付場所を指定された①以外の国税（資規20②） ⇒ その指定された収納機関

2 日本銀行の「歳入代理店」とは、日本銀行との要認契約により国税の受入れを取り扱う市中銀行、信用金庫等です。

3 日本郵政公社法の制定により郵政事業庁が日本郵政公社へ移行されたことに伴い、日本郵政公社法施行法により、通則法第34条第1項に規定する収納機関から郵便局が削除され、郵政事業庁の日本郵政公社への移行（平成15年4月1日）後は、郵便局は日本銀行の代理店や歳入代理店たる銀行等と同様、「日本銀行（国税の収納を行う代理店を含む。）」として国税の収納を行うこととなります。

(3) 納付の効果

国税は、収納機関が金銭又は有価証券を収受した時に、その金額の範囲内で納税義務が消滅します。ただし、納付に使用された有価証券につき、その呈示期間内又は有効期間内に支払を請求したにもかかわらず支払の拒絶があったときは、初めから納付がなかったものとみなされます（証券をもつてする歳入納付に関する法律2、歳入納付に使用する証券に関する件2）。

> 被相続人名義でされた納付

相続人が2人以上ある場合において、被相続人名義でされた国税の納付は、その納付した相続人が明らかに推定できるときを除き、すべての相続人のために、それぞれの未納の国税の額に応じて納付がされたものとして取り扱われます（通基通34-4）。

第1節 国税の納付

(4) 納付の方法

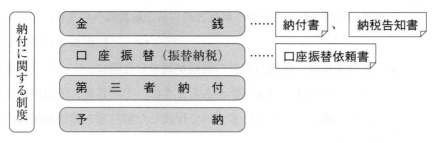

　国税は、金銭又は金銭に代えて使用できる証券に納付書を添えて納付します。
　ただし、源泉所得税を法定納期限までに納付しなかったものや印紙税の過怠税などについて、税務署長から納税の告知書が送達された場合には、その**納税告知書**を添えて納付します（通34）。
　このほか、納付に関する制度として、次のものがあります。

イ　口座振替（振替納税）
　(イ)　振替納税の仕組み
　　　納税者が金融機関との契約に基づき、自分の指定した預貯金口座から振替の方法で国税を納付するという方法です（通34の2）。
　　　なお、具体的な口座振替による納付方法は、次のとおりです。

　　振替納税の仕組み

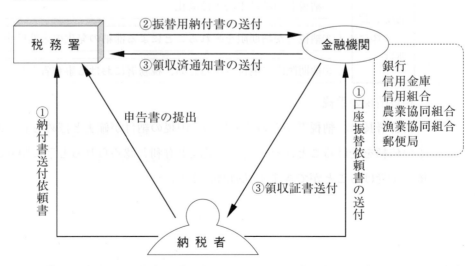

①　納税者が預貯金先金融機関に対し、**口座振替依頼書**により、対象税目を指定し、今後の納期の到来する国税の納付及びこれに必要な預貯金の指定預貯金口座からの払戻しの事務を委任します。

— 137 —

第3章　国税の納付及び徴収

　　また、税務署長に対し、**納付書送付依頼書**により金融機関による納付

　事務の代行のために必要な納付書の当該金融機関への送付を依頼します。

　　　　　　　　　　　　　　　　　　☞　　「口座振替依頼書」参照

②　税務署長は、指定の税目の納期が到来した際に、①による依頼をし

　た納税者の納付すべき税額があるときは、その都度、予定納税額の通

　知書又は確定申告書等に基づいて作成した納付書を取扱金融機関に送

　付します。

③　金融機関は、税務署長から送付された納付書を払戻しの原因書類と

　して、その振替日に納税者の指定預貯金口座から納付書記載金額を払

　い出して納税に充てるとともに領収証書を直接納税者に送付します。

　㊟1　平成29年1月から振替納税の領収証書を送付しないこととされまし
　　　た。なお、振替納税を行った納税者のうち、書面による証明を必要と
　　　する納税者の申請に基づいて、口座振替がなされた旨の証明書（手数
　　　料は要しません。）が発行されることとなっています。
　　　☞　「振替納税により国税を納付した事実の証明願兼証明書」参照

　　2　口座振替納付に係る税務署長と金融機関間の納付書の送付等につい
　　　て、電子情報処理組織を使用等して行うことができることとされまし
　　　た。この改正は平成30年1月1日以後に納付する国税について適用さ
　　　れます。

(ロ)　振替納税制度が設けられた趣旨

制度が設けられた趣旨	①納税者の納付手続の簡略化
	②納税者が納期限を忘れることによる滞納の発生の未然防止
	③納期限内に納付されるため、税務署における事務省力化

(ハ)　振替納税の手続

　　税務署長は、納税者からの依頼に係る国税の納付が確実と認められ、かつ、

　その依頼を受けることがその国税の徴収上有利と認められるときに限り、その

　依頼を受けることができます（通34の2①）。

— 138 —

第1節　国税の納付

| 納付書送付の依頼 | 納付書送付依頼書の提出 ——— 納付書送付依頼書 |

⇩

納付が確実と認められるか

「納付が確実と認められる」とは
　その送付依頼が滞納にかかる国税及び納期が一定しない国税についてされたものでない限り納付が確実と判断

⇩

次に掲げる国税は、これに該当しません（通基通第34条の2関係1参照）。

振替非該当
① 現に滞納（納税の猶予又は徴収もしくは滞納処分に関する猶予に係るものを含みます。）となっている国税
② 期限後申告、修正申告、更正決定、賦課決定又は納税の告知に係る国税

⇩

その国税の徴収上有利と認められるか

「その国税の徴収上有利と認められる」とは
　納期の失念等による滞納の未然防止の効果と納付者の送付依頼を受けることによって生じる関連事務量の増加との比較等においてその効果が大きいと認められる場合

⇩ ※実務上、税目、納期等により、画一的に判断

次に掲げる国税は、これに該当しません（通基通第34条の2関係1参照）。

振替非該当
① 相続税、贈与税等継続性のない国税
② 国税局の職員が調査することとされている法人に係る国税
③ 源泉所得税等月例課税に係る国税
④ 振替日等につき特別の条件を付した送付依頼に係る国税

⇩

納付書送付依頼書の受理

そこで、振替納税の対象となる国税とは

① 申告所得税第1期分、第2期分、確定申告分（期限内申告分）及び所得税法第131条の延納分
② 個人事業者の課税資産の譲渡等に係る消費税の中間申告分及び確定申告分（期限内申告分）

第3章　国税の納付及び徴収

(ニ)　納付書送付依頼の解除

　次に掲げるような場合においては、税務署長は納付書の送付依頼を解除することができます（通基通34の2－2）。

| 納付書の送付依頼の解除 | ①　その依頼に係る国税が、預金または貯金の不足により振替による納付がされなかったとき等、事後の確実な納付が期待できないと認められる事由が生じた場合 |
| | ②　その依頼に係る国税が継続性のないものとなったとき等、事後徴収上有利と認められない事由が生じた場合 |

(ホ)　みなし納期限納付

　みなし納期限納付 ………申告納付分の延滞税等の特例

　申告期限と納期限が同一日である国税について口座振替の方法で納付する場合は、申告書が申告期限に提出されたときは、納付書の送付、振替手続等に要する日時を考慮すれば、実際問題として期限内の納付ができないこととなります。

　しかしながら、申告所得税の第3期分等については、そのような問題を考慮しても、現状では口座振替の方法を認めて納税者の自主納付を促進することが望ましいと考えられるので、通則法第34条の2第2項において、納税申告書の提出によりその提出期限までに納付すべき国税については、納税申告書が期限内に提出されれば足りることとし、口座振替による現実の納付は、納付書が金融機関に到達した日から中2日を置いて到達日から4日目（この4日の間に金融機関の休日がある場合には、その日を除いて計算します。）までに行われるならば、実際の納付が納期限後であっても、これを期限内納付とみなすこととし、その間延滞税を徴収せず、また、残税額について所得税法による延納届出書を提出しているときはその延納を認めることとしています。

　この場合において、預金不足等により振替不能となったとき又は金融機関が中2日の期間内に納付手続を了しないときは、本来の納期限の翌日にさかのぼって延滞税を徴収し、かつ、延納も認めないこととしています。

　　(注)　みなし納期限納付の取扱いは、延納及び延滞税の取扱いに限られ、それ以外の事項、例えば、その納付した国税が還付金等となって還付加算金を計算する場合には、現実の納付の日によります。

－ 140 －

第1節　国税の納付

（口座振替依頼書）

（金融機関経由印）　　　　　　納 付 書 送 付 依 頼 書

税 務 署 長　あて　　　　　　　　　氏名　　　　　　　　　　印

・ **申告所得税及復興特別所得税**（1期分、2期分、確定申告分（期限内申告分）、延納分）
・ **消費税及び地方消費税**　（中間申告分、確定申告分（期限内申告分））
　　ご利用にならない税目については、二重線で抹消してください。この場合の訂正印は不要です。

私が納付する　　　　　　　　　　　　　　　　　　　　　　　　　　　について、

令和　年　月　　日以降納期が到来するものを、口座振替により納付したいので、納付税額等必要な
事項を記載した納付書は、指定した金融機関あて送付してください。

※税務署整理欄	整理番号								金融機関番号				

	振替区分		入力日付			送付日付	

預 貯 金 口 座 振 替 依 頼 書

金融機関名　　　　　　　　　　　　　　　　　　　　　　　令和　年　月　日

| 銀 行 ・ 信 用 金 庫　　　　　　　　本店・支店 |
| 労働金庫・信用組合　　　　　　　　本所・支所　御 中 |
| 漁 協 ・ 農 協　　　　　　　　出張所・ |

あなたの住所

（〒　　－　　　）　電話　　（　　　）

（申告納税地）

氏名

（フリガナ）　　　　　　　　　　　　　　　　　　　（金融機関お届け印）

銀行等（ゆうちょ銀行以外）	預金の種類	1 普通　2 当座　3 納税準備				金融機関使用欄
	口 座 番 号					
ゆうちょ銀行	記 号 番 号	1		0		

　税務署から私名義の納付書が貴店（組合）に送付されたときは、私名義の上記の預貯金から次のとおり
口座振替により納付することとしたいので、下記約定を承認の上依頼します。
1　対象税目
　　　・ **申告所得税及復興特別所得税**（1期分、2期分、確定申告分（期限内申告分）、延納分）
　　　・ **消費税及び地方消費税**　（中間申告分、確定申告分（期限内申告分））
　　　　ご利用にならない税目については、二重線で抹消してください。この場合の訂正印は不要です。
2　振替納付日
　　　納期の最終日（休日の場合は翌取引日）
　　　ただし、納付の日が納期限後となる場合で、法令の規定によりその納付が納期限においてされたもの
　とみなされるときは、貴店（組合）に納付書が到達した日から2取引日を経過した最初の取引日まで。

約　定
1　預貯金の支払手続については、当座勘定規定又は預貯金規定にかかわらず、私が行うべき当座小切手の振出又は預貯
　金通帳及び預貯金払戻請求書の提出などいたしません。
2　指定預貯金残高が振替日において、納付書の金額に満たないときは、私に通知することなく納付書を返却されても差
　し支えありません。
3　この口座振替契約は、貴店（組合）が相当の事由により必要と認めた場合には私に通知されることなく、解除されても
　異議はありません。
4　この口座振替契約を解除する場合には、私から（納税貯蓄組合長を経由して）指定した金融機関並びに税務署あて文書
　により連絡します。
5　この取扱いについて、仮に紛議が生じても、貴店（組合）の責によるものを除き、貴店（組合）には迷惑をかけません。
6　貴店（組合）に対して領収証書の請求はいたしません。

第3章　国税の納付及び徴収

（振替納税により国税を納付した事実の証明願兼証明書）

振替納税により国税を納付した事実の証明願兼証明書

国税庁

※　記載に当たっては留意事項・記載要領を参照してください。

＿＿＿＿＿＿税務署長　宛　　　　　　　　　　請求日：＿＿＿年＿＿月＿＿日

【代理人記入欄】
※　代理人の方のみ記入してください。

住所

氏名　　　　　　　　　　　　㊞

（電話番号　　　　　　　　　　）

※　代理人の方が請求される場合は委任状が必要です。

住　所	
（納税地）	
（フリガナ）	
氏　名	㊞
（電話番号：　　　　　　　　）	

税目	□　申告所得税及復興特別所得税		□　消費税及地方消費税	
納期等の区分	平成 令和 　　　年分	□　予定納税第1期分 □　予定納税第2期分 □　確定申告分 □　延納分	（自）平成 令和　　年　月　日 （至）平成 令和　　年　月　日	□　中間申告分 （　　回分） □　確定申告分

上記の税目・納期等の区分に係る下記の事項について振替納税により国税を納付した事実を証明願います。

振替納付日 （口座引落日）	平成 令和　　年　　月　　日
口座振替 納付税額	

上記の事項について相違のないことを証明します。

証　明　欄

・証明日　　　　　令和　　年　　月　　日

・証明番号　　　　（証明）第　　　　号

・役職名　　　　　　　　税務署長

・氏名

官印

整理記入欄			
整理番号			
□	本人確認		確認者
□	委任状		
本人確認書類	本人（代理人）確認書類 □　マイナンバーカード　　□　運転免許証 □　旅券（パスポート）　　□　住民基本台帳カード □　その他（　　　　　　）		

— 142 —

第1節　国税の納付

ロ　電子納付

　国税を納付しようとする者は、財務省令で定めるところによりあらかじめ税務署長に届け出た場合に財務省令で定める方法により納付すること、すなわちインターネット・バンキング等を経由して行う電子納付の方法により納付することができます（情報通信技術利用省令4、7）。

　この国税の電子納付の方法としては、国税を納付しようとする者が、金融機関が提供する次のような手段を使って納付するものとすることが予定されています。

①　パソコンによるインターネット・バンキングを使った預金口座から国庫金勘定への振替え

②　携帯電話によるモバイル・バンキングを使った預金口座から国庫金勘定への振替え

③　金融機関のＡＴＭを使った預金口座から国庫金勘定への振替え又はＡＴＭに現金を投入して行う国庫金勘定への振込み

(注)　自動車重量税（税務署長が納税の告知により納付を請求して徴収するものを除きます。）又は登録免許税（税務署長が納税の告知により納付を請求して徴収するものを除きます。）にあっては、それぞれ自動車重量税法又は登録免許税法に規定する財務省令で定める方法（電子納付の方法）により納付することができます（自10の2、登24の2）。

参考　〔登録方式・入力方式〕

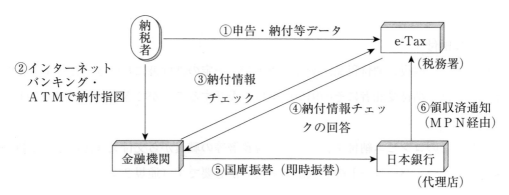

(注)　MPN（マルチペイメントネットワーク）とは、金融機関と収納機関との間を専用のネットワーク回線で結ぶことにより、利用者はインターネットバンキングやATM等の各種チャンネルを利用して、税金、手数料などの公共料金の支払ができ、その納付情報を即時に収納機関に伝達するシステムのことをいいます。

参考　ダイレクト納付

　新たな国税の電子納税の方法として「ダイレクト納付」があります。

このダイレクト納付とは、事前に税務署に届出等をしておけば、e-Taxを利用して電子申告等の送信をした後に、届出をした預貯金口座から、即時または期日を指定して納付することができる電子納税の新たな納付手段です。

《図示》　ダイレクト納付

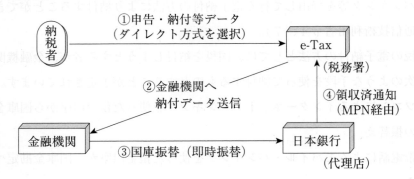

ハ　納付受託者に対する納付の委託

　納税者の利便性向上のため更なる納付手段の多様化を図る観点から、国税の納付手続について、これまでのコンビニエンスストアに納付を委託する方法に加えて、インターネット上でクレジットカードを利用した納付を可能とする制度が創設されました。

　なお、クレジットカード納付は、平成29年1月4日以後の納付から運用が開始されました。また、源泉所得税（自主納付分に限られます。）は同年6月12日以降の納付から利用可能となっています。

コンビニ納付

　納税者は、国税の納付税額が30万円以下で、一定の納付書に基づき納付しようとするときは、納付受託者にその国税の納付を委託することができます（通34の3①一、通規2①一）。

　なお、このコンビニ納付を行うには、税務署等の職員から交付又は送付された納付書で、かつ、バーコードの記載があるものが必要です（通規2②）。

第1節　国税の納付

《図示》コンビニ納付の仕組み

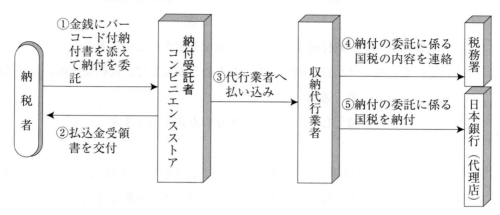

(注)　バーコード付納付書

　バーコード付納付書は、納付金額が30万円以下で、次のような場合に税務署で発行されます。
①　納付者から納付書の発行の依頼があった場合（全税目）
②　確定した税額を期限前に通知する場合（所得税の予定納税等）
③　督促・催告を行う場合（全税目）
④　賦課課税方式による場合（各種加算税）

 コンビニ納付の拡充

　「コンビニ納付」は平成20年から開始され、税務署や金融機関にわざわざ行かなくても、また開庁時間や営業時間に行くことができなくても、夜間や休日を含めて近くのコンビニエンスストアで納税ができる制度ですが、納税するためには所轄税務署が発行したバーコード付納付書が必要です。このため、自宅や確定申告期に開設される署外会場で電子申告を行う場合には直ちに「コンビニ納付」をすることができませんでした。
　そこで平成30年度税制改正において、申告書の作成・提出から納付までをスムーズに行えるよう拡充措置が講じられております。
　具体的には、自宅等で電子申告を行った場合、パソコンからは紙でスマホでは画面上に出力した「QRコード」をコンビニ店舗内に設置されている端末等で読み取らせ、出力された納付書によりレジにて納付することが可能となります。
　この措置は、平成31年1月4日以後に納付手続を行うものについて適用されています。
（※QRコードは㈱デンソーウェーブの登録商標です。）

クレジットカード納付

　納税者は、国税の納付税額が1,000万円未満で、かつ、その者のクレジットカードによって決済することができる金額以下である場合、電子情報処理組織（インターネット）を使用して納付受託者に対する通知に基づき納付しようとするときは、

— 145 —

納付受託者に納付を委託することができることができます（通34の3②二、通規2①二、③）。

この場合において、納付受託者が国税の納付をしようとする者の委託を受けたときは、その委託を受けた日に納付があったものとみなして、延納及び附帯税等に関する規定を適用します（通34の3②二）。

なお、具体的な手続としては、次の二通りの方式があります。

○　入力方式
　　クレジット納付専用のWeb画面において、①住所、②氏名（名称）、③納付する国税の税目、④課税期間、⑤申告区分及び⑥納付税額等を入力した上、クレジットカード情報を入力することで、納付受託者に国税の納付を委託する方式

○　e-Tax連動方式
　　国税電子申告・納税システム（e-Tax）において、「申告等データ」を送信した後、メッセージボックスに格納される受信通知からクレジット納付専用のWeb画面に移行し、当該「申告等データ」の内容に基づいて自動的に表示される納付税額等の内容を確認の上、クレジットカード情報を入力することで、納付受託者に国税の納付を委託する方式

《図示》クレジットカード納付の仕組み

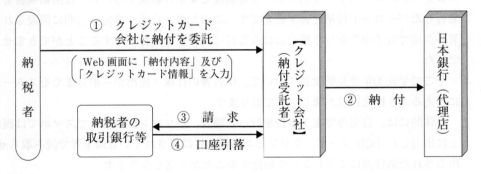

第1節　国税の納付

参考　コンビニ納付とクレジットカード納付の比較

	コンビニ納付	クレジットカード納付
上限金額	30万円	1,000万円未満
納付手続	コンビニでバーコード付納付書により納付	WEB画面上で納付情報を入力
事務手数料	国が負担	国が負担 ＊カード手数料は利用金額に応じ納税者が負担
納付日	納税者がコンビニに税額に相当する金銭を交付したときが納付日 ＊コンビニ業者の国への納付期限は、金銭の交付を受けた日の翌日から起算して11取引日を経過した最初の取引日	納税者の依頼により、クレジットカード会社が受託（与信審査了）した日が納付日 ＊同左（クレジット会社の国への納付条件）
納付受託者（コンビニ・クレジットカード会社）が国税未納のまま倒産した場合等	・納付受託者から徴収 ・納付受託者から徴収困難な場合には納税者（延滞税はかかりません。） ＊コンビニに対しては、実際に金銭の交付を受けるコンビニ店舗とその本部との間の相互保証や保険会社による保険等を契約上義務付けています。	同左
納付受託者の指定手続	国税庁長官	同左

（財務省資料より）

第3章　国税の納付及び徴収

 国税の各種納付手続

納付手続	納付方法	便利に利用できる方	納付手続に必要となるもの
インターネットバンキング等	インターネットバンキング等から納付する方法	・e-Taxで申告等をされている方 ・インターネットバンキングやモバイルバンキングを利用されている方	・e-Taxの開始届出書の提出 ・インターネットバンキング又はモバイルバンキングの契約
ダイレクト納付	e-Taxによる簡単な操作で預貯金口座からの振替により納付する方法	・e-Taxで申告等をされている方 ・源泉所得税を納めている方（源泉徴収義務者）など、頻繁に納付手続をされている方 ・日付を指定して納付をされたい方	・e-Taxの開始届出書の提出 ・ダイレクト納付利用届出書の提出
コンビニ納付（QRコード）	コンビニエンスストアの窓口で納付する方法	・金融機関や税務署が近隣にない方 ・インターネットに接続できるパソコン等をお持ちの方	・コンビニ納付用QRコード
コンビニ納付（バーコード）		・金融機関や税務署が近隣にない方 ・税務署からバーコード付納付書の送付を受けられた方	・バーコード付納付書
クレジットカード納付	「国税クレジットカードお支払サイト」を運営する納付受託者（民間業者）に納付を委託する方法	・インターネットに接続できるパソコン等をお持ちの方 ・クレジットカードを利用されている方	・クレジットカード ・決済手数料
振替納税	預貯金口座からの振替により納付する方法	・申告所得税や消費税（個人）の確定申告書を毎年提出する必要のある方	・振替依頼書の提出
窓口納付 金融機関や税務署の窓口	金融機関又は所轄の税務署の窓口で納付する方法	・上記の手続により納付ができない方	・納付書 （金融機関の窓口で納付する場合）

（資料出所：国税庁ホームページ）

第2節　国税の徴収

1　徴収の意義

納税者は、自主的に納付しなければならない国税をその納期限までに納付しないとき、又は納税の告知を待って納付する国税をその定められた納期限までに納付しないときは、督促を受け、しかも、その後一定期間に完納しない場合には、滞納処分を受けます。

また、国税の徴収は、納税の告知などのように納付すべき税額が確定した国税の納付を求め、その収納を図る手続を指す場合（狭義の徴収）と、課税処分の手続を含める場合とがあります。ここで述べる国税の徴収は前者を意味するものであり、その手続は、納付の請求と滞納処分です。

滞納処分に関する手続は徴収法に定められているので、通則法で定めるのは、納付の請求である納税の告知、督促及び繰上請求です。

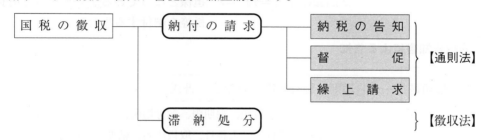

2　納税の告知

(1) **納税の告知をする国税**

納税の告知を行う国税としては、次のようなものがあります（通36①）。

なお、申告納税方式による国税については、納税者が自主的に納付書により納付すべきこととしているため、納税の告知は行われません。

第 3 章　国税の納付及び徴収

納税の告知をする国税	①　賦課課税方式による国税（申告納税方式による国税の加算税を除きます。）
	②　源泉徴収等による国税（源泉所得税及び特別徴収による国際観光旅客税）で、それぞれの法定納期限までに納付されなかったもの
	③　登録免許税及び自動車重量税で、それぞれの法定納期限までに納付されなかったもの
	④　国際観光旅客税（特別徴収以外のもの）で、それぞれの法定納期限までに納付されなかったもの

⑵　納税の告知の手続

　納税の告知は、税務署長が納税者に対し、納税告知書の送達をもって行う要式行為です。ただし、担保として提供された金銭をもって消費税等を納付させる場合などには、口頭による納税の告知が認められています（通36②ただし書）。

納税の告知 -------①納税告知書による告知

　　　　　　 -------②口頭による告知　⇒　担保となっている金銭を持って消費税等を納付する場合等

イ　納税告知書による告知

納税告知書 ……… 通則法施行規則別紙第2号書式

納付すべき税額、納期限、納付場所、
年度、税目、受入科目、取扱庁名、納期等の区分、
納税者の住所及び居所等を記載

— 150 —

第2節　国　税　の　徴　収

┌─────────────────────────────┐
│ 納税告知書の送達上の留意すべき事項 │
└─────────────────────────────┘

┌──────────────┐
│ 送達を受ける者 │
└──────────────┘
納税者（源泉徴収等による国税については、徴収義務者を含みます。）、納税管理人
（通12①）、相続人の代表者（通13）

┌──────────────────────┐
│ 連帯納税義務者がある場合等の告知 │
└──────────────────────┘
納税告知書の納税者欄の記載：本人のほか他の連帯納税義務者全員の氏名を記載
　　　　　　　　　　　　　　　又は
　　　　　　　　　　　　　　　「連帯納税義務者何某ほか何名」と記載（資規19③）

┌────────┐
│ 納期限 │
└────────┘
①法定納期限前に送達するもの…………法定納期限にあたる日
②法定納期限後に送達するもの…………納税告知書を発する日の翌日から起算して
　・印紙税の過怠税　　　　　　　　　　　1月を経過する日
③一定の事実が生じた場合直ちに徴収…当該告知書の送達に要すると見込まれる期
　　　　　　　　　　　　　　　　　　　　間を経過した日（通令8）

┌──────────────┐
│ 納税告知書の通数 │
└──────────────┘
・1の国税ごとに1通とするのが原則
・源泉所得税について、数月分について強制徴収を一時に行う場合、一括して告知
　（一件別内訳を付記）

ロ　口頭による告知

　　告知すべき消費税等の担保としてあらかじめ提供されている金銭をもってその納
付に充てる場合など、例外的に口頭による納税の告知が認められます（通36②）。

　　その事項を明らかにするため、他の当該職員の立会いを受けなければなりません
（通令8③）。

┌────────────────┐
│ 口頭による納税の告知 │……直ちに納付、国税収納官吏が領収書を発する
└────────────────┘
　　　　　　　　　　　　　　　↑
　　　　　　　　　　　　　　　└─告知を書面ですべき必要性なし

— 151 —

(3) 納税の告知の効果

納税の告知の効果

① 国税の納付を命ずる行為としての意義を持ち、具体的には納税者に納付すべき税額を告知し、納期限を指定します。

② 賦課課税方式による国税のうち、課税標準申告書の提出を要する取引税など、その申告書が是認された場合は、納税告知書の送達をもって賦課決定が行われるため、例外的に税額を確定する効力があります（通32③かっこ書）。

③ 繰上請求としての効果を持つ場合もあります（通38②かっこ書）。

④ 納税の告知がなされた国税については、その徴収権の消滅時効の完成猶予及び更新する効力を有します（通73①三）。

 源泉所得税に係る納税告知

源泉所得税に係る納税の告知は、源泉徴収義務者に対して源泉所得税の納付を命ずるものですが、給与所得の受給者の納税義務に対してはいかなる影響を与えるかという点については、「支払者は、源泉徴収による所得税の納税告知について異議申立て、審査請求及び抗告訴訟をなしうるものと解すべきであるが、同処分が不可争のものに確定したとしても、これによって受給者の源泉納税義務の存否、範囲にはいかなる影響も生じることなく、受給者は、支払者からその徴収された所得税に相当する金額の支払を請求されたときは、自己において源泉納税義務の存否、範囲を争うことができるものと解され」（最一判昭和45.12.24・民集24巻13号2243頁）ます。

この場合において、「支払者は、国に対する訴訟と受給者に対する訴訟とでともに敗訴する危険を避けるため、国に対して納税義務不存在の確認の訴えを提起し、受給者に訴訟告知をして、受給者の源泉納税義務の存否、範囲の確認について受給者と責任を分つことができる」（同）とされています。

第2節　国税の徴収

3　督　促

納税者が通則法第35条及び第36条等の規定により納付すべき国税をその具体的な納期限までに完納しない場合、税務署長は督促状によりその督促を行います（通37）。

(1)　督促の要件

イ　督促を要する場合

督促は、国税をその納期限までに完納しないときに行います（通37①）。

(イ)　納期限

納期限とは　　原則として、法定納期限

①	申告納税方式による国税及びその加算税	⇨	通則法第35条の納期限
②	納税の告知を受けた国税	⇨	納税告知書に記載された納期限
③	予定納税に係る所得税	⇨	所得税法第104条、107条又は115条の納期限
④	延滞税及び利子税	⇨	その計算の基礎となる国税の納期限

このほか、次に掲げる期限もこの納期限に該当します。

⑤	延納に係る国税	⇨	延納期限
⑥	通則法第11条により、上記①から③まで又は⑤の期限の延長を受けたもの	⇨	その延長に係る期限
⑦	措置法による納税猶予に係る国税	⇨	猶予期限

☞　第3章第1節「2　納期限」参照

(ロ)　督促をする時期

督促は、督促状により行い、督促状は国税に関する法律に別段の定めがある場合を除き、納期限から50日以内に行います（通37②）。

国税に関する法律に別段の定めがある場合		
所得税の予定納税額の通知書を第1期又は第2期の納期限の1月前まで発しなかった場合	⇨	その通知書を発した日から起算して1月を経過した日（所116）
督促がされていない国税について納税の猶予又は徴収の猶予をした場合	⇨	それぞれの猶予期限　ただし、納税の猶予又は徴収の猶予を取消したときには、その取消しの日（通48①等）

— 153 —

第3章　国税の納付及び徴収

(注)1　督促状の発付する時期に関する規定は訓示規定（通基通37－6参照）。
　　2　昭和59年の所得税法等の一部改正（昭和59年法律第5号）により、督促状を発すべき期限が納期限から50日以内（改正前20日以内）に延長されました。これは、納税者数及び還付申告者数が連年増加しているにもかかわらず、税務職員の人数はそれほど増加せず、内部事務要員はかえって減少する傾向のなかで、納期限から20日以内に督促状を発付できない税務署がでてきていること等に対処するために行われたものです。

ロ　督促を要しない国税

次のように国税債権を緊急に保全する必要がある場合には、督促を要しません。

督促を要しない国税	繰上請求に係る国税（通38①）
	繰上保全差押えに係る国税（通38③）
	保全差押えに係る国税（徴159）
	国税に関する法律の規定により一定の事実が生じた場合に直ちに徴収する国税（酒54⑤など）

(注)1　督促を要しないとされる繰上保全差押え及び保全差押えの規定の適用を受けた国税とは、それらの差押金額の決定の通知をした日から6月を経過した日までに確定（納付すべき額が2回以上にわたって確定した場合を含みます。）した国税（繰上保全差押えに当たっては、加算税を除きます。）をいいます（通基通37－1）。
　　2　督促前に徴収に関する猶予がされている国税については、その猶予期間中は、督促をすることができません（通基通37－3）。

(2)　督促の方法

イ　督促状

督促は、督促状（通則法施行規則別紙第3号書式）の送達をもって行う要式行為です（通37②）。口頭による督促は効力を生じません。

ロ　延滞税及び利子税の督促

本税について督促をする場合において、その本税に係る延滞税又は利子税があるときは、その延滞税又は利子税についてもあわせて督促しなければなりません（通37③）。それらは、本税にあわせて納付されるべきものだからです（通60③、64①）。ただ、延滞税は、本税が未納の間は、その金額が日時の経過によって増加するので、その督促は、延滞税の割合として年7.3％又は年14.6％が適用される期間を督促状に付記し、又はこれを記載した書面を添付し、金額欄には、「法律による金額」と表示されるに止まります（通規16②）。

☞　措置法第94条第3項及び措置法規則第44条参照

— 154 —

第2節　国税の徴収

ハ　連帯納税義務者に対する督促の手続等

督促は、単なる催告にとどまるものでないから、連帯納税義務者があるときは、各人別に督促状を発しなければなりません。

(3)　督促の効力と効果

　督促の効力　督促状がその送達を受けるべき者に送達された時

　　(注)　督促状が納税者に送達される前に一部納付がなされている場合においても、その残額の範囲内においてその督促は有効です（通基通37－7）。

　督促の効果　本来の納付催告のほか、差押えの前提及び時効の完成猶予・更新

① 本来の納付の催告　＋

② 差押えの前提としての効果（通40）

国税債権を強制徴収する際における必須の手続
　督促を欠く滞納処分は違法となり、逆に滞納者からみれば、督促状の送達がなければ原則として差押えを受けることはありません。

③ 徴収権の消滅時効の完成猶予・更新の効果（通73①四）

督促はその効力が生じた時に時効の完成が猶予され、発した日から起算して10日を経過した日に更新
（民事上の催告（民150）とは異なります。）

参考　昭和42年改正前の督促の効果

　督促の効果については、従来、差押えの前提要件たる効果のほか、延滞税の割合を引き上げる効果があるものとされていました。すなわち、通則法制定当初の延滞税は、納税者が督促を受けずに国税を納付した場合又は督促を受けても督促状が発せられた日から起算して10日を経過した日までに納付した場合には、その納付した税額については、年7.3％の軽減した割合で課され、督促状が発せられた日から起算して10日を経過した日後に納付された場合には、当該10日を経過した日以前の延滞期間とその後の延滞期間とに区分し、後の期間については、原則どおり年14.6％の割合で課されるものとされていました。

　しかしながら、この制度は、督促状が発せられない繰上請求に係る国税等については、長期間滞納しても、延滞税が年7.3％のままであること等の問題があったので、この規定は、昭和42年の改正により改められ、現在では、督促にこのような効果は付与されていません。

— 155 —

4 徴収の繰上げ

納期限は、納税者の利益のためにあること（民136）から、税務署長は、原則として、その期限の利益を奪うことができません。しかしながら、納税者の財産につき強制換価手続が開始された場合や法人である納税者が解散した場合など（通38①一～五）納期限まで待っていては、国税の完納が期待できなくなると認められる場合があります。

このように国税債権の確保が困難になると認められる場合には、納税者が持っている期限の利益を奪って、国税の保全を図り又は徴収を行う制度が徴収の繰上げです。

(注) 「強制換価手続」とは、滞納処分（その例による処分を含みます。）、強制執行、担保権の実行としての競売、企業担保権の実行手続及び破産手続をいいます。

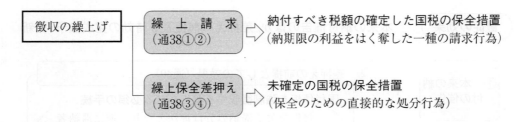

(1) 繰上請求

繰上請求とは、既に納付すべき税額の確定した国税について、その納期限を繰り上げて納付を請求するとともに、任意に納付がされないときは、督促を要しないで直ちに滞納処分を開始することができるようにする処分をいいます。

> 繰上請求　　既に納付すべき税額の確定した国税について、その納期限を繰り上げて請求
>
> (注) 納期限経過後には、繰上請求はできません。

第2節　国　税　の　徴　収

繰上請求の要件

繰上請求の要件	主観的要件	繰上請求の対象となる既に確定した国税について、その納期限までに完納されないと認められること
	客観的要件	納税者について、次のいずれかに該当する事由が発生

繰上請求事由

① 納税者の財産につき強制換価手続が開始されたこと

② 納税者が死亡した場合に、その相続人が限定承認をしたこと

③ 法人である納税者が解散したこと

④ その納める義務が信託財産責任負担債務である国税に係る信託が終了したこと

⑤ 納税者が納税管理人を定めないで、この法律の施行地に住所及び居所を有しないこととなること

⑥ 納税者に脱税等不正の行為があったとき又はあると認められること

繰上請求の手続等　税務署長等が繰上請求書を納税者に送達

(注)　口頭による繰上請求は認められません。

繰上請求書

《記載項目》

○「納付すべき税額」

○「繰上げに係る期限」
　➤　国税の収納を行う税務署職員を納付場所とする場合は、時刻をもって指定することができます（通基通38－2）。

○「納付場所」
　➤　速やかに納付の確認を要する場合は、納付場所を指定することができます（通基通36）。

繰上請求の効果　繰上請求があった国税が繰上げに係る期限までに完納されないときは、督促を要しないで直ちに滞納処分ができます（徴47①二）。

— 157 —

(2) 繰上保全差押え

繰上保全差押え 納税義務が成立した国税で納付すべき税額がまだ確定していないものにつき、一定の時期まで、徴収保全の措置として納税者の財産を差押え

参考　繰上請求と繰上保全差押え

繰　上　請　求	繰上保全差押え
納付すべき税額の確定した場合における保全措置	法定申告期限前等においてする未確定の国税の保全措置
一種の請求行為	保全のためにする直接的な処分権限それ自体

繰上保全差押えの要件

繰上保全差押えの要件	主観的要件	繰上保全差押えの対象となる既に成立した国税について、確定後にはその徴収を確保することができないと認められる※こと ※「徴収を確保することができないと認められる」場合とは ①納税者の財産のうち主要なものについて名義変更、隠匿、譲渡、贈与その他の異動がある場合、又はその異動が予見される場合 ②営業上の主要財産等について強制換価手続の開始があり又はその開始が予見される等営業の維持が困難となり、納付資力を喪失するおそれがある場合
	客観的要件	繰上請求と同じ客観的要件　**繰上請求事由**

繰上保全差押えの手続等 繰上保全差押額の決定、これに基づく差押え又は交付要求及び差押えに代わる担保の徴収の各行為

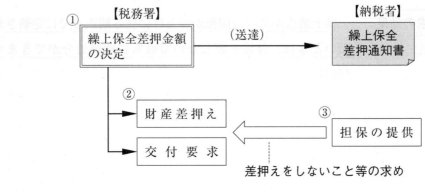

第2節　国税の徴収

　繰上保全差押えの手続として、①繰上保全差押金額の決定、これに基づく②差押え又は交付要求及び③差押えに代わる担保の徴収の各行為を行います。

①　繰上保全差押金額の決定

　税務署長は、繰上保全差押えをしようとするときは、まず、その執行の基礎となるべき金額を決定し、これを通則法施行令第9条の規定による書面（通常「繰上保全差押通知書」といいます。）により納税者に通知します。

②　差押え及び交付要求

　繰上保全差押金額決定通知書が納税者に送達されたときは、徴収職員は、その金額を限度として、直ちにすなわち督促等を要しないで納税者の財産を差押え。また、差し押さえるべき財産に不足があると認めるときは、税務署長は、交付要求を行います。

　この差押え及び交付要求は、それが繰上保全差押金額に基づくものであることを明らかにし、徴収法第48条以下に規定するところにより行います。

③　担　保　の　提　供

　繰上保全差押金額決定の通知を受けた納税者は、当該金額に相当する担保を提供して、新たに保全のために差押えをしないこと又は既にされている保全のための差押えを解除することを税務署長に求めます。

繰上保全差押えの効力

| 換価及び担保物処分の制限 | ……繰上保全差押金額に基づく差押物件の換価又は担保物の処分は、その国税の納付すべき税額が確定し、確定に係る国税の納期限が経過した後でなければすることができません（通38④、徴159⑧）。

| 国　税　確　定　後　の　効　力 | ……繰上保全差押え又は担保に係る国税の納付すべき税額が確定したときは、その差押え又は担保の提供は、その国税を徴収するためのものとして滞納処分又は担保物の処分ができます（通38④、徴159⑦）。

第3章　国税の納付及び徴収

参考　繰上請求等
〔督促後10日を経過する以前までに差押えを行うことができる特別な場合〕

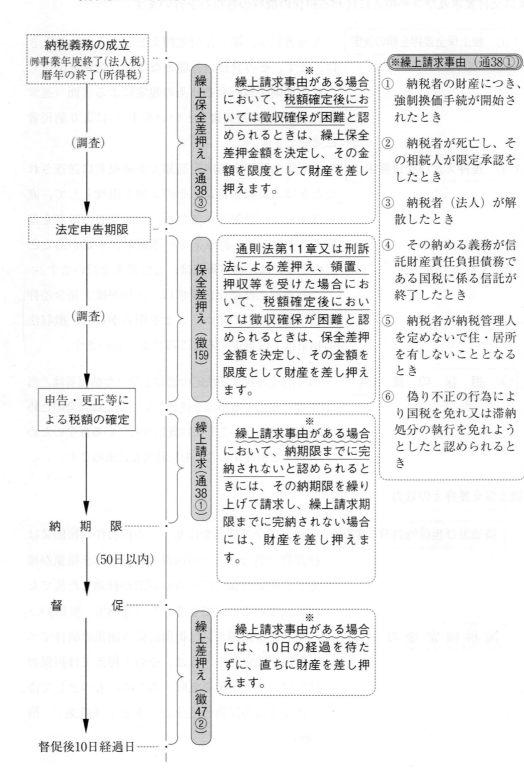

第3節 滞納処分等

1 滞納処分の意義等

(1) 滞納処分

滞納処分とは 納税者が国税を任意に納付しない場合にこれを強制的に実現する手続で、債権者たる国の機関による自力執行の手続

(注) 徴収法第5章 滞納処分

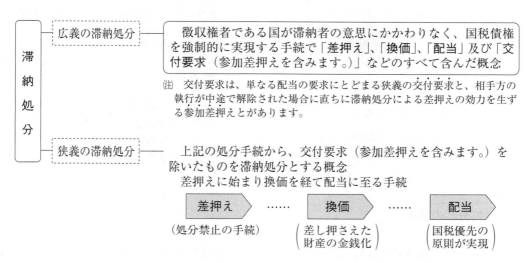

滞納処分の開始 滞納処分は、納税者が督促を受け、その督促状が発せられた日から起算して10日を経過した日までに国税を完納しないときは、いつでも開始することができます。また、繰上請求、保全差押え又は即時徴収の規定の適用がある場合には、督促を要しないで差押えをすることができます（徴47①等参照）。

(2) 滞納処分の性質

滞納処分は、差押え、換価、配当等、履行の強制を目的とする数個の行為から成る一連の手続であり、それぞれが独立した行政処分となります。

したがって、差押え、換価等の各処分は独立して不服申立て又は訴訟提起の対象となります。

○ 行判昭和14年12月14日・行録50輯814頁（要旨）

滞納処分は、強制徴税の目的達成のために行う差押え、公売等各種処分の総体をさすものであり、滞納処分そのものが1個独立の行政処分ではなく、これを組

成する差押え、公売等の処分がそれぞれ1個完全の行政処分である。したがって、滞納処分における訴願、訴訟の対象も、差押え、公売等各個の行政処分であって、これに対する訴願、訴訟の期間もまた各処分について計算すべきである。

(3) **違法性の承継**

違法性の承継とは、行政処分が連続している場合において、先行処分に違法があった場合に、それが後行処分にも承継されることをいいます。この実益は、後行処分になんらの違法がなくても、先行処分の違法を理由として後行処分もまた違法であると主張することができ、また、先行処分に対する不服申立て又は訴訟提起の法定期間が経過しても、先行処分の違法を理由として後行処分を争うことができるところにあります。

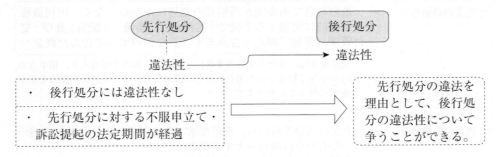

賦課処分との関係

賦課処分と滞納処分とは、それぞれの目的及び効果を異にし、それ自体で完結する別個独立の行政処分ですから、賦課処分の違法性は滞納処分に承継されません。

したがって、賦課処分が取り消すことのできるものであっても、その処分が取り消されるまでは、滞納処分を行うことができ、また、賦課処分が取り消されても、その取消し前に完結した滞納処分の効力には影響がありません。(徴基通47-2)。

なお、賦課処分が取り消された場合には、既に納付された国税は還付されます (通56)。

賦課処分が違法であった場合に、それに基づいて行われた滞納処分について、賦課処分の違法を理由として争うことができるか否かが違法性の承継の問題です。

参考　**賦課処分と滞納処分**

賦課処分と滞納処分とは別個独立の行政処分ですから、賦課処分に存する取消原因たる瑕疵は原則として滞納処分の違法を惹起するものではなく、とりわけ賦課処分が

第3節　滞納処分等

出訴期間の徒過により一応形式的に確定している場合においては、賦課処分の瑕疵が重大で、かつ、その存在が処分の外形上一見して明らかな場合―すなわち賦課処分が無効の場合―を除いては、賦課処分に存する取消原因たる瑕疵によって滞納処分が違法となることはないと解されています（最三判昭和39.10.13・税資38号686頁）。

また、この関係は、主たる納税義務者に対する課税処分と第二次納税義務者に対する告知処分との関係にあっても同様であり、第二次納税義務者が第二次納税義務の告知処分を争う際に、主たる納税義務の課税処分の適否を違法事由として主張することができるかどうかについては、主たる納税義務者に対する課税処分に重大かつ明白な瑕疵がある場合は、課税処分の違法を告知処分の違法事由として主張することができますが、それが単なる取り消しうべき瑕疵にとどまるときは、その違法を告知処分の違法事由として主張することはできないと解されています（最二判昭和50.8.27・民集29巻7号1226頁）。

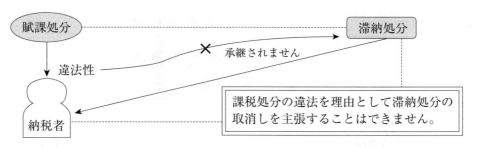

滞納処分相互間

督促又は差押処分の違法性は、その後における差押え、換価又は配当処分に承継されます（徴基通47－1）。

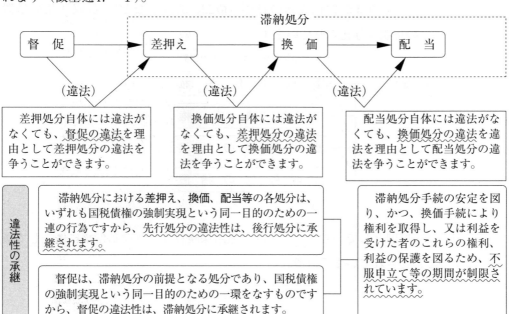

— 163 —

2 国税徴収法の目的

　徴収法は、国税の滞納処分その他の徴収に関する手続を定めたものですが、これらの執行に際して、できる限り担保物件などの権利者の権利を侵さないなど私法秩序との調整に配慮しながら、国民の納税義務の適正な実現を通じて国税収入の確保を図ることをその目的として制定されたものです（徴1）。

3 国税徴収法の特色

　徴収法の特色としては、次に掲げるようなものがあります。

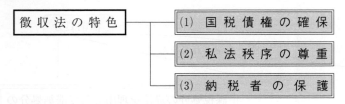

(1) 国税債権の確保

　国税の適正な徴収は、国の財源の確保という本来の目的のみならず、国税の公平な負担の観点からも極めて重要です。そのため、徴収法では、国税債権を確保するための措置として、国に対し実体的な面で**国税の優先権**、手続的な面で**自力執行権**を認めています。また、そのほか納税義務の拡張（徴22、32以下など）、徴収強化の措置（徴158、159）の権限も与えられています。

（国税債権を確保するための措置）

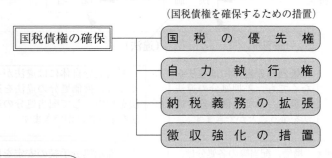

国税の優先権

　国税は、原則として、すべての公課（雇用保険料等）及び私債権に優先して徴収することとされています（徴8）。

第3節　滞納処分等

国税の徴収に与えられた優先権の趣旨	国税の重要性	国税収入は国家財政収入の大部分を占め、国家活動の基礎をなすものであり、その徴収は国家の財政力を確保する上で非常に重要なものであること。
	国税の特殊性	国税は、税法に基づいて一律に成立するものであり、債権者の選定や債権の内容について債権者が自由に選択できる私債権とは根本的に異なること。 国税の徴収は、大量性、反復性を有し、あまり煩雑な手続を要求するのは困難であること。

自力執行権

　国税債権確保のため、徴収職員（ここで徴収職員とは、税務署長、国税局長等及びこれらの者から命を受けた税務署などに所属する徴収職員のことです（通40、徴182①ほか）。）には、いろいろな権限が与えられていますが、その最も強力なものが**自力執行権**です。

　すなわち、国税の滞納があった場合には、税務官庁の徴収職員が執行する滞納処分の手続によって、国税債権の内容を強制的に実現することができます。

> (注) 国税債権の確保という目的を実現するため、徴収法では、これらに加え、徴収職員には質問検査権が与えられています。また、官公署等に協力を求めることもできることとされています（徴141、146の2）。

○　自力執行権と私法上の債権

自力執行権	納税義務の不履行に対し、徴収職員自らが差押え等の強制処分によって履行があったのと同一の効果を実現させる権限
私法上の債権	その債務不履行に対して債権者が自ら強制手段に訴えることはできず、司法機関による履行の強制が必要

(2)　私法秩序の尊重

　国税に優先権や自力執行権があるとしても、これを無制限に認めることになると、一般の取引に障害を生じる恐れもあります。そこで、国税債権の確保と私法秩序の尊重との調和を図るため、実体面においては国税の優先権を制限し、手続面においては滞納処分に当たって第三者の権利を保護するため、次のような措置が採られています。

国税の優先権の制限

　国税の優先権に対して、次のような制限を設けて私法秩序との調整を図ってい

第3章　国税の納付及び徴収

国税の優先権の制限

① 強制換価手続（滞納処分、強制執行、担保権実行としての競売、企業担保権の実行手続、破産手続をいいます。（徴2二十二））の費用、不動産保存などの先取特権及び留置権により担保される債権並びに特別の前払借賃は、常に国税に優先します（徴9、19、21、59③、71④）。

② 質権、抵当権、不動産賃貸などの先取特権及び担保のための仮登記で担保される債権は、法定納期限等以前又は財産の譲受け前からある場合には、国税に優先します（徴15、16、17、20、23）。

第三者の権利の保護

滞納処分に当たり、次のような第三者の権利を保護する規定が設けられています。

第三者の権利を保護

① 差押えを行う財産の選択に当たっての第三者の権利の尊重（徴49）

② ①に対応する差押換請求権及び換価申立権（徴50）

③ 相続人の権利の尊重と差押換請求権（徴51）

④ 第三者が占有する滞納者の動産又は有価証券の差押えの制限と引渡命令の制度（徴58）

(3) 納税者の保護

債務者である納税者（滞納者）についても、通常の生活や事業活動を行っていくことを認めていく必要がありますが、そのためには合理的な保護を要します。

そこで、徴収法では、納税の緩和制度、超過差押えの禁止及び無益な差押えの禁止などの規定を設け、納税者の保護を図っています。

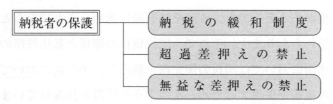

納税の緩和制度

国税がその納期限までに納付されない場合には、督促を前提として滞納処分を行うのが通常ですが、滞納者の実情に応じて国税の納付又は徴収を緩和する制度が設けられています。

☞ 第4章「納税の緩和、猶予及び担保」参照

— 166 —

第3節　滞　納　処　分　等

超過差押え及び無益な差押えの禁止

　　滞納処分に当たっては、滞納者の権利保護のために慎重な手続が定められています。

主な滞納者の権利保護	①超過差押え及び無益な差押えの禁止（徴48）
	②差押禁止財産（徴75～78）
	③差押財産の使用又は収益（徴61①、69①、70⑤、71⑥）

納税者の権利保護	超過差押え及び無益な差押えの禁止（徴48）
	差押禁止財産（徴75～78）
	差押財産の使用又は収益（徴61①、69①、70⑤、71⑥）
	財産の差押えを受けた場合において、他に差押えに適当な財産を提供した場合の差押解除（実質的な意味での差押換えの請求）（徴79②二）
	担保を提供した場合の差押えの制限（徴159④等）
	換価の制限（徴32④、90等）

— 167 —

第3章　国税の納付及び徴収

第4節　第三者納付、予納

1　第三者納付及びその代位

(1)　第三者納付

　国税は、これを納付すべき者のために第三者が納付することができます（通41①）。これを第三者納付といいます。

　第三者納付は、基本的には民法第474条に規定する第三者弁済とその基礎を同じくします。

> ☞　民法第474条《第三者の弁済》
> 1　債務の弁済は、第三者もすることができる。
> 2　弁済をするについて正当な利益を有する者でない第三者は、債務者の意思に反して弁済をすることができない。ただし、債務者の意思に反することを債権者が知らなかったときは、この限りでない。
> 3　前項に規定する第三者は、債権者の意思に反して弁済をすることができない。ただし、その第三者が債務者の委託を受けて弁済をする場合において、そのことを債権者が知っていたときは、この限りでない。
> 4　前三項の規定は、その債務の性質が第三者の弁済を許さないとき、又は当事者が第三者の弁済を禁止し、若しくは制限する旨の意思表示をしたときは、適用しない。

第三者納付とは　国税を納付すべき者以外の者（第三者）が、自己の名において、その納付すべき者のためにその国税を納付

納付
すべき者

第三者　　　　　（納付）　　　　　→　収納機関

　○　「第三者」とは、正当な利益を有すると否とにかかわらず、国税を納付すべき者以外の者をいいます（通基通41―1）。また、国税を納付すべき者の同意を得たか否かを問いません。

第三者納付できる場合　民法上の第三者弁済（民474②）における制限なし

　　　ただし、正当な利益を有しない第三者が国税の抵当権につき代位するためには納税者の同意が必要（通41②）

第三者納付の効果　納付すべき者が納付したのと全く同じ効果
　　　　　　　　　　　⇩
　　　　　その効果は納税者が享受
　　　　　　　　　　　⇩

— 168 —

第4節　第三者納付、予納

第三者納付の効果	①納付すべき者の国税の納付義務の消滅
	②当該納付された国税に係る還付金等が発生した場合の還付請求権は納付すべき者が取得

納付手続　第三者納付による納付の旨を明らかにする

㊟　国税通則法施行規則（別紙第1号書式）

（第1片）

国税収納金整理資金	納付書・領収済通知書							
国庫金		年度	（受入科目）	（取扱庁名）	第　　号			
	本　税	百　十　万　千　百　十　円			納期等の区分			
	加算税							
（納　税　者）	加算税				左記の合計額を領収しました。			
納　税　地	利子税							
	延滞税				（領収年月日、領収者名及び領収印）又は（領収者名の表示のある領収日付印）			
氏名又は名称	合計額							
	あて先							
	国税収納金整理資金に関する職名、官職及び氏名並びに在勤官署名及びその所在地							

> 備考7　法第41条第1項の規定により第三者が納付する場合又は国税徴収法（昭和34年法律第147号）に規定する第二次納税義務者若しくは国税の保証人が納付する場合においては、納税者の納税地及び氏名又は名称欄に当該第三者、第二次納税義務者又は保証人の住所及び氏名又は名称を記載し、納期等の区分欄又は余白に納税者の納税地及び氏名又は名称を付記するものとする。

(2)　納付による代位

代位とは　納税者以外の者が納税者に代わって国税を納付したときは、その者は、原則として求償権を取得します。そして、その求償権の行使を容易にするため、納付した者は、納付に係る国税の担保たる抵当権につき国に代位することができることとされています（通41②）。これを納付者の代位といいます。

— 169 —

第3章　国税の納付及び徴収

代位の要件 ········ ①第三者が国税を納付すべき者に代わってこれを納付し求償権を取得すること

②その納付について正当な利益を有すること又は国税を納付すべき者の同意を得たこと

③納付に係る国税を担保するため抵当権が設定されており、かつ、それが元本確定前の根抵当でないこと

代位の効果　　国税を納付した者は、求償しうる範囲においてその抵当権につき国に代位することができるとは、その抵当権が法律上その納付した者に移転し、その求償権を担保するものとなることです。

参考　民法では、「債権の効力及び担保としてその債権者が有していた一切の権利を行使することができる」と規定していますが（民501）、国税の効力として国が有していた権利（例えば優先権や滞納処分の執行権）につき一般私人が代位することを認めるわけにはいきませんし、人的担保についても、その執行方法が滞納処分による等の特異な内容を含むから、同様に代位が認められません。そこで、そのような障害のない抵当権に限り、代位を認めることとしたものです。

(3)　一部納付の場合の代位

イ　一部代位

第三者が国税の一部納付をした場合には、残余の国税を害しない限度において、その国税の担保たる抵当権につき代位します（通41③）。

(注)　第三者が債権の一部を弁済した場合には、民法第502条第1項では、「弁済をした価額に応じて、債権者とともにその権利を行使することができる」と規定し、一部代位を認めています。

ロ　代位者相互間の関係

納付について正当な利益を有する第三者が多数あるときにおけるその相互関係は、民法第501条等に準じ、次のようになるものと解されます。

— 170 —

第 4 節　第三者納付、予納

保証人と抵当財産の第三取得者との間	保証人は、第三取得者に対して全額について代位。ただし、その納付後の第三取得者に対しては、その取得前に代位の付記登記をしなければ代位し得ない
保証人と物上保証人との間	いずれもその頭数に応じて代位 (例)保証人と物上保証人が同数 　　…それぞれ半額ずつ代位
第三取得者相互間又は物上保証人相互間	それぞれ取得し、又は担保に提供した財産の価額に応じて代位
連帯保証人相互間、保証人相互間又は連帯債務者と保証人との関係	民法第442条《連帯債務者間の求償権》、第465条《共同保証人間の求償権》又は第464条《連帯・不可分債務の保証人の求償権》の規定により求償の範囲が定まっており、代位もその範囲に限定

2　予　　納

　国税は、納付すべき税額の確定後に納付すべきであることから、その確定前にされた納付は、たとえ、納税義務が成立していても誤納となります。

　しかしながら、一定の要件を満たす場合、納税者の便宜及び国税債権の保全等を考慮して、当該誤納等に係る金額も一応適法な納付としてこれを収納するとともに、納税者はその還付を請求することができないことになります（通59①）。このような納付を予納といいます。

　☞　民法第706条《期限前の弁済》参照

予納の要件

```
          ┌─ ①納付すべき税額の確定した国税でその
予  │予     納期が到来していないもの（注1）       ┐
納  │納                                          ├─ ③予納の国税として納
の  │の     ②最近において納税すべき税額の確定が        付する旨を税務署長
要  │要     確実と認められる国税（注2）           ┘    に申出（注3）
件  │件
```

　　(注)1　例えば、7月1日以後10月31日までの間における第2期分の所得税。
　　　　2　「最近」とは、おおむね6月以内をいいます。ただし、期限内申告書において納付すべき税額の確定することが確実であると認められる場合は、おおむね12月以内をいいます（通基通59－1）。
　　　　　　例えば、既に納税義務が成立し、申告期も到来しているが、申告内容につき外国にある本店の了解を得るため日数を要する場合等がこれに当たります。
　　　　　　「最近において納付すべき税額の確定が確実であると認められる国

— 171 —

第3章　国税の納付及び徴収

税」として納付する旨の申出とは、税額も含めて近い将来に納税義務の確定することが確実であると認められる国税につき納税者が納付を申し出ることを意味するというべきであり、予納の従慮に応じて国税当局が定めた様式に則った予納申出書の提出がされた場合であっても、予納申出書の予納期限欄に何らの記載がなく、納税者から最近において納付すべき税額の確定することが確実であったことの主張立証がされないときは、法第59条第1項第2号の要件に該当しない納付であったというべきとする旨の判示がなされています（平成29年4月20日東京高判）。

3　予納申出については、後日の紛争を避けるため、納付書にその旨を記載、又は書面により申出。

予納の効果

予納の効果

①予納は適法な納税ですから、納付した者は還付を請求することはできません（通59①）。

②予納に係る国税を納付する必要がなくなったときは、過誤納として還付し、又は他に未納の国税があれば、その国税に充当します（通59②）。

㊟　「納付する必要がなくなったとき」とは、予納した場合において、その納期未到来の間にこれを減額する処分（例、予定納税額の減額承認）があったとき、確定した税額が予納額に満たず、又は相当の期間（例、当初申出のあった期間）を経過しても申告、更正がないときなどをいいます。

参考　予納における過誤納に係る還付加算金

　その納付の必要がないこととなった日に納付があったものとみなしてこの日の翌日から起算して1月を経過する日の翌日から加算されます。

— 172 —

第5節　債権者代位権及び詐害行為取消権

　債務者の一般財産は、債権の最終的な担保となることから、民法は、この一般財産の不当な減少を防止し債権の確保を図るため、**債権者代位権**と**詐害行為取消権**を認めています。

　債権者代位権は、債務者がその一般財産の減少を放置する場合に、債権者が債務者に代わって、その減少を防止する措置を講ずるものであり、また、詐害行為取消権は、債務者がその一般財産を積極的に減少する行為をする場合に、その効力を奪ってその減少を防止するものです。これらは、いずれも債権者が、その債権の効力として、債務者以外の者に対して一種の法律効果を及ぼすものであるから、債権の対外的効力と呼ばれています。

　ところで、国税債権も、納税者の一般財産が最終的な担保となっていることは、私債権と同様であることから、その徴収に関し、民法第423条から第424条の9が準用されています（通42）。

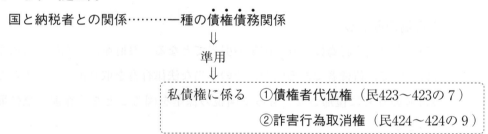

1　債権者の代位

　債権者である国が納税者に代位して納税者に属する権利を行使し、納税者の一般財産の保全を図ることを「**債権者の代位**」といいます。

債権者代位権	
代位権行使の要件	①債務者が自己に属する権利を自ら行使しないこと。 ②債務者が無資力であること（保全の必要性）。 ③国税の納期限が到来していること。

第3章　国税の納付及び徴収

代位権の目的となる権利	「債務者の一身に専属する権利」及び「差押えができない権利」を除き、債務者に属する一切の権利。
代位権の行使	代位権を行使しうる範囲は、国税の保全に必要な限度に限定されます。

　令和2年4月施行の民法の一部改正により、債権者代位権が改正されましたが、実務に影響するものは次の2点です。

①　代位行使に着手し、その旨を通知したときは、納税者は自らの処分権限を失うと解されていましたが、改正では納税者は自ら取立てその他の処分をすることを妨げられないとされました（民423の5）。

②　被保全債権が期限未到来だったときの裁判上の代位（旧民423②）が廃止され、租税債権が確定する前の保全差押え等をする場合の代位権の行使はできなくなりました。

☞　・民法第423条～第423条の7《債権者代位権》参照
　　・通則法基本通達第42条関係1～2参照

2　詐害行為の取消し

　納税者の不当な法律行為により、国税の引当てとなる一般財産から流出した財産がある場合において、債権者である国が、その不当な法律行為を取り消し、流出した財産を一般財産のうちに復帰させ、もって国税の保全を図ることを「詐害行為の取消し」といいます。

詐害行為取消権	
取消しの要件	・納税者が国税を害する法律行為をしたこと（客観的要件）。 ・納税者、受益者又は転得者が悪意であること（主観的要件）。
取消権の行使	国の名において、受益者又は転得者を被告とする訴えをもって、納税者と受益者との間の行為の取消しのみを求め、又は当該取消しと逸出した財産の返還の双方を求めます。
取消しの効果	取消後の滞納処分は、一般の場合と同様。
取消権の消滅時効	取消権は、納税者の行為が詐害行為であると知ったときから2年又は行為の時から10年のいずれか早い期間の経過により訴えを提起できなくなります。

　令和2年4月施行の民法の一部改正により、詐害行為取消権は次のような改正がされました。

— 174 —

第5節　債権者代位権及び詐害行為取消権

① 相当対価による財産処分は、対価として得たものにつき納税者が隠匿等の処分をする意思を持っていることが必要になりました（民424の2二）。

② 既存債務への担保提供又は弁済等は、納税者と受益者とが通謀して他の債権者を害する意思を持って行ったことが必要になりました（民424の3①二）。

③ 通謀がなかったとしても、代物弁済等が過大と認められる部分については取消しの対象になりました（民424の4）。

④ 転得者が悪意であっても、受益者及びすべての転得者がそれぞれの転得の当時に債権者を害することを知っていたことが必要になりました（民424の5）。

☞　・民法第424条～第424条の9《詐害行為取消権》参照
　　・通則法基本通達第42条関係4～13参照

第6節　徴収の所轄庁

1　国税の徴収の所轄庁

(1) 通常の所轄庁

　国税の徴収は、その徴収に係る処分の際におけるその国税の納税地（「現在の納税地」）を所轄する税務署長が行います（通43①）。

区　　分	国税の徴収の所轄庁
原　則	その徴収に係る処分の際における国税の納税地を所轄する税務署長（通43①）
保税地域からの引取りに係る消費税等その他税関長が課する消費税等の徴収	当該消費税等の納税地を所轄する税関長（通43①ただし書き）
その管轄区域内の地域を所轄する税務署長から徴収の引継ぎを受けたとき	徴収の引継ぎを受けた国税局長（通43③）
他の税務署長又は税関長から徴収の引継ぎを受けたとき	徴収の引継ぎを受けた税務署長又は税関長（通43④）

国税の徴収の所轄庁　原則：現在の納税地を所轄する税務署長

（税務署長から徴収の引継ぎを受けた場合、その引継ぎを受けた国税の所轄庁は国税局長）

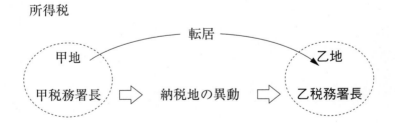

(2) 納税地異動の場合の所轄庁の特例

　納税地異動の場合における徴収の所轄庁…　新納税地主義

新納税地主義の例外

① 納税地の異動後、その異動の事実又は異動後の納税地が不明のため旧納税地において更正決定を行い、又は加算税の賦課決定を行った場合において、なお引き続いてその異動の事実又は異動後の納税地がその処分をした税務署長に知れず、又は判明せず、かつ、その知れないこと又は判明しないことについてやむを得な

い事情があるときは、当該税務署長がその処分に係る国税の徴収を行うことができます。

② 納付すべき税額が確定された後に納税地の異動があった場合において、その異動の事実又は異動後の納税地が旧納税地の所轄税務署長に知れず、又は判明せず、かつ、その知れないこと又は判明しないことについてやむを得ない事情があるときは、当該税務署長がその国税の徴収を行うことができます。

☞ 「やむを得ない事情」については、第2章第4節の7「更正又は決定の所轄庁」参照

2 徴収の引継ぎ

国税の徴収、滞納整理 ⇒ 原則：所轄税務署長、その所属の徴収職員

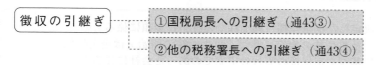

(1) 国税局長への引継ぎ

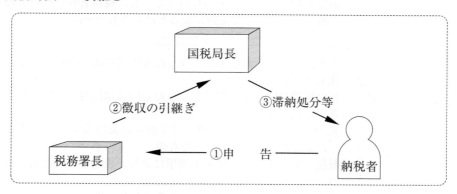

　国税局長は、必要があると認めるときは、その管轄区域内の地域を所轄する税務署長からその徴収する国税について徴収の引継ぎを受けることができます（通43③）。

　国税の徴収及び滞納の整理は、所轄税務署長及びその所属の徴収職員が行うのが原則です。しかしながら、例えば、大口の滞納や複雑な事案の滞納については、それを的確かつ能率的に整理するため、滞納整理に熟達し、その専門家である国税徴収官が各国税局に置かれ、その滞納が国税局管内のどこの税務署で発生したものであれ、国税徴収官がその整理にあたることとされています。

　通則法第43条第3項に規定する徴収の引継ぎとは、国税局の国税徴収官等に滞納整理等を行わせる必要がある国税について、その徴収を行う一切の権限を税務署長から

第3章　国税の納付及び徴収

その管轄区域を所轄する国税局長に引き継ぐ行為です。

(注)　国税局への徴収の引継ぎは、国税局の国税徴収官に滞納整理の事務を行わせるためにとられるもっとも通常の方法です。しかしながら、この場合には、引継ぎのあった国税の収納の管理等の事務も国税局に引き継がれるから、国税局が税務署から遠隔の地にある場合にはその後の事務処理に困難を生ずることもあります。そこで、このような場合には、徴収法第182条第2項の規定による滞納処分の引継ぎ（この場合には国税の収納の管理等の事務は引き継がれません。）の方法がとられることもあります。

```
徴収の引継ぎ ─┬─ 滞納整理に関する事務の引継ぎ（通 43③④）
              ├─ 延納又は物納に関する事務の引継ぎ（相 48 の 3）
              └─ 更生手続等が開始された場合の引継ぎ（通 44）
```

滞納整理に関する事務の引継ぎ

滞納整理に関する事務の引継ぎが行われる例

① 一般基準により引継ぎをするもの	イ	決定した保全差押（繰上保全差押え）金額に係るもの
	ロ	会社更生法の規定に基づく更生手続の開始又は企業担保法の規定に基づく担保権の実行の申立てのあった会社に係るもの
	ハ	国税査察官の調査により徴収決定が行われたもの
	ニ	滞納発生額が一定額以上のもの（ただし、税務署長において滞納発生後、最近において完納になると認めるものを除きます。）

② 国税局長が必要と認めた場合に引継ぎをするもの　滞納処分の執行を困難にする事情があり、かつ、

イ　国税の徴収に関し訴訟事件となったもの又は訴訟事件となることが確実と認められるもの
ロ　国税の賦課に関し訴訟事件となったもの又は国税局長に対し不服申立てがされたもの
ハ　国税犯則取締法に基づく調査（①のニに掲げるものを除きます。）により徴収決定が行われたもの
ニ　徴収法に定める罰則の規定の適用により、告発を受けた者に係るもの
ホ　破産法の規定に基づく破産宣告を受けた者に係るもの
ヘ　同一滞納者につき数税務署にわたり滞納が発生したもの又は差し押さえるべき財産が数税務署にわたるもの
ト　滞納処分に関する相手方等の所在がその税務署管内にないもの又は数税務署にわたるもの
チ　すでに徴収の引継ぎがされている滞納者と相互に関連し、又は併行して処分することが適当であるもの
リ　差押財産が特殊である等のため、換価に当たり財産の評価又は利害関係の調整等について著しく困難な事情にあるもの
ヌ　滞納者若しくはその関係人について特殊事情が介在し、税務署において滞納処分の執行上著しい支障があるもの

③　①及び②に掲げるものに類するものとして、国税局長が定めたもの

— 178 —

第6節　徴収の所轄庁

> 延納又は物納に関する事務の引継ぎ

　納税者の延納又は物納の申請に係る相続税額が多額であるとき、物納申請に係る財産が納税地の管轄区域外に所在するときその他国税局長が必要と認めるもの（相48の3、相基通48の3－1）。

(2)　税務署長への引継ぎ

> 滞納整理に関する事務の引継ぎ

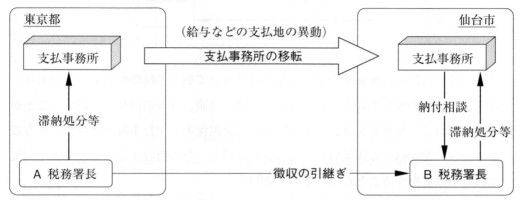

（注）　源泉所得税の納税地は、給与等の支払の日における支払事務所の所在地とされている。

　税務署長は、必要があると認めるときは、その徴収する国税について他の税務署長に徴収の引継ぎをすることができます（通43④）。

　通則法第43条第4項に規定する徴収の引継ぎとは、税務署長又は税関長が必要があると認めた場合には、その徴収する国税について、徴収を行う一切の権限を他の税務署長又は税関長に引き継ぐ行為です。

　この規定より、所轄税務署長は、必要があると認めるときは、他の税務署長に徴収の引継ぎをすることができるようになり、税務署にとって事務効率の向上が期待できることになります。また、納税者にとっても最寄りの税務署に納付相談等を行うことができることとなり、利便性の向上に資するものとなります。

　ここにいう「必要があると認めるとき」とは、例えば、成立し確定した源泉徴収に係る所得税について、未納のまま事務所等が移転した場合に移転後の事務所等の所在地を所轄する税務署長に徴収を引き継ぐ場合のほか、税務当局にとって円滑な税務執行に資するものとなる場合や広く納税者にとって利便が向上する場合などが考えられます。

3 更生手続等が開始した場合の徴収の引継ぎ

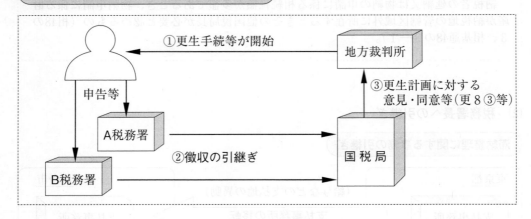

　株式会社、共同組織金融機関又は相互会社について更生手続開始の申立てがあり、又は企業担保権の実行手続が開始されたときは、当該会社等の国税を徴収することができる国税局長、税務署長は、更生手続又は企業担保権の実行手続が継続する地方裁判所の所在地を所轄する国税局長、税務署長に対し、その徴収することができる国税の徴収の引継ぎをすることができます（通44①）。

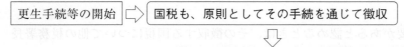

> 更生手続等は一つの裁判所において集中的に行われるため、国税の徴収の所轄庁もそれに応じて一か所に集中することにより、徴収に関する権限の統一的な行使ができるようになります。

4 引継ぎの効果等

(1) 徴収の引継ぎがなされた場合には、その国税について、督促、滞納処分、猶予、減免等徴収に関する一切の権限が国税局長に引き継がれます。よって、この引継ぎがなされた場合、徴収決定済額も国税局長に移管され、以後における収納等の管理は、国税局長が行います。

(2) 徴収の引継ぎがなされた場合、その引継ぎを受けた国税局長、税務署長は、遅滞なく、その旨をその国税を納付すべき者に通知するものとされています（通43⑤）。

第6節　徴収の所轄庁

 滞納処分の引継ぎ

　滞納者の納税地を所轄する税務署長又は国税局長は、差し押さえるべき財産又は差し押さえた財産がその管轄区域外にあるときは、その財産の所在地を所轄する税務署長又は国税局長に滞納処分の引継ぎを行うことができます（徴182②）。

　滞納処分の引継ぎは、徴収の引継ぎと異なり、督促状が発付されて10日を経過した日後等、既に滞納処分の可能な段階にある国税について、財産の差押え、交付要求、換価等、換価代金等の配当及び供託ができる権限を引き継ぐことをいいます。したがって、引継ぎに係る国税の収納管理等の事務は引き継がれないことから、当該国税について、滞納処分の引継ぎを受けた税務署長又は国税局長は、納税の猶予、換価の猶予、滞納処分の停止又は延滞税の免除等を行うことができません（徴基通182-1-2）。

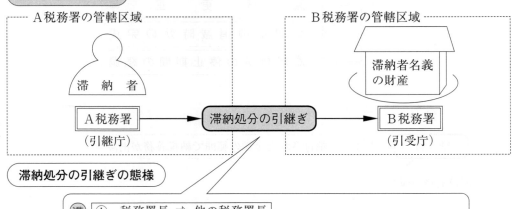

（注）税務署長からその所轄の国税局長及び他の税務署長に対する徴収の引継ぎについては、通則法第43条第3項及び第4項《徴収の引継ぎ》の規定があります。

滞納処分の引継ぎの範囲

滞納処分の引継ぎができるもの	滞納処分の引継ぎができないもの
・財産の差押え ・交付要求 ・換価等 ・換価代金の配当 ・交付要求により交付を受ける金銭の受領及び供託	・納税の猶予 ・換価の猶予 ・滞納処分の停止 ・延滞税の免除等

第7節　納税義務の消滅

納税義務は、成立と同時に、又は成立後必要な手続を経て確定しますが、その確定した税額は、次のような原因により消滅します。

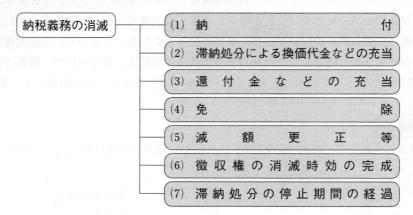

(1) 納付

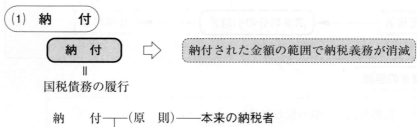

☞　第3章第1節「国税の納付」参照

(2) 滞納処分による換価代金などの充当

国税が自主的に納付されないときは、滞納処分により強制徴収
　　　⇩　（差押等）

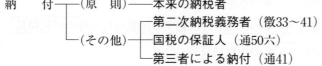

○配当による国税の消滅時期

　これらの金額については滞納者の支配力が及ばないにもかかわらず、その危険負担のみを滞納者に負わせるのは酷であることから、次のようになっています。

第7節　納税義務の消滅

(3) 還付金などの充当

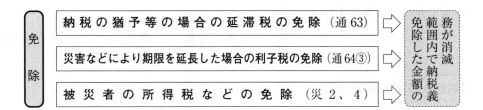

(注) 民法における相殺による消滅に相当

☞　第5章第1節「4　未納国税への充当」参照

(4) 免　除

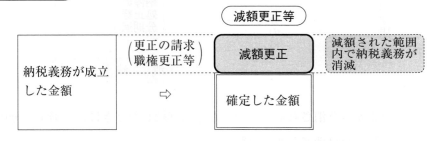

(5) 減額更正等

　納税義務の成立した金額とその後確定した金額とを比べて、確定した金額が過大である場合には、その超過部分について、更正の請求、税務署長の職権による調査に基づいて確定金額を減額する更正又は賦課決定が行われます。そして、減額更正などがあった場合には、納税義務はそれらの更正が行われた時に、その減額された範囲で消滅します。

また、異議申立てについての決定、審査請求についての裁決又は処分の取消しの訴えについての判決によって確定金額が減額されることがあります。この場合には、その決定若しくは裁決がなされた時又はその判決が確定した時に、納税義務がその減額された範囲で消滅します（通83③、98②）。

(6) 徴収権の消滅時効の完成

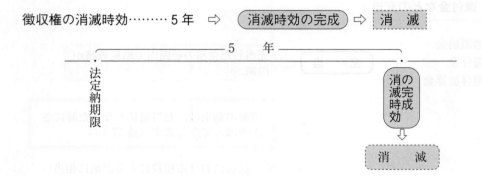

国税の徴収権については、5年という消滅時効が設けられていますが、この消滅時効が完成したときは、時効の援用を要せず、その利益を放棄することができなく、絶対的に消滅することになります（通72）。

☞　第7章第3節「1　徴収権の消滅時効」参照

(7) 滞納処分の停止期間の経過

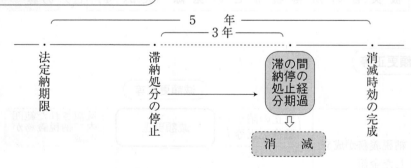

滞納処分の停止が取り消されることなく3年間継続したときには、滞納処分の停止をした国税の納税義務は消滅します（徴153④）。

なお、滞納処分の停止をした場合において、その徴収の困難な状況が3年間継続した場合には、徴収権の消滅時効の完成前であっても、滞納処分の停止をした国税の納税義務は消滅します。

第4章　納税の緩和、猶予及び担保

第1節　納税の緩和制度の概要

1　納税の緩和制度の意義

　納付すべき税額が確定した後、納税者は、その確定した国税を納期限までに納付し、納税義務を消滅させることが要求されています。しかしながら、国税の性質及び納税者の個別事情により、納付を強制することが適当でない場合に、一定の要件に基づき、国税の納付又は徴収を緩和して納税者の保護を図る措置が採られています。これを納税の緩和制度といいます。

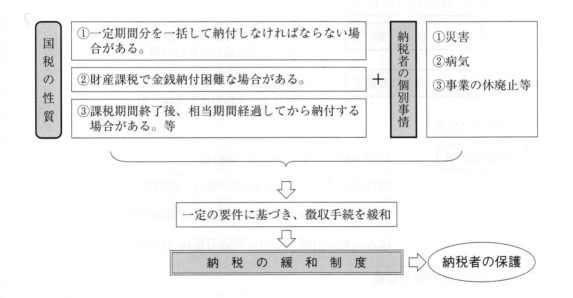

2 納税の緩和制度の種類

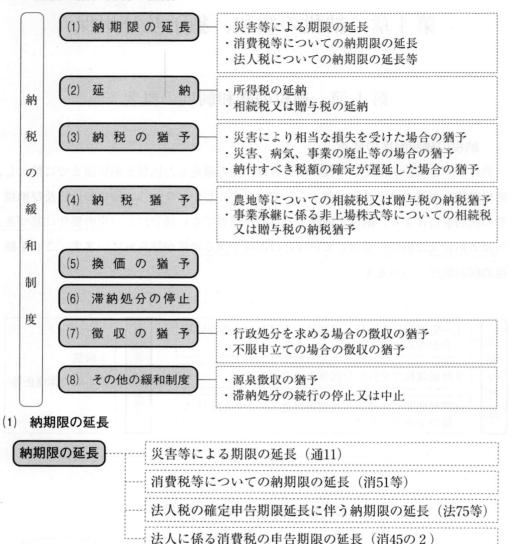

(1) 納期限の延長

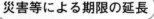

　災害その他やむを得ない理由により、各税法に基づく申告、申請、請求、届出その他書類の提出、納付又は徴収に関する期限までに、その書類の提出や納付ができない場合には、その理由がやんだ日から2月以内に限り、これらの期限を延長することができます（通11）。この延長をする必要が生じた場合には、その理由が都道府県の全

第1節　納税の緩和制度の概要

部又は一部にわたるときには、国税庁長官が職権で地域及び期日を指定する地域指定（通令3①）、対象者の範囲及び期日を指定する対象者指定（通令3②）、また、その理由が個別の納税者にあるときは、納税者の申請により、税務署長などが納税者ごとに期日を指定する個別指定（通令3③）により期限を延長することができます。

☞　第1章第6節「3　災害等による期限の延長」参照

消費税等についての納期限の延長

消費税等（課税資産の譲渡等に係る消費税を除きます。）は、特殊な場合を除き、課税物品が製造場から移出された時に納税義務が成立し、その翌月末日までに申告納付する課税形態がとられています。ただし、課税物品の代金回収がこの納期限までに行われるとは限らないことを考慮して、担保の提供を条件として納期限の延長をすることができます（酒30の6、消51、揮13、地揮8、石18、油20、た22）。

(注)　課税資産の譲渡等に係る消費税については、担保を条件とする納期限の延長制度は設けられていません。

法人税の確定申告期限延長に伴う納期限の延長

法人税の特殊性＝確定した決算に基づいた確定申告書の提出

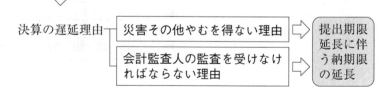

法人税については、確定した決算に基づく確定申告書の提出が要求されているため、次の場合には、特に申告期限の延長が認められています。

①　災害その他やむを得ない理由により決算が確定しないため確定申告書を提出できないときは、その提出期限が延長され、同時にその納期限も延長されます（法75）。

②　会計監査人の監査を受けなければならないことその他これに類する理由により決算が確定しないため、確定申告書を提出できないときも、その提出期限が延長され、同時にその納期限も延長されます（法75の2）。

(注)　なお、延長期間中は、その税額に対し利子税が課されます。

> 法人に係る消費税の申告期限を延長する特例の創設

　企業の事務負担の軽減や平準化を図る観点から、法人税の申告期限の延長の特例の適用を受ける法人について、消費税の申告期限を1月延長する特例が創設されました（消45の2）。

　㊟　令和3年3月31日以後終了する事業年度末の属する課税期間から適用します。
　　　延長された期間の消費税の納付については、利子税を併せて納付します。

(2) 延　納

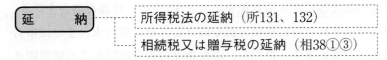

> 所得税法第131条の延納

　所得税の確定申告による第3期分の納付すべき税額について、法定申告期限内に申告書を提出し、その法定納期限（3月15日）までに2分の1以上の額を納付した場合に、その残額について<u>その年の5月31日まで</u>延納が認められます（所131）。

　㊟　この場合の延納においては、担保は必要ありません。

> 所得税法第132条の延納

　山林所得又は譲渡所得の基因となる資産を延払条件付譲渡した場合で、その譲渡に係る税額が30万円を超えること等、一定の条件を満たすときに、原則として担保を提供して、5年以内の延納が認められます（所132）。

> 相続税又は贈与税の延納

　相続税の延納　　納付すべき相続税額が10万円を超え、その税額について金銭で納付することが困難な事由がある場合には、担保を提供すれば、その納付が困難な金額を限度として、延納が認められます（相38①）。

第1節　納税の緩和制度の概要

贈与税の延納　納付すべき贈与税額が10万円を超え、その税額について金銭で納付することが困難な事由がある場合には、担保を提供すれば、その納付が困難な金額を限度として、5年以内の延納が認められます（相38③）。

贈与税の延納の場合の利子税は、年6.6％の割合で課されます。

参考　相続税及び贈与税の延納期間等

区 分			延納期間（最高）	延納利子税割合（年割合）	特例割合
相続税	不動産等の割合が75％以上の場合	①動産等に係る延納相続税額	10年	5.4％	1.1％
		②不動産等に係る延納相続税額（③を除きます。）	20年	3.6％	0.7％
		③計画伐採立木の割合が20％以上の場合の計画伐採立木に係る延納相続税額	20年	1.2％	0.2％
	不動産等の割合が50％以上75％未満の場合	④動産等に係る延納相続税額	10年	5.4％	1.1％
		⑤不動産等に係る延納相続税額（⑥を除きます。）	15年	3.6％	0.7％
		⑥計画伐採立木の割合が20％以上の場合の計画伐採立木に係る延納相続税額	20年	1.2％	0.2％
	不動産等の割合が50％未満の場合	⑦一般の延納相続税額（⑧、⑨及び⑩を除きます。）	5年	6.0％	1.3％
		⑧立木の割合が30％を超える場合の立木に係る延納相続税額（⑩を除きます。）	5年	4.8％	1.0％
		⑨特別緑地保全地区等内の土地に係る延納相続税額	5年	4.2％	0.9％
		⑩計画伐採立木の割合が20％以上の場合の計画伐採立木に係る延納相続税額	5年	1.2％	0.2％
贈与税	延　納　贈　与　税　額		5年	6.6％	1.4％

(注)1　相続税の「延納利子税割合」は、平成12年4月1日以後の期間に対応する延納利子税について適用されます。
2　「特例割合」は、貸出約定平均金利が0.6％の場合です。
3　延納税額が150万円未満（②、③及び⑥に該当する場合は200万円未満）の場合には、不動産等の価額の割合が50％以上（②及び③に該当する場合は75％以上）であっても、延納期間は、延納税額を10万円で除して得た数（1未満の端数は、切り上げます。）に相当する年数を限度とします。
　また、③及び⑥のうち特定森林施業計画の区域内にある計画伐採立木に係る延納相続税額については、延納期間（最高）が40年となります。

(3) 納税の猶予

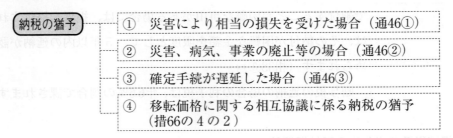

納税者が、①災害により財産に相当の損失を受けた場合、又は②災害、病気、事業の廃止等、若しくは③納付すべき税額の確定手続が遅延した場合において、納付が困難な金額を限度として（②及び③の場合のみ）納税を猶予することができます（通46①～③）。

☞　第2節「納税の猶予」参照

(4) 納税猶予

納　税　猶　予
（措置法による納税猶予）
　　農地等についての相続税又は贈与税の納税猶予（措70の4、70の6）
　　事業承継に係る非上場株式等についての相続税又は贈与税の納税猶予（措70の7等）

贈与税の納税猶予

　農業を営む個人が、その農業の用に供している農地等を推定相続人の一人に贈与した場合の贈与税について、申告書に納税猶予の適用を受ける旨の記載をし、担保を提供することにより、原則として、贈与者の死亡の日まで納税猶予ができます（措70の4）。

相続税の納税猶予

　農業相続人が、農業を営んでいた被相続人から農地等の相続（遺贈を含みます。）をした場合、その農地等の価額のうち農業投資価格を超える価額に対応する相続税について、申告書に納税猶予の適用を受ける旨の記載をし、担保を提供することにより、原則として、農業相続人の死亡の日又は申告期限から20年を経過する日のいずれか早い日まで納税猶予ができます（措70の6）。

第1節　納税の緩和制度の概要

> 非上場株式等についての贈与税・相続税の納税猶予

　事業の後継者である受贈者・相続人等が、中小企業における経営の円滑化に関する法律（以下「円滑化法」といいます。）法の認定を受けている非上場会社の株式等を贈与又は相続等により取得した場合において、その非上場株式等に係る贈与税・相続税は、一定の要件のもと、その納税が猶予され、後継者の死亡等により、納税が猶予されている贈与税・相続税の納付が免除されます（措70の7等）。

> 個人の事業用資産についての贈与税・相続税の納税猶予

　不動産貸付業等を除く青色申告に係る事業を行っていた事業者の後継者として、円滑化法の認定を受けた者が、平成31年1月1日から令和10年12月31日までの贈与又は相続等により、特定事業用資産を取得した場合は、一定の要件のもと、その特定事業用資産に係る贈与税・相続税の全額の納税が猶予され、後継者の死亡等、一定の事由により、納税が猶予されている贈与税・相続税の納税が免除されます（措70の6の8等）。

(5)　換価の猶予

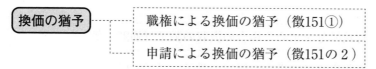

　滞納者につき、次に掲げるような事由等がある場合には、滞納処分による財産の換価を猶予することができます（徴151、151の2）。

職権による換価の猶予	申請による換価の猶予
①　その財産の換価を直ちにすることにより、その事業の継続若しくは生活の維持を困難にするおそれがあるとき ②　換価を猶予することが、直ちに換価することに比し国税の徴収上有利のとき	①　納付すべき国税を一時に納付することにより、その事業の継続又は生活の維持を困難にするおそれがあると認められること ②　滞納者が納税について誠実な意思を有すると認められること ③　滞納者から納付すべき国税の納期限から6月以内に換価の猶予の申請書が提出されていること ④　原則として、換価の猶予の申請に係る国税以外の国税の滞納がないこと

参考　換価の猶予とは
　　　差押えに係る国税が納付されないときは、原則として差押財産を換価してその代

金を滞納国税に充当することになります。しかしながら、滞納者に一定の事情がある場合には、滞納者の事業を継続させ又は生活を維持させながら、国税を円滑に徴収するため、差押財産の換価を猶予する制度（徴151、151の2）が設けられています。

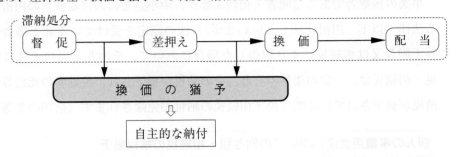

(6) 滞納処分の停止

滞納者につき、次に掲げるような事由がある場合には、滞納処分の執行を停止することができます（徴153①）。

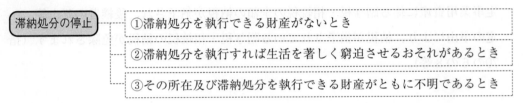

(7) 徴収の猶予

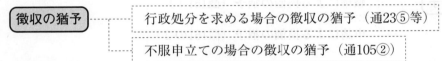

税務署長等が行う一定の処分があるまで、徴収手続の開始又はその続行を猶予するもので、次に掲げるような徴収の猶予が職権又は申立てにより行われます。

行政処分を求める場合の徴収の猶予	
行政処分を求める場合の徴収の猶予	①更正の請求（通23⑤ただし書）
	②予定納税の減額の承認申請（所118）
	③所得税の延払条件付譲渡に係る所得税の延納申請（所133⑤）
	④相続税又は贈与税の延納申請（相40①）
	⑤相続税の物納申請（相42㉜）

第1節 納税の緩和制度の概要

　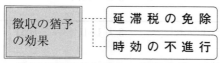不服申立ての場合の徴収の猶予

　国税に関する処分に対して不服申立てがあった場合、申立て又は職権で徴収の猶予の措置ができます（通105②）。

　参考　徴収の猶予の効果等
　1　徴収の猶予の効果

　　徴収を猶予されると、物納申請の全部又は一部について却下又は取下げがあった場合に納付すべき延滞税の年14.6％部分について、その半額が免除され年7.3％とされます（通63④）。
　　また、徴収の猶予がされている期間内は、徴収の猶予がされた部分の税額について、国税の徴収権の消滅時効は進行しません。
　2　徴収の猶予期間（物納申請の場合）

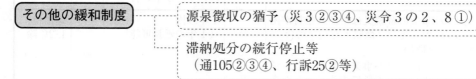

　　物納申請に係る相続税額の全部又は一部について、その許可をしなかった場合には、納期限（申請期限）の翌日から当該許可をしなかった旨又は当該申請を却下した旨の通知までの期間が徴収の猶予期間となります。

(8)　その他の緩和制度

　その他の緩和制度
　　├── 源泉徴収の猶予（災3②③④、災令3の2、8①）
　　└── 滞納処分の続行停止等
　　　　　（通105②③④、行訴25②等）

　源泉徴収の猶予

　源泉徴収の納税義務者が災害を受けた場合、災害時以降の支払いに係る給与等に対する源泉徴収を一定期間猶予することができます。実質的に、徴収義務者は、猶予期間中の支払いに係る給与等に対する源泉徴収をしないこととなります。
　なお、年末調整の不足額に係る徴収の猶予が別にあります（所192②、所令316）。

— 193 —

第 4 章　納税の緩和、猶予及び担保

参考　納税の緩和制度一覧表

区分	対象税目	要　件	申請の要否	緩　和　期　間	担保	利子税・延滞税
納期限の延長	すべての国税	災害などを受けた場合（通11）	否（通令3①）要（通令3②）	2月以内	否	利子税及び延滞税全額免除
	消費税等	期限内申告書を提出した場合（消51、酒30の6、た22、石18等）	要	税目により1月ないし3月以内	要	利子税年7.3%
延　納	所得税	法定納期限までに2分の1以上を納付（所131①）	要	3月16日から5月31日	否	利子税年7.3%
		延払条件付譲渡の税額（山林・譲渡）が2分の1を超え、かつ、30万円を超える場合（所132①）	要	5年以内	要	
	相続税	確定税額が10万円を超え、金銭で納付が困難な場合（相38①、措70の9等）	要	5年又は不動産等の割合により10年・15年・20年（40年）	要	利子税原則年6.6%
	贈与税	確定税額が10万円を超え、金銭で納付が困難な場合（相38③）	要	5年以内	要	利子税年6.6%
納税の猶予	すべての国税	災害による相当な損失の場合（通46①）	要	1年以内	否	延滞税全額免除
		災害・疾病・廃業等の場合（通46②）	要	1年以内（1年の延長可能）	要	延滞税1/2免除
		課税が遅延した場合（通46③）	要	1年以内（1年の延長可能）	要	延滞税1/2免除
納税猶予	相続税	農地等に係る納税猶予の場合（措70の6①）	要	相続人の死亡の日・20年・転用等の日から2月以内のいずれか早い日	要	利子税年6.6%
	贈与税	農地等に係る納税猶予の場合（措70の4①）	要	贈与者の死亡の日・転用等の日から2月以内のいずれか早い日	要	利子税年6.6%
換価の猶予	滞納中のすべての国税	事業の継続又は生活の維持が困難な場合と徴収上有利な場合（徴151①）	否	1年以内（1年の延長可能）	要	延滞税1/2免除
		一時納付が事業の継続又は生活の維持を困難にするおそれがある場合（徴151の2）	要			
徴収の猶予	不服申立て等の国税	再調査審理庁又は国税不服審判所長が必要と認めた場合（通105②⑥）	要	決定又は裁決までの間	否	延滞税1/2免除
滞納処分の停止	滞納中のすべての国税	無財産・生活が著しく困窮・滞納者及び財産がともに不明の場合（徴153①）	否	3年	否	延滞税全額免除

（注）　上記「利子税・延滞税」欄における利子税等の割合については、後述参考資料「利子税等の割合の特例制度」を参照。

— 194 —

第2節　納税の猶予

1　納税の猶予

　国税債権が確定した後は、納税者は当該国税を納期限まで納付し、納税義務を消滅させることが要求されます。

　この納期限は、納税者に期限の利益を与えるとともに、納期限の徒過により、①強制徴収手続の開始の起点、②延滞税の計算期間の起算日、及び③徴収権の時効の起算日等となります。

　ところで、このような納期限のもつ重要な意義にかんがみ、国税に関する法律は、特殊な場合に、それぞれの理由に基づいて納税を緩和する措置を講じており、その一つとして納税の猶予の制度があります。

2　納税の猶予の区分

　納税の猶予は、次のように区分することができます。

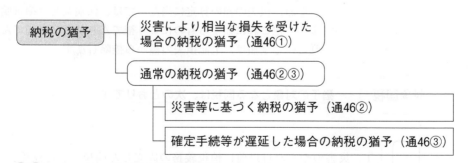

> **参考**　被災者の納期未到来の国税に係る納税の猶予
>
> 　震災、風水害、落雷、火災等の災害により、納税者がその財産につき相当な損失を受けた場合には、納期未到来の国税につき被害のあった財産の損失の状況及び当該財産の種類を勘案して、個々の納税者の納付能力を個別的に調査することなく、期間を定め納税の猶予が行われます。この点が、個別的な調査の上猶予を認める「通常の納税の猶予」と対比され、両者の制度の主要な相違点となっています。

第4章　納税の緩和、猶予及び担保

⑴　災害による相当な損失を受けた場合の納税の猶予

　震災、風水害等の災害により納税者がその財産につき相当な損失を受けた場合は、納税者の申請に基づき、税務署長等は、被害にあった財産の損失の状況及び当該財産の種類を勘案して期間を定めて納税を猶予することができます（通46①）。

猶予の要件

要件事実

震災、風水害、落雷、火災その他これらに類する災害により、納税者がその財産につき相当な損失を受けたこと（通46①）。

（注）1　「その他これらに類する災害」とは、（通基通46－1）
- ・　地すべり、噴火、干害、冷害、海流の激変その他の自然現象の異変による災害
- ・　火薬類の爆発、ガス爆発、鉱害、天然ガスの採取等による地盤沈下その他の人為による異常な災害
- ・　病虫害、鳥獣害その他の生物による異常な災害

2　「相当な損失」とは、（通基通46－2）

災害による損失の額が納税者の全積極財産の価額に占める割合が、おおむね20％以上の場合をいいます。

この場合、災害により損失を受けた財産が生活の維持又は事業の継続に欠くことのできない重要な財産（住宅、家庭用動産、農地、農作物及び事業用固定資産・たな卸資産）である場合には、上記の損失の割合はその重要な財産の区分ごとに判定しても差し支えないものとします。

なお、損失の額の算定に当たっては、保険金又は損害賠償金その他これに類するものにより補てんされた又は補てんされるべき金額は、上記損失の額から控除します。

対象国税

猶予の対象となる国税は、次のとおりです。

①　災害のやんだ日以前に納税義務の成立した国税（消費税及び政令で定めるものを除きます。）で、その納期限が損失を受けた日以後1年以内に到来するもののうち、納税の猶予の申請の日以前に納付すべき税額が確定したもの（通46①一）

－ 196 －

第2節　納税の猶予

○ 災害前にその納税義務が成立しているという要件

　災害後に成立する国税には、当然災害による損失が反映されているためです。

○ 納期限が災害の後でなければならないとする要件

　納期限内に納税をした者との権衡を図るためです。

　災害前に納期限の到来している国税は、本来その納期限までに納付することが制度の建前であり、これを徒過して履行遅滞の状態のときに、災害を受け納付困難となった場合には、次で述べる「通常の納税の猶予」が適用されます。

○ 納税の猶予を申請する時までに税額が確定しているという要件

　申請の性格上、当然納付すべき税額が確定していないと猶予できないためです。

② 　災害のやんだ日以前に課税期間が経過した課税資産の譲渡等に係る消費税で、その納期限が損失を受けた日以後に到来するもののうち、納税の猶予の申請の日以前に納付すべき税額が確定したもの（通46①二）

○ 災害前にその課税期間が経過しているという要件

　①と同様、災害に伴う売上の減少、災害を受けた資産の再調達に伴う仕入控除の増加等、申告額に災害による損失が反映されるためです。

③ 　予定納税の所得税並びに中間申告の法人税及び消費税で、その納期限が未到来のもの（通46①三）

(注)　災害を受けた年分又は事業年度分の所得税、法人税及び消費税は、災害により納付すべき税額がなくなるか、又は前年度に比べてその税額が著しく減少するはずですが、予定納税等の税額は前年又は前事業年度の税額を基準として算定されるため、災害の結果が反映されていないのが通常です。そこで、予定納税等の税額を確定申告期限まで猶予し（通令13②）、確定申告で一挙に調整を図り、それ以前に無用な納税を要求しないこととしているものです。

猶予の対象となる国税

納税者からの申請　　　納税の猶予申請書　　　☞　「納税の猶予申請書①」参照

　納税者から災害のやんだ日から2月以内に納税の猶予申請書の提出があること（通46①、46の2①、通令15の2①）

第4章　納税の緩和、猶予及び担保

申請書の記載事項・添付書類

　次の事項を記載した申請書に、「災害によりその者がその財産につき相当な損失を受けたことの事実を証するに足りる書類」を添付して、税務署長等に提出しなければなりません（通46の2①、通令15の2①）。

---

① 災害によりその者がその財産につき相当な損失を受けたことの事実の詳細（財産の種類ごとの損失の程度その他の被害の状況を含みます。）
② 納付すべき国税の年度、税目、納期限及び金額
③ ②の金額のうち、当該猶予を受けようとする期間
④ 当該猶予を受けようとする期間

猶予する金額　　**申請した国税の全部又は一部**

　　　税務署長は、災害による相当な損失の事実があり、猶予の対象となる国税であるときは、納税者の申請した国税の全部又は一部について納税の猶予をすることができます（通46①）。

猶予する期間　　**最長1年**

　　　予定納税に係る所得税並びに中間申告、連結中間申告等に係る法人税、地方法人税中間申告等に係る地方法人税及び中間申告に係る消費税については、確定申告期限等までの期間（通令13②）。

　　　納税の猶予ができる期間は、納税者の納付能力を調査することなく、被害にあった財産の損失の状況及び財産の種類を勘案して、次のように1年以内の期間を定めています（通令13①、通基通46－5）。

損　失　の　状　況　等	猶　予　期　間
被害により損失を受けた財産の割合が、納税者の全資産の50％を超える場合	1　年
被害により損失を受けた財産の割合が、納税者の全資産の20％から50％までの場合	8　月
猶予の対象となる国税が次に掲げる国税の場合（通令13②） ○予定納税に係る所得税 ○中間申告に係る法人税及び消費税	猶予期間の末日をその国税の確定申告期限

― 198 ―

第2節 納税の猶予

《図示》猶予期間―申告所得税の場合

(1) 確定申告分

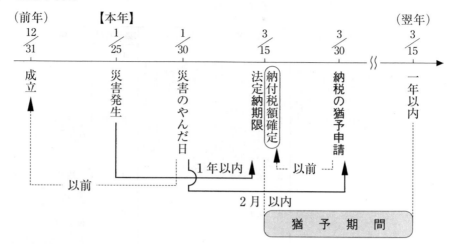

(2) 予定納税1期分

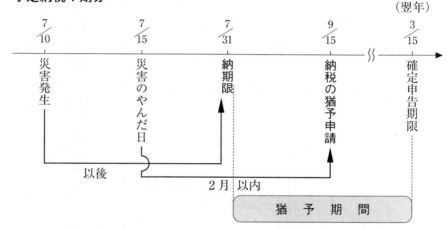

猶予期間の延長	猶予期間の延長なし

　通則法第46条第1項の規定による納税の猶予について、猶予期間の延長は認められません。この納税の猶予期間内に猶予した金額を納付できないと認められるときは、更に新たな申請書を提出して「通常の納税の猶予」ができます（通46②）。

　☞　後述(2)　通常の納税の猶予「猶予期間の延長」参照

担保の徴取等	担保不要

　通則法第46条第1項の規定による納税の猶予にあっては、その猶予金額のいかんにかかわらず担保は必要でなく、また、分割納付ということもありません（通46④⑤）。

第4章 納税の緩和、猶予及び担保

 参考 猶予基準の特例

個人（個人類似法人を含みます。）の場合

被害区分	被害の程度	猶予期間	備考
1　住宅の損壊 　この住宅には、住宅と同一の場所にある自己の事務所、工場及び納屋等（貸家を除きます。）を含みます。なお、被害の程度の判定に当たっては、その者が所有するそれらのものを総合したところにより行います（2以下の場合も同様）。	1　全壊（全流失） 　倒壊し又は外形上大破して改築しなければ居住等が出来ないような状態をいいますが、住宅の被害がおおむね50％を超える場合をいうこととしても差し支えありません。	1年	
	2　半壊 　被害は甚だしいが、補修すれば再び使用できる状態をいいますが、住宅の被害がおおむね20％から50％までの場合をいうこととして差し支えありません。	8月	被害の状況に応じ、権衡を失しないよう2か月以内の範囲でその期間を延長し、又は短縮することができます。
	3　床上浸水	4月	被害の状況に応じ、権衡を失しないよう2か月以内の範囲でその期間を延長し、又は短縮することができます。
	4　床下浸水	2月	床下浸水の場合で、その原状回復までに相当の手数と経費を必要とする場合は、最高2か月を限度として被害の状況に応じて猶予期間を定めて差し支えありません。
2　家財等の流失、き損 　この家財とは、家庭用動産（営業以外の家畜等を含みます。）をいいます。	1　全損 　家財の被害がおおむね50％を超える場合をいいます。	8月	被害の状況に応じ、権衡を失しないよう2か月以内の範囲でその期間を延長し、又は短縮することができます。
	2　半損 　家財の被害がおおむね20％から50％までの場合をいいます。	4月	被害の状況に応じ、権衡を失しないよう2か月以内の範囲でその期間を延長し、又は短縮することができます。
3　田、畑の流失又は埋没等 　（農業用機械器具の流失、き損等を含みます。）	1　全損 　田、畑及び農業用機械器具の被害がおおむね50％を超える場合をいいます。	1年	農作物等の生産により、その生計（法人の場合は事業とする。以下同じ。）の50％以上を維持している場合に限るものとし、それによる生計の維持が50％未満であるときは、その生計の維持割合に2を乗じて得たものを左欄の猶予期間に乗じて計算した月数（1か月未満の端数は1か月とします。）の期間に短縮します。
	2　半損 　田、畑及び農業用機械器具の被害がおおむね20％から50％までの場合をいいます。	8月	1　同上 2　被害の状況に応じ、権衡を失しないよう2か月以内の範囲でその期間を延長し、又は短縮することができます。
4　農作物等の冠水、倒状及び流失等	1　全損 　農作物等のその年中の減収見込がおおむね50％を超える場合をいいます。	8月	農作物等の生産により、その生計の50％以上を維持している場合に限るものとし、それによる生計の維持が50％未満であるときは、その生計の維持割合に2を乗じて得たものを左欄の猶予期間に乗じて計算した月数（1か月未満の端数は1か月とします。）の期間に短縮します。
	2　半損 　農作物等のその年中の減収見込がおおむね20％から50％までの場合をいいます。	4月	1　同上 2　被害の状況に応じ、権衡を失しないよう2か月以内の範囲でその期間を延長し、又は短縮することができます。
5　上記以外の固定資産及び棚卸資産の流失、き損等 　この棚卸資産には製品、半製品、養殖真珠、かき、のり等が含まれます。	1　全損 　固定資産及び棚卸資産の被害がおおむね50％を超える場合をいいます。	1年	営業者等でその営業等により生ずる収入により、生計の50％以上を維持している場合に限るものとし、それによる生計の維持が50％未満であるときは、その生計の維持割合に2を乗じて得たものを左欄の猶予期間に乗じて計算した月数（1か月未満の端数は1か月とする。）の期間に短縮します。
	2　半損 　固定資産及び棚卸資産の被害がおおむね20％から50％までの場合をいいます。	8月	1　同上 2　被害の状況に応じ、権衡を失しないよう2か月以内の範囲でその期間を延長し、又は短縮することができます。

第2節 納 税 の 猶 予

法人（個人類似法人を除きます。）の場合

被　害　区　分	被　害　の　程　度	猶予期間	備　　　　　　考
1　総資産の額のうち有形固定資産及び棚卸資産の額の占める割合が50％以下の場合	1　有形固定資産及び棚卸資産の額に対する被害額の割合が20％から50％までの場合 2　上記の割合が50％を超える場合	8　月 1　年	被害の状況に応じ、2か月以内の範囲でその期間を延長し、又は短縮することができます。
2　上記の割合が50％を超える場合	1　有形固定資産及び棚卸資産の額に対する被害額の割合が10％から25％までの場合 2　上記の割合が25％を超える場合	8　月 1　年	被害の状況に応じ、2か月以内の範囲でその期間を延長し、又は短縮することができます。

（注）1　有形固定資産とは、財務諸表等の用語、様式及び作成方法に関する規制（昭和38年大蔵省令59号）第22条に規定する資産（投資の目的で所有する不動産を含みます。）をいい、棚卸資産とは、商品又は製品（副産物及び作業くずを含みます。）、半製品、仕掛品（半成工事を含む。）、主要原材料、補助原材料、消耗品で貯蔵中のものその他これらの資産に準ずるものをいいます。

　　　2　被害割合を算定する場合における総資産の額、有形固定資産の額、棚卸資産の額及び被害資産の額は、時価により算出するが、時価計算によることが困難な場合には、簿価計算によって差し支えありません。

第4章　納税の緩和、猶予及び担保

(2) 通常の納税の猶予

　風水害、事業の休廃止又は確定手続の遅延等の理由に基づき、その国税を一時に納付できないと認められるときは、納税者の申請により、期間を定め、納税の猶予をすることができます（通46②③）。

```
通常の納税の猶予 ─┬─ ①災害等に基づく納税の猶予
                  └─ ②確定手続等が遅延した場合の納税の猶予
```

猶予の要件

　要件事実

① 災害等に基づく納税の猶予

要　　件　　事　　実
① 災害等 　納税者の財産が災害（震災、風水害、落雷、火災、雪崩、がけ崩れ、地滑り、かんばつ、冷害、凍害、火山の爆発、ひょう害など）又は盗難に遭ったりしたこと（通46②一）。 ② 病気等 　納税者又は納税者と生計を一にする親族が病気にかかり、又は負傷したこと（通46②二）。納税者と同居していない親族でも、常に生活費、学資金、療養費などを送金して扶養している場合は、生計を共にする者とします。
③ 事業の休廃止 　納税者が事業を廃止し、又は休止したこと（通46②三）。 ④ 事業に係る著しい損失 　事業について著しい損失を受けたこと（通46②四）。
⑤ 以上に類する事由 　上記①から④までに類する事実があったこと（通46②五）。 　上記①、②に類する事実 　　・詐欺、横領等により財産の喪失 　　・交通事故の損害賠償 　　・売掛債権等の回収不能 　　・居所不明、無財産 　　・破産宣告、特別清算の開始決定 　　・手形交換所において取引の停止処分 　上記③、④に類する事実 　　・事業に労働争議があり事業継続困難 　　・市場の悪化等により売上の減少等 　　・交通、運輸若しくは通信機関の労働争議等により売上減少等

— 202 —

第2節　納税の猶予

| ②確定手続等が遅延した場合の納税の猶予 | 法定申告期限（課税標準申告書の提出を要しない賦課課税方式の国税は、納税義務成立の日）から1年以上経ってから納付すべき税額が確定したこと（通46③一、二）。 |
| | 源泉徴収等による国税について、法定納期限から1年以上経ってから納税の告知がされたこと（通46③三）。 |

納付困難　　納付困難 ⇨ 　納付能力の調査

　　上記の要件事実のため、その納付すべき国税を一時に納付できないこと。

⇩

　　税務署長等は、その納税者の納付能力を調査する必要があります。

　　㊟　通則法第46条第1項の納税の猶予は、被害のあった財産の損失状況等を勘案し、個々の納税者の納付能力を個別に調査することなく期間を定め納税の猶予が行われます。

納税者からの申請　　　納税の猶予申請書 　☞　「納税の猶予申請書②」参照

　　納税者は、「納税の猶予申請書」を提出しなければなりません（通46の2②③、通令15の2）。

　　納税の猶予申請書の提出は、上記要件事実によって次のようになります。

| 猶予申請書の提出 | ①災害等に基づく納税の猶予 | ⇒ | 納期限の前後又は滞納処分の開始の有無を問わず、いつでも提出可 |
| | ②確定手続等が遅延した場合の納税の猶予 | ⇒ | その猶予の申請を受けようとする国税の納期限内に提出（通46③） |

申請書の記載事項・添付書類

災害等に基づく納税の猶予	確定手続等が遅延した場合の納税の猶予
申請書の記載事項	**申請書の記載事項**
①　猶予該当事実があること及びその猶予該当事実に基づき国税を一時に納付することができない事情の詳細	①　通則法第46条第3項各号に定める税額に相当する国税を一時に納付することができない事情の詳細
②　納付すべき国税の年度、税目、納期限及び	②　納付すべき国税の年度、税目、納期限及び

— 203 —

第 4 章　納税の緩和、猶予及び担保

金額
③　上記②の金額のうち納税の猶予を受けよう
　とする金額
④　納税の猶予を受けようとする期間
⑤　分割納付の方法により納付を行うかどうか
　（分割納付の方法により納付を行う場合にあ
　っては、分割納付期限及び分割納付金額を含
　みます。）
⑥　猶予を受けようとする金額が100万円を超
　え、かつ、猶予期間が 3 月を超える場合には、
　提供しようとする担保の種類、数量、価額及
　び所在（担保が保証人の保証であるときは、
　保証人の氏名又は名称及び住所又は居所（事
　務所及び事業所を含みます。）以下同じ。）そ
　の他担保に関して参考となるべき事項又は担
　保を提供することができない特別の事情

添付書類

①　猶予該当事実を証するに足りる書類
（注）猶予該当事実を証するに足りる書類は、
　　　具体的には次に掲げるものをいいます（通
　　　基通46の 2 － 1 ）。
　　 1 　災害等を受けた場合（通46②一）は、罹
　　　災証明書等
　　 2 　病気等の場合（通46②二）は、医師によ
　　　る診断書、医療費の領収書等
　　 3 　事業の休廃止等の場合（通46②三）は、
　　　廃業届、商業登記簿の登記事項証明書等
　　 4 　事業上の著しい損失の場合（通46②四）
　　　は、調査期間及び基準期間の損益計算書等
②　財産目録
③　収支の明細書
④　担保を徴する場合には、担保の提供に関し
　必要となる書類
⑤　納税の告知がされていない源泉徴収による
　国税について通常の納税の猶予を受けようと
　する場合には、所得税法第220条《源泉徴収
　に係る所得税の納付手続》に規定する計算書
⑥　登録免許税法第24条第 1 項《免許等の場合
　の納付の特例》に規定する登録免許税につい
　て通常の納税の猶予を受けようとする場合に
　は、登録免許税の課税の基因となる登録、特
　許、免許、許可、認可、認定、指定又は技能
　証明がされたことを明らかにする書類
（注） 1 　猶予を受けようとする金額（未確定
　　　　の延滞税を除きます。）が100万円以

金額
③　上記②の金額のうち納税の猶予を受けよう
　とする金額
④　納税の猶予を受けようとする期間
⑤　分割納付の方法により納付を行うかどうか
　（分割納付の方法により納付を行う場合にあ
　っては、分割納付期限及び分割納付金額を含
　みます。）
⑥　猶予を受けようとする金額が100万円を超
　え、かつ、猶予期間が 3 月を超える場合には、
　提供しようとする担保の種類、数量、価額及
　び所在（担保が保証人の保証であるときは、
　保証人の氏名又は名称及び住所又は居所）そ
　の他担保に関して参考となるべき事項又は担
　保を提供することができない特別の事情

⑦　やむを得ない理由により、猶予を受けよう
　とする国税の納期限後に納税の猶予の申請を
　する場合には、その理由

添付書類

①　財産目録
②　収支の明細書
③　担保を徴する場合には、担保の提供に関し
　必要となる書類
（注） 1 　猶予を受けようとする金額（未確定
　　　　の延滞税を除きます。）が100万円以
　　　　下である場合には、上記①及び②の
　　　　書類に代えて、「財産収支状況書」を
　　　　添付して提出します。
　　　　　なお、猶予を受けようとする国税
　　　　以外に、猶予の申請中の国税又は既
　　　　に猶予を受けている国税がある場合
　　　　には、それらの国税の額を上記の「猶
　　　　予を受けようとする金額」に含めま
　　　　す。
　　 2 　上記①及び②又は財産収支状況書
　　　　に代えて、滞納者が独自に作成した
　　　　書式（資金繰表、試算表等）を添付
　　　　して提出することができます。ただ
　　　　し、その場合は、法令に定められた
　　　　事項を全て記載する必要があります。

— 204 —

下である場合には、上記②及び③の
書類に代えて、「財産収支状況書」を添
付して提出します。

なお、猶予を受けようとする国税以
外に、猶予の申請中の国税又は既に猶
予を受けている国税がある場合には、
それらの国税の額を上記の「猶予を受
けようとする金額」に含めます。

2 上記②及び③又は財産収支状況書
に代えて、滞納者が独自に作成した
書式（資金繰表、試算表等）を添付し
て提出することができます。ただし、
その場合は、法令に定められた事項を
全て記載する必要があります。

(注) 「通常の納税の猶予」（通46②一、二、五（同項第1号又は第2号に該当する事実に類
する事実に係るものに限ります。）に係るものに限ります。）の申請に当たって、災害等
による帳簿書類の滅失、病気等による入院など、納税者の責めに帰さないやむを得ない
理由により添付書類を提出することが困難であると税務署長が認めるときは、上記①か
ら③までの書類について提出することを要しません（通46の2⑤、通令15の2⑦、通基
通46の2－2）。

（猶予する金額）　その事実により納付すべき税額を一時に納付できない金額を限
　　　　　　　　　度（通46②③）

⇩

（納付能力を調査して判定）

（猶予する期間）　原則として、納税の猶予ができる期間（通46②③）

| 猶予ができる期間 | ① 災害等に基づく納税の猶予 | ⇨ | 猶予を始める日から起算して1年以内 |
| | ② 確定手続等が遅延した場合の納税の猶予 | ⇨ | その国税の納期限の翌日から起算して1年以内 |

　個々の納税者に対する具体的な猶予期間は、将来における納付能力を調査した上、
1年の範囲内で、納税者の事業の継続又は生活の維持に著しい障害を与えることなく、
その猶予される金額が納付できると認められる最短の期間です。

　納税者の将来における納付能力に応じ、猶予金額をその者の財産の状況その他の事
情からみて合理的かつ妥当なものに分割して納付させることができます。この場合に
おいて、分割納付の各納付期限及び納付期限ごとの納付金額を定めます（通46④）。

— 205 —

第4章 納税の緩和、猶予及び担保

猶予期間の延長　納税者の延長申請　⇒　納税の猶予期間延長申請書

通則法第46条第2項又は第3項の規定により納税の猶予をした場合において、この猶予期間内に、やむを得ない理由により猶予金額を納付できないと認められるときは、納税者の申請により猶予期間を延長することができます。ただし、延長できる期間は、既に認めた猶予期間と合わせて2年を超えることができません（通46⑦）。

(注)「やむを得ない理由」とは、納付できない理由が納税者の責めに帰すことができない理由をいいます。

☞「納税の猶予期間延長申請書」参照

《図　示》　猶予期間の延長

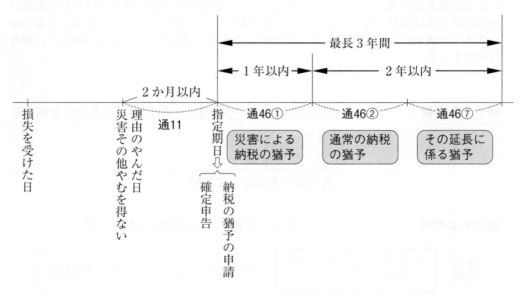

参考　「災害による納税の猶予」と「通常の納税の猶予」との関係

　　災害による納税の猶予を受けた後でも、その猶予期間内に資力が回復せず、納付が困難であるときは、同一の災害を理由として、更に通常の納税の猶予を受けることができます。しかも、災害による納税の猶予の期間は、通常の納税の猶予及びその延長に係る期間と別個に計算されます。よって、同一の災害を理由として、通則法第46条第1項、第2項及び第7項の適用により、最長3年間の猶予が認められます。

　　また、災害による納税の猶予（通46①）を受けた後、別個の災害を受け、その災害に基づき、その国税を猶予期間内に納付できない場合は、もとより当該別個の災害を理由として第2項の規定による一般的な納税の猶予を受けることができます。

— 206 —

第2節　納税の猶予

納付金額の変更

　税務署長等は、納税者が納税の猶予の通知を受けた分割納付の各納付期限ごとの納付金額をその納付期限までに納付することができないことにつきやむを得ない理由があると認められるとき、又は猶予期間を短縮したときは、その分割納付の各納付期限及び各納付期限ごとの納付金額を変更することができます（通46⑨）。

申請に係る補正手続

　税務署長等は、その申請書の提出があった場合において、これらの申請書についてその記載に不備があるとき、又はこれら申請書に添付すべき書類についてその記載に不備があるとき若しくは添付書類の提出がないときは、申請者に対して、その申請書の訂正又はその添付すべき書類の訂正若しくは提出を求めることができます（通46の2⑦）。

　この場合、税務署長等は、その旨及びその理由を記載した書面により、これを申請者に通知することとします（通46の2⑧）。

補正がされた場合

　申請書等の補正を求められた場合、申請者は上記の通知を受けた日の翌日から起算して20日以内に、申請書の訂正又は添付すべき書類の訂正若しくは提出をしなければなりません（通46の2⑨前段）。

　この場合において、その期間内にその申請書の訂正又は添付すべき書類の訂正若しくは提出をしなかったときは、その申請者は、その期間を経過した日においてその申請を取り下げたものとみなされます（通46の2⑨後段）。

猶予の不許可事由

　税務署長等は、申請書の提出があった場合において、その申請者に通則法第46条第1項から第3項までの規定に該当していると認められるときであっても、次のいずれかに事実が認められるときには、その猶予の申請を不許可とします（通46の2⑩）。

第4章　納税の緩和、猶予及び担保

	①　繰上請求事由に該当する事実がある場合において、その者が猶予に係る国税を猶予期間内に完納することができないと認められるとき。
猶予の不許可事由	②　納税者が、徴収職員による質問に対して答弁せず、又は同項の規定による検査を拒み、妨げ、若しくは忌避したとき。 (注)　「拒み」とは、言語又は動作で検査を承諾しないこと、「妨げ」とは、検査に障害を与えること、「忌避」とは、積極的行動によらないで検査の対象から免れることをいいます（通基通46の2－6）。
	③　不当な目的で納税の猶予の申請がされたとき、その他その申請が誠実にされたものではないとき。 (注)　納税の猶予の申請が不許可又はみなし取下げとなった後、同一の国税について再度猶予の申請がされたとき（新たな猶予該当事実などが発生するなど、その申請に正当な理由があるときを除きます。）などが該当します（通基通46の2－7）。

納税者への通知

　税務署長等は、納税の猶予を認めた場合には、その旨、猶予に係る金額、猶予期間その他分割納付の場合の分割金額及び分割納付期限等必要な事項を納税者に通知しなければなりません（通47①）。また、納税の猶予を認めないときも同様です（通47②）。

猶予に伴う担保

　通常の納税の猶予をする場合には、猶予金額の履行を促進し、また、不履行の場合における徴収を確保するため、猶予金額が100万円以下の場合、猶予の期間が3月以内である場合又は担保を徴することができない特別の事情にある場合を除き、猶予金額に相当する担保を提供しなければなりません（通46⑤）。

第2節　納税の猶予

担保不徴取	猶予金額が100万円以下
	猶予期間が3月以内
	担保徴取できない事情

① 通則法第50条各号に掲げる種類の財産がなく、かつ、保証人となる適当な者がいない場合

② 通則法第50条各号に掲げる種類の財産があるものの、その財産の見積価額が猶予に係る国税及びこれに先立つ抵当権等により担保される債権その他の債権の合計額を超える見込みがない場合

③ 担保を徴することにより、事業の継続又は生活の維持に著しい支障を与えると認められる場合

☞　第4章第3節「国税の担保」参照

㊟　上記のように、平成26年度税制改正により担保の徴取基準の見直しが行われ、要担保徴取額の最低基準額を100万円（改正前50万円）に引き上げるとともに、その猶予期間が3月以内の場合は担保が不要となりました（通46⑤等）。
　　なお、この改正は、平成27年4月1日以後に適用されています。

担保の徴取と差押え等との関係

　猶予に係る国税につき差し押さえた財産があるときは、当該財産は、担保として提供された財産と同様に当該猶予金額を担保するものであることから、通則法第46条第6項の規定により、その財産の価額の範囲の金額については、担保を徴することを要しません。

| 担保と差押えとの関係 | 担保を徴する場合において、その猶予に係る国税につき差し押さえた財産があるときには、その担保の額は、その猶予する金額から差押財産の価額（差押国税に優先する債権の額を控除した価額）を控除した額を担保するのに必要な範囲に限られます（通46⑥）。 |
| 納付受託との関係 | 滞納者が通則法第55条第1項の規定により納付委託したことにより、担保の提供の必要がないと認められるに至ったときは、その認められる限度において、担保の提供があったものとすることができます（通55④）。 |

— 209 —

第4章 納税の緩和、猶予及び担保

> 質問検査権

　納税の猶予申請書の提出があった場合には、これらの申請に係る事項について調査を行います（通46の2⑥）。

　なお、調査のため必要と認めるときは、申請者に質問し、帳簿書類その他の物件を調査することができます（通46の2⑪）。

 国税通則法基本通達第46条の2関係

（質問及び検査をすることができる場合）
8　この条第11項の「第六項の規定による調査をするため必要があると認めるとき」とは、納税の猶予をするに当たって、猶予該当事実の有無、納税者の現在の資産及び負債の状況並びに今後の収入及び支出の見込み等（以下8及び10において「猶予該当事実等」という。）を明らかにする必要があると税務署長等が認めるときをいう。
　　なお、質問の内容及び検査の方法等は、猶予該当事実等を明らかにするために必要であると認められる範囲内に限られる。

（質問）
9　この条第11項の「質問」は、口頭又は書面のいずれによっても差し支えない。

（検査する帳簿書類）
10　この条第11項の「その者の帳簿書類その他の物件」とは、納税者の有する金銭出納帳、売掛帳、買掛帳、預金台帳及び領収証書等の猶予該当事実等を明らかにするため必要と認められる一切の帳簿書類（その作成又は保存に代えて電磁的記録の作成又は保存がされている場合における当該電磁的記録を含む。）をいう。

（身分証明書の提示）
11　この条第12項の質問又は検査に当たって関係者の請求があったときは、徴収法施行規則別紙第12号書式（徴収職員証票）に所要の調整を加えた身分証明書を提示しなければならない（通則規16条3項）。

第2節　納税の猶予

3　納税の猶予の効果

納税の猶予の効果には、次に掲げるようなものがあります。

①督促及び滞納処分の制限	猶予期間内は、その猶予した国税について、新たに督促及び滞納処分をすることができません（通48①）。 　ただし、納税者の財産に対して他の執行機関が強制換価手続をした場合には、配当が行われる時に備えて交付要求（参加差押えを除きます。）をすることができます（通48①かっこ書）。 　㊟　納税者に対し積極的に督促又は滞納処分をすることを制限することが猶予の本質的効果であることから、猶予期間中であっても猶予に係る国税について交付要求をすることができることとしています。
②差押えの解除	納税の猶予をした国税について、既に差し押さえた財産があるときは、納税者の申請により差押えを解除することができます（通48②）。
③差押財産の果実等の換価及び充当	納税の猶予に係る国税について差し押さえた財産のうちに、天然果実を生ずるもの又は有価証券、債権若しくは無体財産権等（徴72①）があるときは、これらの天然果実を取得し、又は第三債務者から給付を受けることができます。この場合、当該取得し又は給付を受けた財産について、滞納処分を執行し、その換価代金等を猶予に係る国税に充てることができます（通48③）。
④延滞税の免除	災害による相当な損失の場合の納税の猶予 　……猶予期間に対応する延滞税は全額免除（通63①） 　通常の納税の猶予 　……猶予期間に対応する延滞税は、全額免除（通46②一、二）又は年14.6％部分の割合に係るものの2分の1（通46②三、四、46③）が免除（通63①）
⑤時効の更新及び不進行	時効の更新 　納税の猶予の申請があった場合は、承認として猶予の許可の有無にかかわらず、申請に係る税額について時効が更新されます（通72③）。 　時効の不進行 　猶予期間中は、猶予に係る税額について時効は進行しません（通73④）。

4　納税の猶予の取消し

納税の猶予期間中において、猶予を受けた者に次の事由が生じたときは、税務署長等は、その猶予を取り消し又は猶予期間を短縮することができます（通49①）。

(1) 取消事由

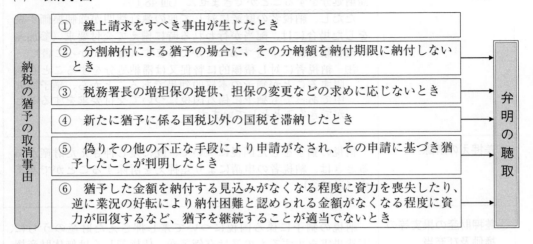

(2) 取消手続

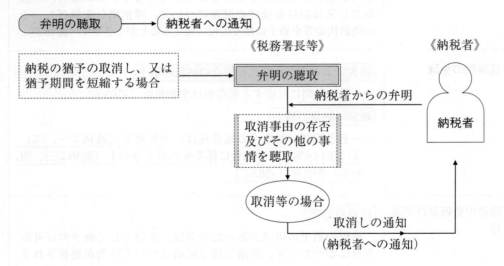

イ　弁明の聴取

上記(1)の猶予取消事由の②から⑥までにより納税の猶予を取り消す場合には、手続の慎重を期するため、あらかじめ、猶予を受けた者の弁明を聞かなければなりません（通49②）。

ただし、正当な理由がなく弁明をしないときは、弁明を聞かないで取り消すことができます。

第2節 納税の猶予

弁明聴取の趣旨	……①納税者の権利保護
	②恣意的に取り消しを行うことのないよう手続の適正化の保護

(注) 「弁明を聞く」とは、納税の猶予を受けた者に対して取消し事由の存否及びその事績を聴取することですが、税務署長がその取消処分等の要否を判断するに当たっては、その者の弁明内容に必ず従わなければならないわけではなく、その弁明内容をよく勘案して判断します。

ロ　納税者への通知

　税務署長等は、納税の猶予を取り消し、又は猶予期間を短縮をしたときは、その旨を納税者に通知します（通49③）。

(3)　猶予の取消しの効果

猶予の取消しの効果	……滞納処分の続行
	……担保の処分

　納税の猶予の取消しは、猶予の効果が将来に向かってなくなるため、直ちに猶予した金額の徴収を行い、又は滞納処分を続行し、担保があるときは担保の処分を行います。

— 213 —

第4章　納税の緩和、猶予及び担保

参考　納税の猶予の概要一覧表

猶予の種類\区分	災害により相当な損失を受けた場合の猶予	通常の納税の猶予　災害等に基づく納税の猶予	通常の納税の猶予　課税手続等が遅延した場合の猶予
要件	1 災害により相当な損失を受けたこと 2 特定の国税（通46①各号、通令14） 3 災害のやんだ日から2月以内の申請	1 災害その他の事実があること 2 1の事実により納付困難であること 3 申請（期限なし） 4 左の猶予の適用を受ける場合を除く	1 課税遅延があったこと 2 納付困難であること 3 納期限内の申請
担保	必要なし	原則として必要	同　　左
猶予金額	要件2の特定の国税の全部又は一部	1 要件2の納付困難な金額が限度 （要件と関係あり） 2 分割納付ができる（通46④）	1 同　　左 （要件と関係なし） 2 同　　左
猶予期間	1 財産の損失の程度に応じた期間 （納期限から1年以内） 2 延長の規定なし	1 納付能力に応じた期間 （猶予の始期から1年以内） 2 延長は、1と合わせて2年以内（通46⑦）	1 同　　左 （納期限から1年以内） 2 同　　左
効果等	1 督促、滞納処分（交付要求を除く）の制限（通48①） 2 差押えの解除（通48②） 3 天然果実、第三債務者などから給付を受けたものの換価・充当（通48③④） 4 徴収権の消滅時効の不進行（通73④） 5 納付委託（通55①） 6 還付金などの充当日の特例（通令23①ただし書） 7 延滞税の全額免除（通63①）	1～5 同　　左 6 ― 7 延滞税の免除は、要件1の事実により全額免除と半額免除（通63①） また、非免除部分について裁量免除（通63③）※	1～5 同　　左 6 ― 7 延滞税の半額免除、裁量免除は同左※

※措置法第94条第2項の適用がある場合に留意してください。

参考　移転価格税制に係る納税の猶予

　国外関連者との取引に係る課税の特例（移転価格税制）による更正又は決定を受けた者が、租税条約の相手国との相互協議の申立てをした上で申請をしたときは、移転価格税制の更正又は決定に係る法人税（相互協議の対象となるものに限ります。）及びその加算税が猶予されます。

　この移転価格税制に係る納税の猶予は、納期限又は納税の猶予の申請の日のいずれか遅い日から、相互協議の合意に基づく更正があった日（合意に至らずに相互協議が終了した場合には、国税庁長官がその旨を通知した日）の翌日から1月を経過する日までの期間について認められます（措66の4の2）。

― 214 ―

第2節　納　税　の　猶　予

（納税の猶予申請書①）

整理番号 □□□□□□□□

収受印

納　税　の　猶　予　申　請　書

税務署長殿

国税通則法第46条第1項の規定により、以下のとおり納税の猶予を申請します。

申請者	住　所 (所在地)	電話番号　　　（　　　）							申請年月日	年　　月　　日
	氏　名 (名　称)	印								
	法人番号	┊ ┊ ┊ ┊ ┊ ┊ ┊ ┊ ┊ ┊ ┊ ┊								

	年度	税　目	納期限	本　税	加算税	延滞税	利子税	滞納処分費	備　考
納付すべき国税			・・	円	円 法律による金額 円	円 法律による金額 円			
			・・		〃	〃			
			・・		〃	〃			
			・・		〃	〃			

上記のうち、納税の猶予 を受けようとする金額	

災害を受けた期間	年　　月　　日から　　　　年　　月　　日

相当な損失を 受けたことの 事実の詳細	

	被災前の全財産		被　災　財　産				損害割合	
被災の状況	① 種　類	② 価　額	③ 被災の程度	④ 損害額	⑤ ④に対し保険金等により補てんされる額	⑥ 差引実損額 （④－⑤）	⑥ ─ ②	備　考

納税の猶予を受け ようとする期間	年　　月　　日から　　　　年　　月　　日まで　　　　月間

※税務署整理欄	通信日付印	年　月　日	確認印		処理年月日	年　月　日
	番号確認					

第4章　納税の緩和、猶予及び担保

（納税の猶予申請書②）

整理番号 ☐☐☐☐☐☐☐

（収受印）

納　税　の　猶　予　申　請　書

税務署長殿

国税通則法第46条第　項第　号(第5号の場合、第　号類似)の規定により、以下のとおり納税の猶予を申請します。

申請者	住所所在地	電話番号　（　　）　　　携帯電話　（　　）					① 申請年月日	令和　　年　　月　　日	
	氏名名称				印		※税務署整理欄	通信日付印 / 申請書番号 / 処理年月日	
	法　人　番　号								

	年度	税　目	納期限	本　税	加算税	延滞税	利子税	滞納処分費	備　考
納付すべき国税			・・	円	円	法律による金額 円	円	法律による金額 円	
			・・			〃		〃	
			・・			〃		〃	
			・・			〃		〃	
	合　　　計			イ	ロ	ハ 〃	ニ	ホ 〃	

②イ～ホの合計	円	③現在納付可能資金額		④納税の猶予を受けよう とする金額（②-③）	円

※③欄は、「財産収支状況書」の(A)又は「財産目録」の(D)から転記

猶予該当事実の詳細	

一時に納付することができない事情の詳細	

	年 月 日	納付金額	年 月 日	納付金額	年 月 日	納付金額
⑤ 納付計画	令和	円	令和	円	令和	円
	令和	円	令和	円	令和	円
	令和	円	令和	円	令和	円
	令和	円	令和	円	令和	円

※⑤欄は、「財産収支状況書」の(B)又は「収支の明細書」の(C)及び(D)から転記

猶　予　期　間	令和　　年　　月　　日から 令和　　年　　月　　日まで	月間

※猶予期間の開始日は、①の申請年月日（ただし、災害等のやむを得ない理由により、申請書を提出できなかった場合は、災害等が生じた日）

担　保	☐ 有 ☐ 無	担保財産の詳細又は 提供できない特別の事情	

税理士 署名押印	印 （電話番号　　－　　－　　） ☐　税理士法第30条の書面提出有

添付する書類欄	
100万円以下の場合	100万円超の場合
☐ 財産収支状況書 ☐ 猶予該当事実証明書類	☐ 収支の明細書 ☐ 財産目録 ☐ 担保関係書類 ☐ 猶予該当事実証明書類

第2節　納税の猶予

（財産収支状況書）

| | | 整理番号 | | | | | | |

財　産　収　支　状　況　書

令和　　年　　月　　日

1 住所・氏名等

| 住　所
所在地 | | 氏　名
名　称 | |

2 現在納付可能資金額

現金及び預貯金等	預貯金等 の種類	預貯金等の額	納付可能金額	納　付　に　充　て　ら　れ　な　い　事　情	
現　　金		円	円	□ 運転資金　　□ 生活費　　□ その他	
		円	円	□ 運転資金　　□ 生活費　　□ その他	
		円	円	□ 運転資金　　□ 生活費　　□ その他	
		円	円	□ 運転資金　　□ 生活費　　□ その他	
現在納付可能資金額（A）		円	※（A）は、申請書の③「現在納付可能資金額」欄へ転記		

3 今後の平均的な収入及び支出の見込金額（月額）

区　　　　　分		見込金額
収入	売上、給与、報酬	円
	その他（　　　　　）	円
		円
① 収　入　合　計		円
支出	仕入	円
	給与、役員給与	円
	家賃等	円
	諸経費	円
	借入返済	円
		円
		円
	生活費(扶養親族　　人)	円
② 支　出　合　計		円
③ 納 付 可 能 基 準 額 （　①　－　②　）		円

4 分割納付計画（B）　※分割納付金額は、3の③の欄を基に記載し、申請書⑤「納付計画」欄へ転記

月	分割納付金額	増減理由	納付積立金額
月	円		円
月	円		円
月	円		円
月	円		円
月	円		円
月	円		円
月	円		円
月	円		円
月	円		円
月	円		円
月	円		円

【備考】

5 財産等の状況

(1) 売掛金・貸付金等の状況

売　掛　先　等　の　名　称　・　住　所	売掛金等の額	回収予定日	種類	回収方法
	円	・　・		
	円	・　・		
	円	・　・		

(2) その他の財産の状況

不動産等		国債・株式等	
車　両		その他 （保険等）	

(3) 借入金・買掛金の状況

借　入　先　等　の　名　称	借入金等の金額	月額返済額	返済終了(支払) 年月	追加借入 の可否	担　保　提　供　財　産　等
	円	円	年　月	可・否	
	円	円	年　月	可・否	

第4章　納税の緩和、猶予及び担保

（収支の明細書）

整理番号 ☐☐☐☐☐☐☐

収受印

収 支 の 明 細 書

令和　　年　　月　　日

1　住所・氏名等

住　所 所在地		氏　名 名　称	

2　直前1年間における各月の収入及び支出の状況

年　月	①総収入金額	②総支出金額	③差額（①－②）	備　　　　　　考
年　月	円	円	円	
年　月	円	円	円	
年　月	円	円	円	
年　月	円	円	円	
年　月	円	円	円	
年　月	円	円	円	
年　月	円	円	円	
年　月	円	円	円	
年　月	円	円	円	
年　月	円	円	円	
年　月	円	円	円	
年　月	円	円	円	

3　今後の平均的な収入及び支出の見込金額（月額）

区　　　　　　　　　分	見込金額	区　　　　　　　　　分	見込金額
収 入	円	支 出	円
	円		円
	円		円
	円		円
	円		円
	円		円
	円		円
	円		円
	円	生活費（扶養親族　　人）	円
①　　収　　入　　合　　計	円	②　　支　　出　　合　　計	円
③　　納付可能基準額（①－②）（Ａ）	円	※（Ａ）は、裏面7①「納付可能基準額」欄へ転記	

【備考】

— 218 —

第2節　納 税 の 猶 予

4　今後1年以内における臨時的な収入及び支出の見込金額

	内　　　容	年　　月	金　　額
臨時収入		令和　　年　　　　月	円
		令和　　年　　　　月	円
		令和　　年　　　　月	円
		令和　　年　　　　月	円
		令和　　年　　　　月	円
臨時支出		令和　　年　　　　月	円
		令和　　年　　　　月	円
		令和　　年　　　　月	円
		令和　　年　　　　月	円
		令和　　年　　　　月	円

5　今後1年以内に納付すべきことが見込まれる国税及び地方税等（B）　※(B)は、下記7⑤「納付額」欄へ転記

年　　　月	税　目	金　　額	年　　　月	税　目	金　　額
令和　年　　月		円	令和　年　　月		円
令和　年　　月		円	令和　年　　月		円
令和　年　　月		円	令和　年　　月		円
令和　年　　月		円	令和　年　　月		円

6　家族（役員）の状況

続柄（役職）	氏　　　　　名	生　年　月　日	収入・報酬（月額）（専従者給与を含む）	職業・所有財産等
		年　月　日	円	
		年　月　日	円	
		年　月　日	円	
		年　月　日	円	

7　分割納付年月日及び分割納付金額

納付年月日（C）	①納付可能基準額	②季節変動等に伴う増減額	③臨時的な入出金額	国税等		⑥分割納付金額（D）（①+②+③-④-⑤）
				④積立額	⑤納付額	
令和　年　月　日	円	円	円	円	円	円
令和　年　月　日	円	円	円	円	円	円
令和　年　月　日	円	円	円	円	円	円
令和　年　月　日	円	円	円	円	円	円
令和　年　月　日	円	円	円	円	円	円
令和　年　月　日	円	円	円	円	円	円
令和　年　月　日	円	円	円	円	円	円
令和　年　月　日	円	円	円	円	円	円
令和　年　月　日	円	円	円	円	円	円
令和　年　月　日	円	円	円	円	円	円
令和　年　月　日	円	円	円	円	円	円
令和　年　月　日	円	円	円	円	円	円

※③欄は、上記4「今後1年以内における臨時的な収入及び支出の見込金額」欄を基に、納付年月における臨時的入出金額の合計額を記載
※(C)及び(D)は、申請書⑤「納付計画」欄へ転記

第4章　納税の緩和、猶予及び担保

(財産目録)

収受印

財　産　目　録

整理番号 ☐☐☐☐☐☐☐☐

令和　年　月　日

1 住所・氏名等

住　所 所在地		氏　名 名　称	

2 財産の状況

(1) 預貯金等の状況

金融機関等の名称	預貯金等 の種類	預貯金等の額	金融機関等の名称	預貯金等 の種類	預貯金等の額
手持ち現金	現金	円			円
		円			円
		円			円
			預 貯 金 等 合 計 （A）		円

(2) 売掛金・貸付金等の状況

売　掛　先　等　の　名　称　・　住　所		種類	回収予定日	回収方法	売 掛 金 等 の 額
			・　・		円
			・　・		円
			・　・		円
			・　・		円

(3) その他の財産の状況

財　　　　産　　　　の　　　　種　　　　類		担保等	直ちに納付に 充てられる金額
国 債 ・ 株 式 等		☐	円
不 動 産 等		☐	円
車　　　両		☐	円
そ の 他 財 産 （敷金、保証金、保険等）		☐	円
		合 計 （B）	円

(4) 借入金・買掛金の状況

借 入 先 等 の 名 称	借入金等の金額	月 額 返 済 額	返済終了(支払) 年月	追加借入 の可否	担 保 提 供 財 産 等
	円	円	年　月	可・否	
	円	円	年　月	可・否	
	円	円	年　月	可・否	

3 当面の必要資金額

	項　　目	金　　額	内　　　　　容
支 出 見 込	事業支出	円	
	生活費 （個人の場合のみ）	円	【扶養親族　　人】
	収入見込	円	
	（支出見込）－（収入見込）（C）	円	マイナスになった場合は0円

※（C）は、下記4②「当面の必要資金額」欄へ転記

4 現在納付可能資金額

①当座資金額（(A)+(B)）	②当面の必要資金額（上記（C）から転記）	③現在納付可能資金額（①-②）（D）
円	円	円

※（D）は、申請書の③「現在納付可能資金額」欄へ転記

第2節 納税の猶予

（納税の猶予期間延長申請書）

整理番号 ☐☐☐☐☐☐☐

納税の猶予期間延長申請書

（収受印）

税務署長殿

国税通則法第46条第7項の規定により、以下のとおり納税の猶予期間の延長を申請します。

申請者	住所所在地	電話番号　（　） 携帯電話　（　）	①申請年月日	令和　年　月　日
	氏名名称	印	※税務署整理欄	通信日付印／申請書番号／処理年月日
	法　人　番　号	☐☐☐☐☐☐☐☐☐☐☐☐☐		

納税の猶予期間延長申請税額	年度	税目	納期限	本　税	加算税	延滞税	利子税	滞納処分費	備　考
			・・	円	円 法律による金額 円	法律による金額 円	円	法律による金額 円	
			・・			〃		〃	
			・・			〃		〃	
			・・			〃		〃	
	合　計		イ	ロ	ハ 〃	ニ	ホ 〃		

②イ〜ホの合計	円	③現在納付可能資金額	円	④納税の猶予を受けようとする金額（②－③）	円

※③欄は、「財産収支状況書」の(A)又は「財産目録」の(D)から転記

猶予期間内に猶予を受けた金額を納付することができない理由	

⑤納付計画	年　月　日	納付金額	年　月　日	納付金額	年　月　日	納付金額
	令和	円	令和	円	令和	円
	令和	円	令和	円	令和	円
	令和	円	令和	円	令和	円
	令和	円	令和	円	令和	円

※⑤欄は、「財産収支状況書」の(B)又は「収支の明細書」の(C)及び(D)から転記

延　長　期　間	令和　年　月　日から令和　年　月　日まで　　月間

※延長期間の開始日は、現在、納税の猶予を受けている国税の猶予期間の終期の翌日

担保	☐ 有 ☐ 無	担保財産の詳細又は提供できない特別の事情	

税理士署名押印	印 （電話番号　－　－　） ☐　税理士法第30条の書面提出有		添付する書類欄	
			100万円以下の場合	100万円超の場合
			☐ 財産収支状況書	☐ 収支の明細書 ☐ 財産目録 ☐ 担保関係書類

— 221 —

第4章　納税の緩和、猶予及び担保

第3節　国税の担保

1　担保を提供する場合

国税について担保の提供が求められるのは、国税に関する法律に基づき、担保の提供の定めがある場合に限られます。

国税について担保を徴取する場合	納税の猶予 換価の猶予	・通常の納税の猶予及び換価の猶予を認めた税額が100万円を超えるとき（猶予期間が3月以内の場合は、この限りではありません。）（通46⑤、徴152）
	延納 納税猶予	・資産の延払条件付譲渡による所得税の延納を許可するとき（所132②） ・相続税及び贈与税の延納を許可するとき（相38④） ・措置法による贈与税及び相続税の納税猶予を認めるとき（措70の4①、70の6①）
	納期限の延長	・消費税等（課税資産の譲渡等に係る消費税を除く。）の納期限の延長を許可するとき（酒30の6、消51、揮13、地揮8①、油20、石18、た22）
	消費税等の保全	・消費税等及び航空機燃料税の保全上必要があると税務署長が認めるとき（酒31①、揮18①、地揮8②、油21①、石19①、航16①等）
	不服申立て	・不服申立てをした者が、不服申立ての国税につき、差押えをしないこと、又は既にされた差押えの解除を求めるとき（通105③）
	繰上保全差押え 保全差押え	・繰上保全差押え又は保全差押えを要する金額の決定通知を受けた者が、その保全差押えをしないこと、又は既にされた差押えの解除を求めるとき（通38④、徴159④）

(注)　担保の徴取基準の見直し

　　平成26年度税制改正において、納税の猶予の要担保徴取額の最低基準額を100万円（改正前50万円）に引き上げるとともに、その猶予期間が3月以内の場合は担保が不要となりました（通46⑤）。

2　担保の種類

国税に関する法律の規定により提供される担保の種類は、次に掲げるようなものがあります（通50）。よって、これ以外のもの、例えば通常の動産は、担保とすることはできません。

担保の種類	①　国債、地方債 ②　税務署長等が確実と認める社債その他の有価証券 ③　土地 ④　登記又は登録のある建物、立木、船舶、飛行機、回転翼航空機、自動車及び建設機械で、損害保険が付いているもの ⑤　鉄道財団、工場財団、鉱業財団などの各種財団 ⑥　銀行、信用金庫など税務署長等が確実と認める保証人の保証 ⑦　金銭

— 222 —

第3節　国税の担保

1 「税務署長等が確実と認める社債その他の有価証券」

次に掲げる有価証券など、その発行する法人の財務内容及び事業の状況から、元本の償還、利息の支払等が確実であると認められるものです。

なお、有価証券には、通則令第16条第1項（担保の提供手続）に規定する振替株式等など、その権利を表象する券面が発行されていないものが含まれます（通基通50-1）。

(1)　その元本の償還及び利息の支払いについて政府が保証する債券

(2)　金融機関が特別の法律により発行する債券

(3)　金融商品取引所に上場されている有価証券

2 「確実と認める保証人」

金融機関その他の保証義務を果たすための資力が十分であると認められる者をいいます（通基通50-6）。

法人による保証については、保証行為がその法人の定款に定める目的の範囲内に属するものに限るが、次の保証は、その範囲内に属するものとされています（通基通50-7）。

(1)　営利を目的とする法人で、納税者と取引上密接な関係があるものがする保証（最二判昭和33.3.28・民集12巻4号667頁）

(2)　営利を目的とする法人で、納税者が役員となっているものがする保証（取締役会の承認等を受けたものに限ります。）

3 担保提供の順位

担保は、可能な限り処分が容易であって、かつ、価額の変動のおそれが少ないものから、提供させるものとします（通基通50-8）。

参考　担保不適格財産の一例（相続税の延納担保の場合）

国債・地方債	・担保制限のある国債（遺族国庫債券等） ・利札付き国債・地方債で、利払期未到来の利札が切り取られているもの
土地	譲渡につき制限のある財産
建物	・保険に附していないもの ・違法建築又は土地の違法利用のため、建物の除去命令等がされているもの ・法令上担保権の設定又は処分が禁止されているもの

第 4 章　納税の緩和、猶予及び担保

3　担保の価額

(1)　担保の価額

担 保 の 価 額	=	その担保に係る国税が完納されるまでの延滞税、利子税及び担保の処分に要する費用をも十分に担保できる価額（担保が保証人の保証である場合は、その国税等の保証債務を十分に果たせる資力を有する保証人）（通基通50−9）

(2)　担保物の見積価額

　担保財産（担保物）の価額（見積価額）は、次のような評価がなされます（通基通50−10）。

担保物の見積価額	国　　　　債	「政府ニ納ムヘキ保証金其ノ他ノ担保ニ充用スル国債ノ価格ニ関スル件」に規定する金額
		(注)　その**額面金額**（証券が発行されていない場合−登録金額）ただし、割引の方法により発行された国債で担保して提供する日から5年以内に償還期限が到来しないものは、「政府ニ納ムヘキ保証金其ノ他ノ担保ニ充用スル国債ノ価格ニ関スル件」の規定により計算します。
	地方債及び税務署長が確実と認める社債その他の有価証券	社債その他の有価証券については、時価の**8割以内**において担保の提供期間中の予想される価額変動を考慮した金額
	土　　　　地	時価の**8割以内**において適当と認められる金額
	建物及び鉄道財団等	時価の**7割以内**において担保を提供している期間中に見込まれる価額の減耗等を考慮した金額

— 224 —

第3節　国税の担保

4　担保の提供手続

担保の提供は、担保提供する旨の書面を提出して、担保財産の種類に応じ次のような手続で行います。

担保の提供手続	国債等、社債その他有価証券及び金銭の担保（通50一、二）	供託して供託書の正本を税務署長等に提出（通令16①） （登録国債）担保権の登録を受け、担保権登録済通知書を提供 （振替株式等）振替口座簿の質権欄に記載又は記録するための振替の申請
	土地、建物などの担保（通50三〜五）	税務署長等が抵当権の設定登記を関係機関に嘱託するので、抵当権を設定するのに必要な承諾書、印鑑証明書などの書類を税務署長に提出（通令16③）
	保証人の保証による担保（通50六）	保証書、印鑑証明書などの書類を提出（通令16④）

（担保の提供手続─有価証券の供託）

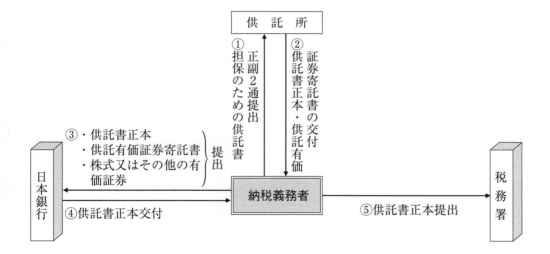

― 225 ―

(担保の提供手続―建物等の保険会社への質権設定の請求)

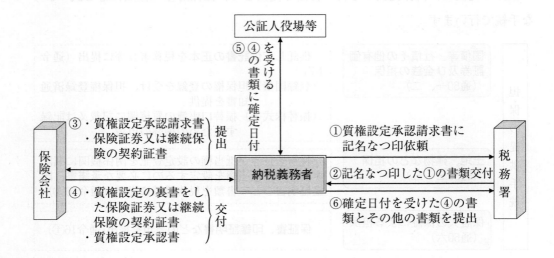

5　担保の変更

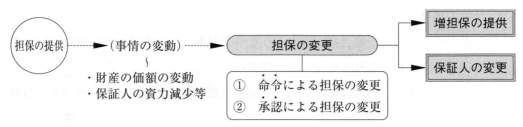

　国税について担保の提供があった後に事情の変動があった場合に、担保の変更をすることができます（通51①）。

　この「担保の変更」とは、税務署長等がする増担保の提供及び納税者がする担保の変更がこれに当たります。

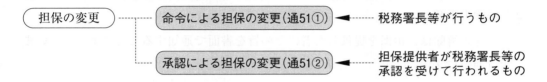

命令による担保の変更

　税務署長等は、担保を徴取した場合において、担保財産の価額若しくは保証人の資力の減少その他の理由によりその国税の納付を担保することができないと認めるときは、その担保を提供した者に対し増担保の提供、保証人の変更その他の担保を確保するため必要な行為を求めることができます（通51①）。

(注)1　「その他の理由」とは、担保提供後その財産の所有権の帰属について訴えが提起された場合等で、担保の提供の効力に影響があると認められること、保険に付した建物等につきその保険契約の期間が経過したこと等をいいます。
　　2　「必要な行為」とは、保険契約の更新、保険契約金額の増額、担保物の必要な保存行為等をいいます。
　　3　この規定による税務署長の求めに納税者が応じない場合には、納税の猶予又は換価の猶予の取消事由（通49①三、徴152）となります。

承認による担保の変更

　国税についての担保を提供した者は、税務署長等の承認を受けて、その担保を変更することができます（通51②）。もとより、変更後の担保は通則法第50条に規定する種類の担保でなければならないし、また、旧担保に係る税額の納付を担保するものでなければなりません。新たに提供されるものが担保として適格なものであり、かつ、変更することについて徴収上弊害がないと認められるときは、その申立ては、承認されます。

第4章　納税の緩和、猶予及び担保

6　担保の解除

(1) 解除の要件

担保の提供があった場合に、次のような事由があったときは、税務署長等は、担保を解除しなければなりません（通令17①）。

なお、次の事由が担保に係る国税の一部相当額にあるときは、その相当額の範囲内で解除できます。

担保の解除を行う場合	担保に係る国税の完納
	担保の変更の承認（通51②）を受けて変更に係る担保を提供
	更正の取消しその他の理由によりその担保を引き続き提供させる必要がなくなったこと

(2) 解除の手続

担保の解除は、担保を提供した者にその旨を書面で通知することによって行います（通令17②）。

また、税務署長等は、この通知に併せて次のような担保解除手続の措置をとります（通令17③）。

（担保の解除に伴う措置）

担保解除の通知　⇨　抵当権の抹消等　⇨　担保物の返還

（担保解除手続等）

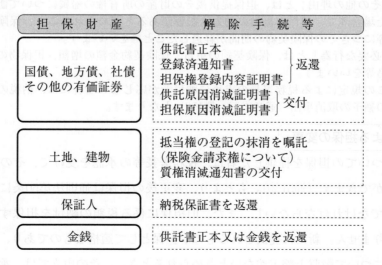

担保財産	解除手続等
国債、地方債、社債その他の有価証券	供託書正本 登録済通知書　｝返還 担保権登録内容証明書 供託原因消滅証明書　｝交付 担保原因消滅証明書
土地、建物	抵当権の登記の抹消を嘱託 （保険金請求権について） 質権消滅通知書の交付
保証人	納税保証書を返還
金銭	供託書正本又は金銭を返還

— 228 —

（担保提供書－納税の猶予等用）

担保提供書

税務署長　殿

令和　年　月　日

担保提供者（納税者）

住所（所在）

氏名（名称）　　　　印

納税の猶予に係る下記税金の担保として、次の物件を提供します。

年度	税目	納期限	税					額	備考
			本税	加算税	延滞税	利子税	滞納処分費		
			円	円	法律による金額　円	法律による金額　円	法律による金額　円		
		・　・			〃	〃	〃		
		・　・			〃	〃	〃		
		・　・			〃	〃	〃		
		・　・							
		・　・							

担保物件の表示

担保物件の所有者

令和　年　月　日

納税の猶予に係る上記税金の納税担保として、上記物件の提供を承諾します。

住所（所在）

氏名（名称）　　　　印

添付書類

第4章　納税の緩和、猶予及び担保

（抵当権設定登記承諾書－納税の猶予等用）

<h1 style="text-align:center;">抵 当 権 設 定 登 記 承 諾 書</h1>

原　　　　　　因　令和　　年　　月　　日納税（換価）の猶予に係る令和　　　年度
　　　　　　　　　　税（国税に関する法律の定めによる延滞税を含む。）に
　　　　　　　　　ついて令和　　年　　月　　日抵当権設定契約

債　権　額　金　　　　　　　　　円

納　税　者

　　　　　　　　下記物件に上記の抵当権設定の登記をすることを承諾します。

　　令和　　年　　月　　日

　　設　定　者

　　　　　　　　上記の担保提供に同意します。

　　　　　税　務　署　長　殿

不 動 産 の 表 示
　　別紙目録のとおり

第3節　国税の担保

（納税保証書－納税の猶予等用）

納　税　保　証　書

令和　年　月　日

保証人　住所（所在）
　　　　氏名（名称）　　印

保証人　住所（所在）
　　　　氏名（名称）　　印

　　　　税務署長　殿

納税の猶予に係る下記納税者の下記猶予税額を、私において（私ども保証人連帯で）納税保証します。

収入印紙
（13号文書）
（債務の保証に関する契約書）
（一律200円）

納税者	住所（所在）							
	氏名（名称）							
年度	税目	納期限	本税	加算税	延滞税	利子税	滞納処分費	備考
			円	円	法律による金額 円	法律による金額 円	法律による金額 円	
		・・			〃	〃	〃	
		・・			〃	〃	〃	
		・・			〃	〃	〃	
		・・						

納税換価猶予

添付書類　保証人の印鑑証明書各1通

— 231 —

第4章　納税の緩和、猶予及び担保

7　担保の処分手続等

(1)　担保の処分

　　税務署長は、次に掲げるような場合、例えば担保に提供されている国税がその納期限までに完納されないとき、担保の提供がされている国税についての延納、納税の猶予若しくは徴収若しくは滞納処分に関する猶予を取り消した場合には、それぞれ次に掲げる国税について徴した担保として、①提供された金銭をその国税に充て、若しくは②その提供された金銭以外の財産を滞納処分の例により処分してその国税に充て、又は③保証人にその国税を納付させることとします（通52）。

担保の処分を行う場合
①　納税の猶予（通46）、換価の猶予（徴151、151の2）を受けた者がその猶予に係る国税をその猶予の期限まで納付しない場合
②　消費税等の納期限の延長、延払条件付譲渡に係る所得税額の延納又は相続税若しくは贈与税の延納若しくは納税猶予の許可を受けた者がこれらの国税をその延長された納期限又は延納若しくは納税猶予の期限までに納付しない場合
③　間接税について保全担保を徴取している場合において、当該保全担保に係る間接税がその納期限までに完納されないとき
④　保全差押え又は繰上保全差押えに代えて担保が提供されている場合には、納付すべき税額の確定後その納期限までに納付されないとき
⑤　輸入品に係る内国消費税について担保が提供されている場合には、納付すべき税額の確定後その納期限までに納付されないとき等
⑥　不服申立てに係る国税につき差押えをしないこと又は既にされている差押えを解除することを目的として担保が提供された場合において、不服申立ての決定又は裁決において納付すべき税額があるとされたにも拘らず、その納付すべき国税を納付しないとき 　　(注)　再調査決定後、審査請求をすることができる場合にあっては、その審査請求期間内は、原則として、不服申立ての係属中の場合と同様に取り扱うこととされています（通基通52-1参照）。
⑦　担保の提供がされている国税についての延納、納税の猶予又は徴収若しくは滞納処分に関する猶予を取り消した場合

(2) 担保の処分手続

イ 担保物の処分

(イ) 担保が金銭の場合

担保が金銭であるときは、供託物払渡請求書に供託書正本及び還付を受ける権利があることを証する書面を添えて法務局供託課にその還付を請求し、金銭にした後国税に充当します（通52①）。

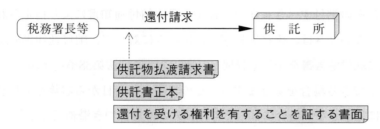

(ロ) 担保が金銭以外の場合

金銭以外の担保物の処分は、徴収法の定める手続により、督促をすることなく、直ちに差押処分以降の手続を行います。ただし、供託した有価証券については、まず、供託規則の定めにより還付を受けてから、換価手続又は債権取立ての手続により金銭化して国税に充当します。

担保物を処分しても徴収すべき国税に不足すると認められる場合は、他の財産について滞納処分を行います。この場合は、未督促の国税については、督促状の発送を必要とします。

> 滞納処分の例による処分
>
> 「滞納処分の例により処分する」とは、徴収法第5章（滞納処分）に規定する滞納処分手続その他滞納処分に適用される法令に定めるところにより行うことをいいます。この場合には、督促状の発付の必要はなく、直ちに担保物につき差押手続以下の処分ができます。

第4章　納税の緩和、猶予及び担保

ロ　保証人からの徴収

　　納税の猶予等の担保として保証人がある場合において、担保財産処分の要件に該当するときは、保証人にその担保されている国税を納付させます。

　　この場合には、保証人に対して納付通知書による告知をしてその納付を求めなければなりません（通52②）。納付通知書には、納付させる金額、納付の期限、納付場所その他必要な事項を記載しますが、この納付の期限は、当該通知書を発する日の翌日から起算して1月を経過する日としなければなりません（通令19）。なお、この場合には、税務署長等は、その者の住所又は居所の所在地を所轄する税務署長に対し、その旨を通知しなければなりません（通52②）。

　　保証人が、その納付すべき金額の全額を、その納付通知書により指定された期限までに納付しないときは、税務署長等は、保証人に対して、納付通知書の納付期限後50日以内に納付催告書を発して督促し（通52③、通則法第38条第1項（繰上請求）の繰上請求ができる場合を除きます。）、その督促をした日から起算して10日を経過した日までに完納しない場合には、その保証人の財産につき滞納処分を行います。

　　令和2年4月施行の民法の一部改正により、個人の保証人を保護する見直しがされましたが、実務に影響するものは次の2点です。

①　保証契約後において、債務者の信用状況が悪化しているにもかかわらず、保証人がそのような状況を知る機会もなく、突然に保証債務の履行を求められる問題が指摘されていました。そこで、納税保証人から納税者の履行状況に関する情報の請求がされたときは、遅滞なく、その国税の不履行の有無並びにその残額及びそのうち不履行となっているものの額を通知することになりました（民458の2①、通基通50-7-2）。

②　納税保証に係る猶予が取り消された場合あるいは期間が短縮された場合には、その処分を行った日から2月以内に、納税保証人に対してその旨を通知しなければなりません（民458の3①）。その通知がされなかった場合には、期限の利益が喪われた期間に係る延滞税を徴収することができなくなりました（民458の2②、通基通52-3-2）。

— 234 —

第3節　国税の担保

保証人からの徴収手続

納付通知書

　国税をその保証人から徴収するときは、納付通知書により、その通知書を発した日の翌日から起算して1月を経過する日を納期限と定めて、納付の請求をします（通52②、通令19）。

納付催告書

　保証人が納期限までに納付しないときは、納付催告書で納付を督促します（通52③）。この督促後10日を経過しても完納しない場合には、本来の納税者の財産に滞納処分をしても徴収すべき国税に不足すると認められるときに限り、保証人の財産に対し滞納処分を行うことができます（通52④）。
　なお、保証人の財産は、本来の納税者の財産を換価した後でなければ公売などの換価ができません（通52⑤）。

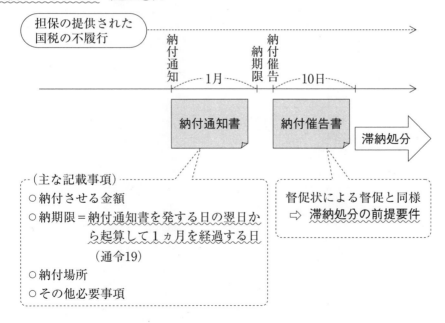

ハ　滞納処分ができる時期等

保証人に対する滞納処分　⇒　滞納者の財産について滞納処分してもなお不足があ

ると認められるとき
⇩
滞納者の財産を現実に処分し、その結果により不足があるときに限らず、現実に処分しないでも不足があると客観的に認められるときでも足ります。

保証人の財産の換価制限 ⇒ 滞納者の財産を換価に付した後でなければ換価処分はできません（通52⑤）。

　　㊟ 「換価に付する」とは、滞納者の財産について公売期日を開くことをいいます。

納税の猶予等 ⇒ 保証人に対する、納税の猶予、納付委託、繰上請求（通52⑥）

保証人と主たる債務との関係

保証人の保証債務に係る納税義務	保証人の保証債務に係る納税義務について、保証人がその義務を履行した場合には、滞納者の納税義務もその履行があった部分について常に消滅します。 逆に、滞納者がその納税義務を履行した場合には、その履行した額がその納税義務の全部であるときは、保証人の納税義務も消滅するが、その履行した額が一部であるときは、その一部履行後の滞納者の納付すべき税額が保証人の納付すべきであった税額より小さくなるときに限って、その小さくなる範囲内において保証人の納税義務が消滅します。
時効の完成猶予及び更新	滞納者に対する履行の請求その他の事由により時効が完成猶予及び更新されれば、保証人に対してもその効力を生じます。 しかしながら、滞納者の納税義務が時効により消滅すれば、保証債務も消滅するとされているので、滞納者の納税義務が時効により消滅するおそれがあり、時効の完成猶予及び更新のため他に適当な方法がないときは、必要に応じ、滞納者の納税義務の存在確認の訴えを提起することとされています（東京地判昭和39．3．26・下民集15巻3号639頁）。
納税の猶予	滞納者の租税債務について納税の猶予がされている間は、その国税についての保証人に対して納付通知書若しくは納付催告書を発し、又は滞納処分をすることはできませんが、換価の猶予がされている間であれば、これらの処分をすることはできます。
滞納者が相続人等	滞納者が相続人である場合において相続財産につき限定承認をしたとき又は株式会社である滞納会社が会社更生法第204条（更生債権等の免責等）の規定により租税債務について免責された場合においても、租税債務は責任範囲が限定されるだけで、そのまま存続するのであるから保証人の保証債務に係る納税義務には影響を及ぼしません。

(注) 保証人に対する徴収手続は、その納税義務の補充性を考慮し、通則法第52条に特別に定められているので、民法第452条（催告の抗弁）及び第453条（検索の抗弁）の規定による催告又は検索の抗弁権は有しないと解されます。

(3) 滞納者の他の財産の処分

担保として提供された金銭又は担保財産の処分の代金が徴収すべき国税その他の処分費に充ててもなお不足があると認めるときは、滞納者の他の財産について滞納処分を執行することができます（通52④）。

「不足があると認めるとき」の判定…必ずしも担保財産を現実に滞納処分の例により換価した結果により行う必要はなく、判定しようとするときの現況における価額により判定

第4章 納税の緩和、猶予及び担保

（納付通知書）

納 付 通 知 書

保証人　　　　　　　　　　　　　　　　　　　　　　年　月　日

住　　所
氏名又は名称　　　　　　　殿
　　　　　　　　　　　　　税務署長
　　　　　　　　　　　　　　　　　官　氏　名　㊞

あなたは、保証人として、下記納税者の滞納国税及び滞納処分費につき、下記金額の国税を納付しなければならないこととなりましたので、納付の期限までに納付して下さい。

納税者	納税地					氏名又は名称					
滞納国税等	年度	税目	納期限	本税	加算税	加算税	延滞税	利子税	滞納処分費	備考
				円	円	円	法律による金額 円	円	法律による金額 円	
							〃		〃	
							〃		〃	
							〃		〃	

上記納税者の滞納国税及び滞納処分費につき、あなたが保証人として納付すべき金額　　　　　　　　　　　　　　円

納付の期限　　　　　　　　　年　月　日　　納付場所　日本銀行の本店、支店、代理店若しくは歳入代理店又は当税務署

㊟　通則法施行規則　別紙第4号様式

（納付催告書）

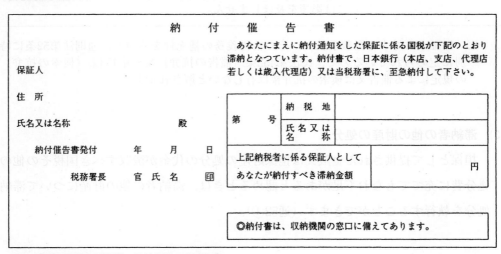

㊟　通則法施行規則　別紙第5号様式

8 納付委託

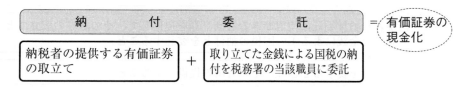

(1) 納付委託の意義

　国税は、金銭による納付を原則とし、いわゆる証券類による納付は、国債証券の利札などが特別の制限の下に許されているにすぎません。

　手形、先日付小切手は、一般に経済界において債務の決済手段に用いられていますが、証券による国税の納付には使用できないので、国税の納付に関して活用できる手段として、納付委託の制度が設けられています。

　納付委託は、納税者の提供する有価証券の取立てと、その取り立てた金銭による国税の納付を、税務署の当該職員に委託することです。この制度によれば、納税者にとっては、再度納付手続を必要としない便益があり、他方、税務署長としても、国税を猶予する場合に納税者が金融機関との取引の停止処分を受けるのを恐れて、納付委託した手形などを不渡りとすることができないので、この担保的機能を利用して、猶予不履行を未然に防ぐことができます。

　納付委託　有価証券の呈示及び現金の受領とその現金による納付とを、税務署の当該職員に委託

　　　　　有価証券のもつ担保機能…納税の猶予、換価の猶予の納付の裏付け

> 納税者（委託者）から一方的に解約することはできないと解されます。
> また、納付委託によって直ちに納税義務が消滅するものではなく、有価証券を現金化してその現金で納付したときに、はじめて納税義務が消滅します。

(2) 納付委託の要件

　納付委託を受けることができるのは、次に掲げる要件のすべてに該当する場合です（通55①）。

第4章 納税の緩和、猶予及び担保

納付委託の要件	① 納税者に納付委託の目的となる国税があること
	② 納税者が納付委託に使用できる有価証券を提供して、その証券の取立てと取り立てた金銭による①の国税の納付とを委託すること
	③ 取立費用を要するときは、その費用の提供があること

⑶ 納付委託のできる国税

納付委託ができる国税は、次に掲げるものです（通55①）。

国税納付委託できる	① 納税の猶予又は滞納処分に関する猶予に係る国税
	② 納付委託をする有価証券の支払期日以後に納期限の到来する国税
	③ 滞納者に納税について誠実な意思があり、かつ、納付委託を受けることが国税の徴収上有利と認められるもの

(注) 「国税の徴収上有利」とは、滞納に係る国税をおおむね6月以内に完納させることができると認められる場合において、滞納者の財産の状況その他の事情からみて、滞納に係る国税につき有価証券の納付委託を受けることにより確実な納付が見込まれ、かつ、その取立てまでの期間において新たに納付委託に係る国税以外の国税の滞納が見込まれないと認められる場合をいいます（通基通55－1）。

⑷ 納付委託に使用できる証券

納付委託に使用できる証券は、次に該当するものです。

納付委託に使用できる証券	① 国税の納付に使用できる証券以外の有価証券であること
	② おおむね6月以内において取立が確実と認められる証券であること
	③ 証券の金額が納付委託する国税の額を超えないこと

> **提供できる証券**

提供できる証券は、国税の納付に使用できる証券以外の証券で最近において取立てが確実と認められ、かつ、その券面金額が納付委託の目的である国税の額を超えていないもので、次に掲げるような有価証券をいいます（通基通55－2）。

— 240 —

小切手	① 再委託銀行（税務署長が証券の取立て及び納付に関する再委託契約を締結した銀行をいいます。）又は再委託銀行と同一の手形交換所に加入している銀行（手形交換所に準ずる制度を利用して再委託銀行と交換決済をすることができる銀行を含みます。以下「所在地の銀行」といいます。）を支払人とし、再委託銀行の名称（店舗名を含みます。）を記載した線引の小切手で、次に該当するもの イ 振出人が納付委託をする者であるときは、税務署長を受取人とする記名式のもの ロ 振出人が納付委託をする者以外の者であるときは、納付委託をする者が当該税務署長に取立てのための裏書をしたもの ② 所在地の銀行以外の銀行を支払人とする上記①と同様な要件を備える小切手で、再委託銀行を通じて取り立てることができるもの
約束手形 為替手形	① 所在地の銀行を支払場所とする約束手形又は為替手形で、次に該当するもの イ 約束手形の振出人が、為替手形（自己宛のものに限ります。）については支払人が、納付委託をする者であるときは、当該税務署長を受取人とし、かつ、指図禁止の文言の記載のあるもの ロ 約束手形の振出人が、為替手形（引受けのあるものに限ります。）については支払人が、納付委託をする者以外の者であるときは、納付委託をする者が税務署長に取立てのための裏書をしたもの ② 所在地の銀行以外を支払場所とする上記①のイ又はロに掲げる約束手形又は為替手形で、再委託銀行を通じて取り立てることができるもの

証券は、実務上、<u>先日付小切手</u>、<u>約束手形</u>及び<u>為替手形</u>に限られています。

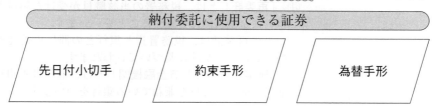

(5) 納付委託の手続

納税者から納付委託の申し出があり、税務署の当該職員が納付委託を認めたときは、証券を受領し、その証券の取立て費用を要するときはその費用の提供を受けます（通55①）。この場合、**納付受託証書**を納税者に交付します（通55②）。

受託した証券は、その保管及び取立の便宜と確実を図るため、金融機関に**再委託**します（通55③）。

第4章　納税の緩和、猶予及び担保

納付委託の手続

証券受領　⇒　費用の受領　⇒　納付受託証書の交付　⇒　再委託

費用の受領

……証券の取立てにつき費用を要するときは、委託をしようとする者は、その費用の額に相当する金額を合わせて提供する必要があります（通55①）。

納付受託証書の交付

……税務署の当該職員が納付委託を受けた証券を受領した場合には、**納付受託証書**を納税者に交付しなければならない（通55②）。

再委託

……税務署の当該職員は、納付委託を受けた場合において、必要があるときは確実と認める金融機関にその証券の取立て及び納付の**再委託**をすることができます（通55③）。

(注)　「**再委託**」とは、税務署の当該職員が受けた納付委託をさらに金融機関に委託することをいいます。
　　この再委託は、税務署長と銀行との間に再委託契約を締結し、この契約に基づいて行われます。
　　「確実と認められる金融機関」とは、通常日本銀行代理店又は歳入代理店を兼ねている銀行をいいます。

— 242 —

《図示》 納付委託の手続

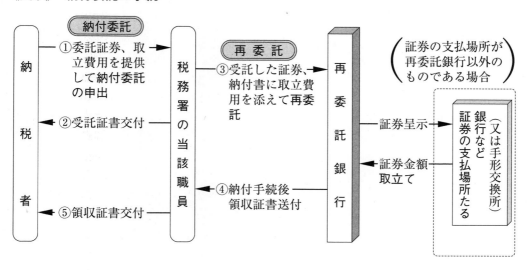

(6) 受託後の処理手続

　現金による納付、賦課の取消し、還付金等の充当等により納付委託の目的となった国税が消滅した場合には、当該証券による納付の委託を解除し、当該証券を返還します。証券が不渡りとなり委託銀行から返還を受けた場合には、裏書人等に対して遡及するか又は猶予を取り消すべき場合は猶予の取消しをして納税者に滞納処分を執行する等徴収上有利な措置をとることができます。

(7) 納付委託と担保

　猶予した国税について、納付委託を受けたときは、一般的にはその証券が担保的機能を果たしているため、改めて担保の提供は必要がないと認められるに至ったときは、その認められる限度において、担保の提供があったものとすることができます（通55④）。

　ここにいう「必要がないと認められるに至ったとき」とは、納付委託を受けた証券の取立てが最近において特に確実であり、不渡りとなるおそれがないため、納付委託に係る国税が確実に徴収できると認められる場合等をいいます（通基通55－9）。

　(注)　通則法第55条第1項第3号に規定する国税について納付委託を受けた場合においては、その取り立てる日までは納付委託に係る国税について、原則として、滞納処分を行わないこととして取り扱われています（通基通55－8）。

第3節 国税の徴収

〔図示〕 納付委託の手続

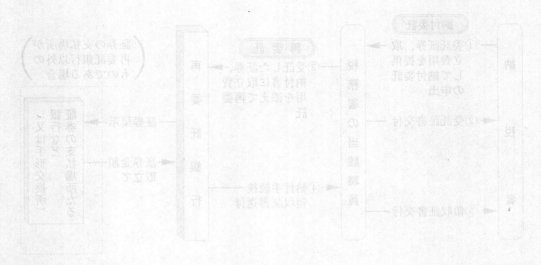

(6) 受託後の処理手続

現金による納付に、換価の容易な、徴収者の定めるところにより納付委託の目的となった証券分野場合には、当該証券によって納付の委託を受領し、当該証券を交換した上で、当該分や証券の収納日以後の収納を受けた場合には、納税人等に対して納付受託証書を取り戻し、新たに納付書の収納日以降、当該税務署に領収済額分を交付し、必要に応じ領収証書を交付することができる。

(7) 納付委託と担保

納付の国税について、納付委託を受けたときは、一般的にはその担保が小さな保有は見立てしているため、定めて証券の措置を取る必要が生じたときには、その証券の分析態度によって、出所の種類があるうちとしてなることがある（通基25-4）。

ここにいう「差置き等ならに求められるに立った等」とは、納付委託を受けた証券の期限までに納付実現であって、不履行のおそれがないか、納付委託に係る国税が確実に徴収できると認められる措置を要しているときをいう（通基25-9）。

即の国税については徴収手続法第3節に規定する国税による納付委託の手続について納付委託を受けた場合におけると、その徴収のすでない手形の納付委託に係る国税について、期限として、徴収猶予を認めず、すなわち、その限り取り扱うこととする（通基25-8）。

第5章　国税の還付及び還付加算金

第1節　国税の還付

1　還付金等の種類

国税として納付又は徴収された金額が確定した納付すべき税額より過大である場合、その他課税の公平の見地から既に負担された国税債務を軽減免除すべき場合等には、既に納付等がされたこれらの国税は還付されます。

国税の還付には、還付金の還付と過誤納金の還付の二種類があり、これらを併せて還付金等といいます。

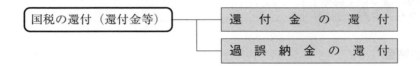

(1)　還付金

還付金　⇒　各税法の定めに基づいて発生する公法上の金銭請求権

還付金は、各税法の定めに基づいて発生するもので、予定（中間）的に納付することが義務づけられている税額が後日確定額を超えることとなった場合などに還付するものです。

主な還付金は、次のとおりです。

第5章　国税の還付及び還付加算金

還付金	予定的な納税義務が確定したことに基づくもの	・所得税の予定納税の還付金（所139①②、160①～③） ・法人税の中間納付額の還付金（法79①②、81の30①②、134①～③） ・消費税の中間納付額の還付金（消53①②、55①～③） ・相続時精算課税に係る贈与税相当額の還付金（相33の2①⑤⑥）
	税額を通算して計算するため認められるもの	・所得税法における源泉徴収税額などの還付金（所138①、159①②） ・法人税法における所得税額などの還付金（法78①、81の29①、133①） ・消費税法における消費税額の控除不足の還付金（消52①、54①）
	所得を通算して計算するため認められるもの	・所得税法における純損失の繰戻しによる還付金（所142②） ・法人税法における欠損金又は連結欠損金の繰戻しによる還付金（法80⑦）
	租税負担の適正化を図るため認められるもの	・酒税などの課税物件が戻し入れされたことなどによる還付金（酒30④⑤、揮17③④、油15④⑤、地揮9①、石12③④、た16④⑤、航12②） ・災害を受けたことによる還付金（災3②③、7④、8①） ・仮装経理に基づく過大申告の場合の還付金（法135）
	主として政策的理由に基づいて認められるもの	・たばこ税などの課税済物品の輸出をした場合などの還付金（た15①）

(2)　過誤納金

　過誤納金は、法律上、国税として納付すべき原因がないのに納付された金額で、国の一種の不当利得に係る返還金です。

　過誤納金は、次のように過納金と誤納金に区別されます。過納金とは、納付のときには適法な国税の納付であったが、後に、課税処分の取消しや減額更正等により超過納付となった場合の超過納付金をいい、誤納金とは、当初から法律上の原因を欠き国に国税の納付を受ける権限がない場合の納付金をいいます（大阪地判昭和39年6月26日・訟月10巻8号1139頁）。

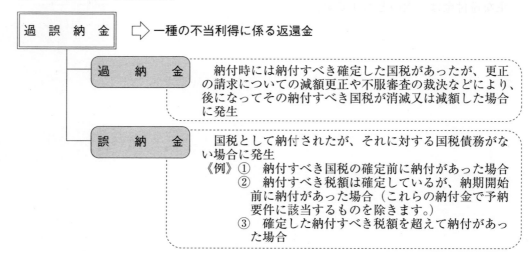

第1節 国税の還付

参考　還付金等の性格

- 還付金 …… 各税法の構成上、国税を還付することが税負担の公平を図る上において適当であると認められるような場合に、各税法の規定により納税者に特に付与された公法上の金銭請求権
- 過誤納金 …… 目的を欠く国税の納付があったことによる国の不当利得の返還金
  - 過納金 …… 適法な納付であったものが、結果的に目的を欠くことになった場合の不当利得の返還金
  - 誤納金 …… 当初から明らかに目的を欠く納付であった場合の不当利得の返還金

2　還付金等の還付

金銭による還付　還付金等があるときは、印紙納付又は物納などの当初の納付手段にかかわらず、遅滞なく金銭で還付（通56①）

(注)「遅滞なく」とは、事情の許す限り最も速やかにという意味で、正当な合理的な理由がある場合の遅滞は、許容されることをいいます。

- 原則 …… 金銭の支払
- 例外 …… 物納に係る過誤納（相43③）
  …… 登録免許税の過誤納（登31③）

還付を受ける者　原則として、還付金の原因となった国税及び過誤納の国税を納付した者（還付請求権者）

☞ 通基通第56条関係参照

還付請求権者　還付を受けるべき者を明示した上で次に掲げる者

- 納税管理人がいる場合……………………納税管理人
- 相続財産管理人（民895等）又は不在者の管理人（民25）がいる場合…………相続財産管理人又は不在者の管理人
- 法人が清算中の場合………………………清算人
- 破産宣告を受けた場合……………………破産管財人
- 会社に整理の開始命令があった場合……管理人

第 5 章　国税の還付及び還付加算金

(1)　還付権利者

イ　還付金の場合における還付権利者

　　還 付 金 …還付金の計算の基礎となった国税の納税義務者又はそれに準ずる地位にある者

　　　　　　還付金の還付を受ける者は、還付金の内容を定める各税法の規定にそれぞれ規定

ロ　過誤納金の場合における還付権利者

　　過誤納金 …その過誤納付をした者

　次に掲げるような過誤納の態様等により、還付を受ける者は、それぞれに述べるところによります。

過 誤 納 の 態 様 等		還付を受ける者
過誤納	①本来の納税者と第二次納税義務者の双方がそれぞれ納付した後、その国税について過誤納が生じた場合	第二次納税義務者（通令22①）
	②本来の納税者とその者の国税に係る譲渡担保権者の双方がそれぞれ納付した後、その国税について過誤納が生じた場合	譲渡担保権者（通基通56－3）
	③保証人又は第三者が納付した国税が過誤納となった場合	本来の納税義務者（通基通56－4）
	④連帯納付義務者の納付した国税が過誤納となった場合	最後に納付した者（通基通56－5）
	⑤源泉徴収所得税の過誤納の場合	年末調整による過誤納額 　納税義務者（所191、所令312、313） その他の過誤納額 　源泉徴収義務者（通基通56－2）
還付請求権の譲渡等	①還付請求権の譲渡につき指名債権の譲渡の通知（民467①）の規定による譲渡の通知があった場合	その譲受人（通基通56－9）
	②還付請求権につき相続の開始、合併があった場合	その相続人、合併法人
	③還付請求権につき指名債権者の対抗要件（民364①）の規定による質入れの通知があった場合	質権者
	④還付請求権が強制執行、滞納処分により差押えられた場合	その差押債権者（通基通56－12等）

— 248 —

第1節　国税の還付

参考　国税通則法基本通達第56条関係13（還付金等の請求権について相続があった場合）

　13　還付金等の請求権について相続による承継があった場合において、民法第900条及び第901条の規定により算定した相続分を超えて当該請求権を承継した共同相続人から、当該請求権に係る遺言又は遺産の分割の内容を明らかにして承継の通知があったときは、その承継は第三者に対抗できることに留意する（民法第899条の2第2項）。

(2) 還付金等があるとき

　税務署長等は、還付金等があるときは遅滞なく金銭でこれを還付しなければなりません（通56①）。

　還付金等があるとき……還付金等の発生が税務行政機関に具体的に認識されたとき

イ　還付金の発生時期

（発生事由に応じ次のように区分）

還付金の発生時期 ⇨　① 申告、更正決定によって直ちに還付金の発生が認識
　　　　　　　　　　② 納税者の申請等を税務行政機関の処分によって認識

（「還付金の発生時期」の例示）

納税申告書の提出、更正決定によって還付金の発生が認識されるもの	・個人の源泉徴収税額又は外国税額の還付金（所138）、予納税額の還付金（所139等） ・法人の所得税額又は外国税額の還付金（法78等）、中間納付額の還付金（法79、消53等） ・相続時精算課税に係る贈与税相当額の還付金（相33の2） ・仕入れに係る消費税額等の還付金（消52等）　等
還付請求の認容する処分によって還付金の発生が認識されるもの	・純損失等の繰戻しによる還付金は、納税申告書の提出のみでは確定せず、納税者の還付請求を認容する税務署長の処分によって発生が確認（所142②、法80⑥） ・課税済物品を輸出した場合のたばこ税の還付金（た15）　等

ロ　過誤納金の発生時期

（「過誤納金の発生時期」の例示）

減額更正、取消裁決、判決等課税額の減少に伴う過納金	・減額更正、取消裁決等の処分があった時 ・確定判決の効力が生じた時

— 249 —

第 5 章　国税の還付及び還付加算金

年末調整による源泉徴収所得税の過誤納金	その年末調整がされた時
徴収義務者が納税の告知を受けることなく納付した源泉徴収による国税の過誤納金	税務署長がその過誤納の事実を確認した時（通令24②二）
自動車重量税に係る過誤納金	・自動車検査証の交付等を受けることをやめた場合、又は過大に自動車重量税を納付して自動車検査証の交付等を受けた場合の過誤納金については、国土交通大臣等の過誤納確認証明書等が所轄税務署長に提出されたとき（自16③） ・認定の処分又は納税の告知（自12、14）が取り消された場合は、その取り消しがあったとき
印紙税に係る過誤納金	税務署長がその過誤納の事実を確認した時（印14）
登録免許税に係る過誤納金	・登記等の申請が却下され、取り下げられ又は印紙等の再使用証明分の還付の申し出があったとき（登31⑧） ・単純な過大納付については、納税者が登記等を受けたとき（登31⑧四）
その他の誤納金	その納付があった時

(3)　還付すべき金額

還 付 金 の 場 合	過 誤 納 金 の 場 合
還付金の内容を定める各税法によって規定 　予納税額の還付金又は中間納付額の還付金については、その還付金の計算の基礎となる予定納税額又は中間納付額の予納額につき延滞税があるときは、その額のうちこれらの還付金の額に対応する部分の延滞税の額も還付します（所139②、法79②、消53②）。	過誤納金として納付された国税の額

(4)　還付手続

　還付金は、国税局長、税務署長が還付金等の発生を確認したときは遅滞なく金銭で還付します（通56①）。なお、物納した相続税に過誤納があった場合には、例外として、納税者の申請により物納財産で還付することができます（相43③）。

㈨　揮発油税に係る還付金等を還付するときは、地方揮発油税に係る還付金等もあわせて還付しなければならないとされています（地揮12）。

— 250 —

第1節　国税の還付

　還付行為は、それによりなんら実体的な法律関係を発生させるものでないため、その行為自体は、抗告訴訟の対象とはなり得ません。したがって、還付加算金が法律により計算した額より小さいときでもその還付の取消しを求めることはできず、不足分の支払いを求める訴えを提起することになります（広島高判昭54.2.26）。

(5) 還付金等の還付事務の引継ぎ

　国税局長は、必要があるときは、管轄区域内の税務署長が所掌する還付金の引継ぎを受けることができます（通56②）。また、所得税法第139条第6項の規定に基づく同法施行令第267条第4項の規定により還付を留保した場合等において、納税地の異動があったとき、又は他の税務署長等が充当する必要がある場合には、新納税地の所轄庁又は滞納国税の所轄庁に還付金等を引き継ぐこととされています。

(6) 還付金等の確認

　還付金等は、原則として還付の請求を受けるまでもなく遅滞なく金銭で還付しなければなりません（通56①）。しかしながら、印紙納付に係る国税の過誤納金、徴収義務者の過誤納金等については、そのままで税務署長が過誤納の事実を知りえないので、納税者からの確認請求等をまって還付することになります（通令24②③、印14、自16③）。

　また、登録免許税の過誤納金については、原則として、登録機関から過誤納通知があることとなっているので、この通知をまって還付することになります（登31）。

　各税法の還付金については、例えば、確定申告による源泉徴収所得税額の還付金の場合には、源泉徴収の事実の説明となる明細書を確定申告書に添付する必要があります（所令267②）。

(7) 還付する時期

　還付金等の確認がされた場合、「遅滞なく」還付しなければなりません。この「遅滞なく」とは、「直ちに」とは異なり、正当な理由又は合理的な理由に基づく遅滞まで否定するものではなく、事情が許す限りもっとも速やかに還付しなければならないということです。

　なお、次の還付金については、それぞれに掲げる場合には一時還付を留保し、充当する等の処理が必要となります。

確定申告により生じた予定納税額、源泉徴収税額若しくは外国税額、中間納付額、相続時精算課税に係る贈与税額に係る贈与税相当額又は仕入れに係る消費税額等の還付金	その確定申告につき更正の必要があると認める場合（所令267④、法令151・153、相令9、消令64・67）
年末調整による還付金	原則として徴収義務者において還付し、又は充当（所令312）
仮装経理に基づく法人税の過大申告を減額更正した場合の還付金等	仮装経理に基づく法人税に係る還付金等は、還付又は充当しないで、その更正の日の属する事業年度開始の日から5年以内に開始する事業年度の所得に対する法人税額から順次控除することとされ、5年間の繰越控除の適用期間を終了しても、なお控除しきれなかった場合には、その控除しきれなかった金額を還付（法70、135③）

3 還付金等の支払方法

(1) 預貯金口座振込払

納税者（債権者）の預貯金口座に日本銀行を通じて直接振り込む方法です。

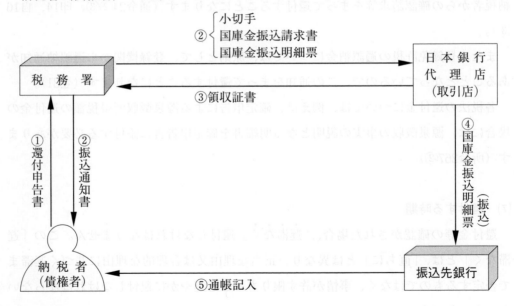

(2) 郵便局窓口送金払

納税者（債権者）が支払場所として郵便局を希望する場合に、日本銀行を通じて当該郵便局に所要資金を送金させるとともに、債権者に国庫金送金通知書を送付して支払う方法です。

第1節　国税の還付

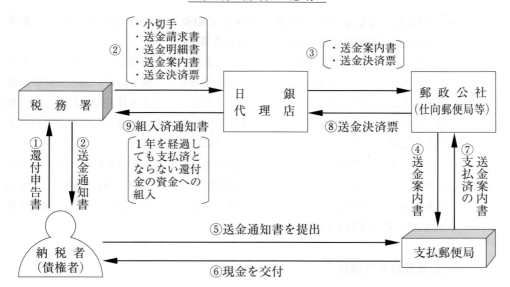

(注)　**国税資金支払委託官制度の廃止と郵便局窓口送金払制度の創設**
　従前は、郵便局が国の機関であることを前提に還付金の支払を郵便局に委託して行っていました。しかしながら、平成15年4月1日施行された日本郵政公社法（平成14年法律第97号）により、郵便局は日本郵政公社が設置することになり、郵便局が国の機関でなくなったことに伴い、支払委託官制度は廃止されました。
　支払委託官制度が廃止されると、預貯金口座を持たない納税者への還付金の支払ができなくなることから、郵便局窓口での還付金支払制度（郵便局窓口送金払）が新設されました。

4　未納国税への充当

(1)　充当の意義

> 充当とは

　還付金等が発生した場合、その還付を受ける者について<u>他に納付すべき確定した国税があるとき</u>は、<u>納税者の意思にかかわらず、その還付をしないで、未納の国税に充てること</u>

> 　国税債権を消滅させる一つの行為として、<u>民法の相殺（民505）</u>と同様の効力。
> 　ただし、民法の相殺は、当事者の一方から他方に対する意思表示によって行われ、相殺を禁止する旨の特約があるときには相殺ができないのに対し、<u>未納の国税への充当は、強行規定によるものであるため、当事者の反対の意思表示は許されません。</u>

― 253 ―

第5章　国税の還付及び還付加算金

参考 既に差押えをして滞納国税を確保しているにもかかわらず、更に充当をすることは重複処分とはならないとした事例

　請求人は、原処分庁は既に差押えをして滞納国税を確保しているのであるから、更に充当することは重複処分となって違法であると主張するが、請求人には平成3年5月15日現在本件滞納国税が存在しており、たとえ本件差押えによって、原処分庁が既に本件滞納国税の徴収を確保していたものであるとしても、それにより本件滞納国税が完納されたというわけではない。

　また、充当は滞納国税につき差押えがなされているかどうかにはかかわりなく行われるものであり、かつ、差押えとは別個の規定に基づく内容を異にしたものであるから、本件充当を重複処分で違法であるということはできない（裁決平成4.2.24・裁決事例集43巻1頁）。

(2) 充当の効果及び充当適状

充当の効果　　充当適状の時に、納付すべき国税と還付金等が対当額で消滅

納付の効果と同様

> ＊　充当により、納付すべき国税は、充当適状の時に充当した還付金等に相当する額の国税の納付があったものとみなされます（通57②）。

充当適状の時　　充当をすることに適することとなった時
《原則》充当される国税の法定納期限と還付金等が発生した時とのいずれか遅い時（通令23①）

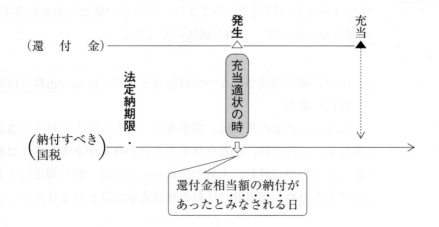

第1節　国税の還付

参考　充当適状の時の一覧表

区分	内	容
原則	納付すべき国税の**法定納期限と還付金等が生じた時とのいずれか遅い時**（通令23①本文）	次に掲げる国税については、左記にかかわらず、**各々の期限と還付金等が生じた時とのいずれか遅い日** ①　災害などによる納期限の延長があった国税（通11） 　……延長期限 ②　災害による相当な損失の場合の納税の猶予に係る国税（通46①） 　……猶予期限 ③　延納に係る国税（所131、132、相38） 　……延納期限
特例	次に掲げる国税については、それぞれ次の掲げる時と還付金等が生じた時とのいずれか遅い時 ①　法定納期限後に納付すべき税額が確定した国税（過怠税を含み、③を除きます。）（通令23①一、四） 　……申告があった時 　……更正、決定通知書又は納税告知書を発した時 ②　法定納期限前に繰上請求がされた国税（通令23①二） 　……繰上請求期限 ③　加算税（通令23①六） 　……賦課決定通知書を発した時 ④　保証人又は第二次納税義務者として納付すべき国税（通令23①七） 　……納付通知書を発した時 ⑤　滞納処分費（通令23①八） 　……その生じた時	

⑶　充当の手続

　還付金等を未納の国税に充当する場合は、その国税に本税のほか延滞税又は利子税があるときは、まず本税に優先的に充当し（通57①）、納税者へは**充当通知書**を送達します（通57③）。

　複数の本税のうちいずれに充当するかは、事前の合意がない限り（民490）、納付時における納税者の指定により行います（民488①）。そうした指定がなければ税務署側が行いますが、直ちに納税者が異議を述べたときはそれに従います（民488②）。

　(注)　充当通知の性質については、最高裁判所平成5年10月8日第二小法廷判決（訟月40巻8号2020頁）では、「充当は公権力行使の主体である税務署長が一方的に行う行為であって、それによって国民の法律上の地位に直接影響を及ぼすものというべきであること」を理由としてその処分性を認めています。

第2節　還付加算金

1　還付加算金の意義

　国税の納付遅延に対し延滞税が課されることとの権衡等から、原則として、還付金等には一種の利息に当たる金額を加算します。この金額が還付加算金です（通58）。

> **還付加算金**　還付金等に付する一種の還付利息
>
> **参考**　還付加算金は一種の利子であって、損害賠償金としての性格を有するものではないので、所得税法上、同法第9条第1項第21号に規定する非課税所得には当たらず、雑所得として課税されます（最二判昭和53.7.17・税資102号96頁）。

2　還付加算金の計算

　還付金等には、次表に掲げる起算日から還付の支払決定日又は充当日（充当日前に充当適状日がある場合は、その充当適状日）までの期間に年7.3％※の割合の還付加算金が加算されます（通58①）。

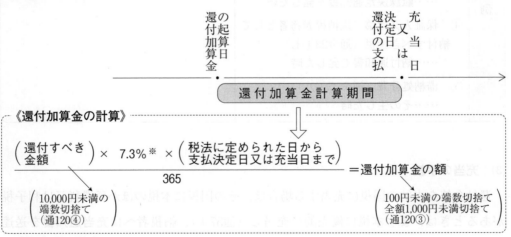

㊟　上記還付加算金の割合（※）は本則です。
　還付加算金の年7.3％の割合については、平成11年度と平成25年度税制改正により、措置法第95条において、次のような特例が設けられています。
① 平成12年1月1日以後平成25年12月31日までの期間（平成11年度改正）
　　年「7.3％」と「特例基準割合（前年の11月30日の日本銀行が定める基準割合＋4％）」のいずれか低い割合を適用（旧措95）
② 平成26年1月1日以後（平成25年度改正）
　　年「7.3％」と「特例基準割合（各年の前々年の10月から前年9月までの各月における短期貸付けの平均利率の合計を12で除して計算した割合として各年の前年の12月15日まで財務大臣が告示する割合に、年1％の割合を加算した割合）」のいずれか低い割

第2節　還付加算金

合を適用（措95）

　以上から明らかなように、平成25年度の改正前と改正後では、「特例基準割合」の定義が異なるので注意が必要です。

③　令和3年1月1日以後（令和2年度改正）

　　還付加算金の割合は、令和3年1月1日以降は、還付加算金特例基準割合（平均貸付割合に年0.5％の割合を加算した割合）によります（措95）。

　　➤　「平均貸付割合」とは、各年の前々年の9月から前年8月までの各月における短期貸付の平均利率（当該各月において銀行が新たに行った貸付（貸付期間が1年未満のものに限ります。）に係る利率の平均をいいます。）の合計を12で除して計算した割合として各年の前年の11月30日までに財務大臣が告示する割合をいいます（措93②）。

☞　参考　「還付加算金の割合の特例（措95）」参照

○　還付加算金の額を計算する場合の年当たりの割合は、閏年の日を含む期間についても、365日当たりの割合とされています（利率等の表示の年利建て移行に関する法律第25条）。

参考　還付加算金の起算日一覧表

還 付 金 等 の 区 分	還 付 加 算 金 の 起 算 日
1　還付金及び次に掲げる過納金 （1）　更正・決定又は賦課決定により確定した税額が減額されたことにより生じた過納金（2の過納金を除きます。）（通58①一イ） （2）　納税の告知がされた確定手続を要しない国税が減額されたことにより生じた過納金（通58①一ロ） （3）　所得税の予定納税額が減額されたことにより生じた過納金（通令24①一）	納付の日（この日が法定納期限前である場合は法定納期限）の翌日（通58①一）
2　更正の請求に基づく更正により税額が減額されたことにより生じた過納金（通58①二）	更正の請求があった日の翌日から起算して3月を経過する日とその更正があった日の翌日から起算して1月を経過する日とのいずれか早い日の翌日（通58①二）
3　上記1及び2以外の次に掲げる過誤納金 （1）　申告により確定した税額が更正の請求によることなく更正により減額されたことにより生じた過納金（通令24②一）	更正の通知を発した日の翌日から起算して1月を経過する日の翌日（通58①三、通令24②一）
（2）　源泉徴収等による国税で納税の告知がされていないものの過誤納金（通令24②二）	過誤納の事実を確認した日の翌日から起算して1月を経過する日の翌日（通58①三、通令24②二）
（3）　その他の過誤納金	納付した日（その日が法定納期限前であるときは法定納期限）の翌日から起算して1月を経過する日の翌日（通58①三、通令24②五）

第5章　国税の還付及び還付加算金

参考　**還付加算金の本質**

　　還付加算金は、各税法に規定する各種還付金並びに過誤納金の還付に当たり、原則として還付金等の発生の翌日から還付（又は充当）の日までの期間に応じ年7.3％の割合で加算されるものですが、この各種還付金及び過誤納金のうち誤納金に附せられる加算金については、これらに損害賠償的性格を帯有せしめる余地は全くないのであって、これらの加算金は、租税を滞納した場合に延滞税等が課されることとのバランスなどを考慮して、還付金に附する一種の利子と解するのが相当です。また、過納金は租税納付時に存在していた租税債務がその後に取消等により消滅したことによって発生するのであるが、斯る事態が発生する原因には様々の場合があって、国家賠償責任を発生せしめる違法な行政庁の処分に基因する場合もあれば、そうでない場合もある。原告はこの内前者の状態で過納金が発生した場合には、これに附せられる加算金は損害賠償的性格を有するものであると主張するのであるが、斯る区別をする根拠は全く存しないし、むしろ還付加算金に関する国税通則法第58条は各種還付金と過誤納金とを区別することなく、これらの還付又は充当の際には一様に加算金を附することとしているのであって、この点からすると過納金に附する加算金もまた前記の通り一種の利子であると解するのが相当です（神戸地判昭和52.3.29・税資91号554頁）。

3　還付加算金等の端数計算等

　還付金等及び還付加算金の端数計算等は、次のとおりです（通120）。

区　分	適　用　金　額	端　数　計　算　等
還付金等	還付金等の金額	1円未満の端数切捨て 全額1円未満は1円
還付加算金	計算の基礎となる還付金等の金額	10,000円未満の端数切捨て 全額10,000円未満切捨て
	確定金額（支払うべき金額）	100円未満の端数切捨て 全額1,000円未満切捨て

《設例》　還付加算金の起算日──平成30年分の所得税の場合

納付すべき国税	法定納期限	事例A	事例B
予定納税1期分	30.7.31	100万円	100万円
予定納税2期分	30.11.30	100万円	100万円
年　税　額		0万円	50万円
確定申告3期分	31.3.15	0	0
還付される金額		200万円	150万円
納付事績		全額期限内完納	1期　11／5納付 2期　期限内完納

第2節　還付加算金

○　還付加算金の割合…　納付があった日（その日が法定納期限前である場合は、法定納期限）の翌日から支払決定の日までの期間の日数に応じ年7.3%ですが、平成30年、31年（令和元年）及び令和2年中は年1.6%とされています（第6章 第2節1参照）。

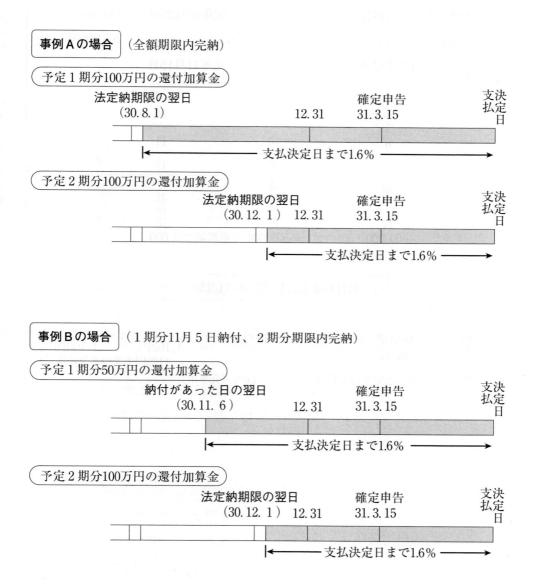

第5章　国税の還付及び還付加算金

〈設例〉　減額更正により発生した過誤納金に対する還付加算金の計算
　　　　　（貸出約定平均金利が0.6%の場合）

① 　更正・決定等により確定した税額　　　　　　　　　　　600,000円

② 　納付状況　　　　　　　　　　　　元年8月5日　　　600,000円

③ 　減額更正により確定した税額　　　　元年10月25日　　335,000円

④ 　過納金（②－③）　　　　　　　　　　　　　　　　265,000円

⑤ 　還付のための支払決定　　　　　　　元年11月15日

《計算》

```
      元           元            元
      ・           ・            ・
      8           10           11
      ・           ・            ・
      5           25           15
      納          減            支
                  額            払
      付          更            決
     600,000      正            定
              △335,000 ⇨過誤納 265,000
```

　　　　　　　　　　　　還付加算金計算（8/6～11/15）

$$\frac{260,000円 \times 0.016^※ \times 102日(8/6～11/15)}{365日} = 1,162円 ⇨ 1,100円$$

（100円未満の端数切捨て）

※特例基準割合…貸出約定平均金利0.6% + 1 %⇨1.6%（元年中）

第2節　還付加算金

 還付加算金の割合の特例（措95）

制度の概要

　還付加算金の年7.3％割合は、各年の特例基準割合が、年7.3％に満たない場合には、その年中においては、その特例基準割合とすることとされています（措95）。

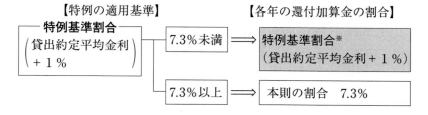

(注)1　上記の「貸出約定平均金利」とは、日本銀行が公表する前々年10月～前年9月における「国内銀行の貸出約定平均金利（新規・短期）」の平均をいいます。
　　2　還付加算金の割合は、令和3年1月1日以降は、還付加算金特例基準割合（平均貸付割合に年0.5％の割合を加算した割合）によります（措95）。

還付加算金の額の計算

　還付加算金の額は、還付金等の還付等に際して、その計算基礎期間について、その期間に対応する年（その期間が2以上の年にまたがる場合はそれぞれの年）の特例基準割合によってこの特例の適用の有無を判定し、この特例が適用される期間については特例基準割合により、計算することになります。

（例）　申告所得税（確定申告分）に係る還付加算金の計算－貸出約定平均金利が0.6％の場合

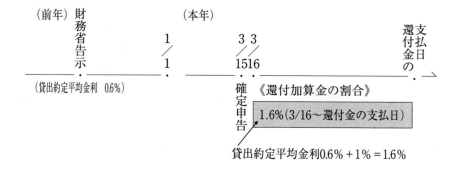

第2節 遅延加算金

参考　遅延加算金の割合の特例（措95）

（制度の概要）

遅延加算金の年7.3%割合は、各年の特例基準割合が、年7.3%に満たない場合には、その年中においては、その特例基準割合とすることとされています（措95）

[特例の適用基準]　　　　　　　　　　　　　　　　　　　[各年の遅延加算金の割合]

注1　上記の「貸出約定平均金利」とは、日本銀行が公表する前々年9月から前年8月における国内銀行の貸出約定平均金利（新規・短期）より求めたものです。
2　遅延加算金の割合は、令和3年1月1日以後は、遅延加算金特例基準割合（平均貸付割合に年0.5%の割合を加算した割合）によります（措95）。

（遅延加算金の額の計算）

遅延加算金の額は、遅延金額に上記に定した、その計算基礎期間について、その期間に応じその年（その期間が2以上の年にまたがる場合はそれぞれの年）の特例基準割合によってこの特例の適用の有無を判定し、その特例が適用される期間については特例基準割合により、計算することになります。

（例）申告所得税（確定申告）に係る遅延加算金の計算（貸出割定平均利約0.6%の場合）

貸出約定平均金利0.6% + 1% = 1.6%

第6章 附帯税

第1節 附帯税の概要

1 附帯税の制度等

(附帯税の制度) 国税債権の期間内における適正な実現を担保し、併せて期限内に適正に申告・納付をした納税者との権衡を図るための制度

(附帯税) ┬── 国税の適正な申告と納付を保障するための付加的負担
　　　　　│　　⇨ (延滞税)、(加算税)
　　　　　└── 延納期間中における利子に当たるもの
　　　　　　　⇨ (利子税)

(附帯税とは) ⇨ 本税（延滞税、利子税又は加算税の計算の基礎となる国税）たる国税債権に附帯して負担、総称して「附帯税」と呼ばれています。

⇨ 附帯税は、本税と併せて徴収、その額の計算の基礎となる税額の属する税目の国税（通60③、④、64①、③、69）

2 附帯税の種類

通則法上、附帯税とは、国税のうち次に掲げるものです（通2四）。

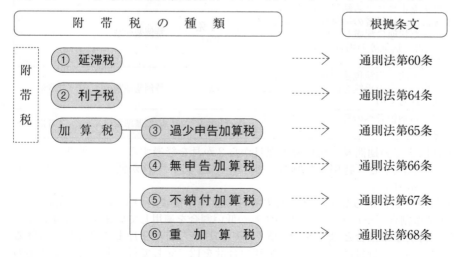

第6章 附帯税

第2節　延滞税及び利子税

1　延滞税と利子税

　納税者が納付すべき国税を法定納期限までに完納しない場合は、期限内に納付した者との権衡を図る必要があること、併せて国税の期限内納付を促進させる見地から、未納の税額の納付遅延に対して遅延利息に相当する延滞税が課されます（通60）。

　また、延納又は納税申告書の提出期限の延長が認められた期間中は、利子税が課されます（通64①）。これは、民事においていまだ履行遅滞に陥っていない場合に課される約定利息に相当するものです。

※延滞税・利子税等の割合の特例があります（措93、94等）。

○　延滞税等の割合

　現在の低金利の状況を踏まえ、利子税等の負担を軽減する観点等から、平成26年1月1日以後の期間に対応する延滞税等が措置法において、次のとおり引き下げられています。

内　容		本　則 (通60、64、58)	特例（平成26年1月1日〜 令和2年12月31日の期間）(注)1	
			割合の算定根拠	割　合 (参考：令和2年分)
延滞税	法定納期限を徒過し履行遅滞となった納税者に課されるもの	14.6%	特例基準割合 +7.3%	8.9%
2か月 以内等	納期限後2か月以内等については、早期納付を促す観点から低い利率	7.3%	特例基準割合 +1%	2.6%
納税の 猶予等	事業廃止等による納税の猶予等の場合には、納税者の納付能力の減退といった状態に配慮し、軽減 （災害・病気等の場合には、全額免除）	2分の1免除 (7.3%)	特例基準割合	1.6%
利子税 (主なもの) (注)2	所得税法・相続税法の規定による延納等、一定の手続を踏んだ納税者に課されるもの	7.3%	特例基準割合	1.6%
還付加算金 (注)2	国から納税者への還付金等に付される利息	7.3%	特例基準割合	1.6%

(注)1　イ　納期限までの期間及び納期限の翌日から2か月を経過するまでの期間については、年「7.3%」と「特例基準割合（※）+1%」のいずれか低い割合を適用しています（措94①）。
　　　ロ　納期限の翌日から2か月を経過する日の翌日以後については、年「14.6%」と「特例基準割合（※）+7.3%」のいずれか低い割合を適用しています（措94①）。
　　　（※）　特例基準割合とは、各年の前々年の10月から前年9月までの各月における銀行の短期貸付けの約定平均金利の合計を12で除して得た割合として各年の前年の12月15日までに財務大臣が告示する割合に年1%の割合を加算した割合

— 264 —

第2節　延滞税及び利子税

　　　（措93②）

　　ハ　利子税（所131③、136①、137の2⑫、137の3⑭、法75⑦、地　法19⑤、相51の
　　　2①、52④、53、及び措法70の7の2⑭に係る利子税）及び還付加算金の7.3％の
　　　割合は、延滞税の割合の通常の利子部分と同等の割合（特例基準割合）とされて
　　　います（措93①、95）。

　2　令和2年度改正において、利子税、還付加算金及び納税の猶予等の適用を受けた場
　　合の延滞税の割合は、令和3年1月1日以後、平均貸付割合に0.5％の割合を加算した
　　割合とされました（延滞税の場合は平均貸付割合に1.0％の割合を加算した割合で変更
　　はありません。）（措93②、94②、95）。

　　　なお、同改正では、平均貸付割合の計算期間（各年の前々年9月から前年の8月ま
　　で）及び財務大臣の告示する時期（各年の前年の11月30日まで）も変更されます。

2　延滞税

　延滞税は、国税を法定納期限までに完納しない場合にその未納税額の納付遅延に対
して課される附帯税です。

延滞税を課す る理由	国税の期限内納付の促進
	期限内に納付した者との権衡

(1)　延滞税が課される場合

延滞税が課される場合	申告納税方式による国税	期限内申告書を提出した場合に、その納付すべき国税を法定納期限までに完納しないとき（通60①一）
		期限後申告書、修正申告書を提出し、又は更正、決定により、納付すべき国税があるとき（通60①二）
	賦課課税方式による国税（源泉徴収等による国税を除く）	納税の告知による納付すべき国税を、その法定納期限後に納付するとき（通60①三）
	予定納税による所得税	予定納税による所得税を、その法定納期限までに完納しないとき（通60①四）
	源泉徴収等による国税	源泉徴収等による国税を、その法定納期限までに完納しないとき（通60①五）

　　（注）　加算税、過怠税、連帯納付責任額、第二次納税義務額及び保証債務額などには延
　　　滞税は課されません。

(2)　延滞税の課税期間と割合

　　延滞税の割合は、法定納期限の翌日から、その国税を完納する日までの期間に応
　じ、未納税額に対し年14.6％の割合で計算します。

　　ただし、納期限までの期間及びその翌日から起算して2か月を経過する日までの

— 265 —

第6章 附帯税

期間については、この割合は年7.3%となっています（通60②）。

しかしながら、平成12年1月1日以後の延滞税の割合については、次のとおりとなっています（措94①）。

	納期限までの期間及び納期限の翌日から2月を経過する日までの期間（A）	納期限の翌日から2月を経過する日の翌日以後（B）
平成12年1月1日～平成25年12月31日	年「7.3％」と「前年の11月30日において日本銀行が定める基準割引率＋4％」のいずれか低い割合を適用	年14.6％を適用
平成26年1月1日以後	年「7.3％」と「特例基準割合（※）＋1％」のいずれか低い割合を適用	年「14.6％」と「特例基準割合（※）＋7.3％」のいずれか低い割合を適用

(注) 上記「特例基準割合」については、264頁参照。

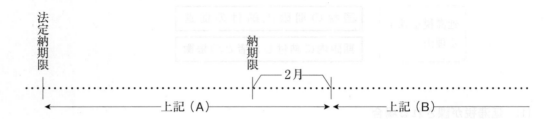

[表] 各年の延滞税の割合

	割合	
	納期限までの期間及び納期限の翌日から2か月を経過する日までの期間（A）	納期限の翌日から2か月を経過する日の翌日以後（B）
平成11年12月31日以前	7.3％	14.6％
平成12年1月1日～平成13年12月31日	4.5％	
平成14年1月1日～平成18年12月31日	4.1％	
平成19年1月1日～平成19年12月31日	4.4％	
平成20年1月1日～平成20年12月31日	4.7％	
平成21年1月1日～平成21年12月31日	4.5％	
平成22年1月1日～平成25年12月31日	4.3％	
平成26年1月1日～平成26年12月31日	2.9％	9.2％
平成27年1月1日～平成28年12月31日	2.8％	9.1％
平成29年1月1日～平成29年12月31日	2.7％	9.0％
平成30年1月1日～令和2年12月31日	2.6％	8.9％

第2節　延滞税及び利子税

> 延滞税の課税期間と割合─納付すべき税額の確定方式別

　申告、更正等の場合に分けて延滞税の割合（通則法第61条関係を除きます。）を示すと次のようになります。

　以下の各事例は、いずれも通則法第60条に基づく割合（年7.3％、年14.6％）で表示しています。

　なお、平成12年1月1日以後の延滞税の割合は、措置法において、特例制度が設けられています（前記2の(2)の表参照）。

申告納税方式の場合

1　期限内申告書を提出したが、納付が納期限後となった場合

　法定納期限の翌日から2か月間は年7.3％、その後の期間は年14.6％の割合で課されます。

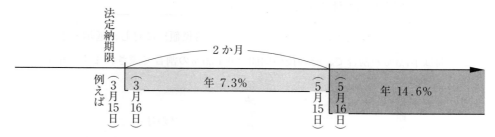

2　修正申告又は期限後申告により納付すべき税額が確定した場合

　修正・期限後申告書を提出した日までの期間及びその後2か月経過する日までの期間が年7.3％の割合となります。

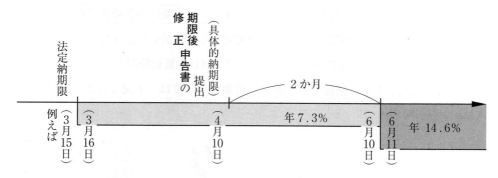

第6章 附帯税

3 更正決定により納付すべき税額が確定した場合

更正決定に係る具体的納期限までの期間及びその後2か月間が年7.3%の割合となります。

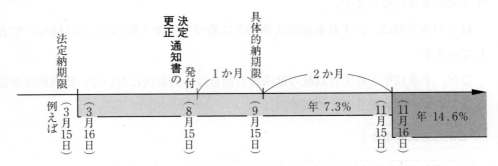

4 所得税の延納に係る税額が延納期限後に納付された場合又は相続税の年賦延納税額が延納期限後に納付された場合

延納税額（年賦延納等の場合は各回ごとの延納税額）に対し、延納期限の翌日から2か月間は年7.3%の割合で、その後の期間は年14.6%の割合で課されます（相51①）。

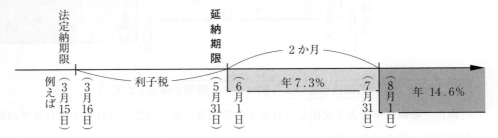

5 修正・期限後申告又は更正決定により確定した税額につき延納する場合

延納が認められた税額に対し、法定納期限から具体的納期限までの期間につき年7.3%の割合で課され、その延滞税の納期限は、第一回目の延納期限となります（相51①、③）。なお、延納期限までに納付されなかった税額については、上記4により課されます（相51①、④）。

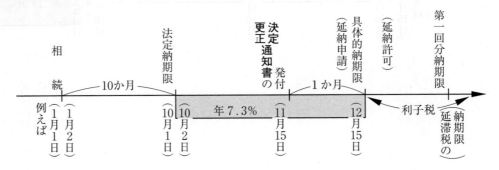

第2節 延滞税及び利子税

6 延納が取り消された場合

　延納取消前に延納期限が到来した分納税額については、上記4により、取消しの対象となった税額については、次の図のように、取消しがあった日の翌日から取消通知書の発付後2か月後の日までの間は年7.3％の割合で、その後の期間は年14.6％の割合で課されます。

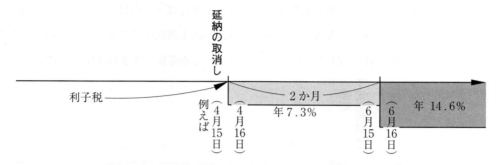

賦課課税方式の国税の場合

酒類の無免許製造の場合

　法定納期限である酒類の無免許製造の日の翌日から具体的納期限までの期間及びその後2か月間が年7.3％となります。

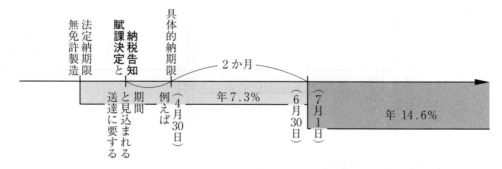

第6章 附帯税

確定のための特別の手続を要しない国税の場合

1 所得税の予定納税の場合

　法定納期限の翌日から2か月間（例えば第一期については、8月1日から9月30日まで）は年7.3%の割合で、その後の期間は年14.6%の割合で課されます。ただし、予定納税額等の通知が第一期又は第二期の納期限の1か月前（例えば第一期については、6月30日）までに発せられなかったときは、次の図のように、法定納期限ではなく、予定納税額等の通知を発した日の翌日から1か月後の日を基準として延滞税が課されます（所119）。

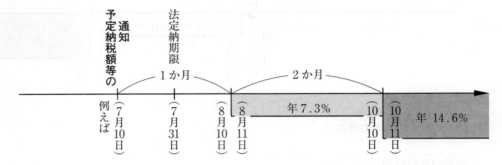

2 源泉所得税を法定納期限後に納付する場合

　法定納期限の翌日から納付の日までの間年7.3%の割合で課されます。

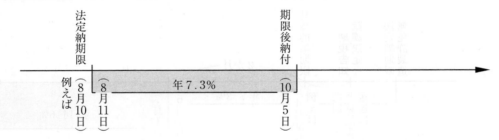

3 源泉所得税の強制徴収があった場合

　法定納期限の翌日から具体的納期限までの期間及びその後2か月間が年7.3%となります。

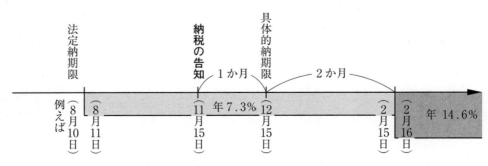

3 延滞税の計算

(1) 本則（一般的な延滞税の計算方法）

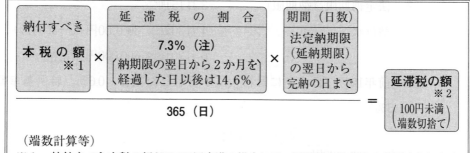

(端数計算等)
※1 納付すべき本税の額が10,000円未満の場合には、延滞税を納付する必要はありません。また、本税の額に10,000円未満の端数があるときは、これを切り捨てて計算します。
※2 計算した延滞税の額が1,000円未満の場合は納付する必要はありません。また、その額が1,000円以上で100円未満の端数があるときは、これを切り捨てて納付することになります。

(注) 平成12年1月1日以後の延滞税の割合は、前記2の(2)「延滞税の課税期間と割合」の「表」参照。

参考 延滞税の額を計算する場合の年当たりの割合は、閏年の日を含む期間についても365日当たりの割合となります（利率等の表示の年利建て移行に関する法律第25条）。
　延滞税は、本税についてのみ計算され、延滞税に延滞税が課されるといういわゆる複利計算はしないこととされています（通60②）。
　また、納付は、計算の基礎となった本税と併せて行うこととされています（通60③）。

(2) 具体的計算①（一部納付があった場合の延滞税の計算）

　延滞税を計算する基礎となる本税について一部納付があったときは、その納付の日の翌日以降の期間に対応する延滞税は、一部納付がされた本税額を控除した未納の本税額を基礎として計算されます（通62①）。
　また、国税の一部納付があった場合には、その納付額はまず本税に充てることとされています（通62②）。納付した金額が本税の額に達するまでは、民法の利子先取（民491①）の趣旨とは逆になりますが、これは、その納付した金額は、まず本税に充て延滞税の負担を軽くして、納税者の利益を図ったものです。
　なお、次の設例は、法定納期限を3月15日としています。したがって、年分によっては実際の法定納期限と異なります（以下、同じです。）。

第6章　附帯税

【設例1】期限内申告書を提出したが、納付が納期限後となった場合

1　申告により納付すべき税額　　900,000円
2　法定納期限（納期限）　　　　3月15日
3　納付状況　　　　　　　　　　4月30日　300,000円（一部納付）
　　　　　　　　　　　　　　　　6月30日　600,000円（完納）
4　前年12月15日までに財務大臣が告示した割合　0.6%（特例基準割合は1.6%）

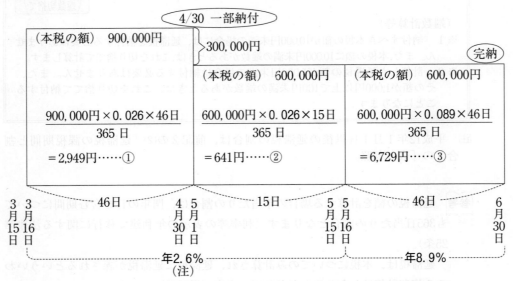

①　＋　②　＋　③　＝　10,319円　⇒　10,300円（100円未満の端数切捨て）

(注)　延滞税の割合は、前記2の(2)「延滞税の課税期間と割合」の「表」参照。
　　また、計算に当たっては、土曜、日曜、祝日を考慮していません（[設例2] においても同様）。

第2節　延滞税及び利子税

【設例2】更正により新たに納付すべき税額が確定した場合

1　更正により新たに納付すべき税額　875,400円
2　法定納期限　3月15日
3　納期限　7月31日（更正通知書6月30日発送）
4　納付状況　7月31日　175,400円（一部納付）
　　　　　　　9月20日　200,000円（一部納付）
　　　　　　　10月20日　500,000円（完納）
5　前年12月15日までに財務大臣が告示した割合　0.6％（特例基準割合は1.6％）

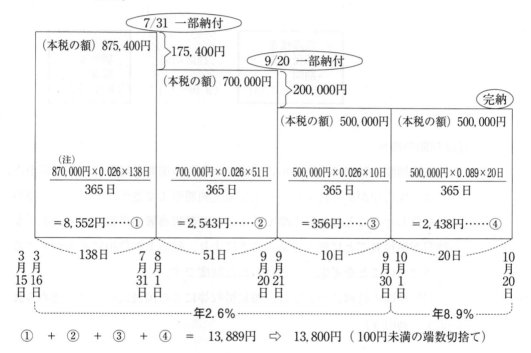

① + ② + ③ + ④ = 13,889円 ⇨ 13,800円（100円未満の端数切捨て）

(注)　10,000円未満の端数は切り捨てて計算します。

(3) 具体的計算②（控除期間がある場合の延滞税の計算）

　申告納税方式による国税に関し、期限内申告書又は期限後申告書の提出（期限内申告の場合は法定申告期限）後1年以上経過して修正申告又は更正があった場合には、申告書の提出（期限内申告の場合は法定申告期限）後1年を経過する日の翌日から修正申告書を提出した日又は更正通知書を発した日までは、延滞税の計算期間から控除することとされています（通61①）。

第6章 附帯税

《具体例》　控除期間——申告所得税の場合

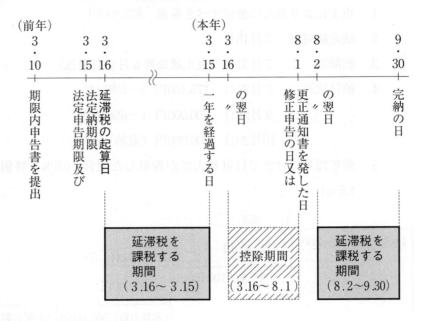

(控除期間の趣旨)

　この控除期間の特例は、法定申告期限をかなりの期間を過ぎてから修正申告、更正又は納税告知があった場合、あえて法定納期限までさかのぼって、多額の延滞税を負わせることは実際上酷であること及び税務署の事務配分上、更正などの時期が納税者ごとに別々であることにより、経済上の負担に差異が生じるのは適当でないことを考慮して設けられた制度です。

　この控除期間の特例については、源泉徴収等による国税についても認められています（通61③）。

(延滞税の計算期間の特例の不適用—偽りその他不正の行為の場合)

　この適用に当たっては、修正申告書の提出又は更正があった場合の全てに適用されるわけではありません。すなわち、偽りその他の不正の行為により国税を免れ、又は国税の還付を受けた納税者に対して当該国税についての調査があったことにより当該国税について更正があるべきことを予知して修正申告書（特定修正申告書）の提出があった場合又は偽りその他不正の行為により国税を免れ、又は国税の還付を受けた納税者に対し当該国税に係る更正（特定更正）があった場合には、この適用がありません（通61①）。したがって、重加算税を課されるような場合には、重加算税の対象となった本税については、計

第2節　延滞税及び利子税

算期間の特例は認められません。

延滞税の計算期間の特例──修正申告等の前に減額更正があった場合

　申告をした後に減額更正がされ、その後さらに修正申告又は増額更正（以下「修正申告等」といいます。）があった場合におけるその修正申告等により納付すべき税額（その申告税額に達するまでの部分に限ります。）については、次に定める期間（特定修正申告書又は特定更正＊により納付すべき国税その他一定の国税＊＊にあっては、①の期間に限ります。）を控除して、延滞税の計算がされます（通61②）。

　なお、この改正は、平成26年12月12日の最高裁判決を契機として延滞税負担を適正化する観点から見直しがされたものです。

> ①　その申告により納付すべき税額の納付日（その日が国税の法定納期限前である場合には、その法定納期限）の翌日から減額更正に係る更正通知書が発せられた日までの期間（通61②一）

　これは、「申告に基づいて一旦は納付されたもの」であることに着目して、減額更正までの「納付があった期間」については、延滞税の計算期間に含めることは適当でないとの考え方に基づくものです。したがって、納付がある前の「未納の期間」については、延滞税の計算期間に含まれることとなります。

> ②　減額更正に係る更正通知書が発せられた日（その減額更正が更正の請求に基づく更正である場合には、同日の翌日から起算して1年を経過する日）の翌日から修正申告がされ、又は増額更正に係る更正通知書が発せられた日までの期間（通61②二）

　これは、減額更正が納税者の請求に基づきされたものである場合には、増額更正等により納付すべき税額については、更正の請求という納税者の意思に基づく減額更正によって未納付の状態が作出されたものであるとの考え方に基づくものであり、このような場合には、現行における納税申告書の提出後1年以上経過した後に修正申告書の提出等があった場合の延滞税の取扱いを踏まえ、減額更正がされた日から1年間を限度として延滞税を課すこととされたものです。

＊　「特定修正申告書」とは、偽りその他不正の行為により国税を免れ（還付を受け）た納税者が更正を予知して行う修正申告をいい、「特定更正」とは、偽りその他不正の行為により国税を免れ（還付を受け）た納税者についてされた更正をいいます（通61①）。

＊＊　「その他一定の国税」とは、減額更正が更正の請求に基づく更正である場合において、減額更正に係る更正通知書が発せられた日の翌日から起算して1年を経過する日までに修正申告がありそれにより納付すべき国税とされます（令26⑤）。

第6章 附帯税

> **参考** 修正申告・更正における延滞税の計算期間の特例

1 延滞税の計算期間の特例の適用

		延滞税算出における控除期間
当初申告が期限内申告でその法定納期限から1年を経過する日後に修正申告又は更正があった場合	⇒	その法定申告期限から1年を経過する日の翌日から修正申告書の提出（更正通知書の発せられた日）までの期間
		*（事例1、4）
当初申告が期限後申告の場合	⇒	上記の「その法定申告期限から」を「その期限後申告書の提出があった日の翌日から起算して」と読み替えます。
		*（事例2、5）

2 重加算税の賦課に伴う延滞税の計算期間の特例の不適用

《修正申告・更正の場合》

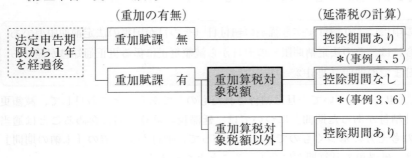

修正申告に係る延滞税計算

（事例1）

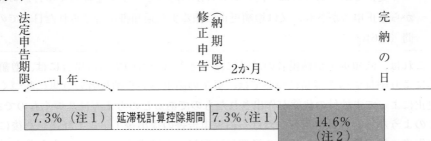

（事例2）

— 276 —

(事例３)…修正申告に係る税額が全額重加算税対象税額の場合

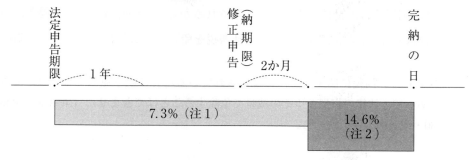

(事例４)…更正に係る税額の全額が重加算税対象税額以外の場合

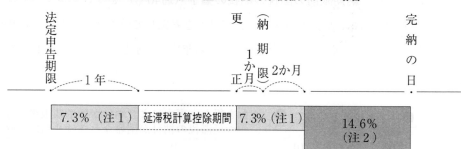

(事例５)…期限後申告後、更正に係る税額の全額が重加算税対象税額以外の場合

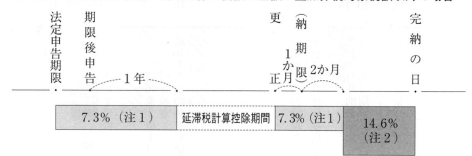

(事例６)…更正に係る税額の全額が重加算税対象税額の場合

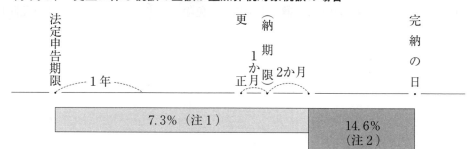

(注)１・２　事例記載の延滞税の割合はいずれも本則（通60）所定の割合です。平成12年１月１日以後の延滞税の割合は、措置法第94条第１項の規定によって計算された割合となります。具体的には、前記２の(2)「延滞税の課税期間と割合」の「表」記載の割合となります。

第6章 附帯税

4　延滞税の免除

　延滞税は、国税債務の履行遅滞に対して課されるから、その履行遅滞が納税者につきやむを得ない理由によるものであれば、延滞税を免除することができます（通63）。

> **参考**　税務署長は、国税に関する法律に規定されている場合に限り免除することができるのであって、法律の根拠なくその裁量で免除することはできません（東京地判昭和45.11.30・税資60号760頁参照）。

(1)　災害により、納期限前の国税の納税の猶予（通46①）を受けた場合

　（次図に掲げる日は、いずれも土日、祝祭日等を考慮していません。また、図中の（注1）及び（注2）の延滞税の割合も本則による年率で表示しています。以下(4)まで同様。）

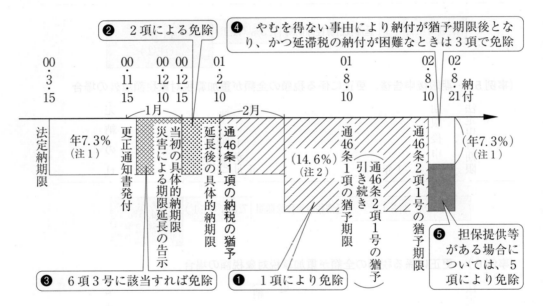

第2節　延滞税及び利子税

❶　具体的納期限後の延滞税が第1項の規定により免除されます。
❷　具体的納期限が延長された期間について、第2項の規定により免除されます。
❸　災害発生後当初の具体的納期限までの期間についても、災害により国税を納付することができなかったと認められるときは、第6項第3号により免除されます。
❹　猶予期限後の納付についてやむを得ない理由があり、かつ、延滞税の納付が納税者の生活の状況等からみて納付困難と認められるときは、猶予期限後の期間に対応する延滞税についても、納付困難な額を限度として、第3項により免除されます。
❺　差押え又は担保の提供により国税の徴収が確保されているときは、その差押え等がされている期間で❹までの免除措置に該当しない期間に対応する延滞税が年7.3%の割合となるよう、それを超える部分が免除されます。

(2)　災害、病気等により、滞納国税の納税の猶予(通46②一、二、五)を受けた場合

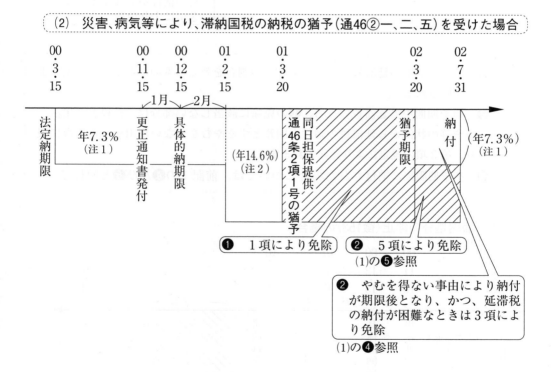

❶　猶予期間中の延滞税が第1項の規定により免除されます。
❷　他の延滞税も、前記(1)の❹及び❺と同様な要件に該当するときは、当該部分の延滞税が免除されます。

(3) 事業の廃止等による納税の猶予（通46②三、四、五、③）又は換価の猶予（徴151、151の2）を受けた場合

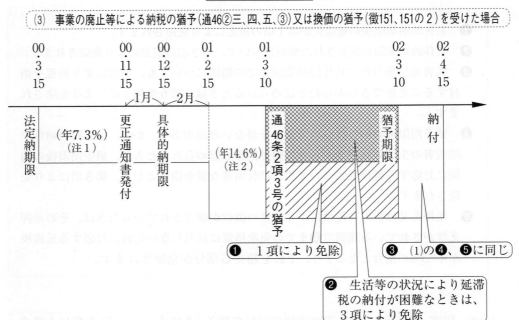

❶ 猶予期間中の延滞税のうち、年7.3%の割合を超えるものが第1項の規定により免除されます。

❷ 猶予期間中の延滞税のうち、❶の免除に該当しない部分は、納税者の生活、事業等の状況から延滞税の納付を困難とするやむを得ない理由がある場合に限り、第3項の規定により免除されます。

❸ 猶予期限後に納付された場合については、前記(1)の❹及び❺と同様です。

(4) 滞納処分の停止（徴153）の場合

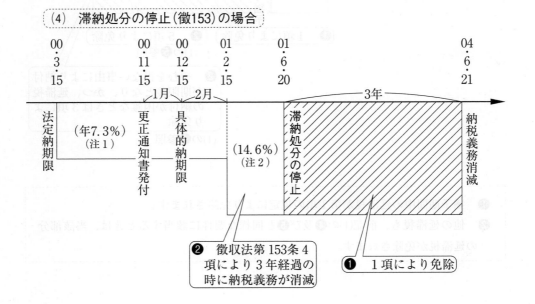

第2節　延滞税及び利子税

---

❶　滞納処分の執行を停止した期間中の延滞税が第1項の規定により免除されます。

❷　停止期間が3年間継続したときは、本税とともにその他の延滞税が消滅します（徴153④）。

参考　通則法第63条の延滞税の免除

第1項	・納期限前の国税に係る災害による納税の猶予（通46①） ・滞納国税に係る災害、病気等による納税の猶予（通46②一・二・類似五） ・滞納処分の停止（徴153）	猶予期間又は停止期間に対応する延滞税（全額）
	・滞納国税に係る事業の休廃止等による納税の猶予（通46②三・四・類似五） ・課税手続等が遅延した場合による納税の猶予（通46③） ・換価の猶予（徴151、151の2）	猶予期間に対応し、かつ、年7.3％を超える部分※
第2項	・通則法第11条による災害等による期限の延長（通11）	延長期間に対応する延滞税（全額）
第3項	・事業休廃止等による納税の猶予（通46②三・四・類似五） ・納税の猶予（通46③） ・換価の猶予（徴151、151の2）	やむを得ない期間に対応する延滞税 （猶予期間に対応する7.3％部分に延滞税）※
第4項	・徴収の猶予	年7.3％を超える部分※
第5項	・財産の差押え ・担保の提供があった場合	年7.3％を超える部分※
第6項	納付委託の場合	取立期日の翌日から納付があった日までの期間（通46⑥一）
	納税貯蓄組合預金による納付委託	納付委託があった日の翌日から実際に納付があった日までの期間（通46⑥二）
	災害等の場合	天災により納付することができない事由が生じた日から事由が消滅した日以後7日を経過した日までの期間（通46⑥三）
	交付要求の場合	交付要求により、金銭を受領した日から交付を受けた金銭を国税に充てた日までの期間（通令26の2一）
	人為災害等の場合	災害又は事故が生じた日からこれらが消滅の日以後7日を経過した日までの期間（通令26の2二）

(注)　特別法による免除
1　還付加算金の不加算充当に対応する免除（所138④、139④、法78③、79④、地法22④、消52③、53④等）
2　移転価格課税に係る免除（措66の4㉑等）
3　移転価格税制に係る納税の猶予に係る免除（措66の4の2⑦等）
4　非上場株式等についての相続税・贈与税の納税の猶予に係る免除（措70の7の2⑳等）
5　輸入品に課する内国消費税に係る免除（輸徴18）
6　会社更生法による免除（更169①、通基通63-17）

※　「延滞税の割合」については、特例制度があります。

☞　参考　「延滞税の割合の特例（措94）」参照

— 281 —

第6章 附帯税

参考 延滞税の免除規定一覧表

種別 ＼ 区分		当然免除		裁量免除		
		全額	半額	全額	半額	納付困難な金額
納税の猶予	通則法第46条1項（災害による納税の猶予）	①				
	同条2項　一号（災害などによる納税の猶予）	①				
	二号（病気などによる　〃　）	①				
	三号（事業の廃止等による　〃　）		①			③
	四号（事業の損失による　〃　）		①			③
	五号（類する事実による　〃　）　一号、二号類似	①				
	三号、四号類似		①			③
	同条3項（確定手続等が遅延した場合の納税の猶予）		①			③
その他	滞納処分の停止（徴153）	①				
	換価の猶予（徴151、151の2）		①			③
	期限の延長（通11）	②				
	徴収の猶予			④		
	財産差押え又は担保の提供				⑤	
	納付委託に伴うものなど			⑥		

(注)　○印の数字は、通則法第63条の各項を示しますが、措置法第94条第2項の適用があります。

— 282 —

第2節　延滞税及び利子税

5　利子税

　所得税法、相続税法又は法人税法等の規定により延納、物納若しくは納税猶予又は納税申告書の提出期限の延長等が認められた国税については、それぞれ延長された期間に応じて、利子税が課されます（通64①、所131③、136、相38①④、法75②⑦、75の2⑧等）。これは、<u>民事におけるいまだ履行遅滞に陥っていない場合に課せられる約定利息に相当</u>するものです。

> 利　子　税 ⇨ 履行遅滞に陥っていない場合に課される**約定利息**に相当

　　　　　　　　個別税法の延納又は措置法の納税猶予の期間は、既に法定納期限経過後の期間ですが、まだ国税債務の履行遅滞について責めを問うべき期間ではないので、当該期間については延滞税は課されず、別に利子税が課されます。

　　　　　　　（注）　利子税額の必要経費算入等（所45①二、法38①三）

> 利子税の成立・確定 ⇨ 国税に関する法律に定める課税要件に該当する事実が発生した時に成立し、<u>成立と同時に確定</u>（通15③）

(1)　利子税の課税要件

利子税	所得税	確定申告税額の延納（所131③）
		延払条件付譲渡に係る延納（所136）など
	法人税	災害等による申告書の提出期限の延長（法75）
		会計監査による申告書の提出期限の延長（法75の2）など
	相続税	相続税の延納（相38①④、52、措70の8の2～11）
		相続税の物納（相53）
		相続税の物納撤回（相53）
		農地等についての相続税の納税猶予（措70の6）
		非上場株式等についての相続税の納税猶予（措70の7）など
	贈与税	贈与税の延納（相38③④）
		農地等についての贈与税の納税猶予（措70の4）
		非上場株式等についての贈与税の納税猶予（措70の7の2）など

（注）　なお、消費税法においても、上記法人税の場合と同様、消費税申告書の提出期限の特例があります（消45の2⑤）。

第6章 附帯税

(2) 利子税の課税割合

法定納期限の翌日から延納又は延長期間中の未納税額に対し納付する期間に応じ、原則として、所得税、法人税については年7.3%（所131③、136、法75⑦）、相続税、贈与税については年6.6%の割合（相52①）で計算します。

☞ 参考 「利子税の割合の特例（措93）」参照

(3) 利子税の計算方法

利子税の計算方法は、延滞税の場合と同様に行います。

なお、利子税の確定金額に100円未満の端数が生じたときは切捨てとなります（通119④）。

イ 一部納付の場合の利子税の計算

利子税の計算の基礎となる国税の一部が納付されたときは、その納付の日の翌日以後の期間に係る利子税の額の計算の基礎となる税額は、その納付された税額を控除した金額となります。また、利子税をその額の起算の基礎となる国税と合わせて納付した場合には、その納付した金額がその利子税の額に計算の基礎となる国税の額に達するまでは、その納付した金額は、その計算の基礎となる国税に充てたものとされます（通64③、通62）。

ロ 措置法における利子税の割合の特例

利子税の割合については、措置法において、著しく低い金利の状況に対応して利子税の軽減を図るための特例が設けられています（措93）。

☞ 参考 「利子税の割合の特例（措93）」参照

参考 利子税が課される計算単位は、昭和47年度以前はすべての税目とも日数単位でしたが、昭和48年度の改正で、相続税及び贈与税に係る利子税については、月単位で計算され、その後、平成18年度の改正により、再び日数単位となりました。

(4) 利子税と延滞税の調整

延滞税は、原則として法定納期限の翌日からその計算の基礎となる国税の完納の日までの期間がその課税期間とされていますが、その課税期間が利子税の課税期間を含む場合には、利子税の計算期間は、延滞税の計算期間に算入しないこととしています（通64②）。

— 284 —

(5) 利子税の免除

次に掲げるような場合には、利子税が免除されます。

> イ　災害等による期限の延長措置（通11）により延納期限又は法人税法第75条の規定により指定された確定申告期限が延長された場合（通64③、63②）

延長前の延納期限又は指定された提出期限の翌日から延長された期限までの期間に対応する利子税が免除されます。

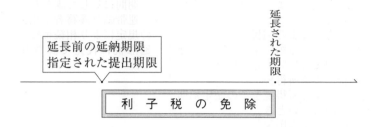

> ロ　納付委託の場合、災害等の場合等通則法第63条第6項に規定する延滞税の免除事由に該当する場合（通64③、63⑥）

延滞税の免除に準じて利子税が免除されます。

第6章　附帯税

参考　延滞税と利子税

	延　滞　税	利　子　税
課税要件	次に掲げる国税で、それぞれの事実に該当するときに課されます（通60①）。 1　申告納税方式による国税 　(1)　期限内申告書を提出した場合に、その納付すべき国税を法定納期限までに完納しないとき。 　(2)　期限後申告書、修正申告書を提出し、又は更正、決定により、納付すべき国税があるとき。 2　賦課課税方式による国税 　納税の告知による納付すべき国税をその法定納期限までに完納しないとき。 3　予定納税による所得税 　予定納税による所得税をその法定納期限までに完納しないとき。 4　源泉徴収等による国税 　源泉徴収等による国税をその法定納期限までに完納しないとき。	1　延納が認められた国税又は納税申告書の提出期限が延長された国税について、延納期間又は延長した期間に対して課される（通64①、所131③、136①、相52①、法75⑦、75の2⑥）。 2　物納に係る相続税について、納付があったものとされた日（相43②）までの期間に対して課される（相53①）。 3　連帯納付義務者が相続税法34条1項の規定により相続税を納付する場合に延滞税に代えて課される（相51の2①）。
課税割合（※）	法定納期限の翌日から、その国税を完納する日までの期間に応じ、未納税額に対し年14.6％の割合で計算します。 　ただし、納期限までの期間及びその翌日から起算して2月を経過する日までの期間については、この割合は年7.3％になります（通60②）。	法定納期限の翌日から延納又は延長期間中の未納税額に対し納付する期間に応じ、原則として、所得税、法人税については　年7.3％（所131①、136、法75⑦、75の2⑥、措93①②）、相続税、贈与税については年6.6％の割合（相52①、措93③④）で計算します。
計算方法	$$\frac{\left(\begin{matrix}\text{納付すべ}\\\text{き本税の}\\\text{額}\end{matrix}\right)\times\left(\begin{matrix}\text{延滞税}\\\text{の割合}\\\text{※}\end{matrix}\right)\times\left(\begin{matrix}\text{期間}\\\text{（日数）}\end{matrix}\right)}{365日}=\begin{matrix}\text{延滞税の}\\\text{額}\end{matrix}$$ 1　納税すべき本税の額は1万円未満切捨て（通118③） 2　延滞税の額は100円未満切捨て（通119④）	左記に同様。 　ただし、相続税、贈与税については、相続税法52条の計算方法により行います。
その他	1　本税のみについて課され、いわゆる複利計算はしません（通60②）。 2　計算の基礎となる国税の税目として本税と併せて納付します（通60③、④）。	左記1～2は同様（通64①、③）。 　なお、利子税の計算期間については、延滞税は課されません（通64②）。

(注)　上記「課税割合（※）」及び「延滞税の割合※」については、特例制度があります。

☞　**参考**　「利子税の割合の特例（措93）」参照

第2節　延滞税及び利子税

 延滞税の割合の特例（措94）

制度の概要

　延滞税の年14.6％の割合及び年7.3％の割合は、各年の特例基準割合が年7.3％の割合に満たない場合には、その年（「特例基準割合適用年」といいます。）の中においては、次のような割合になります（措94①）。

> ①　年14.6％の割合……「特例基準割合＋年7.3％」
> ②　年7.3％の割合　……「特例基準割合＋年１％」

　ここにいう「特例基準割合」とは、「国内銀行の貸出約定平均金利（基準金利）＋１％」をいいます。

　具体的には、日本銀行が公表する各年の前々年の10月から前年の９月までの各月における短期貸付け平均利率の合計を12で除して計算した割合として、各年の前年の12月15日までに財務大臣が告示する割合に、年１％の割合を加算した割合をいいます（措93②）。

特例基準割合が年7.3％未満⇨　14.6％ ⇨ 特例基準割合（「貸出約定平均金利＋１％」）＋7.3％
　　　　　　　　　　　　　　7.3％ ⇨ 特例基準割合（「貸出約定平均金利＋１％」）＋１％

➤　令和２年度改正において、令和３年１月１日以後、平均貸付割合の計算期間（各年の前々年９月から前年８月まで）及び財務大臣の告示する時期（各年の前年の11月30日まで）が変更されます（措93②）。

延滞税の計算

（例）申告所得税（確定申告分）の延滞税計算…貸出約定平均金利が0.6％の場合

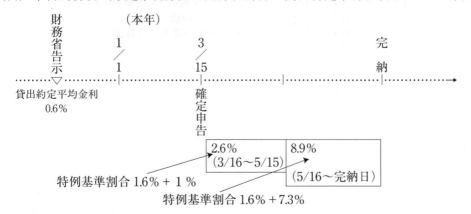

— 287 —

第6章 附帯税

> [参考] 延滞税の免除金額の特例（措94②）

> 制度の概要

納税の猶予等をした国税に係る延滞税について免除し、又は免除することができる金額の計算の基礎となる期間であって特例基準割合適用年に含まれる期間（以下「軽減対象期間」といいます。）がある場合には、軽減対象期間に対応する延滞税のうち、当該延滞税の割合が特例基準割合であるとした場合における延滞税の額を超える部分の額を免除することとされました（措94②）。

➤ 納税の猶予等の適用を受けた場合の延滞税の割合は、令和3年1月1日以後は、猶予特例基準割合（平均貸付割合に年0.5％の割合を加算した割合）になります（措94②）。

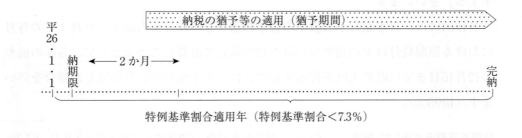

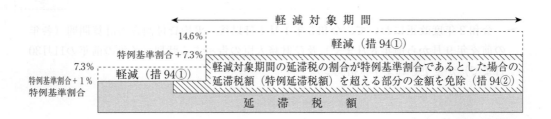

【平成26年1月1日以後の期間に対応する延滞税の免除額の計算式】
① 免除対象期間に対応する部分の延滞税額
② 免除対象期間に対応する部分の特例基準割合で算出した額
③ 免除額＝①－②

第2節　延滞税及び利子税

参考　利子税の割合の特例（措93）

1　利子税の割合の特例（措93①）

対象となる利子税

（本則の割合）

所得税の確定申告税額の延納に係る利子税（所131、166）	……　年7.3%
延払条件付譲渡に係る所得税額の延納に係る利子税（所136、166）	……　年7.3%
国外転出をする場合の譲渡所得等の特例の適用がある場合の納税猶予に係る利子税（所137の2）	……　年7.3%
贈与等により非居住者に資産が移転した場合の譲渡所得等の特例の適用がある場合の納税猶予に係る利子税（所137の3）	……　年7.3%
災害等により決算が確定しない場合における法人税の確定申告期限の延長に係る利子税（法75、81の23）	……　年7.3%
会計監査法人の監査を受けなければならないこと等により決算が確定しない場合における法人税の確定申告期限の延長の特例に係る利子税（法75の2、81の24）	……　年7.3%、ただし、基準割引率が年5.5%を超える期間については、年7.3%の割合を基準割引率に連動させて引き上げた割合（最高12.775%）
相続税の連帯納付義務者が連帯納付義務を履行する場合において延滞税に代えて納付する利子税（相51の2）	……　年7.3%
相続税若しくは贈与税の延納の申請の却下があった場合又は延納の申請を取り下げたものとみなされる場合に係る利子税（相52）	……　年7.3%
相続税の物納に係る以下の利子税（相53）①　物納の許可を受けた場合②　物納の撤回により金銭で一時に納付すべき税額がある場合③　物納の撤回に係る延納の許可を受けた場合（延納の許可を受けた日までの部分）④　物納の申請の却下又は物納の申請を取り下げたものとみなされる場合⑤　物納の許可の取消しを受けた場合	……　年7.3%
法人の確定申告書の提出期限の特例に係る利子税（消45の2）	

— 289 —

第6章 附帯税

(利子税の割合の特例)

　利子税の年7.3％の割合は、各年の特例基準割合が年7.3％の割合に満たない場合には、その年中においては、当該特例基準割合になります（措93①）。

　ここにいう「特例基準割合」とは、「国内銀行の貸出約定平均金利＋1％」をいいます。

　具体的には、日本銀行が公表する各年の前々年の10月から前年の9月までの各月における短期貸付け平均利率の合計を12で除して計算した割合として各年の前年の12月15日までに財務大臣が告示する割合に、年1％の割合を加算した割合をいいます（措93②）。

特例基準割合が年7.3％未満 …… 7.3％ ⇨ 特例基準割合（「貸出約定平均金利＋1％」）

➤ 利子税の割合は、令和3年1月1日以後は、利子税特例基準割合（平均貸付割合に年0.5％の割合を加算した割合）によります（措93②）。

(利子税の額の計算)

　これらの利子税の額は、その延納税額等の納付に際して、利子税の額の計算基準期間について、その期間に対応する年（延払条件付譲渡に係る所得税の延納のようにその期間が2年以上の年にまたがる場合はそれぞれの年）の特例基準割合によって特例の適用の有無を判定し、この特例が適用される期間については特例割合（特例基準割合）により、計算します。

（例）　申告所得税の延納分に係る利子税（所131）の計算——貸出約定平均金利が0.6％の場合

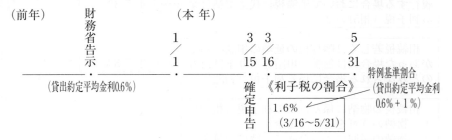

(法人税の利子税の特例との関係)

　法人税の確定申告期限の延長の特例に係る利子税（法75の2⑧）については、この利子税の割合の特例と法人税の確定申告期限の延長の特例に係る利子税の特例（措66の3）のいずれの要件にも該当する場合があります。

　つまり、この利子税の割合の特例は、特例割合を暦年に適用するものであり、一方、法人税の利子税の特例は、法人税の法定申告期限における基準割引率を基準として計算した割合を法定申告期限の延長期間に適用するものであることから、基準割引率が急上昇すれば、両方の特例の要件に該当することも考えられます。この場合に、個別税目に

— 290 —

第2節　延滞税及び利子税

係る特例を優先的適用するという観点から、法人税の利子税の特例を優先的に適用することとされています（措66の3）。

2　相続税及び贈与税の延納利子税の割合の特例（措93③）

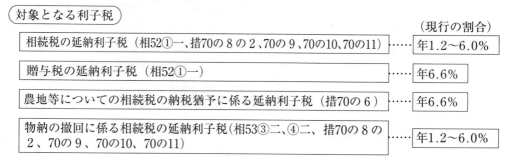

利子税の割合の特例

相続税及び贈与税の延納利子税の割合は、各分納期間の延納特例基準割合が年7.3％に満たない場合には、その分納期間においては、これらの利子税の割合にその延納特例基準割合が年7.3％に占める割合を乗じて計算した割合とすることとされています（措93③）。

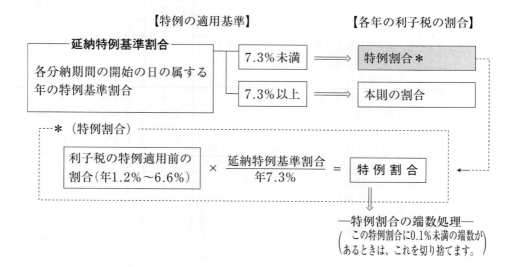

延納利子税の計算

各分納期間に係る利子税の額は、その分納期間の分納税額の納付に際して、その分納期間の延納特例基準割合によってこの特例の適用の有無を判定し、この特例が適用される場合には特例割合により計算します。

― 291 ―

第6章 附帯税

(例) 相続税の延納分に係る利子税（相52①）の計算－貸出約定平均金利が0.6％の場合

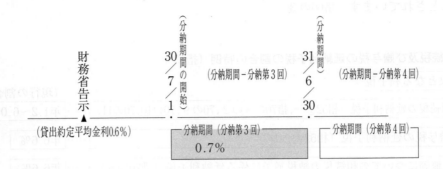

○特例割合の計算（上記の場合）

　　　（現行の利子税の割合）　　（延納特例基準割合）
　　　　3.6％　×　$\dfrac{(0.6％ ＋ 1.0％)}{年7.3％}$　＝　0.78　⇨　0.7％

（平成31年及び令和元年中に開始する分納期間に適用される延納利子税の特例割合）

区	分		延納期間(最高)	延納利子税割合(年割合)	特例割合
相続税	不動産等の割合が75％以上の場合	①動産等に係る延納相続税額	10年	5.4％	1.1％
		②不動産等に係る延納相続税額（③を除きます。）	20年	3.6％	0.7％
		③計画伐採立木の割合が20％以上の場合の計画伐採立木に係る延納相続税額	20年	1.2％	0.2％
	不動産等の割合が50％以上75％未満の場合	④動産等に係る延納相続税額	10年	5.4％	1.1％
		⑤不動産等に係る延納相続税額（⑥を除きます。）	15年	3.6％	0.7％
		⑥計画伐採立木の割合が20％以上の場合の計画伐採立木に係る延納相続税額	20年	1.2％	0.2％
	不動産等の割合が50％未満の場合	⑦一般の延納相続税額（⑧、⑨及び⑩を除きます。）	5年	6.0％	1.3％
		⑧立木の割合が30％を超える場合の立木に係る延納相続税額（⑩を除きます。）	5年	4.8％	1.0％
		⑨特別緑地保全地区等内の土地に係る延納相続税額	5年	4.2％	0.9％
		⑩計画伐採立木の割合が20％以上の場合の計画伐採立木に係る延納相続税額	5年	1.2％	0.2％
贈与税	延納贈与税額		5年	6.6％	1.4％

(注) 上記の「特例割合」は、貸出約定平均金利が0.6％の場合の割合を示しています。

第2節　延滞税及び利子税

3　相続税及び贈与税の納税猶予等に係る利子税の割合の特例（措93⑤）

（対象となる利子税）

| 農地等についての相続税及び贈与税の納税猶予（措70の6、70の4） |
| 山林についての相続税の納税猶予（措70の6の6） |
| 特定の美術品についての相続税の納税猶予（措70の6の7） |
| 個人の事業用資産についての相続税及び贈与税の納税猶予（措70の6の8、70の6の10、70の6の13） |
| 非上場株式等についての相続税及び贈与税の納税猶予（措70の7、70の7の2、70の7の4等） |
| 医療法人の持分に係る経済的利益についての贈与税の納税猶予（措70の7の9、70の7の12） |

（利子税の割合の特例）

　上記の相続税及び贈与税の納税猶予に係る利子税の割合は、各年の特例基準割合が年7.3％に満たない場合には、その年中においては、これらの利子税の割合にその特例基準割合が年7.3％に占める割合を乗じて計算した割合とすることとされています（措93⑤）。

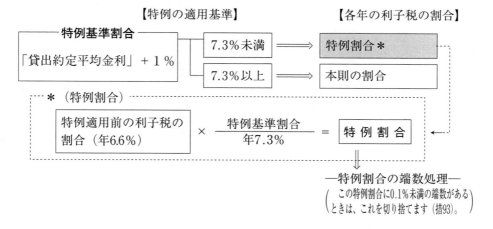

➤　利子税の割合は、令和3年1月1日以後は、利子税特例基準割合（平均貸付割合に年0.5％の割合を加算した割合）によります（措93②）。

（利子税の計算）

　これらの利子税の額は、その相続税又は贈与税の納付に際して、これらの利子税の額の計算基礎期間について、その期間に対応する年（その期間が2以上の年にまたがる場合にはそれぞれの年）の特例基準割合によってこの特例の適用の有無を判定し、この特例が適用される期間については特例割合により、それぞれ計算します。

（例）　相続税の納税猶予に係る利子税の計算——貸出約定平均金利が0.6％の場合

第6章 附帯税

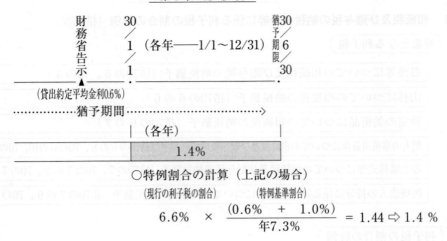

○特例割合の計算（上記の場合）

$$6.6\% \times \frac{(0.6\% + 1.0\%)}{年7.3\%} = 1.44 \Rightarrow 1.4\%$$
（現行の利子税の割合）　（特例基準割合）

第3節　加算税等

1　加算税の概要等

(1)　加算税の概要

　加算税は、賦課課税方式により確定する税の１つですが、申告納税方式による国税が法定申告期限までに適正な申告がされない場合や、源泉徴収等による国税が法定納期限までに正当に納付がされない場合などに課される一種の行政上の制裁としての性格を有するものです。

　加算税は、過少申告加算税、無申告加算税、重加算税と源泉徴収などを対象とした不納付加算税の４種類に区分されます。

> **加算税の性質**　　納税者の行うべき申告及び納付義務の履行について、国税に関する法律の適正な執行を妨げる行為又は事実に対する防止及び制裁措置

⇩

一種の行政上の制裁

参考　**加算税の法的性質について判断を示した裁判例**

　所得税法は、いわゆる申告納税主義を採用し、納税者自らが課税標準を決定し、これに自らの計算に基づいて税率を適用して税額を算出し、これを申告して第一次的に納付すべき税額を確定させるという体系をとっています。

　こうした申告納税主義のもとでは、適正な申告をしない者に対し、一定の制裁を加えて、申告秩序の維持をはかることが要請されますが、このような行政上の制裁の一環として、過少申告の場合について規定されたのが過少申告加算税（通65）です（神戸地判昭和58.8.29・税資133号521頁参照）。

　このほかにも、同じような判断を示したものに東京地裁昭和48年１月30日判決（税資69号193頁）などがあります。

第6章 附帯税

加算税の成立 法定申告期限又は法定納期限を経過した時（通15②十四、十五）

なお、還付請求申告書（通令26）については、同申告書が提出された時（通令5十一）

加算税の確定 賦課決定による確定手続（通32①三、③）

税務署長が賦課決定通知書を納税者に送達することによって納税義務が具体的に確定

加算税の種類

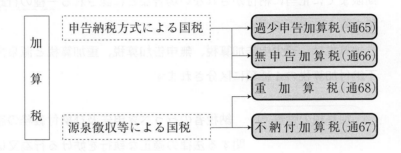

加算税と延滞税 行政罰に対してさらに遅延利子を付加することを避けるという考慮及び負担過重を避けるという考慮から各種加算税には延滞税は課されません。

第3節　加　算　税　等

(2)　加算税の課税要件等

　国税についての現行各種加算税の課税要件及び課税割合等の概要は、次表のとおりです。

種　　　類	課　税　要　件	課税割合 （増差税額に対する）	不適用又は課税割合の軽減	
			要　　　　件	不適用又は 軽減割合
過少申告加算税 （通65） （注1）	①　申告期限内に提出された納税申告書に記載した金額が過少で修正申告又は更正があった場合 ②　還付請求申告書に記載した金額が過大で修正申告又は更正があった場合	10％ ただし、期限内申告税額相当額又は50万円のいずれか多い金額を超える部分については、5％加算	①　修正申告又は更正により、納付すべき税額の計算の基礎となった事実について正当な理由がある場合 ②　修正申告等前に期限内申告の税額を減少させる更正（更正の請求に基づく更正を除く。）がある場合 ③　調査通知（注2）前に更正がされることを予知しないで修正申告をした場合	不適用
			修正申告が、調査通知（注2）後、更正予知前にされた場合 ただし、期限内申告税額相当額又は50万円のいずれか多い金額を超える部分については、5％加算	5％ （10％）
無申告加算税 （通66） （注1）	①　申告期限までに納税申告書を提出しないで、期限後申告又は決定があった場合 ②　期限後申告又は決定があった後に、修正申告又は更正があった場合	15％ ただし、納付すべき税額が50万円を超えるときは、その超える部分については、5％加算 また、過去5年以内に無申告加算税（更正・決定予知によるものに限る。）又は重加算税が課されたことがある場合は、更に10％加算	①　期限内申告書の提出ができなかったことについて、正当な理由がある場合 ②　期限後申告書の提出が、調査があったことにより、決定を予知してされたものでなく、法定申告期限内に申告する意思があったと認められる一定の場合で、かつ、当該申告書の提出が法定申告期限から1月を経過する日までに行われている場合	不適用
			調査通知（注2）前に決定等がされることを予知しないで期限後申告又は修正申告をした場合	5％
			期限後申告等が、調査通知（注2）後、決定等予知前にされた場合 ただし、期限内申告税額相当額又は50万円のいずれかを超える部分については、5％加算	10％ （15％）
不納付加算税 （通67）	源泉徴収等により納付すべき税額を法定納期限までに完納しないで、法定納期限後に納付又は納税の告知があった場合	10％	①　法定納期限までに納付できなかったことについて、正当な理由がある場合 ②　納税の告知を受けることなく、その法定納期限後に納付された場合で、法定納期限までに納付する意思があったと認められる一定の場合で、かつ、当該国税が法定納期限から1月を経過する日までに納付されたものである場合	不適用
			納税の告知がされることを予知しないで法定納期限後に納付した場合	5％
重　加　算　税 （通68）	過少申告加算税が課される場合に、国税の計算の基礎となる事実を隠蔽又は仮装したところに基づき納税申告を提出した場合（同1項）	35％ なお、過去5年以内に無申告加算税等が課されたことがある場合は、更に10％加算		
	無申告加算税が課される場合に上記の隠蔽又は仮装の事実があった場合（同2項）	40％ なお、過去5年以内に無申告加算税等が課されたことがある場合は、更に10％加算		
	不納付加算税が課される場合に上記の隠蔽又は仮装の事実があった場合（同3項）	35％ なお、過去5年以内に無申告加算税等が徴収されたことがある場合は、更に10％加算		

— 297 —

第6章 附帯税

(注)1 国外財産調書・財産債務調書に記載がある部分については過少（無）申告加算税が
５％軽減（所得税・相続税）されます。一方、国外財産調書の不提出・記載不備に係
る部分については５％加重（所得税・相続税）され、財産債務調書の不提出・記載不
備に係る部分については５％加重（所得税）されます。
　また、国外財産調書については、税務調査において関連資料の不提示・不提出があ
った場合、調書記載の国外財産に係る分は上記加算税軽減措置が不適用になり、調書
不提出・記載不備に係る分は加算税が更に５％加重されます。
2 調査通知とは、①実施調査を行う旨、②調査の対象となる税目、③調査の対象とな
る期間の３項目の通知をいいます。

第3節 加算税等

参考 平成28年12月31日までに法定申告期限等が到来する国税についての各種加算税の課税要件及び課税割合等は、次表のとおりです。

種類	課税要件	課税割合（増差税額に対する）	不適用又は課税割合の軽減 要件	不適用又は軽減割合
過少申告加算税（通65）	① 申告期限内に提出された納税申告書に記載した金額が過少で修正申告又は更正する場合 ② 還付請求申告書に記載した金額が過大で修正申告又は更正する場合	10％ ただし、期限内申告税額相当額又は50万円のいずれか多い金額を超える部分については、上記10％のほか、更に5％	修正申告又は更正により、納付すべき税額の計算の基礎となった事実について正当な理由がある場合	不適用
			更正がされることを予知しないで修正申告をした場合	
無申告加算税（通66）	① 申告期限までに納税申告書を提出しないで、期限後申告又は決定する場合 ② 期限後申告又は決定があった後に、修正申告又は更正する場合	15％ ただし、納付すべき税額が50万円を超えるときは、その超える部分については、上記15％のほか、更に5％	① 期限内申告書の提出できなかったことについて、正当な理由がある場合 ② 期限後申告書の提出が、調査があったことにより、決定を予知してされたものでなく、法定申告期限内に申告する意思があったと認められる一定の場合で、かつ、当該申告書の提出が法定申告期限から1月を経過する日までに行われている場合	不適用
			決定又は更正がされることを予知しないで期限後申告又は修正申告をした場合	5％
不納付加算税（通67）	源泉徴収により納付すべき税額を法定納期限までに納付しないで、法定納期限後に納付又は納税の告知をする場合	10％	① 法定納期限までに納付できなかったことについて、正当な理由がある場合 ② 納税の告知を受けることなく、その法定納期限後に納付された場合で、法定納期限までに納付する意思があったと認められる一定の場合で、かつ、当該国税が法定納期限から1月を経過する日までに納付されたものである場合	不適用
			納税の告知がされることを予知しないで法定納期限後に納付した場合	5％
重加算税（通68）	過少申告加算税が課される場合に、国税の計算の基礎となる事実を隠ぺい又は仮装したところに基づき納税申告書を提出した場合（同1項）	35％		
	無申告加算税が課される場合に上記の隠ぺい又は仮装の事実がある場合（同2項）	40％		
	不納付加算税が課される場合に上記の隠ぺい又は仮装の事実がある場合（同3項）	35％		

— 299 —

第6章　附帯税

2　過少申告加算税

	課税要件	課税割合	不適用又は課税割合の軽減	
			要　件	不適用又は軽減割合
過少申告加算税（通65）	①　申告期限内に提出された納税申告書に記載した金額が過少で修正申告又は更正があった場合 ②　還付請求申告書（注1）に記載した金額が過大で修正申告又は更正があった場合	10％（注2） ただし、期限内申告税額相当額又は50万円のいずれか多い金額を超える部分については、5％加算	①　修正申告又は更正により納付すべき税額の計算の基礎となった事実について<u>正当な理由がある場合</u> ②　修正申告等前に期限内申告の税額を減少させる<u>更正（更正の請求に基づく更正を除く。）がある場合</u>（当該期限内申告書に係る税額に達するまでの税額） ③　<u>調査通知</u>（注3）<u>前に更正がされることを予知しないで修正申告をした場合</u>	不適用
			修正申告が、調査通知（注3）後、更正予知前にされた場合 ただし、期限内申告税額相当額又は50万円のいずれか多い金額を超える部分については、5％加算	5％ （10％）

(注)　1　還付金の還付を受けるための納税申告書で期限内申告書以外のもの（通令26）
　　　2　国外財産調書・財産債務調書の期限内提出の有無や記載内容によって（所得税又は相続税の）過少申告加算税の軽減又は加重措置があります（国外送金等6、6の3）。
　　　3　次の(1)参照。

(1)　課税要件と課税割合

通常の場合の過少申告加算税

　　次に掲げる場合において修正申告書の提出又は更正があったときは、その修正申告又は更正に基づき新たに納付すべき税額に10％の割合を乗じて計算した金額に相当する**過少申告加算税**が課されます（通65①）。

　　①　期限内申告書が提出された場合

　　②　還付請求申告書が提出された場合

　　③　期限後申告書が提出されたときで通則法第66条第1項ただし書の適用がある場合又は同条第7項の法定申告期限内に申告する意思等があったと認められる場合

調査通知を受けて修正申告を行う場合の過少申告加算税

　　修正申告書（期限後申告に係るものを除きます。）が調査通知以後に提出され、かつ、その提出が調査による更正を予知してなされたものでない場合は、その納付すべき税額に5％の割合を乗じて計算した金額に相当する過少申告加算税が課されます（通65①かっこ書）。

— 300 —

第3節　加算税等

(税制調査会資料を一部修正)

(注)1　調査通知とは、納税義務者に対して、通則法第74条の9第1項第4号及び第5号等の調査に関する一定事項（①調査を行う旨、②調査対象税目、③調査対象期間）の通知をすること（通65⑤、通令27③）。
　　2　（　）書は、加重される部分に係る加算税の割合を示します。

参考　調査通知を受けて修正申告を行う場合の過少申告加算税の趣旨

　　調査による更正を予知しないでされた修正申告については、過少申告加算税が課されないことから、調査通知直後（更正の予知前）に多額の修正申告を行うことにより加算税の賦課を回避している事例が散見されたことから、当初申告のコンプライアンスを高める観点から見直し・整備されたものです。

過少申告加算税の加重

　修正申告又は更正に基づき納付すべき税額（当該修正申告又は更正の前に修正申告又は更正があるときは、累積増差税額※を加算した金額）が、期限内申告税額※相当額又は50万円のいずれか多い金額を超えるときは、その超える部分の税額に係る過少申告加算税は、通常の過少申告加算税の額に更にその超える部分の税額に5％を乗じて得た金額を加算した金額となります（通65②、③）。

※「累積増差税額」とは

　「累積増差税額」とは、過少申告加算税を計算しようとする修正申告又は更正の前に修正申告等があるときにその修正申告等により納付すべき税額の合計額をいいます（通65③一）。ただし、次に掲げる①ないし④の事由があるときは、それに相当する部分の金額は、その合計額から控除されます（同号かっこ書）。
①　当該納付すべき税額を減額させる更正
②　不服申立て又は訴えについての決定、裁決又は判決による更正の全部又は一部の取消し
③　納付すべき税額のうちに、計算の基礎とされなかったことについて正当な事由があると認められるものがあるとき
④　期限内申告に係る税額を減額する（更正の請求に基づかない）更正があった場合に期限内申告に係る税額に達するまで
　　(注)　上記①～④のほか調査通知前に更正を予知しないでした修正申告により納付した税額も含まれません（「過少申告加算税、無申告加算税、不納付加算税及び重加算税の取扱い（事務運営指針）」(591頁参照)。

— 301 —

第6章　附帯税

※「期限内申告税額」とは

「期限内申告税額」とは、期限内申告書又は期限内申告書が提出されないことについて正当な理由がある場合又は決定があるべきことを予知してされたものでない場合の期限後申告書の提出により納付すべき税額とし、所得税等について次に掲げる金額があるときは、その金額を加算した金額とし、これらの申告書に記載された還付金があるときは、その金額を控除した金額とされます（通65③二）。

所 得 税	・源泉徴収税額 ・外国税額控除 ・予納税額 ・災害減免等の所得税の額
法 人 税	・源泉徴収税額 ・外国税額控除 ・中間納付額
地方法人税	・外国税額控除 ・中間納付額
相続税・贈与税	・外国税額控除 ・相続時精算課税に係る贈与税相当額
消 費 税	・中間納付額

(注)　これらの金額は、申告書に記載されている金額でなく、本来所得税法等を正しく適用すれば控除されるべき金額を意味します。
　　　なお、期限内申告書について減額更正がされ、その納付すべき税額が減額になった後に、再度増額更正があった場合における期限内申告税額は、当初に申告した金額とされます。

　過少申告加算税の加重制度の趣旨

過少申告加算税は、修正申告又は更正により新たに納付すべき税額の10％とされています。その結果、加重しなければ、本来申告すべき税額のほとんどについて期限内に申告している場合も、逆に、ほんの一部を期限内に申告したのみでほとんどが申告漏れとなっている場合でも一率に10％になるという問題が生じます。他方、無申告の場合には、15％の無申告加算税とされているところから、そのほとんどの部分が申告漏れとなっているときと、無申告のときとで、加算税は10％と15％という大きな差が生じる結果となります。

そこで、このような較差をなくすために、過少申告の場合に、その申告漏れの割合により加算税の実質負担に差をつけ、申告漏れ割合が大きくなるに従って、過少申告加算税の実効割合が無申告加算税に近づくようにすることにより、その申告水準を向上させようとするものです。

第3節　加算税等

国外財産調書・国外財産調書と過少申告加算税等の特例

イ　国外財産調書の場合

i　申告漏れによる修正申告等がある場合

　　国外財産に係る所得税又は国外財産に対する相続税に関し修正申告等があり、過少申告加算税又は無申告加算税の適用がある場合、国外財産調書の期限内提出の有無やその修正申告等の基因となった国外財産の同調書への記載の有無によって、次表のとおり当該加算税の額の計算の基礎となるべき税額は5％軽減又は加重されます（国外送金等6①③）。

　　なお、相続等により取得した国外財産（相続国外財産）を有する者が、期限内に国外財産調書を提出できないこと又は相続国外財産について記載がないことについて、同財産を有する者の責めに帰すべき事由がない場合は加重措置の対象から除外されます（国外送金等6③）。

ii　国外財産に関する書類の提示又は提出がない場合

　　また、令和2年度改正において、上記修正申告等の前に、国税庁等の当該職員が、国外財産調書の記載に係る書類のうち、その者に対して、通常、保存し、取得することができると認められるもの（その電磁的記録等を含みます。）の提示又は提出を求められたにもかかわらず、所定の期間（60日を超えない範囲内において、当該職員が指定する日まで）に提示又は提出しなかったとき（その者の責めに帰すべき事由がない場合を除きます。）は次のような措置が設けられました（国外送金等6⑤）。

・上記iの過少申告加算税等の軽減措置は適用されない。

・上記iの過少申告加算税等の加重措置は、加算割合を5％から10％に変更されます。

　　以上を表にまとめると次のとおりになります。

— 303 —

第6章 附帯税

(国外財産調書・財産債務調書に係る過少加算税等の軽減又は加重措置)

		過少申告加算税	無申告加算税
通常（加重分）		10％（15％）	15％（20％）
期限内提出、国外財産の記載あり		5％（10％）	10％（15％）
	関連資料の不提示・不提出	10％（15％） 軽減不適用	15％（20％） 軽減不適用
期限後に提出、国外財産の記載なし		15％（20％）	20％（25％）
	関連資料の不提示・不提出	20％（25％） （10％加算）	25％（30％） （10％加算）

(注)　「関連資料の不提示・不提出」欄は国外財産調書に係る場合のみ適用されます。

　国外財産調書制度

　　国外財産調書制度は、居住者が、その年の12月31日において5,000万円超の国外財産を有する場合には、その国外財産の種類、数量及び価額その他必要な事項を記載した国外財産調書を、翌年の3月15日までに、税務署長に提出しなければならないというものです（国外送金等5①）。

　　なお、相続開始の日の属する年の年分の国外財産調書については、相続国外財産を記載しないで提出することができます。この場合、国外財産調書の提出義務については、相続国外財産の価額の合計額を除外して判定されます（国外送金等5②）。

ロ　財産債務調書の場合

　　上記イの国外財産調書の場合と同様、提出期限内に提出された財産債務調書にその修正申告等の基因となる財産債務の記載の有無等により、先の表のとおり軽減又は加重されます（国外送金等6の3①②）。

　　ただし、先の表の「期限後に提出、国外財産の記載なし」欄の過少申告加算税等の加重措置は、所得税に適用されますが、相続税には適用がありません（国外送金等6の3②）。

　　なお、相続等により取得した財産又は債務（相続財産債務）を有する者が、期限内に財産債務調書を提出できないこと等について、同財産債務を有する者の責めに帰すべき事由がない場合は加重措置の対象から除外されます（国外送金等6の3②）。

　財産債務調書制度

　　財産債務調書制度は、所得税の確定申告書を提出すべき者のうち、その年分の総所

第3節　加算税等

得金額と山林所得金額の合計額が2,000万円を超え、かつ、その年末において合計額が3億円以上の財産又は1億円以上の国外転出特例対象財産㊟を有する場合には、財産の種類、数量及び価額並びに債務の金額その他必要な事項を記載した財産債務調書を、翌年の3月15日までに、税務署長に提出しなければならないというものです（国外送金等6の2①）。

　なお、相続人の相続開始年の年分の財産債務調書については、相続財産債務を記載しないで提出することができます。この場合、財産債務調書の提出義務の判定も相続財産債務の合計額を除外して判定されます（国外送金等6の2②）。

　㊟　国外転出特例対象財産とは、所得税法第60条の2第1項に規定する有価証券等並びに同条第2項に規定する未決済信用取引等及び同条3項に規定する未決済デリバティブ取引に係る権利をいいます（国外送金等6の2①）。

(2) 過少申告加算税の計算

通常の場合の過少申告加算税

$$
\underset{\substack{（1万円未満端数\\切捨て）}}{増差税額}^※ ×10\ \% = \underset{\substack{（100円未満端数切捨て\\全額5,000円未満切捨て）}}{納付すべき加算税の額}
$$

※「増差税額」とは、修正申告又は更正に基づき納付すべき税額をいいますが、修正申告又は更正が2回以上行なわれたときは、前回までの修正申告又は更正による増差税額の合計額（累積増差税額・301頁参照）を加算した金額となります。

過少申告加算税の加重

（通常分）　$\underset{（1万円未満端数切捨て）}{増差税額}$　×10　％　＝　加算税の額………①

（加重分）　$\underset{（端数切捨て前）}{増差税額}$　－　$\underset{\substack{（期限内申告税額相当額か\\50万円のいずれか多い額）}}{控除額}$　＝　A

　　　　　　$\underset{\substack{（1万円未満端数\\切捨て）}}{A}$　　×5　％　＝　加算税の額……②

　　　　　①　＋　②　＝　$\underset{\substack{（100円未満端数切捨て\\全額5,000円未満切捨て）}}{納付すべき加算税の額}$

(3) 過少申告加算税（通65）の具体的算定方法

《設例1》　加重される過少申告加算税の計算例

（例1）　期限内申告税額　　　　　40万円

　　　　更正による年税額　　　　50万円（更正により新たに納付すべき税額　　10万円）

　　　　再更正による年税額　　100万円（再更正により新たに納付すべき税額　50万円）

　　○　更正のとき──通常の過少申告加算税　　　　　　　　10,000円（10万円×10％）

— 305 —

第6章 附帯税

> 通則法第65条第1項に規定する納付すべき税額10万円は、期限内申告税額（40万円）又は50万円のいずれか多い額を超えないので、通則法第65条第2項の適用はありません。

○ 再更正のとき ── 通常の過少申告加算税　　50,000円（50万円×10％）
　　　　　　　　└ 加重される過少申告加算税　　5,000円（10万円※×5％）
　　　　　　　　　合　計　　　　　　　　　55,000円

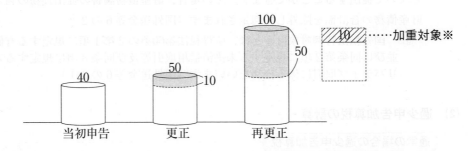

------ ※《加重される過少申告加算税の計算式》------

[通65①に規定する納付すべき税額Ⓐ] [累積増差税額Ⓑ] [計Ⓒ] [期限内申告税額（40万円）又は50万円のいずれか多い額] [超える部分の税額Ⓓ] [Ⓓの税額に5％]

50万円 + 10万円 = 60万円 ＞ 50万円………(60−50＝10)→10万円×5％

(例2)　期限内申告税額　　120万円

　　　　更正による年税額　300万円（更正により新たに納付すべき税額180万円）

　　　　　　通常の過少申告加算税　　180,000円（180万円×10％）

　　　　　　加重される過少申告加算税　30,000円（60万円※×5％）

　　　　　　合　計　　　　　　　　210,000円

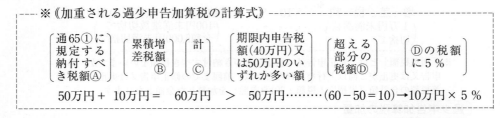

— 306 —

第3節　加算税等

※《加重される過少申告加算税の計算式》

[通65①に規定する納付すべき税額Ⓐ]　[期限内申告税額（120万円）又は50万円のいずれか多い額]　[超える部分の税額Ⓑ]　[Ⓑの税額に5％]

180万円　＞　120万円 ………（180－120＝60）→60万円×5％

《設例2》　重加算税と加重される過少申告加算税がある場合の計算例

期限内申告税額　　60万円

更正による年税額　300万円（更正により新たに納付すべき税額240万円）

　　　　　　　　　　　　上記のうち、重加算税対象額　100万円

通常の過少申告加算税　　140,000円（140万円×10％）

加重される過少申告加算税　40,000円（80万円※×5％）

重加算税　　　　　　　　350,000円（100万円×35％）

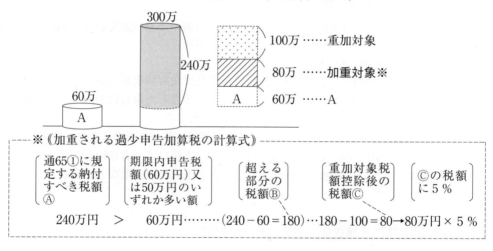

※《加重される過少申告加算税の計算式》

[通65①に規定する納付すべき税額Ⓐ]　[期限内申告税額（60万円）又は50万円のいずれか多い額]　[超える部分の税額Ⓑ]　[重加対象税額控除後の税額Ⓒ]　[Ⓒの税額に5％]

240万円　＞　60万円 ………（240－60＝180）…180－100＝80→80万円×5％

---

(4) 過少申告加算税が課されない場合

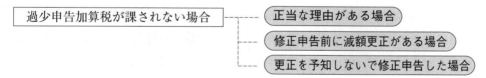

➤　更正予知前でしかも調査通知前にされた修正申告の場合は過少申告加算税が課されません。

➤　調査通知以後、更正予知前にされた修正申告の場合には5％（加重対象税額部分は10％）の過少申告加算税が課されます。

第6章　附帯税

イ　正当な理由がある場合

　　過少申告加算税は、修正申告又は更正に基づき新たに納付すべき税額（還付金の額に相当する税額を含みます。）の計算の基礎となった事実のうちにその修正申告又は更正前の税額の計算の基礎とされていなかったことについて<u>「正当な理由」がある場合</u>には、その部分については、過少申告加算税が課されません（通65④一）。

正当な理由がある場合とは

○　「正当な理由」がある場合とは、真に納税者の責めに帰することのできない客観的な事情があり、過少申告加算税の趣旨に照らしても、なお、納税者に過少申告加算税を賦課することが不当又は酷になる場合をいいます（最一判平成18.4.20・民集60巻4号1611頁ほか）。

☞　参考資料　「過少申告加算税、無申告加算税、不納付加算税及び重加算税の取扱い（事務運営指針）」（591頁参照）

（「正当な理由」がある場合の一例）
・　税法の解釈に関し、申告書提出後新たに法令解釈が明確化されたため、その法令解釈と納税者の解釈とが異なることとなった場合において、その納税者の解釈について相当の理由があると認められること。
　㊟　税法の不知若しくは誤解又は事実誤認に基づくものはこれに当たらない。
・　法定申告期限の経過の時以後に生じた事情により青色申告の承認が取り消されたことで、青色事業専従者給与、青色申告特別控除などが認められないこととなったこと。など

過少申告加算税を課さない部分の税額の計算

　　「正当な理由」があると認められる事実が、修正申告又は更正により納付すべき税額の計算の基礎となった事実の一部であるときは、その納付すべき税額から正当な理由があると認められる事実のみに基づいて修正申告又は更正があったとした場合におけるその申告又は更正により納付すべき税額を控除した残余につき過少申告加算税が課されます（通令27①一）。

「正当な理由」の解釈と不確定概念

　　「『正当な理由』とは立法技術上止むを得ず用いられた不確定概念と考えるのが相当であるし、又右にいう『正当な理由があると認められるものがある場合』に該当するかどうかは、法の解釈適用の問題として、いわゆる法規裁量事項と解されるから、行政庁の自由裁量を許したものでもなく、まして行政庁に恣意的な解

第3節　加算税等

釈を許容したものではないことは明白であるから、この規定が憲法31条に違反するということはでき」ないと判示しています（東京高判昭和53.12.19・訟月25巻4号1175頁）。

「正当な理由」の主張・立証責任

「正当な理由」があることについての主張・立証責任は、納税者側にあると解されています（東京高判昭和53.12.19・訟月25巻4号1175頁）。

　　　「正当な理由」がある　⇒　加算税免除（例外規定）

　　　　　　　　　　　　　　⇒　したがって主張・立証責任は納税者

　裁判例が示す「正当な理由」の事例判断

　　正当な理由が認められた事例

　①　執行官である納税者が申立人から受領した旅費、宿泊費を総収入金額から除外するなどして申告したのは税務署職員の指導によるものと認定された事例（札幌地判昭和50.6.24・訟月21巻9号1955頁）（なお、控訴審である札幌高判昭和51.9.19（訟月22巻11号2635頁）は、税務署職員が適切に指導したにもかかわらず、納税者が自説に固執してこれに応じなかったと認定しました。）

　②　納税者が自ら代表取締役を務める同族会社に対して行った無利息等貸付けに係る課税関係について、国税局勤務者が官職名を付して編集又は監修した解説書の記載内容等を課税当局の見解であるとしたことは無理からぬことであったと認定された事例（東京高判平成11.5.31・訟月51巻8号2135頁）（なお、この上告審である最三判平成16.7.20（訟月51巻8号2126頁）は、「正当な理由」があったとは認められないと判断しました。）

　③　(1)外国法人である親会社から日本法人である子会社の従業員等に付与されたストックオプションに係る課税上の取扱いに関しては、法令上特別の定めが置かれていないところ、課税庁においては、かつて、上記ストックオプションの権利行使益を一時所得として取り扱い、課税庁の職員が監修等をした公刊物でもその旨の見解が述べられていたこと、(2)課税庁においては、平成10年分の所得税の確定申告の時期以降、上記の課税上の取扱いを変更し、給与所得として統一的に取り扱うようになったが、その変更をした時点では通達によりこれを明示することなく、平成14年6月の所得税基本通達の改正によって初めて変更後の取扱いを通達に明記したこと、(3)上記ストックオプションの権利行使益の所得区分に関する所得税法の解釈問題については、一時所得とする見解にも相応の論拠があったなど判示の事情の下では、納税者が前記権利行使益を

第6章 附 帯 税

一時所得として申告し、同権利行使益が給与所得に当たるものとしては
税額の計算の基礎とされていなかったことについて、「正当な理由」があ
るとされた事例（最三判平成18.10.24・民集60巻8号3128頁）

正当な理由が認められなかった事例

○ 税法の解釈・課税庁の取扱いが争われた事例
　① 法人の経理担当役員の不正行為に基づく過少申告について、法人がそ
の事実を知らなかったとしても正当な理由があるとはいえないとされた
事例（最一判昭和43.10.17・訟月14巻12号1437頁）
　② ドライブインを営む会社が観光バスの運転手等に対して心付けとして
交付した現金を交際費等に当たると解することは措置法の解釈上格別困
難なことではないとされた事例（東京高判昭和52.11.30・行集28巻11号
1257頁）
　③ 公示価格及び路線価を大幅に下回る甲取引事例等を主たる根拠として、
当該事例等に基づいて本件宅地の時価を算定した結果過少申告となった
事例（東京高判平成12.11.14・税資249号502頁）
　④ 係争中の相続財産を課税財産に含めず「判決が確定次第申告する」旨
を記載した文書を併せて提出したとしても「正当な理由」がないとされ
た事例（最一判平成11.6.10・訟月47巻5号1188頁）

○ 税法の不知又は誤解が争われた事例
　① 請負契約による工事収入金額の計上時期を請負代金を収受したときに
益金に計上すればよいと誤信していた事例（札幌高判平成3.2.19・税資
182号336頁）
　② 不動産の所有権の帰属について別件訴訟で係争中であるからそれを申
告すべき義務はないと誤解した事例（最一判平成11.6.10・訟月47巻5号
1188頁）

○ 事実誤認が争われた事例
　過少申告の原因が会社の経理担当役員でかつ代表取締役の地位にあった
者の不正行為に基づくものである以上「正当な理由」には当たらないとさ
れた事例（最一判昭和43.10.17・訟月14巻12号1437頁。なお、第一審は「正
当な理由」の有無が争点となっていなかった。）

○ 課税庁職員の指導等が争われた事例
　申告相談に基づいてした譲渡所得の収入金額が過少申告となったのは納
税者から十分な資料等の提示がなかったのが原因とされた事例（千葉地判
昭和55.1.30・訟月26巻4号700頁）

ロ　修正申告前に減額更正がある場合

修正申告又は更正前にその国税について、期限内申告の納付すべき税額を減少
させる更正等（更正の請求に基づく更正を除きます。）があった場合には、修正
申告等に基づき納付すべき税額から、期限内申告に係る税額に達するまでの税額

— 310 —

については過少申告加算税は課されません（通65④二）。

> 「期限内申告に係る税額に達するまでの税額」とは

「期限内申告に係る税額に達するまでの税額」は、次の区分に応じた税額とされます（通令27①二）。

①期限内申告に納付すべき税額がある場合－次のいずれか少ない税額

・修正申告等により納付すべき税額

・期限内申告の納付すべき税額から修正申告等前の税額を控除した税額（修正申告等前の還付金の額に相当する税額があるときは、期限内申告の納付すべき税額に当該還付金の額に相当する税額を加算した税額）

②期限内申告に納付すべき税額がない場合－次のいずれか少ない税額

・修正申告等により納付すべき税額

・修正申告等前の還付金の額に相当する税額

③期限内申告が還付の場合－次のいずれか少ない税額

・修正申告等により納付すべき税額

・修正申告等前の還付金の額に相当する税額から期限内申告に係る還付金の額に相当する税額を控除した税額

ハ　更正を予知しないでした修正申告の場合

修正申告があった場合において、その申告が、その国税について調査があったことにより当該国税について更正があるべきことを「予知してされたもの」でない場合において、(i)その国税についての調査通知（①調査を行う旨、②調査対象税目、③調査対象期間）がある前に行われたものであるときは、過少申告加算税は免除され（通65⑤）、(ii)調査通知後に行われたものであるときは、過少申告加算税は5％に軽減されます（通65①かっこ書）。

なお、通則法第65条第2項の規定により加重される場合には、調査通知前に更正を予知しないでした修正申告により納付すべき税額は、累積増差税額の計算上加算されないこととなります。

> 過少申告加算税免除等の趣旨

これは、自発的に修正申告を決意し、修正申告書を提出した者に対しては例外的に加算税を賦課しないこととし、もって納税者の自発的な修正申告書を歓迎し、これを奨励することを目的としたものです（東京地判昭和56.7.16・税資120号

129頁）。

「予知してされたもの」とは

「予知してされたもの」とは、納税者に対する当該国税に関する実地又は呼出等の具体的調査がされた後にされた修正申告をいいます。

なお、国税査察官による内偵調査もここにいう調査に含まれます（平成16.1.15・訟月50巻10号3054頁）。

具体的調査後の修正申告書の提出　⇒　更正を予知したもの

参考 税務職員がその申告に係る国税についての調査に着手して、その申告が不適切であることを発見するに足りるかあるいはその端緒となる資料を発見し、これによりその後調査が進行し更正に至るであろうということが、客観的に相当程度の確実性をもって認められる段階に達した後に、納税者がやがて更正に至るべきことを認識したうえで提出された修正申告書は、「更正があるべきことを予知して」された申告に当たります（東京高判昭和61.6.23・税資152号419頁）。

更正を予知しないでした申告か否かの主張・立証責任

更正があるべきことを予知してされた申告に当たるか否かについての主張・立証については、修正申告書の提出が更正があるべきことを予知されたものでないときに例外的に加算税を賦課しないこととした法条の趣旨からすれば、調査により更正があるべきことを予知して修正申告がされたものでないことの主張・立証責任は納税者にあると解されています（東京高判昭和61.6.23・税資152号419頁参照）。

更正があるべきことを予知しないで修正申告書を提出　⇒　加算税免除（例外規定）

⇒　したがって主張・立証責任は納税者

— 312 —

第3節　加算税等

3　無申告加算税

	課税要件	課税割合	不適用又は課税割合の軽減	
			要　件	不適用又は軽減割合
無申告加算税（通66）	①　申告期限までに納税申告書を提出しないで、期限後申告又は決定があった場合 ②　期限後申告又は決定があった後に、修正申告又は更正があった場合	15％（注1） ただし、納付すべき税額が50万円を超えるときは、その超える部分については、5％加算 また、過去5年内に無申告加算税（更正・決定予知によるものに限る。）又は重加算税が課されたことがある場合は、更に10％加算	①　期限内申告書の提出できなかったことについて、正当な理由がある場合 ②　期限後申告書の提出が、調査があったことにより、決定を予知してされたものでなく、法定申告期限内に申告する意思があったと認められる一定の場合で、かつ、当該申告書の提出が法定申告期限から1月を経過する日までに行われている場合	不適用
			調査通知（注2）前に決定又は更正がされることを予知しないで期限後申告又は修正申告をした場合	5％
			期限後申告等が、調査通知（注2）後、決定等予知前にされた場合 ただし、期限内申告税額相当額又は50万円のいずれかを超える部分については、5％加算	10％ （15％）

（注）1　国外財産調書・財産債務調書の期限内提出の有無や記載内容によって（所得税又は相続税の）過少申告加算税の軽減又は加重措置があります（国外送金等6、6の3。前記2参照）。

　　　2　調査通知については前記2参照。

(1)　課税要件と課税割合

> 通常の場合の無申告加算税 …「調査通知を受けて期限後申告等を行う場合」と「短期間に無申告を繰り返す場合」の無申告加算税は除きます。

　次に掲げる場合には、申告、更正又は決定に基づき追徴される税額に15％の割合を乗じて計算した金額に相当する無申告加算税が課されます（通66①）。

　これは無申告であることに着目して、過少申告加算税の課される場合よりも高い税率により課されているものです。

①　期限後申告書の提出又は決定があった場合

②　期限後申告書の提出又は決定があった後に修正申告書の提出又は更正があった場合

　なお、義務的修正申告及びその更正（決定を受けた後の修正申告及び更正を除きます。）については、相続税法第50条第2項第3号及び措置法第33条の5第3項第3号、第41条の3第3項第3号等により、無申告加算税は課されません。

第6章 附帯税

調査通知を受けて期限後申告等を行う場合の無申告加算税

期限後申告書等が、調査通知以後に提出され、かつ、その提出が調査による決定等を予知してなされたものでない場合には、その納付すべき税額に10％の割合を乗じて計算した金額に相当する無申告加算税が課されます（通66①かっこ書）。

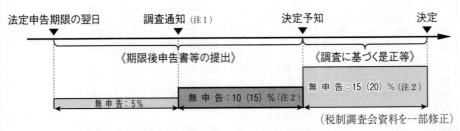

(税制調査会資料を一部修正)

(注) 1 調査通知とは、納税義務者に対して、通則法第74条の9第1項第4号及び第5号等の調査に関する一定事項（①調査を行う旨、②調査対象税目、③調査対象期間）を通知すること（通66⑥、65⑤、通令27③）。
　　 2 上記（　）書は、加重される部分に係る加算税の割合を示します。

参考　調査通知を受けて期限後申告等を行う場合の無申告加算税の趣旨

　事前通知直後（更正等の予知前）に多額の期限後申告を行うことにより加算税の賦課を回避している事例が散見されたことから、平成28年度の税制改正により、当初申告のコンプライアンスを高める観点から見直し・整備されたものです。

☞ 調査通知前に期限後申告等を行う場合の無申告加算税は318頁参照。

無申告加算税の加重

期限後申告又は決定による納付すべき税額（当該期限後申告又は決定があった後に修正申告又は更正があったときは、その国税に係る累積納付税額※を加算した金額）が50万円を超えるときは、その超える部分の税額に係る無申告加算税は、通常の無申告加算税の額に更にその超える部分の税額に5％を乗じて得た金額を加算した金額となります（通66②）。

※「累積納付税額」とは

「累積納付税額」とは、無申告加算税を計算しようとする期限後申告又は決定後の修正申告又は更正の前にされた国税についての次に掲げる納付すべき税額の合計額をいいます（通66③）。ただし、その国税の納付すべき税額を減額させる更正等により減少した部分の税額等に相当する部分の金額は、その合計額から控除されます。

　① 期限後申告書の提出又は決定に基づき納付すべき税額

② 修正申告書の提出又は更正に基づき納付すべき税額

短期間に無申告又は隠蔽・仮装行為を繰り返す場合の無申告加算税の加重措置

期限後申告書若しくは修正申告書の提出（調査による決定等を予知してされたものに限ります。）又は更正若しくは決定（以下本文では「期限後申告等」といいます。）があった場合において、その期限後申告等があった日の前日から起算して5年前の日までの間に、その期限後申告等に係る税目について無申告加算税又は重加算税（以下「無申告加算税等」といいます。）が課されたことがあるときは、その期限後申告等に基づき課する無申告加算税の割合（15％、20％）について、それぞれの割合に10％加算されます（通66④）。

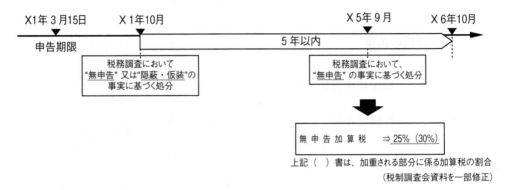

上記（　）書は、加重される部分に係る加算税の割合
（税制調査会資料を一部修正）

参考　無申告加算税の加重制度の趣旨

無申告加算税の割合がその無申告の回数に限らず一律であるため、意図的に無申告を繰り返すケースも多いことから、こうした悪質な行為を防止する観点から、平成28年度改正で創設されたものです。

なお、この加重措置は、仮装隠蔽を繰り返す重加算税を課された者にも適用されます（通68④）。

参考　国外財産調書制度と無申告加算税

税務署長に、①国外財産調書を期限内に提出した場合には、記載された国外財産に関して所得税・相続税の申告漏れが生じたときであっても、無申告加算税の額を5％減額する一方、②国外財産調書が期限内に提出がない場合又は提出された国外財産調書に国外財産についての記載がない場合（重要な事項の記載が不十分であると認められる場合を含みます。）に所得税の申告漏れが生じたときは、無申告加算税の額を5％加重する特例が設けられています（国外送金等6①～③）。（国外財産調書制度については304頁参照）

第6章　附帯税

参考　財産債務調書制度と無申告加算税

　税務署長に、①財産債務調書を提出した場合には、記載された財産又は債務に関して所得税・相続税の申告漏れが生じたときの無申告加算税の額を5％軽減する一方、②財産債務調書の提出がない場合又は提出された財産債務調書に財産若しくは債務の記載がない場合には、無申告加算税の額を5％加重する特例が設けられています（国外送金等6の2①）。（財産債務調書制度については304頁参照）

(2) 無申告加算税の計算

通常の場合の無申告加算税

　　期限後申告等の税額※　×　15％　＝　無申告加算税の額

無申告加算税の加重

　（通常分）　期限後申告等の税額 × 15％ ＝ ①

　（加重分）　期限後申告等の税額 － 控除税額 ＝ A
　　　　　　　　　　　　　　　　　　｜
　　　　　　　（通66①の納付すべき税額か
　　　　　　　　50万円のいずれか多い額）

　　　　　　A　×　5％　＝　②

無申告加算税の額（①＋②）

＊　「期限後申告等の税額」とは、期限後申告又は決定による納付すべき税額又はその後の修正申告又は更正に基づき生じた納付すべき税額をいいますが、期限後申告又は決定があった後に修正申告又は更正があったときはこれによる納付すべき税額を加算した金額（累積納付税額・301頁参照）となります。

(3) 無申告加算税が課されない場合等

無申告加算税が課されない場合	…	正当な理由がある場合
無申告加算税の軽減	…	調査通知前に決定等を予知しないで申告した場合※
無申告加算税の不適用	…	法定申告期限内に申告する意思があったと認められる場合

➤　決定等予知前でしかも調査通知前にされた期限後申告等については5％（加重対象部分は10％）の無申告加算税が課されます（318頁参照）。

— 316 —

第3節　加算税等

➤　決定等予知前でしかも調査通知以後、決定等予知前にされた期限後申告等については10％（加重対象税額部分は15％）の無申告加算税が課されます（314頁参照）。

イ　正当な理由がある場合

無申告加算税は、期限内申告書の提出がなかったことについて「正当な理由」があると認められている場合には課されません（通66①ただし書）。

なお、この場合でもその後に修正申告又は更正があった場合には、過少申告加算税が課されます（通65①）。

正当な理由がある場合とは

「正当な理由」があるか否かの考え方は基本的に過少申告加算税の場合と同様です。

☞　参考資料　「過少申告加算税、無申告加算税、不納付加算税及び重加算税の取扱い（事務運営指針）」（591頁参照）

（「正当な理由」がある場合の例示）
・　災害、交通・通信の途絶その他期限内に申告書を提出しなかったことについて真にやむを得ない事由があるとみとめられるとき

参考　裁判例が示す「正当な理由」の事例判断

正当な理由が認められた事例

申告相談において、本件不動産が非課税財産であるかどうかの法解釈に関して、課税庁及び同係官が納税者らの誤解をとき、申告書の提出を促す等の措置が十分でなかった経緯等のもとでは、納税者だけの責に帰することは妥当でないとして「正当な理由」が認められた事例（東京地判昭和46.5.10・行集22巻5号638頁。なお、控訴審（東京高判昭和48.3.9・訟月19巻10号139頁）では上記認定をくつがえし、原判決を取り消しています。）

正当な理由が認められなかった事例

共同相続人間に相続財産の範囲、遺贈の効力等につき争いがあるため、相続財産の全容が把握できない場合であっても、相続財産が基礎控除額を超えることを相続人が認識し得るときには、相続税申告義務を免れないから、「正当な理由」があるとは認められないとされた事例（大阪高判平成5.11.19・行集44巻11＝12号1000頁）

無申告加算税を課さない部分の税額の計算

期限後申告書の提出又は決定があった後に修正申告又は更正があった場合において、新たに納付すべき税額の計算の基礎となった事実のうちにその修正申告又は更正前の税額（還付金の額に相当する税額を含みます。）の計算の基礎とされていな

— 317 —

第6章 附帯税

かったことについて正当な理由があると認められるものがあるときは、無申告加算
税の計算の基礎となる納付すべき税額からその正当な理由があると認められる事実
のみに基づいて修正申告又は更正があったものとした場合におけるその申告又は更
正に基づき納付すべき税額を控除します（通66⑤、通令27）。このことは、過少申
告加算税の場合と同様です。

ロ　調査通知前に決定等を予知しないで申告した場合

　　無申告加算税が課される基因となる期限後申告又は修正申告のうち、調査通知前
の自発的申告のときには、過少申告加算税の場合と同様の趣旨の下に、無申告加算
税についても次のような特例が設けられています。

　　すなわち、期限後申告書又は修正申告書の提出が、その申告に係る国税について
の調査があったことにより当該国税について更正又は決定があるべきことを予知し
てされたものでないときは、その申告に基づく無申告加算税の額は、その納付すべ
き税額に5％の割合を乗じて計算した金額とされ、通常の場合よりも軽減されます
（通66⑥）。

　　予知してされたものか否かは、過少申告加算税の場合に準じて解することができ
ます。

　　㊟　通則法第66条第1項及び第2項の規定により15％（調査通知後、決定等予知前は
　　　10％）又は20％（加重対象税額部分。調査通知後、決定等予知前は15％）の割合で
　　　課される無申告加算税は、適正な申告を担保するために課されるものであり、決定
　　　等を予知しないでした期限後申告等により納付すべき税額は、累積納付税額の計算
　　　上加算されないこととなります。

ハ　法定申告期限内に申告する意思があったと認められる場合

　　期限後申告書の提出が、その申告に係る国税についての調査があったことにより
その国税について決定があるべきことを予知してされたものでなく、期限内申告書
を提出する意思があったと認められる一定の場合に該当し、かつ、その期限後申告
書の提出が法定申告期限から1月を経過する日までに行われたものであるときは、
無申告加算税は課されません（通66⑦）。

— 318 —

第3節　加算税等

期限内申告書を提出する意思があったと認められる一定の場合（通令27の2①）	①自主的な期限後申告書の提出があった日の前日から起算して5年前の日までの間に、その国税の属する税目について、期限後申告書の提出等により無申告加算税又は重加算税を課されたことがない場合で、かつ、通則法第66条第7項の適用を受けていない場合（通令27の2①一）
	②上記①の期限後申告書に係る納付すべき税額の全額が法定納期限までに納付されていた場合又はその税額の金額に相当する金銭が法定納期限までに通則法34条の3の納付受託者に交付等されていた場合（通令27の2①二）

《図示》期限後申告書の提出があった日の前日から起算して5年前の日

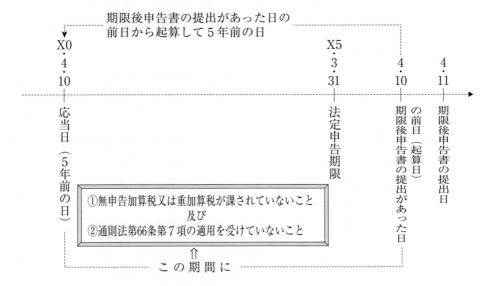

第6章 附帯税

4 不納付加算税

<table>
<tr><th rowspan="2"></th><th rowspan="2">課税要件</th><th rowspan="2">課税割合</th><th colspan="2">不適用又は課税割合の軽減</th></tr>
<tr><th>要　件</th><th>不適用又は軽減割合</th></tr>
<tr><td rowspan="2">不納付加算税（通67）</td><td rowspan="2">源泉徴収等により納付すべき税額を法定納期限までに完納しないで、法定納期限後に納付又は納税の告知があった場合</td><td rowspan="2">10%</td><td>① 法定納期限までに納付できなかったことについて、<u>正当な理由がある場合</u>
② 納税の告知を受けることなく、その法定納期限後に納付された場合で、法定納期限までに納付する意思があったと認められる一定の場合で、かつ、当該国税が法定納期限から１月を経過する日までに納付されたものである場合</td><td>不適用</td></tr>
<tr><td>納税の告知がされることを予知しないで法定納期限後に納付した場合</td><td>5％</td></tr>
</table>

(1) 課税要件と課税割合

　源泉徴収等による国税がその法定納期限までに完納されなかった場合には、税務署長は、当該納税者すなわち徴収義務者から、納税の告知に係る税額又はその法定納期限後に当該告知を受けることなく納付された税額に10％を乗じて計算した金額に相当する不納付加算税を徴収します（通67①）。

　なお、上記源泉徴収等による国税とは、源泉徴収に係る所得税及び国際観光旅客法に規定する特別徴収に係る国際観光旅客税をいいます（通２ニ）。

　不納付加算税においては、過少申告加算税や無申告加算税の「課する」という規定とは異なり、「徴収する」と規定されています。これは、過少申告加算税等が、通則法第35条第3項の規定により自主納付することとされているのに対し、不納付加算税が従前どおり、納税の告知により徴収されることを明らかにしています。その賦課手続は、通則法第32条及び第33条によります。

　平成30年度改正において国際観光旅客税が創設されました。これは国際旅客運送事業を営む国内及び国外事業者が、国際観光旅客等（国際船舶等により本邦から出国する観光旅客その他の者）に対して出国の際に１人１回1,000円を特別徴収の方法により徴収し、それを出国の日の属する月の翌々月の末日まで納付しなければならないというものです。なお、プライベートジェット等による出国の場合は、航空機等に搭乗等する時までに国際観光旅客等が国に納付しなければなりません。同税は、平成31年１月７日以降の出国について適用されています。

(2) 不納付加算税が徴収されない場合等

不納付加算税が徴収されない場合	………	正当な理由がある場合
不納付加算税の不適用	………	法定納期限内に納付する意思があったと認められる場合
不納付加算税の軽減	………	納税の告知を予知しないで納付した場合

イ 正当な理由がある場合

　不納付加算税は、納税の告知又は納付に係る国税を法定納期限まで納付しなかったことについて<u>正当な理由があると認められる場合</u>には、過少申告加算税の場合と同様、<u>課されません</u>（通67①ただし書）。

> ☞ 参考資料　「過少申告加算税、無申告加算税、不納付加算税及び重加算税の取扱い（事務運営指針）」（591頁参照）
> 　（「正当な理由」があると認められる場合の一例）
> ・　税法の解釈に関し、給与等の支払後取扱いが公表されたため、その公表された取扱いと源泉徴収義務者の解釈が異なることとなった場合において、その源泉徴収義務者の解釈について相当な理由があると認められるとき。
> 　㊟　税法の不知若しくは誤解又は事実誤認に基づくものはこれに当たらない。
> ・　給与所得者の扶養控除等申告書、同配偶者特別控除又は同保険料控除申告書等に基づいてした控除が過大であった等の場合において、これらの申告書に基づき控除したことにつき源泉徴収義務者の責めに帰すべき事由があると認められないとき。
> 　など

 裁判例が示す「正当な理由」の事例判断

> 〔正当な理由が認められた事例〕
> 　破産債権の配当について破産管財人は源泉徴収義務を負わないという実務慣行が形成され、破産裁判所も破産管財人もその旨の共通認識の下に破産管財業務を遂行ないし監督し、課税庁においてもこれに対する態度を明確にしないままこのような実務慣行をいわば黙認してきたなどの事情の下においては、原告が本件退職金に係る源泉所得税を法定納期限までに納付しなかったことについて、「正当な理由」が認められた事例（大坂地判平成20.3.14・判タ1276号109頁）

> 〔正当な理由が認められなかった事例〕
> 　弁護士たる破産管財人に対する報酬が所得税法204条1項2号の弁護士の業務に関する報酬又は料金に当たらないとする見解に相応の論拠があるというのは困難であり、財団債権に対する弁済について、特に手続上の特殊性があるといった事情もないから、「正当な理由」があるということはできないとされた事例（大坂地判平成20.3.14・判タ1276号109頁）

第6章　附帯税

ロ　法定納期限内に納付する意思があったと認められる場合

　源泉徴収による国税が納税の告知を受けることなくその法定納期限後に納付され、その納付が、その国税について納税の告知があるべきことを予知してされたものでない場合において、その納付が法定納期限までに納付する意思があったと認められる一定の場合に該当し、かつ、その納付に係る源泉徴収による国税が法定納期限から1月を経過する日までに納付されたものであるときは、不納付加算税は課されません（通67③）。

法定納期限までに納付する意思があったと認められる一定の場合（通令27の2②）	その納付に係る法定納期限の属する月の前月の末日から起算して1年前の日までの間に法定納期限が到来する源泉徴収に係る国税で、次のいずれにも該当する場合をいいます。 ①　納税の告知を受けたことがない場合 ②　納税の告知を受けることなく法定納期限後に納付された事実がない場合

《図示》源泉所得税の納付に係る法定納期限の属する月の前月の末日から起算して1年前の日

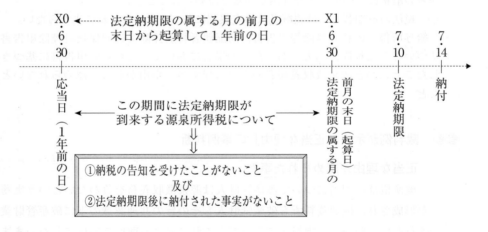

ハ　納税の告知を予知しないで納付した場合

　源泉徴収による国税が納税の告知を受けることなくその法定納期限後に納付された場合において、その納付が、当該国税について納税の告知があるべきことを予知してされたものでないときは、その納付された税額に係る不納付加算税の額は、その納付された税額に5％の割合を乗じて計算した金額に軽減されます（通67②）。

　予知してされたものか否かは、過少申告加算税の場合に準じて解することができます。

— 322 —

第3節　加算税等

5　重加算税

課税要件	課税割合
重加算税（通68） 過少申告加算税が課される場合に、国税の計算の基礎となる事実を隠蔽又は仮装したところに基づき納税申告書を提出した場合（通68①）	35% なお、過去5年以内に無申告加算税等が課されたことがある場合は、更に10%加算
無申告加算税が課される場合に上記の隠蔽又は仮装の事実があった場合（通68②）	40% なお、過去5年以内に無申告加算税等が課されたことがある場合は、更に10%加算
不納付加算税が課される場合に上記の隠蔽又は仮装の事実があった場合（通68③）	35% なお、過去5年以内に無申告加算税等が徴収されたことがある場合は、更に10%加算

(1)　課税要件及び課税割合

重加算税は、次の区分により課されます。

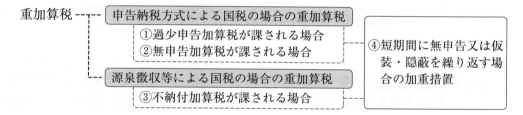

申告納税方式による国税の場合の重加算税

①過少申告加算税に代えて課される場合

　納税者がその国税の課税標準等又は税額等の計算の基礎となるべき事実の全部又は一部を隠蔽し、又は仮装し、その隠蔽し、又は仮装したところに基づき納税申告書を提出していたときは、過少申告加算税の額の計算の基礎となるべき税額に係る過少申告加算税に代え、当該基礎となるべき税額に35％の割合を乗じて計算した金額に相当する重加算税が課されます（通68①）。

　ただし、その税額の計算の基礎となるべき税額に、その税額の計算の基礎となる事実で隠蔽し、又は仮装されていないものに基づくことが明らかであるものがあるときは、当該税額から、当該隠蔽し、又は仮装されていない事実のみに基づいて修正申告又は更正があったものとした場合におけるその申告又は更正に基づき納付すべき税額が控除されます（通68①かっこ書）。

　なお、通則法第65条第2項により加重された過少申告加算税が

— 323 —

第6章 附帯税

課される場合において重加算税が課されるときは、重加算税は、加重された過少申告加算税に代えて課されるものとされています（通令27の3①）。この関係を具体例で図示すれば、次のようになります。

《設例》　通常の過少申告加算税10％の場合

期限内申告税額　3,000万円
増　差　税　額　9,000万円（内重加対象税額　2,000万円）

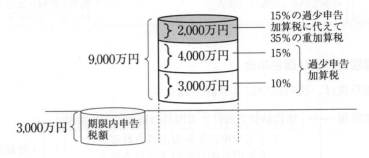

② 無申告加算税に代えて課される場合

無申告加算税が課される場合（更正又は決定を予知しないでした申告があった場合を除きます。）において、納税者がその国税の課税標準等又は税額等の計算の基礎となるべき事実の全部又は一部を隠蔽し、又は仮装し、その隠蔽し、又は仮装したところに基づき法定申告期限までに納税申告書を提出せず、又は法定申告期限後に納税申告書を提出していたときは、無申告加算税の額の計算の基礎となるべき税額に係る無申告加算税に代え、当該基礎となるべき税額に40％の割合を乗じて計算した金額に相当する重加算税が課されます（通68②）。この基礎となるべき税額からは上記①と同様の控除があります（通68②かっこ書）。

なお、通則法第66条第2項により加重された無申告加算税が課される場合において重加算税が課されるときは、重加算税は、加重された無申告加算税に代えて課されるものとされています（通令27条の3②）。この関係を具体例で図示すれば、次のようになります。

第3節　加算税等

《設例》　無申告加算税15%の場合

期限後申告税額　6,000万円（内重加対象税額　2,000万円）

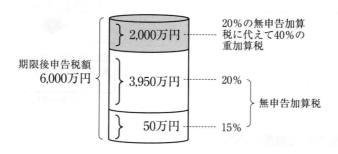

源泉徴収等による国税の場合の重加算税

③ 不納付加算税に代えて課される場合

不納付加算税が課される場合（強制徴収を予知しないでした納付の場合を除きます。）において、納税者が上記②に準じてその源泉徴収等による国税を法定納期限までに納付しなかったときは、税務署長は、当該納税者すなわち徴収義務者から、不納付加算税の額の計算の基礎となるべき税額に係る不納付加算税に代え、当該基礎となるべき税額に35%の割合を乗じて計算した金額に相当する重加算税を徴収します（通68③）。この場合にも、基礎となるべき税額から上記②に準ずる控除があります。

④ 短期間に無申告又は仮装・隠蔽を繰り返した場合の重加算税の加重措置

上記①〜③に該当する場合、これらの税額の計算の基礎となるべき事実で隠蔽し、又は仮装されたものに基づき期限後申告書若しくは修正申告書の提出、更正若しくは決定又は納税の告知若しくは納税の告知を受けることなくされた納付（以下本文では「修正申告等」といいます。）があった場合において、その修正申告等があった日の前日から起算して5年前の日までの間に、その修正申告等に係る税目について無申告加算税等が課され、又は徴収されたことがあるときは、その修正申告等に基づき課する重加算税の割合（35%、40%）について、それぞれの割合に10%加算されます（通68④）。

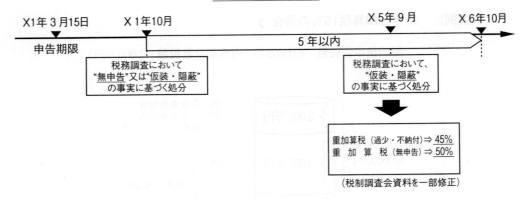

|参考| 重加算税の加重制度の趣旨

　　重加算税の割合が仮装・隠蔽が行われた回数に限らず一律であるため、意図的に仮装・隠蔽を繰り返すケースも多いことから、こうした悪質な行為を防止する観点から創設されたものです。

　　なお、この加重措置は、無申告を繰り返す無申告加算税を課された者にも適用されます（通66④）。

(2) 重加算税と過少申告加算税との関係

　重加算税と過少申告加算税との関係等については、「国税通則法（以下「法」という。）65条の規定による過少申告加算税と法68条1項の規定による重加算税とは、ともに申告納税方式による国税について過少な申告を行った納税者に対する行政上の制裁として賦課されるものであって、同一の修正申告又は更正に係るものである限り、その賦課及び税額計算の基礎を同じくし、ただ、後者の重加算税は、前者の過少申告加算税の賦課要件に該当することに加えて、当該納税者がその国税の課税標準等又は税額等の計算の基礎となるべき事実の全部又は一部を隠ぺいし、又は仮装し、その隠ぺいし、又は仮装したところに基づき納税申告書を提出するという不正手段を用いたとの特別の事由が存する場合に、当該基礎となる税額に対し、過少申告加算税におけるよりも重い一定比率を乗じて得られる金額の制裁を課することとしたものと考えられるから、両者は相互に無関係な別個独立の処分ではなく、重加算税の賦課は、過少申告加算税として賦課されるべき一定の税額に前記加重税に当たる一定の金額を加えた額の税を賦課する処分として、右過少申告加算税の賦課に相当する部分をその中に含んでいるものと解するのが相当である。」（最一判昭和58.10.27・訟月30巻4号739頁）とされています。

第3節　加算税等

(3)　隠蔽、仮装

隠蔽・仮装 ─── 事実の隠蔽 ……二重帳簿の作成、売上除外、

架空仕入若しくは架空経費の計上

たな卸資産の一部除外等

── 事実の仮装 ……取引上の他人名義の使用、虚偽答弁等

(注)　事実の隠蔽、及び事実の仮装という行為が客観的にみて隠ぺい又は仮装と判断されるものであればたり、納税者の故意の立証まで要求しているものではありません（最二判昭62.5.8・訟月34巻1号149頁参照）。この点において、罰則規則における「偽りその他不正の行為」（例えば、所得税法第238条1項）と異なり、重加算税の賦課に際して、税務署長の判断基準をより外形的、客観的ならしめようとする趣旨です。

☞　参考資料　「過少申告加算税、無申告加算税、不納付加算税及び重加算税の取扱い（事務運営指針）」（591頁参照）

　　課税庁は、各税の「重加算税の取扱いについて（事務運営指針）」において、重加算税の賦課に関する取扱基準等の整備等を図るため、通則法第68条に規定する「事実の全部又は一部を隠蔽し、又は仮装し」ていると認定される場合を例示しています。

　　例えば、申告所得税等については、(1)いわゆる二重帳簿、(2)(1)以外の場合で帳簿書類の隠匿、虚偽記載等、(3)事業の経営又は取引等を本人以外の名義又は架空名義で行っている、(4)所得の源泉となる資産（株式、不動産等）を本人以外の名義又は架空名義で所有している、(5)秘匿した売上代金等で本人以外の名義又は架空名義の資産を取得している、(6)申告に係る虚偽の証明書等を自ら作成し、又は他人をして作成させている、(7)源泉徴収票等の記載事項の改ざん、架空の源泉徴収票等の作成など、(8)虚偽の答弁など、を「不正事実」として掲げています。

参考　裁判例が示す「隠蔽又は仮装」の事例判断

『隠蔽又は仮装』に当たるとされた事例

①　譲渡所得に対する課税を免れるため日付をさかのぼらせた売買契約書、取締役会議事録等を作成していた事例（大阪地判昭和49.10.23・税資77号181頁）

②　譲渡所得について、他人名義を用いて隠ぺい仮装し、また、恣意的な原価配分により過大な取得費を計上していた事例（東京高判昭和53.7.5・税資102号1頁）

③　勤務先会社の行った土地買収に関与した者が、取引の相手方たる不動産会社の役員と結託して同不動産会社をして勤務先会社に対して売買代金の水増し請求をさせ、真実の売買代金との差額を着服し、所得税の申告をしなかった事例（東京高判昭和57.3.18・税資122号620頁）

— 327 —

第6章 附帯税

④ 有価証券取引を仮名で行いながら同取引によって利益が存在したとの認識はなかったとの納税者の主張に対して、同取引をなすものがその取引による損益を知り得ないなどということは通常考えられず、むしろ、確定申告をなすにあたり本件有価証券取引から生じた雑所得を除外することについての認識があったと認定された事例（最二判昭和62.5.8・訟月34巻1号140頁）

⑤ 前事業年度以前における架空仕入れの計上に係る繰越欠損金を本事業年度の損金に算入して申告していた事例（長野地判昭和62.7.16・税資159号172頁）

⑥ 居住用財産の譲渡所得の特別控除を受けるため、当該譲渡に係る建物があたかも生活の本拠たる居住用財産であったかのように仮装し、その仮装したところに基づいて確定申告書を提出していた事例（大阪地判昭和63.2.26・税資163号600頁）

⑦ 譲渡益の存することを認識しながらこれを申告していなかった事例（第一審原告の代表取締役が税務知識を相当有していたことが窺われ、のみならず、第一審原告の確定申告書等の作成の依頼を受けていた者から譲渡益が生じる旨の指摘を受けていたにもかかわらず、赤字経営が続いていたのでことさら当該譲渡益を申告する必要がないと判断したと推認するのが相当とされた事例）（最一判昭和63.10.27・税資166号370頁）

⑧ 正確な所得金額を把握し得る会計帳簿類を作成していながら、三年間にわたり極めてわずかな所得金額のみを作為的に記載した申告書を提出し続け、その後の税務調査に際しても過少の店舗数を記載した内容虚偽の資料を提出するなどの対応から、真実の所得金額を隠ぺいする態度、行動をできる限り貫こうとしていると認定された事例（最三判平成6.11.22・訟月41巻11号2887頁）。

⑨ 交換特例の規定の適用を受けるため、本来は棚卸資産勘定で会計処理していた土地をあたかも取得当初から納税者の自社ビル建築用地として取得したものであるかのごとく装うため、議事録を作成した上で、棚卸資産勘定から固定資産勘定への振替処理を行ったことは仮装、隠蔽に該当するとされた事例（東京地判平成12.9.29・訟月47巻11号3466頁）

⑩ 経理部長であった従業員が、正規の外注費の金額に架空外注費分の金員を上乗せして会社から詐取していたところ、会社としても、容易に同部長の隠ぺい、仮装行為を認識することが十分可能であったとして、同部長の隠ぺい、仮装行為をもって会社の行為と同視するのが相当であるとされた事例（東京高裁平成21.2.18・訟月56巻5号1644頁）。

⑪ 脱税の意図のもと、顧問税理士の質問に対して株式等の売買による所得のあることを否定し、同税理士に過少な申告を記載した確定申告書を作成させてこれを提出したなどの事実関係の下においては、架空名義の利用や資料の隠匿等の積極的な行為が存在しないとしても、重加算税の賦課要件を満たすとされた事例（最二判平成7.4.28・民集49巻4号1193頁）

『隠蔽又は仮装』に当たらないとされた事例

顧問税理士が納税者に無断で隠蔽・仮装に基づく過少申告をし、納税者がそれを容易に認識しえなかったとして重加算税賦課の要件はみたされないとされた事例（最一判平成18.4.20・民集60巻4号1611頁）

第3節　加算税等

　重加算税と刑罰

　通則法による加算税（重加算税）の対象となる行為に対して、加算税を課し、同時に各税法によって刑罰も科すことが憲法39条の二重処罰の禁止に反しないか否かが問題となる場合があります。
　これについて国税通則法の制定に関する答申（昭和36年7月5日）は、次のように記述しています。
　「重加算税は、…納税義務の違反者に対してこれを課すことにより納税義務違反の発生を防止し、もって納税の実をあげようとする行政上の制裁にとどまると考えるべきであろう。したがって、重加算税は、制裁的意義を有することは否定できないが、そもそも納税義務違反者の行為を犯罪とし、その不正行為の反社会性ないしは反道徳性に着目して、これに対する制裁として科させる刑事罰とは、明白に区別すべきであると考えられる。このように考えれば、重加算税を課すとともに刑事罰に処しても、二重処罰と観念すべきではないと考えられる。」

　重加算税 ── 行政上の制裁

　刑　罰 ── 犯罪に対する制裁

　なお、重加算税と刑罰との関係について判断を示した主な判例としては、次のものがあります。
　○　最高裁昭和33年4月30日大法廷判決（民集12巻6号938頁）
　　「法人税法（昭22年法律28号・昭和25年3月31日法律72号による改正前のもの。以下単に法という。）43条の追徴税は、申告納税の実を挙げるために、本来の租税に附加して租税の形式により賦課せられるものであつて、これを課することが申告納税を怠つたものに対し制裁的意義を有することは否定し得ないところであるが、詐欺その他不正の行為により法人税を免れた場合に、その違反行為者および法人に科せられる同法48条1項および51条の罰金とは、その性質を異にするものと解すべきである。」
　○　最高裁昭和45年9月11日二小判決（刑集24巻10号1333頁）
　　「国税通則法68条に規定する重加算税は、同法65条ないし67条に規定する各種加算税を課すべき納税義務違反が課税要件事実を隠ぺいし、または仮装する方法によつて行なわれた場合に、行政機関の手続により違反者に課せられるもので、これによつてかかる方法による納税義務違反の発生を防止し、もって徴税の実を挙げようとする趣旨に出た行政上の措置であり、違反者の不正行為の反社会性ないし反道徳性に着目してこれに対する制裁として科せられる刑罰とは趣旨、性質を異にするものと解すべきであつて、それゆえ、同一の租税ほ脱行為について重加算税のほかに刑罰を科しても憲法39条に違反するものでない。」

　誤った加算税の種類と納税者の不利益

　申告納税方式による国税に係る過少申告加算税と重加算税は、ともに申告義務違背に対する制裁という点では、同性質を有し（最三判昭和39.2.18・訟月10巻4号653頁）、無申告加算税を課すべきであるのに過少申告加算税を課しても、その処分は重大なかしがあるとはいえず、納税者の不利益を受けるものではない（最三判昭和39.2.18、最二判昭和40.2.5・民集77号299頁）とされています。

— 329 —

6 過怠税

過怠税は、印紙税を納付しなかったことによる本税の追徴と他の加算税と同様、課税権の侵害又は侵害を誘発するおそれのある行為に対する制裁の性格を併せもつ負担として、故意過失を問わず印紙不ちょう付又は印紙不消印について課されます（印20）。

この過怠税は、賦課課税方式をとっています。

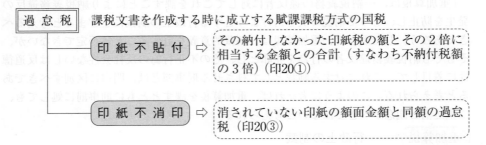

(1) 過怠税の性格

印紙税は、税印による納付の特例を受ける場合（印9）などを除き、収入印紙を貼り付ける方法によって納付することを原則としています。

すなわち、課税文書の作成者は、作成した課税文書に課されるべき印紙税に相当する金額の印紙を当該課税文書の作成の時までに、当該課税文書に貼り付ける方法により印紙税を納付しなければならないこととされています（印8）。

このように印紙を貼り付ける方法により印紙税を納付することとされている課税文書について、その納付すべき印紙税を当該課税文書の作成の時までに納付しなかった場合には、当該課税文書の作成者に対して、通則法の規定による附帯税（延滞税又は加算税）と同様の一種の行政的制裁の性格を有する過怠税が課されますが、この過怠税は、次のような2つの性格を有しています。

過怠税の性格

① 納付すべき印紙税を納付しなかったことに対する税額の追徴としての性格

　すなわち、所得税等の国税について納付不足等があった場合には、更正等によりその未納に係る税額を徴収することとされていますが、印紙税については、その1件当たりの税額が僅少であるため、本税としての印紙税のみの追徴を行わず、行政的制裁金としての金額と合わせて徴収することとされています。

② 財政権の侵害行為又はその侵害行為を誘発する恐れのある行為に対する行政的制裁としての性格

　すなわち、印紙を貼り付ける方法により印紙税を納付すべき課税文書に印紙を貼り付けなかった行為や貼り付けた印紙を消さなかった行為は、故意又は過失を問わず、いずれも納税秩序を維持すべき義務に違反した行為ですから、他の国税

第3節　加算税等

についてこのような義務違反に対する行政的制裁としての各種の附帯税を課しているのと同様の趣旨で、印紙を貼り付けなかった者又は消さなかった者から一定の金額の制裁金を徴収することとされています。

(2)　過怠税の種類

過怠税は、印紙を貼り付けて印紙税を納付すべき課税文書に印紙を貼り付けなかった場合又は課税文書に貼り付けた印紙を消さなかった場合に課されるものですが、次の2つに分類することができます。

印紙不貼付過怠税

課税文書に印紙を全く貼り付けず、又は貼り付けはしたが、その貼り付けた印紙の額面金額が当該課税文書に課されるべき印紙税額に満たない場合に課されます。

印紙不消印過怠税

課税文書に印紙を貼り付けたが、その印紙を印紙税法第8条2項（印紙の消印）に定める方法により消さなかった（不消印）場合に課されます。

(3)　罰則との併課

課税文書の作成者が印紙を貼り付けるべき課税文書に印紙税額に相当する印紙を①偽りその他不正の行為により免れた場合は3年以下の懲役若しくは100万円以下の罰金（印21）が、②貼り付けなかった場合は1年以下の懲役又は50万円以下の罰金（印22）が、③貼り付けた印紙を消さなかった場合には30万円の罰金（印23）が行政処分としての過怠税に加えて処せられます。

第7章 更正、決定、徴収、還付等の期間制限

第1節 期間制限の概要

1 期間制限の趣旨等

　国税の法律関係において、国の行使し得る権利をいつまでも無制限に認めていては、納税者の法的安定が得られないばかりでなく、国税の画一的執行も期し難くなるので、これに対処するため、賦課権及び徴収権などに関する期間制限が設けられています。

賦　課　権	徴　収　権
税務官庁がする租税債権の確定に係る処分、すなわち更正若しくは決定又は賦課決定をすることができる権利	既に確定した租税債務の履行として納付された税額を収納し、ないしはその履行を請求し、収納を図ることができる権利

賦課権と徴収権との関係
「賦課なくして徴収なし」------▶両者相まって租税債権が実現

反面、両者それぞれの性質、態様が著しく異なる

期間制限の関係では、両者を分離して明確に定める必要

賦課権は、具体的納税義務又はこれに係る事項の確認を主たる内容とする公法上の特殊行政処分をすることのできる一種の形成権	**徴収権**は、一般の私債権と近似した性格をもち、特別な自力執行権、優先権が認められていることを除けば、私債権と同一に扱うことが適当
確認を内容とする行政処分である関係上中断はなじまない（時効制度になじまない）、ある権利について法律上定められた存続期間を意味する除斥期間	私債権と同様な時効制度
賦課権には、除斥期間	徴収権には時効（消滅時効）

○ 国税債権に関する期間制限

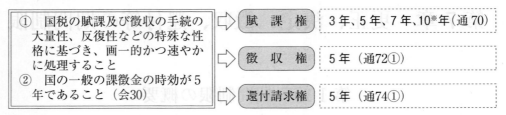

※法人税の純損失等の金額に係る更正の期間制限は、平成30年4月1日以後に開始する事業年度から10年となっています。

2 除斥期間と消滅時効

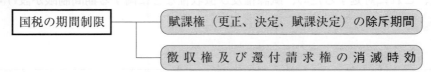

賦課権の期間制限 ⇨ 除斥期間

　賦課権は、税務署長が国税債権を確定させる処分、すなわち、更正、決定及び賦課決定を行うことができる権利です。賦課行為は、税務署長が既に成立している納税義務を確定させるもので、いわゆる準法律行為たる性格を持ち、一種の形成権と考えられます。賦課権が形成権であるとする以上、およそ時効制度になじまないとされているのが一般的です。したがって、賦課権の期間制限には除斥期間の制度が採られています。

除斥期間の主な特徴
①時効の中断（完成猶予・更新）がない。
②権利の存続期間があらかじめ予定されていて、その期間の経過によって権利が絶対的に消滅し、当事者の援用を要しない。
③除斥期間による権利の消滅は、そ及効がなく、将来に向かって消滅する。

　賦課権の行使が除斥期間内の有効なものであるためには、その期間の末日までに、更正、決定又は賦課決定の通知書が納税者に到達することが必要です。
　なお、源泉所得税などの自動確定の国税（通15③）については、賦課行為が存在しないので、徴収権の消滅時効が働くにとどまり、除斥期間の問題は生じません。

第1節　期間制限の概要

```
徴収権、還付金等の期間制限  ⇨  ・・・・・
                              消滅時効
```

　徴収権は、既に確定した国税債権の履行を求め、収納することができる権利であるから、請求権として私法上の債権に極めて似た性格を持ち、国税の優先権（徴8）と自力執行権（徴47、82等）が特に認められている点を除けば、私債権と同様に取り扱うことが妥当です（通72③）。

　国税の徴収権及び納税者の国に対する還付金等の還付請求権は、私債権と同様に時効制度が採られています（通72①、74①）。徴収権及び還付金等の還付請求権と私債権との消滅時効における違いは、次表のとおりです。

私 債 権 の 消 滅 時 効	徴 収 権 、 還 付 請 求 権 の 消 滅 時 効
○　当事者は、時効の援用を要します（民145）。 ○　時効完成後において時効の利益を放棄することができます（民146）。	○　当事者は、時効の援用を要せず、また、その利益を放棄することができません（通72②、74②）。 ⇩ ┄┄┄┄┄ 消滅時効の絶対的効力 ┄┄┄┄┄ 国税の徴収権、還付請求権は、時効の完成によって絶対的に消滅します。
○　時効の完成猶予及び更新事由があります（民147〜150、152）。	○　国税の徴収権の消滅時効には、左記のほか、特別の完成猶予及び更新事由等があります（通73）。 　特別の完成猶予及び更新事由 　　更正又は決定、加算税に係る賦課決定、納税に関する告知、督促、交付要求（通73①） 　特別の不進行事由 ・　偽りその他不正の行為によりその全部若しくは一部の税額を免れ、又はその全部若しくは一部の税額の還付を受けた国税に係るものの時効は、原則として当該国税の法定納期限から2年間は進行しません（通73③）。 ・　延納、納税の猶予等（通73④）

（注）　令和2年4月施行の民法改正により、時効の中断が、時効の完成猶予及び更新という概念に改められ、これに併せて通則法第73条の規定も改正されました。

— 335 —

第7章　更正、決定、徴収、還付等の期間制限

第2節　更正・決定等の期間制限

　国税債権に係る更正・決定を行うことができる期間は、通則法第70条に定められています。除斥期間経過後すなわち一定の期間を経過した後の賦課権の行使はできません。

1　除斥期間の起算日

賦課権の除斥期間 ……税務署長が納税義務の確定手続を行うことができる期間

> 納税義務が成立していても、未確定のまま賦課権の除斥期間を経過した場合 ⇒ 賦課権による納税義務の確定ができません。

除斥期間の起算日

申告納税方式による国税 ……法定申告期限の翌日
　　ただし、還付請求申告書に係る更正の場合は、当該申告書を提出した日の翌日

賦課課税方式による国税

課税標準申告書の提出を要する国税 ……その提出期限の翌日

課税標準申告書の提出を要しない国税 ……その納税義務の成立の日の翌日

確定方式	除　斥　期　間　の　起　算　日	
申告納税方式	法定申告期限の翌日（通70①一） ただし ①還付請求申告書に係る更正の場合 ⇨	当該申告書を提出した日の翌日
	②還付請求申告書の提出がない場合にする決定又はその決定後にする更正 ⇨	当該還付請求申告書を提出することができる者について、その申告に係る還付金がなく、納付すべき税額があるものとした場合のその国税の法定申告期限の翌日（通70①一、通令29①）
賦課課税方式	課税標準申告書を提出する国税	課税標準申告書の提出期限の翌日（通70①二）
	課税標準申告書を提出しない国税	納税義務の成立の日の翌日（通70①三）

— 336 —

第2節　更正・決定等の期間制限

2　除斥期間

更正・決定等の期間制限（税額確定方式別）

区　　　　分			通常の過少申告・無申告の場合	脱税の場合
更　　　正			5年（通70①一）（注1）	7年（通70④）
決　　　定			5年（通70①一）（注1）	
純損失等の金額に係る更正			5年（法人税については10年）（通70①一、②）（注2）	
増額賦課決定	課税標準申告書の提出を要するもの	提出した場合	3年（通70①）	
		不提出の場合	5年（通70①二）	
	課税標準申告書の提出を要しないもの		5年（通70①三）	
減額賦課決定			5年（通70①、二、三）	

（注）1　贈与税の更正決定等については6年（相36①）、移転価格税制に係る法人税の更正
　　　決定等については7年（令和2年4月1日以後に開始する事業年度について適用され、
　　　同日前に開始した事業年度については6年）することができます（措66の4㉗）。
　　　　また、国外転出等の特例（所60の2、60の3）の適用がある場合の所得税につい
　　　ての更正決定等については、原則として7年することができます（通70⑤三）。
　　　　さらに、更正の除斥期間終了の6月以内になされた更正の請求に係る更正又はそ
　　　の更正に伴って行われる加算税の賦課決定については、当該更正の請求があった日
　　　から6月を経過する日まですることができます（通70③）。
　　　2　法人税に係る純損失等の金額についての更正は、平成30年4月1日以後に開始す
　　　る事業年度において生じるものについては10年、同日前に開始する事業年度につい
　　　ては9年とされています（通70②）。

更正・決定等の期間制限（各期間別）

3　年	賦課課税方式の国税で、課税標準申告書の提出を要するものについて、その申告書の提出したものに係る賦課決定（納付すべき税額を減少させるものを除く）（通70①）
5　年 （注1）	・　更正又は決定（通70①一） ・　賦課課税方式の国税で、課税標準申告書の提出を要するものについて、その申告書を期限内に提出しないものに係る賦課決定（通70①二） ・　賦課課税方式の国税で、課税標準申告書の提出を要しないものに係る賦課決定（通70①三） ・　減額賦課決定（通70①、二、三）
7　年	・　偽りその他不正の行為によりその全部又は一部の税額を免れ、若しくはその全部若しくは一部の税額の還付を受けた場合における更正決定等（通70⑤一） ・　偽りその他不正の行為により、その課税期間において純損失等の金額が過大であるとして納税申告を提出した場合における更正（通70⑤二） ・　国外転出をする場合の譲渡所得等の特例又は贈与等により非居住者に資産が移転した場合の譲渡所得等の特例の所得税についての更正決定等（通70⑤三）

— 337 —

第7章　更正、決定、徴収、還付等の期間制限

| 10　年
（注2） | 法人税に係る純損失等の金額で当該課税期間において生じたものを増加させ、若しくは減額させる更正又は当該金額があるとする更正（通70②） |

（注）は、上記「更正・決定等の期間制限（税額確定方式別）」と同じ。

参考　更正の期間制限（各税目別）

対　象　税　目		更正の期間制限
申告所得税		5年（通70①一）
	純損失等の金額に係る更正	5年（通70①一）
	国外転出等の特例がある場合の更正決定等	7年（通70⑤三）
法人税		5年（通70①一）
	純損失等の金額に係る更正	10年（通70②）
	移転価格税制に係る更正	7年（措66の4㉗）
相続税		5年（通70①一）
贈与税		6年（相36①）
消費税及び地方消費税		5年（通70①一）
酒税		5年（通70①一）
上記以外のもの（注）		5年（通70①一）

（注）揮発油税及び地方揮発油税、石油石炭税、石油ガス税、たばこ税及びたばこ特別税、電源開発促進税、航空機燃料税、印紙税（印11、12に掲げるもの）、地価税をいいます。

3　除斥期間の内容

申告納税方式による国税

(1)　更正・決定の期間制限

イ　増額更正の場合

期限内申告書ないし期限後申告書が提出された場合に行われる通常の更正（増額更正）については、脱税の場合を除き、除斥期間は5年となります（通70①一）。

ロ　減額更正の場合

申告又は更正・決定により確定した納付すべき税額が過大であった場合に、その一部又は全部を減額するいわゆる減額更正については、一般的には増額更正に係る期間と同様、原則として、5年となります（通70①一）。

ハ　純損失等の金額についての更正の場合

純損失等の金額で当該期間において生じたものを増加又は減額させる更正は、原則として5年の除斥期間となります（通70①一）。

第2節　更正・決定等の期間制限

　なお、法人税に係る純損失の金額で当該課税期間において生じたものを増加若しくは減少させる更正又は当該金額があるものとする更正は、10年の除斥期間となります（通70②）。

ニ　決定の場合

　決定（通25）又はその決定後にする更正は、原則として、その決定又は更正に係る国税の法定申告期限から5年の除斥期間となります（通70①一）。脱税があった場合の決定は、7年となります（通70⑤一、二）。

ホ　更正の除斥期間の終了間際になされた更正の請求に係る更正の場合

　更正の除斥期間の終了する日前6月以内の更正の請求があった場合には、その更正の請求があった日から6月を経過する日まで更正をすることができます（通70③）。

ヘ　脱税があったときにされる更正決定の場合

　①偽りその他不正の行為により全部若しくは一部の税額を免れ、又その全部若しくは一部の税額の還付を受けた国税についての更正決定の場合、及び②偽りその他不正の行為により当該課税期間において生じた純損失等の金額が過大にあるものとする納税申告書を提出していた場合における当該申告書に記載された当該純損失等の金額についての更正の場合には、除斥期間は7年となります（通70⑤一、二）。

　㊟　「偽りその他不正の行為により」とは、法定申告期限前において、①納税者が虚偽の申告書を提出し、その正当に納付すべき国税の納付義務を過少ならしめてその不足税額を免れたとき、及び②納税者が例えば名義の仮装、二重帳簿の作成等の積極的な行為をし、法定申告期限までに申告納税せず正当に納付すべき税額を免れたとき、並びに法定申告期限が経過したときにおいては単純無申告の状態にあった納税者がその法定申告期限後において、③虚偽の申告をし、その正当に納付すべき税金の納付義務を過少ならしめてその不足税額を免れたとき、④税務官庁の決定に対する再調査の請求又は審査請求をするに当たり、虚偽の事実を主張してその主張するところにより正当な国税の納付義務を過少ならしめたとき、⑤税務職員の調査上の質問又は検査に際して虚偽の陳述をしたり、申告期限後に作為した虚偽の事実を呈示したりした場合において、その陳述し主張するところにより正当な国税の納付を過少ならしめたとき等がこれに当たります。

ト　国外転出等特例の適用がある更正決定の場合

　国外転出をする場合の譲渡所得等の特例（所法60の2①～③）及び贈与等により非居住者に資産が移転した場合の譲渡所得等の特例（所法60の3①～③）の適用がある場合の更正・決定の除斥期間は、原則として7年となります（通70⑤三）。

　なお、国外転出等特例の適用を受ける者が、国外転出等の時までに納税管理人の届出及び税務代理権限証書の提出があるなどの場合は、通常の「5年の除斥期

— 339 —

第 7 章　更正、決定、徴収、還付等の期間制限

間」が適用されます（通令29②）。

　(注)　これは国外転出等特例の適用の適否の確認を行う場合には、国外転出をする際に
　課税関係が生ずるため国外転出の事実の把握が必要になりますが、自治体に国外転
　出届出を提出せずに国外転出をした者については国外転出の事実の把握が困難であ
　ることに加え、無申告のまま国外転出をした者等に対して税務調査権限を行使する
　ことについては執行管轄権の制約から困難であることから、通常の期間制限である
　5年では適正公平な課税を十分に確保することができない恐れがあるころを踏まえ
　たものです。

チ　措置法等による更正・決定等の期間計算の特例

　　上記イないしトのほか、措置法等において、次のような期間計算の特例が設け
られています。

(イ)　移転価格税制に係る法人税の更正・決定等

　　法人と国外関連者との間の取引価格を独立企業間価格に直して課税所得を計算
する部分の法人税の更正・決定等は7年行うことができます（措66の4㉗）。

　(注)　これは、移転価格税制に係る調査に当たっては、取引内容、取引条件等の分析に
　多大の時間を要するほか、海外の関連企業あるいは租税条約締結国の協力いかんに
　より調査が長引くことは避けられない事情があること等が考慮されたものです。
　　なお、令和元年度改正では、移転価格調査の更なる困難化が見受けられる状況を
　踏まえ、我が国の他の制度における更正決定等の期間制限の特例等を参考に延長さ
　れました。

(ロ)　贈与税の更正・決定等

　　贈与税についての更正・決定等はその申告書の提出期限から6年を経過する日
まですることができます（相36①）。

　　　賦課課税方式による国税

(2)　賦課決定の期間制限

イ　課税標準申告書の提出があった国税に係る賦課決定の場合

　　課税標準申告書の提出を要する国税で課税標準申告書の提出があったものにつ
いてする賦課決定は、3年の除斥期間となります（通70①）。

ロ　減額賦課決定の場合

　　賦課課税方式による国税について賦課決定があった後において、その納付すべ
き税額を減少させる賦課決定は、5年間これをすることができます（通70①二、
三）。

ハ　課税標準申告書の提出がないときの賦課決定の場合

　　①課税標準申告書の提出を要する国税で、課税標準申告書の提出がなかったも

— 340 —

の、及び②課税標準申告書の提出を要しない賦課課税方式による国税についての賦課決定は、5年の除斥期間となります（通70①二、三）。

(注) なお、①と②の場合で、除斥期間の起算日は異なります。

ニ 更正の除斥期間の終了間際になされた更正の請求に係る更正に伴って行われることとなる加算税についてする賦課決定の場合

更正の除斥期間の終了する日前6月以内の更正の請求に係る更正に伴って行われることとなる加算税についてする賦課決定については、その更正の請求があった日から6月を経過する日まですることができます（通70③）。

ホ 期限到来間際にされた期限後申告等に係る加算税の場合

加算税の賦課決定をすることができなくなる日前3月以内にされた納税申告書の提出又は納税の告知を受けることなくされた源泉所得税等の納付に係る無申告加算税又は不納付加算税の賦課決定については、その提出又は納付された日から3月を経過する日まで行うことができます（通70④）。

なお、本措置は、税務当局の調査の結果必要となる期限後申告書の提出等は適用対象外とされています。

ヘ 脱税があった時の賦課決定及び国外転出等特例の適用がある場合

偽りその他不正の行為によりその全部又は一部の税額を免れた場合等にされる賦課決定及び国外転出等特例の適用がある場合の所得税に係る加算税の賦課決定は、課税標準申告書の提出期限又はその納税義務の成立の日から7年を経過する日までとなります（通70⑤）。

(注) 「偽りその他不正の行為により」については、上記(1)ヘの（注）参照。

4 更正・決定等の期間制限の特例

更正・決定等の期間制限の特例 … ① 争訟等に伴う更正の場合

② 経済的成果の消滅等に伴う場合

③ 災害による期限延長等の場合

④ 国外取引等の課税に係る非違が認められる場合

通則法第70条が一般的な賦課権の期間制限を規定しているのに対し、通則法第71条は、次のとおり賦課権の期間制限の特例を定めています。

第7章　更正、決定、徴収、還付等の期間制限

更正・決定等の期間制限の特例	特殊な除斥期間
① 争訟等に伴う場合 　更正決定等に係る不服申立て若しくは訴えについての裁決、決定若しくは判決（以下本表において「裁決等」といいます。）による原処分の異動又は更正の請求に基づく更正に伴って課税標準等又は税額等に異動を生ずべき国税で当該裁決等又は更正を受けた者に係るものについての更正決定等（注）	当該裁決等又は更正があった日から6月間（通71①一）
② 経済的成果の消滅等に伴う場合 　申告納税方式に係る国税につき、その課税標準の計算の基礎となった事実のうちに含まれていた無効な行為により生じた経済的成果がその行為の無効であることを基因して失われたこと、当該事実のうちに含まれていた取り消しうべき行為が取り消されたこと等の理由に基づいてする更正又は当該更正に伴い当該国税に係る加算税についてする賦課決定	当該理由が生じた日から3年間（通71①二）
③ 災害による期限延長等の場合 　更正の請求をすることができる期限について、通則法第10条第2項（期間の計算及び期限の特例）又は同法第11条（災害等による期限の延長）の規定の適用がある場合における当該更正の請求に係る更正又は当該更正に伴って行われることとなる加算税についてする賦課決定	当該更正の請求があった日から6月間（通71①三）
④ 国外取引等の課税に係る非違が認められる場合 　国税庁等の職員が納税者にその国税に係る国外取引又は国外財産に関する書類の提示又は提出を求めたものもかかわらず、60日を超えない範囲内でその準備に通常要する日数を勘案して当該職員が指定する日までにその提示又は提出がなかった場合において、国税庁長官が租税条約等の規定に基づき、その租税条約等の相手国等に上記国外取引又は国外財産に関する情報の提供を要請し、その国税に係る課税標準等又は税額等に関し、その相手国から提供があった情報に照らし非違があると認められること	租税条約等の相手国等に対して情報提供要請に係る書面が発せられた日から3年間（通71①四）

（注）　「当該裁決等又は更正を受けた者」には、当該受けた者が分割法人等である場合には当該分割等に係る分割承継法人等を含み、当該受けた者が分割等に係る分割承継法人等である場合には当該分割等に係る分割法人等を含み、当該受けた者が連結親法人である場合には当該連結親法人に係る連結子法人を含み、当該受けた者が連結子法人である場合には当該連結子法人に係る連結親法人を含みます。

　なお、連結納税制度の見直しに伴い、上記後半部分は、令和4年4月1日以後に開始する事業年度の所得に対する法人税等から「当該受けた者が通算法人である場合には他の通算法人を含む」となります（通71②）。

参考　災害による期限延長等の場合の更正の請求に対する更正等の期間制限の延長

　更正の請求をすることができる期限について、①災害等により期限延長される場合又は②日曜日・祝日等に当たりその翌日が期限とみなされる場合においては、更正等の期間制限の特例として、当該更正の請求があった日から6月間更正の請求に係る更正等を行うことができます（通71①三）。

— 342 —

第2節　更正・決定等の期間制限

① 災害等による期限の延長の場合

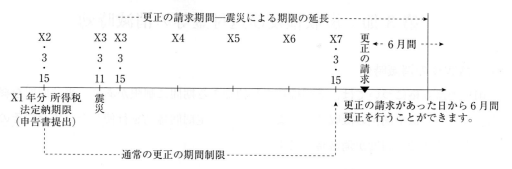

② 日曜日・祝日等に該当する場合

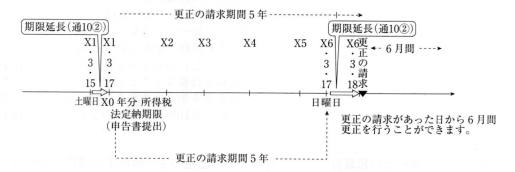

第7章　更正、決定、徴収、還付等の期間制限

第3節　徴収権及び還付金等の消滅時効

1　徴収権の消滅時効

　国税の徴収権については、その権利を行使できる期間に制限があり、当該期間を経過すれば、もはや国税の徴収はできない。この一定期間権利を行使しない場合にその権利を消滅させる制度が消滅時効です。

　　(徴収権の消滅時効の期間)　⇨　　5年（通72①）……（脱税の場合）…→7年（通73③）

　　　　　　　　　　　　　　　　　　(注)　国税以外の消滅時効
　　　　　　　　　　　　　　　　　　　　　地　方　税……5年（地18①）
　　　　　　　　　　　　　　　　　　　　　関　　　税……原則5年（関14の2①）
　　　　　　　　　　　　　　　　　　　　　一般の私債権…原則10年（民166①一・二）※
　　　　　　　　　　　　　　　　　　　　　※　ただし、令和2年4月以降は、債権者が
　　　　　　　　　　　　　　　　　　　　　　　権利を行使することができることを知った
　　　　　　　　　　　　　　　　　　　　　　　時から5年又は権利を行使することができ
　　　　　　　　　　　　　　　　　　　　　　　る時から10年のいずれか短い期間とされま
　　　　　　　　　　　　　　　　　　　　　　　す。

　　(徴収権の消滅時効の起算日)　⇨　　原則―その国税の法定納期限の翌日（通72①）

　　　　　　　　　　　　　　　　　　(注)　法定納期限が経過すれば、税務署長は、納税
　　　　　　　　　　　　　　　　　　　　　者の申告を待たずに、自ら決定などの権利を行
　　　　　　　　　　　　　　　　　　　　　使して納税の請求をすることができる状態にな
　　　　　　　　　　　　　　　　　　　　　るので、法定納期限の翌日を消滅時効の起算日
　　　　　　　　　　　　　　　　　　　　　としたものです。

　　(時効の絶対的効力)

　徴収権の時効　＝　　①援用を要しない　　　　　　　国税の徴収権は時効期間
　　　　　　　　　　　②時効完成後の利益は放　⇨　　の経過によって消滅
　　　　　　　　　　　　棄できない

(1)　時効の期間

　国税の徴収権の消滅時効の期間は5年です。この期間は会計法の定めるところと同様で（会30）、地方税法も同様となっています（地18①）。なお、関税法も5年（関税14の2①）となっています。いずれも、一般の私債権とは異なり、一律に消滅する時効となっています。

※　一般の私債権の消滅時効については、民法の一部改正に伴い、令和2年4月から変更になります（上記参照）。

第3節　徴収権及び還付金等の消滅時効

(2) 時効の起算日

　通則法では、民法とは異なり、国税の徴収権の時効の起算日を一般的に法定納期限の翌日と定め、法定納期限の定めのない国税については、その国税の徴収権を行使することができる日等と定めています（通72①）。

　例えば、次に掲げる国税についてみれば、それぞれ次に掲げる日の翌日が、徴収権の時効の起算日となります。

区　　　分	時効の起算日
申告納税方式の国税	原則法定納期限
賦課課税方式による国税	一定の事実が生じた場合に直ちに徴収するものとされている消費税等は当該事実の生じた日 加算税についてはその賦課の起因となった本税の法定納期限 印紙税の過怠税は、課税文書作成の時
源泉徴収所得税	利子、配当、給与等の支払の日の属する月の翌月10日
納付不足額の通知に係る登録免許税	その登記の日
更正の除斥期間の終了する日前6月以内にされた更正の請求に係る更正又は当該更正に伴って行われることとなる加算税についての賦課決定による納付すべき国税	その更正があった日
裁決等に伴い、更正決定等の期間制限の特例の適用がある場合における更正決定等により納付すべき国税	裁決等又は更正があった日
還付請求申告書に係る還付金の額に相当する税額が過大であることにより納付すべき国税	還付請求申告書の提出があった日
滞納処分費	その支出すべきことが確定した日

(3) 時効の絶対的効力

　国税の徴収権の時効については、援用を要せず、時効完成後における利益の放棄はできません（通72②）。

　国税の徴収権は、時効期間の経過によって消滅します。したがって、時効完成後においては、税務官庁は、納税者が時効を援用するかどうかを問わず徴収手続をとることができず、また、納税者は、時効の利益を放棄することができないから、税金を納付しても過誤納金として還付しなければなりません。この点、民事の債権において、その援用が必要とされ（民145）、時効完成後その利益を放棄しうること（民146）と

— 345 —

対比されます。

この消滅時効の絶対的効力は、国税債権に限定されることなく、広く公法上の債権に共通です（会31）。

2 時効の完成猶予及び更新

(1) 時効の完成猶予及び更新の概要

時効の完成猶予・更新

民法上の時効の完成猶予・更新事由
① 裁判上の請求（民147）
② 強制執行・担保権の実行（民148）
③ 催告（民150）
④ 承認（民152）

国税の徴収権の消滅時効※

民法の規定を準用（通72③）

国税固有の事由（通73①）
・更正・決定、賦課決定、納税の告知
・督促
・交付要求

　消滅時効に関し、これまで、①時効の完成が猶予されている効力と、②それまでに進行した時効が全く効力を失い、新たな時効が進行しはじめるという効力を総称して、又はその一方を指すものとして「中断」という用語を用いていました。令和２年４月１日施行の民法の一部改正により、①の効力とこれと同じ効力を有していた従来の「停止」を統合して「**完成猶予**」とし、②の効力については「**更新**」に改める等の整備が行われました。併せて、通則法第73条第２項等も改正が行われ、この施行は令和２年４月１日から施行されています。

国税の徴収権の消滅時効については、民法の規定を準用している（通72③）ほか、税務署長によってなされる国税債権を実現させようとする行為、すなわち更正、決定、賦課決定、納税の告知、督促、交付要求のそれぞれについて、その効力が生じたときは時効の完成が猶予され、次に図示する期間を経過した時に更新されて、新たに時効期間が進行することとされています（通73①）。

第3節　徴収権及び還付金等の消滅時効

《図示》

① 更正、決定、賦課決定、納税の告知（通73①一、二、三）

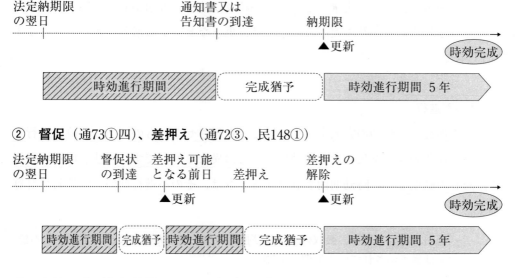

② 督促（通73①四）、差押え（通72③、民148①）

③ 交付要求（参加差押えを含む。）（通73①五）

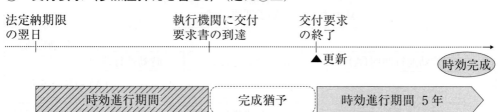

※ 交付要求による時効の完成猶予・更新の効力は、滞納者に交付要求をした旨の通知をした後でなければ生じません（徴基通82-8(3)）。

④ 催告（民150①）

催告があったときは、それの時から6月を経過する間は、時効の完成は猶予されます（民150①）。滞納税金に対する催告（法律に定められた以外の催告を含みます。）も、この催告に含まれると解されるので（最高判昭和43.6.27）、納税の催告から6月以内に差押えなどの時効の更新事由があれば、その時から時効が新たに進行することになります。

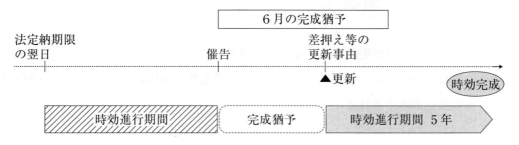

また、納税申告、納税の猶予の申請、延納条件変更の申請及び一部の納付などは、納税者の承認があったものであり、その時に時効が更新されます（通72③）。

なお、納税申告、更正、決定などの確定手続及び納税の告知があった場合に、その時効の更新される効力が及ぶ範囲については、更正などによる増差税額に限られます（通73①本文）。

> 時効の不進行

時効の不進行は、時効の完成を一定期間だけ進行させないものであり、既に進行してきた時効期間の効力を失わせる時効の更新とは異なるものです。民法にはない租税債権に固有の制度です。時効期間を計算するときは、その不進行期間を除算して計算します。

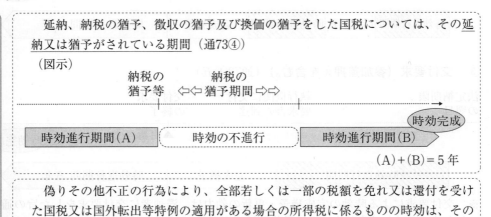

> 時効の完成猶予及び更新と不進行

時効の更新及び完成猶予	時効の不進行
・既に進行してきた時効期間の効力を失わせる ⇩ 完成猶予期間を経過した時に更新され、新たに時効が進行	・時効の完成を一定期間だけ延長 ⇩ 不進行になるまでに進行した時効期間の効果は失わない

(2) 時効の完成猶予及び更新における民法の準用

国税の徴収権の時効については、通則法第7章第2節に別段の定めがあるものを除き、民法の規定が準用されます（通72③）。

第 3 節　徴収権及び還付金等の消滅時効

裁判上の請求	課税処分の取消訴訟に対する国の応訴行為も裁判上の請求に当たり（昭和43.6.27最高判、平成5.4.16金沢地判参照）、その訴訟に係る国税の徴収権の時効については、その取消訴訟が終了するまでの間は完成せず、その終了の時から新たに進行を始めます（民147）。
催告	催告書、差押予告通知書の送達等による納付の催告については、民法第150条（催告による時効の完成猶予）の規定が準用されます（昭和43.6.27最高判）。 　なお、納付の催告により時効の完成猶予の効力が生じた場合には、その効力が生じている期間中に再度催告をしても、再度の催告による時効の完成猶予の効力は生じません（民150②）。
滞納処分	滞納処分による差押え、換価及び配当については、民法第148条（強制執行等による時効の完成猶予及び更新）の規定が準用されます（徴収法基通第47条関係55参照）。 　担保財産への差押え等による時効の完成猶予及び更新は、差し押えた旨の通知が滞納者にされた後でなければ生じません（民154）。
捜索	差押えのため捜索をしたが、差し押さえるべき財産がないために差押えができなかった場合は、その捜索が終了した時に時効の更新の効力が生じます（民法第148条第2項、昭和34.12.7大阪高判、昭和42.1.31名古屋地判参照）。 ㊟　この場合において、その捜索が第三者の住居等につきされたものであるときは、捜索による時効の更新の効力は、その捜索につき捜索調書の謄本等により納税者に対して通知した時に生じます（民154）。
承認	国税を納付する義務がある者が、期限後申告、修正申告、納期限の延長、納税の猶予又は換価の猶予の申請、延納の申請又は届出、納付の委託その他国税の納付義務の存在を認識していたと認められる行為をしたときは、これらの行為をした時から、これらの行為に係る部分の国税の徴収権の時効が新たに進行します（民152①）。 ㊟　納税の猶予又は換価の猶予の申請に係る部分の国税の徴収権の時効については、その猶予がされている期間内は進行せず、その期間が終了した時から進行します（通73④）。すなわち、猶予期間が終了した時から5年間行使しないことによって、時効により消滅します。
一部納付	納税者による国税の額の一部の納付は、その旨の意思表示が認められる限り、その国税の承認があったものとされます。

— 349 —

第7章　更正、決定、徴収、還付等の期間制限

⑶　国税特有な完成猶予・更新及び不進行

		国税の徴収権の時効は、更正若しくは決定、賦課決定、納税に関する告知、督促又は交付要求の処分によって中断し、その事由の終了した日の翌日から進行
時効の完成猶予及び更新	更正又は決定	更正通知書又は決定通知書が納税者に送達されたときは、その更正又は決定により納付すべき国税について時効の完成が猶予され、当該国税の納期限が経過した時に更新（通73①一）
	賦課決定	申告納税方式による国税に係る加算税について賦課決定通知書が納税者に送達されたときは、その加算税について時効の完成が猶予され、その納期限が経過した時に更新（通73①二）
	納税に関する告知	納税告知書が納税者に送達されたときの完成が猶予され、その納付期限が経過した時に更新（通73①三） 　第二次納税義務者及び保証人に対する納付通知書がそれらの者に送達されたときは、時効の完成が猶予され、その納付期限が経過した時に更新（通73①三）
	督　　促	督促状又は督促のための納付催告書が主たる納税者又は第二次納税義務者に送達されたときは、時効の完成が猶予され、それらが発送された日から起算して10日を経過した時に更新（通73①四）
	交付要求	交付要求書が執行機関に送達されたときは、時効の完成が猶予され、その交付要求が終了するか、交付要求が解除された時に更新（通73①五）
時効の不進行		国税の徴収権の時効は、延納、納税の猶予又は徴収若しくは滞納処分に関する猶予されている期間中は進行しない（通73④） （これらの期間中は、徴収権を行使しないことから時効は不進行）

　㊟　「延納」とは、所得税法又は相続税法上認められる延納をいい、「納税の猶予」は、通則法第46条に規定する納税の猶予をいいます。また、「徴収若しくは滞納処分に関する猶予」とは、徴収法に規定する換価の猶予及び国税の賦課・徴収に関する処分につき不服申立てがなされた場合その他これに類する場合に徴収の所轄庁がする徴収の猶予又は滞納処分の続行の停止をいいます。

　　なお、措置法の規定により、相続税又は贈与税の納税猶予がされた場合も、時効は不進行になります（措70の4㉙、70の6㉞）。

— 350 —

第3節　徴収権及び還付金等の消滅時効

3　脱税の場合又は国外転出等特例の適用がある場合の時効の不進行

　国税の徴収権で、①偽りその他不正の行為によりその全部若しくは一部の税額を免れ、又はその全部若しくは一部の税額の還付を受けた国税又は②国外転出等特例の適用がある場合の所得税に係るものの時効については、当該国税の法定納期限から2年間は、進行しません。

　ただし、当該法定納期限の翌日から同日以後2年を経過する日までの期間内に、次に掲げる行為又は処分があった場合においては、その行為又は処分の区分の国税ごとに、当該行為又は処分のあった日（当該法定納期限までに当該行為又は処分があった場合においては法定納期限）の翌日から進行します（通73③）。

行為又は処分	当該行為又は処分があった日
納税申告書の提出	当該申告書が提出された日
更正決定等	当該更正・決定等に係る更正通知書若しくは決定通知書又は賦課決定通知書が発せられた日
納税に関する告知	当該告知に係る納税告知書が発せられた日（当該告知が当該告知書の送達に代え、口頭でされた場合には、口頭による告知がされた日）
納税の告知を受けることなくされた源泉徴収等による国税の納付	当該納付の日

参考　国税の徴収権の消滅時効の始期は、法定納期限の翌日であり、賦課権の除斥期間の始期は、法定申告期限の翌日であるので、通常、両者は同日となります。したがって、賦課権の除斥期間を7年に延長する場合には、消滅時効期間（5年）について何らかの手当てをしなければ、消滅時効期間の5年を経過すれば租税債権は時効で消滅し、せっかく除斥期間を7年に延長しても現実の賦課・徴収処分をすることができなくなるという問題が生ずることとなります。

　そこで、昭和56年の除斥期間の延長に際し、脱税に係る租税債権については、延長された除斥期間内は時効消滅しないように、脱税分について、税務署長が脱税の事実を認識する日（具体的には、更正決定等、申告又は納税の告知の日）までは時効が進行しないこととし、この時効不進行の期間は、最大限法定納期限から2年間とすることとされました（通73③）。

— 351 —

第7章　更正、決定、徴収、還付等の期間制限

 偽りその他不正の行為により免れた国税の除斥期間と消滅時効との関係

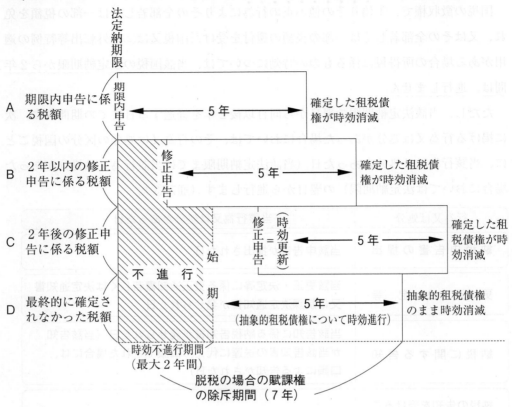

（A〜Dの態様）

A…「期限内申告書に係る税額」については、法定納期限の翌日から時効が進行し、更新などがされずに5年経過すれば時効により消滅します。

B…「2年以内に提出した修正申告書に係る税額」については、その提出の日の翌日から時効が進行して、5年で時効により消滅します。

C…「2年後に提出した修正申告書に係る税額」については、2年経過と同時に時効が進行しますが、修正申告書の提出は時効を更新する事由となるので、それから5年で時効により消滅します。

D…「最終的に確定されなかった税額」については、2年経過と同時に時効が進行して、その後5年の経過により抽象的租税債権のまま時効により消滅します。

㊟　脱税の場合の国税の徴収権は、申告も更正、決定等もなければ、7年間で時効消滅します。

第3節　徴収権及び還付金等の消滅時効

4　還付金等の消滅時効

　還付金等の還付請求権は、その請求をすることができる日から5年間行使しないことによって、時効により消滅します（通74①）。

　また、時効の援用を要せず、時効完成後における利益の放棄もできません（通74②）。

(1)　時効の期間

(消滅時効の期間)　⇨　5年

　還付金等の還付請求権は、その請求をすることができる日から、5年を経過したときは、時効により絶対的に消滅します。

(2)　時効の起算日

(過誤納金)　…過誤納金が生じた時の翌日

　　　　　「過誤納金が生じた時」とは、過誤納金の発生の態様によって異なります。

　　　　　例えば、誤納の場合には、納付した時ですが、再調査決定、裁決により賦課処分が取り消された場合、又は減額の更正があった場合には、再調査決定書、裁決書又は更正通知書が送達されたときです。

過 誤 納 の 態 様	過 誤 納 金 が 生 じ た 時
誤 納 金	その納付をしたとき
過 納 金 (減額の更正、再調査決定、裁決書に より課税処分が取り消された場合)	その更正通知書、再調査決定書、裁決書が送達されたときなど

(還 付 金)　…還付を請求することができるときから時効は進行

還 付 金 の 態 様	時 効 の 起 算 日
所得税の確定申告により発生する還付金	当該申告書を提出することができる日（2月16日）が起算日
提出時期の定めのない還付金を受けるための申告（所122）	翌年1月1日
酒　　税	酒類の戻入れ又は移入のあった日の属する月の翌月1日

(還付請求権の消滅時効の起算日)　⇨　過誤納金の発生した日の翌日

　　　　　　　　　　　　　　　　　　　　還付金の還付請求ができる日（通74①）

— 353 —

第 7 章　更正、決定、徴収、還付等の期間制限

(3)　時効の更新

還付金等に係る請求権の消滅時効の更新…通則法第72条第 3 項準用（通74②）民法
の規定準用

時　　効　　の　　更　　新
①　請　求（還付請求申告書又は還付請求書等の提出） 　　還付請求は、民法第147条第 1 号（請求）の規定により、時効の完成猶予及び更新の効力があります。 　　この請求は、債権者から行うものであるから、第三者納付に係る国税につき過誤納が生じた場合において、第三者が請求しても、なんら時効を更新する効力を有しません。 ②　承　認（還付通知書、一部充当通知書又は支払通知書の送達等） 　　債務者である国の支払義務の承認行為は、民法第152条の規定により、時効の更新の効力があります。 　　請求権者に対する国庫金振込通知、一部充当通知、支払通知等が相手方に到達したときに時効は更新されます。

納税者が行う還付を受けるための納税申告書、還付請求書の提出は、催告（民150）
としての効力があります。

また、税務署長から支払通知書などが還付請求者に送達された時に、承認として時
効が更新されます（通74②、民152①）。

時効の絶対的効力

還付金等の請求権の時効　＝　① 援用を要しない。

　　② 時効完成後の利益を放棄できない。

国税の還付金等に係る請求権の時効については、援用を要せず、時効完成後におけ
る利益を放棄できません（通74②）。これは国税の徴収権の時効における場合と同様
です。

第8章 国税の調査（税務調査手続）

第1節 税務調査手続等の概要

1 税務調査手続の概要

⑴ 税務調査手続等に関する根拠規定

通則法の「第7章の2国税の調査」では、国税の税務調査に関して次に掲げるような規定を設けています。

条　　文	調査手続等	調査手続等の主な内容
通則法第74条の2～6	質問検査等	各税法の調査に関する質問検査権について規定
74条の7	提出物件の留置き	調査における提出物件の留置き
74条の7の2	特定事業者等への報告の求め	国税局長が特定事業者等へ求め得る情報照会手続について規定
74条の8	権限の解釈	質問検査権の規定による当該職員の権限
74条の9	調査の事前通知	質問検査等を行う場合の納税義務者等への通知
74条の10	事前通知を要しない場合	一定の事由による事前通知を要しない場合
74条の11	調査終了の際の手続	実地調査を行った結果の通知等
74条の12	事業者等に対する要請等	事業者又は官公署への協力要請
74条の13	身分証明書の携帯等	質問、検査等の際の身分証明書の携帯等
74条の13の2	預貯金者等情報の管理	金融機関等における預貯金者等情報の管理義務
74条の13の3	口座管理機関の加入者情報の管理	口座管理機関が有する加入者情報の管理義務
74条の13の4	振替機関の加入者情報の管理等	振替機関が有する加入者情報の管理と調書を提出すべき者への番号等の提供義務

(注) 通則法第7章の2（国税の調査）は、平成23年12月改正において、これまで国税庁の通達において定められていた「事前通知」や「調査終了の際の手続」等の税務調査手続について、その透明性や納税者の予見可能性を高め、調査に当たって納税者の協力を促すことで、より円滑かつ効果的な調査の実施と申告納税制度の一層の充実・発展に資する観点及び課税庁の納税者に対する説明責任を強化する観点から、通則法において明確化するとともに、これらの前提となる各税法に規定されていた「質問検査権」についても、集約して横断的に整備されました。

— 355 —

第8章 国税の調査（税務調査手続）

(2) **質問検査権の規定**

通則法第74条の2から第74条の8までの規定は、各税法の質問検査権について定めています。

> **税務職員の質問検査権**
> ・所得税、法人税、地方法人税又は消費税に関する調査に係る質問検査権（通74の2）
> ・相続税若しくは贈与税に関する調査又は相続税若しくは贈与税の徴収、地価税に関する調査に係る質問検査権（通74の3）
> ・酒税に関する調査等に係る質問検査権（通74の4）
> ・たばこ税、揮発油税、地方揮発油税、石油ガス税、石油石炭税、国際観光旅客税、印紙税に関する調査に係る質問検査権（通74の5）
> ・航空機燃料税、電源開発促進税に関する調査に係る質問検査権（通74の6）
> ・提出物件の留置き（通74の7）
> ・特定事業者等への報告の求め（通74の7の2）
> ・権限の解釈（通74の8）

(3) **事前通知等の規定**

通則法第74条の9から第74条の13までの規定は、調査の開始に当たりあらかじめ実施する「事前通知」や調査結果説明等の「調査終了の際の手続」等について定めています。

事前通知 … 実地調査 … 調査終了後の手続

事前通知（通74の9〜10）

税務調査を行う場合、あらかじめ納税義務者に事前通知をすることとされています（通74の9）。

しかしながら、納税義務者の申告若しくは過去の調査結果の内容又はその営む事業内容に関する情報等に鑑みて、違法又は不当な行為を容易にし、正確な課税標準等又は税額等の把握を困難にするおそれその他国税に関する調査の適正な遂行に支障を及ぼすおそれがあると税務署長等が認める場合には、事前通知を要しないとされています（通74の10）。

— 356 —

第1節　税務調査手続等の概要

> ### 税務調査の終了の際の手続（通74の11）

○　更正決定等をすべきと認められない場合

　税務署長等は、国税に関する実地の調査を行った結果、更正決定等をすべきと認められない場合には、納税義務者に対し、「その時点において更正決定等をすべきと認められない」旨を書面により通知します（通74の11①）。

○　更正決定等をすべきと認める場合における調査結果の説明等

　調査を行った結果、更正決定等をすべきと認める場合には、当該職員は、納税義務者に対し、調査結果の内容を説明することとなります（通74の11②）。

　その説明の際、当該職員は、納税義務者に対し、修正申告又は期限後申告を勧奨することができますが、この場合、「その調査の結果に関しその納税義務者が納税申告書を提出した場合には、不服申立てをすることはできないが更正の請求をすることはできる」旨の説明と、その旨を記載した書面を交付しなければならないとされています（通74の11③）。

— 357 —

(4) 税務調査手続の一連の流れ

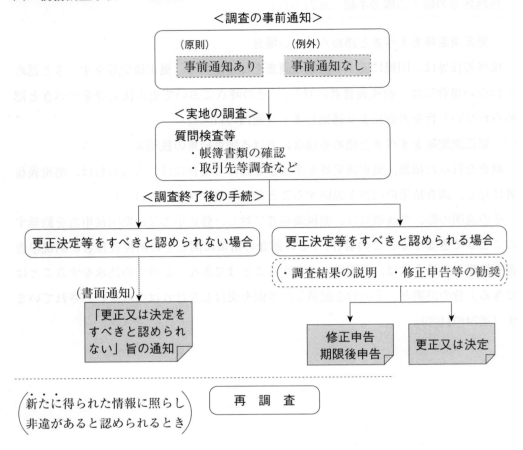

2 国税通則法第7章の2における「調査」

(1) 「調査」の意義

　税務当局による納税義務者に対する接触の態様には、**調査**及び**行政指導**があります。

　通則法第7章の2における「調査」とは、国税（通則法第74条の2から同法第74条の6まで掲げる税目に限ります。）に関する法律の規定に基づき、特定の納税義務者の課税標準等又は税額等を認定する目的その他国税に関する法律に基づく処分を行う目的で当該職員が行う一連の行為（証拠資料の収集、要件事実の認定、法令の解釈適用など）をいいます（調査手続通達1-1(1)）。

　この調査には、更正決定等を目的とする一連の行為のほか、再調査決定や申請等の審査のために行う一連の行為が含まれます（調査手続通達1-1(2)）。

　なお、上記「調査」に該当する行為であっても、次のような、一連の行為のうちに納税義務者に対して質問検査等を行わないものは、通則法第74条の9（事前通知等）から第74条の11（調査終了の際の手続）までの規定は適用除外となります（調査手続

第1節　税務調査手続等の概要

通達1－1(3))。

① 更正の請求に対して部内の処理のみで請求どおりに更正を行う場合の一連の行為
② 修正申告書若しくは期限後申告書の提出又は源泉徴収に係る所得税の納付があった場合において、部内の処理のみで更正若しくは決定又は納税の告知があるべきことを予知してなされたものには当たらないものとして過少申告加算税、無申告加算税又は不納付加算税の賦課決定を行うときの一連の行為

通則法第7章の2における「調査」
国税に関する法律の規定に基づき、特定の納税義務者の課税標準等又は税額等を認定する目的その他国税に関する法律に基づく処分を行う目的で当該職員が行う一連の行為（証拠資料の収集、要件事実の認定、法令の解釈適用など）

⇩

・更正決定等を目的とする一連の行為

・再調査決定や申請等の審査のために行う一連の行為　など

上記「調査」に該当する行為であっても、質問検査等を行わないもの（通則法第74条の9から第74条の11までの規定の適用除外）
・部内の処理のみで更正の請求どおりに更正を行う場合の一連の行為
・部内の処理のみで更正、決定又は納税の告知があることを予知してなされたものには当たらないものとして過少申告加算税、無申告加算税又は不納付加算税の賦課決定を行うときの一連の行為

通則法第7章の2における「調査」
（調査手続通達1－1(1)(2)）

通則法第74条の9～
第74条の11の適用除外
（調査手続通達1－1(3)）

　参考　**通則法における「調査」について判断した裁判例**

通則法における「調査」の意義については、明文の定義規定はおかれていませんが、この点については、従来から「通則法24条にいう調査とは、課税標準等または税額等

第8章　国税の調査（税務調査手続）

を認定するに至る一連の判断過程の一切を意味すると解せられ、課税庁の証拠資料の収集、証拠の評価あるいは経験則を通じての要件事実の認定、租税法その他の法令の解釈適用を経て更正処分に至るまでの思考、判断を含むきわめて包括的な概念である。」（広島地判平成4.10.29・税資193号274頁。その控訴審及び上告審も同旨）とされており、通則法第7章の2の「調査」と基本的には同義になるものと考えられます。

| 行政指導 | 納税者との接触する行為で、特定の納税義務者の課税標準等又は税額等を認定する目的で行う行為に至らないもの |

(2)　「調査」に該当しない行為

次に掲げる行為のように、特定の納税義務者の課税標準等又は税額等を認定する目的で行う行為に至らないものは、調査には該当しません。

このため、これらの行為のみに起因してされた修正申告書等の提出等は更正等の告知があるべきことを予知してなされたものに当たらないとされています（調査手続通達1－2）。

イ　提出された納税申告書の自発的な見直しを要請する行為で、次に掲げるもの。

　① 納税申告書に法令により添付すべきものとされている書類が添付されていない場合において、納税義務者に対して当該書類の自発的な提出を要請する行為。

　② 当該職員が保有している情報又は納税申告書の検算その他の形式的な審査の結果から、当該納税申告書に計算誤り、転記誤り又は記載漏れ等があるのではないかと思料して、納税義務者に対して自発的な見直しを要請した上で、必要に応じて修正申告書又は更正の請求書の自発的な提出を要請する行為。

ロ　提出された納税申告書の記載事項の審査の結果から、その記載事項に税法の適用誤りがあるのではないかと思料される場合において、納税義務者に対して、適用誤りの有無を確認するために必要な基礎的情報の自発的な提供を要請した上で、必要に応じて修正申告書又は更正の請求書の自発的な提出を要請する行為。

ハ　納税申告書の提出がないため納税申告書の提出義務の有無を確認する必要がある場合において、当該義務があるのではないかと思料される者に対して、当該義務の有無を確認するために必要な基礎的情報（事業活動の有無等）の自発的な提供を要請した上で、必要に応じて納税申告書の自発的な提出を要請する行為。

ニ　当該職員が保有している情報又は提出された所得税徴収高計算書の記載事項の確認の結果から、源泉徴収税額の納税額に過不足徴収額があるのではないかと思料して、納税義務者に対して源泉徴収税額の自主納付等を要請する行為。

第1節　税務調査手続等の概要

ホ　源泉徴収に係る所得税に関して源泉徴収義務の有無を確認する必要がある場合において、当該義務があるのではないかと思料される者に対して、当該義務の有無を確認するために必要な基礎的情報（源泉徴収の対象となる所得の支払の有無）の自発的な提供を要請した上で、必要に応じて源泉徴収税額の自主納付を要請する行為。

○　調査と行政指導

	行為類型	行為類型の内容
納税義務者に適正な納税義務の履行を求める税務署長等の行為	調　査	通則法第74条の2から第74条の6までの質問検査権の行使を伴い、その納税義務者等は受忍義務を負います。
	行政指導	納税義務者の自発的な意思に基づく協力を求めるもので、納税義務者は何ら法令上の義務を負うものではありません。

☞　調査手続運営指針第2章「1　調査と行政指導の区分の明示」
　「納税義務者等に対し調査又は行政指導に当たる行為を行う際は、対面、電話、書面等の態様を問わず、いずれの事務として行うかを明示した上で、それぞれの行為を法令等に基づき適正に行う」とされています。

参考　行政手続法第2条
　　六　行政指導　行政機関がその任務又は所掌事務の範囲内において一定の行政目的を実現するため特定の者に一定の作為又は不作為を求める指導、勧告、助言その他の行為であって処分に該当しないものをいう。

参考　「質問検査等」と「行政指導」

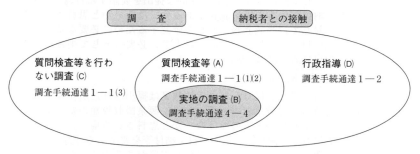

第8章　国税の調査（税務調査手続）

項　目		内　　　　　容	関係通達
調査	質問検査等 (A)	国税に関する法律の規定に基づき、特定の納税義務者の課税標準等又は税額等を認定する目的その他国税に関する法律に基づく処分を行う目的で当該職員が行う一連の行為（証拠資料の収集、要件事実の認定、法令の解釈適用など） (注)　上記調査には、更正決定等を目的とする一連の行為のほか、再調査決定や申請等の審査のために行う一連の行為が含まれます。	調査手続通達 1－1(1)(2)
	実地の調査 (B)	国税の調査のうち、当該職員が納税義務者の支配・管理する場所（事業所等）等に臨場して質問検査等を行うもの	調査手続通達 4－4
	質問検査等を行わない調査 (C)	①　更正の請求に対して、部内の処理のみで請求どおりに更正を行う場合の一連の行為 ②　修正申告書若しくは期限後申告書の提出又は源泉徴収に係る所得税の納付があった場合において、部内の処理のみで更正若しくは決定又は納税の告知があるべきことを予知してなされたものには当たらないものとして過少申告加算税、無申告加算税又は不納付加算税の賦課決定を行うときの一連の行為	調査手続通達 1－1(3)
行政指導 (D)		次に掲げる行為のように、特定の納税義務者の課税標準等又は税額等を認定する目的で行う行為に至らないもの 申告納税方式による国税に係るもの ①　提出された納税申告書の自発的な見直しを納税義務者に要請する次の行為 　イ　納税申告書に法令により添付すべきものとされている書類が添付されていない場合、当該書類の自発的な提出を要請する行為 　ロ　当該職員が保有している情報又は提出された納税申告書の形式的な審査の結果に照らして、納税申告書に計算誤り、転記誤り又は記載漏れ等があるのではないかと思料される場合、その自発的な見直しを要請した上で、修正申告書等の自発的な提出を要請する行為 ②　納税申告書の記載事項に関し税法の適用誤りがあるのではないかと思料される場合、その適用誤りの有無を確認するために必要な基礎的情報の自発的な提供を要請した上で、必要に応じて修正申告書等の自発的な提出を要請する行為 ③　納税申告書の提出義務があるのではないかと思料される者に対して、当該義務の有無を確認するために必要な基礎的情報の自発的な提供を要請した上で、必要に応じて納税申告書の自発的な提出を要請する行為 源泉所得税に係るもの ④　当該職員が保有している情報又は提出された所得税徴収高計算書の記載事項の確認の結果、源泉徴収税額の納税額に過不足徴収額があるのではないかと思料される場合、納税義務者に対して源泉徴収税額の自主納付等を要請する行為 ⑤　源泉所得税に関して源泉徴収義務があるのではないかと思料される者に対して、当該義務の有無を確認するために必要な基礎的情報（源泉徴収の対象となる所得の支払の有無）の自発的な提供を要請した上で、必要に応じて源泉徴収税額の自主納付を要請する行為	調査手続通達 1－2

— 362 —

第2節　税務調査の事前通知

　調査手続の透明性・納税者の予見可能性を高める観点から、税務調査に先立ち、課税庁は原則として事前通知を行うこととしています。

1　税務調査の事前通知

　税務調査の事前通知については、調査手続の透明性・納税者の予見可能性を高める観点から、税務調査に先立ち、原則として事前通知を行うこととしています（通74の9）。その一方で、悪質な納税者の課税逃れを助長するなど調査の適正な遂行に支障を及ぼすことのないよう、課税の公平確保の観点を踏まえ、一定の場合には事前通知を行わないことができます（通74の10）。

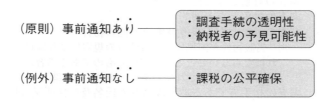

> 参考　質問検査の範囲等についての裁判例（最三決昭和48.7.10・刑集27巻7号1205頁）
>
> 　　質問検査の範囲等の具体的な手続については、「所得税法234条第1項の規定は、国税庁、国税局又は税務署の調査権限を有する職員において、当該調査の目的、調査すべき事項、申請、申告の体裁内容、帳簿等の記入保存状況、相手方の事業の形態等諸般の具体的事情にかんがみ、客観的な必要性があると判断される場合には、前記職権調査の一方法として、同条1項各号規定の者に対し質問し、またはその事業に関する帳簿、書類その他当該調査事項に関連性を有する物件の検査を行う権限を認めた趣旨であって、この場合の質問検査の範囲、程度、時期、場所等実定法上特段の定めのない実施の細目については、右にいう質問検査権の必要があり、かつ、これと相手方の私的利益との衡量において社会通念上相当な限度にとどまるかぎり、権限ある税務職員の合理的な選択に委ねられているものと解す」べきであり、「実施の日時場所の事前通知、調査の理由および必要性の個別的、具体的告知のごときも、質問検査を行ううえの法律上一律の要件とされているものではない。」とされてきたところです。

(1) 事前通知の概要

　税務調査の事前通知についての概要は、次のとおりです。

第8章　国税の調査（税務調査手続）

①事前通知の対象者	納税義務者。また、当該納税義務者に税務代理人がある場合、当該税務代理人も対象となります。 ㊟　「納税義務者」とは、所得税法や法人税法等で定める納税義務がある者、納税義務があると認められる者等をいいます（通74の9③一）。 　　また、「税務代理人」とは、納税者の税務代理権限を有することを証する書面（税理士30、48の16）を提出している税理士若しくは「税理士法人」又は税理士業務を行う旨の通知（税理士法51①③）をした「弁護士」若しくは「弁護士法人」をいいます（通74の9③二）。
②対象となる調査の範囲	実地の調査（通74の9①）。具体的には、納税義務者の事業所や事務所等に臨場して行う調査が、この「実地の調査」に該当することとなります。
③事前通知の内容	実地の調査において質問検査等を行う旨及び次に掲げる事項を通知することとされています（通74の9①、通令30の4①②）。 イ　調査を開始する日時 ロ　調査を行おうとする場所 ハ　調査の目的 　　㊟　具体的な通知内容としては、納税申告書の記載内容の確認、納税申告書の提出がない場合における納税義務の有無の確認、その他これらに類するものとされています（通令30の4②）。 ニ　調査の対象となる税目 ホ　調査の対象となる期間 ヘ　調査の対象となる帳簿書類その他の物件 　　㊟　当該物件が国税に関する法令の規定により備付け又は保存をしなければならないこととされているものである場合には、その旨を併せて通知することとされています（通令30の4②）。 ト　調査の相手方である納税義務者の氏名及び住所又は居所 　　㊟　上記の「納税義務者」が法人である場合には、「名称」及び「所在地」となります（通令10①一、会社法4）。 チ　調査を行う職員（当該職員が複数であるときは、当該職員を代表する者）の氏名及び所属官署 リ　納税義務者は、合理的な理由を付して「調査開始日時」（上記イ）又は「調査開始場所」（上記ロ）について変更するよう求めることができ、その場合には、税務当局はこれについて協議するよう努める旨 ヌ　税務職員は、「通知事項以外の事項」について非違が疑われる場合には、当該事項に関して質問検査等を行うことができる旨 　　㊟　上記の「質問検査等」とは、通則法74条の2から74条の6までの規定による納税義務者に対する「質問」又は帳簿書類等の物件の「検査」若しくは「提示・提出の要求」をいいます（通74の9①）。

㊟　上記①における「税理士法第30条の書面」とは、税理士が税務代理（同法第2条《税理士の業務》第1項第1号参照）をする場合に、その権限を有することを証するものとして税務官公署に提出するもので「税務代理権限証明」と称されています。

⑵　事前通知の対象者

　事前通知の対象者は、納税義務者とされています。また、当該納税義務者に税務代理人がある場合、当該税務代理人も対象となります（通74の9①）。

　ところで、納税義務者について税務代理人がある場合において、当該納税義務者の同意がある一定の場合に該当する時は、当該納税義務者への調査の事前通知は、当該

— 364 —

第2節　税務調査の事前通知

税理代理人に対してすれば足りるとされています（通74の9⑤）。この納税義務者の同意がある一定の場合とは、税務代理権限証書に、当該納税義務者への調査の事前通知は代理人に対してすれば足りる旨の記載がある場合とされています（通規11の3）。

○　税務代理人を通じた事前通知事項の通知（先に納税義務者に通知する場合）

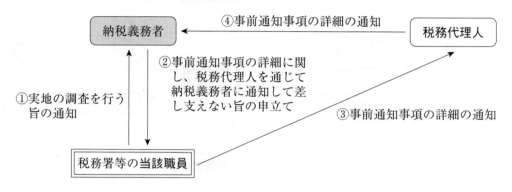

(注)　税務代理人がある場合の調査の事前通知
　　○　納税義務者に税務代理人がある場合において、当該税務代理人が提出した税務代理権限証書に、当該納税義務者への事前通知は当該税務代理人に対して行われることについて同意する旨の記載があるときは、当該納税義務者への都合の聴取、調査通知及び事前通知は、当該税務代理人に対して行えば足りるとされています（調査手続運営指針第2章2(1)(注)1参照）。
　　○　納税義務者に対して事前通知を行う場合であっても、納税義務者から、事前通知の詳細は税務代理人を通じて通知して差し支えない旨の申立てがあったときには、納税義務者には調査通知のみを行い、その他の事前通知事項は税務代理人を通じて通知することとして差し支えないこととされています（同(注)3参照）。

○　複数税務代理人に対する事前通知の手続の簡素化

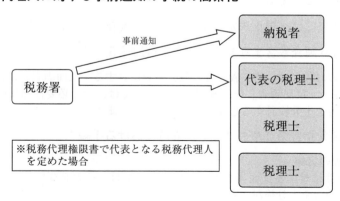

(注)　複数の税務代理人がある場合の調査の事前通知
　　複数の税務代理人がある場合の調査の事前通知について、納税者本人が代表となる税務代理人を税務代理権限証書に記載して定めたときは、これらの税務代理人への事前通知は、その代表となる税務代理人に対してすれば足りることとされています（通74の9⑥、税理士34③）。これには、

平成27年6月30日以前に提出された税務代理権限証書に、代表する税務代理人が定められている場合も含むこととされています（調査手続通達8－1(注)2）。

○ 税務代理人がある場合

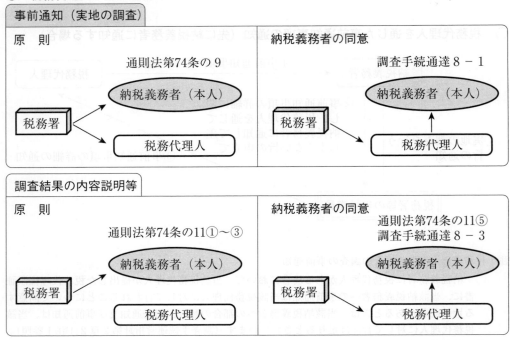

(3) 対象となる調査の範囲

事前通知の対象となる「調査」は「実地の調査」とされます（通74の9①）。具体的には、納税義務者の事業所や事務所等に臨場して行う調査が、この「実地の調査」に該当することとなります。

なお、上記調査には、更正決定等を目的とする調査のほか、再調査決定や申請等の審査のために行う調査も含まれます（調査手続通達5－1）。

(注) 事前通知の対象には、納税義務者の取引先等に対する「反面調査」は含まれないと考えられますが、「反面調査」を実施するに当たっては、その必要性と反面調査先への事前連絡の適否を十分検討する必要があるとされています。

☞ 調査手続運営指針第2章の「3 調査時における手続」

「(6) 反面調査の実施
　　取引先等に対する反面調査の実施に当たっては、その必要性と反面調査先への事前連絡の適否を十分検討する。
　　(注) 反面調査の実施に当たっては、反面調査である旨を取引先等に明示した上で実施することに留意する。」

第2節　税務調査の事前通知

| 実地の調査 | ⇨ | 国税の調査のうち、当該職員が納税義務者の支配・管理する場所（事業所等）等に臨場して質問検査等を行うもの |

(4) 事前通知の内容

　納税義務者に対し実地の調査を行わせる場合には、あらかじめ、当該納税義務者に対し、その旨及び次に掲げる事項を通知します（通74の9①、通令30の4）。

事前通知事項

事前通知事項	根拠条文
① 実地調査を行う旨	通74の9①
② 調査を開始する日時	通74の9①一
③ 調査を行う場所	通74の9①二、通令30の4②
④ 調査の目的	通74の9①三、通令30の4②
⑤ 調査の対象となる税目	通74の9①四
⑥ 調査の対象となる期間	通74の9①五
⑦ 調査の対象となる帳簿書類その他の物件	通74の9①六、通令30の4②
⑧ 調査の相手方である納税義務者の氏名及び住所又は居所	通74の9①七、通令30の4①一
⑨ 調査を行う当該職員の氏名及び所属官署	通74の9①七、通令30の4①二
⑩ 調査開始日時又は調査開始場所の変更に関する事項	通74の9①七、通令30の4①三
⑪ 事前通知事項以外の事項について非違が疑われることとなった場合には、当該事項に関し調査を行うことができる旨	通74の9①七、④、通令30の4①四

2　調査の「開始日時」又は「開始場所」の変更の協議

　事前通知の際に設定された調査開始日時等について、納税義務者から合理的な理由を付して調査の「調査開始日時」又は「調査開始場所」について変更したい旨の要請があった場合には、税務署長等は協議するよう努めることとされています（通74の9②）。

　これは、通常、調査開始日時は納税義務者の都合等をも勘案されて決められたものであることから、この「調査開始日時等の変更の要請」に当たっては、適正公平な課税の観点から、調査の適切かつ円滑な実施に支障を及ぼすことのないように「合理的な理由を付して」行うこととされています。

第8章　国税の調査（税務調査手続）

> **合理的な理由（調査手続通達5－6）**
>
> 　　個々の事案における事実関係に即して、当該納税義務者の私的利益と実地の調査
> の適正かつ円滑な実施の必要性という行政目的とを比較考量の上判断
>
> （例）・納税義務者等（税務代理人を含みます。）の病気・怪我等による一時的な入院
> 　　　・親族の葬儀等の一身上のやむを得ない事情
> 　　　・納税義務者等の業務上やむを得ない事情

　☞　調査手続運営指針第2章の「2　事前通知に関する手続　(2)調査開始日時等
　　　の変更の求めがあった場合の手続」参照

3　通知事項以外の事項について非違が疑われる場合の質問検査等

　いったん調査の事前通知が行われた場合であっても、その通知に含まれていなかっ
た上記1(4)④から⑦までの事項（通知した調査対象期間以外の期間や、通知した調査
対象物件以外の物件等が該当します。）について調査着手後、非違が疑われることと
なった場合には、当該事項に関して税務職員が質問検査等を行うことを妨げるもので
はないこととされています（通74の9④前段）。

　これは、「通知事項以外の事項」に関して非違が疑われる場合には、改めて事前通
知を行うことなしに（通74の9④後段）、当該事項についても質問検査等を行うこと
ができることについて、確認的に規定がされたものです。

4　事前通知を要しない場合（事前通知の例外事由）

　税務署長等は、調査の相手方である納税義務者の①申告内容、②過去の調査結果の
内容、③営む事業内容に関する情報又は④その他国税庁等若しくは税関が保有する情
報に鑑み、違法又は不当な行為を容易にし、正確な課税標準等又は税額等の把握を困
難にするおそれその他国税に関する調査の適正な遂行に支障を及ぼすおそれがあると
認める場合には、事前通知を要しないとされています（通74の10）。

☞　調査手続運営指針第2章の「2　事前通知に関する手続」
　「(3)　事前通知を行わない場合の手続
　　　　実地の調査を行う場合において、納税義務者の申告若しくは過去の調査結果の内
　　　容又はその営む事業内容に関する情報その他国税庁、国税局又は税務署がその時点
　　　で保有する情報に鑑み、
　　　　①　違法又は不当な行為を容易にし、正確な課税標準等又は税額等の把握を困難
　　　　　にするおそれ

— 368 —

第2節　税務調査の事前通知

　②　その他国税に関する調査の適正な遂行に支障を及ぼすおそれがあると認める場合には、事前通知を行わないものとする。
　この場合、事前通知を行わないことについては、法令及び手続通達に基づき、個々の事案の事実関係に即してその適法性を適切に判断する（手続通達4－7、4－8、4－9、4－10）。

　(注)1　複数の納税義務者に対して同時に調査を行う場合においても、事前通知を行わないことについては、個々の納税義務者ごとに判断することに留意する。
　　2　事前通知を行うことなく実地の調査を実施する場合であっても、調査の対象となる納税義務者に対し、臨場後速やかに、「調査を行う旨」、「調査の目的」、「調査の対象となる税目」、「調査の対象となる期間」、「調査の対象となる帳簿書類その他の物件」、「調査対象者の氏名又は名称及び住所又は居所」、「調査担当者の氏名及び所属官署」を通知するとともに、それらの事項（調査の目的、調査の対象となる税目、調査の対象となる時間等）以外の事項についても、調査の途中で非違が疑われることとなった場合には、質問調査等の対象となる旨を説明し、納税義務者の理解と協力を得て調査を開始することに留意する。
　　　なお、税務代理人がある場合は、当該税理代理人に対しても、臨場後速やかにこれらの事項を通知することに留意する。

➤　調査手続通達が令和元年12月5日付で改正されているにもかかわらず調査手続運営指針が平成29年3月30日付のもの以後改正されていないことから同運営指針に記載されている「手続通達」の番号が乖離していますが、現行通達に基づいて表記しています。以下も同様です。

事前通知の要否の判断

判断の前提（情報等）

①　申告の内容
②　過去の調査結果の内容
③　営む事業内容に関する情報
④　税務署長等が保有する情報

に鑑み　合理的に推認可能であること

ⓐ違法又は不当な行為を容易にし、正確な課税標準等又は税額等の把握を困難にするおそれがあると認められるか否か
ⓑその他国税に関する調査の適正な遂行に支障を及ぼすおそれがあると認められるか否か

第8章　国税の調査（税務調査手続）

○　判断の前提としての具体的内容（前図①～④）

①	申告の内容	適正な納税申告書が提出され納付されているか、申告事績の趨勢等から申告内容に不審点がないか等
②	過去の調査結果の内容	過去の調査において、検査忌避、仮装・隠匿、取引先と通謀した不正な行為が行われた事実があるか、第三者の立会いを要求することにより調査の適正遂行に支障が生じた事実があるか、記帳・帳簿保存義務が遵守されていたか等
③	その営む事業内容	業種・業態、取引形態、決済手段、業界特有の取引慣行等の事業内容に関する情報
④	課税庁が保有する情報	法定資料、部外からの投書等の情報

○　「事前通知」を要しない場合（前図ⓐ、ⓑの具体的な例示）

	具　体　的　な　例　示	
「違法又は不当な行為を容易にし、正確な課税標準等又は税額等の把握を困難にするおそれ」があると認められる場合 （調査手続通達5―9）	①事前通知をすることにより、納税義務者において、通則法第128条第2号又は同条第3号に掲げる行為を行うことを助長することが合理的に推認される場合	納税者の行為
	②事前通知をすることにより、納税義務者において、調査の実施を困難にすることを意図し逃亡することが合理的に推認される場合	
	③事前通知をすることにより、納税義務者において、調査に必要な帳簿書類その他の物件を破棄し、移動し、隠匿し、改ざんし、変造し、又は偽造することが合理的に推認される場合	
	④事前通知をすることにより、納税義務者において、過去の違法又は不当な行為の発見を困難とする目的で、質問検査等を行う時点において適正な記帳又は書類の適正な記載と保存を行っている状態を作出することが合理的に推認される場合	
	⑤事前通知をすることにより、納税義務者において、その使用人その他の従業者若しくは取引先又はその他の第三者に対し、上記①から④までに掲げる行為を行うよう、又は調査への協力を控えるよう要請する（強要し、買収し又は共謀することを含みます。）ことが合理的に推認される場合	
「その他国税に関する調査の適正な遂行に支障を及ぼすおそれ」があると認められる場合 （調査手続通達5―10）	①事前通知することにより、税務代理人以外の第三者が調査立会いを求め、それにより調査の適正な遂行に支障を及ぼすことが合理的に推認される場合	第三者の行為
	②事前通知を行うため相応の努力をして電話等による連絡を行おうとしたものの、応答を拒否され、又は応答がなかった場合	事前通知が困難な場合
	③事業実態が不明であるため、実地に臨場した上で確認しないと事前通知先が判明しない等、事前通知を行うことが困難な場合	

— 370 —

第3節　質問検査

1　税務職員の質問検査権

⑴　質問検査権に関する規定

　税務調査手続について、「事前通知」や「調査終了時の手続」などの取扱いが通則法において明確化されていますが、これらの前提となる「質問検査権」についても、通則法において、一連の手続として、各税法から集約して横断的に整備されています。

```
税務職員の質問検査権
```

　所得税等に関する調査に係る質問検査権（通74の2）

　相続税等に関する調査等に係る質問検査権（通74の3）

　酒税に関する調査等に係る質問検査権（通74の4）

　たばこ税等に関する調査に係る質問検査権（通74の5）

　航空機燃料税等に関する調査に係る質問検査権（通74の6）

条項	税目	主体	要件(目的)	対象物件	客体(相手方)
通74の2	所得税 法人税 地方法人税 消費税	税務職員	調査	帳簿書類その他の物件	納税義務がある者 納税義務があると認められる者ほか
通74の3	相続税 贈与税 地価税	税務職員	調査、徴収 (注)	帳簿書類のほか財産、土地等に関する帳簿書類その他の物件	納税義務がある者 納税義務があると認められる者ほか
通74の4	酒税	税務職員 (税関職員を含む)	調査、徴収、取締	帳簿書類のほか、酒類、もろみ、容器等	酒類製造者
通74の5	たばこ税、揮発油税、地方揮発油税、石油ガス税、石油石炭税、国際観光旅客税、印紙税	税務職員 原則、税関職員を含む	調査	帳簿書類のほか、たばこ、揮発油等	製造業者、販売業者、石油ガス移入者、原油採取者、国際観光旅客等、印紙税の納税義務者等
通74の6	航空機燃料税、電源開発促進税	税務職員	調査	帳簿書類	航空機所有者 電気事業者等

㈲　通則法第74条の3において、「徴収」と定めているのは、相続税法において一定の要件のもとに延納・物納が認められているため。

— 371 —

第 8 章 国税の調査（税務調査手続）

(注) 通則法に集約された「質問検査権」との他の法律で規定している「質問検査権」
　　「質問検査権」の規定は、各税法から集約して通則法に横断的に整備されましたが、「国税に関する調査」は事前通知等が原則であること、かつ、一連の手続として整備されていること等を踏まえ、次表の下段のようにそれぞれの法律に、質問検査権の規定を存置しています。

通則法に集約された質問検査権の規定	税務調査手続の前提として一連の手続として整備
	所得税等に関する調査に係る質問検査権（通74の2） 相続税等に関する調査等に係る質問検査権（通74の3） 酒税に関する調査等に係る質問検査権（通74の4） たばこ税等に関する調査に係る質問検査権（通74の5） 航空機燃料税等に関する調査に係る質問検査権（通74の6）
それぞれの法律に存置された「質問検査権」の規定	①「国税に関する法律」に含まれないため 　・「酒税の保全及び酒類業組合等に関する法律」 　・「納税貯蓄組合法」 　・「清酒製造業等の安定に関する特別措置法」 　・「税理士法」 ②「課税のための権限」でないため 　・「国税通則法」（審判官の審査、犯則の調査） 　・「国税徴収法」 ③通則法の特別法との位置づけから 　・「租税特別措置法」 　・「輸入品に対する内国消費税の徴収等に関する法律」 　・「国税の適正な課税の確保を図るための国外送金等に係る調書の提出等に関する法律」 　・「一般会計における債務の承継等に伴い必要な財源の確保に係る特別措置に関する法律」 　・「租税条約等の実施に伴う所得税、法人税及び地方税法の特例等に関する法律」

(2) 税務職員の質問検査権の整備

　税務調査手続の前提となる「質問検査権」については、一連の手続として、平成23年12月の改正において、各税法から集約して横断的に整備されました（通74の2〜74の6）。

　そして、調査において、質問検査権の行使を行う場合には、原則として、あらかじめ納税義務者等に対する事前通知の内容に「調査の対象となる帳簿書類その他の物件」を含めるとともに、適正公平な課税の確保の観点から、質問検査権行使の一環として、同人等に対し帳簿書類その他の物件を「検査」し、「提示」若しくは「提出」を求めることができるとされています（通74の2①、74の3①、74の4①、74の5各号、74の6①）。

　なお、このような質問検査権を担保するため、従前からの検査忌避等に対する罰則と同様に、納税者が税務職員の物件の提示・提出要求に対し正当な理由なく拒否し、

— 372 —

第3節　質問検査

又は虚偽記載の帳簿書類等を提示・提出する行為について、1年以下の懲役又は50万円以下の罰金に処することとされています（通127三）。

 質問検査権限の通則法への集約化に関しては、昭和36年7月、税制調査会の「国税通則法の制定に関する答申」において、「質問、検査及び諮問の対象となる者の範囲については、基本的には現行規定を維持するものとするが、各税法において若干の不統一がみられるので、所要の整備を図ったうえ、これをできるだけ統一的に国税通則法に規定するものとする」とされていたところです。

 質問検査権の法的性格
　質問検査権に関しては、従来から、「質問検査に対しては相手方はこれを受忍すべき義務を一般的に負い、その履行を間接的心理的に強制されているものであって、ただ、相手方においてあえて質問検査を受忍しない場合にはそれ以上直接的物理的に右義務の履行を強制しえないという関係を称して一般に「任意調査」と表現されている」（最三決昭和48.7.10・刑集27巻7号1205頁）とされています。

2　質問検査権に係る内容等

　所得税、法人税及び消費税の質問検査権については、通則法第74条の2において、国税庁、国税局若しくは税務署（以下「国税庁等」といいます。）又は税関の当該職員（税関の職員にあっては、消費税に関する調査を行う場合に限ります。）は、所得税、法人税又は消費税に関する調査について必要があるときは、納税義務者等に質問し、その者の事業に関する帳簿書類その他の物件を検査し、又は当該物件（その写しを含みます。）の提示若しくは提出を求めることができる旨規定しています。

> **質問検査権**　職権調査の一形態として、権限ある職員において、相手方に質問し、帳簿書類その他の物件について検査し、提示・提出を求める権限

(1)　質問検査等を行う「当該職員」

　通則法第74条の2から第74条の6までの各条の規定により質問検査等を行うことができる「当該職員」とは、国税庁等又は税関の職員のうち、その調査を行う国税に関する事務に従事している者をいいます（調査手続通達1-3）。
　また、実地の調査を実施する場合には、身分証明書（国税職務証票の交付を受けている場合は国税職務証票）及び質問検査章を必ず携帯し、質問検査等の相手方となる

― 373 ―

者に提示して調査のために往訪した旨を明らかにした上で、調査に対する理解と協力を得て質問検査等を行います（調査手続運営指針第2章3(1)）。

㊟　調査に従事する者は、その従事する事務に応じて、一定の税目に係る質問検査章を付与され、質問検査を行うことができます。

質問検査等を行うことができる主体 ⇨ 「当該職員」（通74の2〜74の6）

当該職員　質問検査権を実際に行使する国税庁等又は税関の当該職員

（税関の職員にあっては、消費税の調査を行う場合に限ります。）

(2) 「調査について必要あるとき」

　通則法第7章の2における「調査」とは、国税に関する法律の規定に基づき、特定の納税義務者の課税標準等又は税額等を認定する目的その他国税に関する法律に基づく処分を行う目的で当該職員が行う一連の行為（証拠資料の収集、要件事実の認定、法令の解釈適用など）をいいます（調査手続通達1−1）。

　また、質問検査権は「調査について必要があるとき」に行使することが認められていますが、この場合の「必要があるとき」とは客観的な必要性があることを要すると考えられますが、その行使の時期や、程度、方法、手段については、社会通念上相当な限度にとどまるかぎり、これを行使する税務職員の合理的な選択に委ねられているものと解されています（最三決昭和48.7.10・刑集27巻7号1205頁参照）。

(3) 質問検査等の相手方

　質問検査権は、通則法第74条の2から第74条の6までの各条に規定する次に掲げる者のほか、調査のために必要がある場合には、これらの者の代理人、使用人その他の従業員についても及びます（調査手続通達1−4）。

第3節　質問検査

通則法第74条の2から第74条の6までの各条の規定する者

条　文	税　目	質 問 検 査 等 の 相 手 方
通則法 第74条の2	所得税	所得税の納税義務がある者、納税義務があると認められる者、損失申告等による申告書を提出した者（本表では、「A」といいます。）（通74の2①一イ）
		支払調書、源泉徴収票、信託の計算書等の提出義務者（通74の2①一ロ）
		上記Aの取引先等（通74の2①一ハ）
	法人税 地方法人税	法人（本表では、「B」といいます。）（通74の2①二イ）
		上記Bの取引先等（通74の2①二ロ）
	消費税	消費税の納税義務がある者、納税義務があると認められる者又は還付申告書提出者（本表では、「C」といいます。）（通74の2①三イ）（注1）
		上記Cの取引先等（通74の2①三ロ）
		課税貨物を保税地域から引き取る者（注2） 輸出物品を消費税法第8条第1項に規定する方法により購入したと認められる者（通74の2①四イ）
		上記の取引先等（通74の2①四ロ）
通則法 第74条の3	相続税 贈与税	相続税・贈与税の納税義務がある者又は納税義務があると認められる者（本表では、「D」といいます。）（通74の3①一イ）
		支払調書提出者、同調書提出義務があると認められる者（通74の3①一ロ）
		上記Dの債権債務者（通74の3①一ハ）
		上記Dが株主若しくは出資者であった、又はあると認められる法人（通74の3①一ニ）
		上記Dに対して財産を譲渡した者、又は譲渡する義務があると認められる者（通74の3①一ホ）
		上記Dと当該財産の譲受関係にあり、又は同権利があると認められる者（通74の3①一ヘ）
		上記Dの財産を保管し、又は保管すると認められる者（通74の3①一ト）
通則法 第74条の4	酒税	酒類製造者、酒母若しくはもろみ製造者、酒類販売業者、特例輸入者（通74の4①）
		原材料の仕入先や取引金融機関等の関係取引先（通74の4③）
		酒類製造者・酒類販売業者の組織する団体（通74の4④）

— 375 —

第8章　国税の調査（税務調査手続）

通則法 第74条の5	たばこ税	製造たばこ製造者、製造たばこ販売業者、特例輸入者（通74の5①一イ）
		製造タバコを保税地域から引き取る者（通74の5①一ロ）
		上記の取引先等（通74の5①一ニ）
	揮発油税 地方揮発油 税	揮発油の製造者若しくは販売業者、特例輸入者等（通74の5①二イ）
		揮発油を保税地域から引き取る者（通74の5①二ロ）
		上記の取引先等（通74の5①二ニ）
	石油ガス税	石油ガスを移入した者若しくは石油ガスを充填者に供給する者（通74の5①三イ）
		課税石油ガスを保税地域から引き取る者（通74の5①三ロ）
		上記の取引先等（通74の5①三ニ）
	石油石炭税	原油の採取者若しくは販売業者等（通74の5①四イ）
		原油等を保税地域から引き取る者（通74の5①四ロ）
		上記の取引先等（通74の5①四ニ）
	国際観光旅 客税	納税義務者又は納税義務があると認められる者（通74の5①五イ(1)）
		徴収して納付する義務がある者又はその義務があると認められる者（通74の5①五イ(2)）
		上記通則法74の5①五ロの委託を受けて運賃の領収を行う者等（通74の5①五ロ）
	印紙税	印紙税の納税義務がある者若しくは納税義務があると認められる者（通74の5①六イ）
		課税文書の交付を受けた者等（通74の5①六ロ）
		印紙税納付計器の販売業者、納付印の製造業者若しくは販売業者（通74の5①六ハ）
通則法 第74条の6	航空機燃料 税	航空機の所有者等（通74の6①一イ）
		上記の取引先等（通74の6①一ロ）
	電源開発促 進税	一般電気事業者（通74の6①二イ）
		上記の取引先等（通74の6①二ロ）

(注)1　令和5年10月1日以後は、消費税の軽減税率制度における適格請求書等保存方式（インボイス方式）の導入に伴い、適格請求書等類似書類等を他の者に交付したと認められる者等が加えられます。

2　令和2年4月1日以後は、消費税の免税販売手続の電子化に伴い、輸入物品を免税購入したと認められる者が加えられています。

☞　調査手続運営指針第2章「3　調査時における手続」

「(3)　質問検査等の相手方となる者の代理人等への質問検査等
　　　調査について必要がある場合において、質問検査等の相手方となる者の代理人、使用人そ

— 376 —

第3節　質問検査

の他の従業者に対し質問検査等を行う場合には、原則として、あらかじめ当該質問検査等の相手方となる者の理解と協力を得る。」

「(6)　反面調査の実施

取引先等に対する反面調査の実施に当たっては、その必要性と反面調査先への事前連絡の適否を十分検討する。

(注)　反面調査の実施に当たっては、反面調査である旨を取引先等に明示した上で実施することに留意する。」

[参考] 名古屋地判昭和56年1月30日・税資116号179頁

「所得税法第234条1項1号所定の税務職員の質問検査権行使の相手方は、納税義務者本人のみでなく、その業務に従事する家族、従業員等も包含すると解するのが相当である。けだし、同号所定の質問検査権行使の相手方を法文の文言どおり厳格に解し、納税義務者本人に限定すると、場合により当該業務の実態の正確な把握ができなくなるおそれを生じ、質問検査の実効性が失われる結果を招来することは見易い道理である。また、右のように解しても、別段納税義務者本人に不利益を科すことになるものでもない。……また、臨場による質問調査に際し、納税者本人が不在のときは、従業員に質問調査し、任意の回答を得ることも、何ら違法とは言えない」

(注)　上記「所得税法第234条第1項1号」とは、現行の「通則法第74条の2第1項」をいいます。

(4)　質問検査等の対象となる「帳簿書類その他の物件」

質問検査等の対象となる「帳簿書類その他の物件」には、国税に関する法令の規定により備付け、記帳又は保存をしなければならないとされている帳簿書類のほか、各条に規定する調査又は通則法第74条の3に規定する徴収の目的を達成するために必要と認められる帳簿書類その他の物件も含まれます。

なお、「帳簿書類その他の物件」には、国外において保存するものも含まれます（調査手続通達1−5）。

(5)　質問検査等における「物件の提示又は提出」

「物件の提示・提出」要求　⇨　質問検査権行使の一環として法令上明確化

質問検査等には、物件の提示又は提出が含まれます。この「物件の提示」とは、当該職員の求めに応じ、遅滞なく当該物件（その写しを含みます。）の内容を当該職員が確認し得る状態にして示すことをいいます。また、「物件の提出」とは、当該職員の求めに応じ、遅滞なく当該職員に当該物件（その写しを含みます。）の占有を移転することをいいます（調査手続通達1−6）。

☞　調査手続運営指針第2章「3　調査時における手続」

第8章　国税の調査（税務調査手続）

「(4)　帳簿書類その他の物件の提示・提出の求め

　　調査について必要がある場合において、質問検査等の相手方となる者に対し、帳簿書類その他の物件（その写しを含む。）の提示・提出を求めるときは、質問検査等の相手方となる者の理解と協力の下、その承諾を得て行う。

　(注)　質問検査等の相手方となる者について、職務上の秘密についての守秘義務に係る規定（例：医師等の守秘義務）や調査等に当たり留意すべき事項に係る規定（例：宗教法人法第84条）が法令で定められている場合においては、質問検査等を行うに当たっては、それらの定めにも十分留意する。」

参考　**質問検査権の行使と課税処分との関係**

　　質問検査権行使が違法に行われた場合、これに基づいてなされた課税処分が違法となるか否かが問題となった裁判例

○　「調査の手続が刑罰法規に触れ、公序良俗に反し又は社会通念上相当の程度を超えて濫用にわたる等重大な違法を帯び、何らの調査なしに更正処分をしたに等しいものとの評価を受ける場合に限り、その処分に取消原因がある」と一般的な判断基準を示した上で、納税者の請求を棄却した事例（東京高判平成3.6.6・訟月38巻5号878頁）。

○　課税庁が青色承認取消処分をするまでの全調査過程を通じて、帳簿書類の備付け状況等を確認するために社会通念上当然要求される程度の努力を尽くしたと認めることはできないから、帳簿書類の提示拒否を理由とする上記取消処分は違法であるとして、納税者の請求を認容した事例（京都地判平成12.2.25・訟月46巻9号3724頁）。

3　各税に関する質問検査権の内容

　　各税における質問検査権に係る内容の概要については、以下のとおりです。

税　　目	内　　容　　等
①所得税、法人税、地方法人税又は消費税の質問検査権（通74の2）	国税庁等又は税関の当該職員（税関の職員にあっては、消費税の調査（犯則事件の調査を除きます。）を行う場合に限ります。）は、所得税、法人税、地方法人税又は消費税に関する調査について必要があるときは、納税義務者等に質問し、その者の事業に関する帳簿書類等の物件を検査し、又は当該物件（その写しを含みます。②から⑤までにおいて同じ。）の提示若しくは提出を求めることができることとされています。 （従前の所得税法234条1項、法人税法153条から155条まで及び消費税法62条1項から4項までを集約して規定）
②相続税又は贈与税の質問検査権（通74の3）	国税庁等の職員は、相続税、贈与税又は地価税に関する調査等について必要があるときは、納税義務者等に質問し、財産若しくは土地等若しくはこれらに関する帳簿書類等の物件を検査し、又は当該物件の提示若しくは提出を求めることができることとされています。 （従前の相続税法60条1項及び2項並びに地価税法36条1項から3項までを集約して規定）

— 378 —

第3節　質問検査

③酒税の質問検査権（通74の4）	国税庁等又は税関の職員は、酒税に関する調査について必要があるときは、酒類製造者等に対して質問し、物件を検査し、又は当該物件の提示若しくは提出を求めること等ができることとされています。 （従前の酒税法53条のとおり規定）
④たばこ税、揮発油税、地方揮発油税、石油ガス税、石油石炭税又は国際観光旅客税、印紙税の質問検査権（通74の5）	国税庁等又は税関の職員は、たばこ税、揮発油税、地方揮発油税、石油ガス税、石油石炭税、国際観光旅客税又は印紙税に関する調査について必要があるときは、製造業者等に対して質問し、これらの者の帳簿書類等の物件を検査し、又は当該物件の提示若しくは提出を求めること等ができることとされています。 （従前のたばこ税法27条1項、揮発油税条26条1項、地方揮発油税法14条の2第1項、石油ガス税法26条1項、石油石炭税法23条1項及び印紙税法21条1項を集約して規定。平成30年度改正において国際観光旅客税が加えられました。）
⑤航空機燃料税又は電源開発促進税の質問検査権（通74の6）	国税庁等の職員は、航空機燃料税又は電源開発促進税に関する調査について必要があるときは、一定の航空機所有者等や一般送配電事業者等に質問し、その事業に関する帳簿書類等の物件を検査し、又は当該物件の提示若しくは提出を求めることができることとされています。 （従前の航空機燃料税法19条1項から3項まで及び電源開発促進税法12条1項から3項までを集約して規定）

4　提出物件の留置き

(1)　物件の留置き手続の内容

　　　「物件の留置き（預かり）」等の手続 ⇒ 調査手続の透明性を図る観点から、法令上明確化

　国税庁等の当該職員は、国税の調査について必要があるときは、当該調査において提出された物件を留め置くことができます（通74の7）。

☞　調査手続運営指針第2章「3　調査時における手続」

「(5)　提出を受けた帳簿書類等の留置き
　　　提出を受けた帳簿書類等の留置きは、
　①　質問検査等の相手方となる者の事務所等で調査を行うスペースがなく調査を効率的に行うことができない場合
　②　帳簿書類等の写しの作成が必要であるが調査先にコピー機がない場合
　③　相当分量の帳簿書類等を検査する必要があるが、必ずしも質問検査等の相手方となる者の事業所等において当該相手方となる者に相応の負担をかけて説明等を求めなくとも、税務署や国税局内において当該帳簿書類等に基づく一定の検査が可能であり、質問検査等の相手方となる者の負担や迅速な調査の実施の観点から合理的であると認められる場合
など、やむを得ず留め置く必要がある場合や、質問検査等の相手方となる者の負担軽減の観点から留置きが合理的と認められる場合に、留め置く必要性を説明し、帳簿書類等を提出した者の理解と協力の下、その承諾を得て実施する。」

第8章　国税の調査（税務調査手続）

(2)　留置き、返還

　当該職員が物件を留め置く場合には、当該物件の名称又は種類及びその数量、当該物件の提出年月日並びに当該物件を提出した者の氏名及び住所又は居所その他当該物件の留置きに関し必要な事項を記載した書面（「預り証」）を作成し、当該物件を提出した者にこれを交付しなければならないとされています（通令30の3①）。

　また、当該職員は、当該物件を善良な管理者の注意をもって管理することとされ、調査が終了した場合など留め置く必要がなくなった場合には、遅滞なく返還することとされています（通令30の3②、③）。

☞　調査手続運営指針第2章「3　調査時における手続」

　「(5)　提出を受けた帳簿書類等の留置き
　　　㊟1　帳簿書類等を提出した者から留め置いた帳簿書類等の返還の求めがあったときは、特段の支障がない限り速やかに返還することに留意する。
　　　　　引き続き留め置く必要があり、返還の求めに応じることができない場合には、その旨及び理由を説明するとともに、不服申立てに係る教示を行う必要があるので留意する。
　　　2　「預り証」は、国税に関する法律の規定に基づき交付する書面であることから、「預り証」を交付する際は、帳簿書類等を提出した者に対し交付送達の手続としての署名・押印を求めることに留意する。」

(3)　留置きに係る書面の交付手続

　「預り証」は、国税に関する法律の規定に基づき交付する書面であるから交付送達の手続として、帳簿書類等を提出した者に署名、押印を求める必要があります。

| 通令30の3（提出物件の留置き、返還等） | ⇒ | 書類の送達（交付送達）
通12条第4項（書類の送達）
通規第1条第1項（交付送達の手続） |

☞　調査手続運営指針第2章「3　調査時における手続」

　「(5)　提出を受けた帳簿書類等の留置き
　　　㊟3　「預り証」と引換えに留め置いた帳簿書類等を返還する際は、帳簿書類等を返還した事実を記録にとどめるため、「預り証」に返還を受けた旨の記載及び帳簿書類等を提出した者の署名・押印を求めることに留意する。
　　　　　この場合において、帳簿書類等を提出した者から返還を要しない旨の申出があった場合には、返還を受けた旨の記載に代えて返還を要しない旨の記載を求めることに留意する。」

— 380 —

第3節　質問検査

5　特定事業者等への報告の求め

(1)　制度の内容

　所轄国税局長は、特定取引の相手方又はその取引の場を提供する事業者又は官公署（以下「特定事業者等」といいます。）に対して、調査について必要があり、次のいずれかに該当する場合には、あらかじめ国税庁長官の承認を受けた上で、特定取引者に係る特定事項について、特定取引の範囲を定め、60日を超えない範囲内においてその準備に通常要する日数を勘案して定める日までに、報告を求めることを書面で通知できるとされています（通74の7の2①、②、④、⑤、⑥）。

イ　特定取引者が行う特定取引と同種の取引を行う者に対する国税に関する過去の調査において、その課税標準が1,000万円を超える者のうち過半数の者について、その取引に係るその税目の課税標準等又は税額等につき更正決定等をすべきと認められる場合

ロ　特定取引者が特定取引に係る物品又は役務を用いることにより課税標準等又は税額等について、国税に関する法律の規定に違反する事実を生じさせることが推測される場合

ハ　特定取引者が行う特定取引の態様が経済的必要性の観点から通常の場合にはとられない不合理なものであることから、特定取引に係る課税標準等又は税額等について国税に関する法律の規定に違反する事実を推測される場合

　　なお、上記の各用語の定義は、次のとおりです（通74の7の2③）。

用　語	意　義
所轄国税局長	特定事業者等の住所又は居所の所在地を所轄する国税局長
特定取引	電子情報処理組織を使用して行われる事業者等との取引、事業者等が電子情報処理組織を使用して提供する場を利用して行われる取引その他の取引のうち、この報告を求めなければこれらの取引を行う者を特定することが困難である取引 　なお、これらの「取引」には、相手方との間の契約に基づく金品や役務等のやり取り全般を指し、有償の取引であるかを問わず、また、補助金や給付金等の交付のほか、事業者等を介して行われる取引も含まれます。
特定取引者	特定取引を行う者といい、特定事業者等と直接特定取引を行い、又は特定事業者等が提供（仲介）する場（プラットフォーム等）において他の者と特定取引を行う者がこれに該当します。
特定事項	氏名（法人の場合は名称）、住所又は居所及び個人番号又は法人番号

㊟　「事業者」とは、商業、工業、金融業、鉱業、農業、林業、水産業等の事業を行う者であり、「事業」が営利事業か否かは問われません。

第8章　国税の調査（税務調査手続）

(2) 報告の求めについて

イ　不服申立て等の対象

この報告の求めは「国税に関する法律に基づく処分」に該当します（通74の7の2②）。したがって、報告を求められた特定事業者等はその報告の求めに不服がある場合には不服申立て等をすることができます。

ロ　報告義務違反に対する罰則規定

この報告の求めに対して、正当な理由なくこれに応じず、又は偽りの報告をした者は、1年以下の懲役又は50万円以下の罰金に処せられます（通128三）。

　創設の趣旨

　現行の質問検査権は、調査の相手方である納税義務者等が特定されていることを前提としていることから、仮想通貨取引やインターネットを利用した在宅事業等による匿名性の高い所得を有する者を把握し、特定する手段として活用することは困難な状況となっていました。このような課題に対応し、適正公平な課税を実現するため、事業者等の事務負担をも踏まえ、高額・悪質な無申告者等を特定するため特に必要な場合を限定した上で、担保措置を伴ったより実効的な手段として、事業者等への報告を求める措置を創設したとされています。

6　質問検査権限の解釈

通則法第74条の2から第74条の7まで（当該職員の質問検査権等）又は同74条の7の2の規定による権限は、「犯罪捜査のために認められたものと解してはならない」とされています（通74の8）。

第4節　税務調査終了の際の手続

1　調査終了の際の手続

　税務当局の納税者に対する説明責任を強化する観点から、調査終了の際の手続については、通則法において次のとおり法令上明確化されています（通74の11）。

> 更正決定等すべきと認められない場合のその旨の通知
> 更正決定等すべきと認める場合における調査結果の内容説明等
> 修正申告又は期限後申告の勧奨
> 調査終了後の再調査の手続

2　更正決定等すべきと認められない場合

　国税に関する実地の調査を行った結果、更正決定等をすべきと認められない場合には、税務署長等は、納税義務者に対し、「その時点において更正決定等をすべきと認められない」旨を書面により通知します（通74の11①）。

> | 通則法第74条の11に規定する
更正決定等（調査手続通達6―2） | ・更正（通24）
・再更正（通26）
・決定（通25）
・賦課決定（通32）
・納税の告知（通36） |

○　**通則法第74条の11第1項に規定する「更正決定等」**

　通則法第74条の11第1項に規定する「更正決定等」については、更正若しくは決定又は賦課決定のほか、源泉徴収等による国税（通2二）でその法定納期限までに納付されなかったものに対して税務署長が行う納税の告知（通36①二）に加え、直接納税方式の国際観光旅客税でその法定納期限までに納付されなかったものに対して税関長が行う納税の告知を含むものとされています（通74の11、通令30の5）。

　なお、この「更正決定等」の範囲については調査手続通達6－2においても明らかにされています。

○　**再調査決定や申請等の審査のために行う調査は適用外**

　再調査決定や申請等の審査のために行う調査など、更正決定等を目的としない調

査については、調査の結果の通知等に関する規定（通則法第74条の11第1項又は同条第2項の規定）は適用されません（調査手続通達6－1）。

☞　調査手続運営指針第2章の「4　調査終了の際の手続」
「(1)　更正決定等をすべきと認められない旨の通知
　　実地の調査の結果、更正決定等をすべきと認められないと判断される税目、課税期間がある場合には、法第74条の11第1項に基づき、質問検査等の相手方となった納税義務者に対して、当該税目、課税期間について更正決定等をすべきと認められない旨の通知を書面により行う。
　㊟　実地の調査以外の調査において納税義務者に対し質問検査等を行い、その結果、調査の対象となった全ての税目、課税期間について更正決定等をすべきと認められない場合には、更正決定等をすべきと認められない旨の通知は行わないが、調査が終了した際には、調査が終了した旨を口頭により当該納税義務者に連絡することに留意する。」

3　更正決定等すべきと認める場合

(1)　調査結果の内容の説明等

　調査を行った結果、更正決定等をすべきと認める場合には、税務職員は、納税義務者に対し、調査結果の内容（更正決定等をすべきと認めた額及びその理由を含みます。）を説明することとされています（通74の11②）。

　また、上記の説明をする際、当該職員は、納税義務者に対し、修正申告又は期限後申告を勧奨することができ、この場合には、「その調査の結果に関しその納税義務者が納税申告書を提出した場合には、不服申立てをすることはできないが更正の請求をすることはできる」旨を説明するとともに、その旨を記載した書面を交付することとされています（通74の11③）。

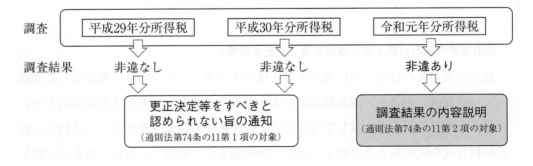

第4節　税務調査終了の際の手続

更正決定等をすべきと認めた額

「更正決定等をすべきと認めた額」とは、当該職員が調査結果の内容を説明をする時点において得ている情報に基づいて合理的に算定した課税標準等、税額等、加算税又は過怠税の額をいいます（調査手続通達6―3）。

⇩

課税標準等の額の合理的な算定例

法人税の所得の金額の計算上当該事業年度の直前の事業年度分の事業税の額を損金の額に算入する場合において、課税標準等、税額等、加算税又は過怠税の額を標準税率により算出すること

相続税において未分割の相続財産等がある場合において、課税標準等、税額等、加算税又は過怠税の額を相続税法第55条《未分割遺産に対する課税》の規定に基づき計算し、算出すること

☞　調査手続運営指針第2章の「4　調査終了の際の手続」

「(2)　調査結果の内容の説明等

　　調査の結果、更正決定等をすべきと認められる非違がある場合には、法第74条の11第2項に基づき、納税義務者に対し、当該非違の内容等（税目、課税期間、更正決定等をすべきと認める金額、その理由等）について原則として口頭により説明する。

　　その際には、必要に応じ、非違の項目や金額を整理した資料など参考となる資料を示すなどして、納税義務者の理解が得られるよう十分な説明を行うとともに、納税義務者から質問等があった場合には分かりやすく回答するよう努める。また、併せて、納付すべき税額及び加算税のほか、納付すべき税額によっては延滞税が生じることを説明するとともに、当該調査結果の内容の説明等（下記(3)に規定する修正申告等の勧奨を行う場合は、修正申告等の勧奨及び修正申告等の法的効果の教示を含む。）をもって原則として一連の調査手続が終了する旨を説明する。

(注)　電話又は書面による調査（実地の調査以外の調査）を行った結果については、更正決定等をすべきと認められる非違事項が少なく、非違の内容等を記載した書面を送付することにより、その内容について納税義務者の理解が十分に得られると認められるような簡易なものである場合には、口頭による説明に代えて書面による調査結果の内容の説明を行って差し支えないことに留意する。

　　なお、その場合であっても、納税義務者から調査結果の内容について質問があった場合には、分かりやすく回答を行うことに留意する。」

(2) 修正申告等の勧奨

調査を行った結果・・・　更正決定等をすべきと認める場合

```
┌─────────────┐
│  税 務 職 員  │  ⇨   ① 調査結果の内容を説明   ⇨   ( 納税義務者 )
└─────────────┘
```

> 更正決定等をすべきと
> 認めた額及びその理由

and

② 修正申告又は期限後申告の勧奨

> 修正申告書等を提出した場合は、不服申
> 立てをすることはできないが、更正の請
> 求をすることができる旨の説明とそれを
> 記載した書面の交付

☞　調査手続運営指針第2章　「4　調査終了の際の手続」

　「(3)　修正申告等の勧奨

　　　　納税義務者に対し、更正決定等をすべきと認められる非違の内容を説明した場合には、原則として修正申告又は期限後申告（以下「修正申告等」という。）を勧奨することとする。

　　　　なお、修正申告等を勧奨する場合には、当該調査の結果について修正申告書又は期限後申告書（以下「修正申告書等」という。）を提出した場合には不服申立てをすることはできないが更正の請求をすることはできる旨を確実に説明（以下「修正申告等の法的効果の教示」という。）するとともに、その旨を記載した書面（以下「教示文」という。）を交付する。

　　(注)1　教示文は、国税に関する法律の規定に基づき交付する書面であることから、教示文を対面で交付する場合は、納税義務者に対し交付送達の手続としての署名・押印を求めることに留意する。

　　　　2　書面を送付することにより調査結果の内容の説明を行う場合に、書面により修正申告等を勧奨するときは、教示文を同封することに留意する。

　　　　　　なお、この場合、交付送達に該当しないことから、教示文の受領に関して納税義務者に署名・押印を求める必要はないことに留意する。」

(3)　調査結果の内容説明後の調査の再開及び再度の説明

　通則法第74条の11第2項の規定に基づき調査結果の内容の説明を行った後、当該調査について納税義務者から修正申告書若しくは期限後申告書の提出若しくは源泉徴収に係る所得税の納付がなされるまでの間又は更正決定等を行うまでの間において、当該説明の前提となった事実が異なることが明らかとなり当該説明の根拠が失われた場合など当該職員が当該説明に係る内容の全部又は一部を修正する必要があると認めた場合には、必要に応じ調査を再開した上で、その結果に基づき、再度、調査結果の内容の説明を行うことができます（調査手続通達6－4）。

第4節　税務調査終了の際の手続

☞　調査手続運営指針第2章　「4　調査終了の際の手続」

「(4)　調査結果の内容の説明後の調査の再開及び再度の説明

　　　上記(2)の調査結果の内容の説明を行った後、当該調査について、納税義務者から修正申告書等の提出若しくは源泉徴収に係る所得税の納付がなされるまでの間又は更正決定等を行うまでの間において、当該調査結果の内容の説明の前提となった事実が異なることが明らかとなり当該調査結果の内容の説明の根拠が失われた場合など、当該調査結果の内容の説明に係る内容の全部又は一部を修正する必要があると認められた場合には、必要に応じ調査を再開した上で、その結果に基づき、再度、調査結果の内容の説明を行う（手続通達5－4）。

　　　なお、調査結果の内容の説明の根拠が失われた場合とは、納税義務者から新たな証拠の提示等があり、当該調査結果の内容の説明の前提となる事実関係に相違が生じるような場合をいう。」

(4)　納税義務者の同意がある場合の連結親法人又は税務代理人への通知等

　上記2の「更正決定等すべきと認められない場合」及び3の「更正決定等すべきと認める場合」については、納税義務者が「連結子法人である場合」又は「税務代理人がある場合」には、当該納税義務者への通知等に代えて、それぞれ次の者に行うことができることとされています（通74の11④・⑤）。

連結子法人である場合	連結子法人（納税義務者）及び連結親法人の同意がある場合には、その連結親法人
納税義務者に税務代理人がある場合	納税義務者の同意がある場合には、その税務代理人

➤　令和2年度改正の連結納税制度の見直し（グループ通算制度の移行）に伴い、令和4年4月1日以後、上記連結子法人である場合のその連結親法人への通知は行わないこととされます。

☞　調査手続運営指針第2章　「4　調査終了の際の手続」

「(5)　税務代理人がある場合の調査結果の内容の説明等

　　　実地の調査における更正決定等をすべきと認められない旨の書面の通知、調査結果の内容の説明、修正申告等の勧奨、修正申告等の法的効果の教示及び教示文の交付（以下「通知等」という。）については、原則として納税義務者に対して行うのであるが、納税義務者の同意がある場合には、納税義務者に代えて、税務代理人に対して当該通知等を行うことができる。

　　　なお、この場合における納税義務者の同意の有無の確認は、

①　電話又は臨場により納税義務者の直接同意の意思を確認する方法、又は、

②　税務代理人から納税義務者の同意を得ている旨の申出があった場合には、同意の事実が確認できる書面の提出を求める方法

のいずれかにより行う。

(注)　実地の調査以外の調査についても、実地の調査の場合に準じて、納税義務者に代えて、税務代理人に対して調査結果の内容の説明、修正申告等の勧奨、修正申告等の法的効果の教示及び教示文の交付を行うことができることに留意する。

　　　ただし、実地の調査以外の調査において、上記①又は②により納税義務者の同意の意思を確認することが難しい場合には、税務代理人から調査結果の内容の説明を受けることに

第8章　国税の調査（税務調査手続）

ついて委嘱されている旨の申立てがあることをもって、納税義務者に代えて税務代理人に対して調査結果の内容の説明等を行うことができることに留意する（手続通達7－3）。」

4　調査終了の手続に係る書面の交付

調査の終了の際に係る書面の交付に係る手続については、通則法第12条第4項《書類の送達》及び通則法施行規則第1条第1項《交付送達の手続》の各規定が適用されます（調査手続通達6―5）。

・　書面の交付

| 実地の調査の結果、更正決定等をすべきと認められない場合 | ⇒ | 「その時点において更正決定等をすべきと認められない旨」の通知書（通74の11①）（調査結果の内容説明の際） |

| 調査の結果、更正決定等をすべきと認める場合 | ⇒ | 「当該調査の結果に関し、納税申告書を提出した場合には不服申立てをすることはできないが更正の請求をすることができる旨」の通知書（通74の11③） |

・　書面の交付を行った場合、交付送達を行った旨を記載した書面に受領者の署名・押印を求める必要があります（通規1①、調査手続通達6―5）。

5　再調査～「更正決定等をすべきと認められない旨の通知又は修正申告書等の提出等」の後における再調査～

通則法第74条の11第1項の通知をした後又は同条第2項の調査（実地の調査に限られます。）の結果につき納税義務者から修正申告書若しくは期限後申告書の提出若しくは源泉徴収等による国税の納付があった後若しくは更正決定等をした後においても、新たに得られた情報に照らし非違があると認めるときは、当該納税義務者に対し、改めて質問検査等（再調査）を行うことができます（通74の11⑥）。

このように、再調査は、前回の調査が実地の調査の場合に限られるため、前回の調査が実地の調査以外の調査である場合、「新たに得られた情報」がなくても、調査について必要があるときは、再調査を行うことができることとされています（調査手続通達6―6(注1)）。

```
再調査の判定
```

　①更正決定等をすべきと認められない旨の通知をした後又は②調査（実地の調査に限ります。）の結果につき納税義務者から修正申告書等の提出若しくは源泉徴収に係る所得税の納付があった後若しくは③更正決定等をした後に、当該調査の対象となった税目、課税期間について質問検査等を行う場合には、新たに得られた情報に

第4節　税務調査終了の際の手続

照らして非違があると認める場合に該当するか否かについて、法令及び手続通達に基づき、個々の事案の事実関係に即してその適法性を適切に判断します（調査手続通達6―6、6―7、6―8、6―9）。

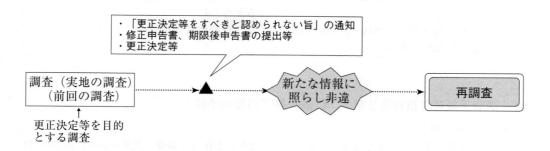

参考　税務署長等は更正決定をした後、その更正決定をした課税標準等又は税額等が過大又は過少であることを知ったときは、その調査により再更正をするとされているところですが（通26）、本規定は、その前提となる再調査のあり方について、現行の運用上の取扱いを踏まえ、納税者の負担の軽減を図りつつ、適正公平な課税を図る観点から、いったんある納税者について調査が行われ、その後、更正決定等をすべきと認められない旨の通知や修正申告書等の提出、更正決定等があった後においては、税務職員は、新たに得られた情報から非違があると認められる場合に再び質問検査等（再調査）を行うことができることとされたものです。

【新たに得られた情報】

通則法第74条の11第1項の通知又は同条第2項の説明（6―4の「再度の説明」を含みます。）に係る国税の調査（実地の調査に限ります。）において質問検査等を行った当該職員が、当該通知又は当該説明を行った時点において有していた情報以外の情報をいいます（調査手続通達6―7）。

【新たに得られた情報に照らし非違があると認めるとき】

新たに得られた情報から非違があると直接的に認められる場合のみならず、新たに得られた情報が直接的に非違に結びつかない場合であっても、新たに得られた情報とそれ以外の情報と総合勘案した結果として非違があると合理的に推認される場合も含まれます（調査手続通達6―8）。

参考　「事前通知した事項以外の事項の調査」と「再調査」

通則法第74条の9第4項《事前通知した事項以外の事項の調査》と通則法第74条の11第6項《再調査》を対比してみると、次のようになります。

― 389 ―

第8章 国税の調査(税務調査手続)

通則法第74条の9第4項 《事前通知した事項以外の事項の調査》	通則法第74条の11第6項 《再調査》
①実地の調査の過程において、 ②事前通知した税目・課税期間以外の税目・課税期間について「非違が疑われることとなった場合」に ③これらの税目・期間についても質問検査等を行うことができる。	①いったん調査が終了した税目・課税期間について、 ②「新たに得られた情報に照らし非違があるとき」に ③再び質問検査等を行うことができる。

 調査手続運営指針第2章 「4 調査終了の際の手続」

「(6) 再調査の判定
　　更正決定等をすべきと認められない旨の通知をした後又は調査(実地の調査に限る。)の結果につき納税義務者から修正申告書等の提出若しくは源泉徴収に係る所得税の納付があった後若しくは更正決定等をした後に、当該調査の対象となった税目、課税期間について質問検査等を行う場合には、新たに得られた情報に照らして非違があると認める場合に該当するか否かについて、法令及び手続通達に基づき、個々の事案の事実関係に即してその適法性を適切に判断する(手続通達5─7、5─8、5─9)。」

参考　再調査と調査の単位(課税期間・税目)との関係

＊「再調査」に該当する場合

(前回の実地調査)

| 平成27年分
所得税 |
| 平成28年分
所得税 |
| 平成29年分
所得税 |

(今回の実地調査)

| 平成29年分
所得税 |
| 平成30年分
所得税 |
| 令和元年分
所得税 |

税目・課税期間が重複
⇩
平成29年分所得税は、「再調査」に該当

― 390 ―

第4節　税務調査終了の際の手続

＊「再調査」に該当しない場合

（前回の実地調査）

26.4〜27.3 印紙税
27.4〜28.3 印紙税
28.4〜29.3 印紙税

（今回の実地調査）

29年3月期 法人税
30年3月期 法人税
元年3月期 法人税

税目が重複なし
⇩
「再調査」に該当しない

＊　同じ納税義務者であっても、調査対象となる税目が異なる場合には、期間が重複していても、今回の調査は「再調査」に当たらない。

（前回の実地調査）

27年3月期 法人税
28年3月期 法人税

（今回の実地調査）

29年3月期 法人税
30年3月期 法人税
元年3月期 法人税

課税期間の重複なし
⇩
「再調査」に該当しない

— 391 —

第5節 その他

1 事業者又は官公署への協力要請

国税庁等の職員は、国税に関する調査について必要があるときは、事業者又は官公署に、その調査に関し参考となるべき帳簿書類その他の物件の閲覧又は提供その他の協力を求めることができます（通74の12①）。

なお、上記事業者には、商業、工業、金融業等の事業を行う者のほか、「事業者の組織する団体」も事業を行う場合は該当するとされています。また、事業については、営利事業であるかどうかは問われません。

 事業者への協力要請を明文化の趣旨

事業者への協力要請については、その根拠となる明文の規定を欠いていることから顧客とのトラブルを懸念して協力要請に応じないケースもあり、事業者間、納税者間のそれぞれにおいて不公平が生じる状況となっており、その解消が課題とされていました。こうした課題に対応し、適正公平な課税を実現する観点から、従来の「官公署」に加えて「事業者」への協力要請について法令上明確化されたものです。

2 身分証明書の携帯等

国税庁等の当該職員は、質問検査権の規定による質問、検査、提示若しくは提出の要求、閲覧の要求、採取、移動の禁止若しくは封かんの実施をする場合又は事業者・官公署への協力要請をする場合には、身分を示す証明書を携帯し、関係人の請求があつたときは、これを提示しなければなりません（通74の13）。

3 預貯金者等情報又は加入者情報の管理

預貯金者等情報又は加入者情報の管理
- ①預貯金者等情報の管理（通74の13の2）
- ②口座管理機関の加入者情報の管理（通74の13の3）
- ③振替機関の加入者情報の管理（通74の13の4）

(1) 預貯金者等情報の管理

金融機関等は、預貯金者等情報を当該金融機関が保有する預貯金者等の番号（個人番号（マイナンバー）又は法人番号）により検索できる状態で管理しなければなりません（通74の13の2）。

(2) 口座管理機関の加入者情報の管理

証券会社及び銀行などの口座管理機関は、加入者情報を当該加入者の番号（個人番号（マイナンバー）又は法人番号）により検索することができる状態で管理しなければなりません（通74の13の3）。

(3) 振替機関の加入者情報の管理

振替機関は、支払調書の提出義務者（株式の発行者又は口座管理機関）から加入者の番号等の提供を求められたときは、その提出義務者に対し、その振替機関が保有する加入者の番号等を提供しなければなりません（通74の13の4②、通規11の6③）。

 対象となる各機関と管理の対象となる情報

	金融機関等	口座管理機関	振替機関
各機関の範囲	金融機関と農水産業協同組合 金融機関とは、銀行、長期信用組合、信用金庫、信用協同組合、労働金庫、信用金庫連合会、信用協同組合連合会、労働金庫連合会及び株式会社商工組合中央金庫 農水産業協同組合とは、農業協同組合、農業協同組合連合会、漁業協同組合、漁業協同組合連合会、水産加工業協同組合、水産加工業協同組合連合会及び農林中央金庫	社債、株式等の振替に関する法律第2条第4項に規定する口座管理機関（通74の13の3） 具体的には、証券会社、銀行、長期信用銀行、信託会社、株式会社商工組合中央金庫、農林中央金庫、農業協同組合、信用金庫、労働金庫など（振替44①一～十二）。 なお、外国口座管理機関は（同十三）除外	社債、株式等の振替に関する法律第2条第2項に規定する振替機関 具体的には、株式会社証券保管振替機構

— 393 —

管理の対象となる加入者情報	預貯金者等の氏名（名称）及び住所（居所）、顧客番号並びに預貯金等の口座番号、口座開設日、種目、元本の額、利率、預入日及び満期日 （通74の13の2、通規11の4）	加入者の氏名（名称）及び住所（居所）、顧客番号又は口座番号並びに社債等の種類、銘柄及びその銘柄ごとの数又は金額 （通74の13の3、通規11の5）	振替機関又はその下位機関の加入者の氏名（名称）及び住所（居所）並びに株式等の種類、銘柄及びその銘柄ごとの数又は金額を特定するためにその振替機関が定めるその加入者の記号又は番号（加入者コード） （通74の13の4、通規11の6②）

— 394 —

第9章　行政手続法との関係

1　行政手続法の概要

　行政分野にわたる行政手続に関する一般的な通則法としての「行政手続法」及び「行政手続法の施行に伴う関係法律の整備に関する法律」があります。

(1)　行政手続法の目的

> **行政手続法の目的**　行政庁の「処分、行政指導及び届出に関する手続並びに命令等を定める手続に関し、共通する事項を定めることによって、行政運営における公正の確保と透明性の向上を図り、もって国民の権利利益の保護に資すること」（行手1①）

　処分、行政指導及び届出に関する手続等に関し、この法律に規定する事項について、他の法律に特別の定めがある場合には、その定めるところによることとされています（行手1②）。

(2)　「処分」等の定義

　行政手続法に定める、「処分」、「行政指導」、「届出」及び処分の前提となる「申請」並びに処分又は指導を行う「行政庁」とは、次のようなものをいうと定義されています（行手2）。

処　分	行政庁の処分その他公権力の行使に当たる行為（行手2二）
行政指導	行政機関がその任務又は所掌事務の範囲内において一定の行政目的を実現するため、特定の者に一定の作為又は不作為を求める指導、勧告、助言その他の行為であって処分に該当しないもの（行手2六）
届　出	行政庁に対して一定の事項を通知する行為（申請に該当するものを除きます。）で、法令により直接に当該通知が義務付けられているもの（行手2七）
申　請	法令に基づき、行政庁の許可、認可、免許その他の自己に対し何らかの利益を付与する処分を求める行為であって、その行為に対して行政庁が諾否の応答をすべきこととされているもの（行手2三）
行　政　庁	行政機関のうち処分権限を有する者 (注)　処分権限を有するかどうかは法令の定めるところによります。国又は地方公共団体の機関は、当然のことながらこれに該当すると考えられますが、それ以外でも、例えば法令上処分権を与えられている特殊法人、民法上の法人等などもここでいう行政庁に含まれます。

行政手続法との関係

第9章　行政手続法との関係

2　行政手続法の主な内容

　行政手続法は、行政庁の「処分、行政指導及び届出に関する手続並びに命令等を定める手続に関し、共通する事項を定めることによって、行政運営における公正の確保と透明性の向上を図り、もって国民の権利利益の保護に資することを目的」（行手1①）として、行政分野や行為主体等のいかんを問わず、行政手続全般を対象とした一般法として制定されたもので、その主な内容はおおむね次のようなものです。

申請に対する処分（第2章）

　申請に対する処分については、その迅速かつ透明な処理を確保するという観点から、次のような処理を行うこととしています。

申請に対する処分	① 申請に関する審査基準の制定及びそれらの基準の公開（行手5）
	② 申請処理に通常要すべき標準的期間の制定とその公開（行手6）
	③ 申請が到着したときは遅滞なく審査を開始（行手7）
	④ 申請により求められた許認可等を拒否する場合の理由提示及びその際の第三者の利益考慮が要件とされているものに係る意見聴取努力義務（行手8、10）

不利益処分（第3章）

　不利益処分については、行政運営における公正の確保を図るとともに、処分の相手方の権利利益の保護を図るため、次のような処理を行うこととしています。

不利益処分	① 不利益処分をするか否かの判断基準の制定及びそれらの基準の公開（行手12）
	② 不利益処分をしようとする場合の聴聞手続及び弁明の機会の付与（行手13）
	③ 不利益処分をする場合の理由の提示（行手14）

行政指導（第4章）

　行政指導についても、その透明性及び明確性を確保する観点から、次のような基本原則及び方式等が明記されています。

― 396 ―

行政指導	① 行政指導の限界と不利益な取扱いの禁止（行手32）
	② 行政指導の趣旨及び内容並びに責任者の明示と原則書面交付義務（行手35①）
	③ 書面の交付を求められた場合は支障がない限り原則交付（行手35③）
	④ 行政指導をした行政機関に中止等を求める申出（行手36の２）

処分等の求め（第４章の２）

　何人も、法令違反をしている事実を発見したときは、その是正のための処分権限を有する行政庁又は行政指導をする権限を有する行政機関に対し、これらの処分又は行政指導の実施を求めることができます（行手36の３）。

届出（第５章）

　届出が法令に定められた形式上の要件に適合している場合は、その届出が提出先に到達したときに、その届出をすべき手続上の義務が履行されたものとなります（行手37）。

意見公募手続等（第６章）

　政省令などの命令等を定める機関（命令等制定機関）は、命令等を定めようとする場合には、当該命令等の案及びこれに関連する資料をあらかじめ公示し、意見の提出及び意見のための期間を定め広く一般の意見を求めなければなりません（行手39〜43）。

　命令等制定機関は、意見公募手続（パブリック・コメント）として、次の内容を義務付けられています。

意見公募手続	命令等の案や関連資料を事前に公表すること
	30日以上の意見提出期間を置き、広く一般の意見や情報の公募を行うこと
	意見や情報を考慮すること
	意見や情報の内容、これらの考慮の結果などを公示すること

第 9 章　行政手続法との関係

(注)　意見公募手続は、平成17年の改正で、政省令などの命令等を広く一般の意見や情報を求める手続等を定めることにより、行政運営の更なる公正の確保と透明性の向上を図る観点から設けられました。

3　行政手続法の適用除外

　行政手続法は、行政運営における公正の確保と透明性の向上を図ることを目的とする法律です。そのため、多岐にわたる行政手続の全般に適用されますが、税務手続は他の行政手続とは異なる独自の手続体系となっていること、同法の制定目的であった行政指導や許認可行政が少ないことから、大幅な適用除外がされています。

行政手続法の適用除外

　行政手続法では、主に次のような分野については適用除外とする措置を講じています（行手3①各号、4）。

行政手続法の主な適用除外	①　刑事事件に関する法令に基づき検察官等が行う行政処分など、本来の行政権の行使とみられないもの
	②　刑務所において受刑者に対して行われる処分などのように、特別の法律で律せられる関係が認められるもの
	③　学術上の試験などのように、処分の性質上行政手続法の諸規定の適用になじまないもの
	④　国税に関する次のような処分及び行政指導 ・犯則事件に関する法令に基づいて行われる処分及び行政指導 ・質問検査権の行使等、情報の収集を直接の目的としてなされる処分及び行政指導 ・再調査の請求及び審査請求に対する決定及び裁決 ・不服申立ての審査手続において法令に基づいてなされる処分及び行政指導 ・官公庁に対する協力要請等国の機関、地方公共団体等に対する行政指導

通則法による適用除外

　行政手続法の制定に伴い、通則法など関係法律についても、「行政手続法の施行に伴う関係法律の整備に関する法律」により所要の整備が図られました。

　そのうち、国税関係で最も関係があるのは「適用除外措置」です。

　これは、通則法など国税に関する法律に基づいて行われる処分については、既に独自の手続体系が定められており、それによることが適当と認められたからです。

— 398 —

ちなみに、通則法第74条の14で行政手続法の適用除外とされている分野は、次のような分野です。

【適用除外処分】

通則法による適用除外	① 国税に関する法律に基づく処分 　国税に関する法律に基づいて行われる処分（ただし、酒税法上の免許関係のものを除きます。）の適用除外（通74の14①）	・行政手続法第2章（申請に対する処分）（第8条（理由の提示）を除きます。）、第3章（不利益処分）（第14条（不利益処分の理由の提示）を除きます。）
	② 国税に関する行政指導 　国税に関する法律に基づく納税義務の適正な実現を図るために行われる行政指導（ただし、酒税法上の免許関係及び酒税の保全及び酒類業組合等に関する法律に係るものを除きます。）に対する適用除外（通74の14②）	・行政指導に係る書面の交付（行手35③） ・複数の者を対象とする行政指導（行手36）
	③ 国の機関以外の者が提出先とされている届出 　国税に関する法律に基づき、国の機関以外の者が提出先とされている届出の適用除外（通74の14③）	税法の定めるところにより届出の有無を判断

　このようなことから、酒類の製造免許及び酒類の販売業などを除く税務行政の分野については、基本的に行政手続法の適用はなく、これまでどおり、通則法の規定が適用されることとなります。

参考　**国税に関する法律に基づく処分**（通74の14①）

　「国税に関する法律に基づき行われる処分（酒税法上の免許関係のものを除く。）」については、次のこと等を勘案して、既に通則法及び各税法において必要な範囲の手続が整備されていることから、申請に対する処分（行政手続法第8条（理由の提示）を除きます。）及び不利益処分（行政手続法第14条（不利益処分の理由の提示）を除きます。）に係る行政手続法の諸規定は適用されないこととされています。

① 金銭に関する処分であり、処分内容をまず確定し、その適否については、むしろ事後的な手続で処理することが適切であること。

② 主として申告納税制度の下で、各年又は各月毎に反復して大量に行われる処分であること等特殊性を有していること。

③ 限られた人員をもって適正に執行し、公平な課税が実現されなければならないものであること。

第9章　行政手続法との関係

参考　行政手続法と税務行政との関係

類　　　　型	行政庁に課される義務等	税務行政への適用
1　申請に対する処分（2章） （許可、認可、免許等の請求をした者を名あて人として行われる処分（行手2三） 例：酒類の販売等免許申請に対する処分 　　更正の請求に対する更正又は理由がない旨の通知処分	①　審査基準の公表（行手5）	適用除外 （酒税法第2章の規定に基づくものを除きます（通74の14①））
	②　標準処理期間の公表（行手6）	
	③　審査、応答義務（行手7） ・遅滞なく審査開始 ・補正要求又は拒否処分の必要	
	④　拒否処分の理由提示（行手8）	適用（通74の14①）
	⑤　申請者への情報の提供（行手9）	
	⑥　公聴会の開催等（行手10）	
	⑦　複数の行政庁が関与する場合の審査の処理促進（行手11）	
2　不利益処分（3章） （特定の者を名あて人として、これに義務を課し、又は権利を制限する処分（行手2四） 例：酒類の販売等免許の取消処分 　　更正処分	①　処分基準の設定・公表（行手12）	
	②　処分に先立つ意見陳述の機会（行手13） ・聴聞 ・弁明	
	③　不利益処分の理由提示（行手14）	
3　行政指導（4章） （一定の行政目的を実現するため特定の者に一定の作為又は不作為を求める行為で処分に該当しないもの（行手2六） 例：指導、勧告、助言、依頼、要求、要請等で処分に該当しないもの	①　一般原則の遵守（行手32〜34） ・所掌事務の範囲内（行手32①） ・任意協力による実現（行手32①） ・不利益取扱い等の禁止（行手32②、33、34）	原則適用 （次に該当する場合は適用除外 行手3①六（犯則事件） 行手3①十四（情報収集） 行手3①十五、十六（不服申立て関係） 行手4①（官公庁への協力要請））
	②　趣旨、内容、責任者の明示（行手35①）〔口頭でも文書でも可〕	
	③　文書交付義務（行手35③）（上記②を口頭で行った場合、要求により文書交付）	適用除外 （酒税法第2章等に定める事項に関するものを除きます（通74の14②））
	④　複数者に対する行政指導時の内容の設定・公表（行手36）	
4　届出（5章） （（法令による）行政庁への一定事項の通知（行手2七） 例：確定申告書の提出 　　非課税貯蓄申告書の提出 　　支払調書の提出	到達により義務履行済とする。（行手37）	原則適用 （通則法第74条の14第3項に該当する場合は適用除外）

― 400 ―

4　処分の理由附記

(1)　処分の理由附記の規定等

　国税に関する法律に基づく申請により求められた許認可等を拒否する処分又は不利益処分については、処分の適正化と納税者の予見可能性の確保の観点から、行政手続法第8条又は第14条の規定に基づき、理由の提示（理由附記）を行うこととされています（通74の14①）。

> (注)　青色申告書等に係る更正（所155、法130）及び各税法に理由附記を行うことが規定されている処分については、従前から、その処分の理由を附記しなければならないとされていたところですが、平成23年12月の改正によって、個人の白色の事業所得者等についても簡易な記帳・帳簿保存義務が付された（所232）ことから、これらの者に対する更正等については平成26年1月1日以後の処分（事業所得者等以外については平成25年1月1日以後の処分）から理由附記をしなければならないとされています。

☞　調査手続事務運営指針第2章「5　理由附記の実施」参照

（　理由附記の対象となる処分　）

　不利益処分……更正・決定、加算税、青色申告承認取消し、督促、差押等

　申請に対する拒否処分……更正の請求に対する更正の理由がない旨の通知、青色申告承認申請の却下等

参考　行政手続法

（理由の提示）
第8条　行政庁は、申請により求められた許認可等を拒否する処分をする場合は、申請者に対し、同時に、当該処分の理由を示さなければならない。ただし、法令に定められた許認可等の要件又は公にされた審査基準が数量的指標その他の客観的指標により明確に定められている場合であって、当該申請がこれらに適合しないことが申請書の記載又は添付書類その他の申請の内容から明らかであるときは、申請者の求めがあったときにこれを示せば足りる。
2　前項本文に規定する処分を書面でするときは、同項の理由は、書面により示さなければならない。

（不利益処分の理由の提示）
第14条　行政庁は、不利益処分をする場合には、その名あて人に対し、同時に、当該不利益処分の理由を示さなければならない。ただし、当該理由を示さないで処分をすべき差し迫った必要がある場合は、この限りでない。
2　行政庁は、前項ただし書の場合においては、当該名あて人の所在が判明しなくなったときその他処分後において理由を示すことが困難な事情があるときを除き、処分後相当の期間内に、同項の理由を示さなければならない。
3　不利益処分を書面でするときは、前二項の理由は、書面により示さなければならない。

(2) 理由附記の趣旨

処分の理由を提示（理由附記）する趣旨は、行政庁の判断の慎重・合理性を担保してその恣意を抑制するとともに、処分の理由を相手方に知らせて不服申立てに便宜を与えることにあるとされています。

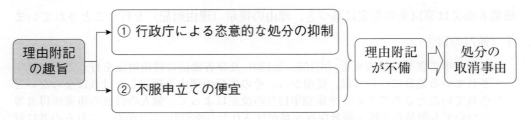

> **最二判昭和38年5月31日・民集17巻4号617頁**
> 「一般に、法が行政処分に理由を附記すべきものとしているのは、処分庁の判断の慎重・合理性を担保してその恣意を抑制するとともに、処分の理由を相手方に知らして不服の申立に便宜を与える趣旨に出たものであるから、その記載を欠くにおいては処分自体の取消しを免れないものといわなければならない。」

(3) 理由附記の記載の程度

処分する場合に、どの程度の理由を提示しなければならないかは、その処分の性質やその根拠法規の趣旨・目的に照らして決せられるべきものとされており、処分ごとに理由附記の程度は異なります。

なお、理由附記の不備は、処分の取消事由になるとされています。

☞ 調査手続運営指針第2章「5 理由附記の実施」参照

> **参考** 従前から理由附記が求められていた「青色申告書に係る更正」の規定については、平成23年12月改正において、特段の見直しはされていません。青色申告書に係る更正の理由附記については、従来から、白色申告者の記帳義務に比してより高度な記帳が義務付けられている「青色申告」の特典の一つと位置付けられてきているところであり、また、その理由附記の趣旨及びその程度についても、法律上、青色申告書に係る更正処分を行う場合には慎重な手続がとられていることに鑑み、通常の場合の理由附記の程度に比して厳格な理由附記を求める判例が定着しているものと考えられます。

> **参考** 青色申告書に係る更正する場合には、原則としてその者の帳簿書類を調査し、その調査により所得金額等の計算に誤りがあると認められる場合に限りすることができることとされ、更正通知書にその更正の理由を附記しなければならないとされています（所155等）。

これについては「（青色）申告に係る所得の計算が法定の帳簿組織による正当な記載に基づくものである以上、その帳簿の記載を無視して更正されることがない旨を納税者に保障したものであるから、附記すべきものとしている理由には、特に帳簿書類の記載以上に信憑力のある資料を摘示して処分の具体的根拠を明らかにすることを必要とすると解するのが相当」（最二判昭和38年5月31日）とされているところです。他方、帳簿の記載自体を否認することなしに更正をする場合においては、この「更正は納税者による帳簿の記載を覆すものではない（納税者の法的評価の相違に基づいて否認する場合）から、更正通知書記載の更正の理由が、そのような更正をした根拠について帳簿記載以上に信憑力のある資料を摘示するものでないとしても、更正の根拠を前記の更正処分庁の恣意抑制及び不服申立ての便宜という理由附記の趣旨目的を充足する程度に具体的に明示するものである限り、法の要求する更正の理由附記として欠けるところはないと解するのが相当」（最三判昭和60.4.23・民集39巻3号805頁）と判示されています。

5　行政指導

　税務署長等が行う行為について、それが行政指導に該当する場合には、その趣旨・内容及び責任者を明確に示すとともに（行手35①）、指導の内容が法令の要件に適合しないと思料する場合には、納税者は指導の中止を求めることができます（行手36の2①）。

(1)　調査と行政指導の区別

　調査とは、特定の納税者について課税内容を把握する目的で行う、質問検査権に基づく行為です。

　その調査の結果に基づき、納税者は非違を自認して修正申告書を提出するか、あるいは更正又は決定などの課税処分を受ける判断をすることになります。

　それに対して、提出された申告書に計算誤りや記載漏れなどがあった場合には、修正申告書の提出を求める行政指導を行うことがあります。

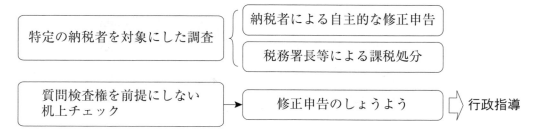

(2)　行政指導の中止

　法律の要件に適合しない行政指導を受けたと納税者が思料するときは、その行政指

導をした税務署長等に、書面によりその旨を申し出て、行政指導の中止その他必要な措置をとることを求めることができます（行手36の2①）。また、書面による申出があったときは、税務署長等は必要な調査を行い、法令等に適合しなければその行政指導を中止しなければなりません（行手36の2③）。

現行の取扱いにおいて行政指導に当たるケースでは、納税者が修正申告書の提出に応じなければ、更に行政指導をすることなく更正等の処分がされます。行政指導に従わなかったことを理由にした「不利益な取扱い」は禁止されていますが（行手32②）、これは意図的に差別的取扱いを禁じたものであり、課税要件に基づく更正処分等を制限するものではありません。

第10章　不服審査及び訴訟

第1節　行政争訟制度の概要

1　納税者の権利救済制度の概要

　納税者が、税務署長等の行った国税に係る更正、決定、滞納処分や各税法で規定されている各種の申請（例えば、酒販免許申請や青色申請、物納申請など）に対する処分について、不服がある場合にはどうすればよいのでしょうか。

　一般に、このような場合、納税者は、国（具体的には処分をした税務署長等）に対して、更正処分等の取消しや申請に対する処分の取消し（又は処分すべきこと）を求めることが認められています。そして、このような国の処分に対して救済を求める手続は、一般に行政争訟制度と総称されています。

　行政争訟制度には、行政庁に対して救済を求める「不服審査（行政救済）」と裁判によって救済を求める「訴訟（司法救済）」とがあります。また、行政争訟のうち租税法律関係に関する争訟は、「租税争訟」又は「税務争訟」と呼ばれています。

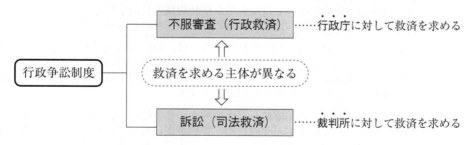

2　行政争訟（租税争訟）の目的

　訴訟を含めた広義の行政争訟制度には、次の二つの異なる目的があるといわれています。

行政争訟 （租税争訟） の目的	行政権の作用に対して国民の権利利益の救済
	行政の適法性及び合目的性の保障

　しかしながら、行政処分が違法又は不当であるとして、不服を唱える者の権利利益の救済を図るということは、これを行政庁サイドからみれば誤ってされた行政を是正

— 405 —

第10章　不服審査及び訴訟

するということにほかなりません。その意味で、二つの目的を持つといっても、これは一つの目的を異なった面から目指したものだということもできます。

3　租税争訟案件に係る行政救済の必要性

　納税者の権利利益の救済という見地からいえば、裁判所が行う司法救済が、次に掲げる理由から最も整備された形態であるということができます。

救済裁判所が行う	①　その裁判機関が独立の地位を有し、構成員に身分の保障が認められること
	②　その手続が厳格な対審的構造を持ち、慎重であること

　しかしながら、訴訟は、その手続が慎重であるだけに迅速な処理を期待できないこともあり、また、租税をめぐる争訟の大部分は司法救済の対象として必ずしも適さない簡易少額の事案は少なくありません。

　このような問題の解決のためにも、訴訟の前置的ないしは補充的な権利利益の救済手続としての**不服審査**（行政救済）制度は重要な意義を持っています。

　以上も含めて租税争訟案件における行政救済の必要性をまとめると、次のように考えられます。

行政救済の必要性	①　租税に係る争訟案件については、裁判に要する手数と費用を考えれば、このような行政訴訟の前置的ないしは補充的な権利利益の救済手続として、行政機関による略式の争訟制度が持つ意義は、極めて大きいものがあります。
	②　行政争訟の裁判を司法裁判所が行う場合には、司法権の限界として、その審理裁判の範囲はおのずから行政行為の適法、違法の問題に限られ、行政行為の当、不当の問題に及ぶことができませんから、当、不当に関する争訟については、行政不服審査に独自の積極的存在理由があります。
	③　租税の賦課徴収は、毎期継続して大量的かつ集中的、回帰的に行われるという特異な性質を有しています。そのため、少額事案に対して簡易な救済のみちを与え、かつ、裁判所の負担を軽減するという意味で、税務争訟においては行政救済が果たす役割が極めて大きいものがあります。

4　租税争訟案件における行政救済の特色

　租税争訟案件における不服審査は、通則法において、訴訟による司法救済を求める前に、原則として「審査請求」についての裁決を経なければならないという「不服申立前置主義」が全面的に採用されており（通115①）、直接訴訟ができるのは無効確認を求める訴えなど例外的なものに限定されています。

— 406 —

第1節　行政争訟制度の概要

　租税争訟の仕組み

1　租税訴訟の大部分

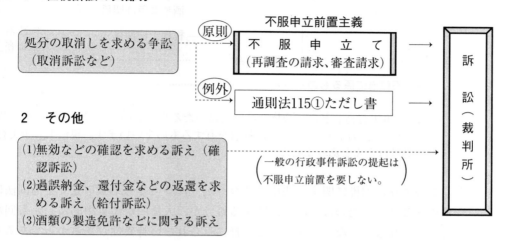

2　その他

(1) 無効などの確認を求める訴え（確認訴訟）
(2) 過誤納金、還付金などの返還を求める訴え（給付訴訟）
(3) 酒類の製造免許などに関する訴え

　租税争訟において適用される法令

1　不服申立ての段階

　行政庁の処分についての不服申立てには、一般法である行政不服審査法が適用されます。しかしながら、通則法第80条第1項は、「国税に関する法律に基づく処分に対する不服申立てについては、この節その他国税に関する法律に別段の定めがあるものを除き、行政不服審査法の定めるところによる。」と規定し、その他にも不服申立てに関係するものとして、徴収法（第8章）その他個別税法（相附3ただし書）の規定もあります。

　このため、国税に関する法律に基づく処分についての不服申立てについては、特別法優先の建前から、まず通則法を除く個別税法が適用され、ついで通則法第8章第1節の規定が優先して適用され、同節に定めがないものについて一般法である行政不服審査法が適用されることになります。しかしながら、通則法はほぼ自足的に規定しているので、行政不服審査法の規定が適用される場合は極めて限られています。

○　不服申立てに関する法令の適用の順序

○ 不服申立てに適用される法令

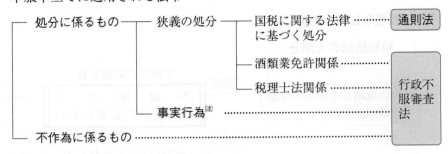

(注)　「事実行為」とは、公権力の行使に当たる事実上の行為で、人の収容、物の留置その他の内容が継続的性質を有するものをいいます。税法上、事実行為はほとんどありません。

このように国税に関する法律に基づく処分についての不服申立てを通則法に定めることとしたのは、国税に関する処分が、大量的かつ集中的にしかも回帰的になされることなど、他の行政分野にみられない特異性があるからであるといわれています。

2　訴訟の段階

国税に関する法律に基づく処分に係る訴訟においては、通則法（第8章第2節）及び他の国税に関する法律に別段の定めがあるものを除き、行政事件訴訟法その他の一般の行政事件訴訟に関する法律の定めによることとされています（通114）。

しかしながら、通則法は、訴訟について、不服申立前置等（通115）及び原告が行うべき証拠の申出（通116）などの規定があるだけです。

一方、行政事件訴訟に関し、行政事件訴訟法に定めがない事項については、民事訴訟の例による（行訴7）とされています。しかしながら、行政事件訴訟法に定めのある事項はわずかですから、その具体的手続等はほとんど民事訴訟に関する法令が適用されることになります。

第2節 不服申立て─総則

1 不服申立制度の概要

　不服申立制度は、「行政庁の違法又は不当な処分その他公権力の行使に当たる行為に関し、国民が簡易迅速かつ公正な手続の下で広く行政庁に対する不服申立てをすることができるための制度を定めることにより、国民の権利利益の救済を図るとともに、行政の適正な運営を確保することを目的とする」ものであり、不服申立てについては、他の法律に特別の定めがある場合を除くほか、行政不服審査法の定めるところによることとされています（行審1）。

　国税に関する法律に基づく処分に対する不服申立てについては、通則法第8章第1節（不服審査）に特別の定めが設けられています。

　国税に関する法律に基づく処分（例えば税務署長が行った更正・決定などの課税処分、差押えなどの滞納処分、その他税務上の各種申請に対する不許可処分）について不服がある場合には、当該処分により権利利益の侵害を受けた者は、税務署長に対する「**再調査の請求**」又は国税不服審判所長に対する「**審査請求**」を選択して、その不服を申し立てることができます。

第10章 不服審査及び訴訟

「再調査の請求」、「審査請求」から「訴訟」に至る一連の流れ

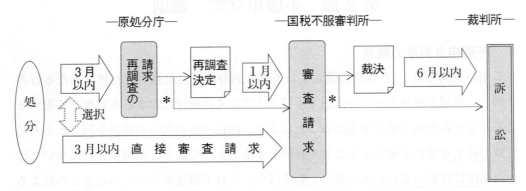

(注) 上記＊は、３月以内に再調査決定又は審査請求の裁決がない場合は、それらを経ないで、審査請求又は訴訟をすることができます。

2 不服申立ての対象となる処分

通則法に基づく不服申立ての対象となる処分とは、国税に関する法律に基づき税務署長等が行う処分で、具体的には次のようなものがあります。

税務署長等によるもの	税務署長等以外によるもの
・課税標準等又は税額等に関する更正又は決定 ・加算税の賦課決定 ・更正の請求に対するその一部を認める旨の更正又は更正をすべき理由がない旨の通知 ・納税の告知 ・督促及び滞納処分の手続で処分とされるもの ・耐用年数の短縮申請を拒否する行為等税法上の各種の申請を拒否する行為	・登録免許税法の規定による登記機関が行う登録免許税額等の認定処分 ・自動車重量税法の規定により国土交通大臣等が行う自動車重量税額の認定処分

参考　「国税に関する法律」

「国税に関する法律」とは、所得税法、法人税法、相続税法、消費税法、通則法、徴収法、措置法等、国税について、課税標準、納付すべき税額の確定、納付、徴収及び還付等に関する事項を規定した法律は全て含まれます。

参考　「国税に関する法律に基づく処分」

通則法第75条第１項の「国税に関する法律に基づく処分」とその例示等（不基通（国）75－１、不基通（審）75－１）

第2節　不服申立て―総則

処　分　と　は	左の例示・内容等
処分は、行政庁の公権力の行使に当たる行為であることを要します。	国税の賦課徴収に関する事務を行う行政庁における不用物品の売払行為は、処分には該当しません。
処分は、行政庁の公権力の行使に当たる行為が外部に対してされることを要します。	国税庁長官の国税局長及び税務署長に対する訓令、通達又は指示は、処分には該当しません。
処分は、行政庁の公権力の行使によって直接国民の権利義務に影響を及ぼす法律上の効果を生ずるものであることを要します。	公売予告通知及び徴収法第55条《質権者等に対する差押えの通知》の規定による質権者等に対する通知並びに通則法第74条の2第1項《当該職員の所得税等に関する調査に係る質問検査権》に規定する「当該物件…の提示若しくは提出を求めること」は、処分には該当しません。
処分には、事実上の行為は含まれません。	通則法第74条の7《提出物件の留置き》に規定する「当該調査において提出された物件を留め置くこと」は、処分には該当しません。 なお、同条の「当該職員」が留め置いた物件について、当該物件の提出者から返還の求めがあった場合で、当該職員がこれを拒否したときの当該拒否は処分に該当します。

3　不服申立ての対象とならない処分

　税務署長等が行う処分であっても、次に掲げるようなものは、不服申立ての対象となりません。

不服申立ての対象とならない処分　…
- ①　通則法第76条に規定する処分
- ②　通則法第11章に基づく処分
- ③　不服申立ての利益がないもの
- ④　国税に関する法律に基づかないもの

⑴　通則法第76条に規定する処分

通則法第76条において、不服申立てができない処分
- ・通則法第8章第1節（不服審査）の規定による処分（下表A）
- ・行政不服審査法の規定による処分（下表B）
- ・通則法第75条の規定による不服申立てについてした処分（下表C）
- ・通則法第11章（犯則調査）に基づく処分（下表D）

第10章　不服審査及び訴訟

具体例

A　通則法第8章第1節の規定による処分（不基通（国）76－1、不基通（審）76－1）	再調査決定、裁決のほか ・補正要求 ・再調査の請求についての決定 ・補佐人帯同の不許可 ・再調査の請求事案の移送の申立てについて認容しない決定 ・審査請求についての裁決 ・閲覧・写し等の交付請求の不許可 ・不服申立ての対象となった処分に係る国税の徴収の猶予又は滞納処分の続行停止の申立てについて認容しない決定 ・担保の提供に伴い不服申立ての対象となった処分に係る国税につき差押えをしないこと又は差押えを解除することを求めた場合における認容しない決定 ・不服申立ての対象となった処分に係る国税の徴収の猶予又は滞納処分の続行停止の取消し ・不服申立人の地位の承継の不許可 ・総代の互選命令 ・不服申立てへの参加の不許可
B　行政不服審査法の規定による処分（不基通（国）76－2、不基通（審）76－2）	・事実上の行為についての審査請求に対する裁決 ・不作為についての審査請求に対する裁決 （通則法第8章第1節の規定による処分その他不服申立てについてする処分に係る不作為については、行政不服審査法に基づく不服申立てはすることができません。）
C　通則法第75条の規定による不服申立てについてした処分（不基通（国）76－3、不基通（審）76－3）	・災害等による不服申立期限の延長申請に対する期日の指定 ・被相続人の不服申立てに関する書類を受領することについての代表者の指定
D　通則法第11章に基づく処分（通76①ニ、行審7①七）	犯則事件の調査及び処分に係る規定に基づく処分

⑶　不服申立ての利益がないもの

　不服申立ては、単に処分が存在しこれに不服があるというだけではなく、その処分によって自己の権利又は法律上の利益が侵害されている場合にできることとされています。

　したがって、行政庁の処分によって自己の権利又は法律上の利益が侵害されていない、例えば、納税額を減額する更正（更正の請求に対するその一部を認める更正は除きます。）などは、納税者の不利益となる処分ではありませんので不服申立てはできないこととなります。

⑷　国税に関する法律に基づかないもの

　通則法の規定上、国税には、国が課する税のうち関税、とん税及び特別とん税は含

－ 412 －

まれません（通２一）。したがって、税関長が行う関税等に係る処分は、通則法に基づく不服申立ての対象とはなりません。

なお、税関長が行う輸入品に係る申告消費税等の更正、決定及び滞納処分は、国税に関する法律に基づく「税関長がした処分」に当たりますので、これらの処分については通則法の不服申立ての対象となります。

4 不服申立てができる者

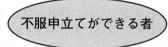
国税に関する法律に基づく処分によって直接自己の権利又は法律上の利益を侵害された者

不服申立てができる者は、国税に関する法律に基づく処分によって直接自己の権利又は法律上の利益を侵害された者であることを要件としていますので、直接処分を受けた者だけでなく、例えば、抵当権を設定している財産が著しく低い額で公売されることによって債権の回収ができなくなる抵当権者のように、第三者であっても、その権利又は法律上の利益が害された場合には、不服申立てをすることができます（不基通（国）75－2、不基通（審）75－2）。

5 不服申立ての構造―不服申立ての種類、不服申立先

処分に対し不服申立てを行う場合、次のように「**再調査の請求**」、又は直接に「**審査請求**」を行うかの選択を行い、それぞれの判断の結果において、なお不服がある場合に、司法判断を求める「**訴訟**」へと進みます。

(1) 再調査の請求と審査請求の選択

国税に関する法律に基づく次に掲げる処分に不服がある者は、次に定める不服申立てをすることができます（通75）。

処　　　　分	不　服　申　立　て
A 税務署長、国税局長又は税関長がした処分（通75①一）	次のいずれかを選択 ①その処分をした税務署長、国税局長、税関長に対する「**再調査の請求**」 ②国税不服審判所長に対する**審査請求**
B 国税庁長官がした処分（通75①二）	国税庁長官に対する**審査請求**

第10章　不服審査及び訴訟

| C　国税庁、国税局、税務署及び税関以外の行政機関の長又はその職員がした処分（通75①三） | 国税不服審判所長に対する**審査請求** |

「再調査の請求」と「審査請求」の選択（上表 A）

　　国税に関する処分に不服がある者は、直接国税不服審判所長に対して「**審査請求**」をすることができます。ただし、請求人の選択により、審査請求の前に「**再調査の請求**」をすることもできます（通75①一・三②⑤）。

(注)　これまで二段階の不服申立前置（異議申立前置）とされてきたのは、国税に関する処分については、不服申立てがあっても、争点が整理されていない、要件事実の認定に関しての見直し調査的な請求が多いことから、このような争いについては、まず原処分庁に不服を申し立てることにより、より簡易かつ迅速に事件の処理を図るとともに、争点を整理して審査請求の手続の整備充実に資する必要があることによるもので、合理的なものとされていました（最二判昭和49年7月19日・民集28巻5号759頁参照）。

　　しかしながら、これまでの不服申立前置の在り方については、納税者の利便性の向上を図る観点から、争訟手続における納税者の選択の自由度を増やすことを基本に、原則として二段階となっている現行の仕組みを抜本的に見直す方向で検討がなされてきたところです。

　　こうした中、平成28年4月から施行された行政不服審査法において、①異議申立てが廃止され審査請求に一元化されたこと、②異議申立ては、国税など大量処分であるものなどについては審査請求に前置して処分庁が簡易に処分を見直して決定する「再調査の請求」として規定することとされたことに伴い（行審2、4、5）、通則法においても、審査請求に一元化するとともに、納税者の選択により、再調査の請求ができることとされたものです。

国税庁長官に対する審査請求（上表 B）

　　「国税庁長官がした処分」に対する不服申立てについては、国税庁長官に対して「**審査請求**」を行います（通75①二②⑤）。

　　なお、この国税庁長官に対する審査請求の審理手続については、基本的に行政不服審査法の規定によることとされています（通80②参照）。

参考　国税庁長官の処分の例

・　複数の国税局の管轄区域に跨がる納税地の指定及び指定の取消し（所18①、法18①）
・　国等に対して財産を寄附した場合の譲渡所得等の非課税の承認の取消し（措40②）
・　特定の医療法人の法人税率の特例の適用についての承認の取消し（措67の2②）
・　連結納税の承認の取消し（法4の5①）　等

— 414 —

(2) 再調査決定後にする審査請求

　再調査の請求（再調査の請求期間経過後にされたものなどその請求が適法にされていないものを除きます。）について、「決定」があった場合において、当該請求をした者が当該決定を経た後の処分になお不服があるときは、国税不服審判所長に対して「**審査請求**」をすることができます（通75③）。

処分の形態別の不服申立ての種類及びその不服申立先

処分の形態		再調査の請求	審査請求	
		税務署長等	国税不服審判所長	国税庁長官
税務署長の処分	(A)	① 税務署長ーーー 選択	→ ② 国税不服審判所長 → ① 国税不服審判所長	
国税局長の処分	(A)	① 国税局長ーーー 選択	→ ② 国税不服審判所長 → ① 国税不服審判所長	
国税庁長官の処分	(B)			○ 国税庁長官

(3) 再調査の請求について決定を経ない審査請求

　再調査の請求をしている者は、次のいずれかに該当する場合には、その決定を経ないで、国税不服審判所長に対して審査請求をすることができます（通75④）。

> ① 再調査の請求をした日（通則法第81条第3項（再調査の請求書の記載事項等）の規定により不備を補正すべきことを求められた場合にあっては、当該不備を補正した日）の翌日から起算して3月を経過しても当該再調査の請求についての「決定」がない場合
> ② その他再調査の請求についての決定を経ないことにつき正当な理由がある場合

☞　救済手段の教示（3月後の教示）

6　不服申立期間

「不服申立期間」の趣旨 ⇒ ・権利の救済
・行政処分の効果、行政上の法律関係の早期安定

　不服申立て（再調査の請求又は第一審としての審査請求）は、処分があったことを知った日（処分に係る通知を受けた場合には、その受けた日）の翌日から起算して3月を経過したときはすることができません。ただし、正当な理由があるときはこの限

第10章　不服審査及び訴訟

りではありません（通77①）。

　また、第二審としての審査請求は、再調査決定書の謄本の送達があった日の翌日から起算して1月を経過したときはすることができません。ただし、正当な理由があるときはこの限りではありません（通77②）。

　なお、不服申立ては、処分があった日の翌日から起算して1年を経過したときは、することができません。ただし、正当な理由があるときは、この限りではありません（通77③）。

不服申立期間の原則

〈不服申立期間〉

期間

①再調査の請求

　　第一審として審査請求　　　　　　・・・「3月」

②第二審としての審査請求　　　　　　・・・「1月」

③再調査の請求後、3月を経過しても　・・・「再調査の決定があるまで
　　決定がない場合にする審査請求　　　　　の間」

期間の起算日

①再調査の請求、第一審として審査請求

　…　処分に係る通知を受けた場合　⇒　その通知を受けた日の翌日

　…　処分の通知を受けない場合　　⇒　処分があったことを知った日の翌日

②第二審としての審査請求

　…　再調査決定書の謄本の送達があった日の翌日

参考　「処分があった日」

　通則法第77条第3項の「処分があった日」とは、処分に係る書類の送達があった日（公示送達をしたときは、書類の送達があったものとみなされる日）をいいます。

　なお、不動産等の差押えについて、滞納者に対する差押書の送達前に差押えの登記又は登録がされた場合など、処分に係る書類の送達があった日とその処分の効力が生じた日が異なる場合は、上記にかかわらず、その処分の効力が生じた日が「処分があった日」となります（不基通（国）77-4、不基通（審）77-4）。

参考　再調査の請求書及び審査請求書を郵便物又は信書便で郵送する場合には、その発信日付をもって提出されたものとみなされます（通22、77④）。

— 416 —

第2節　不服申立て―総則

> 不服申立期間の延長

「正当な理由」により、上記「3月」「1月」の期間内に不服申立てをすることができない場合には、通則法第77条第1項ただし書き又は第2項ただし書きにより、期間が延長

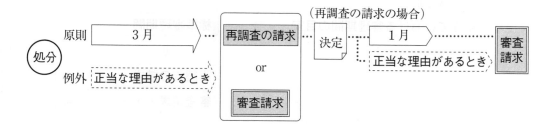

> 正当な理由があるときの救済

「正当な理由があるとき」とは、①誤って法定の期間より長い期間を不服申立期間と教示した場合において、その教示された期間内に不服申立てがされたとき、②不服申立人の責めに帰すべからざる事由により、不服申立期間内に不服申立てをすることが不可能と認められるような客観的な事情がある場合（具体的には、地震、台風、洪水、噴火などの天災に起因する場合や、火災、交通の途絶等の人為的障害に起因する場合等）をいいます（不基通（国）77－1、不基通（審）77－1）。

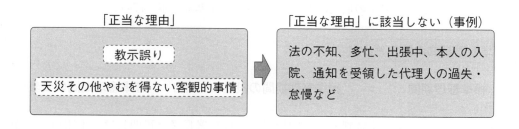

> 除斥期間

「除斥期間」の趣旨　⇒　処分の早期安定の要請との調和

不服申立ては、処分があった日の翌日から起算して1年を経過したときはすることができません。ただし、「正当な理由」があるときはこの限りではありません（通77③）。

第10章　不服審査及び訴訟

不服申立期間の特例

　督促及び不動産についての差押え、不動産についての公売公告から売却決定までの処分及び換価代金の配当の各処分に欠陥があること等を理由とする再調査の請求及び第一審としての審査請求の不服申立期間につき、通則法第77条第1項の期間より短期の不服申立期間が適用される場合があります（徴171）。

7　標準審理期間

　不服申立てにおける審理期間の目安　　⇒　　標準審理期間

　⇓

　再調査の請求・・・「3月」

　審査請求・・・・・「1年」

標準審理期間

　不服申立てをした方の権利利益の迅速な救済を図る観点から、不服申立てについての「決定」又は「裁決」をするまでに通常要すべき標準的な期間（以下「**標準審理期間**」といいます。）を定めるよう努めることとしています。

　なお、標準審理期間内に処理することが困難であることが見込まれる事案については、個々の事情に応じて処理することとしています。

㊟　標準審理期間を経過した場合
　　標準審理期間を経過した事件については、その期間が経過したからといって、不作為の違法又は裁決の手続上の瑕疵には当たりません（不基通（審）77の2-2）。

標準審理期間の設定と公表

　　標準審理期間　　⇒　　標準審理期間の設定　　and　　標準審理期間の公表

　国税庁長官、国税不服審判所長、国税局長、税務署長又は税関長は、不服申立てがその事務所に到達してから当該不服申立てについての決定又は裁決をするまでに通常要すべき標準的な期間を定めるよう努めるとともに、これを定めたときは、その事務所における備付けその他の適当な方法により公にしておかなければなりません（通77の2）。

㊟　「通常要すべき標準的な期間」とは、再調査審理庁又は国税庁長官がその通常の審理体制において適法な不服申立てについての決定又は裁決をするために要する審理期間の目安として定める期間をいい（不基通（国）77の2-1）、また、審査請求に係る事件について、審査請求が国税不服審判所の支部に到達した日から適法な審査請求に対する裁決

— 418 —

をするために要する審理期間の目安となる期間をいいます（不基通（審）77の2－1）。

また、この「標準審理期間」をどのように定めるかは、決定又は裁決の権限を有する行政庁（国税庁長官、国税不服審判所長、国税局長、税務署長、税関長）の判断に委ねられています。具体的には、国税庁、国税局及び税務署では、再調査の請求について、「3月」とし、国税不服審判所では、審査請求について「1年」としています。

8　行政不服審査法との適用関係

国税に関する法律に基づく処分に対する不服申立ては、通則法第8章第1節（不服審査）その他国税に関する法律に別段の定めがあるものを除き、行政不服審査法（第2章及び第3章を除きます。）の定めるところによります。

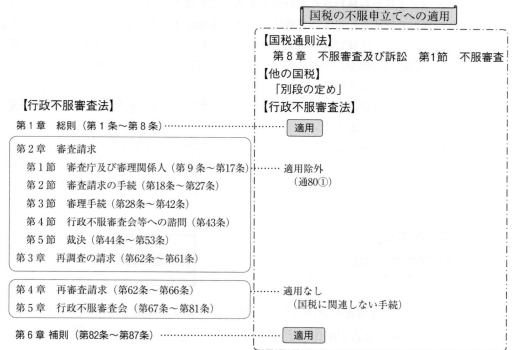

第10章　不服審査及び訴訟

第3節　再調査の請求

1　再調査の請求

　税務署長等が行った処分に不服がある方が、国税不服審判所長に対する審査請求を行う前に、選択的に、当該処分を行った税務署長等に対して、その処分の取消しや変更を求めて不服を申し立てる制度です。このような不服申立てを「**再調査の請求**」といいます。

参考　**審査請求への一元化と「再調査の請求」**

　　　平成28年4月から施行された行政不服審査法の改正においては、処分庁に対する異議申立てを廃止し、最上級行政庁に対する審査請求に一元化することとされました。ただし、他の法律に特別の定めがある場合には、不服申立人の選択により、審査請求の前段階で処分庁が改めて処分を見直して決定する「再調査の請求」をすることができることとされています。

　　　国税に関する処分についての不服申立ては、その基本構造の例外として、「**再調査の請求**」を設けています。

　　　通則法に新たに導入された「再調査の請求」については、基本的には、従前の「異議申立て」と変わるところはありませんが、再調査の請求決定の審理手続等の整備が行われています。

2　再調査の請求書

(1)　再調査の請求書の提出

再調査の請求書

　再調査の請求は、「**再調査の請求書**」を提出してしなければなりません（通81①）。

　したがって、口頭による不服申立ては認められず、必ず書面を提出しなければなりません。なお、再調査の請求書は1通提出すればよく、副本の必要はありません。

　また、再調査の請求は、本人のみですることができますが、代理人を選任することもできます。

☞　「再調査の請求書」参照

― 420 ―

(2) 再調査の請求書の記載事項

「**再調査の請求書**」には、次に掲げる事項を記載しなければなりません（通81①）。

再調査の請求書の記載事項

① 再調査の請求に係る処分の内容

② 再調査の請求に係る処分があったことを知った年月日（当該処分に係る通知を受けた場合には、その受けた年月日）

③ 再調査の請求の趣旨及び理由

④ 再調査の請求の年月日

(注) 上記③の「再調査の請求の趣旨」には、処分の取消し又は変更を求める範囲をできるだけ明らかにするとともに（不通基（国）81－2）、「再調査の請求の理由」には、再調査の請求の趣旨を肯認させる事項、例えば、再調査の請求の対象となった処分に付した理由に応じてその処分を不服とする理由を具体的に記載します（不通基（国）81－3）。

上記のほか、不服申立期間の経過後に再調査の請求をする場合には通則法第77条第1項ただし書又は第3項ただし書に規定する不服申立期間内に不服申立てをすることができなかった「正当な理由」を記載しなければならないこととされています（通81②）。

(注) 上記「正当な理由」としては、行政不服審査法第82条に基づく教示がされず、又は誤って長期の再調査の請求期間が教示され、再調査の請求人が他の方法でも請求期間を知ることができなかったような場合などがあげられます。

3 再調査の請求書の補正

再調査の請求がされている税務署長その他の行政機関の長（以下「**再調査審理庁**」といいます。）は、再調査の請求書が①通則法第81条第1項・第2項に定める記載事項、又は②同法第124条に定める書類提出者の氏名、住所及び番号の記載等に違反する場合には、相当の期間を定め、その期間内に不備を補正すべきことを求めなければなりません。

この場合において、当該不備が軽微なものであるときは、再調査審理庁は、職権で補正することができます（通81③）。

また、補正を求められた再調査の請求人は、その再調査の請求に係る税務署その他の行政機関に出頭して補正すべき事項について陳述し、その陳述の内容を行政機関の

第10章　不服審査及び訴訟

職員が録取した書面に押印することによっても、補正を行うことができます（通81④）。

　（注）　「相当の期間」とは、不備を補正するのに通常要する期間をいい、その期間は、不備
　　の程度などの事情に応じて定められます（不基通（国）81－5）。

補正の対象

　補正の対象となるのは、再調査の請求書の記載事項及び添付書類のうち、法律の要求する形式的要件を満たしていない不備があるものであり、例えば次のような場合がこれに当たります。

　　①　再調査の請求書の記載が不備である場合
　　②　代理人によって再調査の請求をする場合又は総代を互選した場合に、その代理人又は総代の権限を証する書面が再調査の請求書に添付されていない場合

補正要求

　補正は、原則として既に提出されている再調査の請求書とは別の書面をもって行われますが、再調査の請求人が出頭して補正する場合には、再調査の請求書そのものを補正させても差し支えないとされています。この場合は、補正の箇所に再調査の請求人の押印を求める等その事績を明らかにしなければなりません（不基通（国）81－9）。

補　正

通常の方式による補正	補正要求されたときは、通常、法令の規定に合致するように補正した別の書面を提出しますが、既に提出した「再調査の請求書」の記載事項を出頭して補正することもできます。
職権による補正	再調査の請求人の意思を容易に推測することができ、かつ、審理の障害にならないような軽微な不備であるとき、再調査審理庁は、その不備の補正を求めないで、職権で補正することができます。
口頭による補正	再調査の請求書を提出した税務署等に出頭して補正すべき事項について陳述し、税務署等の職員がその陳述内容を録取した書面を作成し、再調査の請求人は、書面の記載事項が陳述内容と異ならないことを確認して押印することにより補正します。

4　再調査の請求の却下（審理手続を経ないでする却下決定）

　再調査審理庁は、上記のとおり補正を求めた場合において、次に掲げるようなときは、通則法第84条第1項から第6項《決定の手続等》までに定める審理手続を経ないで、同法第83条第1項《決定》の規定に基づき、決定で、当該再調査の請求を「**却下**」することができます（通81⑤）。

－ 422 －

①再調査の請求人がその期間内に不備を補正しないとき
②再調査の請求が不適法であって補正することができないことが明らかなとき

(注) 上記「不適法であって補正することができないことが明らかなとき」とは、例えば、再調査の請求期間を徒過し、そのことについての正当な理由が認められないことが明らかな場合や不服申立人適格がないことが明らかな場合等をいいます（不基通（国）81－10）。

5　口頭意見陳述

口頭意見陳述

　再調査の請求人又は参加人（以下「申立人」といいます。）から、口頭で意見を陳述したい旨の申立てがあった場合には、当該申立人の所在その他の事情により当該意見を述べる機会を与えることが困難であると認められる場合を除き、再調査審理庁は当該申立人にその機会を与えなければなりません（通84①）。このような意見の陳述を「**口頭意見陳述**」といいます。

　ここにいう「申立人の所在その他の事情」とは、例えば、申立人が矯正施設に収容されていて相当の期間出所の見込みがない場合など、申立人が再調査審理庁の指定した期日及び場所に出頭して口頭で意見を述べることが困難であることの原因となる事情をいいます（不基通（国）84－4）。

(注) 上記「参加人」とは、当該不服申立てに参加する利害関係人をいい、「利害関係人」とは、不服申立人以外の者であって不服申立てに係る処分の根拠となる法令に照らし当該処分につき利害関係を有するものと認められる者をいいます（通109①）。例えば、抵当権の目的となっている財産を差し押さえた場合の当該抵当権者、公売財産の買受人などがこれに当たります。

第10章　不服審査及び訴訟

申立人の招集等

　口頭意見陳述は、再調査審理庁が期日及び場所を指定し、再調査の請求人及び参加人を招集して行います（通84②）。

　なお、この口頭意見陳述については、上記のように再調査審理庁が指定する場所として各々の官署に再調査の請求人等を招集していましたが、令和３年１月１日以後、再調査審理庁は、遠隔地に居住する同請求人又は参加人があるときその他相当を認めるときは、利便性の向上を図る観点から、テレビ会議システムによって審理を行うことができることとされました（通令31の３）。

補佐人の帯同

　申立人は、口頭意見陳述において、再調査審理庁の許可を得て、補佐人とともに出頭することができます（通84③）。また、再調査審理庁は、必要があると認める場合には、その行政機関の職員に口頭意見陳述を聴かせることができます（通84④）。

　ここにいう「補佐人」とは、再調査の請求人又は参加人に付き添って口頭意見陳述の期日に出頭し、その陳述を補佐する者をいいます（不基通（国）84－６）。この「補佐人」の例としては、通訳や（身体障害者などの）介添人等があげられます。

　なお、補佐人の帯同は、申立人が十分に意見陳述を行うことができるよう専門的知識をもってその意見陳述を補佐させる趣旨の制度であることから、再調査審理庁は、この趣旨に従って許否を決定するものと考えられます。

(注)　補佐人が税理士法に規定する税理士業務の制限規定に該当する行為をするおそれがある場合その他税理士法違反のおそれがある場合には、許可を与えず又は既に与えた許可を取り消すこととしています（不基通（国）84－９）。

口頭意見陳述における制限

　口頭意見陳述において、再調査審理庁又は行政機関の職員は、申立人のする陳述が事件に関係のない事項にわたる場合その他相当でない場合には、これを制限することができます（通84⑤）。

　口頭意見陳述は、「再調査の請求に係る事件に関する意見」を口頭で主張する機会を保障するための手続であることから、その陳述が事件に関係のない事項にわたる場合等には、その機会を保障する必要はありません。こうした陳述を行うことは、迅速な審理を阻害する恐れもあることから、このような場合には陳述を制限することとしています。

(注)１　「その他相当でない場合」とは、例えば、申立人の行う意見陳述が既にされた陳述の

— 424 —

繰り返しにすぎない場合その他その発言が口頭意見陳述の趣旨、目的に沿わないと認められる場合がこれに当たります（不基通（国）84－10）。

2　代理人によってされた意見陳述の効果は、申立人本人に帰属するものであるから、申立人本人から改めて口頭意見陳述の申立てがあったときは、代理人によってされた意見陳述と重複しない限度でこれを行わせることができます（不基通（国）84－10(注)）。

6　請求人・参加人からの証拠書類等の提出

再調査の請求人又は参加人は、自己の主張を理由付ける証拠書類又は証拠物を提出することができます。この場合において、再調査審理庁が、証拠書類又は証拠物を提出すべき相当の期間を定めたときは、その期間内にこれを提出しなければなりません（通84⑥）。

(注)　「相当の期間」とは、証拠書類又は証拠物を提出するのに通常要する期間をいい、その期間は、証拠書類又は証拠物の量や、入手の難易などの事情に応じて定められるべきものです（不基通（国）84－11）。

7　再調査の請求についての決定等

再調査審理庁としての再調査の請求に対する判断は、決定により、却下、棄却、取消し及び変更を行います（通83）。

```
再調査決定書
①　主文
②　理由
```

再調査決定書による決定

再調査の請求についての決定（再調査決定）は、主文及び理由を記載し、再調査審理庁が記名押印した「**再調査決定書**」によりしなければなりません（通84⑦）。

この決定において、当該再調査の請求に係る処分の全部又は一部を維持する場合、その維持される処分を正当とする理由が明らかにされていなければなりません（通84⑧）。

第10章　不服審査及び訴訟

再調査決定書の内容

却　下	再調査の請求が法定の期間経過後にされたものである場合その他不適法である場合 ―却下の例示― (1)　再調査の請求の対象となった処分が再調査の請求をすることができないものであるとき。 (2)　再調査の請求の対象となった処分が存在しないとき（当該処分が初めから存在しないときのほか、再調査の請求についての決定までに当該処分が消滅したときを含みます。）。 (3)　再調査の請求の対象となった処分が再調査の請求人の権利又は法律上の利益を侵害するものでないとき。 (4)　再調査の請求の対象となった処分について、既に国税不服審判所長の裁決又は再調査審理庁の決定がされているとき。 (5)　再調査の請求が再調査審理庁でない行政機関にされたとき。 (6)　再調査の請求が法定の再調査の請求期間経過後にされたとき（通則法77条第1項ただし書きの「正当な理由」の適用があるときを除きます。）。 (7)　再調査審理庁が相当の期間を定めて補正要求を行った場合において、当該期間内に補正されなかったとき。 （不基通（国）83−1参照）
棄　却	再調査の請求に理由がない場合
取消（全部・一部）	再調査の請求に理由がある場合 （不基通（国）83−2参照）
変　更	再調査の請求が理由がある場合（再調査請求人の不利益に変更することができません。） （不基通（国）83−3参照）

審査請求ができる旨の教示

　再調査審理庁は、再調査決定書（再調査の請求に係る処分の全部を取り消す決定に係るものを除きます。）に、再調査の請求に係る処分につき国税不服審判所長に対して審査請求をすることができる旨（却下の決定である場合にあっては、当該却下の決定が違法な場合に限り審査請求をすることができる旨）及び審査請求期間を記載して、これらを教示しなければなりません（通84⑨）。

再調査決定書謄本の送達等

　再調査決定は、再調査の請求人（当該再調査の請求が処分の相手方以外の者のしたものである場合における処分の全部若しくは一部を取り消し又は変更する決定にあっては、再調査の請求人及び処分の相手方）に再調査決定書の謄本が送達された時に、その効力が生じます（通84⑩）。

　また、再調査審理庁は、再調査決定書の謄本を参加人に送付しなければなりません（通84⑪）。

第3節　再調査の請求

> 証拠書類等の返還

　再調査審理庁は、再調査決定をしたときは、速やかに、上記6により提出された証拠書類又は証拠物をその提出人に返還しなければなりません（通84⑫）。

8　救済手段の教示（3月後の教示）

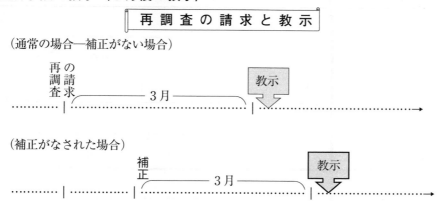

　再調査審理庁は、再調査の請求がなされた日（通則法第81条第3項の規定により不備を補正すべきことを求めた場合にあっては、当該不備が補正された日）の翌日から起算して3月を経過しても当該再調査の請求が係属しているときは、遅滞なく、当該処分について直ちに国税不服審判所長に対して審査請求をすることができる旨を書面で再調査の請求人に教示しなければなりません（通111）。

　なお、再調査の請求人は、この教示の有無にかかわらず、3月経過後は、いつでも審査請求をすることができます。

(注)　「不備を補正した日」とは、通則法第81条第3項《再調査の請求書の補正》の規定による補正要求に対する補正が書面を提出することによりなされた場合には、当該書面が再調査審理庁に到達した日をいいます（不基通（国）75－7）。

第10章　不服審査及び訴訟

（再調査の請求書）

再調査の請求書

(初葉)

①令和＿＿年＿＿月＿＿日

② ＿＿＿＿＿＿＿＿ 税務署長　殿
　　　　　　　　　　　国税局長　殿

再調査の請求人	③ 住所又は所在地（納税地）		郵便番号　－
	④ （フリガナ）氏名又は名称	（　　　　　）　　　　　　　　　印	電話番号（　　）
	⑤ 個人番号又は法人番号		※ 個人番号の記入に当たっては、左端を空欄にしてください。
	⑥は総代表又者	住所又は居所	郵便番号　－
		（フリガナ）氏　　名	（　　　　　）　　　　　　　　　印	電話番号（　　）
⑦代理人	住所又は居所		郵便番号　－
	（フリガナ）氏　　名	（　　　　　）　　　　　　　　　印	電話番号（　　）

下記の処分について不服があるので、再調査の請求をします。

再調査の請求に係る処分の内容〈原処分〉	⑧ 原処分庁	（　　　　）税務署長・（　　　　）国税局長・その他（　　　　　　）		
	⑨ 原処分日等	原処分（下記⑩）の通知書に記載された年月日	平成・令和　　年　　月　　日付	
		原処分（下記⑩）の通知書を受けた年月日	平成・令和　　年　　月　　日	
	⑩ 原処分名等 （「税目」欄及び「原処分名」欄の該当番号をそれぞれ〇で囲み、「対象年分等」欄は、「原処分名」ごとに記載した上で「税目」欄において〇で囲んだ再調査の請求に係る処分の税目の番号を括弧書で記載してください。）	税　目	原　処　分　名	対　象　年　分　等
		1　申告所得税 2　復興特別所得税 3　法人税 4　復興特別法人税 5　地方法人税 6　消費税及び地方消費税 7　相続税 8　贈与税 9（　　　）	1　更　正	
			2　決　定	
			3 加算税　a　過少申告加算税の賦課決定	
			b　無申告　加算税の賦課決定	
			c　重　　加算税の賦課決定	
			4　更正の請求に対する更正すべき理由がない旨の通知	
			5　青色申告の承認の取消し　　　　以後	
			6　その他（　　　　　　　）	
		10　源泉所得税 11　復興特別所得税	7　納税の告知	
			8 加算税　a　不納付加算税の賦課決定	
			b　重　加算税の賦課決定	

※整理欄	通信日付印年月日		整理簿	連絡せん	番号確認	身元確認	確認書類	
	令和　年　月　日 確認印					□ 済 □ 未済	個人番号カード ／ 通知カード・運転免許証 その他（　　　　　）	
	・　・							

※整理欄は、記載しないでください。

(不服1)

― 428 ―

第 3 節　再調査の請求

(次葉)

再調査の請求人の氏名又は名称	

⑪ 再調査の請求の趣旨

★　原処分の取消し又は変更を求める範囲等について、該当する番号を○で囲んでください。

　　1：全部取消し　………　初葉記載の原処分の全部の取消しを求める。

　　2：一部取消し　………　初葉記載の原処分のうち、次の部分の取消しを求める。

　　3：変　更　…………　初葉記載の原処分について、次のとおりの変更を求める。

★　上記番号2の「一部取消し」又は3の「変更」を求める場合には、その範囲等を記載してください。

．．

．．

．．

．．

⑫ 再調査の請求の理由

★　取消し等を求める理由をできるだけ具体的に記載してください。
　　なお、この用紙に書ききれない場合には、適宜の用紙に記載して添付してください。

⑬　添付書類等（★該当番号を○で囲んでください。）	⑭　原処分があったとき以後に納税地の異動があった場合
1：委任状（代理人の権限を証する書類） 2：総代選任書 3：再調査の請求の趣旨及び理由を計数的に説明する資料 4：その他（　　　　　　　　　　　　　　　）	1：原処分をした税務署長又は国税局長 　　⇒（　　　　　　　）税務署長・（　　　　　　）国税局長 2：原処分の際の納税地 　　⇒

⑮　不服申立期間経過後に、再調査の請求をすることとなった理由

※補正欄	補正した日	補正箇所	補正内容

(不服1)

第10章　不服審査及び訴訟

「再調査の請求書」の記載要領

記載欄等	記　載　内　容　等
① 　年　月　日	再調査の請求書の提出年月日を記載します。
② 　税　務　署　長　殿、国税局長殿	再調査の請求書を提出する行政機関の長を記載します。
③ 　住　所　又　は　所在地（納税地）	再調査の請求をしようとする方の住所又は法人の所在地を記載します。住所又は所在地と納税地が異なる場合には、上段に住所又は所在地を、下段に納税地を括弧書で記載します。
④ 　（フ　リ　ガ　ナ）氏名又は名称 ⑤ 　個　人　番　号　又は法人番号 ⑥ 　総　代　又　は　代表者	(1) 　個人の場合には、④欄に氏名を記載し、押印した上で、⑤欄に個人番号を記載します。なお、総代を互選している場合には、⑥欄に総代の住所又は居所及び氏名を記載し、総代の印を押すとともに、総代選任書を添付します。 (2) 　法人の場合には、④欄に名称を、⑤欄に法人番号を、⑥欄に代表者の住所又は居所及び氏名を記載し、代表者の印を押します（④欄に会社印を押す必要はありません。）。 　なお、連結親法人が受けた連結納税に係る更正処分等に対する再調査の請求の場合には、名称の前に「連結親法人」と記載します。 (3) 　氏名又は名称には、フリガナを付けます。 (4) 　再調査の請求書（次葉）の右上の「再調査の請求人の氏名又は名称」欄にも記載します。
⑦ 　代　理　人	代理人が選任されている場合には、その方の住所又は居所若しくは所在地及び氏名又は名称を記載し、代理人の印を押すとともに、委任状を添付します。 　また、氏名又は名称には、フリガナを付けます。
⑧ 　原　処　分　庁	再調査の請求の対象とする更正処分等（原処分）の通知書に表示されている行政機関の長が税務署長又は国税局長の場合には、「（　）税務署長」又は「（　）国税局長」の欄に記載します。それ以外の場合には「その他（　）」に記載します。 　なお、次の点に御注意ください。 (1) 　原処分の通知書に「国税局の職員の調査に基づいて行った」旨の記載がある場合には、その国税局長が原処分庁となりますから「○○国税局長」と記載します。 (2) 　登録免許税の納税告知処分の場合には、「○○税務署長」と記載します。
⑨ 　原　処　分　日　等	(1) 　上段には、「⑩原処分名等」欄に記載する処分の通知書に記載されている年月日を記載します。 (2) 　下段には、「⑩原処分名等」欄に記載する処分の通知書の送達を受けた年月日を記載します。 　なお、処分の通知書の送達を受けていない場合は、処分があったことを知った年月日を記載します。
⑩ 　原　処　分　名　等	(1) 「税目」欄は、再調査の請求に係る処分の税目の番号（税目が複数あれば該当する全ての番号）を○で囲みます。 　なお、番号「1」から「8」まで並びに「10」及び「11」以外の税目等の場合には、番号「9」を○で囲み（　）内に税目等を記載します。 〔税目が「9」の場合の記載例〕 　・徴収関係　　　・酒税　　　　　・印紙税　　　・登録免許税 (2) 「原処分名」欄は、税目ごとに再調査の請求に係る原処分名の番号を○で囲みます。

— 430 —

第3節　再調査の請求

	イ　税目が「1」から「9」の場合で該当する原処分名が掲げられていない場合は、「6その他（　）」の番号を○で囲み（　）内に原処分名を記載します。 〔（　）内の記載例〕 　・不動産の差押え　　　・債権の差押え 　・納税者○○○に係る第二次納税義務の告知 　ロ　「加算税」については、各加算税の種類の記号を○で囲みます。 (3)　「対象年分等」欄は、「原処分名」欄において○で囲んだ原処分名ごとに対象年分、対象月分、対象事業年度、対象課税期間等を記載した上、「税目」欄において○で囲んだ再調査の請求に係る処分の税目の番号を括弧書で記載します。 　なお、対象年分等が複数の場合は、それぞれ記載します。 〔記載例〕 　・申告所得税の場合……平成・令和○年分(1) 　・申告所得税及び復興特別所得税の場合……平成・令和○年分（1、2） 　・平成・令和○年分の申告所得税並びに平成・令和×年分の申告所得税及び復興特別所得税の場合……平成・令和○年分(1)、平成・令和×年分（1、2） 　・源泉所得税の場合……平成・令和○年○月～平成・令和○年○月分（10） 　・源泉所得税及び復興特別所得税の場合……平成・令和○年○月～平成・令和○年○月分（10、11） 　・平成・令和○年○月から平成・令和○年○月までの源泉所得税並びに平成・令和×年×月から平成・令和×年×月までの源泉所得税及び復興特別所得税の場合……平成・令和○年○月～平成・令和○年○月分（10）、平成・令和×年×月分～平成・令和×年×月分（10、11） 　・法人税の場合……平成・令和○年○月○日～平成・令和○年○月○日事業年度分(3) 　・法人税及び復興特別法人税の場合……平成・令和○年○月○日～平成・令和○年○月○日事業年度分（3、4） 　・平成・令和○年分の法人税並びに平成・令和×年分の法人税及び復興特別法人税の場合……平成・令和○年○月○日～平成・令和○年○月○日事業年度分(3)、平成・令和×年×月×日～平成・令和×年×月×日事業年度分（3、4） 　・相続税の場合……平成・令和○年○月○日相続開始(7) 　・消費税及び地方消費税の場合……平成・令和○年○月○日～平成・令和○年○月○日課税期間分(6)
⑪　再調査の請求の趣旨	再調査の請求の対象とする処分の取消し等を求める範囲について、番号「1」から「3」までのうち該当する番号を○で囲み、「2：一部取消し」又は「3：変更」の場合には、その求める範囲を具体的に記載します。 〔記載例〕 ・「2：一部取消し」の場合 　『初葉記載の所得税の平成・令和○年分の更正処分のうち所得金額△△円を超える部分に対応する税額に係る更正処分の取消し及びこれに伴う○○加算税賦課決定処分の取消しを求める。』 ・「3：変更」の場合 　『初葉記載の贈与税の延納条件を2年とする処分を3年へ変更することを求める。』

— 431 —

第10章　不服審査及び訴訟

⑫　再調査の請求の理由	原処分の全部又は一部の取消し等を求める理由をできるだけ具体的に、かつ、明確に記載します。なお、この用紙に書ききれないときは、適宜の用紙に記載して添付します。 〔申告所得税の場合の記載例〕 『　私は、土地家屋を平成・令和〇年〇月〇日に譲渡したので、租税特別措置法第35条第1項の特別控除の規定を適用して所得税の確定申告書を提出したが、A税務署長は、当該規定の適用は認められないとして更正処分等を行った。これは、次のとおり事実を誤認したものである。』 （以下、主張する事実関係を詳しく記載します。） 〔源泉所得税の場合の記載例〕 『　B税務署長は、外注先甲に対する支払が所得税法第183条第1項の給与等に該当するとして源泉所得税の納税告知処分をしたが、この処分は次の理由により法律の適用誤りである。』 （以下、適用誤りとされる理由を詳しく記載します。） 〔相続税の場合の記載例〕 『　私は、相続により取得したゴルフ会員権の価格を〇〇〇円と評価して相続税の申告をしたが、C税務署長はこれを△△△円と評価して更正処分等を行った。しかしながら、これは次のとおり評価を誤ったものである。』 （以下、誤った評価とされる理由を詳しく記載します。） 〔消費税及び地方消費税の場合の記載例〕 『　D税務署長は取引先乙に支払った手数料の金額が、消費税法第30条第1項に規定する仕入税額控除の対象と認められないとして更正処分を行った。しかしながら、この手数料については、次の理由により、仕入税額控除の対象とされるべきである。』 （以下、対象とされるとした理由を詳しく記載します。）
⑬　添付書類等	代理人が選任されている場合の委任状、総代を互選している場合の総代選任書、再調査の請求の趣旨及び理由を計数的に説明する必要から添付する資料がある場合には、それぞれ該当する番号を〇で囲みます。 　また、その他の資料を添付する場合には、番号「4」を〇で囲んだ上、（　）内に添付する書類名を具体的に記載します。
⑭　原処分があったとき以後に納税地の異動があった場合	原処分があったとき以後に納税地の異動があった場合は、再調査の請求の対象とする更正処分等（原処分）の通知書に表示されている行政機関名を記載するとともに、原処分を受けた時の納税地について記載します。
⑮　不服申立期間経過後に、再調査の請求をすることとなった理由	処分の通知書の送達を受けた日（処分の通知書の送達を受けていない場合は、処分があったことを知った日）の翌日から起算して3月を経過した後、又は処分があった日の翌日から起算して1年を経過した後に再調査の請求をすることに正当な理由がある場合には、その理由を記載します。 　なお、正当な理由がないと認められる場合には、再調査の請求は不適法なものとして却下されることとなります。

資料出所：国税庁ホームページ資料一部修正

第4節　審　査　請　求

1　審査請求の概要

　審査請求とは、税務署長等が行った処分に不服がある方が、その処分の取消しや変更を求め国税不服審判所長に対して不服を申し立てる制度です。

　その審査請求には、①審査請求と再調査の請求との選択による**審査請求**、②当初、再調査の請求を選択し、その決定になお不服がある場合の**審査請求**、③再調査の請求後、3月経過してもその決定がない場合に再調査決定を待たずに行う**審査請求**のほか、④「合意によるみなす審査請求」及び⑤「他の審査請求に伴うみなす審査請求」などがあります。

(1)　審査請求

　審査請求は、再調査の請求を経ずに直接行うこともできますし、再調査の請求を行った場合であっても、再調査の請求について決定後の処分になお不服がある場合にも行うことができます。

　なお、国税庁長官が行った処分に不服がある場合は、国税庁長官に対して審査請求を行うことになります。

(2)　審査請求人等

　審査請求は、代理人を選任して行うこともできます（通107①）。

　代理人は、本人との契約に基づき、本人の名で、本人に代わって、自己の意思で行為をし、審査請求人のために、不服申立てに関する一切の行為をすることができます。

　しかしながら、審査請求書の取下げは、手続を終了させる重大な行為であるため、特別な委任がある場合でなければ行うことができません（通107②）。

> 参考　代理人となる資格等
>
> 　　訴訟と異なり、代理人となる資格について、特に制限はありません。税理士、弁護士その他適当と認める者を代理人にすることができます。

(3) 国税不服審判所における審理事務の流れ

　審査請求書が国税不服審判所長に提出された後、国税不服審判所における一般的な審理等の一連の手続として、答弁書の要求、口頭意見陳述、反論書、証拠書類の提出、担当審判官による質問・検査などがあります。

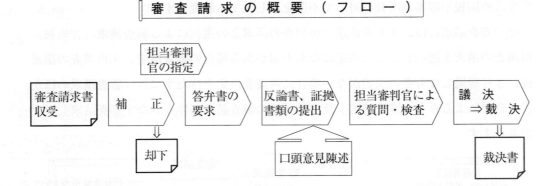

　個々の審査請求についての具体的な審理手続の流れは、個々の事案によって異なりますが、一般的には後記「国税不服審判所における審査請求手続」に掲げるような流れで審理手続が進められます。

　国税不服審判所長は、審査請求書を受理した後、当該審査請求書を原処分庁に送付し、原処分庁からの「答弁書」の提出を求めるとともに、審査請求人や参加人に反論書や意見書の提出を促すことになります。また、これらの主張書面のほか、必要に応じ、主張の裏付けとなる証拠書類等が提出されることになります。

　担当審判官は、これらに基づき、また、必要に応じ意見聴取を行って、争点や証拠を整理し、どのような手続をいつ行うかといった審理の計画を立て、それに沿った口頭意見陳述、物件の提出要求などの手続を行うことになります。

　必要な審理を終えたと判断したときは、担当審判官はその審理手続を終結し、担当審判官及び参加審判官により議決を行い、その議決に基づき裁決を行うことになります。

第4節 審査請求

 国税不服審判所における審査請求手続（一般的な審理の流れ）

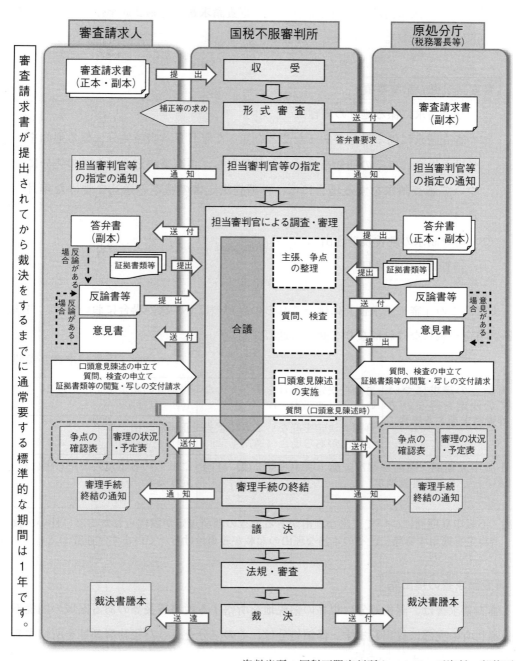

資料出所：国税不服審判所ホームページ資料一部修正

第10章　不服審査及び訴訟

2　審査請求書

　審査請求は、次に掲げる事項を記載した「**審査請求書**」正副２通を提出して行います（通87①、通令32）。

審査請求書の記載事項

> ①　審査請求に係る処分の内容
> ②　審査請求に係る処分があったことを知った年月日（当該処分に係る通知を受けた場合にはその通知を受けた年月日とし、再調査決定を経た後の処分について審査請求をする場合には、再調査決定書の謄本の送達を受けた年月日。）
> ③　審査請求の趣旨及び理由
> ④　審査請求の年月日

　また、この「審査請求書」には、これらの事項のほか、次の場合においては、当該各事項を記載しなければなりません（通87②）。

☞「審査請求書」参照

再調査の請求についての決定を経ないで審査請求をする場合	再調査決定が３月を過ぎてもない場合（通75④一）	再調査の請求をした年月日（（4）　ロ参照）
	再調査決定を経ないことに正当な理由がある場合（通75④二）	正当な理由（（4）　ハ参照）
不服申立期間（通則法第77条第１項から第３項）経過後においてする審査請求	これらの各事項のただし書に規定する正当な理由（（4）　ニ、ホ、ヘ参照）	

㊟　不服申立期間について正当な理由があるときの救済規定が設けられたことに伴い、救済規定を適用する際に、その正当な理由の記載が義務付けられています（通87②三）。

審査請求書の提出先

　審査請求書は、課税処分は現在の納税地を所轄する税務署長等のある区域の国税不服審判所の支部に提出します。滞納処分は、その処分を行った税務署長等を所轄する支部に提出します（通85①）。

　審査請求書は、審査請求に係る処分又は再調査決定を行った税務署長等に対して提出することもできます（通88①）。

— 436 —

第4節 審 査 請 求

(1) 審査請求に係る処分の内容

　審査請求の対象である処分を特定するため、審査請求に係る処分の内容を記載しなければなりません。具体的には、処分庁、処分の日付、処分の名称等のほか、審査請求人が処分の相手方以外の者である場合には、処分の相手方の氏名又は名称を記載し、その処分について再調査決定による一部取消し又は変更があるときは、その旨を記載します。

　再調査決定に不服がある場合であっても、審査請求ができるのは、「再調査決定を受けた後の原処分」であり、再調査審理庁の再調査決定処分そのものについての審査請求は認められず、あくまでも審査請求の対象となる処分は原処分です。

(2) 処分があったことを知った日等

　国税不服審判所長が、審査請求が適法な期間になされたどうかを判断するために、審査請求書に審査請求期間の始期に当たる日を記載します（通87①二）。

　その記載すべき日は、次のとおりです。

再調査決定を経た後に審査請求をする場合	再調査決定書の謄本の送達を受けた年月日
再調査の請求を経ずに、又は再調査決定を経ずに直ちに審査請求をする場合	審査請求をしようとする処分に係る通知を受けているときは、その受けた年月日、通知を受けていないときは、その処分があったことを知った年月日

(3) 審査請求の趣旨及び理由

　審査請求書には、審査請求の趣旨及び理由を記載しなければなりません（通87①三）。

　（審査請求の趣旨）… **審査請求の簡潔な結論**

　　　　　　「審査請求の趣旨」は、処分の取消し又は変更を求める範囲を明らかにするよう記載しなければなりません。

　　　　　　（例示）「更正処分の全部取消しを求める。」

　　　　　　　　　　「更正処分のうち100万円を超える部分の取消しを求める。」

　（審査請求の理由）… **審査請求の趣旨を主張する根拠**

　　　　　　例えば、既に書面で通知されている更正処分の理由に対する審査請求人の主張を明らかにする必要があります。

第10章　不服審査及び訴訟

⑷　その他の記載事項

イ　審査請求の年月日、審査請求人及びその代理人又は総代の住所、氏名及び番号を記載し、これらの者が押印しなければなりません。

ロ　再調査の請求後3月内に再調査の決定がないため、再調査決定を経ないで審査請求をする場合には、その再調査の請求をした年月日を記載しなけれななりません。

ハ　再調査の決定を経ないで審査請求をする場合には、その再調査決定を経ないで審査請求をする「正当な理由」を記載して、それが適法な審査請求である旨を明らかにする必要があります。

ニ　処分があったことを知った日から3月を経過した後に直接審査請求をする場合には、3月を経過してからする「正当な理由」を記載して、それが適法な審査請求である旨を明らかにしなければなりません。

ホ　再調査決定書の謄本の送達があった日から1月を経過した後に審査請求をする場合には、1月を経過してからする「正当な理由」を記載して、それが適法な審査請求である旨を明らかにしなければなりません。

ヘ　処分があった日から1年を経過した後に審査請求をする場合には、1年を経過してからする「正当な理由」を記載して、それが適法な審査請求である旨を明らかにしなければなりません。

⑸　その他の添付書類

イ　計数資料等の添付

　　審査請求人は、審査請求が課税標準などの計数的な争いである場合には、その趣旨及び理由を計数的に説明する資料を添付するように努めなければなりません（通令32①）。

ロ　審査請求書は正副二通（通令32②）

　　審査請求書は、正副二通を提出しなければなりません（通令32②）。

　　なお、e-Taxを利用して審査請求がされた場合は、正副二通提出されたものとみなされます（通令32④）。

ハ　代理人（総代）の権限を証する書面

　　審査請求人が代理人によって審査請求をする場合は、代理人の権限を証する書面を、また、審査請求人が総代を互選した場合は、総代の権限を証する書面を、添付する必要があります（通令32③）。

第 4 節 審 査 請 求

（審査請求書）

正本

収受
日付印

審 査 請 求 書 （初 葉）

［（注）必ず次葉とともに、**正副2通**を所轄の国税不服審判所に提出してください。］

国 税 不 服 審 判 所 長		① 審査請求年月日	令和　　年　　月　　日

	②	住所・所在地 （納税地）	〒　　－	電話番号　　（　　）

審査請求人

③	（ふりがな） 氏名・名称	（　　　　　） ㊞	④ 個人番号又は法人番号		

⑤ 総代又は法人の代表者	住所・所在地	〒　　－	電話番号　　（　　）

| | （ふりがな）
氏名・名称 | （　　　　　） ㊞ | 総代が互選されている場合は、総代の選任届出書を必ず添付してください。 |

代理人

⑥	住所・所在地	〒　　－	電話番号　　（　　）

| | （ふりがな）
氏名・名称 | （　　　　　） ㊞ | 委任状（代理人の選任届出書）を必ず添付してください。 |

⑦ 原処分庁	（　　　）税務署長・（　　　）国税局長・その他（　　　）

⑧ 処分日等	原処分（下記⑨）の通知書に記載された年月日	平成・令和　　年　　月　　日付	更正・決定・加算税の賦課決定などの処分に係る日付であり、再調査の決定に係る日付とは異なりますから御注意ください。
	原処分（下記⑨）の通知を受けた年月日	平成・令和　　年　　月　　日	

⑨ 審査請求に係る処分（原処分）（処分名等（該当する番号を○で囲み、対象年分等は該当処分名ごとに記入してください。））

税 目 等	処 分 名	対象年分等
1 申告所得税（復興特別所得税がある場合には、これを含む。） 2 法人税（復興特別法人税又は地方法人税がある場合には、これを含む。） 3 消費税・地方消費税 4 相続税 5 贈与税	1 更正（更正の請求に対する更正を含む。）	
	2 決定	
	3 青色申告の承認の取消し	
	4 更正の請求に対する更正すべき理由がない旨の通知	
	5 加算税の賦課決定　a 過少申告加算税　b 無申告加算税　c 重加算税	
	6 その他 〔　　　〕	
6 源泉所得税（復興特別所得税がある場合には、これを含む。）	1 納税の告知	
	2 加算税の賦課決定（ a 不納付加算税、b 重加算税 ）	
7 滞納処分等	1 督促〔督促に係る国税の税目：　　　〕	
	2 差押え〔差押えの対象となった財産：　　　〕	
	3 公売等〔a 公売公告、b 最高価申込者の決定、　c 売却決定、d 配当、e その他（　　　）〕	
	4 相続税の延納又は物納〔　a 延納の許可の取消し、b 物納の申請の却下.c その他（　　　）〕	
	5 還付金等の充当	
	6 その他〔　　　〕	
8 その他〔　　　〕		

⑩ 再調査の請求をした場合	再調査の請求年月日：平成・令和　　年　　月　　日付 ◎ 該当する番号を○で囲んでください。 1 再調査の決定あり …………… 再調査決定書の謄本の送達を受けた年月日：平成・令和　　年　　月　　日 2 再調査の決定なし

※ 審判所 整理欄	受 付 態 様 通 信 日 付 郵送等　（　．　．　） ・ 持 参	確認印	整理簿記入	本人確認	番号確認	身元確認 本人　代理人	本 人 確 認 書 類 個人番号カード／通知カード 運転免許証 その他（　　　）

※「審判所整理欄」には記入しないでください。

1号様式（初葉）

第10章　不服審査及び訴訟

審 査 請 求 書 （次 葉）

正本

審査請求人（氏名・名称）

⑪ 審査請求の趣旨	◎ 原処分（再調査の決定を経ている場合にあっては、当該決定後の処分）の取消し又は変更を求める範囲等について、該当する番号を○で囲んでください。 　なお、次の番号2の「一部取消し」又は3の「その他」を求める場合には、その範囲等を記載してください。 　　　1 全部取消し ……… 初葉記載の原処分の全部の取消しを求める。 　　　2 一部取消し ……… 初葉記載の原処分のうち、次の部分の取消しを求める。 　　　3 その他 …………… [　　　　　　　　　　　　　　　　　　　　　　　　　] 　〔一部取消しを求める範囲〕
⑫ 審査請求の理由	◎ 取消し等を求める理由をできるだけ具体的に、かつ、明確に記載してください。
⑬ 正当な理由がある場合	◎ 下記の場合には、原則として審査請求をすることができませんが、「正当な理由」がある場合には審査請求をすることができます。下記に該当する審査請求をされる場合には、「正当な理由」について具体的に記載してください。 　　・ 再調査の請求をした日の翌日から起算して3月を経過していない。 　　・ 原処分があったことを知った日（原処分に係る通知書の送達を受けた場合には、その受けた日）の翌日から起算して3月を経過している。 　　・ 再調査決定書の謄本の送達があった日の翌日から起算して1月を経過している。 　　・ 原処分に係る通知書の送達を受けた場合を除き、原処分があった日の翌日から起算して1年を経過している。 　〔正当な理由〕

| ⑭ 添付書類 | ◎ 添付する書類の番号を○で囲んでください。
　1 委任状（代理人の選任届出書）又は税務代理権限証書
　2 総代の選任届出書
　3 審査請求の趣旨及び理由を計数的に説明する資料
　4 原処分の通知書の写し
　5 再調査決定書の謄本の写し（再調査の決定がある場合）
　6 個人番号確認書類 | 　7 身元確認書類
　8 書類の送達先を代理人とする申出書
　9 その他
　───────────────
　───────────────
　─────────────── |

○ 審査請求書の記載に当たっては、別紙「審査請求書の書き方」を参照してください。
○ この用紙に記載しきれないときは、適宜の用紙に記載して添付してください。
○ 証拠として提出された書類を審査請求書（副本）の添付書類として原処分庁に送付することは行いません。

1号様式（次葉）

第4節　審　査　請　求

「審査請求書」の記載要領

記載欄等	記　載　内　容　等
①　請求年月日	審査請求書の提出年月日を記載します。
②　住所・所在地 　　（納税地）	審査請求をしようとする方の住所（法人の場合は、所在地）又は居所を記載します。 　住所（所在地）又は居所と納税地が異なる場合は、上段に住所（所在地）又は居所を、下段に納税地を括弧書きで記載します。
③　氏名・名称 ④　個人番号又は法人番号 ⑤　総代又は法人の代表者	・　個人の場合には、③欄に氏名を記載し、押印します。 ・　法人の場合には、③欄に名称を、⑤欄に代表者の住所又は居所及び氏名を記載し、代表者の印を押します（③欄に会社印を押す必要はありません。）。 ・　総代が互選されている場合には、⑤欄に総代の住所又は居所及び氏名（総代が法人の場合は所在地及び名称）を記載し、押印します。なお、総代の選任届出書を必ず添付してください。 ・　個人番号の記載に当たっては、左端を空欄にして記載します。
⑥　代理人	・　代理人が選任されている場合には、代理人の住所又は居所及び氏名（税理士法人の場合は、所在地及び名称）を記載し、押印します。 ・　委任状（代理人の選任届出書（税理士の場合には、税務代理権限証書））を必ず添付します。 ・　書類の送達先について、代理人を希望する場合には「書類の送達先を代理人とする」旨の届出を提出します。
⑦　原処分庁	・　審査請求の対象とする更正処分等（原処分）の通知書に表示されている行政機関の長（例えば、「○○税務署長」、「○○国税局長」等）を記載します。 ・　原処分の通知書に、「国税局の職員の調査に基づいて行った」旨の付記がある場合には、その国税局長が原処分庁となりますから「○○国税局長」と記載します。 ・　登録免許税に係る還付通知の請求に対してなされた還付通知をすべき理由がない旨の通知処分の場合には、「その他」欄に「○○法務局○○出張所登記官○○○○」と記載します。
⑧　処分日等	・　上段には、「⑨処分名等」の各欄に記載する処分の通知書に記載されている年月日を記載します。 ・　下段には、「⑨処分名等」の各欄に記載する処分の通知書の送達を受けた年月日を記載します。 　なお、通知を受けていない場合は、処分があったことを知った年月日を記載します。
⑨　処分名等	・　「税目等」の各欄は、審査請求に係る処分の税目等の番号（税目が複数あれば該当する全ての番号）を○で囲みます。なお、番号「1」～「7」以外の場合（例：印紙税、登録免許税）には、番号「8」を○で囲み〔　　〕内に税目等を記載します。 ・　「処分名」の各欄は、税目ごとに審査請求に係る処分名の番号を○で囲みます。なお、該当する処分名が掲げられていない場合は、各欄の「その他」に処分名を記載します。 ・　加算税については、加算税の各欄の番号を○で囲みます。 ・　「滞納処分等」の各欄は、差押え等の滞納処分のほかに、第二次納税義務の告知や延納等国税の徴収に係る処分を記載します。また、「3公売等」及び「4相続税の延納又は物納」については、審査請求の対象となる処分を○で囲むか、又は同欄の「その他」に処分名を記載します。

— 441 —

第10章　不服審査及び訴訟

記載例の「■■」には元号を記載して下さい。以下同じです。	・　「対象年分等」の各欄は、処分名欄で○で囲んだ処分名ごとに対象年分、対象事業年度、対象課税期間、対象月分等を記載します。なお、対象年分等が複数の場合は、それぞれ記載します。 ・　法人税や申告所得税のように複数の年分の処分が存在する場合には、それぞれ税目を記載の後に年分を記載します。 ・　「対象年分等」の各欄に書ききれない場合には、適宜の用紙に記載して添付します。 【記載例】 ・申告所得税の場合……■■○年分 ・法人税の場合……■■○年○月○日～■■○年○月○日事業年度分 　（連結事業年度に係るものの場合……■■○年○月○日～■■○年○月○日連結事業年度分） ・消費税・地方消費税の場合……■■○年○月○日～■■○年○月○日課税期間分 ・相続税の場合……■■○年○月○日相続開始分 ・源泉所得税（及び復興特別所得税）の場合……■■○年○月～■■○年○月分
⑪　審査請求の趣旨	審査請求の対象とする処分の取消し等を求める範囲について、番号「1」～「3」のうち該当する番号を○で囲み、「2　一部取消し」又は「3　その他」の場合には、その求める範囲等を具体的に記載します。 【「2　一部取消し」の場合の記載例】 　『　初葉記載の申告所得税〔及び復興特別所得税〕の■■○年分の更正処分のうち所得金額△△円を超える部分に対応する税額に係る更正処分の取消し及びこれに伴う過少申告加算税の賦課決定処分の取消しを求める。』 【「3　その他」の場合の記載例】 　『　初葉記載の贈与税の延納条件を2年とする処分を3年へ変更することを求める。』
⑫　審査請求の理由	原処分の全部又は一部の取消し等を求める理由をできるだけ具体的に、かつ、明確に記載します。この用紙に書ききれないときは、適宜の用紙に記載して添付します。 【申告所得税の場合の記載例】 　『　私は、土地家屋を■■○年○月○日に譲渡したので、租税特別措置法第35条第1項の特別控除の規定を適用して所得税の確定申告書を提出したが、A税務署長は、当該規定の適用は認められないとして更正処分等を行った。これは、次のとおり事実を誤認したものである。』 　　（以下、主張する事実関係を詳しく記載します。） 【源泉所得税の場合の記載例】 　『　B税務署長は、外注先甲に対する支払が所得税法第183条第1項の給与等に該当するとして源泉所得税の納税告知処分をしたが、この処分は次の理由により法律の適用誤りである。』 　　（以下、適用誤りとされる理由を詳しく記載します。） 【相続税の場合の記載例】 　『　私は、相続により取得したゴルフ会員権の価額を○○円と評価して相続税の申告をしたが、C税務署長はこれを△△円と評価して更正処分等を行った。しかしながら、これは次のとおり評価を誤ったものである。』 　　（以下、誤った評価とされる理由を詳しく記載します。） 【消費税・地方消費税の場合の記載例】 　『　D税務署長は、取引先乙に支払った手数料の金額が、消費税法第

— 442 —

第4節　審　査　請　求

	30条第1項に規定する仕入税額控除の対象と認められないとして更正処分等を行った。しかしながら、この手数料については、次の理由により、仕入税額控除の対象とされるべきである。』 　（以下、対象とされるとした理由を詳しく記載します。） 【滞納処分等の場合の記載例】 『　Ｅ税務署長は、私の所有するＡ町所在の土地を差し押さえた上に、更にＢ町所在の土地についても差押えを行ったが、次の理由により、Ｂ町所在の土地に対する差押処分は違法である。』 　（以下、違法であるとした理由を詳しく記載します。）
⑬　正当な理由がある場合	不服申立期間（直接審査請求をする場合には処分があったことを知った日（処分に係る通知の送達を受けた場合には、その受けた日）の翌日から起算して3か月。再調査の請求を行った場合には再調査決定書の謄本の送達があった日の翌日から起算して1か月。）を経過した場合には、原則として審査請求をすることができませんが、「正当な理由」がある場合にはその限りではありません。 　不服申立期間を経過した後に審査請求をする場合においては、その理由をできるだけ具体的に、かつ、明確に記載してください。この用紙に書ききれないときは、適宜の用紙に記載して添付します。 【記載例】 『　私は、○○税務署長から■■□年□月□日に、■■○年4月1日〜■■△年3月31日事業年度の法人税の更正の通知書を受領したが、その処分通知には行政不服審査法第82条に基づく不服申立てに係る教示がされておらず、他の方法でも審査請求期間を知ることができなかったことから、審査請求期間内に審査請求を行うことができませんでした。』
⑭　添付書類	添付書類については、審査請求書とともに添付する書類の番号を○で囲みます。 1　委任状（代理人の選任届出書）又は税務代理権限証書 　代理人が選任されている場合には、委任状（代理人の選任届出書（税理士の場合には、税務代理権限証書））の添付が必要です。 　なお、納税管理人を代理人として審査請求をする場合にも、委任状が必要です。 2　総代の選任届出書 　総代が互選されている場合には、総代の選任届出書の添付が必要です。 3　審査請求の趣旨及び理由を計数的に説明する資料 　審査請求の趣旨及び理由を計数的に説明する必要がある場合には、その資料を添付します。 4　「原処分の通知書」及び「再調査決定書の謄本」（再調査の決定がある場合）の写しをなるべく添付します。 5　個人番号確認書類及び身元確認書類 　郵送にて提出する場合には、必ず個人番号確認書類（例、個人番号カード、通知カード）及び身元確認書類（例、個人番号カード、運転免許証）の写しを添付します。 6　書類の送達先を代理人とする申出書 　代理人が選任されている場合でも、原則として、国税不服審判所からの書類は審査請求人（本人）に送付しておりますが、当該書類の送達先も代理人を希望される場合には、「代理人の選任届出書」にその旨を記載するか、「書類の送達先を代理人とする申出書」の提出が必要となります。

資料出所：国税不服審判所ホームページ資料一部修正

3　審査請求書の補正

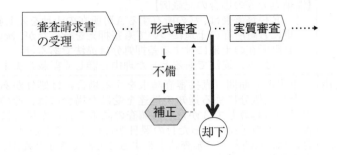

> 審査請求書の形式審査

　審査請求書が提出された場合、国税不服審判所長は、まずその審査請求書が法律に定める記載事項等に従っているかどうかを形式的に審査します。これを「**形式審査**」といいます。

　審査請求書がこの形式要件を具備しているときは、原処分庁からの答弁書の提出をまって通則法第94条以下の実質審査が行われ、形式要件を具備していないときは、その不備が補正可能であれば**補正要求**がなされ、補正が不可能であれば「却下」されることになります。

> 補正要求

　国税不服審判所長は、審査請求書が通則法第87条《審査請求書の記載事項等》又は第124条《書類提出者の氏名、住所及び番号の記載等》の規定に違反している場合には、相当の期間を定め、その期間内に不備を補正すべきことを求めなければなりません。

　なお、審査請求書の記載事項等の不備が軽微なものであるときは、国税不服審判所長は、職権で補正することができます（通91①）。

> 補　正

　補正の方法としては、①**通常の方式による補正**、②**職権による補正**、③**口頭による補正**があります。

　補正が求められた期間内に不備が補正されたときは、はじめから適法な審査請求がされたものと取り扱われます。

第4節 審査請求

☞ 第3節「3 再調査の請求書の補正」参照

4 審査手続を経ないでする却下裁決

審理手続を経ないで却下裁決 …… ① 補正命令に応じない場合
② 不適法であって補正が不可能であることが明らかな場合

(1) 補正命令に応じない場合

　審査請求書の補正を求められた場合において、審査請求人が定められた期間内に不備を補正しないときは、国税不服審判所長は、通則法第92条の2《審理手続の計画的進行》から第97条の4《審理手続の終結》までに定める審理手続を経ないで、同法第98条第1項《裁決》の規定に基づき、裁決で、当該審査請求を「却下」することができます（通92①）。

(2) 不適法であって補正が不可能である場合

　審査請求が不適法であって補正することができないことが明らかなときも、審理手続を経ないで却下することができます（通92②）。

参考　不適法であって補正することができないとき

　　「不適法であって補正することができないことが明らかなとき」とは、例えば、次のようなときをいいます（不基通（審）92-2）。

― 445 ―

第10章　不服審査及び訴訟

補正することができないことが明らかなとき

① 審査請求の対象が処分でないとき。
② 審査請求の対象となった処分が審査請求をすることができないものであるとき。
③ 審査請求の対象となった処分が存在しないとき。
④ 審査請求の対象となった処分が審査請求人の権利又は法律上の利益を侵害するものでないことが明らかなとき。
⑤ 審査請求の対象となった処分について、既に国税不服審判所長の裁決（却下の裁決を除きます。）がされているとき。
⑥ 審査請求人が行った再調査の請求が不適法であるとき。
⑦ 審査請求が法定の審査請求期間経過後にされたことについて<u>正当な理由</u>がないことが明らかなとき。
⑧ 審査請求の対象となった処分について、審査請求人が直接自己の権利又は法律上の利益を侵害された者でないことが明らかなとき。

(注)　審査請求期間を徒過したことの「正当な理由」（上記⑦）としては、行政不服審査法第82条に基づく教示がされず、又は誤って長期の審査請求期間が教示され、審査請求人が他の方法でも審査請求期間を知ることができなかったような場合などがあります。

5　審理手続の計画的進行

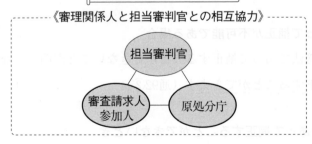

　審査請求人、参加人及び原処分庁（以下「**審理関係人**」といいます。）並びに担当審判官には、簡易・迅速かつ公正な審理の実現のため、その審理において相互に協力するともに、審理手続の<u>計画的な進行</u>を図る責務が求められます（通92の2）。

　ここにいう「計画的な進行」とは、審理の対象となる争点を明確にし、計画的な審理を進めることをいい、担当審判官は計画的な進行を図り、また、審理関係人はこれに協力することが求められます。

6　担当審判官等の指定等

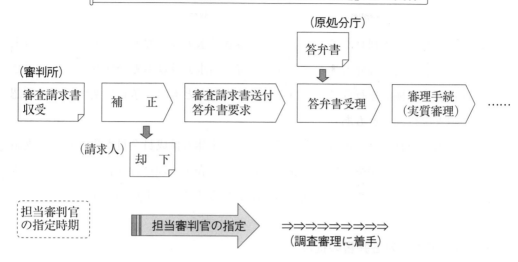

担当審判官等の指定

　国税不服審判所長は、審査請求に係る事件の調査及び審理を行わせるため、担当審判官1名及び参加審判官2名以上を指定します（通94①）。
　担当審判官が指定されると実質審理が開始されます。
　担当審判官等の指定時期については、審理の迅速化の観点から、担当審判官が早期に調査審理に着手することができるよう整備されています。
　なお、担当審判官を指定したときは、遅滞なく、審査請求人及び参加人にその氏名及び所属を通知しなければなりません（通令33）。

担当審判官の除斥事由

　国税不服審判所において実質審理を行う担当審判官及び参加審判官について、除斥事由が規定されています。具体的には、国税不服審判所長が指定する担当審判官及び参加審判官は、次に掲げる者以外の者でなければなりません（通94②）。

① 審査請求に係る処分又は当該処分に係る再調査の請求についての決定に関与した者
② 審査請求人
③ 審査請求人の配偶者、4親等内の親族又は同居の親族
④ 審査請求人の代理人
⑤ 上記③、④に掲げる者であった者
⑥ 審査請求人の後見人、後見監督人、保佐人、保佐監督人、補助人又は補助監督人
⑦ 通則法第109条第1項に規定する利害関係人

第10章　不服審査及び訴訟

> 担当審判官の役割

　担当審判官や参加審判官は、争点に主眼を置いて、原処分が適法かどうかを十分に議論して審理します。

　そのために、担当審判官や参加審判官は、審査請求人及び原処分庁のそれぞれの主張を、審査請求書及び答弁書等から整理し、審査請求人及び原処分庁双方から提出された証拠書類等の検討を行うほか、自ら又は分担者とともに、争点に関する事実確認に必要な調査を行うこともあります。

　また、担当審判官及び参加審判官で構成する合議体の構成員全員が集まり、審査請求人及び原処分庁の主張や証拠書類等について、調査・審理を行う合議を開催し、十分な調査・審理を尽くした上で、裁決の基礎となる「議決」を行います。

7　原処分庁からの答弁書の提出

　審査請求書が提出されると、国税不服審判所長は、原処分庁に対し、審査請求書の「副本」を送付し、意見を求めます。

　原処分庁は、この国税不服審判所長からの求めに対応して、原処分の適法性についての主張を記載した書類（この書類を「**答弁書**」といいます。）を正本1通と、審査請求人及び参加人に送付すべき数に相当する通数の副本を提出します。

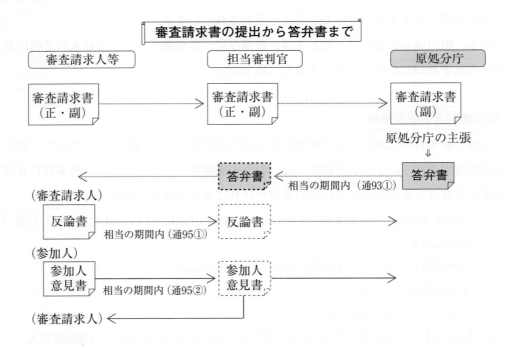

審査請求書の提出から答弁書まで

― 448 ―

第4節 審 査 請 求

| 原処分庁の主張 | ……… | 答弁書 |

「**答弁書**」とは、原処分庁が審査請求書記載の審査請求の趣旨及び理由に対応して、原処分庁の主張を記載した書面です。具体的には、審査請求の趣旨に応じて、いかなる種類の裁決を求めているか明らかにするとともに、審査請求の理由により特定された事項に対して、原処分の適法性について具体的に記載することになっています。

審査請求人は、これにより、審査請求人の主張に対する原処分庁の主張を知ることができます。

(注) **答弁書の記載程度**

答弁書に記載すべき原処分庁の主張については、審査請求の趣旨に対応して、いかなる態様の裁決を求めるかを明らかにするとともに、審査請求の理由により特定された事項に対応して、原処分庁の主張を具体的に記載するものとする。この場合において、審査請求の理由の内容及びその程度が再調査の請求の理由と同様であり、原処分庁の主張も再調査決定書に記載した決定の理由と同様であるときは、その決定の理由を引用する方法によりその主張を記載しても差し支えありません（不基通（国）93-1）。

8 請求人・参加人からの反論書・参加人意見書の提出

| 請求人等の主張 | ……… | 反論書 | 参加人意見書 |

審査請求人は、原処分庁から送付された答弁書に対して、審査請求人の主張を記載した「**反論書**」を提出することができます。この場合において、担当審判官からその提出すべき相当の期間を定めたときは、その期間内に提出しなければなりません（通95①）。

参加人は、審査請求に係る事件に関する意見を記載した書面（以下「**参加人意見書**」といいます。）を提出することができます。この場合において、担当審判官が参加人意見書を提出すべき相当の期間を定めたときは、参加人はその期間内にこれを提出しなければなりません（通95②）。

(注)1 「参加人」とは、①国税不服審判所長等の許可を得て、当該不服申立てに参加する利害関係人及び②国税不服審判所長等の求めに応じて、当該不服申立てに参加する利害関係人をいいます（通109①②）。ここにいう「利害関係人」とは、不服申立人以外の者であって不服申立てに係る処分の根拠となる法令に照らし当該処分につき利害関係を有するものと認められる者をいい、例えば、抵当権の目的となっている財産を差し押さえた場合の当該抵当権者、公売財産の買受人などがあげられます。
2 参加人については、通則法において、審査請求人、原処分庁とともに「審理関係人」（通92の2）として位置付けられているため、各手続規定に明記することとされています。

— 449 —

「相当の期間」

　「相当の期間」とは、反論書又は参加人意見書を作成するのに通常要する期間をいい、その期間は、審査請求の対象とされた処分の内容や、審査請求人又は参加人の事情などに応じて定められるもので（不基通（審）95－1）、通常の郵送等に必要な期間及び事案の難易等を考慮して定められると考えられます。

 反論書等の送付

　担当審判官は、審査請求人から反論書の提出があったときはこれを参加人及び原処分庁に、参加人から参加人意見書の提出があったときはこれを審査請求人及び原処分庁に、それぞれ送付しなければなりません（通95③）。

 答弁書以外にも原処分庁から書面が提出される場合 …… 意見書

　原処分庁は、この反論書に対して意見がある場合には、「**意見書**」を提出することができます。国税不服審判所は、原処分庁から意見書が提出された場合には、その写しを審査請求人に送付します。

9　口頭意見陳述

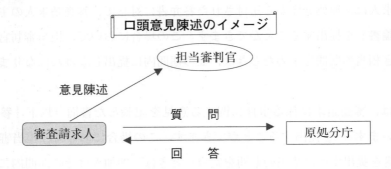

（国税不服審判所ホームページより）

 口頭意見陳述の申立て

　審査請求人又は参加人の申立てがあった場合には、担当審判官は、当該申立てをした者に口頭で審査請求に係る事件に関する意見を述べる機会を与えなければなりません（通95の2①）。ただし、その申立人の所在その他の事情により当該意見を述べる機会を与えることが困難であると認められる場合には、この限りではありません。

第4節 審 査 請 求

（通95の２③による84①ただし書の準用）。この意見の陳述を「**口頭意見陳述**」といいます。

　なお、この口頭意見陳述は、審理関係人等の申立てを要件とするものであり、担当審判官が職権で行うことはできません。

　具体的な口頭意見陳述に関する手続は、次のとおりです。

☞「口頭意見陳述の申立書」参照

申立人の質問（発問権）

　「口頭意見陳述」を申し立てた者は、担当審判官の許可を得て、審査請求に係る事件に関し、原処分庁に対して、質問を発することができます（**発問権**）（通95の２②）。

　この発問権は、審査請求の審理の対象である処分の違法又は不当の判断のために必要な事項に関しての質問は認められるが、それ以外の審理に不必要な質問は認められないと解されています。

　したがって担当審判官は、例えば、申立人の行う質問が審査請求に係る事件に関係のない事項にわたる場合や、既にされた質問の繰り返しに過ぎない場合その他口頭意見陳述の円滑な遂行を阻害するおそれがある場合を除き、原則として、通則法第95条の２第２項の規定による申立人の質問を許可することとしています（不基通（審）95の２－４）。

　また、申立人の質問に対しては、原処分庁は、回答に確認を要するなどの事情がある場合を除き、口頭意見陳述の場において適切に回答することが求められています（不基通（国）95の２－１）。

㊟　この発問権の規定は、対審的構造を採らない再調査の請求における口頭意見陳述にはない規定ですが、審査請求においては、審査請求人の発問権を担保する観点から、原処分庁の出席を前提として設けられています。

審理関係人等の招集等

　口頭意見陳述は、担当審判官が期日及び場所を指定し、全ての審理関係人を招集してさせることになります（通95の２③による84②の準用）。

　この口頭意見陳述において、申立人は、担当審判官の許可を得て、**補佐人**とともに出頭することができます（通95の２③による84③の準用）。

　口頭意見陳述において、担当審判官は、申立人のする陳述が事件に関係のない事項にわたる場合その他相当でない場合には、これを制限することができます（通95の２③による84⑤の準用）。

— 451 —

第10章　不服審査及び訴訟

　なお、審査請求においても再調査請求の場合と同様、担当審判官は、令和３年１月
１日以後、口頭意見陳述における審理を行う場合、遠隔地に居住する審査請求人等
（原処分庁を含みます。）があるときその他相当を認めるときは、テレビ会議システム
によって審理を行うことができることとされました（通令33の３）。

参考　補佐人

　　　「補佐人」とは、申立人に付き添って口頭意見陳述の期日に出頭し、その陳述を補
　　佐する者をいいます（不基通（審）95の２－５）。
　　　申立人から口頭意見陳述の際、補佐人を帯同したい旨の申請があったときは、担
　　当審判官は速やかにその許否を決定します（不基通（審）95の２－６）。
　　　また、補佐人の帯同は、申立人が十分に意見陳述を行うことができるよう専門的
　　知識をもってその意見陳述を補佐させる趣旨の制度であるから、担当審判官は、こ
　　の趣旨に従って許否を決定します。
　　　なお、許可を与えた場合にも、必要に応じてその許可を取り消すことができます
　　（不基通（審）95の２－７）。

口頭意見陳述における制限

　再調査の請求に係る規定（通84⑤）と同様、審査請求における口頭意見陳述におい
ても次のように規定が整備されています。

　①　申立人の所在その他の事情により口頭意見陳述の機会を与えることが困難で
　　ある場合の例外（通95の２③、84①）
　②　口頭意見陳述の期日及び場所の指定（通95の２③、84②）
　③　事件に関係ない事項にわたる場合その他相当でない場合の口頭意見陳述の制
　　限（通95の２③、84⑤）

（注）１　上記①にいう「申立人の所在その他の事情」とは、例えば、申立人が矯正施設に収
　　　容されていて相当の期間出所の見込みがない場合など、申立人が担当審判官の指定し
　　　た期日及び場所に出頭して口頭で意見を述べることが困難であると認められる事情を
　　　いいます（不基通（審）95の２－２）。
　　２　上記③にいう「その他相当でない場合」とは、例えば、申立人の行う意見陳述が既
　　　にされた陳述の繰り返しにすぎない場合その他その発言が口頭意見陳述の趣旨、目的
　　　に沿わないと認められる場合がこれに当たります（不基通（審）95の２－３）。

－ 452 －

第4節 審査請求

（口頭意見陳述の申立書）

令和　　年　　月　　日

口頭意見陳述の申立書

　　　　　　国税不服審判所
　担当審判官　　　　　　　

審査請求人（参加人）
（住所・所在地）〒　　―

（ふりがな）（　　　　　　　　　　　　　　）
（氏名・名称）　　　　　　　　　　　　　　㊞

（法人の場合、法人番号）

（法人の場合、代表者の住所）〒　　―

（法人の場合、代表者の氏名、ふりがな）
（　　　　　　　　　　　　　　）
　　　　　　　　　　　　　　　㊞

代理人
（住所・所在地）〒　　―

（ふりがな）（　　　　　　　　　　　　　　）
（氏名・名称）　　　　　　　　　　　　　　㊞

　平成
　　　　　年　　月　　日に収受された審査請求書に係る事件について、国税通則法第
　令和
95条の2の規定に基づき、口頭で意見を述べる機会を設けるよう申し立てます。
　なお、原処分庁に対する質問の有無等については、下記のとおりです。

記

1　原処分庁に対する質問の有無
　□　有　※ 原処分庁への質問を希望される方は、事前に質問事項の提出をお願いします。
　□　無
2　原処分庁職員の出席（上記1で「無」を選択した場合）
　□　出席を希望する
　□　出席を希望しない

※　国税通則法第109条に規定する参加人がこの申立てを行う場合には、次の欄に審査請求人の氏名等を記載してください。
　（住所・所在地）　　　　　　　　　　　　　　　　　　　　　　
　（氏名・名称）　　　　　　　　　　　　　　　　　　　　　　

14号様式

第10章　不服審査及び訴訟

10　審査関係人からの証拠書類等の提出

審査請求人又は参加人 ………証拠書類又は証拠物
原処分庁 …………………………当該処分の理由となる事実を証する書面等

証拠

　審査請求人又は参加人は、自己の主張を理由付け、又は原処分等の主張を否定する**証拠書類又は証拠物**を提出することができます（通96①）。また、原処分庁は、当該処分の理由となる事実を証する書面その他の物件を提出することができます（通96②）。

　この場合において、担当審判官が、証拠書類若しくは証拠物又は書類その他の物件を提出すべき相当の期間を定めたときは、その期間内にこれを提出しなければなりません（通96③）。

　なお、証拠書類等が相当の期間内に提出されないことから、担当審判官が更に一定の期間を示して証拠書類等の提出を求めたにもかかわらず、これに応じなかったときは、担当審判官は審理手続を終結することができます（通97の4②一）。

☞「14　審理手続の終結」参照

参考　証拠

　「証拠」とは、自らの主張を根拠付ける事実が存在することを明らかにするものです。例えば、契約書、帳簿等の文書は、その記載されている内容が証拠となりますし、その文書の物理的な形状や筆跡・印影も証拠となることがあります。

　また、担当審判官等からの質問に対して、審査請求人や原処分庁に所属する担当者等が話した内容（これらを「答述」ということがあります。）も証拠となります。

参考　相当の期間

　「相当の期間」とは、証拠書類等を提出するのに通常要する期間をいい、その期間は証拠書類等の量や、入手の難易などの事情に応じて定めることとしています（不基通（審）96-1）。

証拠の提出

　自己の主張を裏付けるための証拠書類等は、担当審判官宛に提出することができます。この証拠書類等は、担当審判官が審理手続を終結するまでの間提出することができますが、担当審判官が証拠書類等の提出期間を定めたときは、その期間内に提出することとなります。

― 454 ―

第4節 審 査 請 求

11 審理のための質問、検査等

担当審判官による調査・審理

担当審判官等は、争点を整理するために必要があるときは証拠書類等を収集するために質問、検査、帳簿書類等の提出要求等を行います（これを「**調査**」といいます。）。

また、担当審判官等は、争点を中心として、事実関係、法律関係を明確にし、検討していきます（これを「**審理**」といいます。）。

(注) 担当審判官等が行う「実質審理」は、審査請求人の申立てに係る原処分について、その全体の当否を判断するために行うものですが、その実施に当たっては、審査請求人及び原処分庁双方の主張により明らかとなった争点に主眼を置いて効率的に行うこととしています（不基通（審）97－1）。

質問検査等

担当審判官等は、審理を行うために必要があると判断したときは、審査請求人若しくは原処分庁の申立てにより、又は職権で調査を行います。具体的には、次に掲げる行為を調査として行います（通97①）。

また、国税審判官、国税副審判官その他の国税不服審判所の職員は、担当審判官の嘱託により、又はその命を受け、下記の①又は③の行為をすることができます（通97②）。

① 審査請求人若しくは原処分庁又は関係人その他の参考人に**質問**すること

② 上記①に規定する者の帳簿書類その他の物件につき、その所有者、所持者若しくは保管者に対し、相当の期間を定めて、当該物件の提出を求め、又はこれらの者が提出した物件を**留め置**くこと

③ 上記①に規定する者の帳簿書類その他の物件を**検査**すること

④ 鑑定人に**鑑定**させること

(注)1 上記②の「相当の期間」とは、帳簿書類等を提出するのに通常要する期間をいい、その期間は、帳簿書類等の量や、帳簿書類等の所有者、所持者又は保管者の事情などに応じて定められます（不基通（審）97－3）。
　　また、上記②により提出された帳簿書類等が担当審判官に留置されている場合において、留置の必要がなくなったと認められるものは速やかに返還することとしています（不基通（審）97－4）。
　2 上記③にいう「その他の物件を検査すること」には、土地、建物その他の物件の存在する場所に赴いてその状況を確認することも含まれます（不基通（審）97－5）。
　3 担当審判官は、審理関係人の申立てについて、審理に必要がないと認めるときは当該申立てを採用しないことができ、なお、担当審判官は、当該申立てに対する判断を示します（不基通（審）97－2）。

— 455 —

第10章　不服審査及び訴訟

 1　「国税不服審判所の調査」と「原処分庁の調査」との相違点

　　　原処分庁の職員が原処分に先んじて行った調査は、納税者の申告内容を帳簿などで確認し、申告内容に誤りがあれば是正を求めるものです。
　　　一方、担当審判官など国税不服審判所の職員が行う調査は、原処分が適法であるか否か審理するために行うものです。
　　　したがって、国税不服審判所の職員が行う調査は、原処分庁の職員が行う調査とはその目的が異なります。
　2　各税法の質問検査権との関係
　　　通則法第74条の2の規定は、国税不服審判所の職員には適用されません。これらの各税法に関する調査に係る質問検査権に関する規定は、それぞれの国税に関する質問検査権についての一般的規定であって、通則法第97条の調査権限は、審査請求事件の審理に関する特別規定です。

原処分庁等からの申立て

　担当審判官の職権調査については、これまで、審査請求人又は参加人の申立てにより、又は職権で、質問、検査等の行為をすることができるとされていましたが、平成26年6月の改正において、審査請求人又は参加人に加え、原処分庁も申立てができることとされました（通97①）。

　これは、原処分庁にも証拠書類等の閲覧等の請求ができることを明文化（通97の3①）するのと同様に、より当事者間の審理の公平を確保する等の観点から、審理関係人（当事者）たる原処分庁にも担当審判官等による職権調査を求めることができるよう整備することとされたものです。

(注)　上記の原処分庁からの担当審判官による職権調査の申立ての規定は、行政不服審査法に準拠するものではなく、通則法独自の定めによるものです。

☞「質問、検査等を求める旨の申立書」参照

調査に応じない場合の対応

　国税不服審判所長は、審査請求人等が正当な理由なく、質問、提出要求又は検査に応じないため、その主張の基礎を明らかにすることが著しく困難となった場合には、その部分に係る主張を採用しないことができます（通97④）。

— 456 —

　　　　　　　第4節　審　査　請　求

（質問、検査等を求める旨の申立書）

　　　　　　　　　　　　　　　　　　　　令和　　年　　月　　日

質問、検査等を求める旨の申立書

_____国税不服審判所
　担当審判官 _____

　　　　　　　　　　　　審理関係人（審査請求人、参加人、原処分庁）
　　　　　　　　　　　　（住所・所在地）〒　　　－

　　　　　　　　　　　　（ふりがな）（　　　　　　　　　　　　　　）
　　　　　　　　　　　　（氏名・名称）　　　　　　　　　　　　　　㊞
　　　　　　　　　　　　（法人の場合、法人番号）
　　　　　　　　　　　　（法人の場合、代表者の住所）〒　　　－

　　　　　　　　　　　　（法人の場合、代表者の氏名、ふりがな）
　　　　　　　　　　　　　　　　（　　　　　　　　　　　　）
　　　　　　　　　　　　　　　　　　　　　　　　　　　　㊞

　　　　　　　　　　　　代理人
　　　　　　　　　　　　（住所・所在地）〒　　　－

　　　　　　　　　　　　（ふりがな）（　　　　　　　　　　　　　　）
　　　　　　　　　　　　（氏名・名称）　　　　　　　　　　　　　　㊞

　　国税通則法第97条第1項第1号から第4号までに掲げる行為のうち、下記を求める旨申し
立てます。

　　　　　　　　　　　　　　　　記

　求める行為（具体的な内容を記載してください。）

```

```

　※　原処分庁又は国税通則法第109条に規定する参加人がこの申立てを行う場合には、次の欄に審査
　　請求人の氏名等を記載してください。

　　　（住所・所在地）_____

　　　（氏名・名称）_____

　　　　　　　　　　　　　　　　　　　　　　　　　17号様式

審判所整理欄※
番号確認

※審判所整理欄は記入
　しないでください

— 457 —

第10章　不服審査及び訴訟

12　審理手続の計画的遂行

審理関係者の招集等

　担当審判官は、審査請求に係る事件について、審理すべき事項が多数であり又は錯綜しているなど事件が複雑であることその他の事情により、迅速かつ公正な審理を行うため、通則法第95条の2《口頭意見陳述》から第97条第1項《審理のための質問、検査等》までに定める審理手続を計画的に遂行する必要があると認める場合には、期日及び場所を指定して、審理関係人を招集し、あらかじめ、これらの審理手続の申立てに関する意見の聴取を行うことができます（通97の2①、不基通（審）97の2-1）。

　なお、審理関係人が遠隔の地に居住している場合その他相当と認める場合には、電話等（通話者及び通話先の場所を確認したところにより、音声の送受信により通信することができる方法）により、意見の聴取を行うことができます（通97の2②、通令35）。ここにいう「その他相当と認める場合」とは、電話による意見聴取することが適切と担当審判官が認める上記以外の場合をいい、例えば、遠隔の地ではない場合であっても審理関係人が出頭を望まない場合や、担当審判官が審査請求人若しくは参加人又は原処分庁と一対一で通話をすることにより目的を達することができる場合がこれに当たると考えられます。

（注）　「審理手続の計画的遂行が必要であると認められる場合」
　　審理手続を計画的に遂行する必要があると認める場合とは、例えば、次のような事件で、審理手続に要する期間が長期間に及ぶことが見込まれる場合をいいます（不基通（審）97の2-1）。
　　(1)　争点が多数ある事件
　　(2)　事実関係が錯綜している事件
　　(3)　審理関係人から提出された証拠書類等が膨大にある事件
　　(4)　証拠又は資料の収集やその検討に時間を要する事件

審理手続の終結の予定時期の決定

　担当審判官は、上記の意見聴取を行ったときは、遅滞なく、審理手続の期日及び場所並びに審理手続の終結の予定時期を決定し、審理関係人に通知することとされています（通97の2③）。

　なお、審理手続の終結の予定時期は、あくまでも「予定」あるから、当該予定時期に審理手続を終結しなければならない義務が担当審判官に課せられるわけではありません。

第4節 審査請求

> 進行状況予定表

担当審判官は、審査請求人と連絡又は面談後、審理の状況に応じて適時に、「審理の状況・予定表」を送付し、審査請求の進行状況等をお知らせすることとしています。

「審理の状況・予定表」には、答弁書などの書類の提出状況、その時点での争点、調査・審理の状況、今後の予定等を記載していますので、これにより、審査請求人は、審査請求の進行状況等を確認することができます。

なお、「審理の状況・予定表」は、審査請求の内容、調査・審理の状況等によっては、送付しないこともありますが、その場合には電話等で審査請求の進行状況等を説明することとしています。

13 審理関係人による物件の閲覧等

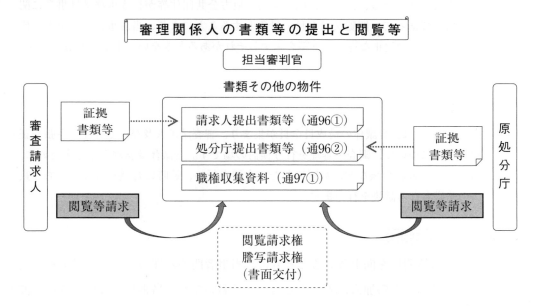

(1) 証拠書類等の閲覧等

審理関係人は、審理手続が終結するまでの間、担当審判官に対し、通則法第96条第1項若しくは第2項《証拠書類等の提出》又は第97条第1項第2号《審理のための質問、検査等》の規定により提出された書類その他の物件の閲覧（電磁的記録にあっては、記録された事項を財務省令で定めるところにより表示したものの閲覧）又は当該書類の写し若しくは当該電磁的記録に記録された事項を記載した書面の交付を求めることができます。この場合において、担当審判官は、第三者の利益を害するおそれがあると認めるとき、その他正当な理由があるときでなければ、その閲覧又は交付を拒

むことができません（通97の3①）。

また、担当審判官は、上記の閲覧について、日時及び場所を指定することができます（通97の3③）。

 「審理手続が終結するまでの間」とは、通則法第94条第1項《担当審判官等の指定》の規定により担当審判官が指定された時から同法第97条の4第1項又は第2項《審理手続の終結》の規定により審理手続を終結した時までをいいます（不基通（審）97の3－1）。

 「第三者の利益を害するおそれがあると認めるとき」とは、例えば、通則法第97条の3条1項の規定による閲覧又は交付を求める者以外の者の権利、競争上の地位その他正当な利益を害するおそれがあるときをいい、また、同項の「その他正当な理由があるとき」とは、例えば、国の機関、地方公共団体等が行う事務又は事業に関する情報であって、閲覧又は交付の対象とすることにより、当該事務又は事業の性質上、それらの適正な遂行に支障を来すおそれがあるときをいいます（不基通（審）97の3－2）。

参考　「合議」

「合議」とは、合議体の構成員全員が集まり、審査請求人及び原処分庁の主張や証拠書類等について、調査・審理を行う検討の場です。合議体は審理を尽くすために、当初合議や最終合議など、数回にわたり合議を行い、適時に合議を行ったのち、裁決の基礎となる議決を行います。

原処分庁の閲覧請求権

審理手続の透明性を向上させるとともに、当事者間の審理の公平を確保する観点から、審査請求人と参加人に限らず原処分庁においても担当審判官に提出された書類その他の物件の閲覧又は当該書類の写し等の交付を請求できることが確認的に規定されています（通97の3①）。

㊟　この規定は、原処分庁からの担当審判官による職権調査の申立て（通97①）と同様、行政不服審査法に準拠するものではなく、通則法独自のものです。

担当審判官が所持する証拠書類等

原処分庁を含む審理関係人が、担当審判官に対し、担当審判官が所持する証拠書類等（職権収集資料を含みます。（通97①二））の閲覧又は写し等の交付を求めることができることとされています。

第4節　審査請求

(2) 閲覧・写しの交付請求手続

【書類等の提出人の意見の聴取】

担当審判官は、上記(1)による閲覧をさせ、又は交付をしようとするときは、当該閲覧又は交付に係る書類その他の物件の提出人の意見を聴かなければなりません。ただし、担当審判官が、その必要がないと認めるときは、この限りでありません（通97の3②）。

これは、担当審判官が閲覧をさせ、又は写し等の交付をしようとするときは、その閲覧等の可否について適切に判断することができるようにするため、物件の提出人の意見を聴くこととされています。

「必要がないと認めるとき」とは、提出人の意見を聴くまでもなく、担当審判官が閲覧又は交付の求めに対する判断が可能であるときをいい、例えば、次に掲げるようなときをいいます（不基通（審）97の3－3）。
　① 公になっている情報と判断できるとき。
　② 明らかに不基通（審）97の3－2に該当すると判断できるとき。

☞「閲覧等の請求書」参照

【閲覧に伴う手数料】

上記の交付を受ける審査請求人又は参加人は、政令で定めるところにより、実費の範囲内において一定の手数料を納めなければなりません。

なお、担当審判官は、経済的困難その他特別の理由があると認めるときは、政令で定めるところにより、この手数料を減額し、又は免除することができます（通97の3④⑤、通令35の2）。

(注)　**閲覧に伴う手数料**
　上記の交付を受ける審査請求人又は参加人は、用紙1枚につき10円（カラーの場合20円）の手数料を収入印紙により納めなければなりません（通97の3④、通令35の2③④）。また、手数料に加え、郵送費用を納付すれば、書類の写し等の郵送を求めることができます（通令35の2⑧）。
　なお、担当審判官は、経済的困難その他特別の理由があると認めるときは、2,000円を限度として、この手数料を減額し、又は免除することができます（通97の3⑤、通令35の2⑤）。

第10章　不服審査及び訴訟

(閲覧等の請求書)

令和　　年　　月　　日

閲覧等の請求書

　　　国税不服審判所
　　　　担当審判官　　　　　　　

審理関係人（審査請求人、参加人、原処分庁）
(住所・所在地)〒　　－

(ふりがな)　(　　　　　　　　　　　)
(氏名・名称)　　　　　　　　　　　　　　㊞

(法人の場合、法人番号)

(法人の場合、代表者の住所)〒　　－

(法人の場合、代表者の氏名、ふりがな)
(　　　　　　　　　　　)
　　　　　　　　　　　　　　　　　　㊞

代理人
(住所・所在地)〒　　－

(ふりがな)　(　　　　　　　　　　　)
(氏名・名称)　　　　　　　　　　　　　　㊞

　平成
　令和　　年　　月　　日に収受された審査請求書に係る事件について、国税通則法第97条の３の規定に基づき、下記のとおり、閲覧（又は写しの交付）を請求します。

記

1　閲覧等を求める書類その他の物件の名称
　（閲覧等を求める書類等の特定に当たってご不明な点は、担当審判官にお尋ねください。
　また、この用紙に記載しきれないときは、適宜の用紙に記載して添付してください。）

2　閲覧等の実施方法
　□　閲覧　　　　□　写しの交付
　※　閲覧をした後に、必要な書類等の写しの交付を求めることもできます。

3　写しの交付を求める場合における交付の方法
　(1)　□　片面　　　　□　両面
　(2)　□　直接交付　　□　郵送

※　原処分庁又は国税通則法第109条に規定する参加人がこの請求を行う場合には、次の欄に審査請求人の氏名等を記載してください。

　（住所・所在地）　　　　　　　　　　　　　　　　　　　　　
　（氏　名・名　称）　　　　　　　　　　　　　　　　　　　　　

※　閲覧（又は写しの交付）によって入手した書類等は、国税通則法第97条の３の
　目的及び趣旨に反した使用はしないでください。

16号様式

※審判所整理欄は記入
しないでください

第4節 審 査 請 求

14 審理手続の終結

（必要な審理を終えた場合）　　　⇒　審理手続の終結（通97の4①）

（一定の期間内に物件の提出がない場合）⇒　審理手続の終結をすることができる
（正当な理由なく口頭意見陳述に出頭しな　　（通97の4②）
い場合）

審理手続の終結をする場合

　担当審判官は、必要な審理を終えたと認めるときは、審理手続を終結します（通97
の4①）。

参考 「必要な審理を終えたと認めるとき」とは、担当審判官及び参加審判官が、当該審
査請求に係る事件の調査及び審理を行い、合議により当該審査請求に係る事件につ
いて議決するのに熟したと判断したときをいいます。なお、担当審判官は、審理関
係人から審理手続を終結することを求められたとしても、これに応じる義務はあり
ません（不基通（審）97の4－1）。

審理手続の終結をすることができる場合

　担当審判官は、次のいずれかに該当するときは、審理手続を終結することができま
す（通97の4②）。

(1)　次の①から⑤までに掲げる規定の相当の期間内に、当該①から⑤までに定め
る物件が提出されない場合において、更に一定の期間を示して、当該物件の提
出を求めたにもかかわらず、当該提出期間内に当該物件が提出されなかったとき。

① 通則法第93条第1項前段（答弁書の提出等）…**答弁書**

② 同法第95条第1項後段（反論書等の提出）…**反論書**

③ 同法第95条第2項後段…**参加人意見書**

④ 同法第96条第3項（証拠書類等の提出）···**証拠書類若しくは証拠物又は
書類その他の物件**

⑤ 同法第97条第1項第2号（審理のための質問、検査等）··· **帳簿書類その
他の物件**

(2)　通則法第95条の2第1項《口頭意見陳述》に規定する申立てをした審査請求
人又は参加人が、正当な理由がなく、**口頭意見陳述に出頭しないとき。**

(注)　ここにいう「正当な理由」には、例えば、次の場合がこれに当たります（不基
通（審）97の4－6）。

① 担当審判官が口頭意見陳述の日時又は場所を誤って教示したことにより出頭

— 463 —

第10章　不服審査及び訴訟

できない場合

② 口頭意見陳述の申立てをした審査請求人又は参加人の責めに帰すべからざる事由により、出頭することが不可能と認められるような客観的な事情がある場合（具体的には、地震、台風、洪水、噴火などの天災に起因する場合や、火災、交通の途絶等の人為的障害に起因する場合）

審理手続の終結の通知

担当審判官が上記により審理手続を終結したときは、速やかに、審理関係人に対し、審理手続を終結した旨を書面で通知するものとされています（通97の４③、不基通（審）97の４－３）。

審理手続を終結した場合の効果

通則法第97条の４第１項又は第２項の規定に基づき担当審判官が審理手続を終結した場合には、審理関係人又は担当審判官は、例えば、次の行為をすることができません（不基通（審）97の４－２）。

① 答弁書の提出

② 反論書の提出

③ 参加人意見書の提出

④ 口頭意見陳述の申立て

⑤ 証拠書類等の提出

⑥ 審理関係人による担当審判官に対する質問・検査等の申立て

⑦ 担当審判官による質問、検査等及び国税審判官等に対する質問、検査等を行わせるための嘱託等

⑧ 閲覧請求又は写し等の交付請求

⑨ 審理関係人の主張の追加、変更又は撤回

㊟ 担当審判官が審理手続を終結した後であっても、審査請求人は、通則法第110条第１項《不服申立ての取下げ》の規定に基づき審査請求を取り下げることができます。

参考 **審理手続の再開**

担当審判官は、通則法第97条の４の規定により審理手続を終結した後であっても、裁決までの間に、例えば、次に掲げる事由が生じた場合には、審理手続を再開します。担当審判官が審理手続を再開したときは、速やかに、審理関係人に対し、審理手続を再開した旨を書面により通知します。

なお、担当審判官は、審理関係人から審理手続を再開することを求められたとし

ても、これに応ずる義務はありません（不基通（審）97の4－4）。
① 通則法第104条第1項《併合審理等》の規定により審理手続を併合する場合
② 国税不服審判所長が、主張、証拠等を補充する必要があると認めた場合

議　決

「**議決**」とは、担当審判官及び参加審判官の過半数の意見によって決定された結論をいいます。

国税不服審判所長は、審理手続を経ないでする却下裁決以外の「**裁決**」をしようとするときは、担当審判官及び参加審判官の議決に基づいてこれをしなければなりません（通98④）。

15　国税不服審判所の法令解釈

国税不服審判所長は、国税庁長官の発した法令解釈通達に拘束されず独自の法令解釈により審査請求の裁決をすることができます。しかしながら、裁決機関の解釈と執行機関の解釈が異なる場合には、執行機関と裁決機関が意見の調整を図ることとしています。

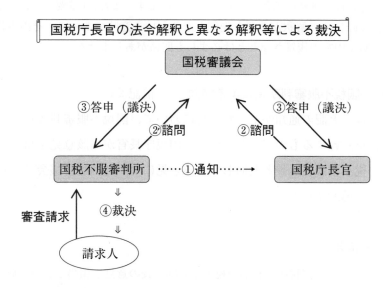

国税庁長官への通知　（上記①）

国税不服審判所長は、①国税庁長官が発した通達に示されていない法令の解釈と異なる解釈により裁決をするとき、又は②他の国税に係る処分を行う際における法令の解釈の重要な先例となると認められる裁決をするときは、あらかじめその意見を国税

庁長官に通知しなければなりません（通99①）。

 「重要な先例となる」とは、法令の解釈に関する国税庁長官通達が存在しない場合であって、裁決で採用しようとする法令の解釈が他の処分を行う際における重要な先例となると認められるときをいいます〔不基通（審）99-1〕。

 1 「通達解釈と異なる解釈」
　　　法令解釈に関する国税庁長官通達は、税務職員の税務行政執行に当たっての法令解釈、適用の統一的な基準とするため、できる限り具体的に定められたものです。しかしながら、社会、経済事情の複雑化と急激な変化に鑑みれば、長官通達が納税者の実情に合わなくなることも予想されます。国税不服審判所長が長官通達に示されている法令の解釈と異なる解釈により裁決をしようとするときは主にこのような場合でしょう。国税不服審判所長は、法令解釈に当たっては、法令の文理解釈のほか、その規定の趣旨、法令の目的に照らし、結果の妥当性を検討しながら判断し、決定しなければなりません。
　　2 重要な先例となる解釈
　　　「法令の解釈の重要な先例」とは、判例、学説又は通達、慣行等が未だ確定していない法令の規定について国税不服審判所長がする新たな解釈で、その解釈がその後の解釈の前例となるものをいいます。また、「重要」とは、他の処分を行う際にその解釈が重要な先例となるという意味であって、その事件の税額の多寡や内容の複雑さなどとは必ずしも関係がありません。

国税庁長官と国税不服審判所長による諮問　（前記②）

　国税庁長官は、上記の通知があった場合において、国税不服審判所長の意見が審査請求人の主張を認容するものであり、かつ、国税庁長官が当該意見を相当と認める場合を除き、国税不服審判所長と共同して当該意見について国税審議会に諮問しなければなりません（通99②）。

 国税審議会
　　　国税審議会は、国税庁長官が国税不服審判所長の意見を相当と認めないときなどに、国税庁長官及び国税不服審判所長からの意見を求められた事項について調査・審議して議決する機関で、財務省設置法第21条に基づき、国税庁に国税審議会が置かれています。

第4節 審 査 請 求

国税審議会の議決に基づく裁決 （前記③、④）

国税不服審判所長は、上記により国税庁長官と共同して国税審議会に諮問した場合には、民意を反映した第三者機関である当該国税審議会の議決に基づいて裁決しなければなりません（通99③）。

16 裁　　決

審査請求の裁決は、「**裁決書**」により行われ、また、その記載内容は、①主文、②事案の概要、③審理関係人の主張の要旨、及び④理由からなります（通101①）。

裁決書
① 主文
② 事案の概要
③ 審理関係人の主張の要旨
④ 理由

(1) 裁決書

裁決は、審査請求についての国税不服審判所長の判断を示すものであり、また、行政部内における最終判断であることから、裁決に不服がある納税者は裁判所で争うことができますが、原処分庁は、仮に裁決に不服があっても訴訟を提起することはできません（**裁決の拘束力**）（通102①）。

なお、通則法第84条第8項《決定の手続等》の規定、つまり再調査の請求に係る処分の全部又は一部を維持する場合におけるその維持される処分を正当とする理由の明示については、上記の裁決について準用され、その理由を明示する必要があります（通101②）。

参考　裁決書の記載事項

① 主　文	次に掲げるようなもので、審査請求についての結論を示すものです。 ・「審査請求を却下する（棄却する）」 ・「処分を取り消す」等
② 事案の概要	審査請求に係る事件の事実関係等を明らかにするため、審査請求に係る処分の内容など当該事案のおおまかな内容や要点をまとめたものです。
③ 審理関係人の 主張の要旨	審査請求人、参加人及び処分庁のそれぞれの主張の主な内容であり、審査請求に係る事件の争点を明らかにするものです。
④ 理　由	国税不服審判所長の判断の理由を明らかにするものであり、審査請求人に理解できる程度に具体的に判断の根拠を記載する必要があります。

裁決の拘束力

　　原処分を取り消し、又は変更する裁決があれば、その裁決自体の効力により、違法又は不当であった原処分は当然に取り消され、又は変更されます。しかしながら、その後、再び原処分庁が裁決で取り消された処分と同様の処分をすることができるとすれば、権利救済の目的を達することができないことになります。

　　そこで、通則法第102条第1項において「裁決は、関係行政庁を拘束する。」と規定して、そのような誤りが無いようにしています。

　　したがって、この拘束力は、棄却及び却下の裁決については生じません（不基通（国）102－2(注)）。

 理由附記の不備の治癒

　　異議棄却決定の理由附記の不備は、決定固有の違法として、右決定の取消原因となるべき瑕疵に当たるものと解すべきであり、後にされた裁決における理由附記によって治癒されるものではなく、異議申立人が原処分（異議決定）における理由附記不備の瑕疵を主張して、その取消しを求める訴えの利益を失われるものではないとされています（最高判昭49.7.19）。

(2) **裁決の種類と内容**

　国税不服審判所長は、合議体の行った議決に基づいて、審査請求の全部又は一部を認めるときは原処分の全部若しくは一部の「**取消し**」又は「**変更**」を行い、審査請求が認められないときは「**棄却**」の裁決を行います。この場合、原処分よりも審査請求人の不利益となるような裁決はできないこととされています（通98②、③）。

裁決の種類と内容

種類	内容
全部取消し	審査請求人が原処分の全部の取消しを求める場合において、その請求の全部を認めたもの
一部取消し	審査請求人が原処分の全部の取消しを求める場合において、その請求の一部を認めたもの、又は審査請求人が原処分の一部の取消しを求める場合において、その請求の全部又は一部を認めたもの
棄却	審査請求人が原処分の取消し又は変更を求める場合において、その請求を認めなかったもの
却下	審査請求が正当な理由なく法定の期間経過後にされたとき、国税の法律に基づく処分に該当しないもの（延滞税のお知らせなど）を審査請求の対象としているときなど、不適法な審査請求である場合に、審理の対象として取り上げなかったもの

(注)　裁決の種類としては、これらのほかに「変更（審査請求人が原処分の変更を求める場合において、その請求の全部又は一部を認めたもの）」があります。例えば、耐用年数の短縮に関する処分に対し、耐用年数を変更する裁決をする場合があります。

第4節 審 査 請 求

⑶ **裁決書の送達**

　裁決は、審査請求人に裁決書の謄本が送達された時に、その効力を生じます。なお、当該審査請求が処分の相手方以外の者のしたものである場合における通則法第98条第3項《裁決》の規定による裁決にあっては、審査請求人及び処分の相手方に裁決書の謄本が送達された時に、その効力を生じます（通101③）。

　また、国税不服審判所長は、裁決書の謄本を参加人及び原処分庁（通則法第75条第2項（第1号に係る部分に限ります。）に規定する処分に係る審査請求にあっては、当該処分に係る税務署長を含みます。）に送付しなければなりません（通101④）。

第10章　不服審査及び訴訟

第5節　訴　訟

　訴訟については、通則法第8章第2節において、行政事件訴訟法との関係（通114）、不服申立ての前置等（通115）、及び原告が行うべき証拠の申出（通116）の規定を置いているだけで、具体的な手続についての定めはありません。

　しかしながら、租税に係る訴訟を理解するためには、不服審査を経て提起されるいわゆる租税訴訟（税務争訟）についての理解が不可欠です。そこで、本節では、通則法の上記規定を含めて、国税に係る租税訴訟を理解する上での基本的な手続及びその主な類型等について概説します。

1　租税訴訟とその手続

　訴訟は、一般に、民事訴訟、刑事訴訟、行政訴訟及び人事訴訟に分類されます。

　租税法律関係に係る訴訟である租税訴訟は、この訴訟類型からすると次のように通常の民事訴訟に属するものと行政訴訟に属するものがあります。

　　㊟　実務上は、租税訴訟を租税の賦課・徴収という観点から課税訴訟と徴収訴訟に大別することがあります。課税訴訟の大部分は行政訴訟であるのに対し、徴収訴訟は民事訴訟がその多くを占めています。
　　　　また、租税訴訟は、その係属件数からしても行政事件である課税処分取消請求訴訟などが多いという現状にあります。

（訴訟の類型と主な租税訴訟）

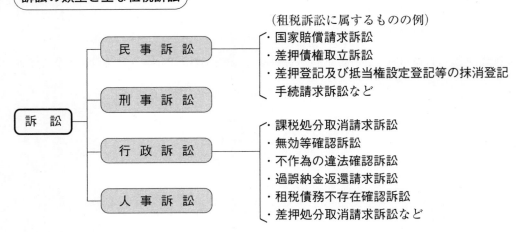

　民事訴訟は、訴えの内容から①特定の権利又は法律関係の存否を求める「確認の訴え」、②原告の被告に対する特定の給付請求権の存在を求める「給付の訴え」、③特定の権利又は法律関係が一定の法律要件の存在することにより、判決で発生・変更又は

消滅すべきことを求める「形成の訴え」に分類されますが、上図の租税訴訟に属するものの例として掲げる訴訟はこのような訴えのいずれかに該当することになります。

また、行政訴訟とは、訴訟物たる権利又は法律関係が公法上のものである事件（行政事件）に関するものですが租税訴訟に属するものの例としては上図の訴訟があります。

ところで、行政事件の訴訟手続は、行政事件訴訟法に定められていますが、同法に定めがない事項については民事訴訟の例によることとされています（行訴7）。

租税訴訟のうち国税に関する法律に基づく処分に関する訴訟（行政訴訟の類型に属するもの）にあっては、通則法や他の国税に関する法律に特段の定めがあるものを除き、行政事件訴訟法その他一般の行政訴訟に関する法律の定めるところによるとされています（通114）が、この特段の定めには前述した不服申立前置等（通115）、証拠申出の順序に関する規定（通116）のほか第二次納税義務に関する換価の制限（徴90③）などわずかしかありません。

このため、国税に関する法律に基づく処分に関する訴訟の手続は、民事訴訟の手続と類似しているのです。

○　課税処分取消訴訟など行政訴訟の類型に属する租税訴訟の手続
　　通則法・他の特段の定め　→　行政事件訴訟法　→　民事訴訟法

2　租税訴訟の類型

租税訴訟のうち大きなウエイトを占める行政訴訟は、行政事件訴訟法上、次のように抗告訴訟（行訴3）、当事者訴訟（行訴4）、民衆訴訟（行訴5）、機関訴訟（行訴6）に分類されています。抗告訴訟はさらに「処分の取消し訴え」、「裁決の取消しの訴え」、「無効等確認の訴え」、「不作為の違法確認の訴え」、「義務付けの訴え」、「差止めの訴え」に細分されていますが、「処分の取消しの訴え」と「裁決の取消しの訴え」を併せて一般的に「取消訴訟」といわれています。

　1　「抗告訴訟」という用語は、民事訴訟手続上の決定・命令という裁判所に対する不服申立ての手続である「抗告」に類似しているところに由来するといわれています。
　　　2　「当事者訴訟」とは、当事者間の法律関係を確認し又は形成する処分又は裁決に関する訴訟で、①法令の規定によりその法律関係の当事者の一方を被告とするも

の（形式的当事者訴訟）及び②公法上の法律関係に関する訴訟（実質的当事者訴訟）があります（行訴4）が、租税訴訟には形式的当事者訴訟となるものはありません。

行政訴訟における租税訴訟の類型

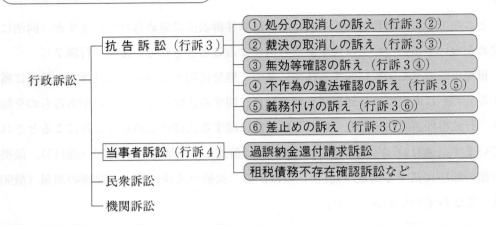

① 処分の取消しの訴え

「処分の取消しの訴え」とは、行政庁の処分その他公権力の行使に当たる行為の取消しを求める訴訟をいいます（行訴3②）。

税務署長が行う更正処分や加算税の賦課決定処分の取消しを求める訴訟がその典型です。租税訴訟の大部分はこの類型です。

② 裁決の取消しの訴え

「裁決の取消しの訴え」とは、不服申立ての決定又は裁決の取消しを求める訴訟をいいます（行訴3③）。

この訴えは、審査請求についての裁決又は異議申立てについての決定の手続の固有の瑕疵を違法とするものに限られ（行訴10②）、原処分である更正処分等の違法を理由とすることができません。

なお、固有の瑕疵とは、裁決や決定の主体、手続、形式等の違法事由をいいます。

③ 無効等確認の訴え

「無効等確認の訴え」とは、処分若しくは裁決の存否又はその効力の有無の確認を求める訴訟をいいます（行訴3④）。

この訴えは、課税処分が無効であることを前提とするものであるため、取消訴訟

第5節 訴　　訟

と異なり、出訴期間（行訴14）の制限が付されておらず（行訴38）、不服申立前置
の適用もありません。

　課税処分の無効を求める多くの裁判例においては、一般の行政処分と同様、その
瑕疵が「重大かつ明白」な場合に限って認められます（最二判昭和37.2.23・訟月
8巻4号710頁）。

④ 不作為の違法確認の訴え

　「不作為の違法確認の訴え」とは、行政庁が、私人からの法令に基づく申請に対し、
相当の期間内に何らかの処分又は裁決をすべきであるにもかかわらず、これをしな
いという不作為についての違法の確認を求める訴えをいいます（行訴3⑤）。

　この訴えは、行政庁が申請に係る処分又は裁決をすれば、その処分又は裁決が申
請の目的にかなうと否とにかかわらず不作為による違法状態は解消し、訴えの利益
は失われます。

⑤ 義務付けの訴え

　「義務付けの訴え」とは、行政庁が一定の処分又は裁決をすべきことを求める訴え
をいい（行訴3⑥）、次に掲げる二類型に大別されます。

　　イ　非申請型の義務付けの訴え

　　　行政庁が一定の処分又は裁決をすべきであるにもかかわらずこれがされない
　　とき（ロに掲げる場合を除きます。）。

　　→　この訴えは、一定の処分がされないことにより重大な損害を生ずるおそれ
　　　があり、かつ、その損害を避けるため他に適当な方法がないときに限り、提
　　　起することができます（行訴37の2）。

　　ロ　申請型の義務付けの訴え

　　　行政庁に対して一定の処分又は裁決を求める旨の法令に基づく申請又は審査
　　請求がされた場合において、当該行政庁がその処分又は裁決をすべきであるに
　　もかかわらずこれがされないとき。

　　→　この訴えは、不作為の違法確認の訴え、取消訴訟又は無効等確認の訴えと
　　　併合して提起しなければなりません（行訴37の3）。

⑥ 差止めの訴え

　「差止めの訴え」とは、行政庁が一定の処分又は裁決をすべきでないにもかかわら

ずこれがされようとしている場合において、行政がその処分又は裁決をしてはならないことを命ずることを求める訴えをいいます（行訴3⑦）。

この訴えは、裁判所が事前に違法性を判断するものであるところから、事前救済を求めるにふさわしい救済の必要性があることが求められます。

　(注)1　「義務付けの訴え」及び「差止めの訴え」は、平成16年の行政事件訴訟法の改正において、救済範囲の拡大を図るため措置されたものです（行訴37の4）。
　　　2　「義務付けの訴え」及び「差止めの訴え」による救済の実効性を確保するため、「仮の義務付け・仮の差止め」の制度が併せて措置されました（行訴37の5）。

過誤納金還付請求訴訟

「過誤納金還付請求訴訟」とは、「誤納金」又は「過納金」の還付を求める訴訟です。

　(注)1　「誤納金」とは、無効な申告又は課税処分に基づいて納付された租税のように、納付の時点から法律上の原因を欠いていた租税であり、納税者は国を相手に直ちに還付請求できます。
　　　2　「過納金」とは、有効な申告又は課税処分に基づいて納付された租税で納付の時点では適法な納付だったものが、後に減額更正等により法律上の原因を失い超過納付となった租税です。したがって、過納金の還付請求を行う場合には、まずその基礎となっている処分等の取消しを求める必要があります。

以上が行政訴訟に属するものですが、前述したように租税訴訟には民事訴訟に属するものとして次の訴訟があります。

国家賠償請求訴訟

税務職員の違法な税務調査等によって受けた損害の賠償（給付）を国に求める訴訟です。純粋な民事訴訟に属します。

争　点　訴　訟

「争点訴訟」とは、行政処分が無効であることを理由として私法上の請求をする訴訟です（行訴45）。民事訴訟に属します。行政処分の効力が争点となるためこのように呼ばれています。

滞納処分が無効であることを理由に公売財産の返還を求める訴訟などがこれに属します。

その他の租税訴訟

以上のほか、国が原告となって訴訟提起する差押取立訴訟、配当異議訴訟など、国が被告となる差押登記及び抵当権設定登記等の抹消登記手続訴訟などがあります。

第5節 訴　　訟

3　訴訟の流れ

租税訴訟における訴えの提起から判決までの第一審の訴訟の流れは、概略次のとおりとなります。

なお、このような訴訟の流れは民事訴訟と行政事件訴訟で大きく変わるものではありません。

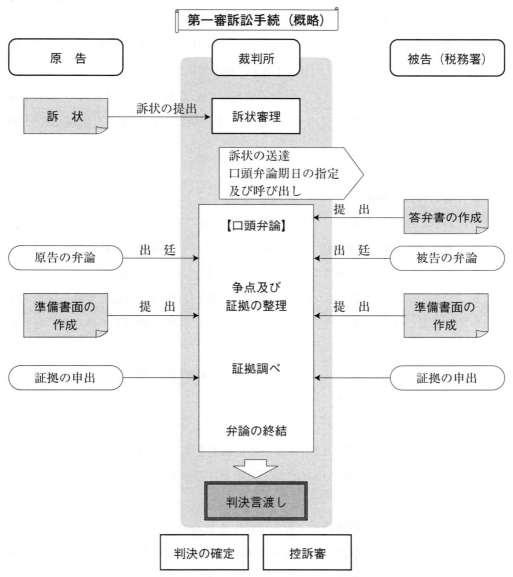

― 475 ―

第10章　不服審査及び訴訟

(1)　訴状の提出

　訴えの提起は、訴状を裁判所に提出して行います（民訴133①）。

　訴状には、当事者及び代理人、請求の趣旨及び原因など必要な記載事項が求められます（民訴133②）。

(2)　訴状の審査と送達

　訴状の審査によって、訴状が適式であると認められると、裁判所は、その訴状の謄本（副本）を被告に送達します（民訴138①、民訴規則58①）。

　この送達の際、裁判所は、通常、訴訟の審理を始めるための第1回口頭弁論期日を指定し、原告、被告双方を呼び出す「呼出状」を同時に送付します（民訴139、民訴規則60①）。

(3)　答弁書の作成と提出

　被告に訴状が送達されると、被告は「答弁書」を作成・提出します。

　答弁書も準備書面の一つですから、請求の趣旨に対する答弁、訴状に記載された事実に対する認否などその記載事項は法定されています（民訴規則80、53④）。

　なお、原告の訴えが適法なものでない場合、すなわち後述する訴訟要件を満たしていない場合には、上記請求の趣旨に対する答弁の前に「訴えの却下の申立て」を行います。

　　　　　　　　　　　　　　　　　　　☞「訴訟要件」は本節の4参照。

(4)　口頭弁論

　「口頭弁論」とは、当事者が口頭弁論期日に口頭をもって裁判所に対する訴訟資料の提出をいい、「当事者のする申立て」、「法律上及び事実上の主張」、「証拠の申出」等があります。

　裁判所は、訴訟の審理が進行し、訴えに対する結論的判断が可能になるか、当事者双方の主張・立証が整うなどその判断のための資料が出尽したと判断すると、弁論を終結し終局判決を行います（民訴243）。

　なお、通則法第116条は、行政事件訴訟法第3条2項の「処分の取消しの訴え」において、租税訴訟の特殊性を踏まえて、原告の証拠の申出等に関する規定を設けています。

— 476 —

第5節 訴　　訟

(5)　**判決言渡し**

判決は、当事者への言渡しにより効力を生じます（民訴250）。

4　訴訟要件

租税訴訟においてまず問題となるのは、他の訴訟の場合と同様「訴訟要件」です。

訴訟要件とは、訴えの内容である請求の当否について、裁判所の実質的な審理判断を受け判決を受けるために具備していなければならない事項をいいます。訴訟要件を満たしているか否かは、訴訟類型に応じて異なり、最終的に裁判所が判断します。

本書では、租税訴訟の中心を占める課税処分の取消訴訟における訴訟要件について概説します。

(1)　**訴えの利益**

裁判所の実質的な審理を受けるためには、次のように法律の定める一定の手続に従い公権的な解決を図るべき利益ないし必要性がなければなりません。

　広義の訴えの対象

　　取消しを求める対象が「行政庁の処分その他公権力の行使に当たる行為」であることが必要です（行訴3②）。したがって、例えば、更正処分、滞納処分等は行政処分として取消訴訟の対象となりますが、申告納税方式による確定申告及び修正申告は行政処分ではありませんから取消訴訟の対象とはなりません。

　原告適格

　　取消請求は、「当該処分又は裁決の取消しを求めるにつき法律上の利益を有する者」（行訴9）に限られます。

　　この「法律上の利益を有する者」とは、課税処分により、自己の権利若しくは法律上保護された利益を侵害され、又は必然的に侵害されるおそれがある者をいうと解されています。

　狭義の訴えの利益

　　取消請求の当否について、判決を受けるだけの法的利益ないし必要があることが求められます（行訴9かっこ書）。

(2)　**被告適格**

課税処分の取消しの訴えは、当該処分した行政庁を、また、裁決の取消しの訴えは、当該裁決をした行政庁を被告として提起しなければなりません。もっとも平成16年の

— 477 —

第10章　不服審査及び訴訟

行訴法改正によって、取消訴訟の被告は「行政庁の所属する国又は公共団体」（行訴11①）となり、その結果、「国」を被告とすればよいことになりました。

(3)　裁判管轄

裁判所からみて裁判権を行使できる権限の範囲を管轄権といいますが、訴えは、管轄のある裁判所に提起されなければなりません（行訴12①）。

上記(2)で述べたように取消訴訟においては、「国」を被告とされたことから、行政庁の所在地を管轄する地方裁判所のほか国の普通裁判籍を管轄する（民訴4⑥、権限1）東京地方裁判所に提訴することができます。

(4)　不服申立前置

行政事件訴訟法は、「処分の取消しの訴えは、当該処分につき法令の規定により審査請求をすることができる場合においても、直ちに提起することを妨げない」（行訴8①）として、原告の自由な選択に任せていますが、課税処分の取消しを求める訴えは、他の行政処分に係るものと異なり、原則として、所定の不服申立ての手続を経た後でなければ提起することができません（行訴8①ただし書、通115①）。

(5)　出訴期間

取消訴訟は、処分又は裁決のあったことを知った日から6月以内に提起しなければなりません（行訴14①）。この「知った日」とは、処分又は裁決の存在を現実に知った日をいいます（最二判昭和27.11.20・民集6巻10号1038頁）。

また、処分又は裁決のあったことを知ったか否かにかかわらず、「処分又は裁決の日」から1年を経過すれば取消訴訟の提起はできません（行訴14②）。

前者を主観的出訴期間、後者を客観的出訴期間といいます。これらの期間は、主観的出訴期間の場合は処分又は裁決のあったことを知った日、客観的出訴期間の場合は処分又は裁決の日の翌日から起算されます（民訴95①、民138、148本文）。

(注)　出訴期間を経過した場合でも「正当な理由」があるときは救済されます（行訴14①及び②のただし書）。

— 478 —

第11章　雑　　則

第１節　納税管理人

1　納税管理人

納税管理人

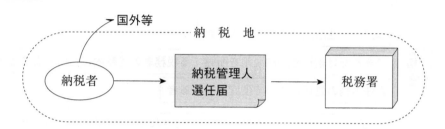

　日本国内に住所及び居所を有しない納税者は、納税申告書の提出や納付又は申告書提出後に税務上の照会や調査を受けた場合に、自分が自らそれらを行ったり、当局との対応をすることができません。そのため、そのような者は、日本国内に納税管理人を置いて、これらの事務を遂行してもらうことになります（通117）。

　納税管理人は、本邦（通則法施行地）内に住所及び居所等を有しない納税者によって選任され、納税申告書の提出や更正通知書、督促状の受領等、納税者がなすべき事務の処理に当たります。したがって、納税管理人は、納税者自体ではありませんが、納税者の代理人としての性質を有し、その権限内でした行為については、直接納税者にその効力が及びます（民99）。

　ただし、納税管理人は、租税債務者ではありませんので、租税債務者に対して直接行使される法律上の処分等（例えば、滞納処分）の対象となることはありません。

(注)　納税管理人の制度は、地方税においても設けられています（地300等）。

➤　出国後に納税管理人を定めたとしても申告納付期限延長にはならないので、納税管理人を通じて出された申告は期限後申告となります（平成14年11月13日裁決、裁決事例集64　196頁）。

2 納税管理人の選任等

（納税管理人を選任すべき場合）

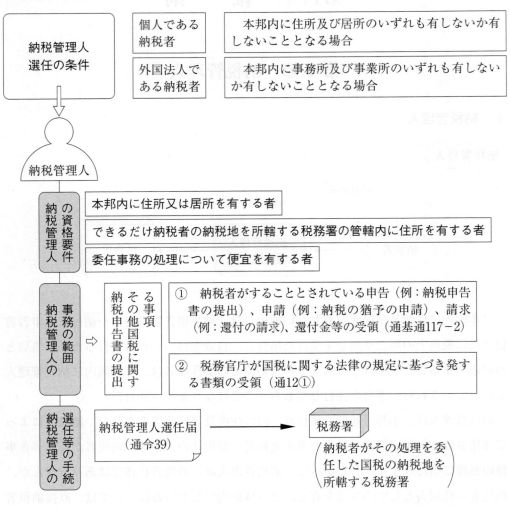

> [参考] **納税管理人の選任等の手続**
>
> 　国外に居住する納税者から相続税の申告書の提出その他必要なすべての事項の処理を委任されている者で、本条による納税管理人選任の届出を欠くものを、税務署長が納税管理人と認めて行った更正処分通知書及び督促状の送達は適法であるとされています（東京地判昭和47.5.10・行集23巻5号299頁）。

第1節　納税管理人

（所得税・消費税の納税管理人の届出書）

税務署受付印　　　　　　　　　　　　　　　　　　　1　0　7　0

所得税・消費税の納税管理人の届出書

_____ 税務署長

_____年_____月_____日提出

納　税　地	○住所地・○居所地・○事業所等(該当するものを選択してください。) (〒　　　−　　　　) （TEL　　−　　−　　）	
上記以外の 住 所 地 ・ 事 業 所 等	納税地以外に住所地・事業所等がある場合は記載します。 (〒　　　−　　　　) （TEL　　−　　−　　）	
フ リ ガ ナ		生年月日 ○大正 ○昭和 ○平成　　年　月　日生 ○令和
氏　　　名	㊞	
個 人 番 号		
職　　　業	フリガナ 屋　号	

所得税・消費税の納税管理人として、次の者を定めたので届けます。

1　納税管理人
　　　　〒
　　住　　所
　　(居　所)_____
　　フリガナ
　　氏　　名_____印　　本人との続柄（関係）_____
　　職　　業_____　　電話番号_____

2　法の施行地外における住所又は居所となるべき場所

_____

3　納税管理人を定めた理由

4　その他参考事項

　(1)　出国（予定）年月日　　　_____年_____月_____日　・　帰国予定年月日　　　_____年_____月_____日

　(2)　国内で生じる所得内容（該当する所得を選択するか、又はその内容を記載します。）

　　　　○事業所得　　○不動産所得　　○給与所得　　○譲渡所得

　　　　上記以外の所得がある場合又は所得の種類が不明な場合（　　　　　　　　　　　　　）

　(3)　その他

関与税理士 （TEL　　−　　−　　）		

税務署整理欄	整　理　番　号	関係部門 連　絡	A	B	C	番号確認	身元確認
	0						□ 済 □ 未済
				確認書類 個人番号カード／通知カード・運転免許証 その他（　　　　　　　）			

— 481 —

第2節 端数計算

1 端数処理の目的

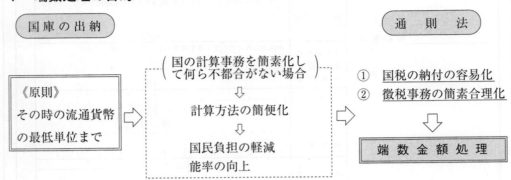

　国庫の出納は、その時の流通貨幣の最低単位まで行われることが原則です。

　しかしながら、国の計算事務を簡易化して何ら不都合がないという場合に、計算方法を簡便にすることは、時間、労力及び経費の節約を図り、国民負担の軽減、能率の向上に役立つことになります。

　通則法においては、国税の納付の容易化、徴税事務の簡素合理化などを目的として、端数金額の処理を定めています。

2 国税の課税標準の端数計算等

(1) 課税標準の端数計算等

　国税の額は、課税標準に税率を適用して計算されますが、その税率を適用すべき課税標準に端数があるときは、次により端数を切り捨てて税率を適用します（通118①、②）。

第2節　端　数　計　算

区　　分	適　用　税　目	端　数　計　算　等
課税標準 原　則 (通118①)	国税一般	1,000円未満の端数切捨て 全額1,000円未満は、全額切捨て
例　外 (通118②)	源泉所得税 (退職所得の申告がされている場合の退職所得及び年末調整に係るものを除きます。)	1円未満の端数切捨て 全額1円未満は、全額切捨て (通令40①)
	登録免許税	1,000円未満の端数切捨て 全額1,000円未満は、1,000円とします (登15)。
	印紙税	(端数処理不要 (通118①))

(2)　附帯税の計算の基礎となる金額の端数計算等

　附帯税の額を計算する場合において、その計算の基礎となる税額の全額が1万円未満であるときは、その全額を切り捨て、その税額が1万円を超え、1万円未満の端数があるときは、その端数金額を切り捨てて計算します（通118③）。

区　　分	適　用　税　目	端　数　計　算　等
計算の基礎となる税額　（通118③）	附帯税	10,000円未満の端数切捨て 全額10,000円未満は、全額切捨て

3　国税の確定金額の端数計算等

(1)　本税の端数計算等

　国税（自動車重量税、印紙税及び附帯税を除きます。）の確定金額に百円未満の端数があるとき、又はその全額が百円未満であるときは、その端数金額又はその全額を切り捨てます（通119①）。

　ここにいう「確定金額」とは、例えば、所得税の確定申告により納付すべき所得税の場合、算出税額から税額控除（源泉徴収税額及び予定納税額等）を控除した第3期分において納付すべき税額をいいます。

(2)　附帯税の端数計算等

　附帯税の確定金額に百円未満の端数があるとき、又はその全額が千円未満（加算税に係るものについては、五千円未満）であるときは、その端数金額又は全額を切り捨てます（通119④）。

　(注)　利子税及び延滞税の割合に措置法第93条及び第94条が適用される場合において、その額の計算の過程における金額に1円未満の端数が生じたときは、これを切り捨てることとされています（措96）。

<table>
<tr><th colspan="2">区　　分</th><th>適　用　税　目</th><th>端　数　計　算　等</th></tr>
<tr><td rowspan="7">税額の確定金額</td><td>原　　則
（通119①）</td><td>国税一般
（滞納処分費も国税に含まれます（通５①かっこ書）。）</td><td>100円未満の端数切捨て
全額100円未満は、全額切捨て</td></tr>
<tr><td rowspan="6">例　　外
（通119②、④）</td><td>源泉所得税
（退職所得の申告がされている場合の退職所得及び年末調整に係るものを除きます。）</td><td>１円未満の端数切捨て
全額１円未満は、全額切捨て
（通令40②）</td></tr>
<tr><td>登録免許税</td><td>100円未満の端数切捨て
全額1,000円未満は、1,000円とします（登19）。</td></tr>
<tr><td>自動車重量税</td><td>（端数処理不要）</td></tr>
<tr><td>印紙税</td><td>（端数処理不要）
過怠税の1,000円未満は、1,000円とします（印20④）。</td></tr>
<tr><td>附帯税</td><td>100円未満の端数切捨て
全額1,000円未満（加算税は5,000円未満）は、全額切捨て</td></tr>
</table>

4　還付金等の端数計算等

⑴　還付金等の端数計算

還付金等の端数計算は、納付すべき税額の端数計算と異なり、すべて１円未満の金額について行います。

具体的には、各税法の規定を適用して算出された還付金に１円未満の端数があるときは、その端数金額を切り捨て（通120①）、その還付金の額が１円未満であるときは、それを１円として計算します（通120②）。

⑵　還付加算金に関する端数計算等

還付加算金の額を計算する場合、その計算の基礎となる還付金等の額に１万円未満の端数があるときには、その端数金額を切り捨て、還付金等の額の全額が１万円未満であるときは、その全額を切り捨てます（通120④）。

また、具体的に計算された還付加算金の額が千円未満であるときは、その全額を切り捨て、その額が千円を超え百円未満の端数があるときは、その端数金額を切り捨てます（通120③）。

第3節　供　託

1　弁済代用としての供託

　通則法では、例えば還付金等を還付する場合に、還付請求権者が受領拒否等により還付できないとき、これを供託（弁済供託）するように、還付金等の供託に限らず、一般的に税法の取扱上、納税者その他の者に金銭その他の物件を交付し又は引き渡すべき場合、その交付又は引渡しができない場合には、民法の供託ができることとし、その効果も民法の規定を準用しています（通121）。

> 「金銭その他の物件を交付し又は引き渡すべき場合」とは、
> ①　国税の還付金又は過誤納金を還付する場合
> ②　滞納処分による配当金又は残余金を質権者、抵当権者等又は滞納者に交付する場合
> ③　差押えを解除した場合において、その差押物件を返還する場合
> ④　滞納処分による換価財産等を買受人に交付する場合

2　弁済供託の要件・効果

　次のいずれかに該当する場合に限り、弁済供託をすることができます。

> 供託の効果　……供託により、国の債務は消滅し、債権者は、供託金の還付請求権を取得

3　供託の方法

　出納官吏又は徴収職員等が、供託しようとする物件に供託書正副2通等を添え、債務履行地の供託所に差し出して行います（民495①、供託2、6）。

☞　民法第494条（供託）、民法第495条（供託の方法）参照

第11章 雑　則

第4節　納　税　証　明

1　納税証明の意義

納税証明は、納税者の資力、信用力などを直接又は間接に表示する有力な資料として利用され、納税者に便宜を与えることを主たる目的として設けられたものです。

納税義務が成立した段階では、原則として、この証明は不可能であるが、納付すべき税額が確定した段階になるとその証明は可能であり、国税債権の公示手段としての納税証明制度は、その存在意義があります。

```
納税証明    納税者の資力、信用力などを直接に又は間接に表示
              ⇩
《利用形態》 ○租税の優先徴収権により担保権に優先する
             国税を予測する手段
              ⇩
           ○その他種々雑多な目的のため利用
             └→入札参加、公団住宅入居のための資格
                証明等
              ⇩
          ┌──────────────┐
          │  国税債権の公示手段  │
          └──────────────┘
```

　納税証明と「予測可能性の原則」

納税証明制度が法律上の制度とされるに至った直接の契機は、昭和34年に全文改正された国税徴収法において、租税の優先権の私法上の担保制度との調整策として新たに採用された「予測可能性の原則」の考え方です。すなわち、この原則は、納税者の財産上に質権又は抵当権を取得しようとする者がその取得の時において予測することができる範囲の国税に限りその質権又は抵当権に優先し、予測し得ない国税はこれに劣後するという考え方ですが、この考え方を採用するには、質権者又は抵当権者が競合しうる国税を予測する手段が法律上保障されていることがまず必要となるのであって、納税証明は、その手段として法制化される契機が与えられたのです。

— 486 —

2　納税証明の要件

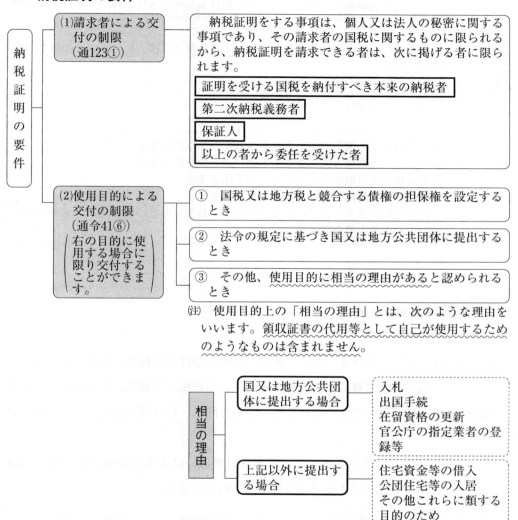

納税証明書で証明できる事項　主なものは、次のとおりです。

ただし、3年前の会計年度前に属する事項（未納の国税の証明を除きます。）は証明しません（通令41①②）。

第11章 雑　則

証明できる事項
① 納付すべき税額として確定した税額、納付した税額及び未納の税額（これらの税額がないことを含みます。）とその国税の法定納期限等（徴15①）
② 所得税についての総所得金額、課税総所得金額及び法人税についての事業年度の所得の金額
③ 国税の滞納処分を受けたことがないこと。

証明できない事項
① 源泉徴収による国税で納税告知がされたもの以外のもの
② 印紙税（申告納税方式によるもの及び過怠税を除きます。）
③ 自動車重量税（納税告知されたものを除きます。）
④ 登録免許税（納税告知されたものを除きます。）
⑤ 法定納期限が請求する日の3年前の日を含む会計年度に係る国税（未納の国税についての未納の額を除きます。）

3　納税証明の交付手続等

(1)　納税証明の交付手続

　納税証明書の交付を受けようとする者は、証明を受ける国税の年度及び税目など一定の事項を記載した請求書によって行います。この納税証明書は、未納税額のないこと又は滞納処分を受けたことのないことの証明を除き、税目別に作成します（通令41③④⑤）。

　なお、納税証明書の請求手続には、請求書（書面）によるほか電子情報処理組織（e-Tax）を使用する方法による請求も可能とされています。

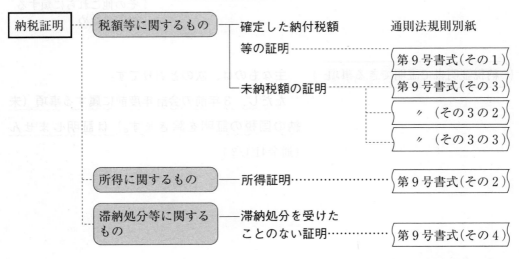

☞　「納税証明書交付請求書」、「納税証明書」参照

第4節　納税証明

納税証明書の種類

納税証明書の種類	証　明　内　容
納税証明書（その１）	納付すべき税額、納付した税額及び未納税額等
納税証明書（その２）	「申告所得税及復興特別所得税」又は「法人税」の所得金額
納税証明書（その３）	未納の税額がないこと
納税証明書（その３の２）	「申告所得税及復興特別所得税」と「消費税及地方消費税」に未納の税額がないこと（個人用）
納税証明書（その３の３）	「法人税」と「消費税及地方消費税」に未納の税額がないこと（法人用）
納税証明書（その４）	過去３年間、滞納処分を受けたことがないこと

(2)　納税証明書の手数料

交付手数料 ‥‥‥ 収入印紙による交付手数料の納付

現金による交付手数料の納付

電子的に交付する納税証明書の交付手数料の納付

　納税証明書の交付を請求する者は、証明書１枚ごとに、手数料として400円の収入印紙を請求書にはって納付するのが原則ですが、国税局又は税務署の事務所において、当該手数料の納付を現金ですることが可能である旨及び当該事務所の所在地を国税庁長官が官報で公示した場合には、当該事務所において現金をもって納めることができます。また電子申告納税システムを利用する場合は、手数料は同システムにより納付することができます（通123②、通令42①②）。

イ　交付手数料

原則　１枚につき　400円

　納税証明の請求者は、証明書１枚につき400円（電子納税証明書にあっては370円）の手数料を、請求書に収入印紙を貼って又は当該事務所において現金で納付します（通令42①②）。

　なお、その証明書が２年度以上の年度に係る国税に関するものであるときは、その年度の数に相当する枚数の証明書であるものとして手数料を計算します（通123②、通令42）。

400円　×　請求枚数　×　請求年度　＝　納税証明書の手数料

— 489 —

第11章 雑　　則

手数料の計算方法

種　類	税目数	請求年度	請求枚数	単　価	納税証明書の手数料
その１	a	b	c	@400円	(a×b×c×400) 円
その２	―	b	c	@400円	(b×c×400) 円
その３・その４ (その３の２～３)	―	―	c	@400円	(c×400) 円

(注)1　災害により財産に相当な損失を受けた方がその復旧に必要な資金の借入れをするために納税証明書を使用する場合や、生活の維持について困難な状況にある方が法律に定める扶助等の措置を受けるために納税証明書を使用する場合など、手数料を必要としない場合があります。
　　2　電子納税証明書の手数料の単価は、370円となります。

 納税証明書の交付手数料

　　納税証明書の交付手数料は、当初の30円から、昭和41年に100円、昭和50年に200円、昭和56年に300円、昭和59年に350円、平成３年に400円に変更されています。なお、電子納税証明書の交付手数料は、平成16年に370円に引き下げられました。

 納税証明書の交付手数料の納付方法

　１　収入印紙による交付手数料の納付
　　納税証明書の交付を請求する者は、証明書の枚数に応じ、１枚につき400円の割合で交付手数料を納付します。この手数料の納付方法は、納税証明請求書に収入印紙をはる方法によるべきものとされ、原則、収入印紙で納付しなければなりません。
　２　現金による交付手数料の納付
　　収入印紙による納付の例外として、納税者利便の向上の観点から、国税庁長官が、国税局又は税務署の事務所において手数料の納付を現金ですることが可能である旨及びその事務所の所在地を官報で公示した場合には、その公示された事務所において現金をもって手数料を納付することができます。この規定を受けて、平成15年９月及び平成16年１月に国税庁長官告示が定められ、平成16年１月から全国の全ての国税局又は税務署において、現金での手数料納付ができることとなりました（平成15年９月国税庁告示第７号、平成16年１月国税庁告示１号）。なお、この特例は、「事務所において」と規定しているように、納税証明書の交付を請求する者が税務署等の事務所に来所した場合における特例であり、納税証明書交付請求書を郵送等する場合に、現金での納付を認めるものではありません。
　３　電子的に交付する納税証明書の交付手数料の納付
　　情報通信技術利用法により電子情報処理組織を使用して納税証明書の交付を請求するときの手数料は、国税局長、税務署長又は税関長から得た納付情報により納付する方法により、現金をもって納めることができます。この規定により、オンラインにより納税証明書の交付請求をする場合には、オンラインにより交付手数料の納付をすることとなります。
　　なお、納税証明書の交付手数料の金額は、１枚につき400円から370円に引き下げられました。

第4節 納税証明

ロ 交付手数料を要しない場合

次の場合には、手数料は要しません（通令42④）。

手数料の納付を要しない場合	① 災害等により相当な損失を受けた者がその復旧に必要な資金の借入れのため
	② 生計維持困難な者が法律に定める扶助等の措置を受けるため

(注) 納税証明書の証明手数料の納付を要しない場合の取扱い

　　生計の維持について困難な状況にある者が、法律に定める扶助等を受けるために納税証明書を使用する場合とは、具体的には、次に掲げるような目的で使用する場合がこれに該当すると考えられます（通基通123－9参照）。

① 生活保護法第7条の規定により、生活保護等の保護を申請するため

② 結核予防法第35条の規定により、医療等の費用の自己負担額の認定を受けるため

③ 精神保健及び精神障害者福祉に関する法律第31条の規定により、入院費用の自己負担額の認定を受けるため

④ 児童福祉法第56条の規定により、同法の規定による育成、医療又は療養等の措置に要する費用の自己負担額の認定を受けるため

　　(注) 児童福祉法の規定による育成、医療又は療養等の措置とは、次のものです。

　　　　イ 第20条の規定による身体障害児童に対する育成医療

　　　　ロ 第21条の6の規定による身体障害児童に対する補装具の給付

　　　　ハ 第21条の9の規定による結核児童に対する療養

　　　　ニ 第21条の10第3項の規定による肢体不自由児施設等への入所

　　　　ホ 第22条の規定による助産施設への入所

　　　　ヘ 第23条の規定による母子寮への入所

　　　　ト 第24条の規定による保育所への入所

　　　　チ 第27条第1項第3号又は第2項の規定による里親等への委託等

⑤ 母子保健法第21条の4の規定により、養育医療の給付に要する費用の自己負担額の認定を受けるため

⑥ 国民年金法第90条第1項の規定による保険料の免除申請のため

⑦ 身体障害者福祉法第19条の7又は第21条の2の規定により、更生医療等の支給費用の自己負担額の認定を受けるため

⑧ 感染症の予防及び感染症の患者に対する医療に関する法律第37条第2項の規定により、医療に要する費用の自己負担額の認定を受けるため

⑨ その他①～⑧までに類する目的

4 電子納税証明書

　インターネットを利用して納税証明書の請求・取得をする「電子納税証明書」を利用することができます。

　電子納税証明書は、税務署長（国税局長）が、請求者である納税者の所得金額や税額を証明するもので、書面による納税証明書と同様の事項を証明する電子データです。

　電子納税証明書は電子データが原本であり、紙に出力したものは原本ではありません。

第11章　雑　　則

（納税証明書交付請求書）

納 税 証 明 書 交 付 請 求 書

収入印紙ちょう付欄
（消印しないでください）

税務署長　あて

年　　月　　日

【代理人記入欄】
代理人の方のみ記入してください。
住所

氏名　　　　　　　　　　　　　印

※代理人の方が請求される場合は委任状が必要です。

住　　所 （納税地）	
（フリガナ）	
氏　　名 又　　　は 法人名及び 代表者氏名	印
個 人 番 号 又　　　は 法 人 番 号	

※個人番号の記入に当たっては、左端を空欄にしてください。

〔信託の名称：　　　　　　　　　　　　　　　　　　　　　〕

下記のとおり、納税証明書の交付を請求します。

記

証明書の 種　　類	□ その1	□ その2	□ その3 □ その3の2 □ その3の3	□ その4
証明を受 けようと する税目 （該当する税目 に✓印を記入 してください。）	□ 申 告 所 得 税 及 　 復 興 特 別 所 得 税 □ 法 　 人 　 税 □ 消 費 税 及 　 地 方 消 費 税 □ そ 　 の 　 他 　（　　　　　　　税）	□ 申 告 所 得 税 及 　 復 興 特 別 所 得 税 □ 法 　 人 　 税	□ 申 告 所 得 税 及 　 復 興 特 別 所 得 税 □ 法 　 人 　 税 □ 消 費 税 及 　 地 方 消 費 税 □ そ 　 の 　 他 　（　　　　　　　税） ※その3の2、その3の3の場合は記入 する必要はありません。	
証明を受 けようとす る国税の 年　　度	年分 自　年　　月　　日 至　年　　月　　日 年分 自　年　　月　　日 至　年　　月　　日 年分 自　年　　月　　日 至　年　　月　　日	年分 自　年　　月　　日 至　年　　月　　日 年分 自　年　　月　　日 至　年　　月　　日 年分 自　年　　月　　日 至　年　　月　　日		
証明を受 けようとす る事　項	・納付すべき税額 ・納付済額 ・未納税額 □法定納期限等 □源泉徴収税額 □未納税額のみ （□には、必要な場合に✓印を記入し てください。）	所得金額 ※申告所得税及び復興特別所得 税の証明の場合、所得種類別 の証明も可能です。 □には証明を受けようとする事 項に✓印を記入してください。 □総所得金額の証明 □事業所得金額の証明 □上記以外の所得金額の証明 （　　　　　　　　　）	未納の税額がないこと ※その3の2は「申告所得税及 復興特別所得税」と「消費税及 地方消費税」に、その3の3は 「法人税」と「消費税及び地方消 費税」に未納税額がないことと なります。	次の期間について、 滞納処分を受けたこと がないこと 自　年　　月　　日 至　年　　月　　日
証明書の 請求枚数	枚	枚	枚	枚

証 明 書 の 使 用 目 的	□資金借入　　□入札参加指名願　　□登録申請（更新）　　□保証人 □その他（　　　　　　　　　　　　　　　）

※税務署整理欄

個 人	□番号確認 （代理人）	□本人確認 □委任状	番号確認書類（個人のみ） □個人番号カード　□通知カード　□その他 本人（代理人）確認書類 □個人番号カード　□運転免許証　□旅券（パスポート）　□その他 □官公庁発行の身分・資格証明書（顔写真付）〔　　　　　　　　　〕		確認者
法 人	□本人確認 （代理人）	□委任状			証 明 番 号
整 理 番 号			個 人 番 号		
摘 　 要					

□収入印紙 □現　　金	その1	税目数	年度	枚	円	合計	確認者	領収担当者印
	その2		年度	枚	円	〔内 現金　　　　円〕		
	その3			枚	円			
	その4			枚	円	円		

— 492 —

第4節 納税証明

(納税証明書・その1)

(納税証明書・その2)

(納税証明書・その2)

(納税証明書・その3)

第11章　雑　　則

（納税証明書・その3の2）

納　税　証　明　書

〈その3の2・「申告所得税」及び「消費税及び地方消費税」
について未納税額のない証明用〉

住　所（所在地）

氏　名（名　称）

1　申告所得税について未納の税額はありません。

2　消費税及び地方消費税について未納の税額はありません。

以　下　余　白

第　　号

（納税証明書・その3の3）

納　税　証　明　書

〈その3の3・「法人税」及び「消費税及び地方消費税」
について未納税額のない証明用〉

住　所（所在地）

氏　名（名　称）

代表者

1　法人税について未納の税額はありません。

2　消費税及び地方消費税について未納の税額はありません。

以　下　余　白

第　　号

（納税証明書・その4）

納　税　証　明　書

（その4）

住　所（所在地）

氏　名（名　称）

第　　号

第12章　罰　　則

通則法においては、次に掲げるような罰則規定を設けています。

> **通則法の罰則規定**
>
> 通則法第126条　申告義務違反・脱税煽動等
>
> 　　　　127条　国税の調査・徴収事務従事者の守秘義務違反
>
> 　　　　128条　更正請求書の虚偽記載
>
> 　　　　129条　不答弁・虚偽答弁
>
> 　　　　130条　業務主の処罰等

1　申告義務違反及び脱税煽動等の罪

　納税者がすべき国税の課税標準の申告（その修正申告を含みます。以下「申告」といいます。）をしないこと、虚偽の申告をすること又は国税の徴収若しくは納付をしないことを煽動した者は、3年以下の懲役又は20万円以下の罰金に処されます（通126①）。

　また、納税者がすべき申告をさせないため、虚偽の申告をさせるため、又は国税の徴収若しくは納付をさせないために、暴行又は脅迫を加えた者も、3年以下の懲役又は20万円以下の罰金に処されます（通126②）。

事務内容	者	行　為	罰則内容
①申告をしないこと、虚偽の申告をすること又は国税の徴収若しくは納付をしない	煽動した者	煽動	3年以下の懲役又は20万円以下の罰金
②申告をさせない、虚偽の申告をさせる又は国税の徴収若しくは納付させない	暴行又は脅迫を加えた者	暴行又は脅迫	

(注)　煽動犯は、昭和20年代の悪質な反税運動が展開される事態に至ったことを受け、納税制度の維持と言論の自由との調和を図るため昭和23年に創設されたものです。旧国犯法22条に規定されていましたが、平成29年度税制改正による国税犯則調査手続の見直しに併せて、現代語化した上で、通則法に編入されました（通126）。

罰

則

第12章 罰　　則

2　国税の調査・徴収事務従事者の守秘義務違反

　①国税に関する調査（不服申立てに係る事件の審理のための調査及び国税の犯則事件の調査を含みます。）、若しくは②租税条約等実施特例法等の規定に基づいて行う情報の提供のための調査に関する事務、又は③国税の徴収若しくは同法の規定に基づいて行う相手国等の租税の徴収等に関する事務に、「従事している者」又は「従事していた者」が、これらの事務に関して知ることのできた秘密を「洩らし」又は「盗用」したときは、2年以下の懲役又は100万円以下の罰金に処されます（通127）。

事務内容	者	行為	罰則内容
①　国税の調査 ②　租税条約等実施特例法等の規定に基づいて行う情報提供のための調査に関する事務 ③　国税の徴収若しくは相手国等の租税の徴収に関する事務(注)	左記の事務に「従事している者」又は「従事していた者」	知ることのできた秘密を「漏らし」又は「盗用」	2年以下の懲役又は100万円以下の罰金

(注)　通則法第127条は、平成22年の改正で同126条として新設されました（改正前は各税法上で規定）が、平成24年の改正において、徴収共助等の要請を受けて「外国租税」の徴収を行う職員について、通則法上の守秘義務違反の罰則規定の対象に加えられました。

　　調査に関する事務

　質問検査権行使に係る調査のみを示すものではなく、申告書等が提出された段階から、申告審理、実地調査、更正決定に至る全ての事務を含む広い概念と解されています。

　　これらの事務に関して知ることができた秘密

　専ら国税の調査又は国税の徴収等の事務に関連して得られた納税者その他の私人の秘密をいうものと解されています。

　したがって、国家公務員法上の守秘義務規定における「職務上知ることのできた秘密」とは異なります。

3　虚偽記載等

　次のいずれかに該当する者は、1年以下の懲役又は50万円以下の罰金に処されます（通128）。
①　更正請求書に偽りの記載をして税務署長に提出した者
②　質問検査権の規定における当該職員の質問に対して答弁せず、若しくは偽りの答弁をし、又はこれらの規定による検査、採取、移動の禁止若しくは封かんの実施を拒み、妨げ、若しくは忌避した者
③　②の質問検査権又は特定事業者等への報告の求め（通74の7の2）の規定による物件の提示又は提出の要求に対し、正当な理由がなくこれに応じず、又は偽り

— 496 —

の記載若しくは記録をした帳簿書類その他の物件（その写しを含みます。）を提示し、若しくは提出し、若しくは偽りの報告をした者

相手方の行為	罰則内容
① 更正請求書に虚偽の記載 ② 質問検査行使に対する不答弁、偽りの答弁等 ③ 物件の提示・提出要求を正当な理由なく拒否等	1年以下の懲役 又は50万円以下の罰金

(1) 更正請求書に虚偽記載

　虚偽の記載をした更正請求書を税務署長に提出した者は、1年以下の懲役又は50万円以下の罰金に処されます（通128一）。

　この場合の「偽りの記載」については、「故意に」偽りの記載をする行為を処罰するものであり、過失犯については処罰の対象にならないと考えられています。

	相手方の行為	罰則内容
更正請求書を税務署長に提出	更正請求書に虚偽の記載	1年以下の懲役 又は50万円以下の罰金

　(注)　平成23年12月改正において、更正の請求期間が延長されたことに伴い処理件数の増加が見込まれる中、適正かつ円滑な税務行政を確保する観点から設けられました。

(2) 質問検査拒否妨害等

　質問検査権の規定に基づいてする税務職員の質問に対して故意に「答弁せず」若しくは「偽りの答弁をし」、又は同職員の検査、採取、移動の禁止若しくは封かんの実施を故意に「拒み」、「妨げ」若しくは「忌避した」者は、1年以下の懲役又は50万円以下の罰金に処されます（通128二）。

質問検査権行使の具体的内容	相手方の行為	罰則内容
納税義務者及び取引先等に質問	質問に対し故意に「答弁せず」、「偽りの答弁」	1年以下の懲役 又は50万円以下の罰金
上記の者の事業に関する帳簿書類その他の物件の検査、採取等	検査、採取等の実施を故意に「拒み」、「妨げ」、「忌避した」	

　(注)　通則法第74条の2から第74条の6までの規定による質問検査権は、国税の適正な課税、徴収、納付を実現することを目的とするものであり、質問検査を実効あらしめるため、質問に対する不答弁・虚偽答弁や検査妨害等の行為を犯罪として処罰することとし、間接的に正当な答弁や検査の受忍を強制するものです。
　➤　滞納処分に関する質問を拒否する場合にも罰則の適用があります（徴188一）。

(3) 提示・提出要求不応諾、虚偽記載帳簿書類等の提示・提出・報告

　通則法第74条の2から第74条の6までの質問検査権に基づく物件の提示又は提出の要求に対し、故意に「正当な理由がなくこれに応じず」若しくは「偽りの記載若しく

は記録をした帳簿書類その他の物件を提示し、若しくは提出し、若しくは偽りの報告をした」場合に、1年以下の懲役又は50万円以下の罰金に処されます（通128三）。

質問検査権行使の具体的内容	相手方の行為	罰則内容
物件の提示又は提出の要求	故意に「正当な理由なくこれに応じず」若しくは「偽りの記載若しくは記録をした帳簿書類その他の物件を提示し、若しくは提出、若しくは偽りの報告」	1年以下の懲役又は50万円以下の罰金

(注) 上記(2)及び(3)は、平成23年12月改正において、質問検査権規定について納税義務者等に対して帳簿書類等の提示・提出を求めることを法律上明確化することとされたことから、これを担保する罰則についても、従来からの検査忌避等に対する罰則と同様に、処罰することとされたものです。

➤ 滞納処分に関する検査を拒否する場合にも罰則の適用があります（徴188二）。

4 不答弁・虚偽答弁

担当審判官等の質問に対して、「答弁せず」若しくは「偽りの答弁をし」、又は同審判官等の検査を「拒み」、「妨げ」、「忌避し」若しくは当該検査に関し「偽りの記載若しくは記録をした帳簿書類を提示した」者は、30万円以下の罰金に処されます（通129）。この罰則は、審査請求人及びその特殊関係人には適用されません。

行為等	相手方の行為	罰金内容
① 不答弁・虚偽答弁	「答弁せず」又は「偽りの答弁」	30万円以下の罰金
② 検査妨害罪	「拒み」、「妨げ」、「忌避し」又はその検査に関し「偽りの記載の若しくは記録をした帳簿書類を提出」	

(注) 不答弁・虚偽答弁又は検査妨害等の行為を犯罪として処理することとしたのは、行政上の必要から設けられた担当審判官等の質問を実効あらしめるためのものです。

➤ 審査請求人等に罰則が適用されない理由
担当審判官の質問は、審査請求人が処分の違法性又は不当を主張して、自己の権利利益の救済を求める請求があったことに対し、その審理のために行われるものです。審査請求人等を罰則の対象から除外するのはこのような特殊な立場を考慮するためです。
☞ 通則法第97条第4項（審査請求人等が調査不協力の場合）参照

5 両罰規定

(1) 業務主の処罰等

法人の代表者（人格のない社団等の管理人を含みます。）又は法人、人格のない社団等若しくは人の代理人、使用人その他の従業者が、その法人、人格のない社団等又は人の業務又は財産に関して通則法第127条、128条の違反行為をしたときは、その行為者を罰するほか、その法人、人格のない社団等又は人に対して当該各条の罰金刑が科されます（通130①）。

— 498 —

(注) 業務主処罰の趣旨……業務主の従業員等に対する選任、監督上の義務に基づく過失を推定するものと解されています。

両 罰 規 定

質問又は検査を拒否 ⇨ 質問検査を拒否等をした者（行為者）　行為者の法人又は人

⑵　人格のない社団等への両罰規定の適用

　人格のない社団等に両罰規定を適用する場合、その代表者又は管理人が人格のない社団等を代表するほか、刑事訴訟に関する法律における法人を被告人又は被疑者とする場合の規定が準用されます（通130②）。

第13章　犯則事件の調査及び処分

第1節　国税犯則調査手続の概要

> 国税の犯則調査とは

　国税の犯則調査は、国税の公平確実な賦課徴収という行政目的を実現するため、国税について犯則（脱税等）が疑われる場合に、国税職員が実施する調査です。

　担当する国税職員は、通常の税務調査とは異なる権限に基づき証拠を発見・収集し、刑事責任を追及すべき案件と判断した場合には検察官へ告発を行います。

　この代表例としては、国税局査察部が所得税や法人税の脱税等に対して行う査察調査がこれに当たります。

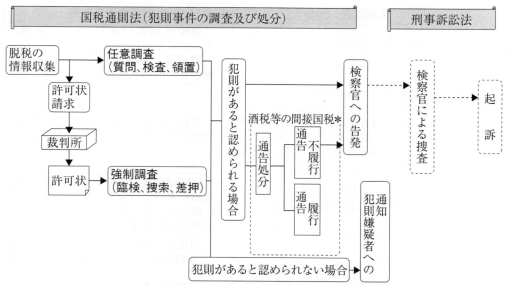

＊間接国税　輸入品に課される消費税（賦課課税方式）
酒税、たばこ税、揮発油税、地方揮発油税
石油ガス税、石油石炭税
（資料出所：税制調査会 提出資料、抜すい一部修正）

> 犯則調査手続を定める他の法律
　関税法（関税の脱税等）、金融商品取締法（インサイダー取引等）、独占禁止法（カルテル等）

第13章　犯則事件の調査及び処分

> 任意調査と強制調査

　犯則事件の調査の手段としては、「**任意調査**」と「**強制調査**」があります。

　ここにいう「任意調査」とは、相手方の承諾を得て行われる「質問」、「検査」又は「領置」の方法によるほか、照会の方法によって行われるものです。

　また、「強制調査」とは、相手方の承諾の有無に関係なく、強制的に「臨検」、「捜索」又は「差押え又は記録命令付き差押え」の方法によって行われるものです。なお、強制調査の場合には、原則として裁判官の発する許可状を必要とするほか、時刻の制限などの調査上の制約を受けます。

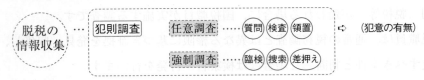

犯則調査の内容とその具体例

		犯則調査の内容	犯則調査の具体例
任意調査	質問	犯則嫌疑者又は参考人（以下「犯則嫌疑者等」といいます。）に対して問いを発して答えを求めることをいいます。	・犯則嫌疑者に対し、犯意、動機、不正手段などについて質問 ・取引先（参考人）に対し、犯則嫌疑者との取引状況について質問　等
	検査	犯則嫌疑者等の承諾を得て、これらの者が所持する犯則事件に関係のある帳簿、書類その他の物件又は住居その他の場所について、その存在及び性質、形状、現象その他の状態を五感の作用により知覚、認識する処分をいいます。	・犯則嫌疑者の承諾を得て所持する帳簿等を閲覧し、その内容を認識　等
	領置	犯則嫌疑者等が任意に提出し、又は置き去った物件の占有を取得する処分をいいます。	・犯則嫌疑者が所持する帳簿等の任意提出を求めて占有を取得 ・取引先（参考人）が所持する帳簿等の任意提出を求めて占有を取得
強制調査	臨検	犯則嫌疑者等が関係する帳簿、書類その他の物件又は居住その他の場所に臨み、検査をする強制処分をいいます。	・犯則嫌疑者の居宅・事務所に存在する現金に基づき、金種、金額を確認 ・犯則嫌疑者の居宅・事務所に存在する預金通帳に基づき、預金残高を確認　等
	捜索	犯則嫌疑者等の身体又は所持する帳簿、書類その他の物件を強制的に探すことをいいます。	・犯則嫌疑者の居宅・事務所を捜索　等
	差押え	犯則嫌疑者等が持っている犯則事件の証拠と思料される物件又は没収品に該当すると思料される物件の占有を強制的に取得する強制処分をいいます。	・犯則事件の証拠に該当すると思料される帳簿等の占有を強制的に取得　等

（資料出所：税制調査会　提出資料、抜すい一部修正）

第2節　犯則事件の調査

1　任意調査

> 質問、検査又は領置

　国税庁等の当該職員（以下「当該職員」といいます。）は、国税に関する犯則事件を調査するため必要があるときは、犯則嫌疑者等に対して出頭を求め、質問をし、犯則嫌疑者等が所持し若しくは置き去った物件を検査し、又は犯則嫌疑者等が任意に提出し、若しくは置き去った物件を領置することができます（通131①）。

　当該職員は、物件を領置したときは、領置をしたことを明白にしておくために、領置物件に封印をし、又はその他の方法により領置したことを明らかにしなければなりません（通令44）。

> 照　会

　当該職員は、犯則事件の調査について、官公署又は公私の団体に照会して必要な事項の報告を求めることができます（通131②）。

2　強制調査

> 臨検、捜索又は差押え

　当該職員は、犯則事件を調査するため必要があるときは、その所属官署の所在地を管轄する地方裁判所又は簡易裁判所の裁判官があらかじめ発する**許可状**により、**臨検**、犯則嫌疑者等の身体、物件若しくは住居その他の場所の**捜索**、証拠物若しくは没収すべき物件と思料するものの**差押え又は記録命令付差押え**をすることができます。

　ただし、参考人の身体、物件又は住居その他の場所については、差し押えるべき物件の存在を認めるに足りる状況にある場合に限り、捜索をすることができます（通132①）

　当該職員は、物件の領置、差押え等をしたときは、差押物件に封印をし、又はその他の方法により、差押え又は記録命令付差押えをしたことを明らかにしなければなりません（通令44）。

第13章　犯則事件の調査及び処分

```
┌─────┐      ┌─────┐  ┌─────┐  ┌─────┐
│ 許可状 │ ⇨  │ 臨検 │  │ 捜索 │  │差押え│
└─────┘      └─────┘  └─────┘  └─────┘
```

(1) 記録命令付差押え

当該職員は、裁判官が発する**許可状**により、電磁的記録を保管する者その他電磁的記録を利用する権限を有する者に命じて必要な電磁的記録を記録媒体に記録、又は印刷させた上で、その記録媒体を差し押さえること（**記録命令付差押え**）ができます（通132①）。

➤ 「**電磁的記録**」とは、電子的方式、磁気的方式その他の人の知覚によっては認識することができない方式で作られる記録であって、電子計算機による情報処理の用に供されるものをいいます（通34の6③）。

(2) 接続サーバー保管の自己作成データー等の差押え

差し押さえるべき物件が電子計算機であるときは、当該電子計算機に電気通信回線で接続している記録媒体であって、当該電子計算機で作成若しくは変更をした電磁的記録又は当該電子計算機で変更若しくは消去することができることとされている電磁的記録を保管するために使用されていると認めるに足りる状況にあるものから、その電磁的記録を当該電子計算機又は他の記録媒体に複写した上で、当該電子計算機又は当該他の記録媒体を差し押さえることができます（通132②）。

(3) 許可状の請求等

イ　当該職員は、許可状を請求する場合においては、犯則事件が存すると認められる資料を提供しなければなりません（通132④）。

ロ　この請求があった場合、地方裁判所又は簡易裁判所の裁判官は、①犯則嫌疑者の氏名（法人においては名称）、②罪名並びに③臨検すべき物件若しくは場所、捜索すべき身体、物件若しくは場所、差し押さえるべき物件又は記録させ、若しくは印刷させるべき電磁的記録及びこれを記録させ、若しくは印刷させるべき者並びに④請求者の官職氏名、⑤有効期間、その期間経過後は執行に着手することができずこれを返還しなければならない旨、交付の年月日及び裁判所名を記載し、自己の記名押印した許可状を当該職員に交付しなければなりません（通132⑤）。

また、上記(2)の場合においては、許可状に上記規定する事項のほか、差し押さえるべき電子計算機に電気通信回線で接続している記録媒体であって、その電磁的記

第2節　犯則事件の調査

録を複写すべきものの範囲を記載しなければなりません（通132⑥）。

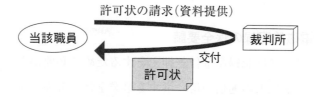

原則：「許可状」（通132④）⇒　許可状請求書の記載事項（通令45①）

例外：許可状なし（通135①）

```
臨検、捜索、差押えの場合の許可状の記載事項（通令45①）
```

（許可状請求書の記載事項）
① 犯則嫌疑者の氏名
② 罪名及び犯則事実の要旨
③ 臨検すべき物件若しくは場所、捜索すべき身体、物件若しくは場所、差し押さえるべき物件又は記録させ、若しくは印刷させるべき電磁的記録及びこれを記録させ、若しくは印刷させるべき者
④ 請求者の官職氏名
⑤ 許可状が7日を超える有効期間を必要とするときは、その旨及び事由
ほか

3　通信事務を取り扱う者に対する差押え

(1) 郵便物等の差押え

当該職員は、犯則事件を調査するため必要があるときは、**許可状**の交付を受けて、犯則嫌疑者から発し、又は犯則嫌疑者に対して発した郵便物、信書便物又は電信についての書類で法令の規定に基づき通信事務を取り扱う者が保管し、又は所持するものを差し押さえることができます（通133①）。

(2) 発信人等への通知

当該職員は、上記(1)の規定に該当しない郵便物、信書便物又は電信についての書類で法令の規定に基づき通信事務を取り扱う者が保管し、又は所持するものについては、犯則事件に関係があると認めるに足りる状況があるものに限り、許可状の交付を受けて、これを差し押さえることができます（通133②）。

(3) 当該職員は、上記(1)及び(2)の規定により処分をした場合においては、その旨を発信人又は受信人に通知しなければなりません。ただし、通知によって犯則事件の調

第13章　犯則事件の調査及び処分

査が妨げられるおそれがある場合はこの限りではありません（通133③）。

4　通信履歴の電磁的記録の保全要請

　当該職員は、差押え又は記録命令付差押えをするために必要があるときは、電気通信を行うための設備を他人の通信の用に供する事業を営む者等に対し、その業務上記録している通信履歴の電磁的記録のうち必要なもの（電気通信の送信元、送信先、通信日時等）を特定し、**30日**（特に必要があって延長する場合には、通じて**60日**）を超えない期間を定めて、消去しないよう書面で求めること（この場合において、必要があるときは、みだりにこれらに関する事項を漏らさないよう求めること）ができます（通134）。

5　現行犯事件の臨検、捜索又は差押え

　当該職員は、間接国税に関する犯則事件について、現に犯則を行い、又は現に犯則を行い終わった者がある場合において、その証拠となると認められるものを集取するため必要であって、かつ、急速を要し、許可状の交付を受けることができないときは、その犯則現場において、臨検、捜索又は差押えをすることができます（通135①）。

　また、当該職員は、間接国税に関する犯則事件について、現に犯則に供した物件若しくは犯則により得た物件を所持し、又は顕著な犯則の跡があって犯則を行ってから間がないと明らかに認められる者がある場合において、その証拠となると認められるものを集取するため必要であって、かつ、急速を要し、許可状の交付を受けることができないときは、その者の所持する物件に対して、臨検、捜索又は差押えをすることができます（通135②）。

➤　「間接国税」とは、次に掲げるものをいいます（通令46）。
　　①賦課課税方式が適用される課税貨物に課される消費税
　　②酒税
　　③たばこ税
　　④揮発油税
　　⑤地方揮発油税
　　⑥石油ガス税
　　⑦石油石炭税

6　電磁的記録に係る記録媒体の差押えに代わる処分

　差し押さえるべき物件が電磁的記録に係る記録媒体であるときは、当該職員は、そ

— 506 —

第2節　犯則事件の調査

の差押えに代えて、次に掲げる処分をすることができます（通136）。

① 差し押さえるべき記録媒体に記録された電磁的記録を他の記録媒体に複写し、印刷し、又は移転した上、当該他の記録媒体を差し押さえること。

② 差押えを受ける者に差し押さえるべき記録媒体に記録された電磁的記録を他の記録媒体に複写させ、印刷させ、又は移転させた上、当該他の記録媒体を差し押さえること。

☞ 上記媒体の返還については、「16　移転した上差し押さえた記録媒体の交付等」参照。

7　臨検、捜索又は差押え等に際しての必要な処分

当該職員は、臨検、捜索、差押え又は記録命令付差押えをするため必要があるときは、錠をはずし、封を開き、その他必要な処分をすることができます（通137）。

8　処分を受ける者に対する協力要請

臨検すべき物件又は差し押さえるべき物件が電磁的記録に係る記録媒体であるときは、当該職員は、臨検又は捜索若しくは差押えを受ける者に対し、電子計算機の操作その他の必要な協力を求めることができます（通138）。

9　許可状の提示

臨検、捜索、差押え又は記録命令付差押えの許可状については、これらの処分を受ける者に提示しなければなりません（通139）。

10　身分証明書の提示

当該職員は、質問、検査、領置、臨検、捜索、差押え又は記録命令付差押えをするときは、その身分を示す証明書を携帯し、関係人の請求があったときは、これを提示しなければなりません（通140）。

犯則事件調査職員証票（通規16、別紙第10号様式）

```
　第　　号
　　　　　　　　犯則事件調査職員証票
国税庁、国税局又は税務署
　　　　　　　　　　　　　　　　官　氏　　　名
　　　　　　　　　　　　　　　　　　年　月　　日生
　上記の者は、国税通則法第11章第1節の規定に基づき、犯則事件を調査するため、質問、検査、領置、臨検、捜索、差押え又は記録命令付差押えをする権限を有する職員であることを証明する。

　　　　　　　　　　　　　　　　　　年　月　　日交付
　　　　　　　　　　　　　国税庁、国税局又は税務署　　㊞
```

11　警察官の援助

　当該職員は、臨検、捜索、差押え又は記録命令付差押えをするに際し必要があるときは、警察官の援助を求めることができます〔通141〕。

　　　臨検、捜索、差押え又は記録命令付差押えに際し

　　　　当該職員　　援助を求める　　警察官

12　臨検等における立会い

(1)　当該職員は、人の住居又は人の看守する邸宅若しくは建造物その他の場所で臨検、捜索、差押え又は記録命令付差押えをするときは、その所有者等を立ち会わせなければなりません（通142①）。

　なお、これら所有者等を立ち合わせることができないときは、その隣人で成年に達した者又はその地の警察官若しくは地方公共団体の職員を立ち会わせなければなりません（通142②）。

(2)　現行犯事件の臨検、捜索又は差押えをする場合において、急速を要するときは、上記(1)の立会いを要しません（通142③）。

(3)　女子の身体について捜索をするときは、成年の女子を立ち会わせなければなりません。ただし、急速を要する場合は、この限りではありません（通142④）。

第2節　犯則事件の調査

```
           ┌─────────────────────┐
           │ 臨検、捜索、差押え時の立会い │
           └─────────────────────┘
                                         ＊住居の所有者等
   ╭──────╮        ◄───────   ╭──────╮   ＊上記以外に
   │ 当該職員 │───────────│ 立会人 │      ・隣人で成年に達した者
   ╰──────╯                ╰──────╯      ・警察官
                                          ・地方公共団体の職員
```

➤　代替的な立会人の範囲に都道府県職員をそれぞれ加えることとされましたが（通142②）、国税徴収手続における代替的立会人の範囲についても、同様の整備が行われています（徴144）。

13　領置目録等の作成等

　当該職員は、領置、差押え又は記録命令付差押えをしたときは、その目録を作成し、その所持者等にその謄本を交付しなければなりません（通143）。

┌──────────────────────────────────┐
│ **領置目録等の記載事項（通令47）**   │
└──────────────────────────────────┘

┌──────────────────────────────────────┐
│ ①　領置、差押え又は記録命令付差押えをした物件の品名及び数量 │
│ ②　領置等をした日時及び場所   │
│ ③　領置等をした物件の所持者の氏名及び住所又は居所   │
└──────────────────────────────────────┘

14　領置物件等の処置

⑴　保管

　運搬又は保管に不便な領置物件、差押物件又は記録命令付差押物件は、その所有者又は所持者その他当該職員が適当と認める者に、その承諾を得て、保管証を徴して保管させることができます（通144①）。

　この場合、その旨を領置、差押え又は記録命令付差押えの際における当該物件の所持者に通知しなければなりません（通令48①）。

⑵　公売

　国税庁長官、国税局長又は税務署長は、領置物件又は差押物件が腐敗し、若しくは変質したとき、又は腐敗若しくは変質のおそれがあるときは、次に掲げる事項を公告した後これを公売に付し、その代金を供託することができます（通144②）。

> **公告事項**（通令48②）
> ① 公売に付そうとする領置物件等の品名及び数量
> ② 公売の日時、場所、方法及び事由
> ③ 買受代金の納付の期限
> ④ 保証金に関する事項
> ⑤ 前各号に掲げるもののほか、公売に関し必要な事項

公告 ▶ 公売 ▶ 供託

➤ **領置物件等に腐敗等がある場合**

　領置物件等に腐敗等のおそれがある場合に行う公売について、上記公売事項に規定するもののほか、その性質に反しない限り、国税徴収法の公売手続に準ずることとされています（通令48③）。
　また、当該職員及び領置物件又は差押物件の所有者は、公売に付される領置物件等を買い受けることができません（通令48④）。

15　領置物件等の還付等

(1)　留置物件等の還付

　当該職員は、領置物件、差押物件又は記録命令付差押物件について、留置の必要がなくなったときは、その返還を受けるべき者に還付しなければなりません（通145①）。

(2)　留置等の還付することができない場合

　国税庁長官、国税局長又は税務署長は、これらの物件の返還を受けるべき者の住所等が不明等の事由によりこれを還付することができない場合には、その旨を公告した上で（通145②）、その公告の日から6月を経過しても還付請求がないときは、これらの物件は国庫に帰属することになります（通145③）。

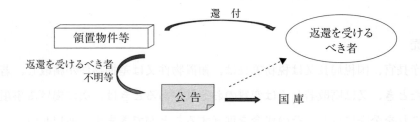

第2節　犯則事件の調査

16　移転した上差し押さえた記録媒体の交付等

当該職員は、通則法第136条《電磁的記録に係る記録媒体の差押えに代わる処分》の規定により電磁的記録を移転し、又は移転させた上差し押さえた記録媒体について留置の必要性がなくなった場合において、差押えを受けた者と当該記録媒体の所有者、所持者又は保管者とが異なるときには、当該差押えを受けた者に対し、当該記録媒体を交付し、又は当該電磁的記録の複写を許さなければなりません（通146）。

17　鑑定、通訳又は翻訳の嘱託

当該職員は、犯則事件を調査するため必要があるときは、学識経験を有する者に領置物件、差押物件若しくは記録命令付差押物件について鑑定を嘱託し、又は通訳若しくは翻訳を嘱託することができます（通147①）。

なお、鑑定人は、裁判官の許可を受けて、鑑定に係る物件を破壊することができます（通147②）。

➤　鑑定に係る許可状請求書の記載事項（通令50）

18　臨検、捜索、差押え等の夜間執行の制限

強制調査である臨検、捜索、差押え又は記録命令付差押えは、一定の場合を除き、許可状に夜間でも執行することができる旨の記載がない場合には、日没から日出までの間にしてはなりません（通148①）。

しかしながら、日没前に開始した臨検、捜索、差押え又は記録命令付差押えは、必要があると認めるときは日没後まで継続することができます（通148②）。

➤　許可状に夜間でも執行することができる旨の記載がある場合には、日没後でも臨検等を開始することができます。

➤　夜間執行の制限を受けない国税（通令51）
　　・消費税法第2条第1項第11号に規定する課税貨物に課される消費税
　　・酒税
　　・石油ガス税

➤　**強制調査**　…　時間制限　　例外　　①間接国税の現行犯又は準現行犯
　　　　　　　　　　　　　　　　　　②通則法施行令第51条…課税貨物に課される消費税、酒税、石油ガス税
　　　　　　　　　　　　　　　　　　③通則法第148条第2項

— 511 —

19　処分中の出入り禁止

当該職員は、質問、検査、領置、臨検、捜索、差押え又は記録命令付差押えをする間は、何人に対しても、許可を受けないでその場所に出入りすることを禁止することができます（通149）。

20　執行を中止する場合の処分

臨検、捜索、差押え又は記録命令付差押えの許可状の執行を中止する場合において、必要があるときは、執行が終わるまでその場所を閉鎖し、又は看守者を置くことができます（通150）。

21　捜索証明書の交付

捜索をした場合において、証拠物又は没収すべき物件がないときは、捜索を受けた者の請求に応じて、その旨の証明書（「**捜索証明書**」）を交付しなければなりません（通151）。

22　調書の作成

(1)　質問の調書

質問に係る調書については、質問を受けた者に閲覧又は読み聞かせ、内容の変更等の申立てがあるときは、その陳述を**調書**に記載しなければなりません（通152①）。

具体的には、質問したときは、①その調書を作成し、②質問を受けた者に閲覧させ又は読み聞かせて、③誤りがないかどうかを問い、④質問を受けた者が増減変更の申立てをしたときはその陳述を調書に記載し、⑤質問を受けた者とともに署名押印しなければなりません。

この場合、⑥質問を受けた者が署名押印せず、又は署名押印することができないときは、その旨を付記すれば足ります。

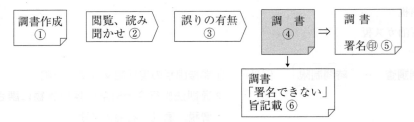

(2)　検査又は領置の調書

当該職員が、検査又は領置したときは、**調書**を作成し、これに署名押印しなけれ

第2節　犯則事件の調査

ばなりません（通152②）。

(3) 臨検、捜索、差押え又は記録命令付差押えの調書

当該職員が、臨検、捜索、差押え又は記録命令付差押えをしたときは、**調書**を作成し、立会人に示し、立会人とともに署名押印しなければなりません。ただし、立会人が署名押印せず、又は署名押印することができないときは、その旨を付記すれば足ります（通152③）。

23　調査の管轄及び引継ぎ

(1) 犯則事件の調査は、国税庁の当該職員又は事件発見地を所轄する国税局若しくは税務署の当該職員が行います（通153①）。

(2) 国税庁の当該職員が集取した間接国税に関する犯則事件の証拠で、重要な犯則事件に関するものは所轄国税局の当該職員に、その他のものは所轄税務署の当該職員に、それぞれ引き継がなければなりません（通153②）。

(3) 国税局の当該職員が集取した犯則事件の証拠は、所轄税務署の当該職員に引き継がなければなりまりません。ただし、重要な犯則事件の証拠については、この限りではありません（通153③）。

(4) 税務署の当該職員が集取した重要な犯則事件の証拠は、所轄国税局の当該職員に引き継がなければなりません（通153④）。

(5) 同一の犯則事件が2以上の場所において発見された時は、各発見地において集取された証拠は、最初の発見地を所轄する税務署の当該職員に引き継がなければなりません。ただし、その証拠が重要な犯則事件の証拠であるときは、最初の発見地を所轄する国税局の当該職員に引き継がなければなりません（通153⑤）。

24　管轄区域外における職務の執行等

国税局又は税務署の当該職員は、犯則事件を調査するため必要があるときは、所属する国税局又は税務署の管轄区域外において、その職務を執行することができます（通154）。

また、国税局長又は税務署長は、その管轄区域以外において犯則事件の調査の必要があるときは、その地の国税局長又は税務署長に嘱託することができます（通154②③）。

第 3 節　犯則事件の処分

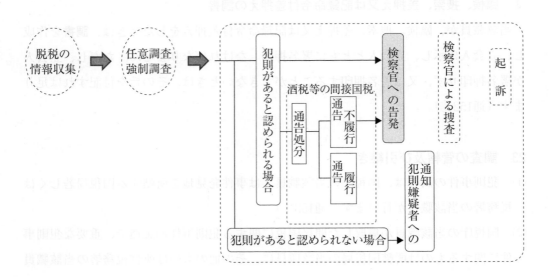

1　間接国税以外の国税に関する犯則事件等についての告発

当該職員は、次に掲げる犯則事件の調査により犯則があると思料するときは、検察官に告発しなければなりません（通155）。
- 間接国税以外の国税に関する犯則事件
- 申告納税方式による間接国税に関する犯則事件（酒税法第55条第1項又は第3項の罪等に限られます。通令53）

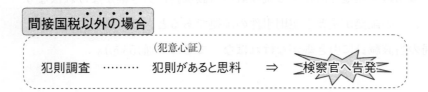

2　間接国税に関する犯則事件についての報告等

(1) 国税局又は税務署の当該職員は、間接国税に関する犯則事件（通則法第155条第2号に掲げる犯則事件を除きます。）の調査を終えたときは、その調査の結果を所轄国税局長又は所轄税務署長に報告しなければなりません。ただし、次のいずれかに該当する場合においては、直ちに検察官に告発しなければなりません（通156）。

第3節　犯則事件の処分

> ①　犯則嫌疑者の居所が明らかでないとき
> ②　犯則嫌疑者が逃走のおそれがあるとき
> ③　証拠となると認められるものを隠滅するおそれがあるとき

(2)　国税庁の当該職員は、間接国税に関する犯則事件を終えたときは、その調査の結果を所轄国税局長又は所轄税務署長に通報しなければなりません。ただし、上記(1)の①から③のいずれかに該当する場合においては、直ちに検察官に告発しなければなりません。

間接国税の場合

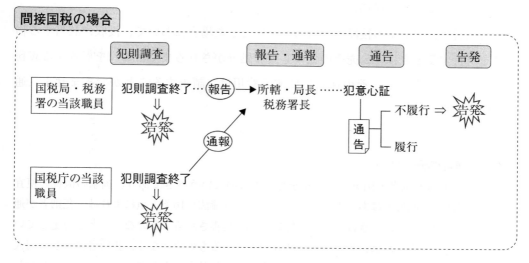

3　間接国税に関する犯則事件についての通告処分等

(1)　国税局長又は税務署長は、間接国税に関する犯則事件の調査により犯則の心証を得たときは、その理由を明示し、罰金に相当する金額、没収に該当する物件、追徴金に相当する金額並びに書類の送達並びに差押物件又は記録命令付差押物件の運搬及び保管に要した費用を指定の場所に納付すべき旨を書面により通告しなければなりません。この場合において、没収に該当する物件については、納付の申出のみをすべき旨通告することができます（通157①）。

　　➤　通告の方法等（通令54）

(2)　次のいずれかに該当すると認めるときは、上記(1)の規定にかかわらず、国税局長又は税務署長は直ちに検察官に告発しなければなりません（通157②）。

　イ　情状が懲役の刑に処すべきものであるとき
　ロ　犯則者が通告の旨を履行する資力がないとき

(3)　上記(1)による通告に計算違い、誤記その他これらに類する明白な誤りがあるとき

第13章　犯則事件の調査及び処分

は、国税局長又は税務署長は、犯則者が当該通告の旨を履行し、又は上記(2)若しく
は通則法第158条の規定により告発するまでの間、職権で、当該通告を更正するこ
とができます（通157③）。

(4)　上記(1)の通告があったときは、公訴の時効は、その進行を停止し、犯則者が当該
　　通告を受けた日の翌日から起算して20日を経過した時からその進行が始まります
　　（通157④）。

(5)　犯則者は、上記(1)の通告の旨を履行した場合においては、同一事件について公訴
　　を提起されません（通157⑤）。

(6)　犯則者は、上記(1)の後段の通告の旨を履行した場合において、没収に該当する物
　　件を所持するときは、公売その他の必要な処分がされるまで、これを保管する義務
　　を負います。ただし、その保管に要する費用は、請求することができません（通
　　157⑥）。

参考　通告処分とは…
　　「いわば犯則者と国家との私和を認めたものというべきであり、国家の徴税の便宜
　を考慮した制度ではあるが、同法（国税犯則取締法）16条1項によれば、犯則者が通
　告の旨を履行したときは、同一事件につき、起訴されることのないことを規定してい
　るところからすれば、単に徴税の便宜のみによるものではなく、犯則者に対し、同人
　がこの通告に従うことによって、公訴権消滅の利益を与えた制度でもある」と判示し
　ています（最高判昭和47年10月24日）。

4　間接国税に関する犯則事件についての通告処分の不履行

　犯則者が通告等を受けた場合において、当該通告等を受けた日の翌日から起算して
20日以内に当該通告の旨の履行をしないときは、国税局長又は税務署長は、検察官に
告発しなければなりません。ただし、当該期間を経過しても告発前に履行した場合は、
この限りではありません（通158①）。

　また、①犯則者の居所が明らかでないため、若しくは②犯則者が通告等に係る書類
の受領を拒んだため、又は③その他の事由により通告等をすることができないときも、
同様に、検察官に告発しなければなりません（通158②）

➤　通告処分の対象となる間接国税の犯則事件については、国税局長等の告発が訴訟事件
　であることを法令上明確化されます。

— 516 —

第3節　犯則事件の処分

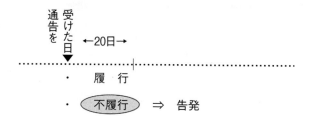

5　検察官への引継ぎ

(1)　間接国税に関する犯則事件は、通則法第156条第1項ただし書《間接国税以外の国税に関する犯則事件等についての報告等》の規定による国税局若しくは税務署の当該職員の告発、同条第2項ただし書の規定による国税庁の当該職員の告発又は同法第157条第2項《間接国税に関する犯則事件についての通告処分等》若しくは同法第158条《間接国税に関する犯則事件についての通告処分の不履行》の規定による国税局長若しくは税務署長の**告発**を待って論ずるとされています（通159）。

(2)　告発は、手続の明確性を保つため、書面で行うこととされています。
　　告発に際しては、調査に際して作成した調書を添付し、領置物件、差押物件又は記録命令付差押物件があるときは、これを領置目録、差押目録又は記録命令付差押目録とともに検察官に引き継がなければなりません（通159②）。

6　犯則の心証を得ない場合の通知等

国税局長又は税務署長は、間接国税に関する犯則事件の調査により犯則の心証を得ない場合には、その旨を犯則嫌疑者に通知しなければならない。この場合において、物件の領置、差押え又は記録命令付差押えがあるときは、その解除を命じなければなりません（通160）。

　➤　犯則の心証を得ない場合の供託書の交付（通令55）

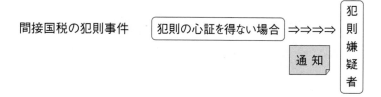

— 517 —

〔補　遺〕

補　遺

新型コロナウイルス感染症の拡大に伴う納税の猶予の特例

　今般、令和2年4月30日に「新型コロナウイルス感染症等の影響に対応するための国税関係法律の臨時特例に関する法律」（以下「新型コロナ税特法」といいます。）」が成立・施行されました。
　この新型コロナ税特法において、新型コロナウイルス感染症等の影響により資金繰りが困難な事業者に対する納税緩和制度としての「納税の猶予」の特例措置（以下「特例猶予」といいます。）が創設され、その主な内容は、次のとおりです。

1　特例猶予の概要

　新型コロナウイルス感染症及びそのまん延防止のための措置の影響により、令和2年2月1日以後に納税者の事業につき相当な収入の減少があったことその他これに類する事実がある場合において、納期限が同日以後に到来する国税を一時に納付することが困難であると認められるときは、納期限までにされたその者の申請に基づき、その納期限から1年以内の期間に限り、その納税を無担保かつ延滞税なしで猶予することができる特例措置が講じられました（新型コロナ税特法3①）。

❖　上記の特例猶予においては、担保の提供を求める規定（通46⑥）の適用はないことから、担保の提供を要することなく猶予を受けることができます。
　また、特例猶予の適用がある場合の延滞税の全額免除については、下記「6　特例猶予の効果」をご参照ください。

2　特例猶予の要件

　新型コロナウイルス感染症等の影響により、令和2年2月1日以後に、納税者の事業につき相当な収入の減少があったことその他これに類する事実（以下「新型コロナウイルス感染症等の影響による事業収入の減少等の事実」といいます。）がある場合において、対象となる国税（下記3参照）の全部又は一部を一時に納付することが困難であると認められることが、特例猶予の要件とされています（新型コロナ税特法3

補　遺

①による読替後の通法46①)。

❖　上記の「新型コロナウイルス感染症等の影響」とは

　　例えば、納税者又はその親族、従業員等が新型コロナウイルス感染症に感染したことによる影響のほか、イベント開催又は外出等の自粛要請、入国制限、賃料の支払猶予要請等の各種措置による影響等が該当します（「新型コロナウイルス感染症等の影響に対応するための国税関係法律の臨時特例に関する法律による納税の猶予の特例の取扱いについて（法令解釈通達)」（令和2年4月30日徴徴6－6ほか、以下「新型コロナ税特法通達」といいます。）の記1）。

❖　新型コロナウイルス感染症等の影響による事業収入の減少等の事実について

　　「令和2年2月1日以後」に生じたものが特例の対象とされていますが、これは、本特例がイベントの自粛要請や入国制限措置など新型コロナウイルス感染症の拡大防止のための措置に起因して多くの事業者等の収入が減少しているという厳しい状況を踏まえ、手元資金の活用による事業継続支援の観点から措置されるものであること及び新型コロナウイルス感染症に対する政府による具体的な施策が令和2年2月中に開始されたことを踏まえたものです。

❖　「相当な収入の減少」について

　　令和2年2月1日以後の1月以上の任意の期間の収入金額が、前年同期と比較して概ね20%以上減少していると認められる場合に該当することとなります（新型コロナ税特法通達 記2）。

3　特例猶予の対象となる国税

　猶予の特例の対象となる国税は、特定日（令和3年2月1日）までに納付すべき国税で、次のものに該当する国税とされています（新型コロナ税特法3①、通46①一〜三)。

　①　特定日等以前に納税義務の成立した国税（消費税、自動車重量税等一定のものを除きます。）で、その納期限が令和2年2月1日以後に到来するもののうち、猶予の申請の日以前に納付すべき税額が確定したもの（新型コロナ税特法3①、通46①一)

　②　特定日以前に課税期間が経過した課税資産の譲渡等に係る消費税で、その納期

限が令和2年2月1日以後に到来するもののうち、猶予の申請の日以前に納付すべき税額が確定したもの（新型コロナ税特法3①、通46①二）

③　予定納税に係る所得税、中間申告に係る法人税及び地方法人税、中間申告に係る消費税等で、これらの納期限が令和2年2月1日以後に到来するもの（新型コロナ税特法3①、通46①三）

❖　「特定日」について

本特例の対象となる国税の期日として令和3年2月1日とされています。

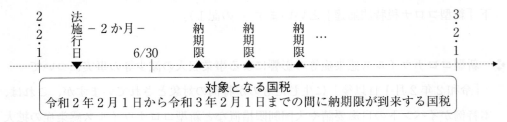

4　猶予期間

納期限から1年以内の期間について猶予をすることができることとされ（新型コロナ税特法3①、通46①）、その具体的な期間については、新型コロナウイルス感染症等の影響による事業収入の減少等の事実の状況及びその国税（上記3参照）の全部又は一部を一時に納付することが困難である状況を勘案して定めることとされています（新型コロナ税特令2③、通令13①）。

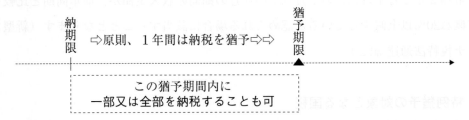

5　猶予金額

猶予する金額については、納税者が申請した国税（上記3参照）の全部又は一部の金額とすることとされています（新型コロナ税特法3①、通46①）。

この猶予の対象となる「国税の全部又は一部の金額」については、この「国税の全部又は一部」につき一時に納付することが困難であると認められることをもって本特例の要件とされていることから（上記2参照）、「一時に納付することが困難である国税」に当たる部分が猶予の対象となる金額となります。

— 522 —

補遺

　したがって、「一時に納付することが困難である国税」が「納付すべき国税の全部」の金額を下回る場合には、その「一時に納付することが困難である国税（すなわち納付すべき国税の一部）」の金額が猶予の対象となる金額となります。

❖　上記の「一時に納付することが困難である国税の金額」については、具体的には、「納付すべき国税の額」から「納税者が有する現金、預貯金等の価額に相当する金額（納税者の事業の継続のために必要な今後6か月間の運転資金並びに納税者及び生計を一にする親族の生活維持のために必要な今後6か月間の費用は除きます。）」を控除した金額となります（新型コロナ税特法通達 記8）

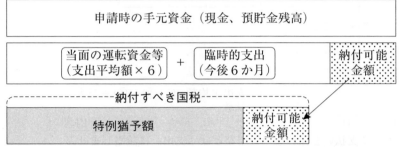

補　遺

（猶予額の計算書）

○　納付すべき国税

本税①　　　＋　　附帯税②　　＝　（①＋②）　　　　　円

(1)　収入及び支出の状況等

令和２年２月以降、前年同月と比べて収入の減少率が大きい月の収支の状況

	項目	令和　年（当年）			前年同月			収入減少率
		月	月	月	月	月	月	％
収入	売上							
	小計	③	④	⑤	⑥	⑦	⑧	
支出	仕入							
	販売費／一般管理費							
	借入金返済							
	生活費				支出平均額（⑨＋⑩＋⑪）÷記入月数			
	小計	⑨	⑩	⑪	⑫			円

➤減価償却費など、実際に支払いを伴わない費用などは「支出」に該当しません。

➤申請者が法人の場合は、生活費は「支出」に該当しません。

(2)　当面の運転資金等の状況等

当面の運転資金等（⑫×６（６か月分））　　　　円	＋	今後６か月間に予定されている臨時支出等の額　　円	＝	当面の支出見込額⑬　　　　円

(3)　現金・預貯金残高

現　金	円	預貯金	円	現金・預貯金合計（⑭）	円

(4)　納付可能金額

現金・預貯金合計⑭　－　当面の支出見込額⑬　＝　納付可能金額⑮　　　　円

(5)　猶予を受けようとする金額

納付すべき国税（①＋②）　　　　円	－	納付可能金額　⑮　　　　円	＝	特例猶予額　　　　円

補　遺

6　特例猶予の効果
(1) 延滞税の免除
　猶予期間においては、その期間に対応する延滞税は免除されます（通63①）。

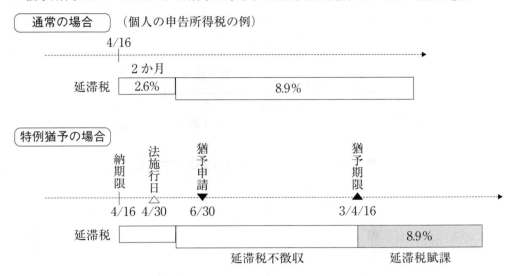

(2) 担保の不徴取
　特例猶予においては、担保の提出は不要です（通46⑤）。

7　特例猶予の申請手続
　猶予の申請をしようとする者は、対象となる国税（上記3参照）の納期限まで（やむを得ない理由があると認める場合には、納期限後に申請されるものを含みます。）に、新型コロナウイルス感染症等の影響による事業収入の減少等の事実があること及びその国税の全部又は一部を一時に納付することが困難である事情の詳細等一定の事項を記載した猶予申請書に、当該事実を証する書類、財産目録その他の資産及び負債の状況を明らかにする書類並びに猶予を受けようとする日前後の収入・支出の実績・見込みを明らかにする書類を添付して、税務署長等に提出することとされます（新型コロナ税特法3①、通46①・46の2①、新型コロナ税特令22、2③、通令15の2①）。

❖　上記の納期限内に申請できない「やむを得ない理由」について
　　納税者が事業につき新型コロナウイルス感染症の影響を受けたことに伴う貸付けを受けるための手続を行っていたこと等により申請ができなかった場合に該当することとなります（新型コロナ税特法通達 記5）。

補　遺

❖ 上記の「猶予を受けようとする日前後の収入支出の実績・見込みを明らかにする書類」について

　上記5の猶予金額、すなわち、「一時に納付することが困難である国税の全部又は一部の金額」を確認するための書類とされています。

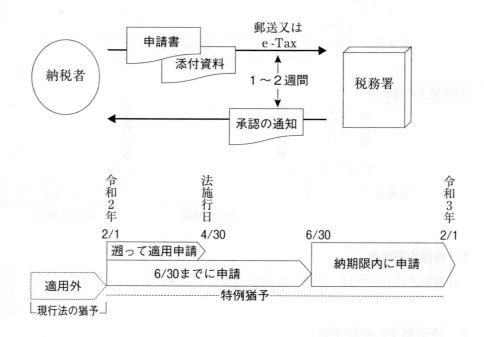

補　遺

（納税の猶予申請書）

整理番号 ☐☐☐☐☐☐☐☐

収受印

納　税　の　猶　予　申　請　書　㊵

税務署長殿

☐ 国税局猶予相談センターに相談済みの場合はチェックしてください。

新型コロナウイルス感染症等の影響に対応するための国税関係法律の臨時特例に関する法律第3条により読み替えて適用する国税通則法第46条第1項の規定により、以下のとおり納税の猶予を申請します。

1　申請者名等（以下の項目について、ご記入をお願いします。）

申請者	住所所在地	電話番号　　　　　　　　　携帯電話						申請年月日	令和　　年　　月　　日
	氏名名称					印		税務署整理欄 通信日付印 申請書番号 処理年月日	
	法　人　番　号								

納付すべき国税	年度	税　目	納期限	本　税	附帯税	備　考	新型コロナウイルス等の影響	☐ イベント等の自粛で収入が減少
			・　・	円	円			☐ 外出自粛要請で収入が減少
								☐ 入国制限で収入が減少
			・　・					☐ その他の理由で収入が減少
	合　　計			①	②			

猶　予　期　間	納付すべき国税の納期限の翌日 から 令和　　年　　月　　日 まで　　　　　月間

2　猶予額の計算（書き方が分からない場合は、職員が聞き取りをしながら記載します。）

（注）会計ソフト等で作成した試算表などで代用いただいても構いません。

(1) 収入及び支出の状況等

令和2年2月以降、前年同月と比べて収入の減少率が大きい月の収支状況を記載してください。

	項目	令和　年（当年）			前年同月			収入減少率
		月	月	月	月	月	月	1−(③÷⑥) 1−(④÷⑦) 1−(⑤÷⑧) のうち最大のものを記載
		円	円	円	円	円	円	
収入	売上							
	小計	③	④	⑤	⑥	⑦	⑧	％
支出	仕入							支出平均額
	販売費/一般管理費							
	借入金返済							(⑨+⑩+⑪)÷記入月数
	生活費（※）							⑫
	小計	⑨	⑩	⑪				円

※　減価償却費など、実際に支払を伴わない費用などは「支出」に該当しません。
※　申請者が法人の場合は、生活費は「支出」に該当しません。

税理士署名押印		印	電話番号 ☐	税理士法第30条の書面提出有

補　遺

(2) 当面の運転資金等の状況等

当面の運転資金等 （ ⑫ ×6（6か月分））	円	＋	今後6か月間に予定されて いる臨時支出等の額	円
		＝	当面の支出 見込額（⑬）	円

(3) 現金・預貯金残高

	金額		金額	現金・預貯金の 合計（⑭）	円
現金	円	預貯金	円		

(4) 納付可能金額

⑭（現金・預貯金残高）－⑬（当面の支出見込額）＝	納付可能金額（⑮）	円
		（マイナスの場合は0）

(5) 猶予を受けようとする金額

（①＋②）納付すべき国税		（⑮）納付可能金額		猶予額
円	－	円	＝	円

3　その他の猶予申請（他の猶予の申請を併せてする場合は、チェックしてください。）

☐　この申請が許可されなかった場合は、換価の猶予（国税徴収法第151条の2第1項）を申請します（※）。

※　例えば、収入の減少率が低いときは、この申請は許可されませんが、他の制度（換価の猶予）により猶予が
　　受けられる場合があります。併せて申請しておくことにより、申請の日から延滞税が軽減されます。
（審査に当たり、後日、職員が状況などを確認させていただくことがあるため、ご協力をお願いします。）

《「収入の減少」とは…》

　令和2年2月以降の任意の期間（1か月以上）において、事業をされている方の収入が前年同期間に比べて概ね20%以上減少した場合、「収入の減少」があるものとして猶予の対象となります。

　フリーランスの方などの報酬、派遣労働者の方などの給与（確定申告を行う必要があるもの）についても、同じように減少していれば、「収入の減少」があるものとして猶予の対象となります。

　なお、新型コロナウイルスの発生とは関係なく減少した収入（臨時収入の減少など）については、この「収入の減少」の計算には含まれません。

《「納付可能金額」とは…》

　当面（向こう6か月分）の事業資金・生活費等を超える現金・預貯金をお持ちの場合、その超えた金額については、「納付可能金額」として納期限までに納付していただく必要があります。

- ・　申請していただいた内容は税務署で審査します。
  　　猶予を許可する場合には、通知書でお知らせします。
- ・　審査に当たり、職員が電話等で内容確認を行うことがあるため、ご協力をお願いします。
- ・　今後（2か月程度）に、地方税や社会保険料などの納税の猶予申請をされる場合には、この申請書の写しを利用できますので、写しを手元に保管しておくことをおすすめします。

ご不明な点がございましたら、申請先の税務署（徴収担当）にお気軽にお問い合わせください。

〔参 考 資 料〕

1 新型コロナウイルス感染症等の影響に対応するための国税関係法律の臨時特例に
関する法律による納税の猶予の特例の取扱いについて（法令解釈通達）…………530

2 国税通則法基本通達（徴収部関係）の制定について（法令解釈通達）…………532

3 国税通則法第7章の2（国税の調査）関係通達の制定について
（法令解釈通達）……………………………………………………………………570

4 調査手続の実施に当たっての基本的な考え方等について（事務運営指針）……585

5 過少申告加算税、無申告加算税、不納付加算税及び重加算税の取扱い
（事務運営指針）……………………………………………………………………591

参 考 資 料

新型コロナウイルス感染症等の影響に対応するための
国税関係法律の臨時特例に関する法律による
納税の猶予の特例の取扱いについて（法令解釈通達）

令和2年4月30日徴徴6-6ほか
最終改正　令和2年6月26日

　新型コロナウイルス感染症等の影響に対応するための国税関係法律の臨時特例に関する法律（令和2年法律第25号。以下「新型コロナ税特法」という。）の規定による納税の猶予の特例の適用については、下記によられたい。

記

1　新型コロナウイルス感染症等の影響による収入の減少

　新型コロナ税特法第3条第1項の規定による読替え後の国税通則法（昭和37年法律第66号。以下「読替え後の国税通則法」という。）第46条第1項の「新型コロナウイルス感染症及びそのまん延防止のための措置の影響により納税者の事業につき収入の減少があつた」とは、納税者の事業に係る収入の減少が新型コロナウイルス感染症及びそのまん延防止のための措置の影響に因果関係を有することをいい、例えば、納税者又はその親族、従業員等が新型コロナウイルス感染症に感染したことによる影響のほか、イベント開催又は外出等の自粛要請、入国制限、賃料の支払猶予要請等の各種措置による影響等により、収入の減少があったことをいう。

2　事業につき相当な収入の減少

　読替え後の国税通則法第46条第1項の「事業につき相当な収入の減少があつた」とは、令和2年2月1日から猶予を受けようとする国税の納期限（納税の告知がされていない源泉徴収等による国税についてはその法定納期限とし、国税通則法第11条の規定によりこれらの期限が延長された場合には、その延長後のものとする。以下この項及び7において同じ。）までの間（新型コロナ税特法の施行の日から2月を経過した日前に納期限が到来する国税にあっては、同年2月1日からその猶予の申請期限までの間）の任意の期間（連続した1月以上のものに限る。以下この項において「調査期間」という。）の収入金額につき、その調査期間の直前1年間における調査

期間に対応する期間（調査期間に対応する期間がない場合は、令和2年1月以前でその期間に近接する期間その他調査期間の収入金額と比較する期間として適当と認められる期間）の収入金額（調査期間に対応する期間の収入金額が不明な場合は、調査期間の直前1年間の収入金額を12で除し、これを割り当てる方法その他適当な方法により算定した金額）に対して、おおむね20%以上減少していると認められることをいう。

（注）　上記の収入金額の計算に当たっては、次のことに留意する。

　1　収入金額の計算に当たっては、納税者の事業上の売上その他の経常的な収入についてはその額を含めるが、臨時的な収入である各種給付金はその額を含めないこととする。また、新型コロナウイルス感染症のまん延防止のための措置の影響により納税者が収入すべき対価の額を減免した場合は、その減免した額は収入金額に含めないこととする。

　2　「事業につき相当な収入の減少があつた」かどうかは、納税者の事業に係る収入の減少が新型コロナウイルス感染症及びそのまん延防止のための措置の影響に因果関係を有するかどうかにより判定することから（1参照）、例えば、不動産賃貸人が政府の要請に基づき賃借人が支払うべき賃料の支払を納期限まで引き続き猶予していると認められる場合における収入金額の計算に当たっては、調査期間における賃料収入に計上される額からその猶予して

— 530 —

いると認められる賃料の額を控除することとする。

3　その他これに類する事実

読替え後の国税通則法第46条第1項の「その他これに類する事実」とは、例えば、納税者の給与収入につき相当な収入の減少があったと認められること等をいう。

4　納付困難

読替え後の国税通則法第46条第1項の「全部又は一部を一時に納付することが困難」のうち、「全部を一時に納付することが困難」とは、納付すべき国税を納付する資金がないこと、又は納付すべき国税を納付する資金を納税者の事業の継続のために必要な少なくとも今後6か月間の運転資金並びに納税者及び納税者と生計を一にする配偶者その他の親族の生活の維持のために必要な少なくとも今後6か月間の費用（以下この項において「運転資金等」という。）に充てた場合に国税を納付する資金がないことをいい、「一部を一時に納付することが困難」とは、納付すべき国税の全額を納付する資金がないこと、又は納付すべき国税を納付する資金を運転資金等に充てた場合に国税の全額を納付する資金がないことをいう。

5　期限内に申請できないやむを得ない理由

読替え後の国税通則法第46条第1項の「やむを得ない理由」とは、納税者が事業につき新型コロナウイルス感染症の影響を受けたことに伴う貸付けを受けるための手続を行っていたこと等により申請ができなかったことをいう。

なお、納税者が新型コロナウイルス感染症にり患したため申請ができない場合又はそのまん延防止のための措置の影響により申請ができない場合等には、国税通則法第11条の規定により期限の延長が認められることに留意する。

6　猶予期間

読替え後の国税通則法第46条第1項の規定により猶予する期間は、1年（同項第3号に掲げる国税にあっては、その確定申告書の法定申告期限までの期間）を限度として納税者が申請した期間とする。

7　猶予期間の始期

読替え後の国税通則法第46条第1項の規定により猶予する期間の始期は、猶予を受けようとする国税の納期限の翌日とする。猶予を受けようとする国税の納期限が、令和2年2月1日から新型コロナ税特法の施行の日までの間に到来したものについても、同様である。
（注）　猶予を受けることができる国税は、令和2年2月1日から令和3年2月1日までの間に納期限が到来する国税である。

8　猶予する金額

読替え後の国税通則法第46条第1項の規定により納税の猶予をすることができる金額は、納付すべき国税の全部又は一部を一時に納付することが困難である場合（4参照）におけるその納付することが困難な金額として、次の(1)の額から(2)の額を控除した金額とする。
(1)　納付すべき国税の額
(2)　納税者の納付能力を判定した日において納税者が有する現金、預貯金等の価額に相当する金額から、それぞれ次に定める額を控除した金額（その額が0円に満たない場合には、0円）
イ　納税者が法人の場合には、その事業の継続のために必要な少なくとも今後6か月間の運転資金の額
ロ　納税者が個人の場合には、次に掲げる額の合計額
(イ)　納税者及び納税者と生計を一にする配偶者その他の親族の生活の維持のために必要な少なくとも今後6か月間の費用に相当する金額
(ロ)　納税者の事業の継続のために必要な少なくとも今後6か月間の運転資金の額

9　その他

新型コロナ税特法第3条第1項の規定により読み替えて適用される国税通則法第46条第1項の納税の猶予に関する法令の規定の適用については、上記のほか、昭和45年6月24日付徴管2-43ほか9課共同「国税通則法基本通達（徴収部関係）の制定について」（法令解釈通達）による。

国税通則法基本通達（徴収部関係）の制定について（法令解釈通達）

平成45年6月24日付徴管2－43ほか

最終改正　令和2年4月1日付徴徴6－3ほか

第1章　総　　　則
第1節　通　　　則
第2条関係　定　　　義

納　税　者
（国税を納める義務がある者）

1　この条第5号の「国税を納める義務がある者」には、連帯納付責任者が含まれる。

法定納期限
（納期限を繰り上げた場合の法定納期限）

2　措置法第41条の9第6項、第41条の11第5項および第70条の4第7項（納期限の繰上げ）の規定により延長された納期限を繰り上げた場合には、その繰上げにかかる期限が法定納期限となる。

（会社更生法の規定に基づく納税の猶予にかかる期限）

3　会社更生法第122条第1項（租税等の請求権）の規定に基づく納税の猶予にかかる期限については、この条第8号の「納税の猶予に係る期限」に準ずるものとする。

（即時徴収に係る国税の法定納期限）

4　この条第8号ハの「当該事実が生じた日」は、次に掲げる国税については、それぞれに掲げる日をいう。

国　　税	事　実　が　生　じ　た　日
1　消費税法第8条第3項又は第5項（輸出物品の譲渡に係る免税の場合の即時徴収）（措置法第86条の2第3項において準用する場合を含む。）の規定により徴収する消費税	同条第3項に定める日を経過した日又は第4項に規定する物品の譲渡等をした日
2　酒税法第28条の2第6項（未納税引取りの場合の即時徴収）の規定により徴収する酒税 （以下省略）	同条第2項の期限を経過した日 （以下省略）

強制換価手続
（強制執行）

5　この条第10号の「強制執行」には、仮差押えおよび仮処分は含まれない。

第2節　国税の納付義務の承継等
第5条関係　相続による国税の納付義務の承継

納付義務を承継する者
（相　続　人）

1　この条第1項の「包括受遺者」には、包括名義の死因贈与を受けた者が含まれる。

（胎　　　児）

2　相続人のうち胎児がある場合には、国税の納付義務の承継については、出生の時までは、その胎児は相続人でないものとして取り扱う（大正6.5.18大判、昭和7.10.6大判）。

（相続人が明らかでない場合）

3　被相続人が婚姻につき、無効の訴えまたはその調停が係属しているときその他相続の効果をもつ身分関係の存否の確定に関し係争中であるとき等相続人が明らかでない場合は、原則として、その無効の訴えその他その係争事由がないものとした場合における相続人に対して、この条の規定を適用することに取り扱う。

承継する国税

（課されるべき国税）

4　この条第1項の「課されるべき国税」とは、相続開始の時において、被相続人について納付義務は成立しているが、国税に関する法律に定める手続または規定により、納付すべき税額が確定していない国税をいう。

（納付すべき国税）

5　この条第1項の「納付すべき国税」とは、相続開始のときにおいて、被相続人について国税に関する法律に定める手続または規定により、その納付すべき税額が確定している国税をいう。

（徴収されるべき国税）

6　この条第1項の「徴収されるべき国税」とは、被相続人につき徴収されるべきこととされている源泉徴収等による国税で、相続開始までに源泉徴収がされていないものをいう。

承継の効果

（納税の猶予等の効力の承継）

7　被相続人の国税について次の処分又は行為がされている場合にも、相続人は当該処分又は行為がされた状態でその国税を承継する。
　(1)　納期限の延長、延納、納税の猶予、徴収若しくは滞納処分に関する猶予又は滞納処分の停止
　(2)　物納の許可
　(3)　納期限の延長の申請、延納の申請、納税の猶予の申請、納税の猶予の期間の延長の申請、換価の猶予の申請、換価の猶予の期間の延長の申請又は物納の申請
　(4)　担保の提供

限定承認

（相続によって得た財産）

8　この条第1項後段の「相続によって得た財産」とは、限定承認をした相続人が、相続によって被相続人から承継した積極財産（遺贈の目的となった財産を含む。民法931条参照）をいう。

　なお、相続によって得た財産から生じた果実または相続によって得た財産である株式から生じた利益配当請求権は、相続開始後に確定したものも相続によって得た財産に含まれ

るものとする（大正3.3.25大判、大正4.3.8大判）。
　(注)　被相続人を被保険者とする生命保険金で、特定の相続人が保険金受取人に指定されているものは、相続によって得た財産とならない（昭和11.5.13大判、昭和40.2.2最高判）。

（承継国税額のあん分の割合）

8－2　この条第2項の規定の適用については、遺言による相続分の指定がない限り、民法第900条及び第901条の規定により算出した相続分（以下この条関係において「法定相続分」という。）による。

相続人が2人以上ある場合の承継税額

（包括遺贈等の割合）

9　包括遺贈の割合または包括名義の死因贈与の割合は、この条第2項の指定相続分に含まれるものとする。

（指定相続分と遺留分との関係）

10　相続分の指定が、民法の遺留分に関する規定に違反しているものであっても、この条第2項の規定の適用については、その指定相続分による。

（相続分の指定の委託を受けた者がその指定をしない場合）

11　相続分の指定の委託を受けた者が、その委託を承諾しない場合または相当期間を経過してもその指定をしない場合におけるこの条第2項の規定の適用については、法定相続分によるものとする。

（指定相続分が明らかでない場合）

12　相続分を指定した遺言の効力について争いがある等のため、指定相続分が明らかでない場合におけるこの条第2項の規定の適用については、法定相続分によることに取り扱う。

（連帯納付義務の場合）

13　連帯納付義務者の1人が死亡した場合において、その相続人が2人以上あるときは、各相続人は被相続人の連帯納付義務に係る国税を、この条第2項の規定による相続分によりあん分して計算した額につき、他の連帯納付義務者とともに連帯して納付する義務を承継

する。この場合、相続人相互間には納付責任
の関係のみが生じ、連帯納付義務の関係は生
じないものとする（昭和34.6.19最高判参照）。

納 付 責 任

（相続によって得た財産の価額）

14　この条第3項の「相続によって得た財産の
価額」は、相続があった時におけるその相続
により承認した積極財産の価額によるものと
する。

（承継国税にかかる延滞税、利子税がある場合の納付責任の範囲）

15　この条第3項の「同項の規定により計算し
た国税」には、相続人が承継した国税にあわ
せて納付すべき延滞税または利子税が含まれ
るものとする。

（連帯納付義務等がある場合の納付責任の範囲）

16　相続人が承継した国税のうちに、連帯納付
義務、連帯納付責任、第二次納税義務、国税
の保証債務又は納付責任の額がある場合にお
いて、それらの額が他の連帯納付義務者若し
くは連帯納付責任者、主たる納税者又は他の
相続人の履行により消滅したときにおけるこ
の条第3項の「同項の規定により計算した国
税の額」は、その消滅した額（連帯納付義務
にあっては、消滅した額のうちその相続人の
負担部分に応じた額を超える額）を控除した
額とする。

（他の相続人による履行と納付責任との関係）

17　相続人の1人が、その承継した国税の額の
全部または一部を履行したときは、他の相続
人の納付責任は、その納付責任の基因となっ
た国税の残額の範囲内においてなお存続する
ものとする。

（相続税法第34条第2項との関係）

18　この条第3項の規定は、相続税法第34条第
2項（相続人の連帯納付義務）の規定の適用
を受ける相続税または贈与税については適用
されない。

　なお、この条第3項の規定の適用を受ける
国税と上記の相続税または贈与税とがある場
合には、この条第3項および相続税法第34条

第2項の規定により当該相続人が納付の責め
に任ずる国税の総額は、その相続人が相続
により得た財産の価額からその者がこの条第2
項の規定により承継した国税の額を控除した
額を限度とする。

徴 収 手 続

（相続人が2人以上ある場合の更正決定等）

19　相続人が2人以上ある場合の更正決定等、
納税の告知または督促は、各相続人が承継し
た国税について各別にしなければならない。
この場合、納付責任については、「通則法第
5条第3項の規定による納付の責めがある」
旨の文言を記載するものとする。

（被相続人の国税につき督促がされている場合の催告）

20　被相続人の死亡前に督促がされている国税
につき、その相続人に対して差押えをしよう
とする場合には、通則法第38条第1項各号
（繰上請求の事由）に掲げる事由がある場合
その他緊急を要する場合を除き、あらかじめ、
その相続人の納付すべき承継税額および納付
責任の額について催告することに取り扱う。

（清算手続と滞納処分）

21　相続財産に対しては、民法第927条または
第957条第1項（債権者に対する公告、催告）
に規定する債権申出期間内であっても、滞納
処分をすることができる（民法929条ただし書、
935条ただし書、昭和4.5.15名古屋地判参照）。

（相続人等に異動を生じた場合）

22　認知、胎児の出生、指定相続分の判明、遺
産の分割その他の事由により相続人または相
続分もしくは相続財産に異動を生じた場合で
あっても、その前に生じた承継国税および納
付責任の消滅の効果には影響を及ぼさないも
のとする（民法784条ただし書、909条ただし
書参照）。

第6条関係　法人の合併による国税の納付義務の承継

（承継する国税の範囲）

1　この条の「課されるべき国税」および「納
付し、若しくは徴収されるべき国税」は、第

— 534 —

5条関係4から6まで（承継する国税）と同様である。

（納税の猶予等の効力の承継）

2 被合併法人の国税についてされている納税の猶予等の効力については、第5条関係7（納税の猶予等の効力の承継）と同様である。

第7条関係　人格のない社団等にかかる国税の納付義務の承継

（承継する国税の範囲）

1 この条の「課されるべき国税」および「納付し、若しくは徴収されるべき国税」は、第5条関係4から6まで（承継する国税）と同様である。

（人格のない社団等の財産）

2 この条かっこ書の「人格のない社団等の財産」とは、人格のない社団等に属する積極財産をいい、第三者が名義人となっているためその者に法律上帰属するとみられる財産が含まれる。

（納税の猶予等の効力の承継）

3 この条の規定により国税の納付義務の承継があった場合の納税の猶予等の効力については、第5条関係7（納税の猶予等の効力の承継）と同様である。

第7条の2関係　信託に係る国税の納付義務の承継

（承継する国税の範囲）

1 この条第1項から第4項までの「課されるべき国税」、「納付すべき国税」又は「徴収されるべき国税」は、第5条関係4から6までと同様である。

（納税の猶予等の効力の承継）

2 この条の規定により国税の納付義務の承継があった場合の納税の猶予等の効力については、第5条関係7と同様である。

（固有財産）

3 この条第5項の「固有財産」とは、この条第1項の任務が終了した受託者又はこの条第2項の任務終了受託者に属する財産であって、信託財産に属する財産でない一切の財産をいう（信託法第2条第8項参照）。

第8条関係　国税の連帯納付義務についての民法の準用

（相対的効力の原則）

1 連帯納付義務者の一人につき生じた履行による納付義務の消滅の効果は、他の連帯納付義務者にも及ぶが、それ以外の事由、例えば、次に掲げるものの効力は、他の連帯納付義務者には及ばない（民法第441条参照）。
(1) 申告又は更正決定等による国税の確定
(2) 延納、納税の猶予又は徴収若しくは滞納処分に関する猶予
(3) 差押え、督促又は納付等による時効の完成猶予及び更新
(4) 免除、時効又は滞納処分の停止による消滅

（連帯納付義務者の破産）

2 連帯納付義務者の全員又は数人若しくは1人について破産手続開始の決定があった場合には、それぞれの破産手続において、連帯納付義務に係る国税の全額につき交付要求をすることができる（破産法第104条第1項参照）。

（相続税又は贈与税の納付義務と相続税法第34条の連帯納付責任の関係）

3 相続税又は贈与税の納付義務について生じた事由の相続税法第34条に規定する連帯納付責任に対する効力及び連帯納付責任について生じた事由の相続税又は贈与税の納付義務に対する効力は、次によるものとする（平成13.9.28大阪高判参照）。
(1) 相続税又は贈与税の納税義務者がその相続税又は贈与税を履行したときは、その履行後の相続税又は贈与税の額を超える連帯納付責任は消滅する。
　また、連帯納付責任者（相続により連帯納付責任を承継した者を含む。）が連帯納付責任に基づき相続税又は贈与税を履行したときは、その範囲内において相続税又は贈与税の納付義務は消滅する。
(2) 相続税又は贈与税について、免除、徴収法第153条第4項若しくは第5項による消

滅又は時効による消滅（以下(2)において「免除等」という。）があったときは、免除等の後の相続税又は贈与税の額を超える連帯納付責任は消滅する。

なお、連帯納付責任について免除等があった場合であっても、相続税又は贈与税の納付義務は消滅しない。

(3) 相続税又は贈与税に係る徴収権の時効の完成猶予及び更新の効果は連帯納付責任に及ぶ（民法第457条１項、平成20.4.30東京高判参照）。

なお、連帯納付責任に係る徴収権の時効の完成猶予及び更新の効果は、相続税又は贈与税の納付義務には及ばない（民法第458条、第441条参照）。

（相続税法第34条の連帯納付責任の徴収手続）
4 相続税法第34条に規定する連帯納付責任の徴収手続は、それぞれ次によるものとする。

(1) 相続税又は贈与税の申告が共同してされた者に係る同条第１項又は第２項に規定する連帯納付責任については、その相続税又は贈与税の督促状（相続税又は贈与税が完納されている者については、連帯納付責任に係る督促状とする。以下(2)において同じ。）に「相続税法第34条の規定による連帯納付の責任がある」旨の文言を記載して行う。

(2) 相続税又は贈与税の更正又は決定が同時にされた者に係る同条第１項又は第２項に規定する連帯納付責任については、その更正又は決定の通知書及び督促状に、上記(1)の文言を記載して行う。

(3) 同条第２項に規定する連帯納付責任で、その基因となる相続税又は贈与税につき被相続人の死亡前に督促がされているものについては、第５条関係20（被相続人の国税につき督促がされている場合の催告）に準じて行う。

(4) (1)から(4)までに定めるところによることができない者に係る連帯納付責任については、その基因となる相続税又は贈与税の納税地を所轄する税務署長が、納付通知及び督促をすることにより行う。

第９条の２関係　法人の合併等の無効判決に係る連帯納付義務

（連帯納付義務者）
この条の規定により連帯納付義務を負う者は、判決により無効とされた合併又は分割（以下この条関係において「合併等」という。）をした法人であって、当該合併等により新設された法人は該当しない（会社法843条１項参照）。

第９条の３関係　法人の分割に係る連帯納付の責任

（連帯納付責任の確定手続）
1 この条の規定による連帯納付責任は、分割をした法人のこの条第１号又は第２号に掲げる国税（以下この条関係において「分割前国税」という。）の納税義務の確定という事実に照応して、法律上当然に生ずるものであり、この連帯納付責任につき格別の確定手続を要しない（昭和55.7.1最高判参照）。

（分割をした法人から承継した財産の価額）
2 この条の「分割をした法人から承継した財産の価額」とは、分割があった時におけるその分割により承継した積極財産の価額をいう。

（分割前国税の納付義務と連帯納付責任との関係）
3 分割前国税の納付義務について生じた事由の連帯納付責任に対する効力及び連帯納付責任について生じた事由の分割前国税の納付義務に対する効力は、次によるものとする（第８条関係3参照）。

(1) 分割をした法人がその分割前国税を履行したときは、その履行後の分割前国税の額を超える連帯納付責任は消滅する。

また、連帯納付責任者が連帯納付責任に基づき分割前国税を履行したときは、その範囲内において分割前国税の納付義務は消滅する。

(2) 分割前国税について、免除、徴収法第153条第４項若しくは第５項による消滅又は時効による消滅（以下(2)において「免除等」という。）があったときは、免除等の後の分割前国税の額を超える連帯納付責任は消滅する。

なお、連帯納付責任について免除等があった場合であっても、分割前国税の納付義務は消滅しない。

(3) 分割前国税に係る徴収権の時効の完成猶予及び更新の効果は連帯納付責任に及ぶ（民法第457条第1項、平成20.4.30東京高判参照）。

なお、連帯納付責任に係る徴収権の時効の完成猶予及び更新の効果は、分割前国税の納付義務には及ばない（民法第458条、第441条参照）。

（信託に係る国税の納付義務の承継等との関係）

4 信託の受託者である法人が分割をした場合（その分割が法人税法第2条第12号の10に規定する分社型分割である場合を除く。）において、その分割により事業を承継した法人が通則法第7条の2第4項の規定により受託者として納付義務を承継するときは、その承継した国税について、この条による連帯納付責任を負わない。

なお、分割により事業を承継した法人が、信託財産以外の財産を承継取得した場合において、分割前国税が信託財産に属する財産のみをもって履行する責任を負う信託財産限定責任負担債務（信託法第154条）であるときは、その分割により事業を承継した法人は、その分割前国税の納付義務も承継せず、また、この条による連帯納付責任も負わない。

第3節　期間及び期限
第10条関係　期間の計算および期限の特例

期間の計算
（国税に関する法令に定める期間）

1 この条第1項の「期間」には、国税に関する政令および省令により定められている期間が含まれる。

（前にさかのぼる期間の計算）

2 前にさかのぼる期間の計算は、この条第1項の規定を準用して計算するものとする。
(注) たとえば、徴収法第95条第1項（公売公告）に規定する「公売の日の少なくとも10日前までに」の場合には、その公売の日の前日を第1日として、さかのぼって10日目

の期間が満了する。したがって、その前日の11日目の日までに公売公告をしなければならないこととなる。

期限の特例
（法律に定める申告等に関する期限）

3 この条第2項の「期限」には、次に掲げる期間の末日等は含まれない。
(1) 単に計算の基準となっている期間の末日
(2) 課税内容を定めるにつき基準となる期間の末日
(3) 一定事実の判断の基準としている特定の日または期間の末日
(4) 行政処分により定められた期限

（一般の休日）

4 この条第2項の「一般の休日」とは、日曜日、国民の祝日以外の全国的な休日をいうものとする。

なお、官庁における年末の休暇（明治6年太政官布告第2号「休暇日ノ件」に定める12月29日から同月31日までをいう。）は、この条の「一般の休日」には該当しないが、年始の休暇（同布告に定める1月2日および3日をいう。）は、この条の「一般の休日」に該当する（昭和43.1.30最高判、昭和33.6.2最高判）。

（前にさかのぼる期間の末日が休日の場合）

5 前にさかのぼる期間の末日が期限とされる場合において、その日が日曜日、国民の祝日、その他一般の休日（以下この条関係において「休日」という。）にあたるときは、その休日の翌日をその期限として取り扱う。ただし、税務官庁のすべき行為にあっては、その前日までにすることに取り扱う。

（行政処分により定める期限の指定）

6 行政処分により期限を定める場合には、徴収上必要があるときを除き休日を指定しないことに取り扱う。

第11条関係　災害等による期限の延長

（災害その他やむを得ない理由）

1 この条の「災害その他やむを得ない理由」とは、国税に関する法令に基づく申告、申請、

参 考 資 料

請求、届出、その他書類の提出、納付または徴収に関する行為（以下この条関係において「申告等」という。）の不能に直接因果関係を有するおおむね次に掲げる事実をいい、これらの事実に基因して資金不足を生じたため、納付ができない場合は含まない。

(1) 地震、暴風、豪雨、豪雪、津波、落雷、地滑りその他の自然現象の異変による災害

(2) 火災、火薬類の爆発、ガス爆発、交通途絶その他の人為による異常な災害

(3) 申告等をする者の重傷病、申告等に用いる電子情報処理組織（行政手続等における情報通信の技術の利用に関する法律第3条第1項に規定する電子情報処理組織をいう。）で国税庁が運用するものの期限間際の使用不能その他の自己の責めに帰さないやむを得ない事実

（法律に基づく申告等に関する期限）

2 この条の「期限」には、行政処分により定めた期限が含まれる。

（地域指定及び対象者指定と個別指定による延長との関係）

3 通則令第3条第1項又は第2項の規定により期限を延長した場合において、その指定期日においても、なお申告等ができないと認められるときは、災害その他やむを得ない理由のやんだ日から2月を限度として、同条第3項の規定によりその期限を再延長することができるものとする。

（地域指定と対象者指定による延長との関係）

4 通則令第3条第1項（地域指定）の規定による期限の延長が適用されている納税者が、地域指定の適用がなければ、同条第2項（対象者指定）の規定による期限の延長の対象となる場合において、地域指定により延長された期限が先に到来したときは、対象者指定による期限の延長の適用がある。

第4節 送 達
第12条関係 書類の送達

書類の送達場所
（事務所等が2以上ある場合の送達）

1 送達を受けるべき者に住所等が2以上ある

ときは、送達すべき書類と緊密な関係のある住所等にその書類を送達するものとする。

（所在不明の法人に対する送達）

2 法人が事実上解散し、または清算を結了し、その所在が不明であるとき（たとえば、登記簿上の法人の所在地に事務所がないとき。）は、その法人を代表する権限を有する者の住所等に書類を送達するものとする。

（無能力者に対する送達）

3 送達を受けるべき者が無能力者である場合においても、その者の住所等に書類を送達するものとする。ただし、その者の法定代理人（民法25条、818条、952条等参照。）が明らかな場合には、その法定代理人の住所等に書類を送達するものとする。

（破産者に対する送達）

4 送達を受けるべき者が破産の宣告を受けていることが明らかな場合には、破産管財人の住所等に書類を送達するものとする（破産法190条参照）。

（在監者に対する送達）

5 送達を受けるべき者が在監中の場合においても、その者の住所等に書類を送達するものとする。この場合、住所等が不明の場合および本人のために書類を受けとるべき者がない場合には、その者が在監している刑務所等に書類を送達するものとする。

郵便又は信書便による送達
（通常の取扱いによる郵便又は信書便）

6 この条第2項の「通常の取扱いによる郵便又は信書便」とは、次に掲げるものをいう。

(1) 郵便のうち郵便法第57条の規定による特殊取扱いとされる郵便（速達の取扱いによる郵便を除く。）以外のもの

(2) 民間事業者による信書の送達に関する法律（平成14年法律第99号）第2条第6項（定義）に規定する一般信書便事業者又は同条第9項に規定する特定信書便事業者による同条第2項に規定する信書便（以下「信書便」という。）のうち上記(1)に準ずるもの

— 538 —

（通常到達すべきであった時）

7　この条第2項の「通常到達すべきであった時」とは、そのときの郵便又は信書便事情と地理的事情等を考慮して合理的に判定される時をいう。

交付送達
（同居の者）

8　この条第5項第1号の「同居の者」とは、送達を受けるべき者と同一の建物内で共同生活をしていれば足り、生計を一にしていることを要しない。

（相当のわきまえのある者）

9　この条第5項第1号の「相当のわきまえのある者」とは、書類の送達の趣旨を了解し、受領した書類を送達を受けるべき者に交付することを期待しうる能力を有する者をいい、必ずしも成年者であることを要しない（大正3.7.13行判）。

送達の効力発生時期
（送達の効力発生時期）

10　書類の送達の効力は、その書類が社会通念上送達を受けるべき者の支配下にはいったと認められるときに生ずる（昭和29.8.24最高判）。

　　なお、いったん有効に書類が送達された場合には、たとえ、その書類が返れいされても送達の効力には影響がない（昭和25.6.3広島地判、昭和17.11.28大判）。

第13条関係　相続人に対する書類の送達の特例

（相続人で氏名が明らかでない場合）

1　この条第2項の「氏名が明らかでない」場合とは、諸般の情況から相続人がいることが明らかであるが、その氏名が明らかでない場合をいう。

（相続人が限定承認をした場合）

2　限定承認があった場合には、この条の規定による代表者の指定をすることができない。

第14条関係　公示送達

（住所および居所が明らかでない場合）

1　この条第1項の「住所及び居所が明らかでない場合」とは、送達を受けるべき者について、通常必要と認められる調査（市町村役場、近隣者、登記簿等の調査）をしても、なお住所等が不明の場合をいう。

　(注)　所要の調査をすれば、住所等が判明すべきであったにもかかわらず、単に一回限りの郵便による送達があて先不明で返れいされたこと等を理由として所要の調査をしないで、公示送達をしたときは、公示送達の効力が生じないから留意する（明治39.5.29行判、昭和7.12.23行判、昭和44.3.5東京地判）。

（外国においてすべき送達につき困難な事情があると認められる場合）

2　この条第1項の「外国においてすべき送達につき困難な事情があると認められる場合」とは、書類の送達をしようとする外国につき国交の断絶、戦乱、天災、または法令の規定等により書類を送達することができないと認められる場合をいう。

（掲示した書面が破損をした場合の効力）

3　この条第2項の規定により掲示した書面が、その掲示を始めた日から起算して7日を経過するまでの間に破損または脱落した場合であっても、公示送達の効力には影響はない。この場合には、すみやかに破損の箇所を補修し、または掲示することに取り扱う。

（公示送達による場合の書類を発した日）

4　公示送達にかかる書類は、この条第2項の規定により掲示を始めた日が、その書類を発した日となる。

第3章　国税の納付及び徴収
第1節　国税の納付
第34条関係　納付の手続

（金　　銭）

1　この条第1項の「金銭」とは、強制通用力を有する日本円を単位とする通貨をいい、小切手その他の証券を含まない。

参　考　資　料

（税務署の職員）

2　この条第1項の「その国税の収納を行なう税務署の職員」には、徴収法第182条第2項の規定による滞納処分の引継ぎを受けた税務署の職員を含むものとする。

（弁済充当の順位）

3　納付すべき国税の一部が納付された場合の弁済充当は、国税に関する法律に別段の定めがあるものを除き、民法第488条及び第491条（弁済充当）に定めるところに準ずるものとする。

（被相続人名義でされた納付）

4　相続人が2人以上ある場合において、被相続人名義でされた国税の納付は、その納付した相続人が明らかに推定できるときを除き、すべての相続人のために、それぞれの未納の国税の額に応じて納付がされたものとして取り扱う。

第34条の2関係　口座振替納付にかかる納付書の送付等

納付書の送達依頼の受理等

（受理の基準）

1　この条第1項の「その納付が確実と認められ、かつ、その依頼を受けることが国税の徴収上有利と認められるとき」とは、納付書の送付の依頼が、おおむね次の国税についてされたものでなく、かつ、納付書の送付日等について条件を付したものでないときをいうものとする。

(1)　現に滞納（納税の猶予または徴収もしくは滞納処分に関する猶予にかかるものを含む。）となっている国税

(2)　期限後申告、修正申告、更正決定等または納税の告知にかかる国税

(3)　継続性のない国税

(4)　国税局の職員が調査することとされている法人にかかる国税

(5)　確定手続または納付が、1月を単位としてすべきこととされている国税（所得税法第216条の規定による納期の特例の承認を受けた源泉徴収にかかる所得税を含む。）

（送付依頼の解除）

2　次に掲げる場合には、納付書の送付依頼を解除することができる。

(1)　その依頼にかかる国税が、預金または貯金の不足により振替による納付がされなかったとき等じ後の確実な納付が期待できないと認められる事由が生じた場合

(2)　その依頼にかかる国税が継続性のないものとなったとき等じ後徴収有利と認められない事由が生じた場合

期限後納付の特例

（災害その他やむを得ない理由）

3　通則令第7条の「災害その他やむを得ない理由」とは、振替納付の不能に直接因果関係を有するおおむね第11条関係の1の(1)および(2)に定める事実および金融機関の通常の業務を阻害するやむを得ない事実（金融機関の責めに帰すべきものを除く。）をいうものとする。

（その承認する日）

4　通則令第7条の「その承認する日」は、災害その他やむを得ない理由のやんだ日から2日を経過した日とする。

第2節　国税の徴収
第1款　納税の請求
第36条関係　納税の告知

（納付場所の指定）

通則法第38条第2項かっこ書（繰上請求による納税の告知）の規定により繰上請求をする場合等すみやかに納付の確認を要する場合は、その国税の収納を行なう税務署の職員またはその納付の確認に便宜な特定の日本銀行（日本銀行歳入代理店を含む。）を納付場所として指定するものとする。

第37条関係　督　促

（繰上保全差押え等がされた国税）

1　この条第1項の規定により、督促を要しないものとされる通則法第38条第3項（繰上保全差押え）または徴収法第159条（保全差押え）の規定の適用を受けた国税とは、それらの差押金額の決定の通知をした日から6月を

— 540 —

経過した日までに確定（納付すべき額が2回以上にわたって確定した場合を含む。）した国税（繰上保全差押えにあっては、加算税を除く。）をいう。

（担保物処分と督促）

2　通則法第52条第1項の規定により担保（その担保が保証人の保証である場合を除く。）の処分をする場合には、督促を要しない。

㊟　通則法第52条第4項の規定により、担保として提供された財産以外の財産につき滞納処分を執行しようとするときは、すでに督促がされているときを除き、督促を要することに留意する。

（徴収猶予期間中の督促の制限）

3　督促前に徴収に関する猶予がされている国税については、その猶予期間中は督促をすることができない。

（期限後納付にかかる源泉徴収等による国税の延滞税の督促）

4　源泉徴収等による国税が法定納期限後納税の告知がされる前に納付されその延滞税が未納である場合には、その延滞税について督促をするものとする。

（延納の許可を取り消した場合の督促）

5　延納の許可を取り消した場合（2に掲げる場合を除く。）には、その取消しにかかる国税について、遅滞なく督促をするものとする。

（20日後に発した督促状の効力）

6　納期限から20日を経過した日以後に発した督促状があっても、その効力には影響がない（昭和30.12.27徳島地判）。

（送達前に一部納付がされている場合の督促状の効力）

7　督促状が納税者に送達される前に一部納付がされている場合においても、その残額の範囲内においてその督促は有効である（大正11.4.29行判）。

第38条関係　繰上請求

繰 上 請 求
（法人の解散）

1　この条第1項第3号の「解散」には、法人の事実上の解散は含まない。

（繰上げにかかる期限）

2　この条第2項の「繰上げに係る期限」は、国税の収納を行なう税務署の職員を納付場所とする場合には、時刻をもって指定することができる。

（納付場所の指定）

3　繰上請求をする場合の納付場所の指定は、第36条関係（納付場所の指定）と同様とする。

繰上保全差押え
（繰上保全差押えができる終期）

4　繰上保全差押えは、繰上保全差押金額にかかる国税の法定申告期限（課税標準申告書の提出期限を含む。）を経過した後はできないものとする。

なお、上記の法定申告期限前であっても、繰上保全差押金額にかかる国税が確定したときは、その確定した国税の額に相当する繰上保全差押金額については、繰上保全差押えをすることができないものとする。

第39条関係　強制換価の場合の消費税等の徴収の特例

（徴収することができる）

1　この条第1項の「徴収することができる」とは、売却代金のうちから、直ちに配当を受け、国税に充てることができることをいう。

（通知の時期）

2　この条第2項の執行機関および納税者に対する通知の時期は、交付要求に準ずるものとする（徴収法基通第82条関係2参照）。

第3節　雑　　則
第41条関係　第三者の納付及びその代位

（第 三 者）

1　この条第1項の「第三者」には、国税を納

付すべき者（以下この条関係において「納税者等」という。）の意思に反して納付する第三者も含まれる。

（正当な利益を有する第三者）

2 この条第2項の「正当な利益を有する第三者」とは、納税者等が国税を納付しないときは、滞納処分を受けるかまたは納税者等に対する法律上の自己の権利の価値を失う地位にある者（たとえば、物上保証人、国税の担保のための抵当権付財産の第三取得者、後順位担保権者）をいう。

（連帯納付義務者等が履行した場合）

3 連帯納付義務者、第二次納税義務者、国税の保証人又は納付責任を負う者が、それらの連帯納付義務等の履行に基づく求償権を有する場合には、その者はこの条第2項の正当な利益を有する第三者として国に代位できるものとする。

（納付の日の翌日）

4 通則令第11条の「納付の日の翌日」は、還付金等（還付加算金を含む。）の充当の場合または徴収法第128条に規定する配当すべき金銭が国税に充てられた場合には、その事実を知った日（その旨の通知を受けたときは、その受けた日）の翌日とすることに取り扱う。

（代位の附記登記等の嘱託）

5 抵当権につき代位する第三者から、代位による抵当権移転の登記等の請求があった場合には、その登記等を関係機関に嘱託する（不動産登記法31条2項、昭和41.10.14付民事甲第2915号法務省民事局長回答）。

㊟ 上記の嘱託をする場合には、登記等を受ける者からその登記等に要する登録免許税の額に相当する収入印紙または登録免許税納付の領収証書を提出させることに留意する（登録免許税法23条、同法別表第1の一の㈥のロ）。

（残余の国税が消滅した場合の登記等の嘱託）

6 第三者が抵当権につき一部を代位した後、残余の国税が納税者等の納付により消滅した場合には、抵当権の変更の登記等を関係機関に嘱託する。

㊟ 上記の登記等には、登録免許税は課されないことに留意する（登録免許税法5条11号）。

第42条関係　債権者の代位及び詐害行為の取消し

債権者代位権

（納税者の資力との関係）

1 この条の規定に基づき債権者代位権（以下この条関係において「代位権」という。）を行使するのは、国税を保全するため必要がある場合に限られることから（民法第423条第1項）、納税者（第二次納税義務者及び保証人を含む。以下この条関係において同じ。）が無資力の場合に代位権を行使する（明治39.11.21大判）。ただし、徴収法第158条第4項の規定に基づき設定したものとみなされる抵当権の登記手続請求権を保全する場合において、その抵当権付財産が第三者名義となっているため納税者がその第三者に対して有する登記手続請求権を代位行使する必要があるときには、納税者が無資力でなくても、代位権を行使することができる（民法第423条の7、明治43.7.6大判参照）。

㊟ 納税者が無資力であるかどうかの判定に当たっては、第二次納税義務者、保証人等の有無及びその資力は考慮する必要はない。

（詐害行為取消権等の代位行使）

2 納税者の有する代位権又は詐害行為取消権（以下この条関係において「取消権」という。）も、この条の代位の対象となるものとする。

3 削除

詐害行為取消権

（財産権を目的とする行為）

4 取消権の対象となる行為は、財産権を目的とする行為である（民法第424条第2項）。したがって、離婚に伴う財産分与（同法第768条）、遺産分割協議（同法第907条）、会社の新設分割（会社法第762条）及び保険金受取人の変更（保険法第43条）も詐害行為となり得る（平成12.3.9最高判、平成11.6.11最高判、平成24.10.12最高判、平成18.12.21広島高岡山支判参照）。

国税通則法基本通達（徴収部関係）の制定について

（納税者の悪意）

5　この条の規定に基づく取消権は、納税者が自己の行為により債権者を害する結果になることをその行為の当時知っている場合でなければ成立しないが、債権者を害する意図があることまでは要しない（昭和35.4.26最高判）。

　また、この納税者の悪意は、一般的に債権者を害することを知っていれば足り、特に租税債権者を害することを知っていることは必要でない。

(注)1　納税者が善意であるときは、それについて過失があっても、取消権が成立しないことに留意する（大正5.10.21大判）。

　2　納税者の行為が相当の対価を得てした財産の処分行為（民法第424条の2）である場合は、その対価として取得した金銭その他の財産について、隠匿、無償の供与その他の債権者を害することとなる処分（以下この条関係において「隠匿等の処分」という。）をする意思を納税者が有している必要がある（同条第2号）。

　3　納税者の行為が既存の債務についての担保の供与又は債務の消滅に関する行為（民法第424条の3）である場合は、納税者と受益者とが通謀して他の債権者を害する意図をもってその行為を行っている必要がある（同条第1項第2号、第2項第2号）。

（詐害行為後に成立した国税）

6　取消権の被保全債権は、詐害行為の前の原因に基づいて生じたものに限られる（民法第424条第3項）から、詐害行為の前に納税義務が成立している国税は取消権の被保全債権となる（昭和42.3.14最高判）が、詐害行為の時に納税義務が成立していない国税であっても、その成立の基礎となる法律関係又は事実があり、その成立が高度の蓋然性をもって見込まれる場合には、取消権の被保全債権となる（平成2.9.27大阪高判、平成9.10.30名古屋高判参照）。

　なお、詐害行為の前に国税の納税義務が成立していた場合には、その国税について詐害行為以後に成立した延滞税も取消権の被保全債権となる（昭和63.10.20東京高判）。

（納税者の無資力）

7　この条の規定に基づく取消権を行使するに当たっては、詐害行為の時から取消権を行使する時まで納税者の無資力が継続している必要がある（昭和12.2.18大判）。

　なお、納税者が無資力であるかどうかの判定に当たっては、第二次納税義務者、保証人等の有無及びその資力は考慮する必要がないが、第二次納税義務者、保証人等から国税の全額を徴収できると認められるときは、取消権を行使しないものとする。

（同時交換的な行為）

8　新たな借入行為とそのための担保の設定等の同時交換的な行為についても、民法第424条の2（相当の対価を得てした財産の処分行為の特則）の規定により、この条の規定に基づく取消権の行使の対象となる。

（代物弁済等）

9　納税者がした代物弁済等の債務の消滅に関する行為については、民法第424条の3（特定の債権者に対する担保の供与等の特則）の規定により、この条の規定に基づく取消権の行使の対象となる。

　なお、納税者と受益者との間に通謀がなかったこと等により代物弁済等が同法第424条の3の規定に該当しない場合であっても、その代物弁済等が過大と認められる部分については、同法第424条の4（過大な代物弁済等の特則）の規定により、この条の規定に基づく取消権の行使の対象となる。

（転得者の悪意）

10　転得者に対して取消権を行使する場合に必要とされる転得者の悪意とは、その転得者及びその前の全ての転得者（以下この項において「転得者等」という。）が、それぞれの転得の時に、納税者の行為が債権者を害することを知っていることを意味し（民法第424条の5）、取消権の行使の相手方である転得者が、受益者及び他の転得者が悪意であることを知っていることは要しない。

(注)　納税者の行為が既存の債務についての担保の供与又は債務の消滅に関する行為民法第424条の3）である場合は、その転得者等が、納税者と受益者とが通謀して他の債

— 543 —

権者を害する意図をもってその行為をしたこと（同条第1項第2号、第2項第2号）についても知っている必要がある。

（財産の返還請求権の差押え）

11　この条の規定に基づく取消権を行使する場合において、その取消しとともに財産の返還若しくはその価額の償還として金銭の支払又は動産若しくは有価証券の引渡しを求めるときは、その取消しの判決の確定により納税者が将来取得すべき金銭の支払請求権又は動産若しくは有価証券の引渡請求権を差し押さえる（12参照）。

　なお、詐害行為が取り消される前においては、その差押えに係る取立て等を行うことはできないことに留意する。

（取消し後の滞納処分等）

12　詐害行為の取消しがあった場合における滞納処分等は、次によるものとする。

(1)　財産の返還又はその価額の償還として金銭の支払を受けるときは、判決に基づき、11の差押えに係る債権の取立てを行う。

(2)　返還を受ける財産が動産（金銭を除く。）又は有価証券であるときは、判決に基づき、その引渡しを受けた上で、差し押さえる。ただし、その引渡しに応じないときは、第三者が占有する財産の差押手続に従い差し押さえる。

(3)　返還を受ける財産が不動産その他の財産で、登記等の名義を納税者名義とする必要があるときは、判決に基づき、納税者名義とした上で、差し押さえる。

(4)　返還を受ける財産が(1)から(3)までに定めるもの以外のものであるときは、判決に基づき、返還を受ける財産を納税者へ回復させた上で、差し押さえる。

(5)　徴収法第129条第1項（配当の原則）の規定によって配当した場合において生じた残余金は、同条第3項（滞納者への残余金の交付）の規定により、滞納者に交付する。

(注)　詐害行為が取り消された場合には、受益者又は転得者は、滞納者に対し、その行為についてした反対給付の返還又は価額の償還（その行為が弁済等である場合には消滅に係る債権の履行）を請求することができる（民法第425条の2から第

425条の4まで）が、その請求との同時履行（同法第533条）を主張して取消しに係る財産の返還又は価額の償還を拒むことはできない。

（会社法第832条等との関係）

13　納税者の行為が会社法第832条（持分会社の設立の取消しの訴え）、第863条（清算持分会社の財産処分の取消しの訴え）又は信託法第11条（詐害信託の取消し等）の規定に該当する場合には、それぞれの規定により取消しを請求するものとする。

第4章　納税の猶予及び担保
第1節　納税の猶予
第46条関係　納税の猶予の要件等

第1項の猶予
（その他これらに類する災害）

1　この条第1項の「その他これらに類する災害」とは、財産の損失に直接因果関係を有するおおむね次の事実をいう。

(1)　地すべり、噴火、干害、冷害、海流の激変その他の自然現象の異変による災害

(2)　火薬類の爆発、ガス爆発、鉱害、天然ガスの採取等による地盤沈下その他の人為による異常な災害

(3)　病虫害、鳥獣害その他の生物による異常な災害

〔相当な損失〕

2　この条第1項の「相当な損失」とは、災害による損失の額が納税者の全積極財産の価額に占める割合（以下この項において「損失の割合」という。）がおおむね20％以上の場合をいう。この場合において、災害により損失を受けた財産が生活の維持又は事業の継続に欠くことのできない重要な財産（住宅、家庭用動産、農地、農作物及び事業用固定資産・棚卸資産）である場合には、上記の損失の割合は、その重要な財産の区分（上記かっこ書の財産ごとの区分）ごとに判定しても差し支えない。

　なお、保険金又は損害賠償金その他これらに類するものにより補てんされた又は補てんされるべき金額は、上記の損失の額から控除する。

（予定納税に係る所得税等）

3　この条第1項第3号の「予定納税に係る所得税その他政令で定める国税」は、損失を受けた日の属する年分、事業年度又は課税期間（消費税法第19条《課税期間》に定める課税期間をいう。）に係るものに限られる。

（被災した被相続人等に係る国税）

4　この条第1項の規定は、災害により財産に損失を受けた納税者につき、相続、合併、人格のない社団等に属する権利義務の包括承継、信託に係る新たな受託者の就任等があった場合には、その相続人等が納付する承継国税についても適用される（通則法第5条から第7条の2まで参照）。この場合の損失の割合は、被相続人等につき判定した割合によるものとする。

（猶 予 期 間）

5　この条第1項の規定により猶予する期間は、損失の割合が50％を超える場合は1年、20％から50％までの場合は8月を基準として、別に定めるところによる。

第2項の猶予

（猶 予 金 額）

6　この条の第2項の「納付することができないと認められる金額」とは、損失の復旧費等の支出を必要やむを得ないものに限ってもなお納付することができないと認められる金額のうち、同項各号に掲げる事実と因果関係を有する範囲の金額をいう。

（猶 予 期 間）

7　この条第2項の規定により猶予する期間は、1年を限度として、納税者の財産の状況その他の事情からみて、その猶予に係る国税を完納することができると認められる最短期間とする。

（猶予期間の始期）

8　この条第2項の規定により猶予する期間の始期は、猶予の申請書に記載された日とする。ただし、その日が同項各号に掲げる事実が生じた日より前であるなど、その日を始期とすることが適当でないと認めるときは、別にその始期を指定することができる。

また、災害を受けた場合など、同項各号の事実が生じた日が明らかであると認められる場合は、その事実が生じた日を猶予する期間の始期とすることができる。

（納税者の帰責性）

8-2　この条第2項各号に該当する事実は、納税者の責めに帰することができないやむを得ない理由により生じたものに限る。

（その他の災害）

8-3　この条第2項第1号の「その他の災害」は、1と同様である。

（生計を一にする）

9　この条第2項第2号の「生計を一にする」とは、納税者と有無相助けて日常生活の資を共通にしていることをいい、納税者がその親族と起居を共にしていない場合においても、常に生活費、学資金、療養費等を支出して扶養しているときが含まれる。

なお、親族が同一の家屋に起居している場合には、明らかに互いに独立した生活を営んでいると認められる場合を除き、これらの親族は生計を一にするものとする。

（親　　　族）

10　この条第2項第2号の「親族」とは、民法第725条各号（親族の範囲）に掲げる六親等内の血族、配偶者及び三親等内の姻族をいう。

なお、婚姻又は縁組の届出はしていないが、事実上、納税者と婚姻関係又は養親子関係にある者は、親族と同様に取り扱うものとする（民事執行法97条1項参照）。

（事業の休廃止）

11　この条第2項第3号の「事業を廃止し、又は休止した」とは、法令の規定又は業績の著しい悪化等のやむを得ない理由により、事業の全部又は一部を廃止（転業したものを含む。）又は休止したことをいう。

（事業上の著しい損失）

11-2　この条第2項第4号の「事業につき著しい損失を受けた」とは、猶予期間の始期の前日以前1年間（以下この項及び第46条の2関係1において「調査期間」という。）の損

— 545 —

参 考 資 料

益計算において、調査期間の直前の１年間（以下この項及び第46条の２関係１において「基準期間」という。）の税引前当期純利益の額の２分の１を超えて税引前当期純損失が生じていると認められる場合（基準期間において税引前当期純損失が生じている場合は、調査期間の税引前当期純損失の額が基準期間の税引前当期純損失の額を超えているとき）をいう。

（その他の事実）

12 この条第２項第５号の「前各号のいずれかに該当する事実に類する事実」とは、おおむね次に掲げる事実をいう。

(1) 第１号又は第２号に類するもの

イ 詐欺、横領等により財産を喪失したこと。

ロ 交通事故の損害賠償（使用者責任による場合を含む。）をしたこと。

ハ 公害の損害賠償をしたこと。

ニ 納税者の取引先等である債務者について、おおむね次に掲げる事実が生じたため、その債務者に対する売掛金等（売掛金のほか、前渡金、貸付金その他これらに準ずる債権を含み、また、これらの債権について受領した受取手形のうち割り引かれていない部分の金額及び割り引かれているものであっても、不渡り等のため買戻しを行ったものを含む。）の回収が不能又は著しく困難になったと認められること（従前に比べて決済に要する期間が著しく長期化したと認められる場合を含む。）。

(イ) 所在不明又は無財産になったこと。

(ロ) 事業の不振又は失敗により休廃業に至ったこと。

(ハ) 企業担保権の実行手続の開始決定があったこと。

(ニ) 破産手続開始の決定があったこと。

(ホ) 会社法の規定による特別清算開始の命令があったこと。

(ヘ) 法律の定める整理手続によらないが、債権者集会による債務整理の決定があったこと。

(ト) 手形交換所において取引の停止処分を受けたこと。

(チ) 災害、盗難、詐欺、横領により財産の大部分の喪失があったこと。

(リ) 会社更生法又は金融機関等の更生手続の特例等に関する法律の規定による更生手続開始の決定があったこと。

(ヌ) 民事再生法の規定による再生手続開始の決定があったこと。

(ル) 外国倒産処理手続承認の決定があったこと。

ホ 納税者と生計を一にしない親族（納税者の親族と同視できる特殊の関係にある者を含む。）が病気にかかり、又は負傷したこと。

(2) 第３号又は第４号に類するもの

イ 納税者の経営する事業に労働争議があり、事業を継続できなかったこと。

ロ 事業は継続しているものの、交通、運輸若しくは通信機関の労働争議又は道路工事若しくは区画整理等による通行路の変更等により、売上の著しい減少等の影響を受けたこと。

ハ 市場の悪化、取引先の被災、親会社からの発注の減少等により、従前に比べ納税者の事業の操業度の低下又は売上の著しい減少等の影響を受けたこと。

ニ 著しい損失の状態が生じたとまではいえないものの、それに近い税引前当期純損失の状態が生じる原因となった売上の著しい減少又は経費の著しい増加が生じたこと。

ホ 納税者が著しい損失（事業に関するものを除く。）を受けたこと。

(注) 「売上の著しい減少」とは、単に従前に比べて売上が減少したというだけでは足りず、事業の休廃止若しくは事業上の著しい損失があったのと同視できるか又はこれに準ずるような重大な売上の減少があったことをいう（平成23.5.26名古屋高判参照）。

（猶予該当事実と納付困難の関係）

12－2 この条第２項の「その該当する事実に基づき」納付することができないとは、納税者に同項各号に掲げる事実があったことにより、資金の支出又は損失があり、その資金の支出又は損失のあることが国税を一時に納付することができないことの原因となっていることをいう。

国税通則法基本通達（徴収部関係）の制定について

（納付困難）

12－3　この条第2項の「国税を一時に納付することができない」とは、納税者に納付すべき国税の全額を一時に納付する資金がないこと、又は納付すべき国税の全額を一時に納付することにより納税者の事業の継続若しくは生活の維持を困難にすると認められることをいう。

第3項の猶予

（猶予金額）

13　この条第3項の規定により猶予する金額は、6と同様である。ただし、納付困難な金額の判定に当たっては、その国税の確定手続等との因果関係を考慮する必要はない。

（猶予期間）

13－2　この条第3項の規定により猶予する期間は、1年を限度として、納税者の財産の状況その他の事情からみて合理的かつ妥当な金額に分割して納付した場合において、その猶予に係る国税を完納することができると認められる最短期間とする。

（猶予期間の始期）

13－3　この条第3項の規定により猶予する期間の始期は、猶予を受けようとする国税の納期限の翌日とする。

なお、やむを得ない理由があって納期限後に納税の猶予の申請書を提出した場合は、当該申請書の提出日をその始期とする。

（期限内に申請できないやむを得ない理由）

13－4　この条第3項の「やむを得ない理由」とは、例えば、通則法第74条の11第2項の国税に関する調査結果の内容の説明を受けた時など、納税者がこの条第3項各号に規定する納付すべき税額を知った時から、納税の猶予の申請書及び添付書類の作成のために通常必要と認められる期間（おおむね1月程度）内に納税の猶予の申請書が提出されたことその他納税者の責めに帰することができないと認められる理由をいう。

分割納付

（分割納付）

13－5　この条第2項又は第3項の規定により納税の猶予をする場合は、災害、病気等により納税者の資力が著しく低下している場合を除き、その猶予に係る金額を猶予期間内の各月（税務署長等がやむを得ないと認めるときは、その期間内の税務署長等が指定する月）に分割して納付させるものとする。

（合理的かつ妥当な金額）

13－6　この条第4項の「その者の財産の状況その他の事情からみて合理的かつ妥当なもの」とは、納税者の財産の状況その他の事情からみて、納税者の事業の継続又は生活の維持を困難にすることなく猶予期間内の各月において納付することができる金額であって、かつ、その猶予に係る国税を最短で完納することができる金額をいう。

担　　保

（猶予に係る税額）

13－7　この条第5項の「猶予に係る税額が百万円以下である場合」の判定は、納税の猶予の申請時において、その猶予を受けようとする国税以外に猶予の申請中の国税又は既に猶予をしている国税があるときは、これらの国税の額を含めて行う。

担保の徴取

（担保を徴することができない特別の事情）

14　この条第5項の「担保を徴することができない特別の事情」とは、おおむね次の場合をいう。

(1)　通則法第50条各号（担保の種類）に掲げる種類の財産がなく、かつ、保証人となる適当な者がいない場合

(2)　通則法第50条各号に掲げる種類の財産があるものの、その財産の見積価額（第50条関係10参照）が猶予に係る国税及びこれに先立つ抵当権等により担保される債権その他の債権の合計額を超える見込みがない場合

(3)　担保を徴することにより、事業の継続又は生活の維持に著しい支障を与えると認められる場合

— 547 —

参 考 資 料

（差押財産の価額）

15　この条第6項の滞納処分により差し押さえた「財産の価額」は、その財産の見積価額（第50条関係10参照）から差押えに係る国税に先立つ抵当権等により担保される債権その他の債権の合計額を控除した額とする。

猶予期間の延長

（猶予期間内に完納することができないやむを得ない理由）

16　この条第7項の「やむを得ない理由があると認めるとき」とは、おおむね次に掲げる事情がある場合をいう。

(1)　納税の猶予をした時において予見できなかった事実（納税者の責めに帰することができない理由により生じた事実に限る。）の発生により予定していた入金がなかったため、猶予金額を猶予期間内に納付できなかった場合

(2)　納税の猶予をした時において予見できなかった事実（納税者の責めに帰することができない理由により生じた事実に限る。）の発生により、臨時の支出（事業の継続又合は生活の維持のため必要不可欠なものに限る。）を行ったため、猶予金額を猶予期間内に納付できなかった場合

(3)　納税の猶予をした時において、猶予に係る国税の完納までに要する期間が1年を超えると見込まれた場合であって、納税者の資力がその猶予をした時に見込んだ状態でおおむね推移していると認められる場合

分割納付計画の変更

（分割納付計画の変更の方法）

17　この条第9項により分割納付の各納付期限（以下19まで、第47条関係1並びに第49条関係1及び3において「分割納付期限」という。）及び各納付期限ごとの納付金額（以下19まで、第47条関係1及び第49条関係1において「分割納付金額」という。）を変更する場合は、その猶予期間内において、その変更をしようとする日以後に到来する分割納付期限及び分割納付金額について、変更しようとする時の納税者の財産の状況その他の事情からみて合理的かつ妥当なものに変更する。

（分割納付計画を変更するやむを得ない理由）

18　この条第9項の「やむを得ない理由があると認めるとき」とは、おおむね次に掲げる事情にある場合をいう。

(1)　納税の猶予をした時において予見できなかった事実（納税者の責めに帰することができない理由により生じた事実に限る。）の発生により予定していた入金がなかったため、分割納付金額をその分割納付期限までに納付することができなかった場合

(2)　納税の猶予をした時において予見できなかった事実（納税者の責めに帰することができない理由により生じた事実に限る。）の発生により、臨時の支出（事業の継続又は生活の維持のため必要不可欠なものに限る。）を行ったため、分割納付金額をその分割納付期限までに納付することができなかった場合

（猶予期間内の変更）

19　この条第9項による変更後の分割納付期限は、その猶予期間（猶予期間を短縮する場合は短縮後の猶予期間）を超えることができない。

第46条の2関係　納税の猶予の申請手続等

添 付 書 類

（事実を証するに足りる書類）

1　この条第2項の「事実を証するに足りる書類」とは、通則法第46条第2項各号のいずれかに該当する事実（以下この条関係、第49条関係4及び第63条関係4において「猶予該当事実」という。）があることを証明することができる書類をいい、具体的には、り災証明書、診断書、医療費の領収書、廃業届、商業登記簿の登記事項証明書、調査期間及び基準期間の損益計算書等をいう。

（添付書類の提出が困難な場合）

2　この条第5項の「添付すべき書類を提出することが困難である」とは、災害等による帳簿書類等の滅失、病気等による入院など、納税の猶予又は猶予期間の延長の申請に当たって、納税者の責めに帰することができないやむを得ない理由により添付すべき書類の提出が困難な場合をいう。

国税通則法基本通達（徴収部関係）の制定について

申請書等の補正
（申請書等の記載の不備）
3　この条第7項の「記載に不備があるとき」とは、提出された申請書又は申請書に添付すべき書類について、記載すべき事項が記載されていないとき、又は納税の猶予の適否の判断をすることができる程度の記載がされていないと認められるときをいう。

（添付書類の不提出）
4　この条第9項の「提出をしなかつたとき」には、提出を求めた添付書類の提出があったものの、記載すべき内容がほとんど記載されていなかったときも含まれる。

（みなし取下げの通知に対する不服申立て）
5　この条第9項の規定により納税の猶予の申請が取り下げられたものとみなされた場合において、その旨を納税者に知らせる通知は不服申立ての対象である処分に該当しない（通則法75条1項参照）。

猶予の不許可
（忌　避　等）
6　この条第10項第2号の「拒み」とは、言語又は動作で検査を承諾しないこと、「妨げ」とは、検査に障害を与えること、「忌避」とは、積極的行動によらないで検査の対象から免れることをいう（徴収法基通第188条関係3参照）。

（不誠実な申請）
7　この条第10項第3号の「その申請が誠実にされたものでないとき」には、納税の猶予の申請が不許可又はみなし取下げとなった後において、同一の国税について再度猶予の申請がされたとき（新たな猶予該当事実が発生するなど、その申請に正当な理由があると認められるときを除く。）等が該当する。

質問及び検査
（質問及び検査をすることができる場合）
8　この条第11項の「第六項の規定による調査をするため必要があると認めるとき」とは、納税の猶予をするに当たって、猶予該当事実の有無、納税者の現在の資産及び負債の状況並びに今後の収入及び支出の見込み等（以下

8及び10において「猶予該当事実等」という。）を明らかにする必要があると税務署長等が認めるときをいう。

なお、質問の内容及び検査の方法等は、猶予該当事実等を明らかにするために必要であると認められる範囲内に限られる。

（質　　　問）
9　この条第11項の「質問」は、口頭又は書面のいずれによっても差し支えない。

（検査する帳簿書類）
10　この条第11項の「その者の帳簿書類その他の物件」とは、納税者の有する金銭出納帳、売掛帳、買掛帳、預金台帳及び領収証書等の猶予該当事実等を明らかにするため必要と認められる一切の帳簿書類（その作成又は保存に代えて電磁的記録の作成又は保存がされている場合における当該電磁的記録を含む。）をいう。

（身分証明書の提示）
11　この条第12項の質問又は検査に当たって関係者の請求があったときは、徴収法施行規則別紙第12号書式（徴収職員証票）に所要の調整を加えた身分証明書を提示しなければならない（通則規16条3項）。

第47条関係　猶予の許可等の通知

納税者等に対する通知
（納税の猶予等の通知）
1　納税の猶予をし、又はその期間を延長したとき（通則法第46条第9項の規定により分割納付期限及び分割納付金額を変更したときを含む。）は、納税者のほか、保証人又は担保財産の所有者（納税者を除く。）に対し、この条第1項に掲げる事項を通知するものとする。

（その他必要な事項）
2　この条第1項の「その他必要な事項」とは、納税の猶予の適用条項及び提供された担保の内容をいう。

（不許可の通知）
3　納税の猶予又はその猶予の延長を認めない

ときは、納税者のほか、保証人又は担保財産の所有者（納税者を除く。）に対し、その旨を通知するものとする。

第48条関係　納税の猶予の効果

（交付要求）

1　この条第1項かっこ書の「交付要求」には、徴収法第86条の規定による参加差押えは含まれない。

（差押えの解除）

2　この条第2項の「差押えを解除することができる」のは、おおむね次に掲げる場合とする。

(1)　担保の額と差押財産の見積価額の合計額が猶予に係る国税（その国税が完納されるまでの延滞税及び担保又は差押財産の処分に要する費用を含む。以下この項において同じ。）の額を著しく超過することとなった場合

(2)　差押えを継続することにより、納税者の事業の継続又は生活の維持を困難にするおそれがあると認められる場合

(3)　猶予に係る国税の額に相当する担保の提供を受けた場合

(4)　通則法第55条第1項第2号に基づき納付委託を受けた証券の取立てが最近において特に確実であって、不渡りとなるおそれがないため、納税の猶予に係る国税の徴収が確実であると認められる場合（同条4項参照）

（債権等の取立て）

3　納税の猶予をした場合において、猶予に係る国税につき差し押さえた財産のうち、天然果実を生ずるものにつき果実を取得したとき、又は有価証券、債権若しくは無体財産権等につき、第三債務者等から給付を受けたときは、次に掲げるところによる。

(1)　取得した天然果実又は第三債務者等から給付を受けた財産が金銭以外のものである場合には、その財産につき滞納処分を執行し、徴収法第129条の規定に従い、その換価代金等を猶予に係る国税に充てる。

(2)　第三債務者等から給付を受けた財産が金銭である場合には、徴収法第129条の規定

に従い、その金銭を猶予に係る国税に充てる。

（時効の停止）

4　納税の猶予に係る国税（その国税に併せて納付すべき延滞税及び利子税を含む。）の徴収権の時効は、その猶予がされている期間内は進行しない（通則法第73条第4項）。

（注）　納税の猶予の申請の効果については、第72条関係6参照。

第49条関係　納税の猶予の取消し

納税の猶予の取消し

（分割納付ができなかったやむを得ない理由）

1　この条第1項第2号の「やむを得ない理由があると認めるとき」とは、おおむね次に掲げる事情があり、かつ、猶予を継続しても徴収上の支障がないと認められる場合をいう。

(1)　第46条関係18(1)と同様の事情があった場合

(2)　第46条関係18(2)と同様の事情があった場合

(3)　分割納付期限までに納付することができなかった分割納付金額を、おおむね次回の分割納付期限までに納付することができると認められる場合

（担保の変更等の命令に応じないとき）

2　この条第1項第3号の「第五十一条第一項（担保の変更等）の命令等に応じないとき」とは、他の担保を提供することができない特別の事情（第46条関係14参照）がないにもかかわらず、税務署長等の担保の変更等の命令に応じない場合をいう。

（新たに滞納した場合のやむを得ない理由）

3　この条第1項第4号の「やむを得ない理由があると認めるとき」とは、おおむね次に掲げる事情があり、かつ、猶予を継続しても徴収上の支障がないと認められる場合をいう。

(1)　納税の猶予をした時において予見できなかった事実（納税者の責めに帰することができない理由により生じた事実に限る。）の発生により予定していた入金がなかったため、新たに納期限が到来した国税をその納期限までに納付することができなかった

場合

(2) 納税の猶予をした時において予見できなかった事実（納税者の責めに帰することができない理由により生じた事実に限る。）の発生により臨時の支出（事業の継続又は生活の維持に必要不可欠であるものに限る。）を行ったため、新たに納期限が到来した国税をその納期限までに納付することができなかった場合

(3) 納税の猶予をした時から新たに納付すべき国税の納期限までの期間が短く、その間に納付のための資金を確保することが困難であったため、その国税を納期限までに納付できなかった場合

(4) 新たに納期限が到来した国税を、おおむね次回の分割納付期限までに納付することができると認められる場合

（偽りその他不正な手段）

4 この条第1項第5号の「偽りその他不正な手段」とは、納税の猶予若しくは猶予期間の延長の申請書又はその添付書類につき、おおむね次に掲げる虚偽の事実を記載すること、又は記載すべき事実を記載しないことをいう。

(1) 猶予該当事実がないにもかかわらず、故意に猶予該当事実がある旨を記載すること。

(2) 故意に所有する資産を記載せず、又は存在しない負債を記載すること。

(3) 故意に事実より少ない収入金額又は事実より多い支出金額を記載すること。

（財産の状況その他の事情の変化）

5 この条第1項第6号の「財産の状況その他の事情の変化によりその猶予を継続することが適当でないと認められるとき」とは、猶予金額の徴収の見込みがなくなる程度の資力の喪失、納付困難と認められる金額がなくなる程度の資力の増加等により、その猶予を継続することが適当でないと認められる場合をいう。

（弁明をしない正当な理由）

6 この条第2項ただし書の「正当な理由がなくその弁明をしないとき」とは、災害、病気による入院等、納税者の責めに帰することができないと認められる理由がないにもかかわらず弁明をしない場合をいう。

（取消し等の通知）

7 納税の猶予を取り消し、又は猶予期間を短縮したときは、納税者のほか、保証人又は担保財産の所有者（納税者を除く。）に対し、その旨を通知するものとする。

この場合において、猶予を取り消した日又は短縮された猶予期間の終期から2月以内に個人である保証人に対しその通知をしなかったときは、猶予をした国税に係る延滞税のうち、次に掲げる期間に係るものであって、猶予の取消し又は猶予期間の短縮がなければ通則法第63条第1項本文の規定により免除することができた部分に相当する金額については、その保証人からは徴収することができないことに留意する（民法第458条の3参照）。

(1) 納税の猶予を取り消した場合
猶予を取り消した日から保証人に対する通知をした日又は当初の猶予期間の終期のいずれか早い日までの期間

(2) 納税の猶予期間を短縮した場合
短縮された猶予期間の終期の翌日から保証人に対する通知をした日又は当初の猶予期間の終期のいずれか早い日までの期間

第2節 担　保
第50条関係　担保の種類

担保の種類
（確実と認める社債その他の有価証券）

1 この条第2号の「社債（特別の法律により設立された法人が発行する債券を含む。）その他の有価証券で税務署長等が確実と認めるもの」は、次に掲げる有価証券など、その発行する法人の財務内容及び事業の状況から、元本の償還、利息の支払等が確実であると認められるものとする。

なお、有価証券には、通則令第16条第1項（担保の提供手続）に規定する振替株式等など、その権利を表象する券面が発行されていないものが含まれる。

(1) その元本の償還及び利息の支払について政府が保証する債券

(2) 金融機関が特別の法律により発行する債券

(3) 金融商品取引所に上場されている有価証券

— 551 —

参　考　資　料

（立　　木）

2　この条第4号の「立木」とは、立木ニ関スル法律第1条第1項の規定により所有権保存の登記をした樹木の集団をいう。

（担保として適格ではない財団）

3　この条第5号に規定する鉄道財団等の財団（以下この条関係において「鉄道財団等」という。）であっても、その財団としての存続期間（鉄道抵当法2条の2第2項、13条、工場抵当法8条3項、10条等参照。）の終期が、国税の担保としての抵当権設定の登記又は登録が通常されると見込まれる日より前に到来するものは、その性格上、国税の担保としては不適格であるものとする。

（保険の範囲）

4　この条第4号の「保険」には、所得税法第77条第2項第2号（地震保険料控除）に規定する共済に係る契約（共済金の支払を受ける権利の譲渡又は差押えが禁止されているものを除く。）を含み、保険料又は共済掛金が月掛のものを含まない。

（注）1　共済金の支払を受ける権利の譲渡又は差押えが禁止されているものには、農業災害補償法の規定による共済に係る契約がある（農業災害補償法89条）。

　　　2　月掛火災保険については、普通火災保険に契約変更ができることに留意する。

（保険の金額）

5　国税の担保財産に付すべき保険の金額は、その担保財産により担保される国税（その国税が完納されるまでの延滞税、利子税及びその担保財産の処分に要する費用を含む。）の額及びこれに先立つ抵当権等により担保される債権その他の債権の合計額を超えるものでなければならない。

（確実と認める保証人）

6　この条第6号の「税務署長等が確実と認める保証人」とは、別に定める場合を除き、金融機関その他の保証義務を果たすために資力が十分であると認められる者をいう。

（法人による保証）

7　法人による保証（物上保証を含む。）につ

いては、当該法人がその国税の保証をすることが、当該法人の定款に定める目的の範囲内に属する場合に限る。

なお、次に掲げる法人による保証は、定款に定める目的の範囲内に属するものとする。

(1)　担保を提供すべき者と取引上密接な関係のある営利を目的とする法人（昭和33.3.28最高判、昭和41.2.28東京地判）

(2)　担保を提供すべき者が取締役又は業務を執行する社員となっている営利を目的とする法人（会社法第356条第1項第3号、第365条第1項又は第595条第1項第2号の規定により株主総会の承認、取締役会の承認又は社員の過半数の承認を受けたものに限る。）

（納税者の履行状況に関する保証人への通知）

7－2　国税の保証人についても民法第458条の2（主たる債務の履行状況に関する情報の提供義務）の規定の適用があるから、保証に係る国税につき保証人から納税者の履行状況に関する情報の請求があったときは、その保証人に対し、遅滞なく、その国税の不履行の有無並びにその残額及びそのうち不履行となっているものの額を通知するものとする。

（担保提供の順位）

8　担保は、可能な限り処分が容易であって、かつ、価額の変動のおそれが少ないものから、提供を受けるものとする。

担保の価額

（担 保 の 額）

9　国税の担保は、その担保に係る国税が完納されるまでの延滞税、利子税及び担保の処分に要する費用をも十分に担保できる価額のもの（担保が保証人の保証である場合は、その国税等の保証義務を十分に果たせる資力を有する保証人）でなければならない。

（担保財産の見積価額）

10　国税の担保財産の見積価額は、次の各号に掲げる金額によるものとする。

(1)　この条第1号に掲げる国債については、政府ニ納ムヘキ保証金其ノ他ノ担保ニ充用スル国債ノ価格ニ関スル件に規定する金額

(2)　この条第1号に掲げる地方債及び第2号

— 552 —

に掲げる社債その他の有価証券については、時価の8割以内において担保の提供期間中の予想される価額変動を考慮した金額

(3) この条第3号に掲げる土地については、時価の8割以内において適当と認める金額

(4) この条第4号及び第5号に掲げる建物等については、時価の7割以内において担保を提供している期間中に見込まれる価額の減耗等を考慮した金額

第51条関係　担保の変更等

(その他の理由)

1　この条第1項の「その他の理由」とは、おおむね次に掲げる場合をいう。

(1) 担保財産については、担保が提供された後、所有権の帰属に関する訴えが提起された場合等であって、担保の提供の効力に影響があると認められるとき。

(2) 担保財産に付されている保険契約が失効したとき。

(3) 担保財産（通則法第46条第6項（差押財産がある場合の担保の額の特例）に該当する差押財産を含む。）の滅失その他の理由により、その価額が減少したとき。

(4) 担保財産が国債等である場合においては、その国債等の償還期限が到来したとき、又は近く到来するとき。

(担保を提供した者)

2　物上保証人は、この条第1項の「担保を提供した者」に当たらない。

(その他の担保を確保するための措置)

3　この条第1項の「その他の担保を確保するための必要な行為」とは、保険契約の更新等をいう。

第52条関係　担保の処分

担保の処分

(不服申立てに係る国税の担保の処分)

1　通則法第105条第3項及び第5項（不服申立てに係る国税の担保）の規定により提供された担保については、その担保提供の原因となった不服申立ての裁決又は決定後でなければ処分をしないものとする。

なお、再調査の請求についての決定から審査請求がされるまでの間（審査請求をすることができる期間内に限る。）は、原則として、不服申立ての係属中の場合と同様とする。

(会社更生法との関係)

2　会社更生手続において国税のために提供された担保の処分についても、この条の規定の適用があるが、その処分ができる要件等については、この条の規定と異なる場合（例えば、会社更生法第50条第5項（他の手続の中止等）の規定による滞納処分の続行命令があった場合）がある。

担保財産の処分

(担保財産の差押え)

3　担保財産を滞納処分の例により処分する場合は、担保財産を差し押さえる。この場合において、その担保財産に滞納処分による先行の差押えがされているときは、参加差押えをする。

なお、その財産が納税者以外の第三者に帰属しているときの差押え又は参加差押えの手続は、その第三者を相手方として行い、滞納者に差押え等をした旨を通知する（徴収法基通第54条関係12参照）。

(注) この場合において、差押え等による時効の完成猶予及び更新の効力は、差押え等をした旨が滞納者に通知された後でなければ生じない（通則法第72条第3項、民法第154条）。

なお、滞納者に対する通知の前に時効の期間が満了した場合には、時効の完成猶予の効力は生じない。

保証人からの徴収

(個人の保証人に対する取消しの通知)

3-2　国税の担保が個人保証人の保証である場合において、その国税についての延納、納税の猶予又は徴収若しくは滞納処分に関する猶予（以下この項において「猶予等」という。）を取り消したときは、その保証人に対し、猶予等を取り消した日から2月以内にその取消しを通知しなければ、民法第458条の3（主たる債務者が期限の利益を喪失した場合における情報の提供義務）の規定により、その保証人からは徴収できない延滞税の額が

— 553 —

生じる場合があることに留意する（第49条関係7参照）。

（滞納処分を執行してもなお不足があると認めるとき）

4 この条第4項の「滞納処分を執行してもなお不足があると認めるとき」とは、保証人に対して滞納処分（交付要求及び参加差押えを含む。以下この項において同じ。）を執行しようとする時の現況において納税者に帰属する財産で滞納処分により徴収できるものの価額が、納税者の有する国税の総額に満たないと認める場合をいい、その判定は、滞納処分を現実に執行した結果に基づいてする必要はない。

なお、上記の場合における財産の価額の算定については、次に留意する。

(1) 財産について、徴収法その他の法律の規定により納税者の国税に優先する債権（私債権、公課、地方税等）がある場合には、優先する債権額に相当する金額を財産の処分予定価額から控除してその財産の価額を算定する。

(2) 徴収法第76条第5項（給与の差押禁止の特例）の規定により差押えができる給料等がある場合には、原則として、納税者の承諾が得られないものとしてその財産の価額を算定する。

(4) 継続収入に係る債権又は将来生ずべき債権がある場合には、それを換価するものとしてその財産の価額を算定する。

(5) 交付要求に係る財産がある場合には、直ちにそれを換価したとした場合において配当を受けることができると認められる金額を基準として、その財産の価額を算定する。

(6) 滞納処分費を要すると認められる場合には、その見込額を控除してその財産の価額を算定する。

（換価の制限）

5 保証人の財産の売却決定は、主たる納税者の財産について、公売期日等（公売により売却する場合には最高価申込者の決定の日、随意契約により売却する場合には、その売却をする日をいう。）の日後に行う。ただし、保証人の財産の価額が著しく減少するおそれがあるとき（不相応な多額の保存費を要すると

きを含む。）は、この条第5項の換価の制限はない（徴収法32条4項、民事保全法49条3項参照）。

なお、次に留意する。

(1) 第三者に帰属する担保財産がある場合における保証人の財産の換価は、可能な限りその担保財産を換価した後に行う。

(2) この条第5項の「換価」には、取立ての方法による換価は含まれない。

保証と主たる納税義務との関係
（納税の猶予）

6 主たる納税者の国税（以下この条関係において「主たる国税」という。）について納税の猶予をしている間は、その国税の保証人に対して納付通知書若しくは納付催告書を発し、又は滞納処分をすることはできない。

なお、保証人の保証に係る国税（以下この条関係において「保証国税」という。）についてした納税の猶予の効力は、主たる国税には及ばない。

（換価の猶予）

7 主たる国税について換価の猶予をしても、その保証人に対して納付通知書若しくは納付催告書を発し、又は滞納処分をすることができる。ただし、換価については、この条第5項の規定により制限される。

（滞納処分の停止による消滅）

8 保証国税についてした滞納処分の停止の効力及びそれに伴う消滅の効果は、主たる国税には及ばない。

（時効の完成猶予及び更新のための訴え）

9 保証国税がある場合において、主たる国税が時効により消滅するおそれがあり、時効の完成猶予及び更新のため他に適当な方法がないときは、必要に応じ、主たる国税の存在確認の訴えを提起する（昭和39.3.26東京地判参照）。

（催告の抗弁権等）

10 国税の保証人については、民法第452条（催告の抗弁権）及び第453条（検索の抗弁権）の規定の適用がない。

第54条関係　担保の提供等に関する細目

担保の提供手続

（担保提供書等の提出）

1　国税の担保の提供に当たっては、通則令第16条（担保の提供手続）に規定する書類のほか、次の書類を併せて提出させる。

(1)　担保を提供する旨の書面

(2)　第三者の所有財産を担保とする場合には、担保を提供することについてのその第三者が承諾した旨が記載された書面及びその第三者の印鑑証明書

(3)　担保が、法人又は制限行為能力者（民法第13条第1項第10号（保佐人の同意を要する行為等）に規定する制限行為能力者をいう。）の所有財産である場合には、代表者、法定代理人（その代理行為が同法第826条（利益相反行為）の規定に該当するときは特別代理人）、保佐人若しくは補助人の資格を証する書面又は保佐人若しくは補助人がその担保の設定に同意した旨が記載された書面及び印鑑証明書

(4)　担保が保証人の保証である場合には、保証人の印鑑証明書（法人による保証の場合には、代表者の資格を証する書面及び印鑑証明書とする。）

(5)　法人による保証（物上保証を含む。）が会社法第356条第1項第3号（競業及び利益相反取引の制限）、第365条第1項（競業及び取締役会設置会社との取引等の制限）又は第595条第1項第2号（利益相反取引の制限）の規定に該当する場合には、その提供等につき株主総会の承認、取締役会の承認又は社員の過半数の承認を受けたことを証する書面

（有価証券等の供託機関）

2　有価証券又は金銭の供託は、可能な限り担保の提供を受けるべき税務官庁の所在地にある供託所にさせる。

（抵当権を設定するために必要な書類）

3　通則令第16条第2項「抵当権を設定するために必要な書類」とは、1に定める書類のほか、次に掲げるものをいう。

(1)　担保財産の所有者の抵当権設定登記についての承諾書

(2)　担保財産の所有者（法定代理人がある場合はその代理人とし、法人の場合はその代表者とする。）の印鑑証明書（1(4)により提出する場合を除く。）

(注)　この印鑑証明書は、不動産登記令第16条第13項の規定による有効期限の制限はない。

（保険に対する保全措置）

4　国税の担保として提供しようとする財産に保険が付されている場合には、その保険金請求権に対して質権を設定する。

なお、保険者からの質権設定の承諾を受けた保険証券又は保険契約証書については、質権設定の裏書及び確定日付を確認した後、原本は納税者に返却し、当該保険証券等の写しを税務官庁で保管する。

（共同保証の場合）

5　国税の保証人が2人以上である場合又は2人以上となる場合には、保証人間において連帯させる。

（保証等の真実性の確認）

6　国税の担保が第三者の所有財産又は保証人の保証である場合には、その第三者又は保証人に対し、その意思に基づき担保財産を提供したこと、又は保証をしたことを確認した上で担保を徴取するものとする。

担保の解除

（第三者納付の場合の解除時期）

7　抵当権により担保されている国税が、第三者により納付された場合の担保の解除は、通則令第11条（国税を納付した第三者の代位の手続）の書面が通常提出されると見込まれる期間内に提出されなかったことを確認した後に行う（第41条関係4参照）。

（その他の解除手続）

8　担保の解除手続については、通則令第17条第3項（担保の解除）に定めるところによるほか、次の場合には、納税者に対し、その担保原因が消滅した旨の証明書を交付する。

(1)　担保財産が供託されている場合

(2)　担保財産に付されている保険に質権が設定されている場合

参考資料

第55条関係　納付委託

（国税の徴収上有利）

1　この条第1項第3号の「国税の徴収上有利」とは、滞納に係る国税をおおむね6月以内に完納させることができると認められる場合において、滞納者の財産の状況その他の事情からみて、滞納に係る国税につき有価証券の納付委託を受けることにより確実な納付が見込まれ、かつ、その取立てまでの期間において新たに納付委託に係る国税以外の国税の滞納が見込まれないと認められる場合をいう。

（納付委託に使用できる証券）

2　この条第1項「国税の納付に使用することができる証券以外の有価証券」とは、次に掲げる証券であって、最近において取立てが確実と認められ、かつ、その券面金額が納付委託の目的である国税の額を超えないものに限る。

　(1)　小切手

　　イ　再委託銀行（この条第3項の規定により再委託をする銀行（信用金庫、信用組合、労働金庫等を含む。以下この項において同じ。）をいう。以下この項において同じ。）と同一の手形交換所に加入している銀行（手形交換所に準ずる制度を利用して再委託銀行と交換決済をすることができる銀行を含む。以下この項において「所在地の銀行」という。）を支払人として、再委託銀行の名称（店舗名を含む。）を記載した線引の小切手であって、次に該当するもの

　　　(イ)　振出人が納付委託する者であるときは、税務署長等（納付委託を受ける職員の所属する税務署長等をいう。以下この項において同じ。）を受取人とする記名式のもの

　　　(ロ)　振出人が納付委託をする者以外の者であるときは、納付委託をする者が当該税務署長等に取立てのための裏書をしたもの

　　ロ　所在地の銀行以外の銀行を支払人とするイと同様の要件を備える小切手であって、再委託銀行を通じて取り立てることができるもの

　(2)　約束手形又は為替手形

　　イ　所在地の銀行を支払場所とする約束手形又は為替手形であって、次に該当するもの

　　　(イ)　約束手形の振出人（為替手形（自己宛のものに限る。）については支払人）が納付委託をする者であるときは、当該税務署長等を受取人とし、かつ、指図禁止の文言の記載のあるもの

　　　(ロ)　約束手形の振出人（為替手形（引受けのあるものに限る。）については支払人）が納付委託をする者以外の者であるときは、納付委託をする者が税務署長等に取立てのための裏書をしたもの

　　ロ　所在地の銀行以外の銀行を支払場所とするイ(イ)又は(ロ)に掲げる約束手形又は為替手形であって、再委託銀行を通じて取り立てることができるもの

（最　　　近）

3　この条第1項の「最近」とは、納付委託を受ける日からおおむね6月以内をいう。ただし、納税の猶予又は滞納処分に関する猶予の場合は、6月を超える証券であっても納付委託を受けることができる（同項1号）。

（証券の確実性の判定）

4　この条第1項の「確実に取り立てることができるものであると認められる」かどうかについては、納付委託に使用する証券について支払の責任を有する者が振出人又は支払人となっている小切手又は手形について、最近において不渡りとなった事実がなく、かつ、その者の信用状態が将来悪化する見通しのない限り、取立てが確実であると判断して差し支えない。

5　削除

6　削除

（不渡りの場合の措置）

7　納付委託を受けた証券が不渡りとなった場合には、その納付の委託を解除する。ただし、その証券上の権利を行使することが徴収上有利と認められるときは、その権利を行使することを妨げない。

— 556 —

国税通則法基本通達（徴収部関係）の制定について

（第１項第３号の国税に係る納付委託と滞納処分等との関係）

8　この条第１項第３号に規定する国税について納付委託を受けた場合においては、その取り立てるべき日までは納付委託に係る国税について、原則として、滞納処分を行わないものとする。

（納付委託と担保の関係）

9　この条第４項の「必要がないと認められるに至つたとき」とは、納付委託を受けた証券の取立てが最近において特に確実であり、不渡りとなるおそれがないため、納付委託に係る国税が確実に徴収できると認められる場合等をいう。

第５章　国税の還付および還付加算金

第56条関係　還　　　付

還　　　付

（国税にかかる過誤納金）

1　この条第１項の「国税に係る過誤納金」とは、国税として納付された金額の超過納付額および納期の開始前における国税としての納付額（予納として納付されたものを除く。）をいう。

　㊟　上記の納付には、印紙納付および物納も含まれることに留意する。

（源泉徴収等による国税の過誤納金の還付）

2　源泉徴収等による国税の過誤納金は、法令に別段の定めがある場合を除き、その国税を納付した源泉徴収義務者または特別徴収義務者に還付するものとする。

（第二次納税義務者への還付）

3　通則令第22条第１項「第二次納税義務者」には、徴収法第24条第１項の規定の適用を受ける譲渡担保権者を含むものとする。

　なお、２人以上の第二次納税義務者が納付した国税につき生じた過誤納金は、それぞれの者が納付した額に応じてあん分して計算した額をそれぞれの者に還付するものとする。

（国税の保証人又は第三者の納付に係る過誤納金の還付）

4　国税の保証人又は通則法第41条第１項（第三者の納付）に規定する第三者が納付した国税につき生じた過誤納金は、納税者に還付するものとする。

　なお、国税の保証人が納付時における保証債務の額を超えて納付したことによる過誤納金は、その保証人に還付するものとする。

（連帯納付義務者への還付）

5　納税者及びその連帯納付責任者（納付責任を負う相続人を含む。）又は２人以上の連帯納付義務者が納付した国税につき生じた過誤納金は、最後に納付した金額から順次遡って求めた金額を、その納付した者にそれぞれ還付するものとする。この場合、その過誤納金で納付の日を同じくする国税に係るものについては、それぞれの者が納付した額に応じてあん分して計算した額を、それぞれの者に還付するものとする。

（相続人への還付）

6　還付を受けるべき者につき相続があった場合において、その相続人が２人以上あるときの還付金等は、次により還付するものとする。

　⑴　還付金等について遺産の分割がされていないときは、その還付金等は、民法第900条から第903条まで（法定相続分等）に規定する相続分に応じてあん分して計算した額を、それぞれの相続人に還付する。

　⑵　還付金等について遺産の分割がされているときは、その分割されたところによりそれぞれの相続人に還付する。

（無能力者への還付）

7　還付を受けるべき者が無能力者である場合においても、その者に還付するものとする。ただし、その者の法定代理人が明らかであるときは、還付を受けるべき者を明示したうえでその法定代理人に還付するものとする。

（破産者等への還付）

8　還付を受けるべき者に次に掲げる事実が生じた場合には、その還付金等（１の場合は破産財団に属するものに限る。）は、還付金を受けるべき者を明示したうえで次に掲げるそ

参 考 資 料

れぞれの者に還付するものとする。

(1) 破産の宣告があった場合　その破産管財
人

(2) 相続人不存在のため相続財産管理人が選
任された場合　その相続財産管理人

(3) 不在者の財産管理人が置かれた場合　そ
の財産管理人

(4) 会社に整理開始の命令があり管理人が選
任された場合　その管理人

(5) 会社更生手続の開始申立があった場合に
おいて、保全管理人が選任された場合　そ
の保全管理人

(6) 会社更生手続の開始決定があった場合
その管財人

(7) 企業担保権の実行手続の開始決定があっ
た場合　その管財人

(還付金等の譲受人への還付)

9　還付金等の請求権が譲渡され、民法第467
条第1項(債権の譲渡の対抗要件)の規定に
よる通知があった場合には、その事実を確認
し、その譲渡に係る還付金等は、その譲受人
に還付する。

なお、この場合、その還付金等の請求権に
係る譲渡の通知が2以上あったときは、その
通知を受けた時(その還付金等の請求権の譲
渡登記に係る登記事項証明書(動産及び債権
の譲渡の対抗要件に関する民法の特例等に関
する法律第11条第2項)が添付された通知に
ついては、その登記日時)のいずれか早い通
知に係る譲受人に還付する。

(強制執行がされた還付金等の取扱い)

10　還付金等の請求権が強制執行により差押え
られた場合において、その還付金等を差押債
権者に還付するときは差押債権者の債権及び
執行費用の額に相当する額を、その還付金等
を供託するときはその全額を、それぞれ還付
又は供託する(民事執行法第155条第1項、
第156条第1項参照)。

なお、次に留意する。

(1) 差押えに係る還付金等の請求権のうち差
押えられていない部分を超えて発せられた
差押命令又は仮差押命令の送達を受けた場
合は、その還付金等の請求権の全額に相当
する額の金銭を供託しなければならない
(民事執行法第156条第2項参照)。

(2) 差押えに係る還付金等の請求権のうち差
押えられていない部分を超えて滞納処分
(滞納処分の例による処分を含む。以下12
において同じ。)による差押えがされた場
合は、その還付金等の請求権の全額に相当
する額の金銭を供託しなければならない
(調整法第36条の6第1項参照)。

(3) 配当要求があった旨を記載した文書の送
達を受けた場合は、その還付金等の請求権
のうち差押えられた部分に相当する額の金
銭は供託しなければならない(民事執行法
第156条第2項参照)。

(注)1　差押えに係る還付金等を差押債権者
へ還付する場合は、債務者に対して差
押命令が送達された日から1週間を経
過したときに行なう。

2　差押えに係る還付金等の請求権につ
いて転付命令の送達を受けた場合は、
転付命令が確定したときにその転付命
令の券面額に相当する還付金等を転付
債権者に還付する(民事執行法第159
条、第160条参照)。

(仮差押えの執行がされた還付金等の取扱い)

11　還付金等の請求権について仮差押えの執行
がされた場合には、仮差押期間(第58条関係
《還付加算金》の11《仮差押期間》に定める
期間をいう。)中は、その還付金等を供託し
ない取扱いとする。

ただし、仮差押えの執行に係る還付金等の
請求権のうち仮差押えの執行がされていない
部分を超えて発せられた差押命令の送達を受
けたときは、その還付金等の請求権の全額に
相当する額の金銭を供託しなければならない
ことに留意する(民事執行法第178条第5
項・第156条第2項参照)。

(滞納処分がされた還付金等の取扱い)

12　還付金等の請求権が滞納処分により差押え
られた場合には、差押えに係る還付金等の請
求権のうち差押えられた部分に相当する額は、
差押債権者に還付する。

なお、滞納処分による差押えに係る還付金
等の請求権のうち差押えられていない部分を
超えて発せられた差押命令又は仮差押命令の
送達を受けたときも、同様に取扱うものとす
る。

— 558 —

国税通則法基本通達（徴収部関係）の制定について

ただし、還付金等の請求権について、順次滞納処分による差押え、強制執行による差押え及び滞納処分による差押えがされた場合で、当初の滞納処分による差押えがされていない部分について後の二つの差押えが10の(2)と同様の事情にあるときは、その部分に相当する額の金銭を供託しなければならないことに留意する（調整法第36条の6第1項かっこ書参照）。

（還付金等の請求権について相続があった場合）

13　還付金等の請求権について相続による承継があった場合において、民法第900条及び第901条の規定により算定した相続分を超えて当該請求権を承継した共同相続人から、当該請求権に係る遺言又は遺産の分割の内容を明らかにして承継の通知があったときは、その承継は第三者に対抗できることに留意する（民法第899条の2第2項）。

還付金等の引継ぎ
（納税地に異動があった場合の引継ぎ）

14　留保還付金がある場合において、その還付金の基因となる国税の納税地に異動があったときは、異動後の納税地を所轄する税務署長に還付金の引継ぎをするものとする。

（充当のための引継ぎ）

15　還付を受けるべき者につき、他の国税局長又は税務署長が徴収する国税があることが明らかなときは、その国税局長等に還付金等の引継ぎをするものとする。

第57条関係　充　　　当

充　　　当
（還付を受けるべき者）

1　この条第1項「還付を受けるべき者」には、次に掲げる者が含まれる。

　なお、納税管理人および第56条関係の8（破産者等への還付）に定める者は、還付を受けるべき者にはあたらない。

(1)　被相続人の還付金等を承継した相続人
(2)　被合併法人の還付金等を承継した合併法人
(3)　還付金等の譲受人
(4)　還付金等につき転付命令を得た差押債権

者

（納付すべきこととなっている国税）

2　この条第1項の「納付すべきこととなっている国税」とは、納付すべき税額が確定した国税（通則法第15条第3項第2号から第6号までに掲げる国税にあっては、納税告知書が発せられたものに限る。）で、通則令第23条に規定する充当適状にある国税をいう。

（譲渡等にかかる還付金等の充当）

3　還付金等につき譲渡の通知または差押命令の送達があった後において、その譲渡をした者または差押えを受けた債務者につき未納の国税（2に定める国税をいう。以下この条関係において同じ。）が生じた場合には、その還付金等は、その国税に充当することはできない。ただし、その還付金等が留保還付金である場合には、その年分または、その事業年度分の所得税または法人税に充当することができる。

（破産宣告があった場合の還付金等の充当）

4　破産財団に属する還付金等は、破産手続によることなく財団債権である未納の国税に充当するものとする。

（支払決定後における充当）

5　支払決定をした還付金等は、未納の国税が生じても原則として充当しないものとする。

（充当適状前の充当）

6　還付を受けるべき者から還付金等につき充当適状前の国税（納付すべき額が確定しているものに限る。）に充当の申出があったときは、その申出の日を充当適状日として充当するものとする。この場合における充当の申出は、書面により行わせるものとする。

（充当の順位）

7　還付金等を充当すべき未納の国税が2以上ある場合における充当順位は、国税に関する法律に別段の定めがあるものを除き、順次に本税、附帯税に充当し（通則法第57条第1項、民法第489条第1項参照）、本税と本税の相互間、又は附帯税と附帯税の相互間は、民法第488条第4項第2号及び第3号（同種の給付

を目的とする数個の債務がある場合の充当）
に定めるところに準ずるものとする。

充 当 適 状
（特殊な場合の充当適状の日）
8　次に掲げる国税及び還付金等の充当適状の
日は、それぞれ次に掲げるところによる。
(1)　相続人の相続開始時の固有の未納の国税
と相続により承継した既に生じている被相
続人の還付金等又は相続人の相続開始時の
固有の還付金等と相続により承継した未納
の国税　その相続開始の日
(2)　合併法人の合併時の固有の未納の国税と
合併により承継した既に生じている被合併
法人の還付金等又は合併法人の合併時の固
有の還付金等と合併により承継した未納の
国税　その合併の日
(3)　還付金等の譲受人の譲受時又は転付命令
を得た差押債権者の転付時の固有の未納の
国税と譲渡又は転付命令により取得した還
付金等　その譲渡通知又は転付命令の送達
があった日

（還付金等が生じた時）
9　通則令第23条第1項の「還付金等が生じた
時」とは、次に掲げる還付金等については、
次に掲げる時をいうものとする。
(1)　更正決定等、裁決その他の処分により生
じた還付金等　その更正通知書等を発した
時
(2)　税務署長が還付の決定をすることにより
生じた還付金　その還付を決定した時
(3)　課税処分が判決により取り消されたこと
により生じた還付金等　その確定判決の効
力が生じた時
(4)　予定納税額の訂正により生じた所得税の
過誤納金　その訂正通知書を発した時
(5)　給与所得の年末調整により生じた源泉徴
収にかかる所得税の過誤納金　その年末調
整がされた時
(6)　源泉徴収等による国税で納税の通知がさ
れていないものの過誤納金　税務署長がそ
の過誤納の事実を確認した時（過誤納の事
実の確認申請書が提出されたときはその
時）
(7)　印紙納付にかかる有価証券取引税の過誤
納金　税務署長がその過誤納の事実を確認

した時（過誤納の事実の確認申請書の提出
およびその過誤納の事実を証する書類の提
示がされたときはその提出および提示がさ
れた時）
(8)　登記等が職権まっ消されたことにより生
じた登録免許税の過誤納金　その職権まっ
消がされた時

（滞納処分費の生じた時）
10　通則令第23条第1項第8号の滞納処分費の
「生じた時」とは、滞納処分費となる費用に
つき、その支出すべきことが確定した時をい
うものとする。

第58条関係　還付加算金

還付加算金の計算
（支 払 決 定）
1　この条第1項の「支払決定」には、再支払
決定（国税収納金整理資金事務取扱規則72条
2項、110条2項参照）は含まれない。

（過 納 金）
2　この条および通則令第24条の「過納金」と
は、適法に納付された国税（滞納処分費を含
む。）がその後法律の規定または更正等の処
分もしくは判決により減少したことにより生
じた過誤納金をいう。

（納付があった日）
3　この条第1項第1号および通則令第24条第
2項第4号の「納付があった日」には、国税
に関する法律の規定により徴収したものとみ
なされる日を含むものとする（徴収法56条3
項、57条2項、67条3項、116条2項等）。

（更正があった日）
4　この条第1項第2号、第5項および通則令
第24条第2項第1号の「更正があった日」と
は、更正通知書を発した日をいうものとする。

（相続により分割承継された場合）
5　還付金等が相続により分割して承継された
場合における還付加算金は、その分割された
額につきこの条の規定を適用して計算するも
のとする。この場合、還付加算金の計算の基
礎となる金額が分割して納付されているとき

は、その納付した国税の額をそれぞれの分割承継の割合によりあん分して計算した額とする。

（譲渡又は転付命令があった場合）

6 還付金等につき譲渡通知又は転付命令を受けた場合において、その譲渡通知又は転付命令に還付加算金についての特約又は明示がないときの還付加算金は、次によるものとする。
(1) 還付金等の全額が譲渡された場合には、譲渡人に対して支払う（昭和2.10.22大判）。
(2) 還付金等の一部がその金額を明示して譲渡された場合には、その譲渡された金額について、譲渡通知を受けた日までのものは、譲渡人に対して支払い、その日の翌日からのものは譲受人に対して支払う。
(3) 還付金等につき転付命令を受けた場合には(2)に準ずる。

（還付金等が滞納処分により差し押えられた場合）

7 還付金等が滞納処分により差し押えられた場合における還付加算金は、その差し押えの内容に従い、支払うものとする。

（第二次納税義務者の納付にかかる過誤納金の場合）

8 通則令第22条第1項の規定による第二次納税義務者の納付にかかる過誤納金の還付加算金は、その過誤納金の額に達するまで、第二次納税義務者が納付した国税の納付の日の順序に従い、最後に納付された金額から順次さかのぼって求めた金額の過誤納が、それぞれの納付の日に生じたものとして計算するものとする。

除 算 期 間

（差押えの日等）

9 この条第2項第1号の期間内に差押命令の取消通知の送達を受けた場合は、この期間の末日はその送達を受けた日となる。

（仮差押え）

10 この条第2項第2号の「仮差押え」とは、裁判所の判決または決定にかかる仮差押えをいい、民事訴訟法第6編（仮差押及び仮処分）による強制執行を保全するための仮差押

えに限らない。

（仮差押期間）

11 この条第2項第2号の「仮差押えがされている期間」とは仮差押命令の送達を受けた日の翌日からその仮差押えの執行の取消通知を受けた日またはその仮差押えが本差押えに転移した日までの期間をいう。

後発的事由により生じた過誤納金にかかる還付加算金の計算

（適法な納付に影響を及ぼすことなく）

12 この条第4項「この適法な納付に影響を及ぼすことなく」とは、納付すべき額の変更の効果が将来に向かってだけ生じ、過去にさかのぼらない場合をいう。

（法律の規定に基づき過納となったとき）

13 この条第4項の「法律の規定に基づき過納となったとき」とは、法律の規定により、申告または申請等の手続を要し、または要しないで納付すべき額が変更され過納となった場合（たとえば、年末調整による過誤納金）をいう。

還付加算金の不加算

（還付加算金が加算されない場合）

14 還付金等を、物納にあてられた財産で還付する場合または税務署長等以外の者が還付し、もしくは充当する場合（たとえば、所得税法第191条の規定により給与等の支払者が還付する場合）には、この条第1項の規定による還付加算金は加算されない。

第59条関係　国税の予納額の還付の特例

（最　　近）

1 この条第1項第2号の「最近」とは、おおむね6月以内をいうものとする。
ただし、同号の国税が通則法第17条第2項（期限内申告）に規定する期限内申告書において納付すべき税額の確定することが確実であると認められる場合は、おおむね12月以内をいうものとする。

（過誤納があったものとみなす日）

2 次に掲げる場合には、それぞれに掲げる日

に過誤納があったものとみなして還付する。

(1) 予納の目的となった国税が、法律の改正により直接納付の必要がないこととなった場合　その法律の施行日

(2) 予納の目的となった国税が税務署長等の処分により減額された場合　その処分にかかる通知を発した日

(3) 予納の目的となった国税につき税額の確定手続が行なわれた場合またはその手続が行なわれないことが明らかになった場合　その手続が行なわれた日またはその手続が行なわれないことが明らかになった日

(国税の確定予定日を経過した後における予納の取扱い)

3　予納の目的となったこの条第1項第2号に規定する国税が、その申出にかかる国税の確定予定日を経過しても確定しないときには、税務署長等において、その確定が確実であると認められるものを除き、その確定予定日を経過した日に過誤納があったものとして取り扱う。

(予納した国税の延滞税等の終期)

4　国税の予納をした場合において、その国税に延滞税または利子税が課されるときは、その延滞税または利子税の計算の終期は、予納をした日とする。

(現金納付にかかる登録免許税の還付)

5　登録免許税の現金納付がされた場合において、その納付の目的とされた登記等がされないこととなったときは、この条第2項の規定を適用し還付または充当をするものとする。

第6章　附　帯　税
第1節　延滞税および利子税
第60条関係　延　滞　税

(納　税　者)

1　この条第1項の「納税者」には、相続税法第34条（連帯納付の義務）の規定による連帯納付義務者は含まれないものとする。

(完納する日)

2　この条第2項の「完納する日」とは、国税の全額を納付する日をいう。この場合の納付

する日には、徴収法の規定により徴収したものとみなされる日が含まれる（徴収法56条3項、57条2項、67条3項、116条2項等）。

(源泉徴収等による国税の遅延納付の場合の延滞税の計算)

3　源泉徴収等による国税を、法定納期限後納税の告知がされる前に納付した場合における法定納期限の翌日から納付の日までの期間は、この条第2項ただし書の「納期限までの期間」に含まれる。

(相続により分割承継された場合の延滞税の計算)

4　未納の国税が相続により分割して承継された場合における延滞税は、その分割して承継された未納の国税を基礎として計算するものとする。ただし、相続開始前に国税の一部が納付されている場合には、その一部納付の日までの期間の延滞税は、被相続人の国税について算出した額を相続分によりあん分した額とする。

第62条関係　一部納付が行なわれた場合の延滞税の額の計算

(国税の一部が納付された日)

この条第1項の「納付の日」には、徴収法の規定により徴収したものとみなされる日を含むものとする（徴収法56条3項、57条2項、67条3項、116条2項等）。

第63条関係　納税の猶予等の場合の延滞税の免除

事業の廃止等による納税の猶予等の場合の免除
(猶予期間内に納付しなかったやむを得ない理由)

1　この条第3項かっこ書の「やむを得ない理由」には、納税者の故意又は重大な過失による理由は含まない。

(納付が困難と認められるもの)

2　この条第3項の「納付が困難と認められるもの」とは、納税の猶予又は換価の猶予に係る国税の延滞税のうち、その徴収をしようとする時において納付することができないと認

国税通則法基本通達（徴収部関係）の制定について

められる延滞税の額をいう。

（財産の状況が著しく不良）

3　この条第3項第1号の「納税者の財産の状況が著しく不良」とは、納税者が債務超過に準ずる状態に至った場合をいう。

（軽減又は免除されたとき）

3-2　この条第3項第1号の「その軽減又は免除がされたとき」とは、猶予をした期間の始期以降において、納税者の財産の状況が著しく不良であって、そのままの状態では事業の継続又は生活の維持が著しく困難になると認められる場合において、その状態に陥ることを避けるために、納期又は弁済期の到来した地方税、公課及び私債権の元本又は利息につき相当額の軽減又は免除がされたときをいう。

（延滞税の納付を困難とするやむを得ない理由）

4　この条第3項第2号の「延滞税の納付を困難とするやむを得ない理由があると認められるとき」とは、猶予に係る国税について、不要不急の資産の処分、経費の節減等の相当の努力をしたにもかかわらず、おおむね次に掲げる場合（納税者の故意又は重大な過失によるものを除く。）に該当するため、その国税に係る延滞税の納付が困難となっていると認められる場合をいう。

(1)　納税者につき猶予該当事実がある場合

(2)　納税者がその財産の大部分につき強制執行、担保権の実行としての競売、仮差押え等がされているため、納付資金の調達が著しく困難になっている場合

(3)　納税者の所有する財産が事業の継続又は生活の維持に必要最少限のもの以外になく、また、所得が少額で納付資金の調達が著しく困難になっていると認められる場合

（判定の時期）

5　この条第3項各号に該当するかどうかの判定は、免除しようとする時における納税者の状況により行う。

差押え等の場合の免除
（必要な財産）

6　この条第5項の「滞納に係る国税の全額を徴収するために必要な財産」とは、差し押さえた財産から国税を徴収できる額（処分予定価額を基にして算定する。）が差押えに係る国税の額以上と判定できる財産をいう。この場合において、その国税につき徴収法第24条第3項（譲渡担保権者の物的納税責任）に規定する譲渡担保財産又は同法第36条第1号（実質課税額等の第二次納税義務）及び第41条第1項（人格のない社団等に係る第二次納税義務）に規定する第二次納税義務者の財産を差し押さえているときは、その財産から徴収できる額も含めてその国税の額以上かどうかの判定をする。

7　削除

（相当する担保）

8　この条第5項の「納付すべき税額に相当する担保」とは、その担保財産の価額（担保が保証人の保証の場合は、その保証人の資力）が担保提供に係る国税の額以上である担保をいう。この場合における国税の額には、未確定の延滞税（同条各項の規定により免除される延滞税の額を除く。）及びその担保の処分に要する費用の額を含む（以下9において同じ。）。

なお、納付委託に係る有価証券は、上記の担保に含まれない。

（免除の範囲）

9　この条第5項の規定により免除する延滞税は、差し押さえた財産又は提供された担保の額がその差押え等に係る国税の額以上と判定できる期間に対応する延滞税に限る。

納付の委託の場合の免除
（弁済委託等の場合）

10　徴収法第67条第4項（差し押さえた債権の取立て）の規定による弁済委託の場合（差押有価証券の取立委託をする場合を含む。）についても、この条第6項第1号の規定に準じて免除する。

— 563 —

参 考 資 料

（期限が指定された場合の委託を受けた日）
11　この条第6項第2号の「その委託を受けた日」とは、納税者が金融機関に対し、あらかじめ納付すべき日を指定して納付を委託した場合には、その指定された日をいう。

災害の場合の免除
（その他これらに類する災害）
12　この条第6項第3号「その他これらに類する災害」とは、豪雪、津波、落雷、地すべりその他の自然現象の異変による災害をいう。

（納付することができない事由）
13　この条第6項第3号の「納付することができない事由」とは、災害により、社会通念上、納付の行為ができないと認められる事情をいい、災害に基因して資金不足が生じたため納付ができない場合は含まれない。

（人為による異常な災害または事故）
14　通則令第26条の2第2号の「その他の人為による異常な災害又は事故」とは、ガス爆発、交通の途絶、飛行機の墜落、船舶の沈没等をいう。

（申告又は納付ができない場合）
15　通則令第26条の2第2号の「申告をすることができず又は国税を納付することができない場合」とは、13に準ずる。

第二次納税義務等の免除
（第二次納税義務等の免除）
16　第二次納税義務者（徴収法第36条第1号及び第2号（実質課税額等の第二次納税義務）及び第41条第1項（人格のない社団等に係る第二次納税義務）に規定する第二次納税義務者を除く。）又は保証人について、この条の規定に該当する事由が生じた場合には、その第二次納税義務者等についてもこの条の規定に準じて免除することができる。

会社更生法の規定による免除との関係
（意見を述べる場合等の基準）
17　会社更生法第169条（租税等の請求権の取扱い）の規定により、税務署長等が延滞税の減免についての意見を述べる場合又は同意をする場合には、おおむねこの条の規定の趣旨

に準じて行う。

第64条関係　利 子 税

（相続により分割承継された場合の利子税の計算）
1　延納税額が相続により分割して承継された場合における利子税の計算は、第60条関係4（相続により分割承継された場合の延滞税の計算）と同様とする。

（繰上請求をした場合の利子税の計算）
2　延納にかかる国税につき、繰上請求をした場合であっても、利子税の計算の終期は、当初の延納の期限（その期限前に納付があった場合においては、その納付の日）による。

（会社更生法の規定による利子税の免除との関係）
3　会社更生法第122条第2項または第3項の規定により、税務署長等が利子税の減免について意見を述べる場合または同意をする場合には、おおむねこの条第3項で準用する通則法第63条の規定の趣旨に準じてするものとする。

第7章　国税の更正、決定、徴収、還付金等の期間制限
第2節　国税の徴収権の消滅時効
第72条関係　国税の徴収権の消滅時効

徴収権の時効の起算日
（徴収権を行使することができる日）
1　この条第1項の「これらにつき徴収権を行使することができる日」とは、次に掲げる国税については、それぞれ次に掲げる日をいうものとする。
⑴　還付請求申告書にかかる還付金の額に相当する税額が過大であることにより納付すべき国税　その還付請求申告書の提出があった日
⑵　滞納処分費　その滞納処分費となる費用につき、その支出すべきことが確定した日

民法の規定の準用による時効の完成猶予及び更新
（裁判上の請求）
2　課税処分の取消訴訟に対する国の応訴行為

— 564 —

国税通則法基本通達（徴収部関係）の制定について

も裁判上の請求に当たり（昭和43.6.27最高判、平成5.4.16金沢地判参照）、その訴訟に係る国税の徴収権の時効については、その取消訴訟が終了するまでの間は完成せず、その終了の時から新たに進行を始める（民法第147条）。

（催告）

3　催告書、差押予告通知書の送達等による納付の催告については、民法第150条（催告による時効の完成猶予）の規定が準用される（昭和43.6.27最高判）。

　　なお、納付の催告により時効の完成猶予の効力が生じた場合には、その効力が生じている期間中に再度催告をしても、再度の催告による時効の完成猶予の効力は生じない（民法第150条第2項）。

（滞納処分）

4　滞納処分による差押え、換価及び配当については、民法第148条（強制執行等による時効の完成猶予及び更新）の規定が準用される（徴収法基通第47条関係55参照）。

（捜索）

5　差押えのため捜索をしたが、差し押さえるべき財産がないために差押えができなかった場合は、その捜索が終了した時に時効の更新の効力が生ずる（民法第148条第2項、昭和34.12.7大阪高判、昭和42.1.31名古屋地判参照）。

（注）　この場合において、その捜索が第三者の住居等につきされたものであるときは、捜索による時効の更新の効力は、その捜索につき捜索調書の謄本等により納税者に対して通知した時に生じる（民法第154条参照）。

（承認）

6　国税を納付する義務がある者が、期限後申告、修正申告、納期限の延長、納税の猶予又は換価の猶予の申請、延納の申請又は届出、納付の委託その他国税の納付義務の存在を認識していたと認められる行為をしたときは、これらの行為をした時から、これらの行為に係る部分の国税の徴収権の時効が新たに進行する（民法第152条第1項参照）。

（注）　納税の猶予又は換価の猶予の申請に係る部分の国税の徴収権の時効については、そ

の猶予がされている期間内は進行せず、その期間が終了した時から進行する（通則法第73条第4項）。すなわち、猶予期間が終了した時から5年間行使しないことによって、時効により消滅する。

（一部納付）

7　納税者による国税の額の一部の納付は、その旨の意思表示が認められる限り、その国税の承認があったものとする。

　　　第73条関係　時効の完成猶予及び更新

時効の停止

（当該部分の国税に併せて納付すべき延滞税及び利子税）

1　この条第4項の「当該部分の国税に併せて納付すべき延滞税及び利子税」は、延納、納税の猶予又は徴収若しくは滞納処分に関する猶予が、本税の額の一部についてされた場合であっても、その本税について併せて納付すべき延滞税及び利子税の全額をいう。

延滞税又は利子税についての時効の完成猶予及び更新

（時効の完成猶予等の効力が及ぶ延滞税等）

2　この条第5項の「その完成せず、又は新たにその進行を始める部分の国税に係る延滞税又は利子税」とは、時効が完成せず、又は時効が新たに進行する本税につき併せて納付すべき延滞税又は利子税の全額をいう。

（納付により時効の更新の効力が生じる延滞税等）

3　この条第6項の「納付されたとき」とは、納付すべき本税の全額が納付されたときをいい、同項の「その納付された部分の国税に係る延滞税又は利子税」とは、完納となった本税につき併せて納付すべき延滞税又は利子税の全額をいう。

　　　　第9章　雑　　　則
　　　第117条関係　納税管理人

（納　税　者）

1　この条第1項の「納税者」には、国税に関する法律の規定により還付を受けるための申

— 565 —

参 考 資 料

告書または確定損失申告書を提出することができる者も含まれる。

（納税管理人の事務範囲）

2　この条第1項の「納税申告書の提出その他国税に関する事項」とは、次に掲げる事項をいう。ただし、不服申立てに関する事項は含まれない。

なお、次に掲げる事項の一部だけの管理は認められない。

(1)　国税に関する法令に基づく申告、申請、請求、届出その他書類の作成ならびに提出

(2)　税務署長等（その所属の職員を含む。）が発する書類の受領

(3)　国税の納付および還付金等の受領

（納税管理人の選任）

3　この条の納税管理人は、できるだけ納税地を所轄する税務署の管轄区域内に住所等を有する者のうちから選任させるものとする。

（納税管理人の権限の消滅）

4　納税管理人の権限は、その解任によるほか納税者の死亡（法人にあってはその消滅をいう。以下この項においても同じ。）もしくは破産または納税管理人の死亡、禁治産もしくは破産の宣告によって消滅する（民法111条、653条参照）。

（納税管理人の権限の消滅後の効果）

5　納税管理人の権限の消滅後、その消滅を知らないで、納税管理人であった者によってされた、または納税管理人であった者に対してした行為は、納税者（納税義務を承継した者を含む。以下この項において同じ。）によってされたまたは納税者に対してした行為とするものとする（民法112条、654条参照）。

第119条関係　国税の確定金額の端数計算等

（国税の確定金額）

1　この条第1項の「国税の確定金額」とは、納付すべき本税の額をいう。ただし、次に掲げる国税については、納付すべき本税の額のほか次に掲げる税額をいうものとする。

(1)　申告（(2)に掲げる修正申告を除く。）又は決定に係る所得税、法人税又は消費税　税

額控除（源泉徴収に係る所得税額の控除を含む。以下この項において同じ。）後の税額

(2)　修正申告、更正又は変更の賦課決定に係る国税　修正申告後又は更正後における税額控除後の税額若しくは変更の賦課決定後の税額

（分割して納付することとされている場合）

2　この条第3項の「国税の確定金額を、二以上の納付の期限を定め一定の金額に分割して納付することとされている場合」とは、国税に関する法律の規定により、一定の金額に分割して納付することとされている場合をいい、おおむね次に掲げる場合がこれに該当する。

(1)　所得税法第131条（確定申告税額の延納）の規定により、納付すべき税額を延納に係る税額とそれ以外の税額に分割して納付する場合

(2)　相続税法第38条第2項（延納の要件）の規定により、その延納に係る税額を分割して納付する場合

(3)　消費税等（消費税を除く。以下この項において同じ。）に関する法律の規定により、手持品課税に係る消費税等を2以上の納期に分割して徴収する場合

(注)　納税の猶予又は換価の猶予に当たって、通則法第46条第4項又は徴収法第152条第3項若しくは第4項の規定に基づき分割して納付させる場合は、その猶予に係る金額を納税者の財産の状況その他の事情からみて合理的かつ妥当なものに分割するため、分割後の金額は必ずしも一定ではないことから、この「国税の確定金額を、二以上の納付の期限を定め、一定の金額に分割して納付することとされている場合」には該当しない。

（附帯税の確定金額）

3　この条第4項の「附帯税の確定金額」とは、納付すべき附帯税の額をいう。ただし、変更の賦課決定にかかる加算税については、変更の賦課決定後における税額をいうものとする。

（被相続人に課されるべき国税を承継する場合）

4　被相続人に課されるべき国税が分割して承継された場合におけるこの条の規定による端

— 566 —

数計算等は、まず、被相続人の国税の額について行ない、次いで各相続人が承継する税額について行なうものとする。

（被相続人の納付すべき国税を承継する場合）

5　被相続人の納付すべき国税が分割して承継された場合において、その承継税額に1円未満の端数があるときは、その端数を切り捨てるものとする。

（国税の確定金額を算出する過程における算出額の端数計算）

6　国税の確定金額を算出する過程におけるその算出額に、1円未満の端数があるときは、その端数金額を切り捨てるものとする。

第120条関係　還付金等の端数計算等

（還付金等が相続等により分割された場合の端数計算等）

1　還付金等が相続等により分割された場合には、その分割された額につき、この条第1項または第2項の規定により端数計算等を行なうものとする。

（一つの申告等により2以上の還付金等が発生した場合の還付加算金の端数計算等）

2　一つの申告または更正決定等（その更正と同時にされる変更の賦課決定を含む。以下この項において同じ。）により2以上の還付金等が生じた場合には、それぞれの還付金等について計算された還付金等の合計額について、この条第3項の端数計算等を行なうものとする。

なお、一つの更正決定等により本税、延滞税、利子税および加算税が同時に過誤納となった場合には、一つの過誤納金として還付加算金の計算を行なうものとする。

（還付加算金の計算の基礎となる還付金等の額）

3　この条第4項の「還付加算金の計算の基礎となる還付金等の額」は、次に掲げる還付金等については、それぞれ次に掲げる金額をいう。

(1)　2回以上の分割納付にかかる国税につき生じた還付金等　その納付の日ごとの金額

(2)　一部充当した還付金等　その充当と支払決定をするそれぞれの金額

（還付加算金の確定金額を算出する過程における端数計算）

4　還付加算金の確定金額を算出する過程におけるその算出額に、1円未満の端数があるときは、その端数金額を切り捨てるものとする。

第123条関係　納税証明書の交付等

証 明 事 項
（納付すべき税額がないこと）

1　通則令第41条第1項第1号かっこ書「これらの額がないこと」には、申告、決定または賦課決定がないために納付すべき税額がない場合も含まれる。

（所得金額等がないこと）

2　通則令第41条第1項第3号かっこ書の「これらの額がないこと」とは、申告または更正もしくは決定にかかる同号イまたはロに掲げる金額が零である場合（所得税法または法人税法に規定する純損失の金額もしくは雑損失の金額または欠損金額がある場合を含む。）をいうものとする。

証明の請求
（国税の年度）

3　通則令第41条第3項第1号の「国税の年度」とは、所得税については所得の生じた暦年、法人税については所得の生じた事業年度、消費税については課税資産の譲渡等を行った課税期間、その他の国税については国税収納金整理資金に関する法律施行令第3条第1項（年度区分）に規定する会計年度（第二次納税義務、国税の保証債務等にあっては、納付通知書等を発した日の属する会計年度）をいうものとする。

なお、附帯税及び滞納処分費については、その徴収の基因となった国税の属する年度とする。

（国税の税目）

4　通則令第41条第3項第1号の「税目」は、第二次納税義務、国税の保証債務等にあっては、一つの納付通知書等ごとに一つの税目で

あるものとし、また、滞納処分費にあっては、その徴収の基因となった国税の税目に属するものとする。

（納付すべき税額等の証明請求の場合）

5 通則令第41条第1項第1号に規定する事項の証明の請求については、未納の税額だけの証明を請求する場合を除き、納付すべき税額、その納付した税額および未納の税額について行ない、これらを各別にすることはできないものとする。

交付手数料
（滞納処分を受けたことがないことの証明の交付手数料）

6 滞納処分を受けたことがないことの証明の交付手数料は、その証明の期間が数年度にわたる場合であっても、1年度として計算するものとする。

（その他これらに類する災害）

7 通則令第42条第3項前段の「その他これらに属する災害」とは第46条関係1（その他これらに類する災害）と同様である。

（相当な損失）

8 通則令第42条第3項前段の「相当な損失」とは、第46条関係2（相当な損失）と同様である。

（扶助等を受けるための証明書）

9 通則令第42条第3項後段の「当該証明書」とは、納付すべき額として確定した税額（源泉徴収をされた又は源泉徴収をされるべき所得税額の控除額を含む。）のない者が、おおむね次の目的に使用するために、同令第41条第1項第1号または同項第3号に規定する事項について証明を請求した場合の証明書をいうものとする。

なお、扶助等の措置を受けるに当たり、当該本人に係る納税証明のほか、その者の配偶者（婚姻の届出をしていないが、事実上婚姻関係と同様の事情にある者を含む。）又は扶養義務者（民法第877条第1項に定める扶養義務者をいう。）の納税証明書をも必要とするときは、その配偶者及び扶養義務者に係るものについても、同規定が適用されることに

留意する。

⑴ 生活保護法第7条の規定により、生活保護等の保護を申請するため

⑵ 結核予防法第35条の規定により、医療等の費用の自己負担額の認定を受けるため

⑶ 精神保健及び精神障害者福祉に関する法律第31条の規定により、入院費用の自己負担額の認定を受けるため

⑷ 児童福祉法第56条の規定により、同法の規定による育成、医療又は療養等の措置に要する費用の自己負担額の認定を受けるため

　(注) 児童福祉法の規定による育成、医療又は療養等の措置とは、次のものである。

　　イ 第20条の規定による身体障害児童に対する育成医療

　　ロ 第21条の6の規定による身体障害児童に対する補装具の給付

　　ハ 第21条の9の規定による結核児童に対する療養

　　ニ 第21条の10第3項の規定による肢体不自由児施設等への入所

　　ホ 第22条の規定による助産施設への入所

　　ヘ 第23条の規定による母子寮への入所

　　ト 第24条の規定による保育所への入所

　　チ 第27条第1項第3号又は第2項の規定による里親等への委託等

⑸ 母子保健法第21条の4の規定により、養育医療の給付に要する費用の自己負担額の認定を受けるため

⑹ 国民年金法第90条第1項の規定による保険料等の免除申請のため

⑺ 身体障害者福祉法第19条の7又は第21条の2の規定により、更生医療等の支給費用の自己負担額の認定を受けるため

⑻ 感染症の予防及び感染症の患者に対する医療に関する法律第37条第2項の規定により、医療に要する費用の自己負担額の認定を受けるため

⑼ その他⑴から⑻までに類する目的

他の証明の規定等と本条との関係
（本条に規定のない事項についての証明）

10 所得税法第212条第1項（非居住者又は外国法人の所得にかかる源泉徴収）の規定により、所得税を徴収された非居住者または外国

— 568 —

国税通則法基本通達（徴収部関係）の制定について

法人が二重課税を回避するために、その徴収された所得税についての証明を請求するもの

等については、国税庁長官が別に定めるところにより証明できるものとする。

国税通則法第7章の2（国税の調査）関係通達の
制定について　　　　　　　　　　（法令解釈通達）

平成24年9月12日付課総5－9ほか
最終改正　令和元年12月5日付課総10－8ほか

　「経済社会の構造の変化に対応した税制の構築を図るための所得税法等の一部を改正する法律」
（平成23年法律第114号）により、国税通則法（昭和37年法律第66号）の一部が改正され、調査手続
に関する現行の運用上の取扱いが法令上明確化されたことに伴い、国税通則法第7章の2（国税の
調査）関係通達を別冊のとおり定めたから、改正法施行後は、これによられたい。

　この通達の具体的な運用に当たっては、今般の国税通則法の改正が、調査手続の透明性及び納税
者の予見可能性を高め、調査に当たって納税者の協力を促すことで、より円滑かつ効果的な調査の
実施と申告納税制度の一層の充実・発展に資する観点及び課税庁の納税者に対する説明責任を強化
する観点から行われたことを踏まえ、法定化された調査手続を遵守するとともに、調査はその公益
的必要性と納税者の私的利益との衡量において社会通念上相当と認められる範囲内で、納税者の理
解と協力を得て行うものであることを十分認識し、その適正な遂行に努められたい。

（参考）

〔用語の意義〕

　国税通則法第7章の2（国税の調査）関係通達において次に掲げる用語の意義は、別に定める場
合を除き、それぞれ次に定めるところによる。

法………国税通則法をいう。
令………国税通則法施行令をいう。
規則……国税通則法施行規則をいう。

〔目　　次〕

第1章 法第74条の2～法第74条の6関係（質問検査権）
　1－1　「調査」の意義····················573
　1－2　「調査」に該当しない行為····················573
　1－3　「当該職員」の意義····················574
　1－4　質問検査等の相手方となる者の範囲····················574
　1－5　質問検査等の対象となる「帳簿書類その他の物件」の範囲····················574
　1－6　「物件の提示又は提出」の意義····················574
　1－7　「酒類の販売業者」の範囲····················574
　1－8　（削除）····················574

第2章　法第74条の7関係（留置き）
　2－1　「留置き」の意義等····················574

国税通則法第7章の2（国税の調査）関係通達の制定について

 2－2 留置きに係る書面の交付手続···574

第3章　法第74条の7の2・法第74条の12関係（事業者等への報告の求め及び協力要請）
 3－1 「事業者」の範囲···575
 3－2 「特別の法律により設立された法人」の範囲·······························575
 3－3 「特定取引者の範囲を定め」の意義··575
 3－4 「特定事業者等」による「報告」の方法·····································575
 3－5 法第74条の7の2第1項の規定による処分の意義······················575
 3－6 「特定取引と同種の取引」の意義··575
 3－7 「課税標準」の意義···575
 3－8 「課税標準等又は税額等について国税に関する法律の規定に違反する事
   実を生じさせることが推測される場合」の意義·····························575
 3－9 「特定事業者等の住所又は居所の所在地」の範囲··························575
 3－10 「特定取引」の範囲···575
 3－11 「これらの取引を行う者を特定することが困難である取引」の意義·····576
 3－12 「特定事項」の範囲···576

第4章　法第74条の9～法第74条の11関係（事前通知及び調査の終了の際の手続）
第1節　共通的事項
 4－1 一の調査···576
 4－2 「課税期間」の意義等···576
 4－3 「調査」に該当しない行為【1－2の再掲】·································577
 4－4 「実地の調査」の意義···578
 4－5 通知等の相手方··578
第2節　事前通知に関する事項
 5－1 法第74条の9又は法第74条の10の規定の適用範囲······················578
 5－2 申請等の審査のために行う調査の事前通知··································578
 5－3 事前通知事項としての「帳簿書類その他の物件」··························578
 5－4 質問検査等の対象となる「帳簿書類その他の物件」の範囲【1－5の再掲】·····579
 5－5 「調査の対象となる期間」として事前通知した課税期間以外の課税期間に係る
   「帳簿書類その他の物件」···579
 5－6 事前通知した日時等の変更に係る合理的な理由····························579
 5－7 「その営む事業内容に関する情報」の範囲等································579
 5－8 「違法又は不当な行為」の範囲··579
 5－9 「違法又は不当な行為を容易にし、正確な課税標準等又は税額等の把握を困難
   にするおそれ」があると認める場合の例示··································580
 5－10 「その他国税に関する調査の適正な遂行に支障を及ぼすおそれ」があると認め
   る場合の例示··580
第3節　調査の終了の際の手続に関する事項
 6－1 法第74条の11第1項又は第2項の規定の適用範囲······················580
 6－2 「更正決定等」の範囲···580
 6－3 「更正決定等をすべきと認めた額」の意義··································580
 6－4 調査結果の内容の説明後の調査の再開及び再度の説明··················581
 6－5 調査の終了の際の手続に係る書面の交付手続······························581
 6－6 法第74条の11第6項の規定の適用···581
 6－7 「新たに得られた情報」の意義··581
 6－8 「新たに得られた情報に照らし非違があると認めるとき」の範囲·······581

— 571 —

6－9　事前通知事項以外の事項について調査を行う場合の法第74条の11第6項の
　　　　　規定の適用··581
第4節　連結法人の連結所得に対する法人税に係る適用関係に関する事項
　　7－1　法第74条の9又は法第74条の10の規定の適用関係··582
　　7－2　連結子法人に対する事前通知··582
　　7－3　法第74条の11第1項又は第2項の規定の適用関係···582
　　　　（1）連結親法人に対する更正決定等をすべきと認められない旨の通知···················582
　　　　（2）連結親法人に対する調査結果の内容の説明··582
　　　　（3）連結子法人に対する調査の終了の際の手続··582
　　7－4　一部の連結子法人の同意がない場合における連結親法人への通知等·····················582
　　7－5　法第74条の11第6項の規定の適用関係···582
第5節　税務代理人に関する事項
　　8－1　税務代理人を通じた事前通知事項の通知···582
　　8－2　税務代理人からの事前通知した日時等の変更の求め··583
　　8－3　税務代理人がある場合の実地の調査以外の調査結果の内容の説明等·························583
　　8－4　法に基づく事前通知と税理士法第34条《調査の通知》に基づく調査の通知との
　　　　　関係···583
　　8－5　一部の納税義務者の同意がない場合における税務代理人への説明等·························583

第5章　経過措置に関する事項
　　9－1　提出物件の留置きの適用···583
　　9－2　事前通知手続の適用··583
　　9－3　調査の終了の際の手続の適用···583

国税通則法第7章の2（国税の調査）関係通達の制定について

第1章　法第74条の2～法第74条の6関係（質問検査権）

（「調査」の意義）

1－1

(1)　法第7章の2において、「調査」とは、国税（法第74条の2から法第74条の6までに掲げる税目に限る。）に関する法律の規定に基づき、特定の納税義務者の課税標準等又は税額等を認定する目的その他国税に関する法律に基づく処分を行う目的で当該職員が行う一連の行為（証拠資料の収集、要件事実の認定、法令の解釈適用など）をいう。

(注)　法第74条の3に規定する相続税・贈与税の徴収のために行う一連の行為は含まれない。

(2)　上記(1)に掲げる調査には、更正決定等を目的とする一連の行為のほか、再調査決定や申請等の審査のために行う一連の行為も含まれることに留意する。

(3)　上記(1)に掲げる調査のうち、次のイ又はロに掲げるもののように、一連の行為のうちに納税義務者に対して質問検査等を行うことがないものについては、法第74条の9から法第74条の11までの各条の規定は適用されないことに留意する。

イ　更正の請求に対して部内の処理のみで請求どおりに更正を行う場合の一連の行為。

ロ　修正申告書若しくは期限後申告書の提出又は源泉徴収に係る所得税の納付があった場合において、部内の処理のみで更正若しくは決定又は納税の告知があるべきことを予知してなされたものには当たらないものとして過少申告加算税、無申告加算税又は不納付加算税の賦課決定を行うときの一連の行為。

（「調査」に該当しない行為）

1－2　当該職員が行う行為であって、次に掲げる行為のように、特定の納税義務者の課税標準等又は税額等を認定する目的で行う行為に至らないものは、調査には該当しないことに留意する。また、これらの行為のみに起因して修正申告書若しくは期限後申告書の提出又は源泉徴収に係る所得税の自主納付があった場合には、当該修正申告書等の提出等は更正若しくは決定又は納税の告知があるべきことを予知してなされたものには当たらないこ

とに留意する。

(1)　提出された納税申告書の自発的な見直しを要請する行為で、次に掲げるもの。

イ　提出された納税申告書に法令により添付すべきものとされている書類が添付されていない場合において、納税義務者に対して当該書類の自発的な提出を要請する行為。

ロ　当該職員が保有している情報又は提出された納税申告書の検算その他の形式的な審査の結果に照らして、提出された納税申告書に計算誤り、転記誤り又は記載漏れ等があるのではないかと思料される場合において、納税義務者に対して自発的な見直しを要請した上で、必要に応じて修正申告書又は更正の請求書の自発的な提出を要請する行為。

(2)　提出された納税申告書の記載事項の審査の結果に照らして、当該記載事項につき税法の適用誤りがあるのではないかと思料される場合において、納税義務者に対して、適用誤りの有無を確認するために必要な基礎的情報の自発的な提供を要請した上で、必要に応じて修正申告書又は更正の請求書の自発的な提出を要請する行為。

(3)　納税申告書の提出がないため納税申告書の提出義務の有無を確認する必要がある場合において、当該義務があるのではないかと思料される者に対して、当該義務の有無を確認するために必要な基礎的情報（事業活動の有無等）の自発的な提供を要請した上で、必要に応じて納税申告書の自発的な提出を要請する行為。

(4)　当該職員が保有している情報又は提出された所得税徴収高計算書の記載事項の確認の結果に照らして、源泉徴収税額の納税額に過不足徴収額があるのではないかと思料される場合において、納税義務者に対して源泉徴収税額の自主納付等を要請する行為。

(5)　源泉徴収に係る所得税に関して源泉徴収義務の有無を確認する必要がある場合において、当該義務があるのではないかと思料される者に対して、当該義務の有無を確認するために必要な基礎的情報（源泉徴収の対象となる所得の支払の有無）の自発的な

— 573 —

参 考 資 料

提供を要請した上で、必要に応じて源泉徴
収税額の自主納付を要請する行為。

(「当該職員」の意義)
1−3　法第74条の2から法第74条の6までの
各条の規定により質問検査等を行うことができ
る「当該職員」とは、国税庁、国税局若しくは
税務署又は税関の職員のうち、その調査を行う
国税に関する事務に従事している者をいう。

(質問検査等の相手方となる者の範囲)
1−4　法第74条の2から法第74条の6までの
各条の規定による当該職員の質問検査権は、
それぞれ各条に規定する者のほか、調査のた
めに必要がある場合には、これらの者の代理
人、使用人その他の従業者についても及ぶこ
とに留意する。

**(質問検査等の対象となる「帳簿書類その他の
物件」の範囲)**
1−5　法第74条の2から法第74条の6までの
各条に規定する「帳簿書類その他の物件」に
は、国税に関する法令の規定により備付け、
記帳又は保存をしなければならないこととさ
れている帳簿書類のほか、各条に規定する国
税に関する調査又は法第74条の3に規定する

徴収の目的を達成するために必要と認められ
る帳簿書類その他の物件も含まれることに留
意する。
　㊟　「帳簿書類その他の物件」には、国外に
　　おいて保存するものも含まれることに留意
　　する。

(「物件の提示又は提出」の意義)
1−6　法第74条の2から法第74条の6までの
各条の規定において、「物件の提示」とは、
当該職員の求めに応じ、遅滞なく当該物件
(その写しを含む。)の内容を当該職員が確認
し得る状態にして示すことを、「物件の提出」
とは、当該職員の求めに応じ、遅滞なく当該
職員に当該物件(その写しを含む。)の占有
を移転することをいう。

(「酒類の販売業者」の範囲)
1−7　法第74条の4第1項に規定する「酒類
の販売業者」には、酒税法第9条第1項《酒
類の販売業免許》に規定する酒類の販売業免
許を受けた者のほか、酒場、料飲店その他酒
類を専ら自己の営業場において飲用に供する
ことを業とする者も含まれることに留意する。

1−8　(削除)

第2章　法第74条の7関係(留置き)

(「留置き」の意義等)
2−1
(1)　法第74条の7に規定する提出された物件
　の「留置き」とは、当該職員が提出を受け
　た物件について国税庁、国税局若しくは税
　務署又は税関の庁舎において占有する状態
　をいう。
　　ただし、提出される物件が、調査の過程
　で当該職員に提出するために納税義務者等
　が新たに作成した物件(提出するために新
　たに作成した写しを含む。)である場合は、
　当該物件の占有を継続することは法第74条
　の7に規定する「留置き」には当たらない
　ことに留意する。
　　㊟　当該職員は、留め置いた物件について、
　　　善良な管理者の注意をもって管理しなけ

　　ればならないことに留意する。
(2)　当該職員は、令第30条の3第2項に基づ
　き、留め置いた物件について、留め置く必
　要がなくなったときは、遅滞なく当該物件
　を返還しなければならず、また、提出した
　者から返還の求めがあったときは、特段の
　支障がない限り、速やかに返還しなければ
　ならないことに留意する。

(留置きに係る書面の交付手続)
2−2　令第30条の3の規定により交付する書
面の交付に係る手続については、法第12条第
4項《書類の送達》及び規則第1条第1項
《交付送達の手続》の各規定の適用があるこ
とに留意する。

— 574 —

第3章　法第74条の7の2・法第74条の12関係（事業者等への報告の求め及び協力要請）

（「事業者」の範囲）

3－1　法第74条の7の2及び法第74条の12第1項に規定する「事業者」とは、商業、工業、金融業、鉱業、農業、水産業等のあらゆる事業を行う者をいい、その行う事業についての営利・非営利の別は問わないことに留意する。

（「特別の法律により設立された法人」の範囲）

3－2　法第74条の7の2第1項及び法第74条の12第1項に規定する「特別の法律により設立された法人」とは、会社法や民法などの一般的な根拠法に基づく法人でなく、特別の単独法によって法人格を与えられた法人をいう。

（「特定取引者の範囲を定め」の意義）

3－3　法第74条の7の2第1項に規定する「特定取引者の範囲を定め」とは、報告の求めの相手方である特定事業者等が報告の対象となる特定取引者の範囲を合理的に特定することができるよう、国税局長が対象となる取引内容や取引金額を具体的に指定することをいう。

（「特定事業者等」による「報告」の方法）

3－4　法第74条の7の2第1項に規定する「特定事業者等」による「報告」の方法については、特定事業者等の顧客等の情報管理方法などを踏まえ、書面による提出のほか、電子媒体による提出など特定事業者等にとって合理的な方法によることができることに留意する。

（法第74条の7の2第1項の規定による処分の意義）

3－5　法第74条の7の2第1項の規定による処分は、法第75条第1項第1号に掲げる処分に該当し、同号に定める不服申立ての対象となることに留意する。

（「特定取引と同種の取引」の意義）

3－6　法第74条の7の2第2項第1号に規定する「特定取引と同種の取引」とは、例えば、介在する事業者や物件等が異なっていても物件等の性質や取引内容などに共通の特徴があるものをいう。

（「課税標準」の意義）

3－7　法第74条の7の2第2項各号に規定する「課税標準」とは、各税法に規定する課税標準をいうが、相続税及び贈与税については、相続税法第11条の2（（相続税の課税価格）)、第21条の2（（贈与税の課税価格））及び第21条の10（（相続時精算課税に係る贈与税の課税価格））に規定する「課税価格」をいうことに留意する。

（「課税標準等又は税額等について国税に関する法律の規定に違反する事実を生じさせることが推測される場合」の意義）

3－8　法第74条の7の2第2項第2号及び第3号に規定する「課税標準等又は税額等について国税に関する法律の規定に違反する事実」とは、納税義務のある者が納税申告書を提出しないことや納税申告書に記載した納付すべき税額に不足額があることなどをいう。

なお、当該事実を生じさせることが推測される場合とは、実際に違反している事実が生じていることを要しないことに留意する。

（「特定事業者等の住所又は居所の所在地」の範囲）

3－9　法第74条の7の2第3項第1号に規定する「特定事業者等の住所又は居所の所在地」には、法人の本店又は主たる事務所の所在地のほか、支店等の住所も含む。

（「特定取引」の範囲）

3－10　法第74条の7の2第3項第2号に規定する「電子情報処理組織を使用して行われる事業者等……との取引、事業者等が電子情報処理組織を使用して提供する場を利用して行われる取引その他の取引」とは、事業者等とその相手方との間の契約に基づく金品の授受や役務の提供などの取引全般を指し、有償の取引であるかどうかは問わず、補助金や給付金等の交付のほか事業者等を介して行われる取引も含まれる。

また、当該取引には、電子情報処理組織を使用しない取引も含まれる。

参 考 資 料

(「これらの取引を行う者を特定することが困難である取引」の意義)

3－11 法第74条の7の2第3項第2号に規定する「第1項の規定による処分によらなければこれらの取引を行う者を特定することが困難である取引」とは、国税当局が保有する他の情報収集手段（例えば法定調書、法第74条の12第1項に基づく事業者等への協力要請など）では取引を行う者を特定することが困難

第4章　法第74条の9～法第74条の11関係（事前通知及び調査の終了の際の手続）

第1節　共通的事項

(一の調査)

4－1

(1) 調査は、納税義務者について税目と課税期間によって特定される納税義務に関してなされるものであるから、別段の定めがある場合を除き、当該納税義務に係る調査を一の調査として法第74条の9から法第74条の11までの各条の規定が適用されることに留意する。

　　(注) 例えば、平成20年分から平成22年分までの所得税について実地の調査を行った場合において、調査の結果、平成22年分の所得税についてのみ更正決定等をすべきと認めるときには、平成20年分及び平成21年分の所得税については更正決定等をすべきと認められない旨を通知することに留意する。

(2) 源泉徴収に係る所得税の納税義務とそれ以外の所得税の納税義務は別個に成立するものであるから、源泉徴収に係る所得税の調査については、それ以外の所得税の調査とは別の調査として、法第74条の9から法第74条の11までの各条の規定が適用されることに留意する。

(3) 同一の納税義務者に納付方法の異なる複数の印紙税の納税義務がある場合には、それぞれの納付方法によって特定される納税義務に関してなされる調査について、法第74条の9から法第74条の11までの各条の規定が適用されることに留意する。

(4) 次のイ又はロに掲げる場合において、納税義務者の事前の同意があるときは、納税義務者の負担軽減の観点から、一の納税義務に関してなされる一の調査を複数に区分

な取引をいう。

(「特定事項」の範囲)

3－12 法第74条の7の2第3項第4号に規定する「特定事項」については、「氏名」、「住所又は居所」及び「番号」と定められているが、特定事業者等が「特定事項」の一部を保有していない場合には、保有している情報のみが報告の対象となることに留意する。

　　して、法第74条の9から法第74条の11までの各条の規定を適用することができることに留意する。

　イ　同一課税期間の法人税の調査について、移転価格調査とそれ以外の部分の調査に区分する場合。

　ロ　連結子法人が複数の連結法人に係る同一課税期間の法人税の調査について、連結子法人の調査を複数の調査に区分する場合。

(「課税期間」の意義等)

4－2

(1) 4－1において、「課税期間」とは、法第2条第9号《定義》に規定する「課税期間」をいうのであるが、具体的には、次のとおりとなることに留意する。

　イ　所得税については、暦年。ただし、年の中途で死亡した者又は出国をする者に係る所得税については、その年1月1日からその死亡又は出国の日までの期間。

　ロ　法人税については、事業年度又は連結事業年度。ただし、中間申告分については、その事業年度開始の日から6月を経過した日の前日までの期間、連結中間申告分については、その連結事業年度開始の日から6月を経過した日の前日までの期間。

　ハ　贈与税については、暦年。ただし、年の中途で死亡した者に係る贈与税については、その年1月1日からその死亡の日までの期間。

　ニ　個人事業者に係る消費税（消費税法第47条《引取りに係る課税貨物についての課税標準額及び税額の申告等》に該当するものを除く。）については、暦年。また、法人に係る消費税（消費税法第47条

― 576 ―

国税通則法第 7 章の 2 （国税の調査）関係通達の制定について

《引取りに係る課税貨物についての課税標準額及び税額の申告等》に該当するものを除く。）については、事業年度。ただし、消費税法第19条《課税期間》に規定する課税期間の特例制度を適用する場合には、当該特例期間。

ホ 酒税（酒税法第30条の 2 第 2 項《移出に係る酒類についての課税標準及び税額の申告》及び同法第30条の 3 《引取りに係る酒類についての課税標準及び税額の申告等》に該当するものを除く。）、たばこ税・たばこ特別税（たばこ税法第18条《引取りに係る製造たばこについての課税標準及び税額の申告等》に該当するものを除く。）、揮発油税・地方揮発油税（揮発油税法第11条《引取りに係る揮発油についての課税標準及び税額の申告等》に該当するものを除く。）、石油ガス税（石油ガス税法第17条《引取りに係る課税石油ガスについての課税標準及び税額の申告等》に該当するものを除く。）、石油石炭税（石油石炭税法第14条《引取りに係る原油等についての課税標準及び税額の申告等》に該当するものを除く。）、印紙税（印紙税法第11条《書式表示による申告及び納付の特例》の規定の適用を受けるものに限る。）、航空機燃料税又は電源開発促進税については、その月の 1 日から末日までの間。

ヘ 印紙税（印紙税法第12条《預貯金通帳等に係る申告及び納付等の特例》の規定の適用を受けるものに限る。）については、4 月 1 日から翌年 3 月31日までの期間。

(2) 法第74条の 9 から法第74条の11までの各条の規定の適用に当たっては、課税期間のない国税については、それぞれ次のとおりとする。

イ 相続税については、一の被相続人からの相続又は遺贈（死因贈与を含む。）を一の課税期間として取り扱う。

ロ 酒税（酒税法第30条の 2 第 2 項《移出に係る酒類についての課税標準及び税額の申告》に該当するものに限る。）については、酒税法第30条の 2 第 2 項各号《移出に係る酒類についての課税標準及び税額の申告》に該当した時を一の課税

期間として取り扱う。

ハ 源泉徴収に係る所得税については、同一の法定納期限となる源泉徴収に係る所得税を一の課税期間として取り扱う。

ニ 印紙税（印紙税法第11条《書式表示による申告及び納付の特例》及び同法第12条《預貯金通帳等に係る申告及び納付等の特例》の規定の適用を受けるものを除く。）については、調査の対象となる期間を 4 月 1 日から翌年 3 月31日までの期間で区分した各期間（当該区分により 1 年に満たない期間が生じるときは、当該期間）を一の課税期間として取り扱う。

ホ 消費税（消費税法第47条《引取りに係る課税貨物についての課税標準額及び税額の申告等》に該当するものに限る。）、酒税（酒税法第30条の 3 《引取りに係る酒類についての課税標準及び税額の申告等》に該当するものに限る。）、たばこ税・たばこ特別税（たばこ税法第18条《引取りに係る製造たばこについての課税標準及び税額の申告等》に該当するものに限る。）、揮発油税・地方揮発油税（揮発油税法第11条《引取りに係る揮発油についての課税標準及び税額の申告等》に該当するものに限る。）、石油ガス税（石油ガス税法第17条《引取りに係る課税石油ガスについての課税標準及び税額の申告等》に該当するものに限る。）又は石油石炭税（石油石炭税法第14条《引取りに係る原油等についての課税標準及び税額の申告等》に該当するものに限る。）については、それぞれ各条に該当するときの属する時を一の課税期間として取り扱う。

（「調査」に該当しない行為【 1 ～ 2 の再掲】）

4－3 当該職員が行う行為であって、次に掲げる行為のように、特定の納税義務者の課税標準等又は税額等を認定する目的で行う行為に至らないものは、調査には該当しないことに留意する。また、これらの行為のみに起因して修正申告書若しくは期限後申告書の提出又は源泉徴収に係る所得税の自主納付があった場合には、当該修正申告書等の提出等は更正若しくは決定又は納税の告知があるべきことを予知してなされたものには当たらないこ

とに留意する。

(1) 提出された納税申告書の自発的な見直し
を要請する行為で、次に掲げるもの。

イ 提出された納税申告書に法令により添
付すべきものとされている書類が添付さ
れていない場合において、納税義務者に
対して当該書類の自発的な提出を要請す
る行為。

ロ 当該職員が保有している情報又は提出
された納税申告書の検算その他の形式的
な審査の結果に照らして、提出された納
税申告書に計算誤り、転記誤り又は記載
漏れ等があるのではないかと思料される
場合において、納税義務者に対して自発
的な見直しを要請した上で、必要に応じ
て修正申告書又は更正の請求書の自発的
な提出を要請する行為。

(2) 提出された納税申告書の記載事項の審査
の結果に照らして、当該記載事項につき税
法の適用誤りがあるのではないかと思料さ
れる場合において、納税義務者に対して、
適用誤りの有無を確認するために必要な基
礎的情報の自発的な提供を要請した上で、
必要に応じて修正申告書又は更正の請求書
の自発的な提出を要請する行為。

(3) 納税申告書の提出がないため納税申告書
の提出義務の有無を確認する必要がある場
合において、当該義務があるのではないか
と思料される者に対して、当該義務の有無
を確認するために必要な基礎的情報（事業
活動の有無等）の自発的な提供を要請した
上で、必要に応じて納税申告書の自発的な
提出を要請する行為。

(4) 当該職員が保有している情報又は提出さ
れた所得税徴収高計算書の記載事項の確認
の結果に照らして、源泉徴収税額の納付額
に過不足徴収額があるのではないかと思料
される場合において、納税義務者に対して
源泉徴収税額の自主納付等を要請する行為。

(5) 源泉徴収に係る所得税に関して源泉徴収
義務の有無を確認する必要がある場合にお
いて、当該義務があるのではないかと思料
される者に対して、当該義務の有無を確認
するために必要な基礎的情報（源泉徴収の
対象となる所得の支払の有無）の自発的な
提供を要請した上で、必要に応じて源泉徴
収税額の自主納付を要請する行為。

（「実地の調査」の意義）

4－4 法第74条の９及び法第74条の11に規定
する「実地の調査」とは、国税の調査のうち、
当該職員が納税義務者の支配・管理する場所
（事業所等）等に臨場して質問検査等を行う
ものをいう。

（通知等の相手方）

4－5 法第74条の９から法第74条の11までの
各条に規定する納税義務者に対する通知、説
明、勧奨又は交付（以下、4－5において
「通知等」という。）の各手続の相手方は法第
74条の９第３項第１号に規定する「納税義務
者」（法人の場合は代表者）となることに留
意する。

ただし、納税義務者に対して通知等を行う
ことが困難な事情等がある場合には、権限委
任の範囲を確認した上で、当該納税義務者が
未成年者の場合にはその法定代理人、法人の
場合にはその役員若しくは経理に関する事務
の上席の責任者又は源泉徴収事務の責任者等、
一定の業務執行の権限委任を受けている者を
通じて当該納税義務者に通知等を行うことと
しても差し支えないことに留意する。

第２節 事前通知に関する事項

（法第74条の９又は法第74条の10の規定の適用
範囲）

5－1 法第74条の９又は法第74条の10の規定
が適用される調査には、更正決定等を目的と
する調査のほか、再調査決定や申請等の審査
のために行う調査も含まれることに留意する。

（申請等の審査のために行う調査の事前通知）

5－2 申請等の審査のため実地の調査を行う
場合において、納税義務者に通知する事項で
ある法第74条の９第１項第５号に掲げる「調
査の対象となる期間」は、当該申請書等の提
出年月日（提出年月日の記載がない場合は、
受理年月日）となることに留意する。

（事前通知事項としての「帳簿書類その他の物
件」）

5－3 実地の調査を行う場合において、納税
義務者に通知する事項である法第74条の９第
１項第６号に掲げる「調査の対象となる帳簿

書類その他の物件」は、帳簿書類その他の物件が国税に関する法令の規定により備付け又は保存をしなければならないこととされている場合には、当該帳簿書類その他の物件の名称に併せて根拠となる法令を示すものとし、国税に関する法令の規定により備付け又は保存をすることとされていない場合には、帳簿書類その他の物件の一般的な名称又は内容を例示するものとする。

（質問検査等の対象となる「帳簿書類その他の物件」の範囲【1～5の再掲】）

5－4　法第74条の2から法第74条の6までの各条に規定する「帳簿書類その他の物件」には、国税に関する法令の規定により備付け、記帳又は保存をしなければならないこととされている帳簿書類のほか、各条に規定する国税に関する調査又は法第74条の3に規定する徴収の目的を達成するために必要と認められる帳簿書類その他の物件も含まれることに留意する。

㊟　「帳簿書類その他の物件」には、国外において保存するものも含まれることに留意する。

（「調査の対象となる期間」として事前通知した課税期間以外の課税期間に係る「帳簿書類その他の物件」）

5－5　事前通知した課税期間の調査について必要があるときは、事前通知した当該課税期間以外の課税期間（進行年分を含む。）に係る帳簿書類その他の物件も質問検査等の対象となることに留意する。

㊟　例えば、事前通知した課税期間の調査のために、その課税期間より前又は後の課税期間における経理処理を確認する必要があるときは、法第74条の9第4項によることなく必要な範囲で当該確認する必要がある課税期間の帳簿書類その他の物件の質問検査等を行うことは可能であることに留意する。

（事前通知した日時等の変更に係る合理的な理由）

5－6　法第74条の9第2項の規定の適用に当たり、調査を開始する日時又は調査を行う場所の変更を求める理由が合理的であるか否かは、個々の事案における事実関係に即して、

当該納税義務者の私的利益と実地の調査の適正かつ円滑な実施の必要性という行政目的とを比較衡量の上判断するが、例えば、納税義務者等（税務代理人を含む。以下、5－6において同じ。）の病気・怪我等による一時的な入院や親族の葬儀等の一身上のやむを得ない事情、納税義務者等の業務上やむを得ない事情がある場合は、合理的な理由があるものとして取り扱うことに留意する。

㊟　法第74条の9第2項の規定による協議の結果、法第74条の9第1項第1号又は同項第2号に掲げる事項を変更することとなった場合には、当該変更を納税義務者に通知するほか、当該納税義務者に税務代理人がある場合には、当該税務代理人にも通知するものとする。ただし、法第74条の9第6項の規定により同条第1項の規定による通知を代表する税務代理人に対して行った場合には、当該変更は当該代表する税務代理人に通知すれば足りることに留意する。

なお、法第74条の9第5項の規定により同条第1項の規定による納税義務者への通知を税務代理人に対して行った場合には、当該変更は当該税務代理人に通知すれば足りることに留意する。

（「その営む事業内容に関する情報」の範囲等）

5－7　法第74条の10に規定する「その営む事業内容に関する情報」には、事業の規模又は取引内容若しくは決済手段などの具体的な営業形態も含まれるが、単に不特定多数の取引先との間において現金決済による取引をしているということのみをもって事前通知を要しない場合に該当するとはいえないことに留意する。

（「違法又は不当な行為」の範囲）

5－8　法第74条の10に規定する「違法又は不当な行為」には、事前通知をすることにより、事前通知前に行った違法又は不当な行為の発見を困難にする目的で、事前通知後は、このような行為を行わず、又は、適法な状態を作出することにより、結果として、事前通知後に、違法又は不当な行為を行ったと評価される状態を生じさせる行為が含まれることに留意する。

（「違法又は不当な行為を容易にし、正確な課税標準等又は税額等の把握を困難にするおそれ」があると認める場合の例示）

5−9　法第74条の10に規定する「違法又は不当な行為を容易にし、正確な課税標準等又は税額等の把握を困難にするおそれ」があると認める場合とは、例えば、次の(1)から(5)までに掲げるような場合をいう。

(1)　事前通知をすることにより、納税義務者において、法第128条第2号又は同条第3号に掲げる行為を行うことを助長することが合理的に推認される場合。

(2)　事前通知をすることにより、納税義務者において、調査の実施を困難にすることを意図し逃亡することが合理的に推認される場合。

(3)　事前通知をすることにより、納税義務者において、調査に必要な帳簿書類その他の物件を破棄し、移動し、隠匿し、改ざんし、変造し、又は偽造することが合理的に推認される場合。

(4)　事前通知をすることにより、納税義務者において、過去の違法又は不当な行為の発見を困難にする目的で、質問検査等を行う時点において適正な記帳又は書類の適正な記載と保存を行っている状態を作出することが合理的に推認される場合。

(5)　事前通知をすることにより、納税義務者において、その使用人その他の従業者若しくは取引先又はその他の第三者に対し、上記(1)から(4)までに掲げる行為を行うよう、又は調査への協力を控えるよう要請する（強要し、買収し又は共謀することを含む。）ことが合理的に推認される場合。

（「その他国税に関する調査の適正な遂行に支障を及ぼすおそれ」があると認める場合の例示）

5−10　法第74条の10に規定する「その他国税に関する調査の適正な遂行に支障を及ぼすおそれ」があると認める場合とは、例えば、次の(1)から(3)までに掲げるような場合をいう。

(1)　事前通知をすることにより、税務代理人以外の第三者が調査立会いを求め、それにより調査の適正な遂行に支障を及ぼすことが合理的に推認される場合。

(2)　事前通知を行うため相応の努力をして電話等による連絡を行おうとしたものの、応

答を拒否され、又は応答がなかった場合。

(3)　事業実態が不明であるため、実地に臨場した上で確認しないと事前通知先が判明しない等、事前通知を行うことが困難な場合。

第3節　調査の終了の際の手続に関する事項

（法第74条の11第1項又は第2項の規定の適用範囲）

6−1　法第74条の11第1項又は同条第2項の規定は、再調査決定や申請等の審査のために行う調査など更正決定等を目的としない調査には適用されないことに留意する。

（「更正決定等」の範囲）

6−2　法第74条の11に規定する「更正決定等」には、法第24条《更正》若しくは法第26条《再更正》の規定による更正若しくは法第25条《決定》の規定による決定又は法第32条《賦課決定》の規定による賦課決定（過少申告加算税、無申告加算税、不納付加算税、重加算税及び過怠税の賦課決定を含む。）のほか、源泉徴収に係る所得税でその法定納期限までに納付されなかったものに係る法第36条《納税の告知》に規定する納税の告知が含まれることに留意する。

（「更正決定等をすべきと認めた額」の意義）

6−3　法第74条の11第2項に規定する「更正決定等をすべきと認めた額」とは、当該職員が調査結果の内容の説明をする時点において得ている情報に基づいて合理的に算定した課税標準等、税額等、加算税又は過怠税の額をいう。

(注)　課税標準等、税額等、加算税又は過怠税の額の合理的な算定とは、例えば、次のようなことをいう。

イ　法人税の所得の金額の計算上当該事業年度の直前の事業年度分の事業税の額を損金の額に算入する場合において、課税標準等、税額等、加算税又は過怠税の額を標準税率により算出すること。

ロ　相続税において未分割の相続財産等がある場合において、課税標準等、税額等、加算税又は過怠税の額を相続税法第55条《未分割遺産に対する課税》の規定に基づき計算し、算出すること。

— 580 —

国税通則法第 7 章の 2 （国税の調査）関係通達の制定について

（調査結果の内容の説明後の調査の再開及び再度の説明）

6－4　国税に関する調査の結果、法第74条の11第 2 項の規定に基づき調査結果の内容の説明を行った後、当該調査について納税義務者から修正申告書若しくは期限後申告書の提出若しくは源泉徴収に係る所得税の納付がなされるまでの間又は更正決定等を行うまでの間において、当該説明の前提となった事実が異なることが明らかとなり当該説明の根拠が失われた場合など当該職員が当該説明に係る内容の全部又は一部を修正する必要があると認めた場合には、必要に応じ調査を再開した上で、その結果に基づき、再度、調査結果の内容の説明を行うことができることに留意する。

（調査の終了の際の手続に係る書面の交付手続）

6－5　法第74条の11の規定による書面の交付に係る手続については、法第12条第 4 項《書類の送達》及び規則第 1 条第 1 項《交付送達の手続》の各規定の適用があることに留意する。

（法第74条の11第 6 項の規定の適用）

6－6　更正決定等を目的とする調査の結果、法第74条の11第 1 項の通知を行った後、又は同条第 2 項の調査（実地の調査に限る。）の結果につき納税義務者から修正申告書若しくは期限後申告書の提出若しくは源泉徴収に係る所得税の納付がなされた後若しくは更正決定等を行った後において、新たに得られた情報に照らして非違があると認めるときは、当該職員は当該調査（以下、6－6において「前回の調査」という。）の対象となった納税義務者に対し、前回の調査に係る納税義務に関して、再び質問検査等（以下、第 4 章第 3 節において「再調査」という。）を行うことができることに留意する。

（注）1　情報の要否に関する制限は、前回の調査が実地の調査の場合に限られるため、前回の調査が実地の調査以外の調査である場合、法第74条の11第 6 項に規定する「新たに得られた情報」がなくても、法第74条の 2 から法第74条の 6 までの各条の規定により、調査について必要があるときは、再調査を行うことができることに留意する。

　　2　前回の調査は、更正決定等を目的とす

る調査であることから、前回の調査には、6－1に規定するように再調査決定又は申請等の審査のために行う調査は含まれないことに留意する。

　　3　4－1(4).の取扱いによる場合には、例えば、同一の納税義務者に対し、移転価格調査を行った後に移転価格調査以外の部分の調査を行うときは、両方の調査が同一の納税義務に関するものであっても、移転価格調査以外の部分の調査は再調査には当たらないことに留意する。

（「新たに得られた情報」の意義）

6－7　法第74条の11第 6 項に規定する「新たに得られた情報」とは、同条第 1 項の通知又は同条第 2 項の説明（6－4の「再度の説明」を含む。）に係る国税の調査（実地の調査に限る。）において質問検査等を行った当該職員が、当該通知又は当該説明を行った時点において有していた情報以外の情報をいう。

（注）調査担当者が調査の終了前に変更となった場合は、変更の前後のいずれかの調査担当者が有していた情報以外の情報をいう。

（「新たに得られた情報に照らし非違があると認めるとき」の範囲）

6－8　法第74条の11第 6 項に規定する「新たに得られた情報に照らし非違があると認めるとき」には、新たに得られた情報から非違があると直接的に認められる場合のみならず、新たに得られた情報が直接的に非違に結びつかない場合であっても、新たに得られた情報とそれ以外の情報とを総合勘案した結果として非違があると合理的に推認される場合も含まれることに留意する。

（事前通知事項以外の事項について調査を行う場合の法第74条の11第 6 項の規定の適用）

6－9　法第74条の 9 第 4 項の規定により事前通知した税目及び課税期間以外の税目及び課税期間について質問検査等を行おうとする場合において、当該質問検査等が再調査に当たるときは、法第74条の11第 6 項の規定により、新たに得られた情報に照らし非違があると認められることが必要であることに留意する。

参 考 資 料

第4節 連結法人の連結所得に対する法人税に係る適用関係に関する事項

（法第74条の9又は法第74条の10の規定の適用関係）

7－1　連結所得に対する法人税の調査の場合には、各連結法人が、それぞれ法第74条の9第3項第1号に規定する「納税義務者」に当たることから、法第74条の9又は法第74条の10の規定は、連結法人の場合には、連結親法人、連結子法人の区別を問わず、当該職員による質問検査等の対象となる各連結法人ごとに適用することに留意する。

（連結子法人に対する事前通知）

7－2　法第74条の9第1項の規定による事前通知は、実地の調査において質問検査等の対象となる納税義務者に対して行うものであるから、連結所得に対する法人税の調査の場合には、実地の調査を行わない連結子法人に対しては、事前通知を行うことを要しないことに留意する。

（法第74条の11第1項又は第2項の規定の適用関係）

7－3

(1)　連結親法人に対する更正決定等をすべきと認められない旨の通知

連結親法人に対する法第74条の11第1項の規定による更正決定等をすべきと認められない旨の通知については、国税に関する実地の調査の結果、当該連結親法人及び連結子法人のいずれにも非違事項が認められない場合に通知することに留意する。

(2)　連結親法人に対する調査結果の内容の説明

連結親法人に対する法第74条の11第2項の規定による調査結果の内容の説明については、国税に関する調査の結果、当該連結親法人において認められた非違事項のほか、連結子法人において認められた非違事項についても説明することに留意する。

(3)　連結子法人に対する調査の終了の際の手続

連結子法人について、法第74条の11第2項に規定する「更正決定等をすべきと認める場合」に該当するか否かは、国税に関する調査の結果、当該連結子法人に係る法人

税法第81条の25《連結子法人の個別帰属額等の届出》の規定による個別帰属額の届出書に記載された内容について、連結親法人に対して更正決定等をすべきと認められることとなる非違事項（以下、7－3において単に「非違事項」という。）があるかどうかにより判定することに留意する。

(注)　連結子法人に対する実地の調査の結果、非違事項が認められない場合には、他の連結子法人に対する調査の結果、非違事項が認められ、連結親法人に対して更正決定等を行うこととなっても、当該非違事項が認められない連結子法人に対しては更正決定等をすべきと認められない旨を通知することとなることに留意する。

（一部の連結子法人の同意がない場合における連結親法人への通知等）

7－4　法第74条の11第4項の規定の適用上、連結子法人の同意があるかどうかは、各連結法人ごとに判断することとなるが、2以上の連結子法人のうち、一部の連結子法人について同項の同意がない場合においては、当該同意がない連結子法人に対する同条第1項の通知又は同条第2項に規定する説明については、当該同意がない連結子法人に対して行うことに留意する。

（法第74条の11第6項の規定の適用関係）

7－5　連結法人に対して、国税に関する実地の調査（以下、7－5において「前回の調査」という。）を行った後において、前回の調査における質問検査等の相手方とならなかった連結子法人に対して、前回の調査における課税期間を対象として国税に関する調査を行おうとする場合には、法第74条の11第6項の適用があることに留意する（4－1(4)ロの取扱いによる場合を除く。）。

第5節 税務代理人に関する事項

（税務代理人を通じた事前通知事項の通知）

8－1　実地の調査の対象となる納税義務者について税務代理人がある場合における法第74条の9第1項の規定による通知については、同条第5項に規定する「納税義務者の同意がある場合」を除き、納税義務者及び税務代理人の双方に対して行うことに留意する。

ただし、納税義務者から同条第1項の規定による通知について税務代理人を通じて当該納税義務者に通知して差し支えない旨の申立てがあったときは、「実地の調査において質問検査等を行わせる」旨、同項各号に掲げる事項のうち第4号及び第5号に掲げる事項については当該納税義務者に対して通知を行い、その他の事項については当該税務代理人を通じて当該納税義務者へ通知することとして差し支えないことに留意する。

(注)

1　同条第5項に規定する「納税義務者の同意がある場合として財務省令で定める場合」には、平成26年6月30日以前に提出された税理士法第30条《税務代理の権限の明示》に規定する税務代理権限証書に、同項に規定する同意が記載されている場合を含むことに留意する。

2　法第74条の9第6項に規定する「代表する税務代理人を定めた場合」、当該代表する税務代理人に対して通知すれば足りるが、同項に規定する「代表する税務代理人を定めた場合」には、平成27年6月30日以前に提出された税務代理権限証書に、代表する税務代理人が定められている場合も含むことに留意する。

（税務代理人からの事前通知した日時等の変更の求め）

8－2　実地の調査の対象となる納税義務者について税務代理人がある場合において、法第74条の9第2項の規定による変更の求めは、当該納税義務者のほか当該税務代理人も行うことができることに留意する。

（税務代理人がある場合の実地の調査以外の調査結果の内容の説明等）

8－3　実地の調査以外の調査により質問検査等を行った納税義務者について税務代理人がある場合における法第74条の11第2項に規定する調査結果の内容の説明並びに同条第3項に規定する説明及び交付については、同条第5項に準じて取り扱うこととしても差し支えないことに留意する。

（法に基づく事前通知と税理士法第34条《調査の通知》に基づく調査の通知との関係）

8－4　実地の調査の対象となる納税義務者について税務代理人がある場合において、当該税務代理人に対して法第74条の9第1項の規定に基づく通知を行った場合には、税理士法第34条《調査の通知》の規定による通知を併せて行ったものと取り扱うことに留意する。

（一部の納税義務者の同意がない場合における税務代理人への説明等）

8－5　法第74条の9第5項及び法第74条の11第5項の規定の適用上、納税義務者の同意があるかどうかは、個々の納税義務者ごとに判断することに留意する。

(注)　例えば、相続税の調査において、複数の納税義務者がある場合における法第74条の9第5項及び法第74条の11第5項の規定の適用については、個々の納税義務者ごとにその納税義務者の同意の有無により、その納税義務者に通知等を行うかその税務代理人に通知等を行うかを判断することに留意する。

第5章　経過措置に関する事項

（提出物件の留置きの適用）

9－1　法第74条の7の「提出物件の留置き」に関する規定は、平成25年1月1日以後に提出される物件について適用されることに留意する。

（事前通知手続の適用）

9－2　「所得税法等の一部を改正する法律」（平成26年法律第10号）による改正前の法第74条の9の規定は、平成25年1月1日以後に納税義務者に対して法第74条の2から法第74

条の6までの規定による質問検査等を行う調査から適用されることに留意する。

(注)　法第74条の2から法第74条の6までの各条の規定は、平成25年1月1日以後に納税義務者等に対して行う質問検査等（同日前から引き続き行われている調査等に係るものを除く。）から適用されることに留意する。

（調査の終了の際の手続の適用）

9－3　「所得税法等の一部を改正する法律」

参　考　資　料

（平成27年法律第9号）による改正前の法第74条の11の「調査の終了の際の手続」に関する規定は、平成25年1月1日以後に納税義務者に対して法第74条の2から法第74条の6までの規定による質問検査等を行う調査から適用されることに留意する。

(注)

1　法第74条の2から法第74条の6までの各条の規定は、平成25年1月1日以後に納税義務者等に対して行う質問検査等

（同日前から引き続き行われている調査等に係るものを除く。）から適用されることに留意する。

2　法第74条の14《行政手続法の適用除外》に規定する理由の提示は、平成25年1月1日より前に改正前の各税法に基づき質問検査等を開始した調査であっても同日以後に行う処分から適用となるので留意する。

調査手続の実施に当たっての基本的な考え方等について（事務運営指針）

平成24年9月12日付課総5－11ほか
最終改正　平成29年3月30日付課総10－1ほか

標題のことについては、別冊のとおり定めたから、平成25年1月1日以後は、これにより適切な運営を図られたい。

（趣旨）

経済社会の構造の変化に対応した税制の構築を図るための所得税法等の一部を改正する法律（平成23年法律第114号）の公布（平成23年12月2日）により、国税通則法（昭和37年法律第66号）の一部が改正され、国税の調査に関する規定（第7章の2）が新設された。

これに伴い、法令を遵守した適正な調査の遂行を図るため、調査手続の実施に当たっての基本的な考え方等を定めるものである。

［別冊］調査手続の実施に当たっての基本的な考え方等について

第1章　基本的な考え方

調査手続については、平成23年12月に国税通則法（以下「法」という。）の一部が改正され、手続の透明性及び納税者の予見可能性を高め、調査に当たって納税者の協力を促すことで、より円滑かつ効果的な調査の実施と申告納税制度の一層の充実・発展に資する観点及び課税庁の納税者に対する説明責任を強化する観点から、従来の運用上の取扱いが法令上明確化されたところである。

調査の実施に当たっては、今般の法改正の趣旨を踏まえ、「納税者の自発的な納税義務の履行を適正かつ円滑に実現する」との国税庁の使命を適切に実施する観点から、調査がその公益的必要性と納税者の私的利益との衡量において社会通念上相当と認められる範囲内で、納税者の理解と協力を得て行うものであることを十分認識した上で、法令に定められた調査手続を遵守し、適正かつ公平な課税の実現を図るよう努める。

第2章　基本的な事務手続及び留意事項

1　調査と行政指導の区分の明示

納税義務者等に対し調査又は行政指導に当たる行為を行う際は、対面、電話、書面等の態様を問わず、いずれの事務として行うかを明示した上で、それぞれの行為を法令等に基づき適正に行う。

(注)1　調査とは、国税（法第74条の2から法第74条の6までに掲げる税目に限る。）に関する法律の規定に基づき、特定の納税義務者の課税標準等又は税額等を認定する目的その他国税に関する法律に基づく処分を行う目的で当該職員が行う一連の行為（証拠資料の収集、要件事実の認定、法令の解釈適用など）をいうことに留意する（「手続通達」（平成24年9月12日付課総5－9ほか9課共同「国税通則法第7章の2（国税の調査）関係通達」（法令解釈通達）をいう。以下同じ。）1－1）。

2　当該職員が行う行為であって、特定の納税義務者の課税標準等又は税額等を認

参 考 資 料

定する目的で行う行為に至らないものは、調査には該当しないことに留意する（手続通達1－2）。

2 事前通知に関する手続

(1) 事前通知の実施

納税義務者に対し実地の調査を行う場合には、原則として、調査の対象となる納税義務者及び税務代理人の双方に対し、調査開始日前までに相当の時間的余裕をおいて、電話等により、法第74条の9第1項に基づき、実地の調査において質問検査等を行う旨、並びに同項各号及び国税通則法施行令第30条の4に規定する事項を事前通知する。

この場合、事前通知に先立って、納税義務者及び税務代理人の都合を聴取し、必要に応じて調査日程を調整の上、事前通知すべき調査開始日時を決定することに留意する。

なお、納税義務者に対して都合を聴取する際は、法第65条第5項に規定する調査通知を併せて行う。

おって、調査通知及び事前通知の実施に当たっては、通知事項が正確に伝わるよう分かりやすく丁寧な通知を行うよう努める。

(注)1 納税義務者に税務代理人がある場合において、当該税務代理人が提出した税務代理権限証書に、当該納税義務者への事前通知は当該税務代理人に対して行われることについて同意する旨の記載があるときは、当該納税義務者への都合の聴取、調査通知及び事前通知は、当該税務代理人に対して行えば足りることに留意する。

2 納税義務者に税務代理人が数人ある場合において、これらの税務代理人が提出した税務代理権限証書において、代表する税務代理人の定めがあるときは、これらの税務代理人への事前通知は、当該代表する税務代理人に対して行えば足りるが、当該代表する税務代理人以外のこれらの税務代理人（以下「他の税務代理人」という。）への事前通知は行われないため、他の税務代理人へ通知事項を伝えるよう当該代表する税務代理人に連絡することに留意する。

3 納税義務者に対して事前通知を行う場合であっても、納税義務者から、事前通知の詳細は税務代理人を通じて通知して差し支えない旨の申立てがあったときには、納税義務者には調査通知のみを行い、その他の事前通知事項は税務代理人を通じて通知することとして差し支えないことに留意する（手続通達7－1）。

(2) 調査開始日時等の変更の求めがあった場合の手続

事前通知を行った後、納税義務者から、調査開始日前に、合理的な理由を付して事前通知した調査開始日時又は調査開始場所の変更の求めがあった場合には、個々の事案における事実関係に即して、納税義務者の私的利益と実地の調査の適正かつ円滑な実施の必要性という行政目的とを比較衡量の上、変更の適否を適切に判断する（手続通達4－6）。

(注) 税務代理人の事情により、調査開始日時又は調査開始場所を変更する求めがあった場合についても同様に取り扱うことに留意する（手続通達7－2）。

(3) 事前通知を行わない場合の手続

実地の調査を行う場合において、納税義務者の申告若しくは過去の調査結果の内容又はその営む事業内容に関する情報その他国税庁、国税局又は税務署がその時点で保有する情報に鑑み、

① 違法又は不当な行為を容易にし、正確な課税標準等又は税額等の把握を困難にするおそれ

② その他国税に関する調査の適正な遂行に支障を及ぼすおそれがあると認める場合には、事前通知を行わないものとする。

この場合、事前通知を行わないことについては、法令及び手続通達に基づき、個々の事案の事実関係に即してその適法性を適切に判断する（手続通達4－7、4－8、4－9、4－10）。

(注)1 複数の納税義務者に対して同時に調査を行う場合においても、事前通知を行わないことについては、個々の納税義務者ごとに判断することに留意する。

— 586 —

調査手続の実施に当たっての基本的な考え方等について

2　事前通知を行うことなく実地の調査を実施する場合であっても、調査の対象となる納税義務者に対し、臨場後速やかに、「調査を行う旨」、「調査の目的」、「調査の対象となる税目」、「調査の対象となる期間」、「調査の対象となる帳簿書類その他の物件」、「調査対象者の氏名又は名称及び住所又は居所」、「調査担当者の氏名及び所属官署」を通知するとともに、それらの事項（調査の目的、調査の対象となる税目、調査の対象となる期間等）以外の事項についても、調査の途中で非違が疑われることとなった場合には、質問検査等の対象となる旨を説明し、納税義務者の理解と協力を得て調査を開始することに留意する。

なお、税務代理人がある場合は、当該税務代理人に対しても、臨場後速やかにこれらの事項を通知することに留意する。

3　調査時における手続

(1)　身分証明書等の携帯等

実地の調査を実施する場合には、身分証明書（国税職務証票の交付を受けている場合は国税職務証票）及び質問検査章を必ず携帯し、質問検査等の相手方となる者に提示して調査のために往訪した旨を明らかにした上で、調査に対する理解と協力を得て質問検査等を行う。

(注)　行政指導の目的で納税義務者の事業所等に往訪する場合であっても身分証明書（国税職務証票の交付を受けている場合は国税職務証票）を携帯・提示し、行政指導で往訪した旨を明らかにすることは必要であることに留意する。

(2)　通知事項以外の事項についての調査

納税義務者に対する実地の調査において、納税義務者に対し、通知した事項（上記2(3)注2に規定する場合における通知事項を含む。）以外の事項について非違が疑われた場合には、納税義務者に対し調査対象に追加する税目、期間等を説明し理解と協力を得た上で、調査対象に追加する事項についての質問検査等を行う。

(3)　質問検査等の相手方となる者の代理人等への質問検査等

調査について必要がある場合において、質問検査等の相手方となる者の代理人、使用人その他の従業者に対し質問検査等を行う場合には、原則として、あらかじめ当該質問検査等の相手方となる者の理解と協力を得る。

(4)　帳簿書類その他の物件の提示・提出の求め

調査について必要がある場合において、質問検査等の相手方となる者に対し、帳簿書類その他の物件（その写しを含む。）の提示・提出を求めるときは、質問検査等の相手方となる者の理解と協力の下、その承諾を得て行う。

(注)　質問検査等の相手方となる者について、職務上の秘密についての守秘義務に係る規定（例：医師等の守秘義務）や調査等に当たり留意すべき事項に係る規定（例：宗教法人法第84条）が法令で定められている場合においては、質問検査等を行うに当たっては、それらの定めにも十分留意する。

(5)　提出を受けた帳簿書類等の留置き

提出を受けた帳簿書類等の留置きは、

①　質問検査等の相手方となる者の事務所等で調査を行うスペースがなく調査を効率的に行うことができない場合

②　帳簿書類等の写しの作成が必要であるが調査先にコピー機がない場合

③　相当分量の帳簿書類等を検査する必要があるが、必ずしも質問検査等の相手方となる者の事業所等において当該相手方となる者に相応の負担をかけて説明等を求めなくとも、税務署や国税局内において当該帳簿書類等に基づく一定の検査が可能であり、質問検査等の相手方となる者の負担や迅速な調査の実施の観点から合理的であると認められる場合

など、やむを得ず留め置く必要がある場合や、質問検査等の相手方となる者の負担軽減の観点から留置きが合理的と認められる場合に、留め置く必要性を説明し、帳簿書類等を提出した者の理解と協力の下、その承諾を得て実施する。

— 587 —

参 考 資 料

なお、帳簿書類等を留め置く際は、別途定める書面（以下「預り証」という。）に当該帳簿書類等の名称など必要事項を記載した上で帳簿書類等を提出した者に交付する。

また、留め置いた帳簿書類等については、善良な管理者の注意をもって文書及び個人情報の散逸、漏洩等の防止にも配意して管理する。

おって、留め置く必要がなくなったときには、遅滞なく、交付した「預り証」と引換えに留め置いた帳簿書類等を返還する。

(注)1　帳簿書類等を提出した者から留め置いた帳簿書類等の返還の求めがあったときは、特段の支障がない限り速やかに返還することに留意する。

引き続き留め置く必要があり、返還の求めに応じることができない場合には、その旨及び理由を説明するとともに、不服申立てに係る教示を行う必要があるので留意する。

2　「預り証」は、国税に関する法律の規定に基づき交付する書面であることから、「預り証」を交付する際は、帳簿書類等を提出した者に対し交付送達の手続としての署名・押印を求めることに留意する。

3　「預り証」と引換えに留め置いた帳簿書類等を返還する際は、帳簿書類等を返還した事実を記録にとどめるため、「預り証」に返還を受けた旨の記載及び帳簿書類等を提出した者の署名・押印を求めることに留意する。

この場合において、帳簿書類等を提出した者から返還を要しない旨の申出があった場合には、返還を受けた旨の記載に代えて返還を要しない旨の記載を求めることに留意する。

(6)　反面調査の実施

取引先等に対する反面調査の実施に当たっては、その必要性と反面調査先への事前連絡の適否を十分検討する。

(注)　反面調査の実施に当たっては、反面調査である旨を取引先等に明示した上で実施することに留意する。

(7)　証拠の収集・保全と的確な事実認定

調査の過程において、申告内容等に関して非違が疑われる事項を把握した場合には、納税義務者及び税務代理人にその事項について十分な説明を求め、その意見又は主張を十分聴取した上で、納税義務者及び税務代理人の説明内容等を整理し、必要な証拠の収集・保全を行った上で的確な事実認定を行い、法第74条の11第2項に基づく調査結果の内容の説明の対象となる更正決定等をすべきと認められる非違であるか否かについて適切に判断する。

4　調査終了の際の手続

(1)　更正決定等をすべきと認められない旨の通知

実地の調査の結果、更正決定等をすべきと認められないと判断される税目、課税期間がある場合には、法第74条の11第1項に基づき、質問検査等の相手方となった納税義務者に対して、当該税目、課税期間について更正決定等をすべきと認められない旨の通知を書面により行う。

(注)　実地の調査以外の調査において納税義務者に対し質問検査等を行い、その結果、調査の対象となった全ての税目、課税期間について更正決定等をすべきと認められない場合には、更正決定等をすべきと認められない旨の通知は行わないが、調査が終了した際には、調査が終了した旨を口頭により当該納税義務者に連絡することに留意する。

(2)　調査結果の内容の説明等

調査の結果、更正決定等をすべきと認められる非違がある場合には、法第74条の11第2項に基づき、納税義務者に対し、当該非違の内容等（税目、課税期間、更正決定等をすべきと認める金額、その理由等）について原則として口頭により説明する。

その際には、必要に応じ、非違の項目や金額を整理した資料など参考となる資料を示すなどして、納税義務者の理解が得られるよう十分な説明を行うとともに、納税義務者から質問等があった場合には分かりやすく回答するよう努める。また、併せて、納付すべき税額及び加算税のほか、納付すべき税額によっては延滞税が生じることを

— 588 —

説明するとともに、当該調査結果の内容の説明等（下記(3)に規定する修正申告等の勧奨を行う場合は、修正申告等の勧奨及び修正申告等の法的効果の教示を含む。）をもって原則として一連の調査手続が終了する旨を説明する。

(注)　電話又は書面による調査（実地の調査以外の調査）を行った結果については、更正決定等をすべきと認められる非違事項が少なく、非違の内容等を記載した書面を送付することにより、その内容について納税義務者の理解が十分に得られると認められるような簡易なものである場合には、口頭による説明に代えて書面による調査結果の内容の説明を行って差し支えないことに留意する。

なお、その場合であっても、納税義務者から調査結果の内容について質問があった場合には、分かりやすく回答を行うことに留意する。

(3)　修正申告等の勧奨

納税義務者に対し、更正決定等をすべきと認められる非違の内容を説明した場合には、原則として修正申告又は期限後申告（以下「修正申告等」という。）を勧奨することとする。

なお、修正申告等を勧奨する場合には、当該調査の結果について修正申告書又は期限後申告書（以下「修正申告書等」という。）を提出した場合には不服申立てをすることはできないが更正の請求をすることはできる旨を確実に説明（以下「修正申告等の法的効果の教示」という。）するとともに、その旨を記載した書面（以下「教示文」という。）を交付する。

(注)1　教示文は、国税に関する法律の規定に基づき交付する書面であることから、教示文を対面で交付する場合は、納税義務者に対し交付送達の手続としての署名・押印を求めることに留意する。

2　書面を送付することにより調査結果の内容の説明を行う場合に、書面により修正申告等を勧奨するときは、教示文を同封することに留意する。

なお、この場合、交付送達に該当しないことから、教示文の受領に関して納税

義務者に署名・押印を求める必要はないことに留意する。

(4)　調査結果の内容の説明後の調査の再開及び再度の説明

上記(2)の調査結果の内容の説明を行った後、当該調査について、納税義務者から修正申告書等の提出若しくは源泉徴収に係る所得税の納付がなされるまでの間又は更正決定等を行うまでの間において、当該調査結果の内容の説明の前提となった事実が異なることが明らかとなり当該調査結果の内容の説明の根拠が失われた場合など、当該調査結果の内容の説明に係る内容の全部又は一部を修正する必要があると認められた場合には、必要に応じ調査を再開した上で、その結果に基づき、再度、調査結果の内容の説明を行う（手続通達5－4）。

なお、調査結果の内容の説明の根拠が失われた場合とは、納税義務者から新たな証拠の提示等があり、当該調査結果の内容の説明の前提となる事実関係に相違が生じるような場合をいう。

(5)　税務代理人がある場合の調査結果の内容の説明等

実地の調査における更正決定等をすべきと認められない旨の書面の通知、調査結果の内容の説明、修正申告等の勧奨、修正申告等の法的効果の教示及び教示文の交付（以下「通知等」という。）については、原則として納税義務者に対して行うのであるが、納税義務者の同意がある場合には、納税義務者に代えて、税務代理人に対して当該通知等を行うことができる。

なお、この場合における納税義務者の同意の有無の確認は、
①　電話又は臨場により納税義務者に直接同意の意思を確認する方法、又は、
②　税務代理人から納税義務者の同意を得ている旨の申出があった場合には、同意の事実が確認できる書面の提出を求める方法
のいずれかにより行う。

(注)　実地の調査以外の調査についても、実地の調査の場合に準じて、納税義務者に代えて、税務代理人に対して調査結果の内容の

説明、修正申告等の勧奨、修正申告等の法的効果の教示及び教示文の交付を行うことができることに留意する。

ただし、実地の調査以外の調査において、上記①又は②により納税義務者の同意の意思を確認することが難しい場合には、税務代理人から調査結果の内容の説明を受けることについて委嘱されている旨の申立てがあることをもって、納税義務者に代えて税務代理人に対して調査結果の内容の説明等を行うことができることに留意する（手続通達7－3）。

(6) 再調査の判定

更正決定等をすべきと認められない旨の通知をした後又は調査（実地の調査に限る。）の結果につき納税義務者から修正申告書等の提出若しくは源泉徴収に係る所得税の納付があった後若しくは更正決定等をした後に、当該調査の対象となった税目、課税期間について質問検査等を行う場合には、新たに得られた情報に照らして非違があると認める場合に該当するか否かについて、法令及び手続通達に基づき、個々の事案の事実関係に即してその適法性を適切に判断する（手続通達5－7、5－8、5－

9）。

(7) その他

調査において、今後の申告や帳簿書類の備付け、記録及び保存などに関して指導すべき事項があるときは、将来にわたって自主的に適正な申告、納税及び帳簿書類の備付け等が行われるよう十分な説明を行う。

5 理由附記の実施

行政手続法第2章に規定する申請に対する拒否処分又は同法第3章に規定する不利益処分（同法第3条第1項に定めるものを除く。）を行う場合に必要となる同法第8条又は第14条の規定に基づく処分の理由の提示（理由附記）を行うに当たっては、処分の適正性を担保するとともに処分の理由を相手方に知らせて不服申立ての便宜を図るとの理由附記が求められる趣旨が確保されるよう、適切にこれを行う。

(注) 所得税法第155条（青色申告書に係る更正）、法人税法第130条（青色申告書等に係る更正）等の各税法に理由附記をすることが規定されている処分については、従前のとおり当該規定に基づき適切に理由附記を行うことに留意する。

過少申告加算税、無申告加算税、不納付加算税及び
重加算税の取扱い　　　　　　　　（事務運営指針）

1　過少申告加算税及び無申告加算税の取扱い

○平成12年 7 月 3 日付課所4-16ほか3課共同「申告所得税及び復興特別所得税の過少申告加算税及び無
　申告加算税の取扱いについて（事務運営指針）」（最終改正　平成28年12月12日課個2-39ほか 3 課共同）
○平成12年 7 月 3 日付課法2-9ほか3課共同「法人税の過少申告加算税及び無申告加算税の取扱いに
　ついて」（事務運営指針）」（最終改正　平成28年12月12日付課法2-16ほか3課共同）
○平成12年 7 月 3 日付課資2-264ほか2課共同「相続税、贈与税の過少申告加算税及び無申告加算税
　の取扱いについて（事務運営指針）」（最終改正　平成28年12月12日課資2-15ほか 2 課共同）

申告所得税及び復興特別所得税

	過　少　申　告　加　算　税	無　申　告　加　算　税
申告所得税及び復興特別所得税	**第 1　過少申告加算税の取扱い** （過少申告の場合における正当な理由があると認められる事実） 1　通則法第65条の規定の適用に当たり、例えば、納税者の責めに帰すべき事由のない次のような事実は、同条第 4 項第 1 号に規定する正当な理由があると認められる事実として取り扱う。 (1)　税法の解釈に関し、申告書提出後新たに法令解釈が明確化されたため、その法令解釈と納税者の解釈とが異なることとなった場合において、その納税者の解釈について相当の理由があると認められること。 　(注)　税法の不知若しくは誤解又は事実誤認に基づくものはこれに当たらない。 (2)　法定申告期限の経過の時以後に生じた事情により青色申告の承認が取り消されたことで、青色事業専従者給与、青色申告特別控除などが認められないこととなったこと。 (3)　確定申告の納税相談等において、納税者から十分な資料の提出等があったにもかかわらず、税務職員等が納税者に対して誤った指導を行い、納税者がその指導に従ったことにより過少申告となった場合で、かつ、納税者がその指導を信じたことについてやむを得ないと認められる事情があること。 （修正申告書の提出が更正があるべきことを予知してされたと認められる場合） 2　通則法第65条第 1 項又は第 5 項の規定を適用する場合において、その納税者に対する臨場調査、その納税者の取引先に対する反面調査又はその納税者の申告書の内容を	**第 2　無申告加算税の取扱い** （期限内申告書の提出がなかったことについて正当な理由があると認められる事実） 1　通則法第66条の規定を適用する場合において、災害、交通・通信の途絶その他期限内に申告書を提出しなかったことについて真にやむを得ない事由があると認められるときは、期限内申告書の提出がなかったことについて正当な理由があるものとして取り扱う。 （期限後申告書等の提出が決定又は更正があるべきことを予知してされたと認められる場合） 2　第 1 の 2 の取扱いは、通則法第66条第 1 項、第 6 項又は第 7 項の規定を適用する場合において、期限後申告書又は修正

参　考　資　料

過 少 申 告 加 算 税	無 申 告 加 算 税
検討した上での非違事項の指摘等により、当該納税者が調査のあったことを了知したと認められた後に修正申告書が提出された場合の当該修正申告書の提出は、原則として、これらの規定に規定する「更正があるべきことを予知してされたもの」に該当する。 ㊟　臨場のための日時の連絡を行った段階で修正申告書が提出された場合には、原則として、「更正があるべきことを予知してされたもの」に該当しない。	申告書の提出が決定又は更正があるべきことを予知してされたものである場合の判定について準用する。

申告所得税及び復興特別所得税

過 少 申 告 加 算 税	無 申 告 加 算 税
（調査通知に関する留意事項） 3　通則法第65条第5項に規定する調査通知（以下「調査通知」という。）を行う場合の同項の規定の適用については、次の点に留意する。 (1)　通則法第65条第5項の規定は、納税義務者（通則法第74条の9第5項に規定する場合に該当するときは、納税義務者又は同項に規定する税務代理人）に対して調査通知を行った時点から、適用されない。 　　㊟1　この場合の税務代理人とは、調査通知を行う前に提出された国税通則法施行規則第11条の3第1項に規定する税務代理権限証書（同項に規定する納税義務者への調査の通知は税務代理人に対してすれば足りる旨の記載があるものに限る。）に係る税務代理人（以下「同意のある税務代理人」という。）をいう。 　　　　2　同意のある税務代理人が数人ある場合には、いずれかの税務代理人（通則法第74条の9第6項に規定する代表する税務代理人を定めた場合は当該代表する税務代理人）に対して調査通知を行った時点から、通則法第65条第5項の規定は適用されない。 (2)　調査通知を行った場合において、調査通知後に修正申告書が提出されたときは、当該調査通知に係る調査について、実地の調査が行われたかどうかにかかわらず、通則法第65条第5項の規定の適用はない。 (3)　調査通知後の修正申告書の提出が、次に掲げる場合には、調査通知がある前に行われたものとして取り扱う。 ①　当該調査通知に係る調査について、通則法第74条の11第1項の通知をした	（調査通知に関する留意事項） 3　第1の3の取扱いは、調査通知を行う場合の通則法第66条第6項の規定の適用について準用する。 （無申告加算税を課す場合の留意事項） 4　通則法第66条の規定による無申告加算税を課す場合には、次のことに留意する。 (1)　申告書が期限後に提出され、その期限後に提出されたことについて、通則法第66条第1項ただし書に規定する正当な理由があると認められる場合又は同条第7項の規定の適用があった場合において、当該申告について、更に修正申告書の提出があり、又は更正があったときは、当該修正申告又は更正により納付することとなる税額については無申告加算税を課さないで通則法第65条の規定による過少申告加算税を課す。 (2)　通則法第66条第5項において準用する通則法第65条第4項第1号に定める正当な理由があると認められる事実は、第1の1に定めるような事実とする。 (3)　通則法第119条第4項の規定により無申告加算税又は重加算税の全額が切り捨てられた場合には、通則法第66条第4項に規定する「無申告加算税（……）又は重加算税（……）を課されたことがあるとき」に該当しない。 (4)　通則法第66条第4項の適用に当たっては、源泉徴収に係る所得税及び復興特別所得税とこれ以外の所得税及び復興特別所得税は同一税目として取り扱わない。

— 592 —

過少申告加算税、無申告加算税、不納付加算税及び重加算税の取扱い

過　少　申　告　加　算　税	無　申　告　加　算　税
後又は同条第2項の調査結果の内容に基づき納税義務者から修正申告書が提出された後若しくは通則法第29条第1項に規定する更正若しくは通則法第32条第5項に規定する賦課決定をした後に修正申告書が提出された場合 ②　当該修正申告書が、例えば、消費税及び地方消費税について更正の請求に基づく減額更正が行われたことに伴い提出された場合。 　　ただし、当該修正申告書に当該減額更正に係る部分以外の部分が含まれる場合には、当該減額更正に係る部分以外の部分は、調査通知がある前に行われたものとして取り扱わないものとする。	

第3　過少申告加算税等の計算
（累積増差税額等に含まれない税額）
1　通則法第65条第3項第1号に規定する累積増差税額には、同条第5項の規定の適用がある修正申告書の提出により納付すべき税額は含まれないものとし、通則法第66条第3項に規定する累積納付税額には、同条第6項の規定の適用がある期限後申告書又は修正申告書の提出により納付すべき税額は含まれないものとする。
(注)　通則法第65条第5項の規定の適用がある修正申告書又は通則法第66条第6項の規定の適用がある期限後申告書若しくは修正申告書において、第1の3(3)の取扱いによって、調査通知がある前に行われたものとして取り扱われないものが含まれる場合は、これに対応する納付すべき税額は、それぞれ通則法第65条第3項第1号に規定する累積増差税額又は通則法第66条第3項に規定する累積納付税額に含まれることに留意する。

（過少申告加算税又は無申告加算税の計算の基礎となる税額の計算方法）
2　過少申告加算税又は無申告加算税の計算の基礎となる税額を計算する場合において、通則法第65条第4項第1号（通則法第66条第5項において準用する場合を含む。）の規定により控除すべきものとして国税通則法施行令第27条第1項第1号に規定する正当な理由があると認められる事実（以下「正当事実」という。）のみに基づいて更正、決定、修正申告又は期限後申告（以下「更正等」という。）があったものとした場合の税額の基礎となる所得金額は、その更正等があった後の所得金額から正当事実に基づかない部分の所得金額（以下「過少対象所得」という。）を控除して計算する。

（過少対象所得の計算）
3　過少対象所得は、正当事実以外の事実に基づく収入金額及びこれを得るのに必要と認められる必要経費の金額を基礎として計算する。

（修正申告書又は期限後申告書の提出が調査通知後に行われた場合の留意事項）
4　第1の3(3)②ただし書の取扱い（第2の3において準用する場合を含む。）を行う場合において、過少申告加算税又は無申告加算税の計算の基礎となる税額を計算するときは、次の点に留意する。
(1)　通則法第65条第1項に規定する過少申告加算税の計算の基礎となる税額を計算する場合には、過少対象所得から当該減額更正に係る部分の所得金額を控除して計算する。
(2)　通則法第66条第1項に規定する無申告加算税の計算の基礎となる税額を計算する場

参 考 資 料

過 少 申 告 加 算 税	無 申 告 加 算 税
合には、過少対象所得から当該減額更正に係る部分の所得金額を控除して計算する。 ㊟ 当該減額更正に係る部分には通則法第66条第6項の規定が適用される。 （重加算税について少額不徴収に該当する場合の過少対象所得の計算） 5 通則法第119条第4項の規定により重加算税を課さない場合には、その課さない部分に対応する所得金額は、過少対象所得に含まれないのであるから留意する。	

法 人 税

	過 少 申 告 加 算 税	無 申 告 加 算 税
法 人 税	第1 過少申告加算税の取扱い （過少申告の場合における正当な理由があると認められる事実） 1 通則法第65条の規定の適用に当たり、例えば、納税者の責めに帰すべき事由のない次のような事実は、同条第4項第1号に規定する正当な理由があると認められる事実として取り扱う。 (1) 税法の解釈に関し、申告書提出後新たに法令解釈が明確化されたため、その法令解釈と法人の解釈とが異なることとなった場合において、その法人の解釈について相当の理由があると認められること。 　㊟ 税法の不知若しくは誤解又は事実誤認に基づくものはこれに当たらない。 (2) 調査により引当金等の損金不算入額が法人の計算額より減少したことに伴い、その減少した金額を認容した場合に、翌事業年度においていわゆる洗替計算による引当金等の益金算入額が過少となるためこれを税務計算上否認（いわゆるかえり否認）したこと。 (3) 法人税の申告書に記載された税額（以下「申告税額」という。）につき、通則法第24条の規定による減額更正（通則法第23条の規定による更正の請求に基づいてされたものを除く。）があった場合において、その後の修正申告又は通則法第26条の規定による再更正による税額が申告税額に達しないこと。 　㊟ 当該修正申告又は再更正による税額が申告税額を超えた場合であっても、当該修正申告又は再更正により納付することとなる税額のうち申告税額に達するまでの税額は、この(3)の事実に基づくものと同様に取り扱う。	第2 無申告加算税の取扱い （期限内申告書の提出がなかったことについて正当な理由があると認められる事実） 1 通則法第66条の規定を適用する場合において、災害、交通・通信の途絶その他期限内に申告書を提出しなかったことについて真にやむを得ない事由があると認められたときは、期限内申告書の提出がなかったことについて正当な理由があるものとして取り扱う。

過少申告加算税、無申告加算税、不納付加算税及び重加算税の取扱い

過 少 申 告 加 算 税	無 申 告 加 算 税

法　人　税

（修正申告書の提出が更正があるべきことを予知してされたと認められる場合）

2　通則法第65条第1項又は第5項の規定を適用する場合において、その法人に対する臨場調査、その法人の取引先の反面調査又はその法人の申告書の内容を検討した上での非違事項の指摘等により、当該法人が調査のあったことを了知したと認められた後に修正申告書が提出された場合の当該修正申告書の提出は、原則として、これらの規定に規定する「更正があるべきことを予知してされたもの」に該当する。

㊟　臨場のための日時の連絡を行った段階で修正申告書が提出された場合には、原則として「更正があるべきことを予知してされたもの」に該当しない。

（調査通知に関する留意事項）

3　通則法第65条第5項に規定する調査通知（以下「調査通知」という。）を行う場合の同項の規定の適用については、次の点に留意する。

（1）　通則法第65条第5項の規定は、納税義務者（通則法第74条の9第5項に規定する場合に該当するときは、納税義務者又は同項に規定する税務代理人）に対して調査通知を行った時点から、適用されない。

　　㊟1　この場合の税務代理人とは、調査通知を行う前に提出された国税通則法施行規則第11条の3第1項に規定する税務代理権限証書（同項に規定する納税義務者への調査の通知は税務代理人に対してすれば足りる旨の記載があるものに限る。）に係る税務代理人（以下「同意のある税務代理人」という。）をいう。

　　　2　同意のある税務代理人が数人ある場合には、いずれかの税務代理人（通則法第74条の9第6項に規定する代表する税務代理人を定めた場合は当該代表する税務代理人）に対して調査通知を行った時点から、通則法第65条第5項の規定は適用されない。

（2）　調査通知を行った場合において、調査通知後に修正申告書が提出されたときは、当該調査通知に係る調査について、実地の調査が行われたかどうかにかかわらず、通則法第65条第5項の規定の適用はない。

（期限後申告書等の提出が決定又は更正があるべきことを予知してされたと認められる場合）

2　第1の2の取扱いは、通則法第66条第1項、第6項又は第7項の規定を適用する場合において、期限後申告書又は修正申告書の提出が決定又は更正があるべきことを予知してされたものである場合の判定について準用する。

（調査通知に関する留意事項）

3　第1の3の取扱いは、調査通知を行う場合の通則法第66条第6項の規定の適用について準用する。

（無申告加算税を課す場合の留意事項）

4　通則法第66条の規定による無申告加算税を課す場合には、次のことに留意する。

（1）　申告書が期限後に提出され、その期限後に提出されたことについて通則法第66条第1項ただし書に規定する正当な理由があると認められた場合又は同条第7項の規定の適用があった場合において、当該申告について、更に修正申告書の提出があり、又は更正があったときは、当該修正申告又は更正により納付することとなる税額については無申告加算税を課さないで通則法第65条の規定による過少申告加算税を課す。

（2）　通則法第66条第5項において準用する通則法第65条第4項第1号に定める正当な理由があると認められる事実は、第1の1に定めるような事実とする。

（3）　通則法第119条第4項の規定により無申告加算税又は重加算税の全額が切り捨てられた場合には、通則法第66条第4項に規定する「無申告加算税（……）又は重加算税（……）を課されたことがあるとき」に該当しない。

（4）　通則法第66条第4項の規定の適用上、被合併法人の各事業年度の法人税について課された同項に規定する無申告加算税等（以下（4）において「無申告加算税等」という。）は、合併法人の行為に基因すると認められる場合に限り、当該合併法人について無申告加算税等が課されたことがあるものとして取り扱う。

　　また、連結納税の承認を取り消され又は連結納税の適用の取りやめの承認を受ける前の各連結事業年度の法人税

— 595 —

過少申告加算税	無申告加算税
(3) 調査通知後の修正申告書の提出が、次に掲げる場合には、調査通知がある前に行われたものとして取り扱う。 ① 当該調査通知に係る調査について、通則法第74条の11第１項の通知をした後又は同条第２項の調査結果の内容に基づき納税義務者から修正申告書が提出された後若しくは通則法第29条第１項に規定する更正若しくは通則法第32条第５項に規定する賦課決定をした後に修正申告書が提出された場合 ② 納税義務者の事前の同意の上、同一事業年度の法人税の調査について、移転価格調査とそれ以外の部分の調査に区分する場合で、当該調査通知に係る調査の対象としなかった部分に係る修正申告書が提出された場合。 　ただし、当該修正申告書に当該調査通知に係る調査の対象としている部分が含まれる場合には、当該調査通知に係る調査の対象としている部分は、調査通知がある前に行われたものとして取り扱わない。 ③ 事前確認（平成13年６月１日付査調７－１ほか３課共同「移転価格事務運営要領の制定について」（事務運営指針）又は平成28年６月28日付査調７－１ほか３課共同「恒久的施設帰属所得に係る所得に関する調査等に係る事務運営要領の制定について」（事務運営指針）に定める事前確認をいう。）の内容に適合させるための修正申告書が提出された場合。 　ただし、当該修正申告書に当該事前確認の内容に適合させるための部分以外の部分が含まれる場合には、当該事前確認の内容に適合させるための部分以外の部分は、調査通知がある前に行われたものとして取り扱わない。 ④ 当該修正申告書が、例えば、消費税及び地方消費税について更正の請求に基づく減額更正が行われたことに伴い提出された場合。 　ただし、当該修正申告書に当該減額更正に係る部分以外の部分が含まれる場合には、当該減額更正に係る部分以外の部分は、調査通知がある前に行われたものとして取り扱わない。	について無申告加算税等を課されていた場合には、連結親法人であった法人について無申告加算税等を課されたことがあるものとして取り扱う。 (注) 無申告加算税等を課された一の法人について、その後分割が行われた場合には、分割承継法人について無申告加算税等を課されたことがあるときには該当しない。

第３　過少申告加算税等の計算
（累積増差税額等に含まれない税額）
1　通則法第65条第３項第１号に規定する累積増差税額には、同条第５項の規定の適用が

過少申告加算税、無申告加算税、不納付加算税及び重加算税の取扱い

過 少 申 告 加 算 税	無 申 告 加 算 税

法 人 税	ある修正申告書の提出により納付すべき税額は含まれないものとし、通則法第66条第3項に規定する累積納付税額には、同条第6項の規定の適用がある期限後申告書又は修正申告書の提出により納付すべき税額は含まれないものとする。 　(注)　通則法第65条第5項の規定の適用がある修正申告書又は通則法第66条第6項の規定の適用がある期限後申告書若しくは修正申告書において、第1の3(3)の取扱いによって、調査通知がある前に行われたものとして取り扱われないものが含まれる場合は、これに対応する納付すべき税額は、それぞれ通則法第65条第3項第1号に規定する累積増差税額又は通則法第66条第3項に規定する累積納付税額に含まれることに留意する。 （過少申告加算税又は無申告加算税の計算の基礎となる税額の計算方法） 2　過少申告加算税又は無申告加算税の計算の基礎となる税額を計算する場合において、通則法第65条第4項第1号（通則法第66条第5項において準用する場合を含む。）の規定により控除すべきものとして国税通則法施行令第27条第1項第1号に規定する正当な理由があると認められる事実（以下「正当事実」という。）のみに基づいて更正、決定、修正申告又は期限後申告（以下「更正等」という。）があったものとした場合の税額の基礎となる所得金額は、その更正等があった後の所得金額から正当事実に基づかない部分の所得金額（以下「過少対象所得」という。）を控除して計算する。 （過少対象所得の計算） 3　過少対象所得は、正当事実以外の事実に基づく益金の額及び損金の額を基礎として計算する。 （修正申告書又は期限後申告書の提出が調査通知後に行われた場合の留意事項） 4　第1の3(3)②から④までのただし書の取扱い（第2の3において準用する場合を含む。）を行う場合において、過少申告加算税又は無申告加算税の計算の基礎となる税額を計算するときは、次の点に留意する。 　⑴　通則法第65条第1項に規定する過少申告加算税の計算の基礎となる税額を計算する場合には、過少対象所得から第1の3(3)②から④までのただし書の調査通知がある前に行われたものとして取り扱う部分の所得金額を控除して計算する。 　⑵　通則法第66条第1項に規定する無申告加算税の計算の基礎となる税額を計算する場合には、過少対象所得から第1の3(3)②から④までのただし書の調査通知がある前に行われたものとして取り扱う部分の所得金額を控除して計算する。 　　(注)　第2の3により準用される第1の3(3)②から④までのただし書の調査通知がある前に行われたものとして取り扱う部分には通則法第66条第6項の規定が適用される。 （重加算税について少額不徴収に該当する場合の過少対象所得金額の計算） 5　通則法第119条第4項の規定により重加算税を課さない場合には、その課さない部分に対応する所得金額は、過少対象所得に含まれないのであるから留意する。

相続税・贈与税

過 少 申 告 加 算 税	無 申 告 加 算 税
相 続 税 ・ 贈 与 税	第1　過少申告加算税の取扱い （過少申告の場合における正当な理由があると認められる事実） 1　通則法第65条の規定の適用に当たり、例えば、納税者の責めに帰すべき事由のない次のような事実は、同条第4項第1号に規	第2　無申告加算税の取扱い （期限内申告書の提出がなかったことについて正当な理由があると認められる事実） 1　通則法第66条の規定を適用する場合において、災害、交通・通信の途絶その他期限内に申告書を提出しなかったことに

— 597 —

過 少 申 告 加 算 税	無 申 告 加 算 税

相続税・贈与税

過少申告加算税

定する正当な理由があると認められる事実
として取り扱う。

(1) 税法の解釈に関し申告書提出後新たに
法令解釈が明確化されたため、その法令
解釈と納税者（相続人（受遺者を含
む。）から遺産（債務及び葬式費用を含
む。）の調査、申告等を任せられた者又
は受贈者から受贈財産（受贈財産に係る
債務を含む。）の調査、申告等を任せら
れた者を含む。以下同じ。）の解釈とが
異なることとなった場合において、その
納税者の解釈について相当の理由がある
と認められること。

(注) 税法の不知若しくは誤解又は事実誤
認に基づくものはこれに当たらない。

(2) 災害又は盗難等により、申告当時課税
価格の計算の基礎に算入しないことを相
当としていたものについて、その後、予
期しなかった損害賠償金等の支払を受
け、又は盗難品の返還等を受けたこと。

(3) 相続税の申告書の提出期限後におい
て、次に掲げる事由が生じたこと。

イ 相続税法第51条第2項各号に掲げる
事由

ロ 保険業法（平成7年法律第105号）
第270条の6の10第3項に規定する
「買取額」の支払いを受けた場合

**（修正申告書の提出が更正があるべきことを
予知してされたと認められる場合）**

2 通則法第65条第1項又は第5項の規定を
適用する場合において、その納税者に対す
る臨場調査、その納税者の取引先に対する
反面調査又はその納税者の申告書の内容を
検討した上での非違事項の指摘等により、
当該納税者が調査があったことを了知した
と認められた後に修正申告書が提出された
場合の当該修正申告書の提出は、原則とし
て、これらの規定に規定する「更正がある
べきことを予知してされたもの」に該当す
る。

(注) 臨場のための日時の連絡を行った段階
で修正申告書が提出された場合には、原
則として、「更正があるべきことを予知
してされたもの」に該当しない。

（調査通知に関する留意事項）

3 通則法第65条第5項に規定する調査通知
（以下「調査通知」という。）を行う場合
の同項の規定の適用については、次の点に
留意する。

無申告加算税

ついて真にやむを得ない事由があると認
められるときは、期限内申告書の提出が
なかったことについて正当な理由がある
ものとして取り扱う。

(注) 相続人間に争いがある等の理由によ
り、相続財産の全容を知り得なかった
こと又は遺産分割協議が行えなかった
ことは、正当な理由に当たらない。

**（期限後申告書等の提出が決定又は更正が
あるべきことを予知してされたと認められ
る場合）**

2 第1の2の取扱いは、通則法第66条第
1項、第6項又は第7項の規定を適用す
る場合において、期限後申告書又は修正申
告書の提出が決定又は更正があるべきこと
を予知してされたものである場合の判定に
ついて準用する。

（調査通知に関する留意事項）

3 第1の3の取扱いは、調査通知を行う
場合の通則法第66条第6項の規定の適用
について準用する。

過少申告加算税、無申告加算税、不納付加算税及び重加算税の取扱い

過 少 申 告 加 算 税	無 申 告 加 算 税
(1) 通則法第65条第5項の規定は、納税義務者（通則法第74条の9第5項に規定する場合に該当するときは、納税義務者又は同項に規定する税務代理人）に対して調査通知を行った時点から、適用されない。 　㊟1　この場合の税務代理人とは、調査通知を行う前に提出された国税通則法施行規則第11条の3第1項に規定する税務代理権限証書（同項に規定する納税義務者への調査の通知は税務代理人に対してすれば足りる旨の記載があるものに限る。）に係る税務代理人（以下「同意のある税務代理人」という。）をいう。 　　2　同意のある税務代理人が数人ある場合には、いずれかの税務代理人（通則法第74条の9第6項に規定する代表する税務代理人を定めた場合は当該代表する税務代理人）に対して調査通知を行った時点から、通則法第65条第5項の規定は適用されない。 (2) 調査通知を行った場合において、調査通知後に修正申告書が提出されたときは、当該調査通知に係る調査について、実地の調査が行われたかどうかにかかわらず、通則法第65条第5項の規定の適用はない。 (3) 調査通知後の修正申告書の提出が、次に掲げる場合には、調査通知がある前に行われたものとして取り扱う。 　イ　当該調査通知に係る調査について、通則法第74条の11第1項の通知をした後又は同条第2項の調査結果の説明に基づき納税義務者から修正申告書が提出された後若しくは通則法第29条第1項に規定する更正若しくは通則法第32条第5項に規定する賦課決定をした後に修正申告書が提出された場合 　ロ　当該修正申告書が、例えば、所得税及び復興特別所得税について更正の請求書に基づく減額更正が行われたことに伴い提出された場合。 　　ただし、当該修正申告書に当該減額更正に係る部分以外の部分が含まれる場合には、当該減額更正に係る部分以外の部分は、調査通知がある前に行われたものとして取り扱わないものとする。	（無申告加算税を課す場合の留意事項） 4　通則法第66条の規定による無申告加算税を課す場合には、次のことに留意する。 (1) 申告書が期限後に提出され、その期限後に提出されたことについて通則法第66条第1項ただし書に規定する正当な理由があると認められた場合又は同条第7項の規定が適用される場合において、当該申告について、更に修正申告書の提出があり、又は更正があったときは、当該修正申告又は更正により納付することとなる税額については、無申告加算税を課さないで通則法第65条の規定による過少申告加算税を課す。 (2) 通則法第66条第5項において準用する通則法第65条第4項第1号に定める正当な理由があると認められる事実は、第1の1に定めるような事実とする。 (3) 通則法第119条第4項の規定により無申告加算税又は重加算税の全額が切り捨てられた場合には、通則法第66条第4項に規定する「無申告加算税（……）又は重加算税（……）を課されたことがあるとき」に該当しない。

相続税・贈与税

— 599 —

参　考　資　料

過　少　申　告　加　算　税	無　申　告　加　算　税

相
続
税
・
贈
与
税

第3　過少申告加算税等の計算
（累積増差税額等に含まれない税額）
1　通則法第65条第3項第1号に規定する累積増差税額には、同条第5項の規定の適用が
　ある修正申告書の提出により納付すべき税額は含まれないものとし、通則法第66条第3
　項に規定する累積納付税額には、同条第6項の規定の適用がある期限後申告書又は修正
　申告書の提出により納付すべき税額は含まれないものとする。
　（注）　通則法第65条第5項の規定の適用がある修正申告書又は通則法第66条第6項の規定
　　　の適用がある期限後申告書若しくは修正申告書において、第1の3(3)の取扱いによっ
　　　て、調査通知がある前に行われたものとして取り扱われないものが含まれる場合は、
　　　これに対応する納付すべき税額は、それぞれ通則法第65条第3項第1号に規定する累積増
　　　差税額又は通則法第66条第3項に規定する累積納付税額に含まれることに留意する。

（過少申告加算税又は無申告加算税の計算の基礎となる税額）
2　過少申告加算税又は無申告加算税の計算の基礎となる税額は、通則法第65条、国税通
　則法施行令第27条又は通則法第66条の規定により、その基因となった更正、修正申告又
　は決定、期限後申告（以下「更正等」という。）があった後の税額から正当な理由がある
　と認められる事実（以下「正当事実」という。）のみに基づいて更正等があったものとし
　て計算した税額（A）を控除して計算するのであるが、この場合、次の点に留意する。
　(1)　相続税の場合
　　イ　上記Aを算出する上で基となる相続税の総額の基礎となる各人の課税価格の合計
　　　額は、その更正等のあった後の各人の課税価格の合計額からその者の正当事実に基
　　　づかない部分の価額（以下「過少対象価額」という。）を控除した金額を基に計算する。
　　ロ　各人の税額計算を行う上で、上記Aの基礎となるその者の課税価格は、その更正
　　　等のあった後のその者の課税価格から当該課税価格に係るその者の過少対象価額を
　　　控除した金額を基に計算する。
　　（注）1　過少対象価額の基となる財産に対応することが明らかな控除もれの債務（控除
　　　　　不足の債務を含む。）のがある場合には、当該財産の価額から当該債務の金額を控
　　　　　除した額が過少対象価額となる。
　　　　2　第1の3(3)ロただし書の取扱い（第2の3において準用する場合を含む。）を
　　　　　行う場合のその者の過少対象価額は、当該減額更正に係る部分の価額を控除した
　　　　　ものとなる。なお、通則法第66条第1項に規定する無申告加算税の計算の基礎と
　　　　　なる税額を計算する場合における当該減額更正に係る部分には、同条第6項の規
　　　　　定が適用される。
　(2)　贈与税の場合
　　　上記Aの基礎となる課税価格は、その更正等のあった後の課税価格から過少対象価
　　　額を控除した金額を基に計算する。
　　（注）　第1の3(3)ロただし書の取扱い（第2の3において準用する場合を含む。）を行
　　　　う場合の過少対象価額は、当該減額更正に係る部分の価額を控除したものとなる。
　　　　なお、通則法第66条第1項に規定する無申告加算税の計算の基礎となる税額を計算
　　　　する場合における当該減額更正に係る部分には、同条第6項の規定が適用される。

（重加算税について少額不徴収とする場合の過少対象価額の計算）
3　通則法第119条第4項の規定により重加算税を課さない場合には、その課さない部分に
　対応する課税価格は、過少対象価額に含まれないのであるから留意する。

過少申告加算税、無申告加算税、不納付加算税及び重加算税の取扱い

2　不納付加算税の取扱い

○平成12年７月３日付課法7-9ほか３課共同「源泉所得税及び復興特別所得税の不納付加算税の取扱いについて（事務運営指針）」（最終改正　平成29年11月28日付課法10-17ほか３課共同）

第１　不納付加算税の取扱い
（源泉所得税及び復興特別所得税を法定納期限までに納付しなかったことについて正当な理由があると認められる場合）
1　通則法第67条の規定の適用に当たり、例えば、源泉徴収義務者の責めに帰すべき事由のない次のような場合は、同条第１項ただし書きに規定する正当な理由があると認められる場合として取り扱う。
　(1)　税法の解釈に関し、給与等の支払後取扱いが公表されたため、その公表された取扱いと源泉徴収義務者の解釈とが異なることとなった場合において、その源泉徴収義務者の解釈について相当の理由があると認められるとき。
　　(注)　税法の不知若しくは誤解又は事実誤認に基づくものはこれに当たらない。
　(2)　給与所得者の扶養控除等申告書、給与所得者の配偶者控除等申告書又は給与所得者の保険料控除申告書等に基づいてした控除が過大であった等の場合において、これらの申告書に基づき控除したことにつき源泉徴収義務者の責めに帰すべき事由があると認められないとき。
　(3)　最寄りの収納機関が遠隔地であるため、源泉徴収義務者が収納機関以外の金融機関に税金の納付を委託した場合において、その委託が通常であれば法定納期限内に納付されるに足る時日の余裕をもってされているにもかかわらず、委託を受けた金融機関の事務処理誤り等により、収納機関への納付が法定納期限後となったことが、当該金融機関の証明書等により証明されたとき。
　(4)　災害、交通・通信の途絶その他法定納期限内に納付しなかったことについて真にやむを得ない事由があると認められるとき。

（納付が、告知があるべきことを予知してされたものである場合）
2　通則法第67条第２項の規定を適用する場合において、その源泉徴収義務者に対する臨場調査、その源泉徴収義務者の取引先に対する反面調査等、当該源泉徴収義務者が調査のあったことを了知したと認められる後に自主納付された場合の当該自主納付は、原則として、同項に規定する「告知があるべきことを予知してされたもの」に該当する。
　　(注)　次に掲げる場合は、原則として「告知があるべきことを予知してされたもの」には該当しない。
　　　1　臨場のための日時の連絡を行った段階で自主納付された場合
　　　2　納付確認（臨場によるものを除く。）を行った結果、自主納付された場合
　　　3　説明会等により一般的な説明を行った結果、自主納付された場合

（法定納期限の属する月の前月の末日から起算して１年前の日）
3　通則法施行令第27条の２第２項に規定する「法定納期限の属する月の前月の末日から起算して１年前の日」とは、当該「前月の末日」の１年前の応当日をいうのであるから、例えば、「前月の末日」が６月30日である場合には、「１年前の日」は前年の６月30日となる。

第２　不納付加算税の計算
（不納付加算税の計算の基礎となる税額の計算方法）
4　不納付加算税の計算の基礎となる税額は、所得の種類（給与所得、退職所得、報酬・料金等の所得、公的年金等所得、利子所得等、配当所得、非居住者等所得、定期積金の給付補填金等、上場株式等の譲渡所得等、償還差益等及び割引債の償還金等の区分による。）ごとに、かつ、法定納期限の異なるごとの税額によることに留意する。
　　(注)　通則法第119条第４項《国税の確定金額の端数計算等》の規定により加算税の金額が５千円未満であるときは、その全額を切り捨てることとされているが、この場合、加算税の金額が５千円未満であるかどうかは、所得の種類ごとに、かつ、法定納期限

— 601 —

参 考 資 料

の異なるごとに判定することに留意する。

（重加算税について少額不徴収に該当する場合の不納付加算税の計算）
5　通則法第119条第4項の規定により重加算税を徴収しない場合には、その徴収しない部分に対応する税額は、不納付加算税対象税額に含まれないのであるから留意する。

過少申告加算税、無申告加算税、不納付加算税及び重加算税の取扱い

3　重加算税の取扱い

○平成12年7月3日付課所4-15ほか3課共同「申告所得税及び復興特別所得税の重加算税の取扱い
について（事務運営指針）」（最終改正　平成28年12月12日課個2-40ほか3課共同）
○平成12年7月3日付課法2-8ほか3課共同「法人税の重加算税の取扱いについて（事務運営指針）」
（最終改正　平成28年12月12日課法2-16ほか3課共同）
○平成12年7月3日付課法7-8ほか3課共同「源泉所得税及び復興特別所得税の重加算税の取扱いに
ついて（事務運営指針）」（最終改正　平成29年11月28日課法10-18ほか3課共同）
○平成12年7月3日付課資2-263ほか2課共同「相続税及び贈与税の重加算税の取扱いについて（事
務運営指針）」（最終改正　平成28年12月12日課資2-16ほか2課共同）

申告所得税及び復興特別所得税	法　人　税
第1　賦課基準 （隠蔽又は仮装に該当する場合） 1　通則法第68条第1項又は第2項に規定する「国税の課税標準等又は税額等の計算の基礎となるべき事実の全部又は一部を隠蔽し、又は仮装し」とは、例えば、次に掲げるような事実（以下「不正事実」という。）がある場合をいう。 　なお、隠蔽又は仮装の行為については、特段の事情がない限り、納税者本人が当該行為を行っている場合だけでなく、配偶者又はその他の親族等が当該行為を行っている場合であっても納税者本人が当該行為を行っているものとして取り扱う。 (1)　いわゆる二重帳簿を作成していること。 (2)　(1)以外の場合で、次に掲げる事実（以下「帳簿書類の隠匿、虚偽記載等」という。）があること。 　①　帳簿、決算書類、契約書、請求書、領収書その他取引に関する書類（以下「帳簿書類」という。）を、破棄又は隠匿していること 　②　帳簿書類の改ざん、偽造、変造若しくは虚偽記載、相手方との通謀による虚偽若しくは架空の契約書、請求書、領収書その他取引に関する書類の作成又は帳簿書類の意図的な集計違算その他の方法により仮装を行っていること 　③　取引先に虚偽の帳簿書類を作成させる等していること (3)　事業の経営、売買、賃貸借、消費貸借、資産の譲渡又はその他の取引（以下「事業の経営又は取引等」という。）について、本人以外の名義又は架空名義で行っていること。 　ただし、次の①又は②の場合を除くものとする。 　①　配偶者、その他同居親族の名義により事業の経営又は取引等を行って	第1　賦課基準 （隠蔽又は仮装に該当する場合） 1　通則法第68条第1項又は第2項に規定する「国税の課税標準等又は税額等の計算の基礎となるべき事実の全部又は一部を隠蔽し、又は仮装し」とは、例えば、次に掲げるような事実（以下「不正事実」という。）がある場合をいう。 (1)　いわゆる二重帳簿を作成していること。 (2)　次に掲げる事実（以下「帳簿書類の隠匿、虚偽記載等」という。）があること。 　①　帳簿、原始記録、証ひょう書類、貸借対照表、損益計算書、勘定科目内訳明細書、棚卸表その他決算に関係のある書類（以下「帳簿書類」という。）を、破棄又は隠匿していること 　②　帳簿書類の改ざん（偽造及び変造を含む。以下同じ。）、帳簿書類への虚偽記載、相手方との通謀による虚偽の証ひょう書類の作成、帳簿書類の意図的な集計違算その他の方法により仮装の経理を行っていること 　③　帳簿書類の作成又は帳簿書類への記録をせず、売上げその他の収入（営業外の収入を含む。）の脱ろう又は棚卸資産の除外をしていること (3)　特定の損金算入又は税額控除の要件とされる証明書その他の書類を改ざんし、又は虚偽の申請に基づき当該書類の交付を受けていること。 (4)　簿外資産（確定した決算の基礎となった帳簿の資産勘定に計上されていない資産をいう。）に係る利息収入、賃貸料収入等の果実を計上していないこと。 (5)　簿外資金（確定した決算の基礎となった帳簿に計上していない収入金又は当該帳簿に費用を過大若しくは架空に計上することにより当該帳簿から除外

— 603 —

申告所得税及び復興特別所得税	法　人　税

いるが、当該名義人が実際の住所地等において申告等をしているなど、税のほ脱を目的としていないことをが明らかな場合
　②　本人以外の名義（配偶者、その他同居親族の名義を除く。）で事業の経営又は取引等を行っていることについて正当な事由がある場合
(4)　所得の源泉となる資産（株式、不動産等）を本人以外の名義又は架空名義により所有していること。
　　ただし、(3)の①又は②の場合を除くものとする。
(5)　秘匿した売上代金等をもって本人以外の名義又は架空名義の預貯金その他の資産を取得していること。
(6)　居住用財産の買換えその他各種の課税の特例の適用を受けるため、所得控除若しくは税額控除を過大にするため、又は変動・臨時所得の調整課税の利益を受けるため、虚偽の証明書その他の書類を自ら作成し、又は他人をして作成させていること。
(7)　源泉徴収票、支払調書等（以下「源泉徴収票等」という。）の記載事項を改ざんし、若しくは架空の源泉徴収票等を作成し、又は他人をして源泉徴収票等に虚偽の記載をさせ、若しくは源泉徴収票等を提出させていないこと。
(8)　調査等の際の具体的事実についての質問に対し、虚偽の答弁等を行い、又は相手先をして虚偽の答弁等を行わせていること及びその他の事実関係を総合的に判断して、申告時における隠蔽又は仮装が合理的に推認できること。

（帳簿書類の隠匿、虚偽記載等に該当しない場合）
2　次に掲げる場合で、当該行為が、相手方との通謀による虚偽若しくは架空の契約書等の作成等又は帳簿書類の破棄、隠匿、改ざん、偽造、変造等によるもの等でないときは、帳簿書類の隠匿、虚偽記載等に該当しない。
(1)　収入金額を過少に計上している場合において、当該過少に計上した部分の収入金額を、翌年分に繰り越して計上していること。
(2)　売上げに計上すべき収入金額を、仮受金、前受金等で経理している場合において、当該収入金額を翌年分の収入金額に計上していること。
(3)　翌年分以後の必要経費に算入すべき

した資金をいう。）をもって役員賞与その他の費用を支出していること。
(6)　同族会社であるにもかかわらず、その判定の基礎となる株主等の所有株式等を架空の者又は単なる名義人に分割する等により非同族会社としていること。

（使途不明金及び使途秘匿金の取扱い）
2　使途不明の支出金に係る否認金につき、次のいずれかの事実がある場合には、当該事実は、不正事実に該当することに留意する。
　　なお、当該事実により使途秘匿金課税を行う場合の当該使途秘匿金に係る税額に対しても重加算税を課すことに留意する。
(1)　帳簿書類の破棄、隠匿、改ざん等があること。
(2)　取引の慣行、取引の形態等から勘案して通常その支出金の属する勘定科目として計上すべき勘定科目に計上されていないこと。

（帳簿書類の秘匿、虚偽記載等に該当しない場合）
3　次に掲げる場合で、当該行為が相手方との通謀又は証ひょう書類等の破棄、隠匿若しくは改ざんによるもの等でないときは、帳簿書類の隠匿、虚偽記載等に該当しない。
(1)　売上げ等の収入の計上を繰り延べている場合において、その売上げ等の収入が翌事業年度（その事業年度が連結事業年度に該当する場合には、翌連結事業年度。(2)において同じ。）の収益に計上されていることが確認されたとき。
(2)　経費（原価に算入される費用を含む。）の繰上計上をしている場合において、その経費がその翌事業年度に支出されたことが確認されたとき。

— 604 —

申告所得税及び復興特別所得税	法　人　税
費用を当年分の必要経費として経理している場合において、当該費用が翌年分以後の必要経費に算入されていないこと。	⑶　棚卸資産の評価換えにより過少評価をしている場合。 ⑷　確定した決算の基礎となった帳簿に、交際費等又は寄附金のように損金算入について制限のある費用を単に他の費用科目に計上している場合。 （不正に繰戻し還付を受けた場合の取扱い） 4　法人が法人税法第80条又は第144条の13の規定により欠損金額につき繰戻し還付を受けた場合において、当該欠損金額の計算の基礎となった事実のうちに不正事実に該当するものがあるときは、重加算税を課すことになる。 （隠蔽仮装に基づく欠損金額の繰越しに係る重加算税の課税年度） 5　前事業年度以前の事業年度において、不正事実に基づき欠損金額を過大に申告し、その過大な欠損金額を基礎として欠損金額の繰越控除をしていた場合において、その繰越控除額を否認したときは、その繰越控除をした事業年度について重加算税を課すことになる。 　なお、欠損金額の生じた事業年度は正しい申告であったが、繰越欠損金額を控除した事業年度に不正事実に基づく過少な申告があり、その後の事業年度に繰り越す欠損金額が過大となっている場合に、当該その後の事業年度において過大な繰越欠損金額を基礎として繰越控除をしているときも同様とする。 ㊟　繰越控除をした欠損金額のうちに法人税法第57条第6項の規定により欠損金額とみなされた連結欠損金個別帰属額がある場合において、その欠損金額とみなされた金額が不正事実に基づき過大に繰り越されているときについては、本文の取扱いを準用する。 （隠蔽仮装に基づく最後事業年度の欠損金相当額の損金算入に係る重加算税の課税年度） 6　法人税法施行令第112条第20項の規定を適用するに当たり、同項に規定する被合併法人となる連結法人又は残余財産が確定した連結法人がそれぞれ同項に規定する合併の日の前日又は残余財産の確定の日の属する事業年度において欠損金額を不正事実に基づき過大に申告し、その過大な欠損金額を同項に規定する連結子法人である内国法人の最後事業年度の損金の額に算入していた場合において、そ

申告所得税及び復興特別所得税	法　人　税

（右列上部）
の損金算入額を否認したときは、その損金算入をした最後事業年度（所得金額が生じるものに限る。）について重加算税を課することになる。

（左列）

第2　重加算税を課す場合の留意事項
（通則法第68条第4項の規定の適用に当っての留意事項）
　通則法第68条第4項の規定の適用に当っては、次の点に留意する。
(1)　通則法第119条第4項の規定により無申告加算税又は重加算税の全額が切り捨てられた場合には、通則法第68条第4項に規定する「無申告加算税等を課され、又は徴収されたことがあるとき」に該当しない。
(2)　源泉徴収に係る所得税及び復興特別所得税とこれ以外の所得税及び復興特別所得税は同一税目として取り扱わない。

第3　重加算税の計算
（重加対象税額の計算の基本原則）
1　重加算税の計算の基礎となる税額は、通則法第68条及び国税通則法施行令第28条の規定により、その基因となった更正、決定、修正申告又は期限後申告（以下「更正等」という。）があった後の所得税及び復興特別所得税の額から隠蔽又は仮装されていない事実のみに基づいて計算した所得税及び復興特別所得税の額を控除して計算するのであるが、この場合、その隠蔽又は仮装されていない事実のみに基づいて計算した所得税及び復興特別所得税の額の基礎となる所得金額は、その更正等のあった後の所得金額か

（右列）

第2　重加算税の取扱い
（通則法第68条第4項の規定の適用に当っての留意事項）
1　通則法第68条第4項の規定の適用に当っては、次の点に留意する。
(1)　通則法第119条第4項の規定により無申告加算税又は重加算税の全額が切り捨てられた場合には、通則法第68条第4項に規定する「無申告加算税等を課され、又は徴収されたことがあるとき」に該当しない。
(2)　通則法第68条第4項の規定の適用上、被合併法人の各事業年度の法人税について課された同項に規定する無申告加算税等（以下(2)において「無申告加算税等」という。）は、合併法人の行為に基因すると認められる場合に限り、当該合併法人について無申告加算税が課されたことがあるものとして取り扱う。
　　　また、連結納税の承認を取り消され又は連結納税の適用の取りやめの承認を受ける前の各連結事業年度の法人税について無申告加算税等を課されていた場合には、連結親法人であった法人について無申告加算税等を課されたことがあるものとして取り扱う。
(注)　無申告加算税等を課された一の法人について、その後分割が行われた場合には、分割承継法人について無申告加算税等を課されたことがあるときには該当しない。

第3　重加算税の計算
（重加対象税額の計算の基本原則）
1　重加算税の計算の基礎となる税額は、通則法第68条及び国税通則法施行令第28条の規定により、その基因となった更正、決定、修正申告又は期限後申告（以下「更正等」という。）があった後の税額から隠ぺい又は仮装をされていない事実だけに基づいて計算した税額を控除して計算するのであるが、この場合、その隠ぺい又は仮装をされていない事実だけに基づいて計算した税額の基礎となる所得金額は、その更正等のあった後の所得金額から不正事実に基づく所得金額（以下「重加対象所得」という。）を控除し

過少申告加算税、無申告加算税、不納付加算税及び重加算税の取扱い

申告所得税及び復興特別所得税	法　人　税
ら不正事実に基づく所得金額（以下「重加対象所得」という。）を控除した金額を基に計算する。 （重加対象所得の計算） 2　第3の1の場合において、重加対象所得の計算については、次による。 （1）必要経費として新たに認容する経費のうちに、不正事実に基づく収入金額を得るのに必要な経費と認められるものがある場合には、当該経費を不正事実に基づく収入金額から控除する。 　　ただし、簿外の収入から簿外の必要経費を支出している場合において、簿外の収入に不正事実に基づく部分の金額とその他の部分の金額とがある場合には、当該簿外の必要経費は、まず、不正事実に基づく部分の金額から控除し、控除しきれない場合に限り、当該控除しきれない必要経費の金額を当該その他の部分の金額から控除する。 （2）過大に繰越控除をした純損失の金額又は雑損失の金額のうちに、不正事実に基づく過大控除部分とその他の部分とがあり、当該損失の金額の全部又は一部が否認された場合における重加対象所得の計算に当たっては、まず、不正事実以外の事実に基づく損失の金額のみが否認されたものとして計算することに留意する。 　　すなわち、不正事実に基づく過大の純損失又は雑損失から順次繰越控除していたものとすることに留意する。 　　なお、純損失の金額又は雑損失の金額は正当であっても、その損失を生じた年分の翌年分以後の年分において、不正事実に基づき所得金額を過少にすることにより、当該所得金額を過少にした年分の翌年分以後の年分に繰越控除した損失の金額を否認した場合には、不正事実に基づく純損失又は雑損失を繰り越していたものとみなして重加対象所得の計算を行うこととする。	た金額を基に計算する。 （重加対象所得の計算） 2　第3の1の場合において、重加対象所得の計算については、次による。 （1）不正事実に基づく費用の支出等を認容する場合には、当該支出等が不正事実に基づく益金等の額（益金の額又は損金不算入額として所得金額に加算するものをいう。以下同じ。）との間に関連性を有するものであるときに限り、当該支出等の金額は不正事実に基づく益金等の額の減算項目とする。 （2）交際費等又は寄附金のうちに不正事実に基づく支出金から成るものとその他の支出金から成るものとがあり、かつ、その交際費等又は寄附金のうちに損金不算入額がある場合において、当該損金不算入額のうち重加算額の対象となる金額は、その損金不算入額から不正事実に基づく支出がないものとして計算した場合に計算される損金不算入額を控除した金額とする。 （3）過大に繰越控除をした欠損金額のうちに、不正事実に基づく過大控除部分と不正事実以外の事実に基づく過大控除部分とがある場合には、過大に繰越控除をした欠損金額は、まず不正事実に基づく過大控除部分の欠損金額から成るものとする。 （不正に繰戻し還付を受けた場合の重加対象税額の計算） 3　第1の4に該当する場合において、当該欠損金額のうちに不正事実に基づく部分と不正事実以外の事実に基づく部分とがあるときは、重加算税の計算の基礎となる税額は、次の算式により計算した金額による。

— 607 —

申告所得税及び復興特別所得税	法　人　税

法人税

$$\text{法人税法第80条又は第144条の13の規定により還付した金額} \times \frac{\text{不正事実に基づく欠損金額}}{\text{繰戻しをした欠損金額}}$$

（重加算税を課す留保金額の計算等）

4　特定同族会社が重加対象所得から留保した部分の金額（以下「留保金額」という。）に対して課される法人税法第67条第1項《特定同族会社の特別税率》の規定による法人税額については、重加算税を課すことになる。この場合、その課税の対象となる留保金額は、更正等の後の留保金額から重加算税を課さない部分の留保金額を控除して計算するものとし、その重加算税を課さない部分の留保金額の計算については、その計算上控除すべき同法第67条第3項の法人税額及び地方法人税額並びに道府県民税及び市町村民税の額は、それぞれ次に掲げる金額による。

(1)　法人税額　その不正事実以外の事実に基づく所得金額について計算した金額

(2)　地方法人税額　その不正事実以外の事実に基づく所得金額を基礎として計算した金額

(3)　都道府県民税及び市町村民税の額　その不正事実以外の事実に基づく所得金額を基礎として計算した金額

過少申告加算税、無申告加算税、不納付加算税及び重加算税の取扱い

源泉所得税及び復興特別所得税	相 続 税 ・ 贈 与 税

第1　徴収基準

（隠蔽又は仮装に該当する場合）

1　通則法第68条第3項に規定する「事実の全部又は一部を隠蔽し、又は仮装し」とは、例えば、次に掲げるような事実（以下「不正事実」という。）がある場合をいう。

(1)　いわゆる二重帳簿を作成していること。

(2)　帳簿書類を破棄又は隠匿していること。

(3)　帳簿書類の改ざん（偽造及び変造を含む。）、帳簿書類への虚偽記載、相手方との通謀による虚偽の証ひょう書類の作成、帳簿書類の意図的な集計違算その他の方法により仮装の経理を行っていること。

(4)　帳簿書類の作成又は帳簿書類への記録をせず、源泉徴収の対象となる支払事実の全部又は一部を隠蔽していること。

（帳簿書類の範囲）

2　「1」の帳簿書類とは、源泉所得税及び復興特別所得税の徴収又は納付に関する一切のものをいうのであるから、会計帳簿、原始記録、証ひょう書類その他会計に関する帳簿書類のほか、次に掲げるような帳簿書類を含むことに留意する。

(1)　給与所得及び退職所得に対する源泉徴収簿その他源泉所得税及び復興特別所得税の徴収に関する備付帳簿

(2)　株主総会・取締役会等の議事録、報酬・料金に係る契約書、給与等の支給規則、出勤簿、出張・超過勤務・宿日直等の命令簿又は事績簿、社会保険事務所、労働基準監督署又は地方公共団体等の官公署に対する申請又は届出等に関する書類その他の帳簿書類のうち、源泉所得税及び復興特別所得税の税額計算の基礎資料となるもの

(3)　支払調書、源泉徴収票、給与支払事務所等の開設届出書、給与所得又は退職所得の支払明細書その他源泉徴収義務者が法令の規定に基づいて作成し、かつ、交付し又は提出する書類

(4)　給与所得者の扶養控除等申告書、給与所得者の配偶者控除等申告書、給与所得者の保険料控除申告書、退職所得の受給に関する申告書、非課税貯蓄申告書、非課税貯蓄申込書、配当所得

第1　賦課基準

通則法第68条第1項又は第2項に規定する「納税者がその国税の課税標準等又は税額等の計算の基礎となるべき事実の全部又は一部を隠蔽し、又は仮装し」とは、例えば、次に掲げるような事実（以下「不正事実」という。）がある場合をいう。

1　相続税関係

(1)　相続人（受遺者を含む。）又は相続人から遺産（債務及び葬式費用を含む。）の調査、申告等を任せられた者（以下「相続人等」という。）が、帳簿、決算書類、契約書、請求書、領収書その他財産に関する書類（以下「帳簿書類」という。）について改ざん、偽造、変造、虚偽の表示、破棄又は隠匿をしていること。

(2)　相続人等が、課税財産を隠匿し、架空の債務をつくり、又は事実をねつ造して課税財産の価額を圧縮していること。

(3)　相続人等が、取引先その他の関係者と通謀してそれらの者の帳簿書類について改ざん、偽造、変造、虚偽の表示、破棄又は隠匿を行わせていること。

(4)　相続人等が、自ら虚偽の答弁を行い又は取引先その他の関係者をして虚偽の答弁を行わせていること及びその他の事実関係を総合的に判断して、相続人等が課税財産の存在を知りながらそれを申告していないことなどが合理的に推認し得ること。

(5)　相続人等が、その取得した課税財産について、例えば、被相続人の名義以外の名義、架空名義、無記名等であったこと若しくは遠隔地にあったこと又は架空の債務がつくられてあったこと等を認識し、その状態を利用して、これを課税財産として申告していないこと又は債務として申告していること。

2　贈与税関係

(1)　受贈者又は受贈者から受贈財産（受贈財産に係る債務を含む。）の調査、申告等を任せられた者（以下「受贈者等」という。）が、帳簿書類について改ざん、偽造、変造、虚偽の表示、破棄又は隠匿をしていること。

(2)　受贈者等が、課税財産を隠匿し、又は事実をねつ造して課税財産の価額を圧縮していること。

— 609 —

源泉所得税及び復興特別所得税	相続税・贈与税

の源泉分離課税の選択申告書、年末調整による過納額還付請求書、租税条約に関する届出書その他源泉所得税及び復興特別所得税を徴収される者が法令の規定に基づいて提出し又は提示する書類

（源泉徴収義務者が直接不正に関与していない場合の取扱い）

3 不正事実は、源泉徴収義務者に係るものに限られるのであるから、例えば、源泉所得税及び復興特別所得税を徴収される者に係る不正の事実で、源泉徴収義務者が直接関与していないものは、不正事実に該当しないことに留意する。

（認定賞与等に対する重加算税の取扱い）

4 源泉所得税及び復興特別所得税が法定納期限までに完納されなかったことが不正事実に基づいている限り、重加算税の対象となる。

　ただし、法人税について重加算税が賦課される場合において、法人税の所得金額の計算上損金の額に算入されない役員又は使用人の賞与、報酬、給与若しくは退職給与と認められるもの又は配当等として支出したと認められるもの（以下「認定賞与等」という。）の金額が当該重加算税の計算の基礎とされているときは、原則として、当該基礎とされている認定賞与等の金額のうち、当該重加算税の対象とされる所得の金額に達するまでの認定賞与等の金額については、源泉所得税及び復興特別所得税の重加算税の対象として取り扱わない。

(注) 当該認定賞与等の金額のうち、法人税の重加算税の対象とされる所得の金額に達するまでの金額は、事業年度首から順に成っているものとして取り扱う。

第2　重加算税を課す場合の留意事項
（通則法第68条第4項の規定の適用に当たっての留意事項）

5 通則法第68条第4項の規定の適用に当たっては、次の点に留意する。
　(1) 通則法第119条第4項の規定により重加算税の全額が切り捨てられた場合には、通則法第68条第4項に規定する「無申告加算税等を課され、又は徴収されたことがあるとき」に該当しない。

---

　(3) 受贈者等が、課税財産の取得について架空の債務をつくり、又は虚偽若しくは架空の契約書を作成していること。
　(4) 受贈者等が、贈与者、取引先その他の関係者と通謀してそれらの者の帳簿書類について改ざん、偽造、変造、虚偽の表示、破棄又は隠匿を行わせていること。
　(5) 受贈者等が、自ら虚偽の答弁を行い又は贈与者、取引先その他の関係者をして虚偽の答弁を行わせていること及びその他の事実関係を総合的に判断して、受贈者等が課税財産の存在を知りながらそれを申告していないことなどが合理的に推認し得ること。
　(6) 受贈者等が、その取得した課税財産について、例えば、贈与者の名義以外の名義、架空名義、無記名等であったこと又は遠隔地にあったこと等の状態を利用して、これを課税財産として申告していないこと。

第2　重加算税を課す場合の留意事項
（通則法第68条第4項の規定の適用に当たっての留意事項）

　通則法第68条第4項の規定の適用に当たっては、通則法第119条第4項の規定により無申告加算税又は重加算税の全額が切り捨てられた場合には、通則法第68条第4項に規定する「無申告加算税等を課され、又は徴収されたことがあるとき」に該当しないことに留意する。

過少申告加算税、無申告加算税、不納付加算税及び重加算税の取扱い

源泉所得税及び復興特別所得税	相 続 税・贈 与 税
(2) 源泉徴収に係る所得税及び復興特別所得税とそれ以外の所得税及び復興特別所得税は同一税目として取り扱わない。 **第3 重加算税の計算** （重加算税額算出の基礎となるべき源泉所得税及び復興特別所得税の税額の計算） 6 源泉所得税及び復興特別所得税が納付漏れとなった給与等又は退職手当等の金額のうちに、不正事実に係るものとその他のものとがある場合には、重加算税の基礎となる税額は、当該不正事実に係るものをその他のものに上積みして計算した場合の当該不正事実に係るものに対応する増差税額によることに留意する。	**第3 重加算税の計算** 　重加算税の計算の基礎となる税額は、通則法第68条及び国税通則法施行令第28条の規定により、その基因となった更正、決定、修正申告又は期限後申告（以下「更正等」という。）があった後の税額から隠蔽又は仮装されていない事実のみに基づいて計算した税額（A）を控除して計算するのであるが、この場合、次の点に留意する。 (1) 相続税の場合 　イ　上記Aを算出する上で基となる相続税の総額の基礎となる各人の課税価格の合計額は、その更正等のあった後の各人の課税価格の合計額からその者の不正事実に基づく部分の価額（以下「重加対象価額」という。）を控除した金額を基に計算する。 　ロ　各人の税額計算を行う上で、上記Aの基礎となるその者の課税価格は、その更正等のあった後のその者の課税価格から当該課税価格に係るその者の重加対象価額を控除した金額を基に計算する。 　　(注)　重加対象価額の基となる財産に対応することが明らかな控除もれの債務（控除不足の債務を含む。）がある場合には、当該財産の価額から当該債務の金額を控除した額が重加対象価額となる。 (2) 贈与税の場合 　上記Aの基礎となる課税価格は、その更正等のあった後の課税価格から重加対象価額を控除した金額を基に計算する。

索　引

い

意見公募手続(パブリック・コメント) ····397
意見書····449
移転価格税制に係る納税の猶予 ····214
一部納付の場合の代位 ····170
偽りその他不正の行為 ····352
違法性の承継 ····162
一般の休日 ····54
印紙不消印過怠税 ····330
印紙による納付 ····134
印紙不貼付過怠税 ····330
隠蔽、仮装 ····327
インターネット・バンキング ····143

え

閲覧等請求 ····459
延期されない期限 ····54
延期される期限 ····53
延滞税 ····265
延滞税の計算 ····271
延滞税の免除 ····278
延滞税の免除金額の特例 ····288
延滞税の割合 ····266
延滞税の割合の特例 ····287
延納 ····188

お

応当日 ····52

か

確定金額の端数計算等 ····483
確定後の税額変更の効力 ····110
確定申告書（所得税） ····76
過誤納金 ····246
過誤納金還付請求訴訟 ····474

加算税 ····295
過少申告加算税 ····300
過少申告加算税の加重 ····301
課税標準 ····63
課税標準申告書 ····116
課税要件 ····62
過納金 ····246
過怠税 ····330
換価の猶予 ····191
間接国税 ····501、514
還付加算金 ····256
還付加算金の割合の特例 ····261
還付金 ····245
還付金等の消滅時効 ····353
還付請求権者 ····247

き

期間制限 ····333、337
期間 ····50
議決 ····465
棄却 ····426、468
期限 ····53
期限後申告 ····72
期限の延長 ····57
期限内申告 ····71
起算日 ····50
義務付けの訴え ····473
却下 ····426、445
救済手段の教示 ····427
強制換価手続 ····156
強制調査 ····502
供託 ····485
教示 ····426
行政指導 ····360、403
行政訴訟 ····470
行政争訟制度 ····405

— 612 —

索　　　引

行政手続法との関係	395	更正の請求	84
行政手続法の適用除外	398	更正の請求書	97
共同相続人の承継	20	交付送達	35
金銭による納付	133	交付送達の記録	38
記録命令付差押え	504	国外財産調書制度と加算税	303、315

く

繰上差押え	160	国税審議会の議決に基づく裁決	467
繰上請求	156	国税庁、国税局	12
繰上保全差押え	158	国税庁長官に対する審査請求	414
クレジットカード納付	145	国税庁長官の処分	415

け

軽減対象期間	288	国税庁長官への通知	465
		国税通則法上の当事者	12
		国税通則法と他の税法等との関係	8
		国税通則法の内容	4
決定	102	国税通則法の目的	2
決定又は裁決	418	国税の還付	245
減額更正	99、183	国税の担保	222
減額更正などの効力	111	国税の調査	355
原告適格	477	国税の徴収	149
原処分庁	433	国税の納付	121
源泉徴収義務者	16	国税の優先権	164
原則的交付送達	36	国税犯則調査	501
検察官への告発	501	国税不服審判所長	409、433

こ

個人の事業用資産についての納税猶予 191

合意によるみなす審査請求	433	誤納金	246
合議	460	コンビニ納付	144
口頭意見陳述	423、450		

さ

口頭弁論	476	再委託	242
後発的事由に基づく更正の請求	86	災害等に基づく納税の猶予	195
抗告訴訟	471	災害等による期限の延長	57
口座管理機関の加入者情報の管理	393	裁決	467
口座振替（振替納税）	137	裁決書	467
口座振替依頼書	137	裁決の拘束力	468
公示送達	39	裁決の取消しの訴え	472
公示送達書	41	債権者代位権	173
更正	99	再更正	103
更正・決定の所轄庁	108	財産債務調書制度と加算税	303
更正通知書の理由付記	107	財産による納付（物納）	135

— 613 —

索　　　　引

再調査 …………………………388
再調査審理庁………………………421
再調査決定………………………425
再調査の請求 ……………………420
再調査の請求書の補正……………421
財産収支状況書 …………………217
財産目録…………………………220
再調査決定書……………………425
再調査の請求書……………………420
再調査の請求と審査請求の選択………414
裁判管轄 …………………………478
詐害行為取消権 …………………173
差置送達 …………………………37
差止めの訴え……………………473
参加人……………………………449

し

事業者への協力要請 ……………392
時効の起算日………………………345
時効の絶対的効力 ……………345、354
時効の完成猶予及び更新…………346
時効の不進行 ……………………348
事前通知 …………………………363
事前通知の対象者 ………………364
事前通知の内容 …………………367
事前通知を要しない場合 …………368
実地の調査 ………………………362
質問検査 …………………………371
質問検査権の規定………………356
質問検査等を行う「当該職員」………373
自動確定の国税……………………67
自動確定方式の国税の納付 ………124
司法救済 …………………………405
私法秩序の尊重…………………165
重加算税 …………………………323
重加算税と刑罰 …………………329
収支の明細書 ……………………218
修正申告等の勧奨………………386
出訴期間 …………………………478

修正申告 …………………………72
修正申告書 ………………………78
充当 …………………………182、253
充当適状 …………………………254
収納機関 …………………………136
守秘義務違反……………………496
消滅時効 ………………………334、344
所轄庁……………………………79
初日算入 …………………………51
初日不算入 ………………………50
除斥期間 ………………………334、337
証拠………………………………454
証拠書類等の閲覧………………459
書類の提出 ………………………43
書類の送達 ………………………32
処分 …………………………410、411
処分等の求め……………………397
処分についての不服申立て ………409
処分の取消しの訴え ……………472
処分の理由附記…………………401
自力執行権………………………165
人格のない社団等 ………………18
進行状況予定表…………………459
申告納税方式……………………69
申告納税方式による国税の納付 ………123
申告納税方式による確定 ………66
審査請求 …………………………433
審査請求書 ……………………436、439
審査請求書の補正………………444
申請による換価の猶予 …………191
審理関係人………………………451
審理手続の計画的遂行…………458
審理手続の計画的進行…………446
審理手続の終結…………………463
信書便による送達………………34
新納税地主義 …………………80、176

せ

正当な理由 ……………………308、317

— 614 —

索　　　引

税務行政組織 ……………………12
税務代理人への通知 …………387
税務調査終了の際の手続 ……357、383
税務調査手続 ……………………355
税務調査の事前通知 …………363
成立の時期 ……………………64

そ

増額更正 …………………………99
増額更正などの効力 …………110
捜索証明書 ……………………512
相続人に対する書類の送達の特例 …42
送達の方法 ………………………34
訴訟 ……………………………470
訴状 ……………………………476

た

対象者指定 ……………………57
第三者納付 ……………………168
ダイレクト納付 ………………143
第二次納税義務者 ……………16
滞納処分 ………………………161
滞納処分の停止 ………………184
脱税煽動 ………………………495
滞納処分の引継ぎ ……………181
脱税の場合等の時効の不進行 …351
担保 ……………………………222
担保提供書 ……………………229
担保の解除 ……………………228
担保の価額 ……………………224
担保の種類 ……………………222
担保の処分手続 ………………233
担保の提供手続 ………………225
担保の変更 ……………………227
担当審判官の指定 ……………447

ち

地域指定 ………………………57
調査 ……………………………358

調査結果の内容の説明 ………384
調査終了の手続に係る書面の交付 ……388
調査手続運営指針 ……………376
調査手続通達 …………………358
調査に該当しない行為 ………360
調査の再開 ……………………386
徴収 ……………………………149
徴収権 …………………………333
徴収権の消滅時効 ……………184、344
徴収の繰上げ …………………156
徴収の所轄庁 …………………176
徴収の引継ぎ …………………177
徴収の猶予 ……………………96、192

つ

通告処分 ………………………501、516
通常の納税の猶予 ……………202
通信日付印 ……………………45

て

出会送達 ………………………37
提出物件の留置き ……………379
抵当権設定登記承諾書 ………230
電子申告の義務化 ……………83
電子納税証明書 ………………491
電子納付 ………………………143
電磁的記録 ……………………504

と

当初申告要件の廃止 …………91
当事者訴訟 ……………………471
到達主義 ………………………45、48
到達主義の例外（郵便物の通信日付）……45
答弁書 …………………………449
督促 ……………………………153
特定修正申告書、特定更正 …275
特例基準割合 …………………264
特例基準割合適用年 …………287
留置き …………………………380

— 615 —

索　引

留置きに係る書面の交付手続 …………380
取消訴訟 ……………………………471

に

任意調査 ……………………………502

の

納期限 ………………………………121
納期限の延長 ………………………186
納税管理人 …………………………479
納税義務者 …………………………14
納税義務の消滅 ……………………182
納税義務の成立 ……………………61
納税者等 ……………………………14
納税者の保護 ………………………166
納税証明 ……………………………486
納税証明書 …………………………489
納税証明書交付請求書 ……………492
納税証明書の手数料 ………………489
納税申告 ……………………………70
納税申告書の提出 …………………79
納税地 ………………………………79
納税地の異動 ………………………80
納税の告知 …………………………149
納税の緩和制度 ……………………185
納税の猶予 ……………………190、195
納税の猶予期間延長申請書 ………221
納税の猶予申請書 …………………215
納税の猶予の取消し ………………212
納税保証書 …………………………231
納税猶予 ……………………………190
納付 ……………………………121、182
納付委託 ……………………………239
納付義務の承継 ……………………18
納付催告書 …………………………234
納付すべき税額の確定 ……………66
納付書 ………………………………123
納付書送付依頼書 …………………141
納付責任額 …………………………21

納付通知書 …………………………234
納付による代位 ……………………169
納付の手段 …………………………133
納付の手続 …………………………133
納付の場所（収納機関） …………136
納付の方法 …………………………137

は

発信主義 ……………………………48
発送簿 ………………………………35
発問権 ………………………………451
罰則 …………………………………495
端数計算等 …………………………482
パブリック・コメント ……………397
番号 …………………………………44
犯則事件の調査及び処分 …………501
犯則嫌疑者 …………………………501
反論書 ………………………………449

ひ

被告適格 ……………………………477
非上場株式等についての納税猶予 ……191
標準審理期間 ………………………418

ふ

賦課課税方式 ………………………114
賦課課税方式による国税の納付 …………124
賦課決定 ……………………………115
賦課決定の所轄庁 …………………118
賦課権 ………………………………333
賦課権の除斥期間 ……………334、336
賦課処分と滞納処分 ………………162
不作為の違法確認の訴え …………473
不作為についての審査請求 ………412
附帯税 ………………………………263
物件の提示又は提出 ………………377
物納 …………………………………135
不納付加算税 ………………………320
不服審査 ……………………………405

— 616 —

索　　　引

不服申立て ································409
不服申立期間 ····························415
不服申立先 ······························415
不服申立てができる者 ··············413
不服申立前置（不服申立前置主義）
··406
不服申立ての利益 ····················412
振替機関の加入者情報の管理 ·····393
振替納税 ································137

へ

弁明の聴取 ······························212

ほ

法定申告期限 ···················70、126
法定納期限 ·················121、128
補佐人 ··································452
補佐人の帯同 ····························424
補充送達 ································36
保証人 ··································223
保証人からの徴収 ····················234
補正 ···························422、444
補正要求 ·······················422、444
保全差押え ······························160

ま

マイナンバー ····························44
満了点 ··································52

み

みなし納期限納付 ····················140
みなし審査請求 ·······················433
民事訴訟 ································470

む

無効等確認の訴え ····················472

無申告加算税 ····························313

め

免除 ····································183

ゆ

有価証券による納付 ·················134
郵送による申告 ·······················82
郵便局窓口送金払 ····················252
郵便による送達 ·······················34
猶予期間の延長 ·······················206
猶予不許可事由 ·······················207

よ

予測可能性の原則 ····················486
預貯金口座振込払 ····················252
預貯金者等情報の管理 ··············392
予納 ····································171

り

利子税 ··································283
利子税の免除 ····························285
利子税の割合の特例 ·················289
理由附記 ································401
両罰規定 ································498
領置 ····································503
臨検 ····································508

る

累積増差税額 ····························301
累積納付税額 ····························314

れ

連帯納付義務 ····························24
連帯納付責任 ···················24、27

— 617 —

(著者略歴)

黒坂 昭一（くろさか しょういち）
国税庁徴収部管理課課長補佐、東京国税不服審判所副審判官、杉並税務署副署長、税務大学校研究部教授、東京国税局徴収部特別整理部門統括国税徴収官、同徴収部納税管理官、同徴収部国税訟務官室主任国税訟務官等を経て、平成26年7月東村山税務署長を最後に退官。同年8月税理士登録。千葉商科大学大学院客員教授。

佐藤 謙一（さとう けんいち）
東京国税局課税第一部審理課課長補佐、税務大学校研究部教授、東京国税局課税第一部国税訟務官室主任国税訟務官等を経て、平成27年7月鎌倉税務署長を最後に退官。同年9月税理士登録。同28年4月から國學院大学特任教授、聖学院大学大学院講師。

三木 信博（みき のぶひろ）
国税庁徴収部徴収課、東京国税局徴収課課長補佐、税務大学校専門教育部教授、国税不服審判所審判官、東京国税局特別整理総括第二課長、大和税務署長、東京国税局徴収課長、東京国税局徴収部次長、渋谷税務署長等を経て、令和元年7月退官。同年8月税理士登録。

(執筆協力)

高橋 保行（たかはし やすゆき）
保土ケ谷税務署特別国税調査官、荒川税務署副署長、東京国税局調査第一部特別国税調査官、同調査第二部統括国税調査官等を経て、平成29年7月江東東税務署長を最後に退官。同年8月税理士登録。

令和2年版
図 解 国 税 通 則 法

令和2年9月16日　初版印刷
令和2年10月8日　初版発行

不 許
複 製

	編著者	黒　坂　昭　一
		佐　藤　謙　一
		（一財）大蔵財務協会 理事長
	発行者	木　村　幸　俊

発行所　一般財団法人 大 蔵 財 務 協 会
〔郵便番号　130-8585〕
東 京 都 墨 田 区 東 駒 形 1 丁 目 14 番 1 号
（販 売 部）TEL03（3829）4141・FAX03（3829）4001
（出版編集部）TEL03（3829）4142・FAX03（3829）4005
http://www.zaikyo.or.jp

乱丁、落丁の場合は、お取替えいたします。　　　　印刷・恵 友 社
ISBN978-4-7547-2793-2